池田雄一著

# 中国古代の聚落と地方行政

汲古叢書33

汲古書院

# 目次

【地方行政編】

# 中国古代の聚落と地方行政

【総論】

# 中国古代における聚落の展開

## はじめに

中国古代の聚落は、先秦以来、多く十数戸から数十戸の規模で点在し、漢代の地方行政でもこれら村々の核である父老（土豪）が三老制として活用されていた。

このような聚落の景観と地方行政の実態とは、聚落が農民自身の手によって形成・再編されて行った、いわゆる地域社会の自然分化が前提となっている。

このことは国家支配を考える場合においても、地域社会の自律性、自治的秩序として、当然その位置づけに留意しなければならないことになる。そしてこれは、国家支配、公権の限界を意味し、地域住民の歴史にたいする創造、私権の展開を確認させることになる。

しかし一方では、雲夢睡虎地秦律にみえる田律などの研究を通じ、なお強い国家規制の存在が議論され、灌漑をはじめとする再生産過程における公権力の有効性が再評価されている。

そこで地域の自律性、自治的秩序そのものが、果たしてどのように実証、位置づけられるか、以下この点を検討してみたい。

## 一　秦漢帝国の構造をめぐって

秦漢帝国によるいわゆる一元的支配を支える前提として、歴史学研究会大会報告の視点に、国家による農業の再生産過程への手厚い介入が追求されている（堀敏一「中国の律令と農民支配」一九七八年度歴史学研究会大会報告、『律令制と東アジア世界―私の中国史学（二）』汲古選書一七、汲古書院、一九九四。重近啓樹「秦漢の国家と農民」一九七九年度歴史学研究会大会報告、『秦漢税役体系の研究』汲古書院、一九九九。鶴間和幸「秦漢期の水利法と在地農業経営」一九八〇年度歴史学研究会大会報告）。これまでも秦漢帝国の構造をめぐる議論は少なくないが、その際も比較的、専制国家による農民支配が注目され、地域住民による歴史に対する働きかけとの側面にふれられることが少なかった。そこでここでは、聚落の展開をふまえながら、とくに郡県制支配の形成についてふれてみたいと考える。

先にその大要を述べれば、①聚落の大勢は、殷周以降、都城、時代は降るが県城などの政治的都市の点在を別とすれば自然村である。②戦国から統一秦にいたる郡県化、集権化の過程は、過渡的形態ではあるが、軍事集権国家として位置づけることができる。③郡県制の形成は、前漢初期の三老制をへて、武帝による学校の設立をもってほぼ確立する。④農業生産における再生産機能の確保は、農民、聚落側の叡知と努力とによって獲得されて行ったもので、また指摘される再生産に対する国家の保証などは全国的規模においてはほとんど確認できず、秦漢帝国形成の前提条件となりうるものでもない、との四点となる。

このような理解は、秦漢帝国に対する構造論を直接対象としないまでも、これまでの西嶋定生氏（『中国古代帝国の形成と構造』東京大学出版会、一九六一）による初県の造成、木村正雄氏（『中国古代帝国の形成―特にその成立の基礎条件』不昧堂、一九六五）による第二次農地論、増淵龍夫氏（『中国古代の社会と国家―秦漢帝国成立過程の社会史的研究』弘文堂、一九六〇）による王室の山林藪沢・公田の家産化、好並隆司氏（『秦漢帝国史研究』未来社、一九七八）による王権神授説など、春秋戦国時代における中国古代帝国の形成をめぐる各種の理論も、本稿の主要な課題となる。

## 二　聚落の立地条件

史記夏本紀は、九州の河道が安定するや、「民得下丘居土」と、時代を遡るある時期に、居住環境の面で丘（高地）から土（平野）への変化がみられたことを伝えている。この点について木村正雄氏（前掲書、第二章「原始邑国家の基本構造」）は、中国原始農耕の始源から春秋中期までは邑国家時代で、聚落は山や丘を中心としたところ、または河谷地帯のオアシス国家群の点在にも似る土壁や封土で囲まれた都市的密集聚落で、自然的条件に限定され拡大の可能性はなく、国家も等質で統一の契機もなかったと述べられ、このような居住環境を第一次農地と規定された。そして平野部への新たな農地の進出を第二次農地の形成と規定され、この第二次農地の形成は、戦国時代の国家的水利事業の発展とともに活発化し、このなかで中央集権化の基礎条件も整ってくるとされている。

しかしこの古代帝国形成の前段階に当たる第一次農地の理解について、木村氏は古地名に山や丘に関わる字義をもつものが多いことを指摘されるにとどまる。この点について五井直弘氏（「春秋時代の晋の大夫祁氏・羊舌氏の邑について―中国古代集落史試論」『中国古代史研究』三、吉川弘文館、一九六九）は、前五一四年の祁氏（七県）・羊舌氏（三県）の分邑別県の事例をもとに、春秋時代の邑が山地から流出する河川に沿う山地と平野部との接点に位置していたとされ、木村氏の第一次農地論の景観が実証されている。

そこで最近の考古学上の成果をもとに、先ずこの第一次農地論を考えてみると、木村、五井両氏が指摘されるような自然的に限定され拡大の可能性のない、いわゆる第一次農地の形態が春秋中期まで続いていたとの理解は必ずしもすべてではない。新石器時代も末期になると、河川などの自然の水源を離れ、人工的な灌漑を必要とする平野部への聚落の進出が確認されている。いま史念海氏の報告（「石器時代人們的居地及其聚落分布」『人文雑誌』一九五九―三）をもとに新石器時代の聚落遺址を紹介してみると、西安附近の新石器時代の聚落遺址三六ヵ所（蘇秉琦等「西安附近古文化遺存的類型和分布」『考古』一九五六―二）を時代に応じ、

魚化寨・米家崖・半坡など二一遺址：第一類型
開瑞荘・斗門鎮など六遺址：第二類型
海家坡・大原村など九遺址：第三類型

と類別した場合、早期の聚落遺址は河辺のやや高い台地上に位置していたが、しだいに低い台地上への移行がみられ、第三類型では、聚落が河岸より一キロメートルも離れて形成されていた。

また陝西省岐山県の新石器時代の聚落遺址（「陝西省岐山県発現新石器時代遺趾」『文物』一九五四―二）においても、聚落は河水より離れ、河岸のように肥沃ではない土地に形成されていた。河岸台地から平野部への聚落の移行について、史念海氏は、人口の自然増と鑿井灌漑方式の導入とを想定されている。

詩経大雅公劉において、京師の宮殿の基壇に「岡」が求められていることは別として、百姓の田には自然の河川ではなく「泉」と「隰原」とが謳われている。湿原で地下水を求めることは容易である。泉に人工のものが存在していた可能性を考えると、これは井戸にも通じる。

近現代の華北における灌漑の主役である井戸灌漑（民国時代の調査で井戸の深さは三～九メートルで灌漑が可能）が、農耕段階に入った華北の原始社会で、比較的早くから開始されていた事情を窺わせる。竺可禎氏（「中国近五千年来気候変遷的初歩研究」『中国科学』一九七三―二）によれば、紀元前二、三千年の時期から紀元前後にかけては、現在よりも中国の気温は二、三度高温で、自然環境の厳しさは比較的穏やかであったとも推測されている。

史念海氏が指摘される鑿井灌漑の導入については、王仁湘氏の研究（「奴隷制生産方式的又一新見証－河北磁県下潘汪西周文化遺存試析」『文物』一九七七－一）においても、時代は下るが言及されている。すなわち西周の下潘汪聚落遺址にみえる多数の灰坑のなかに、深さ二メートルにおよぶものがあり、取水工具となりうる双耳罐も出土していて、井戸灌漑が推定されている。そしてこの遺址から出土する農具は、石斧・石鎌などであって、新石器時代の水準と大きな変化はない。

このようにみてくると、五井直弘氏が考証された春秋時代の諸県城の立地条件をどのように位置づけるかであるが、これは一般的な聚落の実態としてではなく、後述する都市的聚落との関連において理解すべきであると考える。この点は、木村正雄氏の都市的密集聚落に対しても同様である。

## 三　聚落の形態

木村正雄氏は、都市的密集聚落を原始農耕の始源から春秋中期までの邑に求められたのであるが、日比野丈夫氏（「中国における聚落の発達」『集落地理講座』四、朝倉書店、一九五九、『中国歴史地理研究』同朋舎、一九七七）もまた、春秋より戦国にかけ領土国家が成立し、広範囲にわたる安全が保証されると、農民は城壁を出て領土内のいたるところに農村の出現をみたが、これ以前は王をはじめ武士、工商から農民にいたるまで城壁内に住み、農民はわずかにその周囲の土地を耕作するにとどまったとされている。

この考えは宮崎市定氏（「中国における聚落形態の変遷について」『大谷史学』六、一九五八、『宮崎市定全集』三、一九九一）においても同様で、上代から漢代までと下限に相異がみられるものの、この時期の聚落は二〇〇～五〇〇戸程度の集中聚落（都市国家）であったとされている。

また西嶋定生氏（前掲書、第三章第四節）も、春秋以前の聚落は他律的秩序を否定する同族集団の都市的聚落で、族的結合が崩壊し他律的秩序を可能とする秦漢時代の聚落にあっても、城郭都市としての形態は残るとされている。そして自治的性格の強い自然村に対しては、国家権力の里内への貫徹（個別人身支配）が理解しがたいとのことで、秦漢時代においては、これを大勢とはみなされていない。

ついで五井直弘氏（「豪族社会の発展―漢代の聚落」筑摩書房『世界の歴史』三、一九七八）は、河北省午汲古城の発掘調査をもとに、これら都市的聚落の復原（十里―聚落）をはかられ、堀敏一氏（前掲歴史学研究会大会一九七八年度報告）も、睡虎地出土文書、法律答問中の「越里中之与它里界者垣、為完（院）不為、巷相直為院、宇相直者不為院」（里中の它里との界を越える者は垣、院と為すや為さざるや、巷相値るを院と為し、宇相値るは院と為さず）をもとに、里と里が相接し、里に境界があったことが示されているとされ、散村化を考えるのは適当ではないとされている。

このような春秋中期、あるいは漢代以前における散村の存在を全く否定される意見に対して、加藤繁氏は、『支那古田制の研究』第二章第四節「宅地」（京都法学会、一九一六、『支那経済史考証』上、東洋文庫、一九五二）において、邑と耕地とは弁当持参（詩経良耜）程度の範囲で適切に配合され、遠方の土地が開墾されれば十室の邑のごとき出村のようなものができたとされ、邑の分化が早くより進行していたことを指摘されている。

松本雅明氏（「都市国家か否か」『世界各国史中国史』山川出版社、一九五四）も、政治・文化の中心地や大姓の居住地には都市の存在が認められるものの、都市の周辺には多くの十室の邑（村落）が存在したとされている。

また中国にあっても、侯外廬氏（「殷代社会的特性」『中国古代社会史論』第二章第二節、人民出版社、一九五五）は、すでに殷代において都市と農村とが分離していたことを指摘しており、楊寛氏（「試論中国古代的井田制度和村社組織」『古史新探』中華書局、一九六五）も、古代村社の最も普遍的な形態は一〇家程度であると、殷周代における聚落の散村化を認められている。

そこでこの相対立する聚落の形態について、考古学上の成果を整理してみると、まず仰韶期の聚落遺址には、聚落全体に周溝が設けられ（半坡・姜寨遺址）、家の門向に統一性があり（姜寨・北首嶺遺址は聚落の中心方向に家の入り口を設ける）、聚落の中心となる大型家屋が存在する（半坡・姜寨遺址）など、聚落に一定の規律が窺える。これが竜山期以降になると、階層の分化を意味するものか、分室家屋の出現がみられ、仰韶期にみられたような聚落内の規律性は存在せず、家屋の多くは小型の半地穴式で、個々の聚落は二、三〇戸にもみたない小集合体に変化している。

このような変化は、各家屋が土や石による外壁を備え、獣害への防禦体制を整え、家屋毎の自立性が高まってきていることとも関係があり、新開地への出村、散村化を容易にし、その進行が裏付けられることにもなっている。

竜山期の聚落遺址についてはまた、これが現在の聚落と多く一致している（河南省浚県淇水沿津の一五村中、一一村から竜山期の遺址が発見されている。周到「河南浚県的新石器時代遺址」『考古』一九五七－一）とのことが指摘されている。竜山期以降の聚落は、立地条件が拡大する中で、次第に永住化の方向が確認できることになる（新石器時代の具体的聚落遺址については、拙稿「石器時代の聚落」唐代史研究会報告『中国聚落史の研究』刀水書房、一九八〇、本書所収）。このことは殷周以降の聚落遺址が、新石器時代に比べて比較的確認できない原因にもなっている。

竜山期以降の、河北省藁城台西村殷代聚落遺址（一四家）、河北省磁県下潘汪西周聚落遺址（五家）、遼寧省遼陽三道壕西漢聚落遺址（七家）、などの各時代の聚落遺址は、周溝・城墻、門向の統一などの事実は確認できず、散村化の傾向に変化はみられない。

漢書王莽伝にも「離郷小国無城郭者」と、無城郭の存在が伝えられている。日比野丈夫氏（前掲論文）は、一般の村落が今日のような囲郭を備えるのは案外新しいことで、古来（春秋戦国時代を下る）中国で囲郭が発達するのは戦乱時であったとも述べられている。

長沙馬王堆三号前漢墓出土の駐軍図においては、戸数の確認できる里が一七も記載されており、その平均戸数は四一戸に過ぎなかった。橘僕氏（「支那の村落及び家族組織」『支那社会研究』第五章第二節、日本評論社、一九三六）は、民国時代の聚落について、単位部落は三〇戸から五、六〇戸程度の小規模のものが普通であったと指摘されているが、聚落の形態でいえば、先秦時代においてもすでにその方向が確認できることになる。

中国古代における新しい聚落の展開として、三国志に登場する「村」字と散村化の方向とが結びつけられてきたが、これは聚・郷・邑・落などの文字で表現される聚落の呼称のなかで、比較的新しい村（邨＝屯）の呼称が、漢、三国時代における屯田の盛行もあってか、たまたま新たな聚落名として採用されたまでであって、村字の出現と聚落形態の変化、散村化とを直ちに結びつけることには問題がある。

そして三国時代から南北朝時代にかけての聚落形態において注目すべきことは、那波利貞氏（「塢主政」『東亜人文学報』二―四、一九四二）の研究にみられるように、異民族の侵入や戦争のために散村化していた農村が破壊され、山間僻地に防禦用の小障壁をめぐらした「塢」が形成され、農村の散村化が一時的ながらむしろ集中聚落の方向をたどるとの点である。

このように聚落の散村化が、いわゆる第二次農地の出現をまつまでもなく竜山期以降、不断に進行してきていることになると、春秋中期以前における、都市的密集聚落のもとでは国家機構も等質で、統一への契機はなかったと、その間における政治的展開を否定する木村正雄氏の考えは、一種の停滞論として問題をもつこととなる。

そこでいま聚落形態に限って前述の集中聚落説を検討してみると、宮崎市定氏は漢代の郷亭名が古い邑名を引き継いでいることをもって、漢代の郷亭と古邑との聚落形態の一致を想定され、郷亭の集村化を導かれているが、この事実のみでは漢代以前における散村化、聚落の分化・派生の進行を必ずしも否定することにはならない。この点については当然、行政区画である郷亭の実態に対する理解もからむことになる。

ついで五井直弘氏の午汲古城の復原図についてであるが、これも戦国から漢代におよぶ古城であって一般の村落には該当しない。同時に五井氏が城内の里として推定された長方形の里にしても、これまでの中国側の発掘報告では、里がかかる形態であったのかどうか、未だその詳細が確認されていないものである。

また堀敏一氏の睡虎地出土文書、法律答問中の記事、

越里中之与它里界者垣、為完（院）不為、巷相直為院、宇相直者不為院。

里中の它里との界を越える者は垣、院と為すや為さざるや、巷相値るを院と為し、宇相値るは院と為さず。

の解釈にしても、「里中の它里との界を越える者は垣」との訓読は、「里中」の「中」がなければ理解しやすくなるのであるが、「里中」となっているため、

里中を越(はな)れ、之(ゆ)きて它里と界(さかい)をなす垣(かき)の決まりを守らずに出入りした場合、院(つみ)と為すや為さざるや、巷(むら・みち)相当たりて決まりを守らなければ院(つみ)と為し、宇(いえ)相当たれば院(つみ)と為さず。

と読み、里と里との間の行き来については、巷（窮巷、淮南子精神訓「窮鄙之社」に後漢の高誘は注し「窮巷之小社」と。散村）と巷との間においては院墻(かきをこえたつみ)（越里が制限されている公的境界を不法に越えた罪。里の境に城墻があるとは限らない）を認め、宇(いえ)と宇(いえ)とで里が区分されている場合には、家屋同士が隣接している（比較的大規模聚落）のであるから、わざわざ院墻を問題とする必要はないとの義に解してみた。

かかる院墻をめぐる答問は、いうまでもなく越里の禁に関わることであるが、この越里の記事においても、当時の実態を反映し小聚落と大規模聚落との両者が並記されているわけである。このため法律答問中の越里、越城の記事をもって、都市的密集聚落の存在だけに限定し、里が小聚落をも基盤にして編成されていたとの事情を否定することには問題が残る。

以上は、村落に相当する聚落を中心に述べてきたが、以下、都市的聚落の実態について付言しておく。これまでは竜山期以降、聚落に散村化の傾向が顕著であるとの点を指摘したが、殷代になると、この散村化と並行して鄭州故城、

湖北省盤竜城など城墻で囲まれた都市的形態を窺わせる聚落が確認され（河南省登封陽城の城壁を夏代の遺址とする意見もある）、陝西省岐山県では西周時代の大規模な宮殿址が発見されている。また春秋戦国時代に入ると、各地で城墻をもつ都市的聚落が四〇近くも調査されている。しかしこれらの都市的聚落は、多く都城としての役割を担う政治都市で、大規模建築（宮殿）が確認されてもいる。

春秋左氏伝僖公五（前六五五）年に、晋の献公が二子のために蒲と屈とに城墻を築かんとした際、周囲が献公に対し外敵もいないのに城墻を許すと将来に禍根を残すと反対している。城墻の造築には、すぐれて政治的、軍事的配慮が伴うものであったわけである。

秦の始皇帝が統一間もない前二一五年に、天下に命じて「城郭」を破壊させ、統一の徹底化をはかり（史記始皇本紀）、漢の高祖が前二〇一年に、集権化の安定化と、権力の末端を担う地方官衙の保護を考え、逆に県邑に対して「城」の造築を命じていることもこの事情を裏づける。

ついで政治的、軍事的要請のもとで造築される城墻内部の構造についてであるが、宮殿が確認されるほかに、伊藤道治氏（「先秦時代の都市―その一、考古学的にみた都城」『研究』三〇、一九六三）もすでに指摘されているように、春秋戦国時代の都城では、城内にかなりの空地が存在していた。

いわれるような密集聚落ではない。城墻も多く不整形になっていた。このことは都城の建設が、既存の聚落や周辺の地理的条件を勘案し、条里区画を伴うなどの強権を行使することなく柔軟に進められていたことを窺わせる。城内に一般住民の居住地を認めるにしても、あるいは既存の聚落を囲い込むなどの措置が行われていたかも知れない。漢の長安城は、秦の離宮を再利用して造営されていた。城形も不整形で、条里区画などの計画性は認められない。春秋戦国時代の都城の系譜に連なるものである。

もちろん城墻が造築された結果、政治上の建造物だけでなく、城内に人口が集中し、いわゆる都市としての経済活動も進み、周辺の村々から遊離した都市的聚落の形態が整えられて行ったことも考えられうる。

しかしこのように城墻が造築されるような大聚落は限定されていたに違いない。同時に先秦時代における都市的聚落は、宮殿や城墻築造への労役の発動は避けられないとしても、都市化に要する強権の発動にも自ずから限界があったはずで、一般住民の居住地域などにおいては、在来の秩序を勘案するなど自然発生的な事情が包含されていた可能性がある。

## 四　聚落の分化・派生—自然村—

聚落の分化・派生は、考古学上の成果にあっては、すでに竜山期にこれを確認することができる。そこでついでは、これを文献面において確認し、その分化・派生の具体的過程について考えてみることにする。

この点について伊藤道治氏（「甲骨文・金文にみえる邑」『研究』三三、『中国古代王朝の形成』創文社、一九七五）は、西周後期の大克鼎の金文にみえる「錫汝刑人奔于𩁹」（汝に刑の人の𩁹に奔れるを錫えり）を、刑侯の領内にあって賜与されることになっている小邑はもちろん、その小邑の住民であった刑人で𩁹の地に逃亡した者をもあわせ克に賜与したと解している。小邑からの農民の逃亡は、邑の血縁集団から地縁集団への転化を示している。あわせて逃亡者の把握が可能になっていたことから、住民登録の存在、支配の最末端への浸透をも推測されている。

西周時代における聚落の分化・派生に、既存の聚落からの逃亡の形式が存在したことを窺わせるが、この点について管子軽重乙にはまた、「強耕而自以為落、其民寡人不得籍斗升」（強め耕し、而して自ら以て落を為す。其の民は、寡人＝桓公、斗升を籍するを得ず）とあり、春秋斉の桓公の時代には、自力で原野を開拓し、「落」と呼ばれる新興聚落が多く形成されていて、それらは宗族や功臣の采邑と同様、斗升＝税の対象外におかれていたとのことである。

「落」的聚落は、明らかに既存の聚落から分化・派生し、自力で新たに聚落を形成したものであり、支配体制の枠外にあって自立していた。このため「落」的新興聚落の把握は、春秋戦国時代の富国強兵策にあって、当然、重要な政治的課題となっていたはずである。

このような聚落の分化・派生に対し、荘子胠篋は、

(古帝王時) 楽其俗、安其居、鄰国相望、鶏狗之音相聞、民至老死而不相往来。

と、長閑で安定した聚落の姿を伝えている。しかしこれは伏羲・神農などの古帝王時代に仮託された一種の理想境であって、春秋時代の実態は、

(斉国) 鄰邑相望、難狗之音相聞、罔罟之所布。

と、進行する邑の自壊を阻止し、新旧混在する聚落間の新たな秩序づけを維持するために、「罔罟の布く所」と法律による規制までもが余儀なくされている。

睡虎地出土文書中の魏戸律においても、

民或棄邑居壄、人人孤寡、徼人婦女、非邦之故也。

と、野への棄邑行為である新興聚落の派生と、それにともなう治女の乱れ、婦女の略奪行為が伝えられている。

戦国策魏策一には、

(魏国) 廬田廡舎、曾無所芻牧牛馬之地。

と、畑間にも人家(廡舎)が建ち並び、牛馬の芻牧地であったようなところまでもが耕作され、人々が居住することになっている。この点について戦国策魏策一は、前文につづけて「人民之衆」と、人口の増大化をあげている。

秦漢代に入っても、聚落の分化・派生は進行していたが、先にもふれた長沙馬王堆三号前漢墓駐軍図の場合は、約六〇ある里の内、三分の一の二〇里に、「今毋人」、「不反」との注記があり、廃村あるいは住民の減少がみえている。

聚落の変貌にも、人口の自然増によるだけではなく、厳しい自然との闘いのなかで敗れ、漢書食貨志下にみえる、

令飢民得流就食江淮間。

とのように、飢民として江淮へ流入する場合や、漢書成帝紀陽朔二年等にみえる、

流民欲入函谷。

とのように、流民となって首都圏に入関するなどのように、それまでの居所を棄てて新しい生活の場を求めざるをえなかった、などの事例も少なくなかったはずである。

ただここで問題となるのは、このような人口の自然増や天災による自然流徙に聚落の分化・派生の要因を求めた場合、この自然流徙は、許可なく本籍を離れることも少なくなかったはずである。このことは「亡命」行為として禁止されていた事柄になる。

管子にみえる「落」のように、新興聚落が体制の枠外に比較的自由に形成できた、政治的関心が、点（既存の聚落＝邑）とそれを結ぶ線（交通路）とのみに限定されていた時代ならば問題も少ないかも知れないが、国境が意識されはじめ（春秋左氏伝文公元年、襄公一九年ほか）、点のみでなく面（未開墾地を含む全領土）への関心も高まり、戸籍も整備されてくる春秋末、戦国時代以降になると、亡命行為は当然のことながら厳しく管理、禁止されて行くことになる。聚落の自然的分化・派生も容易ではなかったはずである。

散村化の大勢が、春秋戦国時代までに、「鄰邑相望」（荘子）のようにほぼ確立していたということになれば別であるが、史記張耳伝にはまた、張耳の場合、彼は大梁の人であったが外黄に亡命し、外黄の富人の女を娶り、ついに外黄の令にまで進んだ。秦が魏を滅ぼした後は、さらに姓を変えて陳に逃げ、陳で里監門の職をえている。張耳は、二度にわたり亡命を行ったが、その都度、亡命先で官吏の途をえていた。

張耳の事例は戦国末のことであるが、ほぼ同時代の睡虎地出土文書の封診式にも、「□捕」の項に、男子丙が亡命

先の市にて庸として生活しており、同じく「覆」の項には、某県某里士五男子某が亡命であることを申し出たため、識者に男子某の前科の有無・亡命の前歴の調査を行い県に報告するようにさせたとの事例がみえている。

この「覆」の場合、これが亡命者を本籍に移送するための手続であれば、本籍（「名事里」）を質すだけでよいわけであるが、この場合は、さらに坐論・罪赦・覆問・亡・逋と、戸籍作成に必要と思われる諸事をも本籍に係を派遣して調査させている。これは亡命者の戸籍を亡命先で新たに作成するための手続であったと考えられる。

亡命・流徙といっても、罪をえて他郷に逃亡した場合は別として、里内に亡命・流徙者が流入し住み着いた場合、それぞれの亡命・流徙先で定住化の道が開かれていたことになる。張家山竹簡の奏讞書中に、西楚から漢への亡命者は、三ヵ月以内に戸籍の登記を申請すれば新しい土地での居住が認められている。

このことは、戦国、秦漢時代に降っても、自然流徙による聚落の分化・派生の進行が引きつづき可能であったことになる。

このように石器時代から秦漢時代にかけての聚落の分化・派生が、大勢として自然流徙（出村も含む）に限定されるものであったとすると、その結果として形成される新興聚落は、さほどの規模を備えたものばかりともいい難い。多くは自然村とでもよぶべき存在であったと思われる。もちろん自然流徙は、未開墾地に新興聚落を形成する場合だけではない。既存の聚落地内に流入する場合もあったはずであるが、ここで注意すべきは、これら自然流徙が、新興聚落を形成するにしても、また既存の聚落に寄食するにしても、後述するように、地域社会の構成、族的結合や階層分化などに少なからざる影響をおよぼさずにはおかなかったとの点である。

以上は、聚落の分化・派生の背景として、自然流徙を中心にふれてきた。しかし木村正雄氏の説かれる第二次農地の造成をはじめ、古代帝国成立のための基礎条件である他律的秩序を必然化する新たな地域社会の展開は、自然流徙によって形成される自然村においてではなく、国家権力による徙民・集住の結果形成される「初県」に求められてきた。そこで以下、この点についてふれておくことにする。

まず先秦における県の設置と、住民の強制的移住の問題についてであるが、この点については増淵龍夫氏（「先秦時代の封建と郡県」『一橋大学経済学研究』二、一九五三、『中国古代の社会と国家―秦漢帝国成立過程の社会史的研究家』弘文堂、一九六〇）の見解がある。増淵氏は、春秋左氏伝僖公二五（前六三五）年の条にみえる晋による陽樊の征服において、国が滅ぼされるや「乃出其民」と、陽樊の民人が他の地に遷されており、邑の旧来の内部構成が大きく変化したと指摘されている。

先秦の県は多くかかる滅国を契機として設置されているのであるが、この陽樊での「出民」は、陽樊が晋に対して徹底抗戦をしたための特例措置ではなかったかと思われる。そして滅国の結果、陽樊に直ちに置県されたかどうかも確認できない。これに対して同じ時期に行われた晋による原の征服では、滅国された結果、県が置かれている。この際、原は抵抗することなく晋に降服しており、一部の支配者層のみが移され、住民構成には何の変化も加えられることはなかった。

このことからすると滅国に際しての出民は、あくまでも治安対策上の処置で、春秋時代における、

滅国→出民→〔当然、新住民の徙民入植〕→置県

との図式は、必ずしも一般性をもつものではなかったことになる。

戦国時代に入っても、守屋美都雄氏（「開阡陌の一解釈」『中国古代の社会と文化』東京大学出版会、一九五七、『中国古代の家族と国家』東洋史研究会、一九六八）が指摘されているように、商鞅の県制の場合も、既存の聚落をそのまま県という行政区画で全国的に統括したにすぎず、そこでは何らの徙民行為も確認できなかった。

西嶋定生氏（前掲書、第五章「二十等爵制の形成」）は、史記秦本紀昭襄王二一（前二八六）年の秦による河東九県の設置において、「出人→徙民→置県」の方式を確認されている。しかし置県行為の対象となった安邑は、秦の圧力をう

け前三六一年に大梁に徙るまで魏の国都であり、遷都後も、魏秦間での抗争の渦中におかれていた。このためこれも治安対策上、前述の陽樊征服の場合と同様、出人の措置が強行されたものと思われる。

漢代に降ると、貧民や治安への対策（天災によって析出される貧民・流民対策としての事例が多い）として、徙民や、いわゆる帝陵への三選者・募民賜銭者などの装飾的徙遷（これには強幹弱枝との側面もある）等は確認できるものの、支配の必然性を意図した置県のための準備行為となる徙民の事例は、オルドス・河西地区の開発をふくめ確認することはできない。

## 五　聚落の構成

前節においては、秦漢を遡る聚落の再編成に、治安対策としての出民あるいは徙民が、臨時的措置として関わりをもつことはあっても、恒常的な聚落の分化・派生は、まま指摘される国家的事業としての初県造成を通じてではなく、不断の自然流徙に求められるべきであるとのことを述べた。

それではついで、このような理解が、聚落の住民構成とどのような関わりをもっていたであろうか。

初県造成を通じて地域社会の自律性を破壊し、専制支配の形成に必要な他律的秩序を国家権力によって意図的、政策的に出現させようとした場合、聚落内部の人的構成は、族的秩序が崩壊し、伝統的な生活慣習も否定されてしまう（この場合、擬制的族結合の再構成を認める必要が生じるかも知れないが、地主の存在などの階層分化は徙民行為を通じ一時的にしろ否定されよう）ような事態が充分に想定されうる。

しかしこの理解も、前述したように徙民行為をともなう初県設置が前提となっている。このため徙民行為をともなう初県設置が、必ずしも普遍的なものとして確認できない段階では、かかる初県の役割も現実性をもたない。このためここでは、自然流徙を通じて形成される聚落内部の人的構成についてふれることにする。

まず仰韶期から竜山期への移行時期では、これまで家屋や墓葬（副葬品や合葬形態）の変化から母系制社会から父系制社会への転化が推定されているが、竜山期以降の散村化して行く聚落にあっては、その具体的内部構成を実証することは困難である、しかし前節でもふれたが、不断の自然流徙によって再編成がくりかえされる自然村にあって、聚落内の族的結合がどれほど純粋に保ちえたであろうか。一部の有力支配氏族は別として、多くの聚落における族的結合は、徐々にしても弛緩の方向をとらざるをえなかったと思われる。

異姓が雑居する自立性もさほど強固ではない地方小聚落の点在。これが後で述べるように春秋戦国秦漢時代へと引き継がれる。かかる地域社会に対して国家権力は、なお敢えて族的結合の徹底した解体などを行う必要があったのであろうか。

春秋時代における県制の施行（前六八八年、秦武公時）や、庶民への兵役の拡大（前六四五年、晋恵公時の州兵。前五六〇年、晋襄公時の卒乗）などに窺える支配の一元化の方向が、たとえ聚落内の族的秩序と競合する側面を孕んでいたとしても、地域社会が一元化の方向を阻害し、体制と摩擦をみることなどはなかったはずである。

春秋左氏伝昭公三（前五三九）年の条には、晏子の住居が「湫隘囂塵」とゴミゴミしていて、貴顕の住む場所ではないとし、斉の景公が新居を提供しようとした際、晏子が、

鄰是卜、二三子先卜鄰矣。

と、居住地を求める場合、近鄰が相互に卜鄰を行って決定しており、これまでの住居を勝手に移るわけにはいかないと景公の申し出を断わったことがみえている。

この「卜鄰」は、春秋左氏伝昭公三（前五三九）年の条ではまた、「古之制也」とも称されていて、春秋晏子を遡る時代から行われ、晏子の時代には、この卜鄰によって住居を決める風習が慣行化していたことになる。

四鄰の人びとがトを通じてはじめて結びつくことになる。このことは地域社会における族的結合の弛緩、異姓雑居の進行が、少なくとも晏子の時代、春秋時代後半を遡るかなり以前から進行していたことを窺わせる。

同時に聚落の内部ではまた、有名な魯の宣公一五（前五九四）年の「初税畝」（春秋左氏伝）で確認できるように、農業生産の個別化が進行しており、農民の階層的分化の進行も当然考えられうる状況である。

点と線とによる支配の時代に、支配体制の枠外において生まれた新興聚落にあっては、祭祀・婚葬・治水・防衛などにおける共同性は存在したとしても、この農業生産の個別化は、新興聚落が形成されて以来の生産形態であったはずである。

このため宣公による「初税畝」は、国家財政の強化のために新興聚落の農民を支配の枠内に繰り入れる新しい税体系であったわけである。農業の個別経営への方向は、権力の側から下賜されただけではなく、体制が地域社会の実態に順応して行く上での妥協の産物としての側面をももつ。

このようにみてくると春秋時代には、すでに異姓雑居で農民の階層分化も進行していた聚落の実態が浮かび上がる。これが漢代に入ると、劉邦と盧綰とが同里で親交があったこと、居延漢簡中にも魏郡鄴県出身者の孟年と崔黄、史充と陳義らが同里であることなどが認められている。里内における異姓の例証である。その里の指導者としては父老が存在していた。

里は自然村を基盤として区画される行政村であるが、この里中の社会構成については、荀悦漢紀に、前漢文帝時のこととして、
豪彊富人、占田踰侈。

とある。これについて平中苓次氏（「漢代の田租と災害による其の減免」『立命館文学』一七二・一七八・一八四・一九一、一九五九―一九六一。『中国古代の田制と税法』東洋史研究会、一九六七）は、漢書食貨志に、

（師丹建言）、（文帝時）未有并兼之害、故不為民田及奴婢為限。

とあることから、この漢紀の記事に疑問を提示されているが、漢書食貨志にはまた、

（董仲舒曰）、（秦）用商鞅之法、改帝王之制、除井田、民得売買、富者田連仟伯、貧者亡立錐之地。

と秦代以降における并兼の進行が伝えられている。このため師丹の建言は、文帝時においては未だ民田や奴婢に制限を加えるほど并兼の「害」が著しくなっていなかったとの点を強調したもので、土地集中が進行する事実までも否定したものではなかった（ただここで文帝時を境とする并兼の変化を認めていることは、後述する高祖時の在地有力者と体制との結びつきを通じて、この文帝時以降、并兼の害が次第に顕著になってきていることを意味している）。

そうすると董仲舒や漢紀の認識、すなわち戦国時代以降の土地の集中もまた現実であったわけである。まま豪傑と代置される里の指導者、父老層とは、かかる階層分化が進行する里内にあって、まさにこの「并兼」家そのものであったことになる。そしてこの「并兼」家については、前漢哀帝建平五年の紀年のある居延漢簡（五〇五・三七）に、「客田」（本籍以外の県に所有する田の意か、日比野丈夫「郷亭里についての研究」『東洋史研究』一四―一・二、一九五五。『中国歴史地理研究』同朋舎、一九七七）購入のための証明書交付の文書が残されていた。本籍地以外の地で、土地を所有する道も開かれていたわけである。

## 六　聚落と公権力

ついでは、自然村を主体とする地域社会にあって、どのような契機で殷周の分権体制が春秋戦国時代をへて秦漢の集権体制に移行していったのであろうかが問題となる。これについて本章のはじめに紹介した西嶋定生氏の初県（他律的秩序）の造成や木村正雄氏による第二次農地論についてはすでにふれたが、好並隆司氏の皇帝権の専制と秦が北

方遊牧社会的特色を有すること、すなわち王権神授説と関連づけられている点についても、別に述べたが史料的になお検討の余地がある（拙稿「書評好並隆司著秦漢帝国史研究」『歴史学研究』四七九、一九八〇、本書所収）。

そこで残る課題は、増淵龍夫氏の山林藪沢の囲い込みを通じての王室家産の増大化である。この理解は、前漢代における国家財政を凌ぐ帝室財政の存在もあり、君主の性格づけを考察するうえで重要な視点となっている。

それでは何故かかる王室家産の増加が君主にとって必要だったのであろうか。これについては、周王室を核とする封建体制の弱体化からくる諸侯間の抗争激化という外的要因が存在したことも事実である。しかしこれを聚落の展開の面で考えると、聚落の分化・派生が進行することによって、領域内における面の支配への関心が高まったことも否めない。聚落の側においても、「鄰邑相望」がごとき聚落間の相互関係、連繫、一体性が強まり、新旧住民の混在する地域社会で、罔罟の施行など公権力の介入を容認し、王室の内政に対する強力な体制作りが要請されるとの側面も考えられよう。

それでは王室による新たな地域社会との関わり、采邑がなお多く存続する中で国内の統一を維持し対外的に優勢を保持しうる体制作りであるが、それは地方行政制度の整備、県制の導入に他ならなかった。

県制の実施は、史料上春秋秦に早く現われるが、春秋時代の県の組織は定かではない。ただ通典職官も、

　春秋時、列国相滅、多以其地為県。

と認めているように、県は列国との抗争のなかで、新たに獲得した地域にも設置されたものであったがため、辺防としての役目を担う場合も少なくなかった。春秋左氏伝成公七（前五八七）年の条にも、秦の北方前線に位置する申県について、「是以為賦、以御北方」と、その軍事的性格が強調されている。

もちろんこの申県の例のみで春秋の県すべてを推論することは危険であるが、国語斉語や管子小匡にも「作内政、而寄（寓）軍令」とあり、春秋時代の強兵化をめざす新たな内政、県制の導入自体が、辺境に限らず、実は軍制と一

体化するものであった。

この結果、確立される兵農一致の体制は、周礼小司徒に、「凡起徒役毋過家一人」とみえるように、兵卒（個人）と戸とが対応させられており、未だ内政の基礎は戸（戸籍上の戸で家とは異なる）までに止まった。

初期の県制が、聚落内の自律的秩序をどの程度意識していたかは定かでない。ただ戦車戦から歩兵戦・集団戦へと移行して行く春秋戦国時代の消耗戦において、庶民への兵役拡大が課題となり、兵農一致の方向が採用されるにいたったことは当然である。そして内政に採用される軍制は、兵団の一元的統率を前提としており、内政もまた、結果として一元化の方向が指向されることになる。

戦国時代の県になると、商鞅の改革をへた秦国の場合は、全国土に県制を施き、令丞、有秩史の官制が伝えられている。それでも睡虎地出土竹簡にみえる県の組織においては、嗇夫名で県令、県の諸曹から亭吏にいたるまでの吏名が包括されている。嗇夫のほかに令史もみえ、治獄や司馬などの職掌を司る。秦の吏名は門下・舎人なども同様であるが、漢に入り組織が整備され吏の職掌が細分化されてくると、特定の職掌に限定されていなかった嗇夫・令史などは、職掌が未分化な下級行政単位の吏名として残存する。

戦国時代の県の組織化は、未だ未分化であったことになる。統一秦をへて漢に入っても、初期の地方行政制度は、漢律に太守・都尉・史（丞）・卒吏・書佐の計二〇余名の郡の組織が伝えられている。この状態は前漢末の尹湾出土漢簡の東海郡の吏員にあっても計二七名と大きく変化していない。これが後漢時の郡の組織では、戸数一二万の会稽郡府で五〇〇余人の掾史が存在していた。この後漢時の地方行政と比較すると前漢時の地方行政は、制度面での整備が未だあまり進んでいなかったことになる。

戦国六国を統一した秦が、県制を全国土に採用したとはいえ、いわゆる個別人身支配を効果的に行う上では、組織の実効性において未だ充分とはいい難い。このため戦闘を遂行するための兵卒や兵糧の徴発程度は、行政組織の欠を補う意味で施行されていた治安組織、「伍」の活用をはかるなどして、集権化の実を上げていたものと思われる。睡虎地出土封診式にも伍による告姦が多数みえている。

もちろん制度上、組織面での整備が不充分であったとしても、県制を戦国七国中、いち早く全国土に施行したのは秦国だけである。秦はこの優位さをもって効率的に国力を発揮した。秦が、前二三〇年に韓王を虜としてその地に潁川郡を設けてより、前二二一年に斉の臨淄を陥し六国を統一するまで、要した期間はわずかに一〇年である。六国併合の一〇年間、秦による郡県支配の領域は、急速に拡大した。当然のことではあるが、秦の法律でもって占領地支配を行った。

いまこの点を、楚の首都圏に位置する雲夢地方の占領地経営の実態を伝える睡虎地出土竹簡をもとに考えてみると、占領政策の裏づけとなる法律は、統一前に秦国関中で成立した律文（秦律）であった。そしてこの律文を所持していた人物は、治獄担当令史という県の有力吏人であった。

この竹簡は、前二一七年をあまり降らない時期に副葬されたと考えられるが、この墓の近くには、戦国晩期から漢初にかけての、鎮墓獣を副葬しないなど楚人の墓と異なる墓葬様式をもつ、三九基の墓が確認されている。このため竹簡を副葬する墓も含め、秦の占領者集団の墓地であったと思われる。

急速に拡大する秦の占領地経営において、郡県制を実施するにしても、その内実は、占領地の旧支配機構（現地の吏人）を温存したというのではなく、秦国出身吏人の手によって行われる植民地支配としての側面が強かった。

この植民地支配体制を支える力は、いうまでもなく秦国の強力な軍事力である。同時に秦の占領政策、秦の法制は、すでに当時の社会の大勢（集権化）、六国の体制を集約したものとなっていた。戦国時代の法制の普遍化は、魏の李悝に象徴されるが、睡虎地竹簡の中にも秦律とならんで魏律が混在していた。秦律が占領地支配に導入されたとしても、被征服民からさほど大きな抵抗をうけることはなかったはずである。

もちろん秦の占領地経営も、それが軌道にのるにつれ、郡県官吏に現地人の進出がみられたことはいうまでもない。しかし統一の一〇年間から秦帝国成立当初にかけては、なお秦人が実権を握り軍事力を背景に占領支配を維持する雲夢県に類する体制が少なくなかったと思われる。

張家山漢簡奏讞書においても、南郡の占領地支配下の県の役人に秦人が確認されている。戦国時代から統一帝国にいたる時期の秦は、制度面での整備は確認できるものの、県制、地方行政制度そのものがはらむ軍事的側面とあわせ、未だ過渡的体制で、軍事的集権国家とでも呼ぶべき性格が残存していた。

統一秦は、帝室の混乱によって短命のうちに自壊した。そして聚落と公権力との関わりは、公権力が未だ聚落の自律的秩序を活用するにいたらず、聚落を構成する戸に直接の働きかけを行った。秦の商鞅の場合は、異例の恐怖体制である「十家連坐」の脅しさえも辞さなかった。

統一後の秦が、中央の混乱によって、その強力な軍事的支援を弱体化すると、各地の郡県は急速に統治能力を失い崩れ去った。この点もこれは、いわゆる秦の厳しい法治主義や苛酷な土木事業のみに原因があるのではなく、むしろ未完成な郡県組織と未成熟な官僚組織とが、肥大化した広大な領域を支えるだけの力量をもっていなかったこと、このことに起因する。

秦をついだ漢帝国では当然占領地体制は払拭されて行くことになる。しかし前漢時代の地方長官と下僚との関係には旧い私属的体質が窺え、封国制の採用だけではなく、久任傾向によって采邑化の危険さえも孕んでいた。ただ秦末の混乱においても、秦統一の成果が否定され戦国時代に逆行することはなかった。漢は前後四〇〇年の長期政権を維持したが、この漢も郡国制を採用したとはいえ親民の官である地方行政の要、県の組織は秦と異なるところはなかった。それにも拘わらず漢が秦の轍をふむことがなかったのは何故であろうか。

この点についてまず注目されるのは、漢書高帝紀高祖二（前二〇五）年の条にみえる、対楚戦争を決意するに当たっての布告、①秦から漢への社稷の変更、②軍功爵を民爵として継承する、③蜀漢・関中の後背地への復除、④県郷への三老制の設置の内、④である。

三老の名は秦以前の史料にもみえるが、地方行政に三老が制度化され組み入れられていた確証はない。高祖二年の詔で、三老についての制度化がはかられていることは、これまで三老が漢制のような形で制度化されていなかったことを物語る。

三老は、布告文では一応、「民年五十以上、有脩行、能師衆為善」と表現されているが、その社会的基盤は父老層と同一である。県―郷―里の地方行政に対し、父老、郷以上は三老の呼称で俸禄を受けることもなく、

| 行政機構の二重性 | | | | | | | |
|---|---|---|---|---|---|---|---|
| | 郡（守） | ― | 県（令） | ― | 郷（嗇夫） | ― | 里（長） |
| | ＝ | | ＝ | | ＝ | | ＝ |
| | （郡三老） | | 県三老 | | 郷三老 | | 父老 |

と、正規の官僚組織と並列する形で行政を補佐することになっていた。

父老は里の徴税にかかわっているが、三老の場合も皇帝に上書（武帝時の壷関三老、成帝時の湖県三老、白馬三老など）し、その意見が入れられている。地方行政における父老・三老の存在は、単なる名誉職としてではなく、地方行政の実務に緊密に関わり強い権限をもっていた。このことは父老・三老層の在地有力者（地主層）を体制に繰り込み、各地の聚落を把握せんとしたものである。

この行政の二重体制は、制度的には不自然である。しかしこの三老制を通じて初めて国家が聚落の自律的秩序を活用する方途を見出しえたわけである。過渡的措置としてではあるが、この二重体制は、郡県制支配の定着化、軍事的集権国家からの訣別への有効な手段となりえた。

一方、在地有力者にあっても、国家的権威を背景に地域社会における身分や権益が保障されることになり、以後の

豪族としての成長を早めることになる。

漢の高祖によって採用されたこの三老制は、高祖集団が父老層の実態を熟知していたことから発想された。ただ制度的にはあくまでも臨時的措置である。このため漢書文翁伝に、

修起学官於成都市中、招下県子弟、以為学官弟子、(略)高者以補郡県吏、(略)至武帝時、乃令天下郡国、皆立学官、自文翁為之始云。

とあるように、武帝時にいたると、まず全国の郡を単位に官吏養成学校が設置されるにいたる。官吏養成の対象者となる「子弟」は、原則としてすべての青年男子を意味しているが、犬彘の食をはむ階層が含まれることは稀である。ここに在地有力者の官僚化、体制内への組み込みが制度的に完成する。

学校制度が定着化し、在地有力者が官吏として官僚制度に組み込まれて行くにしたがい、三老制はその使命を終え、後漢以降は形骸化、消滅して行くことになる。この前漢中期以降の在地有力者の官僚化は、彼らの墓碑墓誌(後漢以降に増加する)が、儒教的教養の誇示と吏人としての昇進(主簿ー督郵ー五官掾ー功曹ー守長ー州従事、程度の昇進をみる地方官が多い)とを主要な内容としていることからも窺える。前漢武帝以降、それまでの皇帝ー父老層ー自然村の依存関係、支配体制が、正規の地方行政(官僚化した父老層)を通じた地域社会の把握へと移行して行くことになる。

それでも後漢書劉寵伝には、「不知郡朝」とあり、同書爰延伝にも、「不知郡県」とある。帝王世紀に収められる「撃壌の歌」を連想させるが、皇帝ー父老層ー自然村の形式で完成されたはずの支配の一元化も、自然村の人びとは、漢書厳延年伝に、

寧(むしろ)負二千石、無負豪大家。

とあるように、郡の長官よりも身近な豪大家に強い影響力を感じていた。豪族の成長、地域社会の分化への対応は、中央による限田策や爵制による体制化などに期待することはできなかった。

農民が、郡県を避けて豪大家の存在を容認したことは明らかに支配の限界である。体制化して行く父老層、豪大家は、支配の側からみれば確かに地域社会への有効な足がかりになった。しかし農民にとっては郡県の官吏よりも地主としての存在でしかない。支配の限界と称した所以である。

一方、豪大家は、体制化のなかで門閥貴族体制へと自己発展して行く。地域社会における再生産をめぐる葛藤においては、地域の終局的破壊を回避するために、村落生活での共同性、すなわち祭祀・婚葬・疾病・治水・治安・防衛・物資の貸借、さらには灌漑・種子の確保・農具の管理などの再生産機構、その他の日常生活を支える自律的秩序が、在地有力者と農民、あるいは農民相互で厳しく模索、維持されていたはずである。

そして国家は、在地有力者を体制化する一方で、儒家的郷里思想を建前とし、地域の自律的秩序が大きく崩れることのないよう規制・調整の役割をはたし、治安・財政上のほころびが大きく破綻することのないように努めた。

## 七　公権力の再生産への関わりをめぐって

以上、新石器時代から秦漢にいたる聚落を自然村と理解し、地域社会の日常生活、再生産に公権力の介入は、さほど確認できないとのことを指摘した。そこで以下これまでしばしば指摘されてきた再生産と公権力との関わりについて、二、三ふれてみたいと考える。

(1)まず最近に、注目されている睡虎地出土竹簡中にみえる「田律」の理解についてふれておく。この田律は前述したように楚の秦による占領地区の吏人が所持していた。個人が所有し副葬されているような、いわゆる家書の類は、壁書と同様その性格について充分検討しなければならないが、私的な資料であったとしても、当然田律の内容は当時の実態を反映している。

そこでこの田律の内容であるが、

①耕地は「受田」と呼ばれ、天災による被害面積や禾・芻・藁の収穫量が県に報告されている。

②馬牛に飼料が給付されている。

③山林の伐採、河川の利用、狩猟漁撈などにも制限がある。

④百姓の酒の売買が禁止されている。

⑤禁苑近鄰の百姓の犬の規制とその犬が禁苑内に入った場合の措置。

などとなっており、これまでこの田律は土地公有制論、農業生産に対する公権力の強力な介入との点で注目されている。

しかしこの田律は、

Ⓐ「受田」した耕地が、農民が耕作する耕地すべてを対象としていたとすると、当然あるべき還受の規定がない。同時に睡虎地から出土した竹簡中の法律答問（以下の繇律・廏苑律・倉律も睡虎地出土竹簡）には「民田」の言葉がみえる。繇律には「其（禁苑）近田」と禁苑に鄰接する田がみえ、この「田」を禁苑の公馬牛が食べ問題となっている。

Ⓑ馬牛への飼料の給付が全国的に行われているとなると生産手段への公的介入、保証となるが、廏苑律では田嗇夫などが「田牛」の管理を行っていて「公牛」と称されている。はたして全国的に公田牛を維持することが可能であろうか。

Ⓒ動植物の成長を保護するために山林の伐採や禽獣の捕獲などに制約がある。これら山林藪沢等が広く解放された状態であれば、伐採や捕獲が可能な時期の収得物に対して財政的視点があってもおかしくないが、何らの規制もない。

Ⓓ禾の収穫石数は芻・藁の場合と同様に県に報告され、芻・藁の納入規定は存在しているが、禾については納入の規定がない。これについて倉律中には「粟・麦・菽・荅・麻」の播種量の規定があり、また県には「食者簿」も作成されている。これは禾が受田地の場合、必要に応じ倉から支給するため全部国に納入されていたためか。

Ⓔ一般の田律のなかに禁苑内部の管理規定が現われるのは不自然である。

Ⓕ睡虎地出土中の秦律一八種の内、田律を除くすべてが官営事業や官吏職務規定となっており、田律も官営諸事業に準じるものではなかったか。

などの点から、睡虎地秦律中の「田律」は禁苑地内の公田規定であり、この田律をもって一般農耕地の性格を議論することは問題ではないかと考えた。

そしてこの受田地を公田と理解した場合、その管理に県が当たっている点であるが、これは秦津一八種中の禁苑管理に共通する点である。県は本来、王室の直轄地を管理する機構として出現したもので、公田管理に県が当たっていても問題はない。

⑵ついでは近年、木村正雄氏によって強く主張された国家的水利事業を通じて農業の再生産に国家が介入している点についてふれる。これは前述した第二次農地論の前提となるものであり、これを陂水灌漑事業と渠水灌漑事業とに求められている。陂水灌漑については、すでに佐藤武敏氏（「古代における江淮地方の水利開発」『人文研究』一三―七、一九六二）も指摘される通り、先秦の陂は軍事施設で灌漑用として利用されることは必ずしも一般的ではなかった。木村正雄氏の指摘される諸陂の漑田も、先秦の史料において確認できるものはない。

このため第二次農地の造成が拡大するとされる戦国時代の灌漑は、渠に限定されてくる。いまこの内、前漢武帝元封時（この時期で区分する理由は後述）以前について列挙すると、

①鴻渠、②漢川・雲夢の渠（楚の首都圏）、③淄水・済水間の渠（斉の首都圏）、④三江・五湖の渠、⑤魏の鄴令西

門豹（史起）の十二渠、⑥秦の蜀郡太守李冰の開渠分流、⑦秦の鄭国渠（以上春秋戦国時代）、
⑧鄭当時・徐伯の漕運、⑨番係の河東渠田、⑩厳能（熊）の竜首渠、⑪倪寛の六輔渠、（以上漢代）

などが確認されている。

これらは、いずれも国家的水利事業といえるが、⑤は魏の文公の本拠地対策であり、①・④は、黄河・淮水・長江を結ぶ水運と関係が深く、⑥は岷江のバイパスを掘削し、下流の洪水を防ぎバイパスでの漕運の利を目的としたが、水流の安定は結果として流域の灌田に役立った。⑦は韓が秦の疲弊を目的とした水渠工事で、当時渠水漑田への認識がそれほど高まっていなかったことを物語る。②・③・④は首都への物資輸送のための水路の開鑿であり（②は漢水を郢に直結、③は淄済両水を臨淄に直結）、⑨は首都長安の食料確保のため汾水の河床を利用してここを耕地化せんとしたものであるが失敗している。⑩も関中洛水で井戸灌漑あたりからヒントをえたか、井渠方式で水を引き漑田をめざしたがあまり成果はえられなかった。⑤・⑨・⑩・⑪は首都圏の食料確保を目的とし政治的・軍事的色彩が強く、全国的視野などはない。⑥・⑧は漕運を主目的とする。ただ漕運用の渠にも、史記河渠書には「此可行舟、有余則漑浸」と、余りがあればとのことで安定した灌漑用水の供給は望むべくもなく、地域的にも限られている。

このことは先秦漢初の大規模な国家事業としての渠水灌漑事業が、農業生産の再生産過程にどれほどの効果をもち、地域社会の新たな再編成に繋がったかどうかについては疑問がもたれる。古代帝国の基礎的諸条件が形成されたはずの春秋中期から戦国時代にかけて、この国家的水利灌漑事業が、あまりに限定されていることにも問題が残る。

国家権力が全国各地の灌漑のために関心を示すようになるのは、前漢時代も武帝時以降においてであった。地方官制が整備され、在地有力者が体制内に繰り込まれて行くなかで、漢書溝洫志に、

（武帝元封年間、塞瓠子、無水災）、自是之後、用事者争言水利、（略）它小渠及陂山通道者、不可勝言也。

とあるように、元封年間の瓠子の治水が契機となっているが、それまで地域社会が独力で築き上げてきていた漑田の

みを目的とする小渠・小陂が、国家権力の手によって強化されて行くようになる。

漢書溝洫志には、元封年間の黄河の治水を契機にして、

①朔方・西河・河西・酒泉の漑田、②霊軹渠、③成国渠、④湋渠、⑤汝南・九江郡の淮水の渠、⑥東海郡の鉅定沢からの渠、⑦泰山地区の汶水の渠。

などの各地での灌漑事業が列挙されている。瓠子での水利事業は、これを遡る二〇年も前に、黄河がこの地で決壊したにも拘わらず一高官の恣意で放置されていた。このため黄河下流域の広大な地域が連年水害に苦しんだが、水利に対する当時の国家権力の意識の低さを象徴している。

小渠・小陂に先行する灌漑は、前述したが集約的な耐旱農業経営（西山武一「華北旱地農法考」『経済発展と農業問題』岩波書店、一九五九。『アジア的農法と農業社会』東京大学出版会、一九六九。若干の畜力・農具に依存しつつもっぱら入念な耕地処置によって自然降雨の不足を克服）に対応する、漢書溝洫志にみえる、

泉流灌寖、所以育五穀也。

との泉や、荘子天地にみえる、

鑿隧而入井、抱甕而出灌。

との井戸灌漑、それに自然の河川に依存する方式が中心であった。

そして武帝中期以前の国家的水利灌漑事業は、政治上の重点地区に限定され、水利灌漑を通じた国家権力の地域社会に対する働きかけは、木村正雄氏の言葉を借りれば、第一次農地に集中していた。このため新たな居住地区、いわゆる第二次農地の造成は、「落」の事例にみられるように、地域住民独自の努力に負っていたことになる。

もちろん灌漑事業のように、再生産への直接的な国家的介入ではないにしても、禹貢をはじめ早くから「治水」事業が伝えられ、農耕地を水害から保護していた。再生産への波及効果は大きい。しかしこの治水事業は、歴代、河川

の決壊あるいはこれに備えての対応にすぎない。

このような治水を中国における国家（殷周）形成の要因にあげることは指摘されてきた。しかしこれを官僚制中央集権国家である秦漢帝国形成の基礎的条件と見なすとなると、戦国時代における治水事業に、これと結びつくような格段の新たな展開を見出すことはできない。同時にまたこれを必要とするような自然的条件の変化も確認できない。ただ先秦時代の河淮間を結ぶ鴻溝、江淮間を結ぶ邗溝、江と太湖・杭州を結ぶ渠などは、黄河・長江を結ぶ南北の運河として機能した。春秋戦国時代の経済圏の拡大と軍事上の必要から諸侯国によって実施されたもので、農業の再生産とは必ずしも直結しないが、結果として黄河と長江とを結ぶ大運河が完成した。灌漑事業からは離れるにしても、これなどは古代帝国の統一性を維持するうえで大きく貢献し、秦漢帝国形成の環境づくりに寄与したはずである。

(3)最後になったが、史記商君列伝の、

為田開阡陌封疆、而賦税平。

の記事にみえる開阡陌について結論だけを述べれば、阡陌が、部分的に設置された初県においてのみ実施されたものでないことは、商鞅の県が全国土に実施されたものであったことから疑いのないことである。まま指摘されるように、この阡陌を地割りの再編成、条里化と結びつけて考えると、それは領土全域にわたる一大事業となり、緊張した戦国時代にあっては賢明な政策決定とはいえない。このため開阡陌はむしろ、国家財政の基礎となる税収確保のための土地台帳の作成、検地に関わるものであったと考える。

## おわりに

以上、秦漢帝国の形成過程を農民や聚落の自律性から検討してきたが、網羅的とはいえず論旨も充分ではない。未熟な試論である。先秦時代の代表的聚落遺址については、唐代史研究会編『中国歴史学界の新動向』（刀水書房、一九八二）に収められる拙稿「先秦時代の出土文物」で紹介した。

# 聚落編

# 第一章　石器時代の聚落

## はじめに—戦国・秦漢時代の聚落—

中国古代の聚落については、これまで二つの異なる理解があった。一つは「邑」とよばれる都市（城市）国家が、三国時代以降「村」とよばれる散村へと変化して行ったとの理解であり、[1]いま一つは、「邑」とよばれる聚落もすでに先秦時代において十数戸から数十戸の規模で多く散村化していたとの理解である。[2]これについて私は、三国時代の「村」に先行してすでに戦国時代に「落」とよばれる新興聚落が現われており、[3]漢代の地方行政でもこれら小聚落の核である父老（土豪）層が三老制として行政面で活用されていたとのことを指摘した。[4]

地方行政制度は、春秋戦国時代に兵農一致が進行するなかで軍制の影響のもとに各国で整備されて行ったものであるがため、とくに役の徴発、個別人身支配としての側面が強い。[5]統一後の秦の郡県制は、これの徹底、完成を期したものであったが、制度を支える肝心の官僚の確保に失敗した。これが秦の早期瓦解の一大原因である。

漢はこのため郡国制を採用する一方、郡県制下においても三老制を新設し行政の円滑化を企図するとともに、急ぎ官僚の養成、すなわち学校の設立に努めた。この郡県制と三老制との二本立ち、並列は後漢時代に父老層が官僚化し郡県制の枠内に吸収されて行くなかで消滅して行くのであるが、このような地方行政に地方の核的存在を利用する方向は、すでに春秋の県においてもみられることである。[6]

春秋戦国時代にみられる「落」等の散村は、上からの何らの介入（徙民、屯田等）を受けることなく、自力で形成されたもので自然村と考えてよい。もちろん交通の要所などには都市も形成されている。これが政治上の役割を担うにいたると巨大な宮殿建築もみられる。しかしこの都市も、前もって整備された都市計画をもつものではなく、後述するように多く自然に発達してきたものである。[7]

このように中国古代聚落の展開を考えてくると、これは古代国家像の理解にも影響がある。「邑」を都市国家として理解する場合には、その間に地域社会の急激な変化を予想し難い。これに対し地域社会の公権力による改造を想定すると、これは支配の一元化の強化となる。[8]しかし前述したように地域社会の自然分化を前提とする場合、支配はかかる地域社会の秩序に拘束され、これの活用に留意せねばならないこととなる。そしてこれは支配（公権）の限界を意味すると同時に、地域住民の歴史にたいする創造、私権の展開を確認せしめる。

以上は戦国秦漢時代の聚落を中心に概観したのであるが、この聚落の実態もこれまでは主として文献を中心に検討されてきたものである。これに対し最近中国考古学界の成果はめざましく、そのなかには聚落遺址が多数含まれている。そこで本章では、このなかから今回は石器時代の聚落遺址を中心に最近の動向を紹介することにする。

## 一　聚落の立地条件―いわゆる丘から野へ―

『史記』夏本紀には、

九河既道、雷夏既沢、雍沮会同、桑土既蚕、於是民得下丘居土。

すなわち黄河下流の河道が定まり桑土に洪水の心配がなくなると、人々は「丘」から下って「土」（野）に居住するようになったと伝えられている。これは居住地がかなり早い時期に丘から野に移動したことを物語る。『春秋』に伝えられる古い邑名にも丘、陵、阜、京など「丘」にかかわるものが多くみられる。『周礼』にも里、鄙、邑、甸などとともに「丘」が地方行政区画の単位としてみえている。

このためこれまでは一般に、中国古代における聚落は、丘から野へと移り変わったものと理解され、木村正雄氏はこれを山間河谷の第一次農地から春秋末戦国時代以降の平野における第二次農地への転化として捉えられている。[9] そしてこの「丘」について五井直弘氏は、春秋晋の祁氏七邑（鄔邑、祁邑、平陵邑、梗陽邑、塗水邑、馬首邑、盂邑）、羊舌氏三邑（銅鞮邑、平陽邑、楊邑）の場合、各邑が山地から流出する河川沿で、山地と平野部との接点、もしくはそれに近い処に位置していたとされ、木村氏の説を補強されている。[10] そこでまずは、この丘から野への居住地の変遷について、これを考古学の成果をもとに石器時代に遡り、華北を中心に考えてみることとする。

華北最古の居住遺址は、一九五七年以降調査が進められてきている山西省芮城県西侯度村遺址で、今から百余万年前のものである。この西侯度村遺址（近くに匼河村遺址がある）は、現在黄河に傾斜する丘陵地帯に位置し、当時はこの一帯が広い水域（河流か湖池）であったと推測されている。また一九六三年七月に発見された、今から百万年前といわれる藍田原人の居住地も、陝西省藍田県の西北、灞水右岸の河岸台地（河漫灘）上であった。[11]

北京原人で知られる北京市西南方約五〇キロメートルの周口店の遺址は、現在は竜骨山の北斜面に位置する長さ（東西）一四〇、幅（東方部で）四〇、高さ（堆積の厚さ）四〇余メートルの洞穴であるが、当時は附近の河床が現在よりも七〇余メートルも高くなっており、洞穴内には洪水の跡さえ確認できる。[12] 今から六万年前と推定される山西省襄汾県の丁村遺址[13]も汾水河岸上に位置するが、この汾水支流、釜水河岸には曲沃県の里村遺址がある。[14] なおオルドスと少し北辺に位置するが、河套人が発見された場所も河水に近く比較的大きな湖が存在する。[15]

ただこれらは旧・中石器時代の遺址であって、必ずしも定住生活を営んでいたものではない。これに対して新石器時代の居住（聚落）遺址は、定住地として比較的長期にわたり使用されているが、この新石器時代の居住遺址も、その立地条件は旧石器時代の場合と大きく変化することはない。総じて河流（洪水の害を受けない程度の小河川）沿岸の肥沃な黄土台地か湖池の近くに位置していた。[16] 尹達氏によれば、このような条件は仰韶、竜山両文化の居住地に共通するとのことであり、[17] 安志敏氏は、この新石器時代の居住遺址に①水源に近く、②生産に適し、③風害も少なく、④交通に便利な地点、等の条件が考慮されていたとのことを指摘されている。[18] そして立地条件の第一にあげられている水の存在は、飲料、灌漑とともに交通の面でも利用されるものであった。

そこで今、この新石器時代の居住地（聚落）の動向を、具体的に西安附近の魚化寨、米家崖、半坡村等二一ヵ所（第一種類型）、開瑞荘、斗門鎮等六ヵ所（第二種類型）、海家坡、大原村等九ヵ所（第三種類型）の各遺址について考えてみると、これらはいずれも河岸の台地遺址であるが、後期の遺址は早期の遺址に比べ地勢が低く広大になってきている。[19] そして渭水流域ではさらに河水からやや遠く離れた遺址（陝西省岐山県の新石器時代遺址）[20] も確認できる。これは人口の自然増に併せて鑿井（早く河南省澠池県の仰韶遺址に井が二ヵ所存在する）などの人工灌漑が可能になった結果もたらされたものであろうが、居住地が平野へと進出して行く動きとして注目すべきである。

そしてこれら新石器時代の遺址はまた、多く現在の村落や都市とも一致している。例えば、河南省浚県の淇水沿岸の一五の村落中、一一の村から新石器時代の遺址が発見されている。[21] このことは、新石器時代の居住地の選定に定住化の必要条件が充分考慮されていたことを物語る。

以上によれば、問題の「丘」の実態は、山間河谷や丘陵（アクロポリス）等の高地そのものに意味があるのではなく、まず河水や湖池に近く、その上でその水の氾濫を防ぐ程度の農耕可能な台地であったわけである。そして自然の水源から離れ野への居住地（聚落）の拡大も、春秋戦国時代をまつまでもなく、すでに新石器時代晩期において自然発生的に始まっていたと見なすことができよう。そこでついでは、この新石器時代の居住遺址、聚落を中心に、聚落の構造、家屋形態の変遷についてふれることとする。

## 二　聚落の構造

『詩経』には、居所、地域を表わす言葉として、郷、野、郊、邑、里などがみられる。このうち里は居宅、居所として比較的限定された用法であるのに対し、郷、野、郊などは比較的漠然とした地域概念をもつ。そして聚落の呼称としては多く邑が用いられる。邑の字義は周墻（口）のなかで人が跪居（巴）する様であるとされている。そこで『詩経』の時代の聚落についてであるが、これが果たして邑の字義通りの構造であったかどうかとなると必ずしも定かではない。このためこの聚落の構造とその変遷を、華北の聚落遺址を中心にふれておくこととする。

新石器時代の聚落遺址は、すでに仰韶期に遡りその構造をかなり詳細に伝えてくれている。この仰韶期の聚落遺址で著名なものは半坡遺址である。そこでまずこの半坡遺址について紹介すると、これは西安の滻河東岸約八〇〇メートル、現在の河床より約九メートルの台地上に在り、遺址の面積は約五万平方メートル（発掘地は約一万平方メートル）。居住地区は不規則な円形状で、聚落の面積は約三万平方メートル、周囲に幅、深さともに五、六メートルの溝（残存部分三〇〇メートル）が設けられ、東に門を開いた大型家屋（一六〇平方メートル）を中心に方形、円形の中小家屋四六戸（方形一五戸・円形三一戸、家屋面積は一六～二〇平方メートル）が次序なく門戸をほぼ南向にして位置している。窖穴は二〇〇余ヵ所。居住区内には複数の家畜場（長一〇×幅二・六メートル、長五・七×二・五メートル）がある。溝の北に共同墓地二五〇ヵ所があり、東に窯場六ヵ所がある。聚落への入口は西方である。(22)

この半坡遺址については、一九五三年以来五次の発掘調査をへてすでに多くの紹介が行われているが、ついで紹介する一九五八年に調査が始められた陝西省宝鶏県の北首嶺遺址、一九七二年に調査が始められた陝西省臨潼県の姜寨

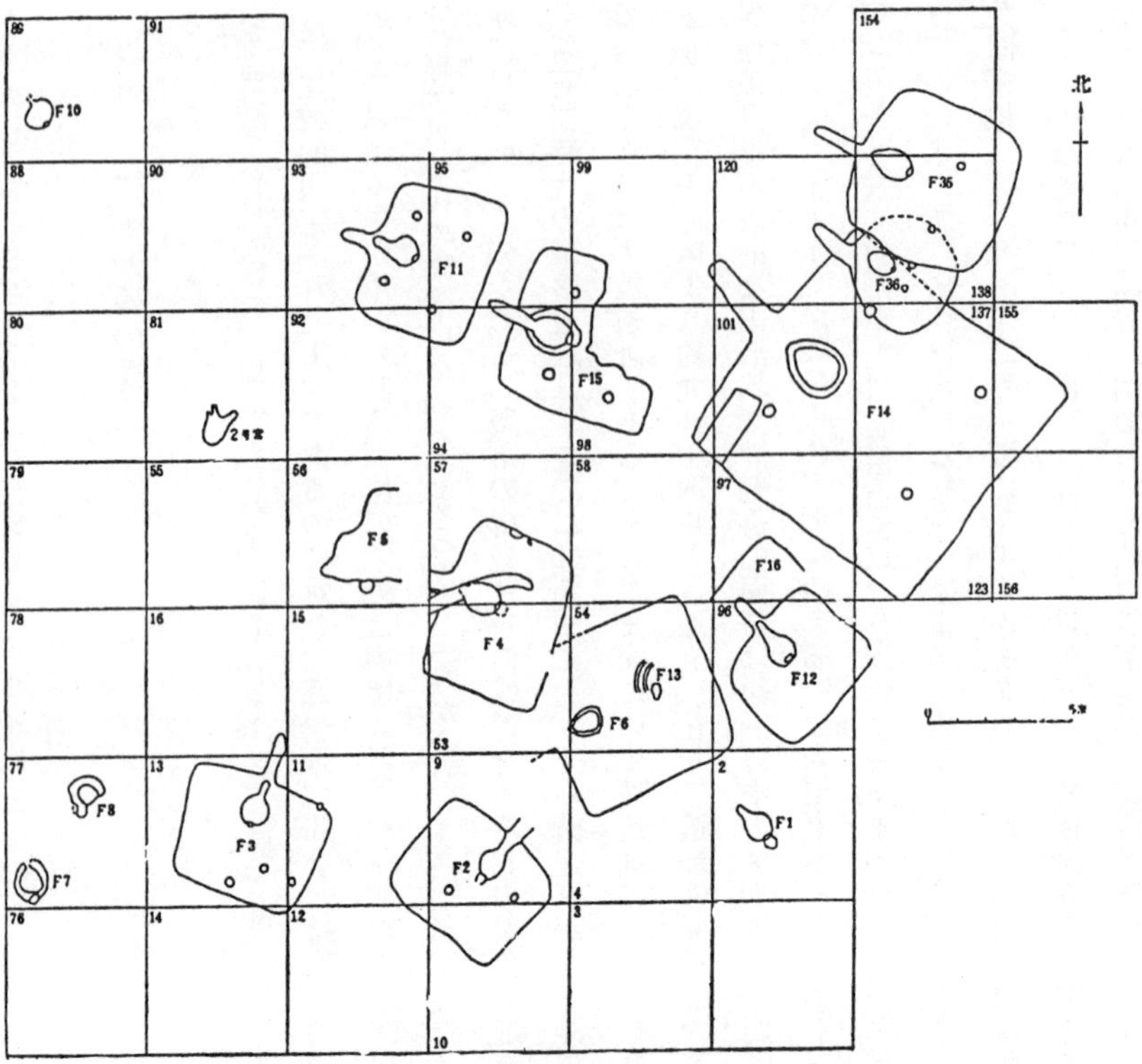


図ⅰ　宝鶏北首嶺遺址Ⅴ区

遺址も、それぞれ仰韶期の聚落遺址として注目される。

このうち北首嶺遺址は、約四千七百平方メートルが調査されていて、方形・長方形の半地穴式の家屋二七戸、円形半地穴式家屋一戸が確認されている（二二戸は破壊され状況不明）。居住地区の中心に南北一〇〇×東西六〇メートルほどの広場がある。仰韶中期から晩期にわたって使用され、四層の表土が確認されている。表土は踏み固められ、火焼の跡があり、表土の下には小石が敷かれていた。居住地区の西（Ⅳ区、墓葬四〇）と南（Ⅵ区、墓葬四〇九）とには共同墓地が地続きに設けられている。そしてこの広場を中心に東辺Ⅳ区の家屋（一戸）の門道は西向し、東南辺Ⅴ区（図ⅰ、中国社会科学院考古研究所『宝鶏北首嶺』文物出版社、一九八三参照）の家屋（一七戸）のほとんどの門道が西北向（二戸東北向・一戸西向、三戸は門向不明）し、西辺Ⅱ区の家屋（一〇戸）は門道が東向（二戸は門向不明）し、北辺Ⅰ区の家屋（二二戸）もほとんどの門道が南向（一戸東向・三戸東南向、二戸は門向不明）している。家屋の内、Ⅱ・Ⅴ区に比較的大型家屋が点在している。一般の家屋は、九～三四平方メートルであるが、大型家屋は、Ⅴ区F13が八五平方メートル、Ⅱ区77F3は八八平方メートルと規模が大きい。聚落内には二本の水路（幅七〇×深さ五〇センチ）が確認されている（図i参照）[23]。

ついで姜寨遺址は、半坡からわずか一五キロメートルのところで、驪山の北麓、臨河（石甕寺水）の河岸上に位置し、遺址の西南角は河水によって破壊されている。一九七七年までの一一次にわたる発掘調査で一万七千平方メートルが調査されているが、聚落全体は東西二一〇×南北一六〇メートルの楕円形で、三万三千六百平方メートルにもおよぶと思われ、半坡を凌ぐ規模をもつ（図ii参照）。

居住地区は幅（上部）二～三メートル、深さほぼ二メートルの溝で囲まれ、形状が確認できる家屋一二〇戸、

［東部］大型家屋一戸・中型家屋二戸・小型方形家屋七戸・小型円形家屋一一戸、計二一戸。

［南部］大型家屋一戸・小型方形家屋六戸・小型円形家屋八戸、計一五戸、破壊されている家屋跡も入れると推計総数二〇戸以上。

［西部］大型家屋一戸・中型家屋一戸・小型方形家屋四戸・小型円形家屋五戸、計一一戸、破壊されている家屋跡も入れると推計総数二〇戸以上。

［西北部］大型家屋一戸・小型方形家屋四戸・小型円形家屋三戸、計八戸、破壊されている家屋跡も入れると推計総数二〇戸以上。

［北部］大型家屋一戸・中型家屋一戸・小型方形家屋五戸・小型円形家屋七戸、計一四戸、破壊されている家屋跡も入れると推計総数二〇戸以上。

が発見されている。破壊された家屋の上に立てられた家もあり複雑であるが、同じ時期に生活を共にした家屋数は、百戸前後である。

小型家屋の広さは四～一八、中型は二四～四〇、大型は五三～一二八平方メートル。小型中型家屋には炉の他に生産用具が確認できるが、大型家屋には生産用具がない。大型家屋は氏族の集団活動、あるいは氏族長の住居で、中型家屋には氏族内の家族長が住んでいた可能性が考えられている。居住地区は東・西・南・北・西北の五区からなり、各地区には大型家屋がある。この聚落は、五つの氏族が共存する部族社会ではなかったかとの推論もある。また北・北西部には大型家屋二戸（七〇、八九平方メートル）が比較的隣接しており、聚落の中心的役割をもつ地区ではないかとも解されている。他の三地区も各一戸（東区は一二八・西区は七四・南区は五三平方メートル）の大型家屋があり、この大型家屋を中心として方形、円形の半地穴式あるいは地面建築の一般家屋が配されている。

各地区の家屋の門道はすべて中央に位置する五千平方メートルの広場の方角に向けられ、広場の西部には家畜の飼育場が二ヵ所ある。聚落の入口は東部で、周囲の溝がここでは途切れ通路となっている。溝外東部から東南部にかけて三ヵ所の共同墓地があり、臨河に近い西方には陶窯がある（図ii、陝西半坡博物館等『姜寨』文物出版社、一九八八参照[24]）。

以上仰韶期の三聚落遺址を概観したが、ここで注目されることは家屋の門道の方角に統一性があること、聚落に周溝がみられること等であろう。このうち門向において、半坡遺址の場合のように門道が南向する点は竜山期以降の家屋でも一般的にみられる傾向であるが、北首嶺、姜寨の両遺址の場合は、門向が中心の広場の方向にほぼ統一されており聚落における共同性の強さを窺うことができる。

また三遺址とも家屋群の中心的存在としての大型家屋が設けられている。この大型家屋の性格については、姜寨遺址においても紹介したが、族長の居所、集会場、宗教儀式の施設、あるいは老年成員、未成年者等の居所等、種々想

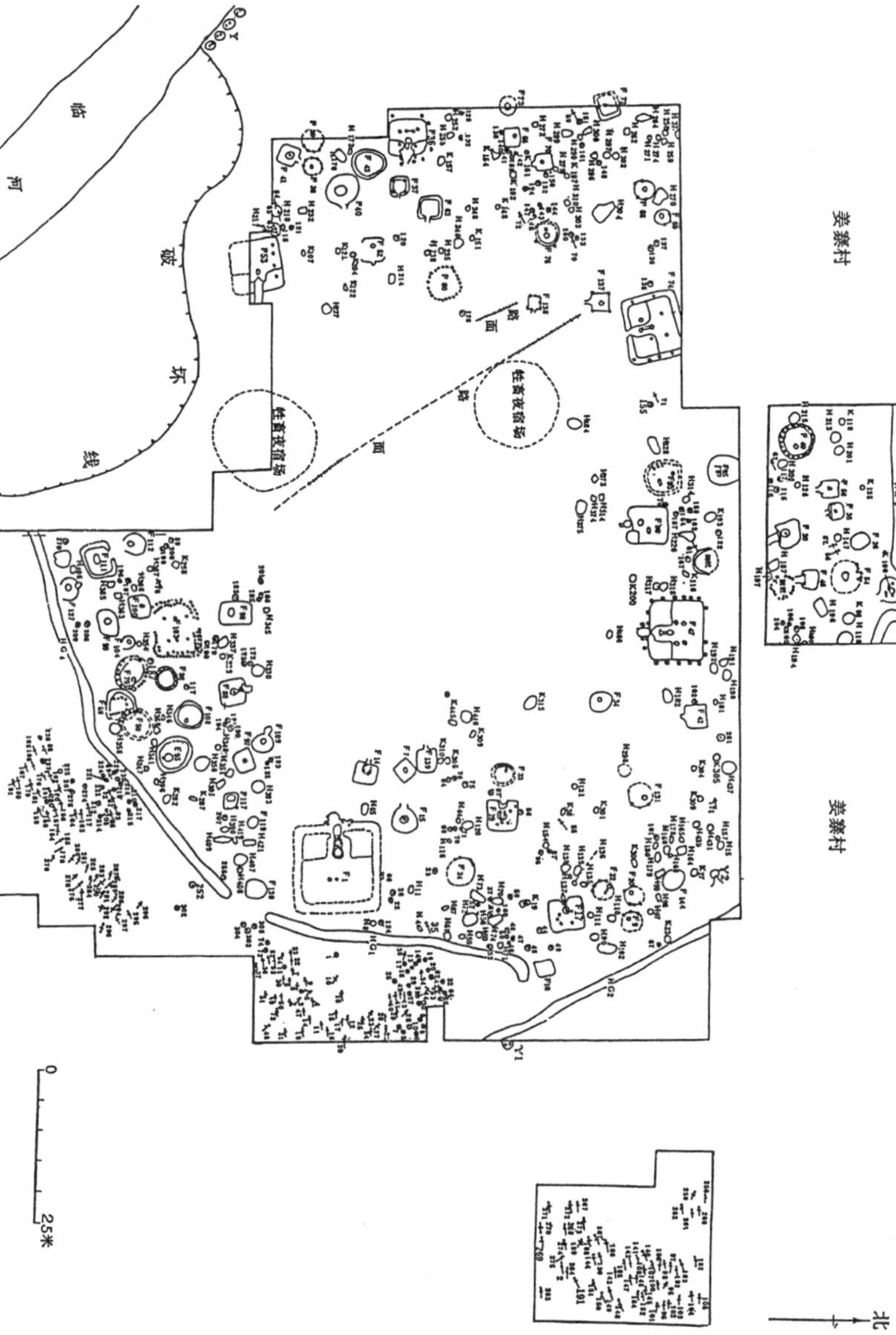


図ii　臨潼姜寨遺址平面図

定されているが[25]、これも地域の核としての役割を果たすものであったことが考えられる。

ついで北首嶺では確認できないものの、半坡、姜寨両遺址にみえる周溝についてであるが、これは外敵（主として獣害か）に対してのもののようで、聚落の形態としてはまさに邑の字義とも一致する。しかしこの周溝（墻）の一般性如何ということとなると、これまでの聚落遺址の考古報告においては竜山期も含めその事例は多くない。従来は竜山期の遺址として知られる山東省歴城県の竜山鎮の板築周墻があるが[26]、最近はこれも春秋時代に下げる意見がみえる[27]。このため聚落全体を溝または板築で囲わない場合、獣害を防ぐ程度の防禦施設とはいえ、各聚落がこれをどのように解決していたかが問題となる。

この点については、実は家屋建築の進歩が、これを解決してくれていたようである。家屋建築も竜山期に入ると家の墻壁を土や砕石で築き、家屋毎に自衛体制が整えられてきており[28]、西周から春秋時代と時代は降るが、遼寧省北票県の豊下遺址の場合などは防禦用の石垣が家の外周に設けられている（図iii、遼寧省文物幹部培訓班「遼寧北票県豊下遺址一九七二春発掘簡報」『考古』一九七六―三参照[29]）。

このようにみてくると聚落全体の防禦は、家屋建築の発達によって必ずしも不可欠のものではなくなって行くわけである。これも見方をかえれば、またそれだけ聚落全体に共同性が強く機能しなくなったとの事情を反映しているのかも知れない。竜山期以降の聚落遺址では仰韶期のような門向の統一性、中心となる大型家屋の存在等、一定の規律、次序は認め難くなってくる。

ただ河南省淅川県の下王崗遺址では四〇余室もの連続した家屋が新石器時代に現われており、新たな社会構成を想定させるが[30]、竜山期における華北の聚落遺址の多くは、小型家屋のさしたる次序もない小集合体に過ぎなかった[31]。

これら聚落のなかには、殷代に入ると都市化するものも出現する。しかし都市といっても殷代の都市遺址は、代表的な安陽小屯（東西四×南北五キロメートル）、鄭州（東壁一七二五・西壁二〇〇〇・南壁一七五〇・北壁一七二〇メートル）

の両遺址ともに、人口は両都市で、五～一〇万と推定され、宮殿建築もみられるものの、一般家屋の多くは、小型の半地穴式（例えば鄭州の銘功路の一七戸中二戸のみが地面家屋で他は半地穴式、床面積は一〇平方メートル以下が多い）である。鄭州では板築の周墻（方形に近いが西北角が大きく削られている）が設けられているものの、安陽小屯では周墻を認めることができない（安陽小屯は、祭祀用の地区との見方もある）。そして鄭州遺址における四〇余戸の家屋のうち、まとまりのある銘功路の一七戸については「半円村」の形式がみられるものの、他の各家屋は多く小集団に分化していた。[32]

都市での周墻は、春秋時代に入ると獣害を防ぐためというよりも、戦乱や盗賊への防衛のために次第に一般化して行くことになるが、これもその居住区が政治的、軍事的な重要性を帯び発展してくるなかで必要に応じ附設されるものであった。

『春秋左氏伝』僖公五年に、晋の献公が二公子のために蒲と屈とに「城」（周墻）を作らんとしたとき、士蔿が「無戎而城、讎必保焉」と城郭に反対している。これによっても居住地には必ずしも城郭が存在するものではなく、城郭を設けるとしてもこれには政治的な配慮

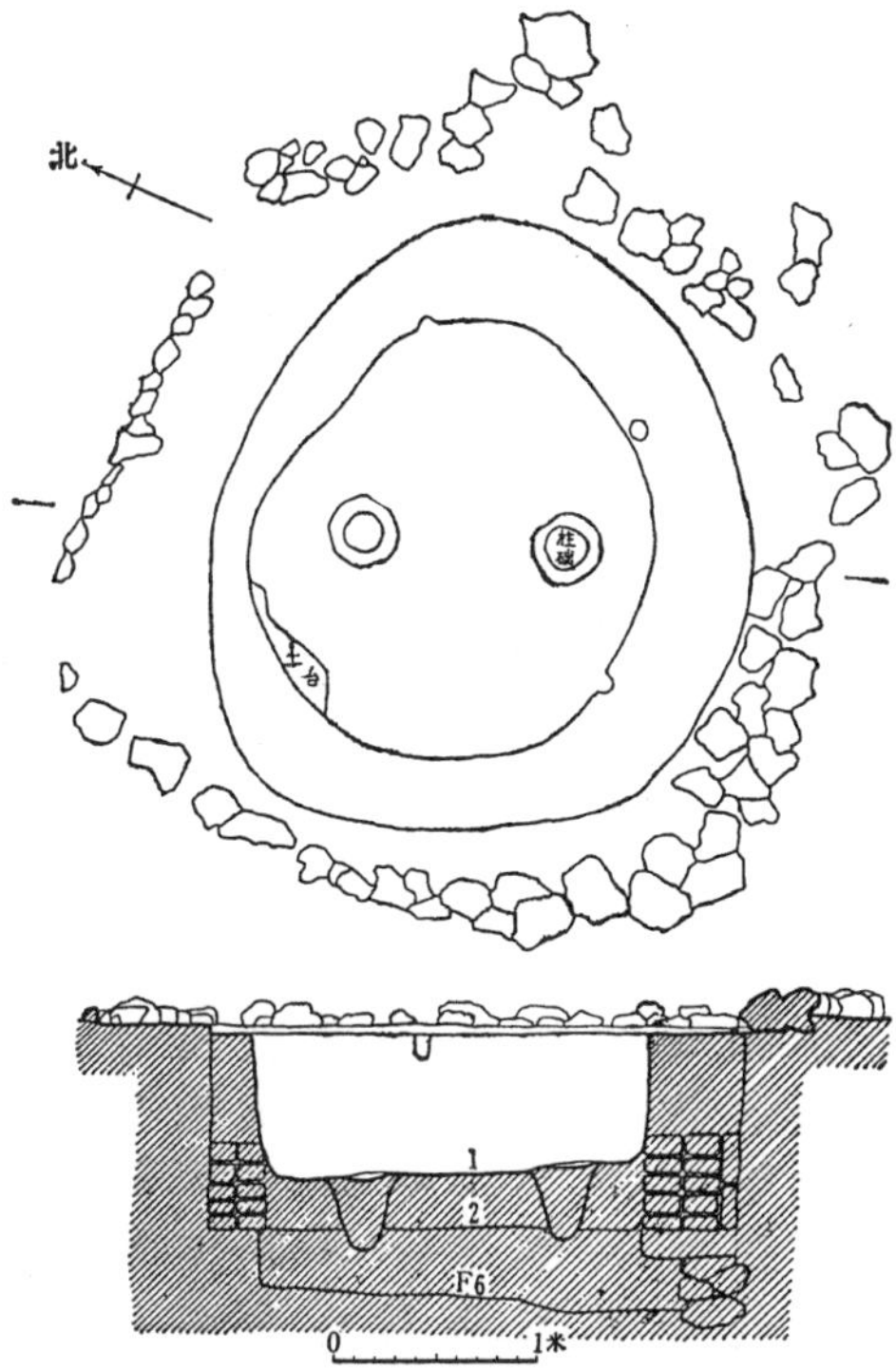


F2 平、剖面図
1. 第二層居住面　2. 第三層居住面

**図iii　豊下遺址F２図**

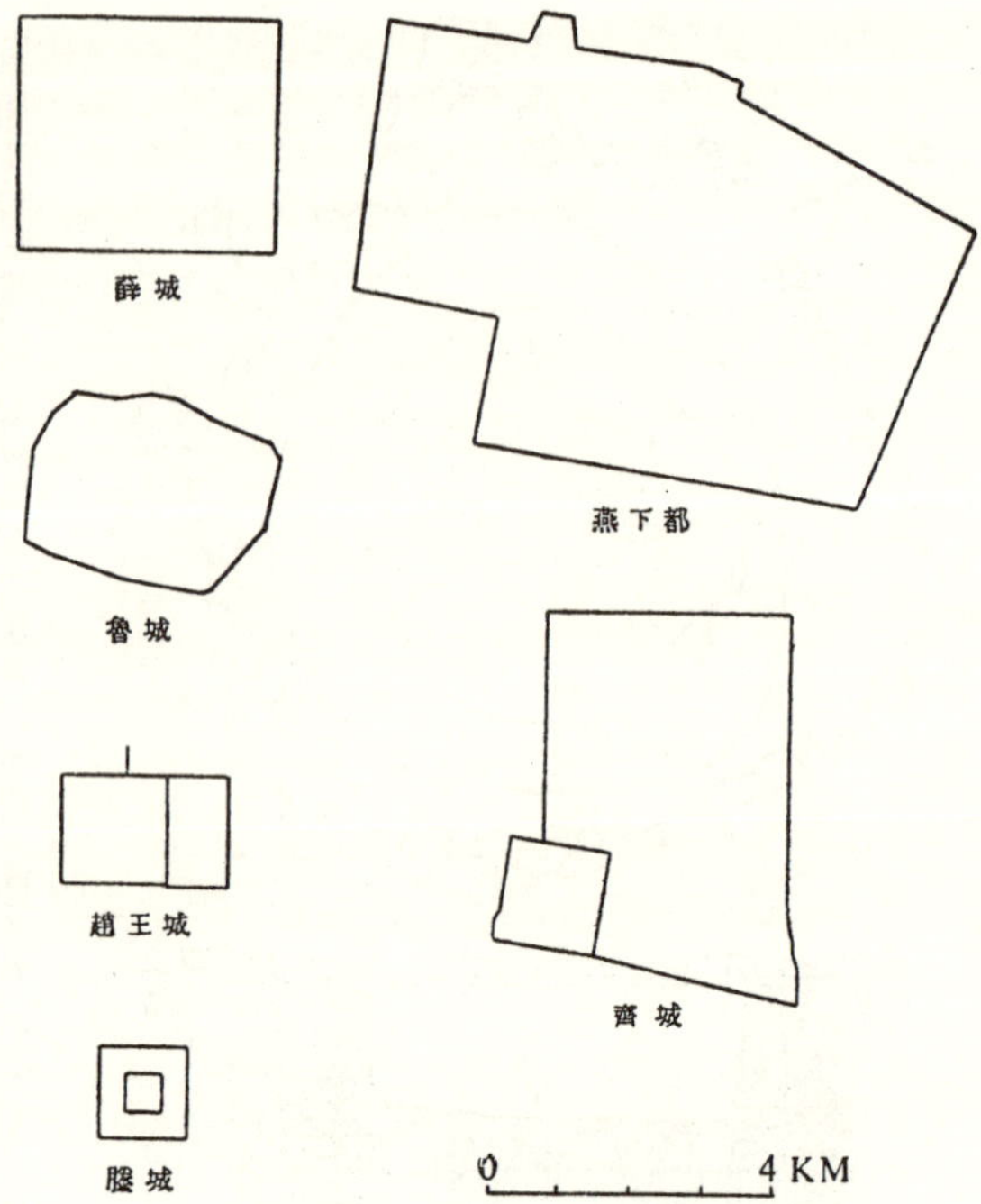


図iv　列国都城比較図

が絡むものであったことが明らかである。このため春秋戦国時代の斉城、燕下都、魯城、淹城、魏安邑城、東周城、陰晋城等多くの都市の周墻も方形に近いものの、ほとんど不整形（図iv、関野雄『中国考古学研究』東京大学出版会、一九五六参照。薛城の場合も実は西、北壁が不整形）である[33]。

初期聚落の構造をこのようにみてくると、比較的共同性（氏族集団）の強い仰韶期の聚落に対し、竜山期以降の聚落は各家の自立化が進み、地域社会における新たな核の成長が待たれる、あるいは進行していたことになる。共同で飲食を行う氏族聚落に原義をもつと思われる郷[34]が、『詩経』で漠然とした広がりのある地域の呼称に転化してきているのも、氏族共同体の規制が崩れ、聚落がすでに散村化してきているとの実態を背景とするものである。そして『詩経』、『書経』にみえる邑は、「作邑于豊」（大雅文王有声）、「商邑翼翼」（頌欲殷武）のように、多く都城級の都市であったようである。

## 三　家屋建築

『詩経』大雅緜は、

古公亶父、陶復陶穴、未有宗室。

と穴居を伝え、『孟子』滕文公下は、

堯之時水逆行、（略）民無所定、下者為巣、上者為営窟。

と非常の際ではあるが、地勢の高低に応じ窟居と巣居とを伝える。人類が狩猟・漁撈の採集民であった時期は、住居も一時的な使用でこと足り、非常時ならずとも自然の洞穴や樹上に薪柴を集めた住まいなどでことが足りたに違いない。ただ人々が定住化し、聚落が形成されてくるなかで、家屋建築も始まってくる。ついではこの家屋建築の変遷について述べることにする。

まず『孟子』の巣居は、『礼記』礼運には、

昔者先王未有宮室、冬則居営窟、夏則居橧巣。

とあり、必ずしも『孟子』に伝えられるような地勢の高低によるもののみではなく、夏季のための住居ともみえている。それでも地勢が低く水の害が心配される地域では、橧巣に類する住居は合理性がある。一九七六年に浙江省余姚県で発見された河姆渡新石器遺址では、地面から一メートル余りも上った高床式の木造建築が発見されている[35]。

先史時代の木造建築の実態は、考古学的な調査においても具体的な事例が余りに少ない。これに対しいわゆる窟穴居は、新石器時代の一般的な家屋建築である半地穴式の場合を含めると、これまで多数の考古学上の報告がある[36]。これによると家屋建築の様式については、仰韶期は第一段階＝穴居（湯泉溝H6）（図v、楊鴻勲「仰韶文化居住建築発展問題的探討」『考古学報』一九七五―一参照）、第二段階＝半穴居（半坡F37→F21→F41、孫旗屯袋穴）（図vi、楊鴻勲「仰韶文化

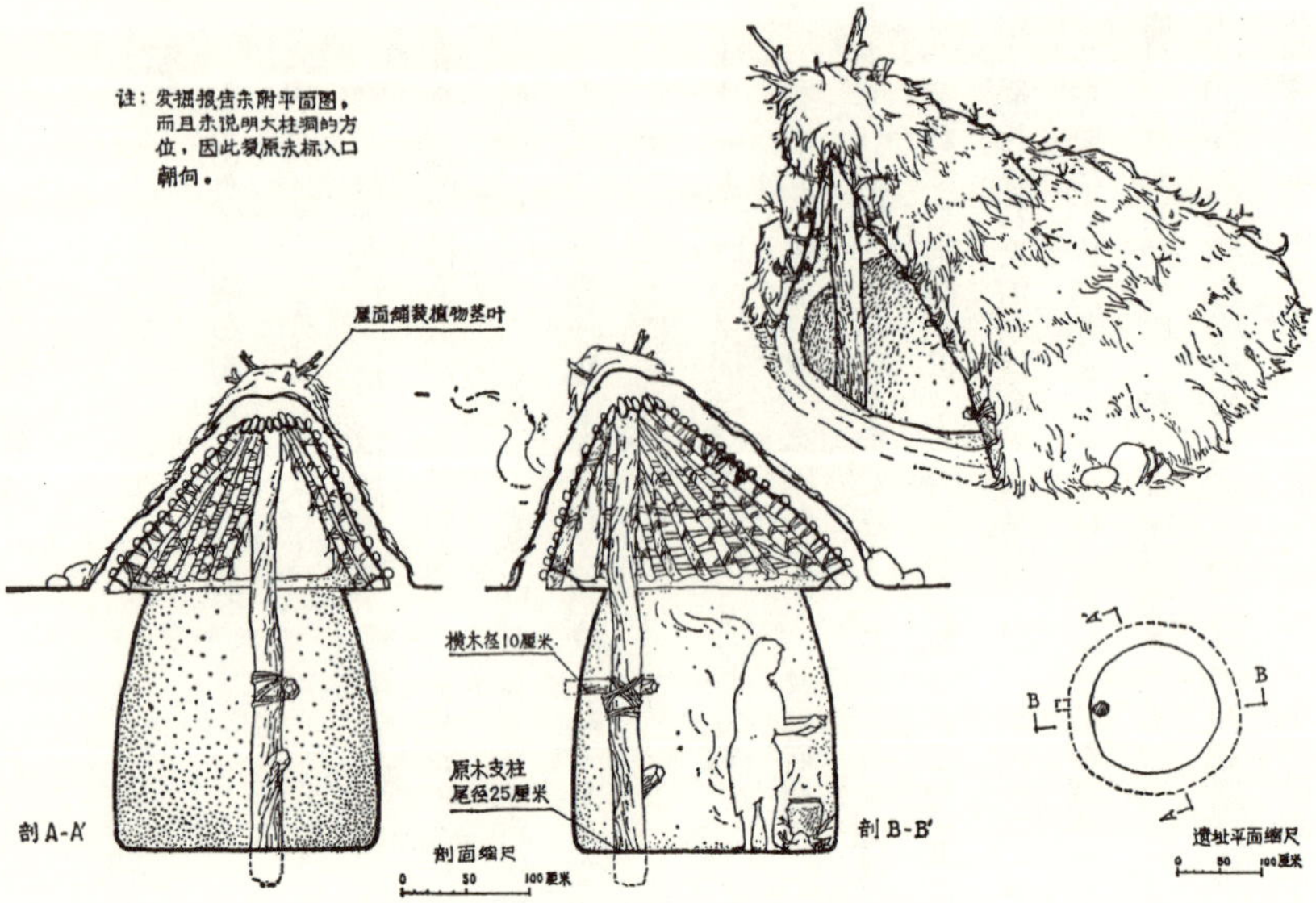


図Ｖ　偃師湯泉溝遺址Ｈ６復原図

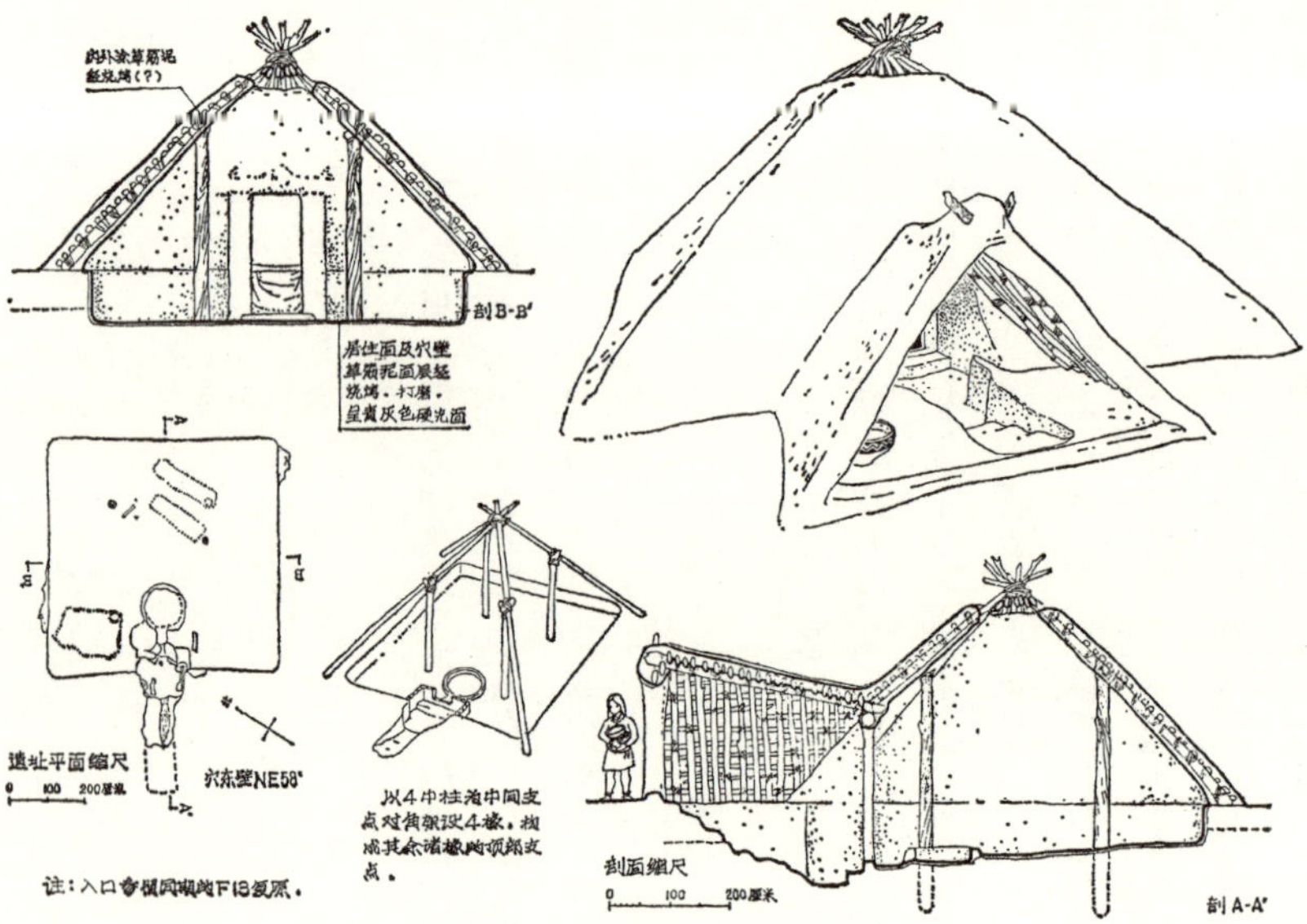


図vi　半坡遺址Ｆ21復原図

居住建築発展問題的探討」『考古学報』一九七五―一参照）、第三段階＝原始地面建築（半坡F39→F25→F24、廟底溝F302）（図vii、楊鴻勲「仰韶文化居住建築発展問題的探討」『考古学報』一九七五―一参照）、第四段階＝分室建築（半坡F1、大河村F1〜4）（図viii、楊鴻勲「仰韶文化居住建築発展問題的探討」『考古学報』一九七五―一参照）の変遷をみ、円形、方形の家屋建築が混在する。

円形よりも方形の方が遅れて現われる。半坡の円形家屋の推移は、第二、三段階にかけF6→F22→F3（図ix、楊鴻勲「仰韶文化居住建築発展問題的探討」『考古学報』一九七五―一参照）→F29となっている。方形家屋の場合は早期、中期、晩期に類別でき、その特徴を半坡についてみると、早期は正方形をなし、竈はやや浅く比較的長い門道を備える。中期には長方形となり竈は深く門道が次第に消え、晩期には分室家屋となってくる。[37]

各家屋の床面積は、方形家屋の事例によれば、仰韶期の廟底溝（河南省陝県）、下孟村（陝西省邠県）、王湾（河南省洛陽市）遺址の場合、長さ八×幅六メートルであるのに対し、半坡、北首嶺遺址は、長さ六×幅四メートルと小さくなっている。これがさらに竜山期に入ると、臨河と霊宝（河南省）の遺址では、一般に長さ三・五×幅二・九メートル、偃師（河南省）遺址では、長さ四・二×幅二・三メートル、[38]殷代の台西村（河北省藁城県）遺址では長さ四・八×幅三メートル、[39]西周の下潘汪（河北省磁県）遺址では、長さ三・九八×幅二・四七メートルとなっており、[40]仰韶期に比べ竜山期以降の単室家屋の小型化が窺える。このことからまた、この間における母系制から父系制への移行、家族の単家族化も推測されている。

早くから多数発見される単室家屋の変遷は、家族制度、経済活動を考える上で重要であるが、小型化して行く単室家屋とならんで、殷代の台西村遺址（家屋一四戸）の場合は、既発表家屋五戸中、三戸が二室、三室のものとなっている。いわゆる分室家屋が混在しており、[41]当然また大家族と小家族との併存、階層の分化が考慮されねばならないことになる。

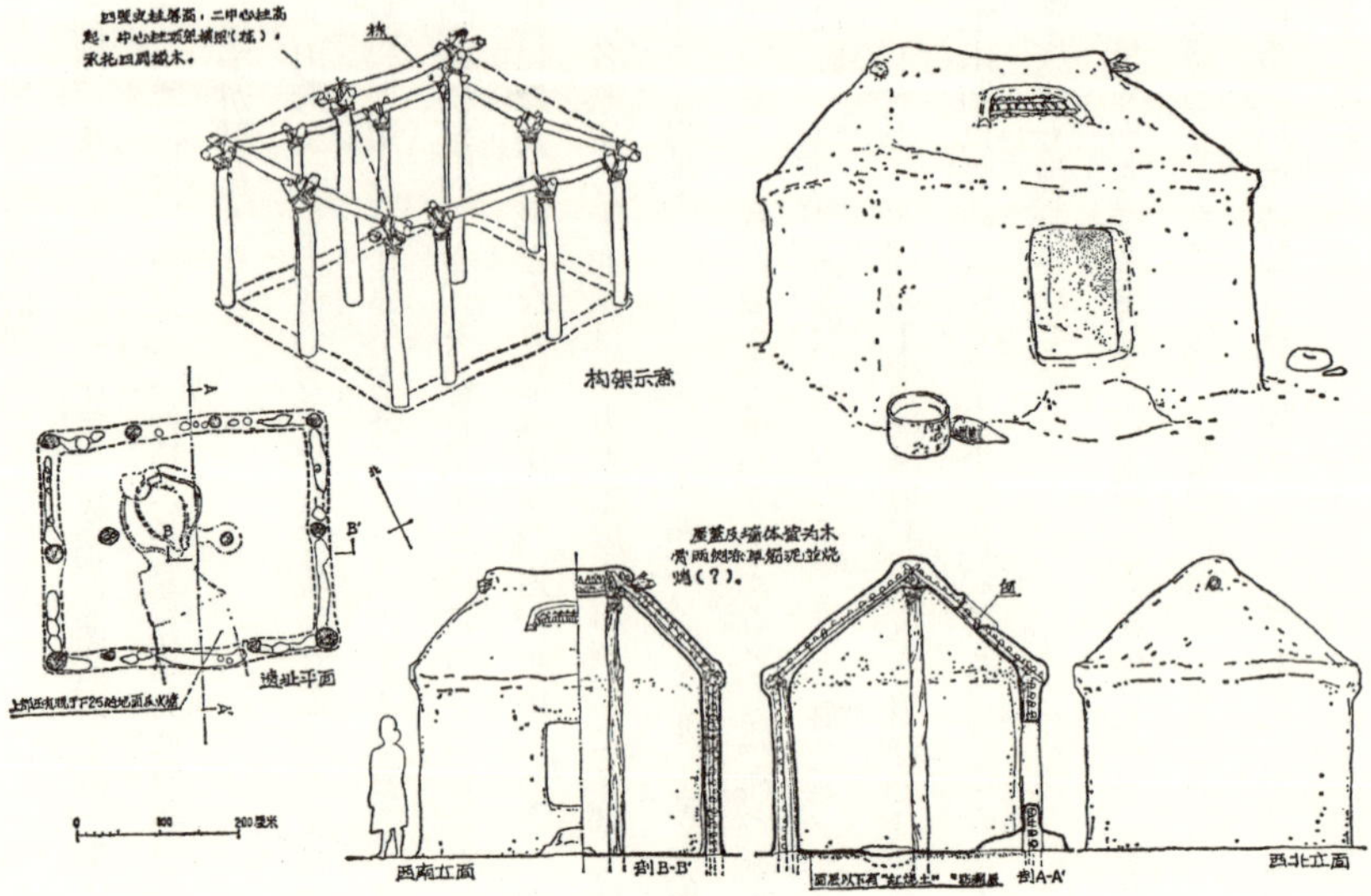

図vii　半坡遺址F25復原図

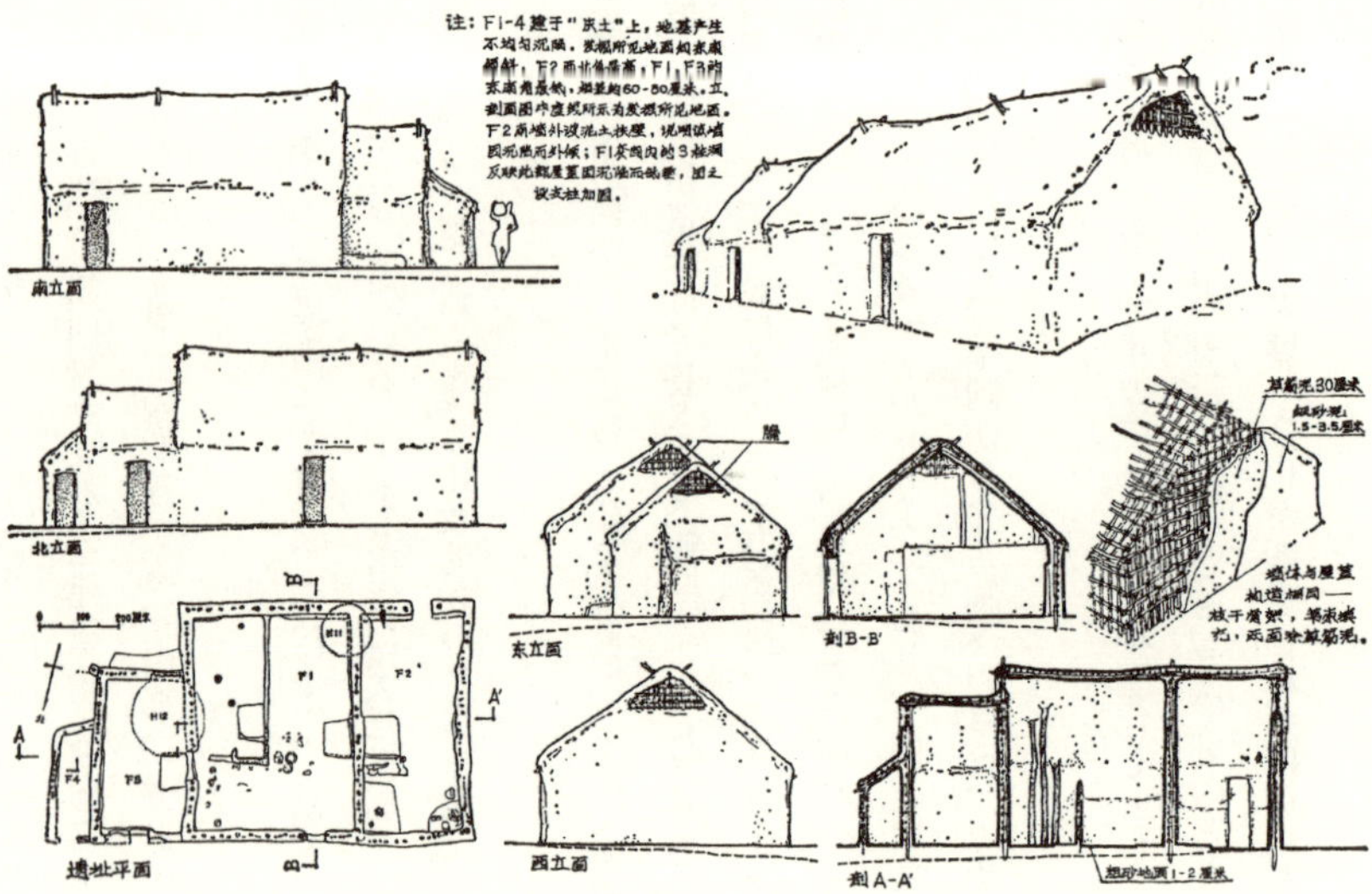

図viii　鄭州大河村遺址F 1－4復原図

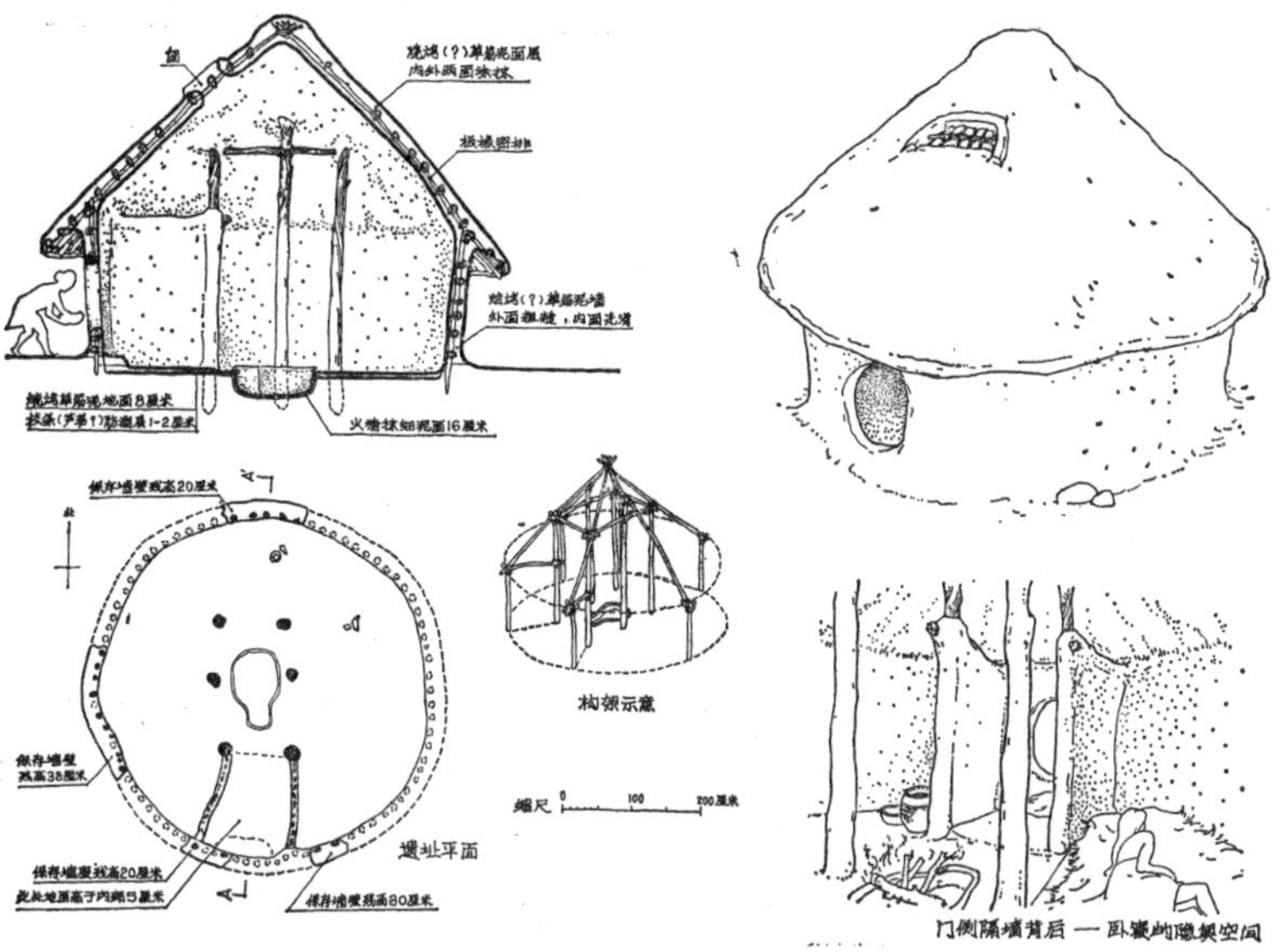


図ⅸ　半坡遺址Ｆ3復原図

## おわりに

以上、考古学上の成果をもとに石器時代の聚落を概観してきたが、ここでは、
(1) 聚落の立地条件は、早期には河岸台地など水源に近い場所が土として選ばれていたが、新石器時代も末には水源を離れ人工灌漑を必要とする平野にも聚落が出現する。
(2) 聚落の構造は、仰韶期には共同性の強い統一性が窺えるが、竜山期になると各家の自立性が高まり、聚落の散村化が顕著となる。
(3) 家屋建築においては、単室家屋の規模が仰韶期に比べ竜山期に入ると小型化し、仰韶期の後期には分室家屋が現われる。このことは家族制において母系制から父系制へ、さらには階層の分化などをも想定させることになる。
等の諸点を紹介した。ただこれらについては、今後の発掘調査の進展を注意深く検討する必要がある。それでも従来の文献面での検証を補完する点が大きい。

注

（1） 宮崎市定氏に多くの研究がある。『アジア史論考』中巻、朝日新聞社、一九七六、『宮崎市定全集』一・三・七、岩波書店、一九九一。
（2） 松本雅明「詩経研究の方法」『東洋文庫年報』一九六〇年度。鈴木俊編『中国史』第二章（松本雅明氏執筆）、山川出版社、一九六四年。
（3） 拙稿「中国古代における聚落形態について」『中央大学文学部紀要』史学科一六、一九七一。本書所収。
（4） 拙稿「漢代における里と自然村とについて」『東方学』三八、一九六九。本書所収。同「中国古代における郡県属吏制の展

開」『中国古代史研究』四、雄山閣、一九七六、本書所收。
（5）拙稿「中国古代の伍制について」『中央大学文学部紀要』史学科一九、一九七四。本書所收。
（6）拙稿「商鞅の県制」『中央大学文学部紀要』史学科二二、一九七七。本書所收。
（7）那波利貞「支那都邑の城郭とその起源」『史林』一〇―二、一九二五。拙稿「咸陽城と漢長安城」『中央大学文学部紀要』七六、一九七五。
（8）西嶋定生『中国古代帝国の形成と構造』第五章、東京大学出版会、一九六一。
（9）木村正雄『中国古代帝国の形成』不昧堂、一九六五。
（10）五井直弘「春秋時代の晋の大夫祁氏・羊舌氏の邑について」『中国古代史研究』三、吉川弘文館、一九六九。
（11）賈蘭坡『中国大陸上的遠古居民』天津人民出版社、一九七八。
（12）裴文中『中国史前時期之研究』商務印書館、一九四八。賈蘭坡『北京原人』外文出版社、一九七七。
（13）賈蘭坡「山西襄汾県丁村人類化石及旧石器発掘報告」『科学通報』一九五五年一月号。注（11）。
（14）顧鉄符「山西曲沃里村西溝発現旧石器」『文物参考資料』一九五六年八期。
（15）周明鎮「従脊椎動物化石上可能看到的中国化石人類生活的自然環境」『科学通報』一九五五年一月号。
（16）史念海「石器時代人們的居地及其聚落分布」『人文雑誌』一九五九年三期。
（17）尹達「中国新石器時代」『中国新石器時代』三聯書店、一九五五。
（18）安志敏「新石器時代」『考古学基礎』科学出版社、一九五八。
（19）注（16）。蘇秉琦、呉汝祚「西安附近古文化遺存的類型和分布」『考古通訊』一九五六年二期。
（20）「陝西省岐山県発現新石器時代遺址」『文物参考資料』一九五四年二期。
（21）注（16）。周到「河南浚県的新石器時代遺址」『考古通訊』一九五七年一期。
（22）考古研究所西安工作隊「新石器時代村落遺址的発見―西安半坡」『考古通訊』一九五五年三期。考古研究所西安半坡工作隊「西安半坡遺址第二次発掘的主要収穫」『考古通訊』一九五六年二期。中国科学院考古研究所『新中国的考古収獲』中国考古学専刊甲種六号、一九六一。『半坡遺址』陝西人民出版社。中国社会科学院考古研究所、陝西省西安半坡博物館『西安半坡（考古学専刊丁種一四）』文物出版社、一九六三。林寿晋『半坡遺址綜述』中文大学出版社、一九八一。陝西省西安半坡博物館『西安半坡』文物出版社、一九八二。

(23) 考古研究所宝鶏発掘隊「陝西宝鶏新石器時代遺址発掘紀要」『考古』一九五九年五期、考古研究所渭水調査発掘隊「宝鶏新石器時代遺址第二・三次発掘的主要収穫」『考古』一九六〇年二期、中国科学院考古研究所宝鶏工作隊「一九七七年宝鶏北首嶺遺址発掘簡報」『考古』一九七九年二期。中国社会科学院考古研究所『宝鶏北首嶺』文物出版社、一九八三。

(24) 西安半坡博物館「従仰韶文化半坡類型文化遺存看母系氏族公社」『文物』一九七五年一二期。西安半坡博物館、臨潼県文化館姜寨遺址発掘隊「陝西臨潼姜寨遺址第二、三次発掘的主要収獲」『考古』一九七五年五期。陝西半坡博物館・陝西考古研究所・臨潼県博物館『姜寨―新石器時代遺址発掘報告―』文物出版社、一九八八。

(25) 吉林大学歴史系考古専業・河北省文物管理処「仰韶文化遺址中大房子的研究」『工農考古基礎知識』文物出版社、一九七八。注(24)『文物』一九七五年一二期。

(26) 注(17)。

(27) 安志敏「中国新石器時代的物質文化」『文物参考資料』一九五六年八期。

(28) 商丘地区文物管理委員会・中国科学院考古研究所洛陽工作隊「一九七七年河南永城王油坊遺址発掘概況」『考古』一九七八年一期は土墻。中国科学院考古研究所内蒙古工作隊「赤峰薬王廟夏家店遺址試掘報告」『考古学報』一九七四年一期は石墻。「一九六二年陝西扶風斉家村発掘簡報」『考古』一九八〇年一期、は西周であるが、卵石基が部分的であるが残っている。吉林省文物工作隊「吉林長蛇山遺址的発掘」『考古』一九八〇年二期、は戦国時代の聚落遺址で、一五戸が三～五メートル位で位置し、半地穴式で石墻をもつ。補助的小墻を備えるものもある。家屋により出土品に格差があり、貧富の分化がみられる。吉林省考古短訓班「吉林猴石山遺址発掘簡報」『考古』一九八〇年二期、も戦国時代で、居住址三カ所、家毎に石墻を備える。

(29) 遼寧省文物幹部培訓班「遼寧北票豊下遺址一九七二年春発掘簡報」『考古』一九七六年三期。

(30) 河南省博物館長蘇考古隊河南分隊「河南淅川下王崗遺址的試掘」『文物』一九七二年一〇期。

(31) 文革以前の考古成果は中国科学院考古研究所『新中国的考古収獲』考古学専刊甲種四、文物出版社、一九六一、に纏められているので、文革後の考古報告を中心に竜山期について表示すると、

| 〈遺址名〉 | 〈房基数〉 | 〈文献〉 |
|---|---|---|
| 遼寧赤峰薬王廟 | 二 | 考古学報一九七四―一 |

| | | |
|---|---|---|
| 遼寧赤峰夏家店下層 | 五 | 考古学報一九七四—一 |
| 甘粛永靖大河荘（図x参照） | 七 | 考古学報一九七四—二 |
| 甘粛永靖馬家湾 | 七 | 考古　一九七五—二 |
| 河南偃師二里頭 | 九 | 考古　一九七五—五 |
| 河南臨汝煤山第一期 | 二 | 考古　一九七五—五 |
| 山東東海峪上層 | 四 | 考古　一九七六—六 |
| 山東東海峪中層 | 五 | 考古　一九七六—六 |
| 山東東海峪(不明) | 三 | 考古　一九七六—六 |
| 遼寧敖漢旗南台地 | 四（F4円形双房） | 文物　一九七七—一二 |
| (雲南元謀大墩子) | 一五 | 考古学報一九七七—一 |
| | | 文物　一九七八—一〇 |
| 河南永城王油坊 | 一一 | 考古　一九七八—一 |
| 河南孟津小潘溝 | 三 | 考古　一九七八—四 |
| 甘粛武威皇娘々台 | 四 | 考古学報一九七八—四 |
| 山東兗州王因 | （房基破壊） | 考古　一九七九—一 |
| 黒竜江東寧大城子 | 二 | 考古　一九七九—一 |
| 吉林農安田家坨子 | 一 | 考古　一九七九—二 |
| 河南湯陰白営村 | 四六（晩期）・七（典型）・九（早期、付水井） | 考古　一九八〇—三 |
| 山西襄汾陶寺 | 一 | 考古　一九八〇—一 |
| 山西夏県東下馮 | 三〇余（付水井） | 考古　一九八〇—二 |
| （この遺址には、回字形の内溝＝一辺一三〇・外溝＝一辺一五〇メートルがある） | | |
| 黒竜江肇源台金宝（青銅器文化） | 二 | 考古　一九八〇—四 |

となるが、以下殷周時代の聚落遺址も報告されているので表示しておく。

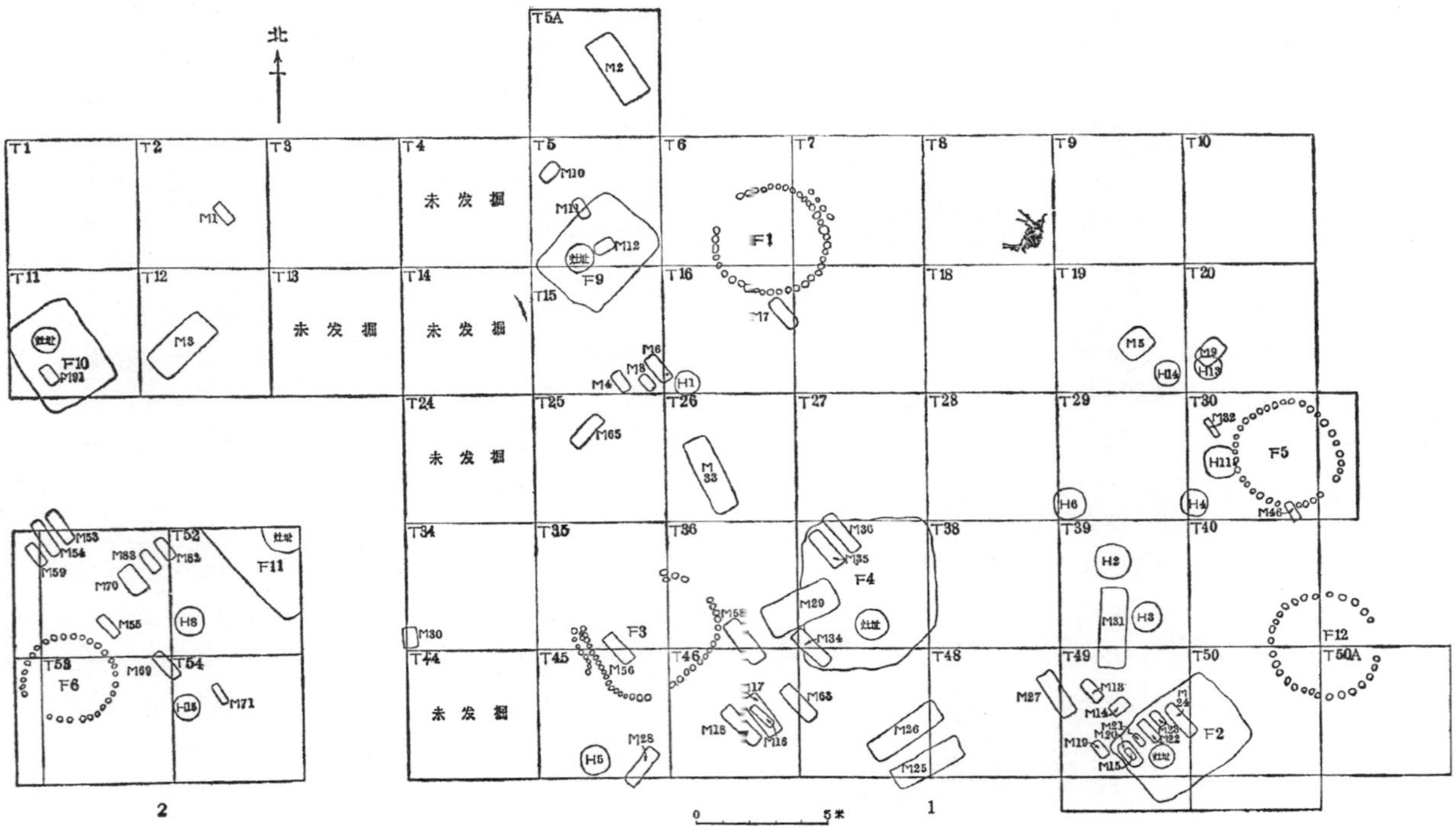


図Ｘ　大何荘遺址西部発掘区分布図

1. 西区遺址（西南部尚有九個探方、因無遺址未絵）
2. 東区遺址
房基Ｆ１－６・10・11

| 〈遺址名〉 | 〈房基数〉 | 〈文献〉 |
|---|---|---|
| （殷代） | | |
| 江蘇銅山丘湾 | 一 | 考古　一九七三―二 |
| 河北藁城県台西村 | 一四 | 文物　一九七四―八 |
| | | 文物　一九七九―六 |
| 黒竜江寧安東京城東康 | 四 | 考古　一九七五―三 |
| 山西夏県東下馮 | 一（付水井） | 考古　一九八〇―二 |
| 江西清江呉城 | 一 | 文物　一九七五―七 |
| 湖北黄陂盤龍城 | 一 | 文物　一九七六―一 |
| 天津薊県張家園 | 一 | 文物資料叢刊一（一九七七） |
| 黒竜江東寧大城子 | 二 | 考古　一九七九―一 |
| 甘粛永靖蓮花台（殷周） | 一 | 考古　一九八〇―四 |
| （西周） | | |
| 河北磁県下潘汪（図xi参照） | 五 | 考古学報　一九七五―一 |
| 遼寧北票県豊下 | 一八 | 考古　一九七六―三 |
| 天津薊県張家園 | 一 | 文物資料叢刊一（一九七七） |
| 陝西岐山礼村 | 一 | 文物資料叢刊二（一九七八） |
| 陝西扶風斉家村 | 一 | 考古　一九八〇―一 |

なお文革後の報告ではないが、殷代後期の山東省平陰県朱家橋の聚落遺址では、一三〇平方メートルの範囲内に二一戸の家屋が確認され、居住地の西方に墓地がある。家屋の多くは半地穴式で方形・円形・L字形の形状を呈し、規模に大差はない。F5を例にとると東西三・七五×南北二・五メートルで南向する。家屋の分布は遺址の中心部に多く集まっているが、中心部から四〇メートル東方にも聚居がみられ、南辺、北辺にも少数散在する（中国科学院考古研究所山東発掘隊「山東平陰県朱家橋殷代遺址」考古一九六一年二期）。

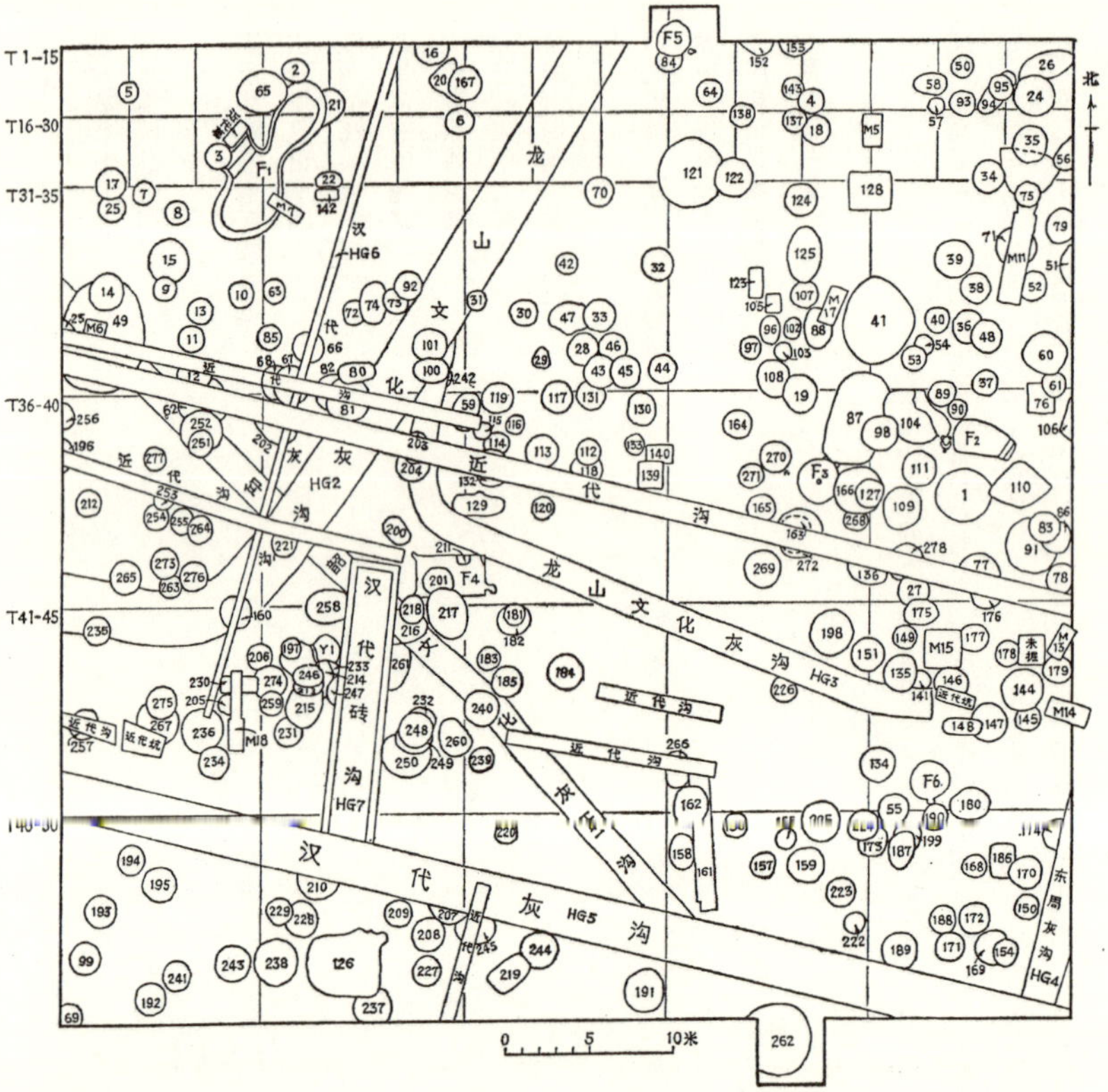


仰韶文化第一類型：
　灰坑七（15、29、32、47、70、99、115）
仰韶文化第一類型：
　灰坑七（21、69、74、129、140、141、192、202、242）　灰溝一条（HG1）　窑址一（Y1）
竜山文化：
　房址一座（F1）　灰坑十一（20、26、49、62、65、84、94、135、143、186、241）　灰溝二条（HG2,3）
商代灰坑二（121、236）
西周房址五座（F2－6）
　灰坑二四二
東周灰坑四（109、165、180、272）
　灰溝一条（HG4）
漢代灰坑三（123、128、158）
　灰溝三条（HG5－7）

**図ⅺ　下潘汪遺址分布図**
房基Ｆ１－６

（32）伊藤道治『古代殷王朝のなぞ』角川書店、一九六七。なお伊藤氏は殷代の邑が一邑一国制でなかったことを指摘されている（「甲骨文、金文に見える邑」研究三五号、一九六四）。郭宝鈞『中国青銅器時代』第三章、三聯書店、一九六三。なお鄭州の宮殿遺址については、中国科学院考古研究所二里頭工作隊「河南偃師二里頭早商宮殿遺址発掘簡報」『考古』一九七四年四期。
（33）注（7）。関野雄「都城と建築の調査」『中国考古学研究』東京大学出版会、一九五六。Chêng tê-k'un, Achaeology in China, vol.3, Chou China, Cambridge, 1963.
（34）楊寛『古史新探』中華書局、一九六五。
（35）浙江省文管会、浙江省博物館「河姆渡発現原始社会重要遺址」『文物』一九七六年八期。
（36）注（31）。なお文革後に発表された仰韶期の家屋建築を例示すると、附表、図xii（河南省博物館・密県文化館「河南密県莪溝北崗新石器時代遺址発掘報告」『文物』一九七九—五）・xiii（西安半坡博物館・臨潼県文化館・姜寨遺址発掘隊「陝西臨潼姜寨遺址第二、三次発掘的主要収獲」『考古』一九七五—五）・xiv（河南省博物館「河南禹県谷水河遺址発掘報告」『考古』一九七九—四）のごとくになる。なお建築技術の分析は、楊鴻勳「仰韶文化居住建築発展問題的探討」『考古学報』一九七五年一期に詳しい。
（37）注（36）。楊鴻勳「仰語文化居住建築発展問題的探討」。『新中国的考古収獲』。
（38）闞勇「元謀大墩子新石器時代遺址社会性質」『文物』一九七八年一〇期。
（39）河北省博物館・河北省文管処台西発掘小組「河北藁城県台西村商代遺址一九七三年的重要発現」『文物』一九七四年八期。
（40）河北省文物管理処「磁県下潘遺址発掘報告」『考古学報』一九七五年一期。
河北省博物館・文管処台西考古隊・河北省藁城県台西大隊理論小組『藁城台西商代遺址』文物出版社、一九七七。
（41）注（39）。

| 道 | | 爐 | | | 柱 | 洞 | | 床 | |
|---|---|---|---|---|---|---|---|---|---|
| 長 さ (m) | 幅 (m) | 位 置 | 形 状 | 口 径 (m) | 数 | 口 径 (m) | 深 さ (m) | 形状 | 鋪 装 |
| 長0.4 | 0.55−0.58 | | | | 6 | 0.12−0.3(門道両側の2柱はやや大で深) | 0.06−0.3 | 平面 | 灰白色墊土(東北角に近円形の紅焼土) |
| | | | | | | | | 平面 | (北に円形の境火面) |
| | | 中間(2ケ所) | 楕円形 | {長さ0.63 幅 0.35 深さ0.15<br>{長さ0.4 幅 0.30 深さ0.06 | (未見) | | | 平面 | (西南角に焼土) |
| .5 | 約0.7 | 門道と相対す | 桃形(口大底小) | 口径東西1.42 南北1.2<br>底径東西0.92 南北0.59<br>深さ 0.8 | 4(四隅) | 0.5−0.6 | 1 | 平面 | 草拌泥と料礓石漿 |
| | 1.4 | 門内3m | 円形 | 内径1.25<br>外径1.75<br>深さ0.50 | 13 | (房内柱)<br>0.25 | (房内柱)<br>0.30−0.32 | 平面 | 草泥土(経火焼) |
| 外門0.48<br>内門1.04<br>門坎南北0.72<br>東西0.14 | 外門0.52<br>内門1.08 | 内門0.74m | 円形 | 内径0.90<br>外径1.18<br>深さ0.14 | 6 | 0.16−0.26 | 0.45−0.90 | 平面 | (低温火焼) |
| .15<br>門坎<br>.15−0.20 | 0.0 | 内門0.6m | 円形 | 内径0.74<br>外径1.4<br>深さ0.08 | 7 | 東壁0.16<br>内洞0.06<br>他 0.07−0.13 | 東壁0.24<br>内洞0.20<br>他 0.16−0.25 | 平面 | 粘土と料礓石漿(経火焼) |
| 門限北高0.5<br>東高0.15<br>−2<br>幅0.2 | 北0.5<br>東0.7 | 西北角 | 長方形(地上火池) | 東西0.7<br>南北0.5 | 3 | 0.16−0.25 | 0.12−0.20 | 平面 | 白灰粗砂硬面、紅焼土 |
| | | | 焼土台3 | | 1 | 0.11−0.15 | | | |
| 門限高さ0.1<br>幅0.19 | 0.5 | | 焼土台1 | | | | | | |
| | | | | | | | | | |
| | | 西壁 | 円形 | 径0.75<br>深0.15 | 5 | | | 平面 | 細砂の草拌泥、紅焼土 |
| | | 東壁 | 円形 | 径0.75<br>深0.15 | | | | | |
| | | | | | | | | | 料礓石漿、紅焼土 |

4.陝西省臨潼姜寨遺址（考古1975−5、文物1975−12）
90余座あり。家屋に次序あり（本文参照）。Ｆ１の家屋の壁厚（西・北）0.15ｍ。

（半坡類型）。

5.河南省鄭州大河村遺址（考古1973−6）
４座連続の分室家屋。Ｆ１の南壁内側に壁（南北3.7、東西0.88ｍ）あり。
（3685Ｂ．Ｃ．±125～3075Ｂ．Ｃ．±100年）。

6.河南省禹県谷水河二期遺址（考古1979−4）
３座連続の分室家屋。鵝卵石を礎石として木柱を立てる。礎石間隔0.3ｍ。
（仰韶晩期）。

## 附表．仰韶期の家屋建築（注36）

| 遺　址　名 | 編　　号 | 形　　状 | 家　屋　の　規　模 | | | | 門 | |
|---|---|---|---|---|---|---|---|---|
| | | | 長　さ（m） | 幅（m） | 面積（㎡） | 壁　　高（m） | 方向 | 階　梯 |
| 密県莪溝北崗 | F 2<br>（図xii参照） | 近円形<br>半地穴式 | 口径2.17－2.2<br>底径2.12－2.14 | | | （直にして光滑） | 西南 | 斜坡階梯 |
| | F 1 | 方形<br>半地穴式<br>（破壊大） | 南北3.4 | 東西残1.32 | | 残深0.4<br>（直にして光滑） | | |
| 沈陽新楽下層 | F 1 | 長方形<br>（不規則円角）<br>半地穴式 | 南北5.2 | 東西4.6 | | 深さ0.4 | 南 | 階梯の迹あり |
| 宝鶏北首嶺中層 | F 3 | 正方形<br>半地穴式<br>（北偏北82°） | 9.4×9.4 | | 88.26 | 残高0.71<br>（料礓石漿の後で草拌泥） | 東 | 斜坡状凸 |
| 臨潼姜寨 | F 1<br>（姜寨中最大） | 方形 | 南北11.70 | 東西10.55 | 124 | 東残高0.04－0.22<br>西残高0.03－0.17<br>南残高0.08－0.3<br>北残高0.06-0.24<br>（草泥土で火焼） | 西 | 斜坡直形 |
| | F 17<br>（同中形）<br>（図 xiii参照） | 方形円角<br>半地穴式 | 南北5.74 | 東西5.44 | 31.2 | 深さ0.48－0.56 | 西 | 凹槽状 |
| | F 14<br>（同小形） | 方形円角<br>半地穴式 | 南北3.88 | 東西3.68 | | 深さ0.4－0.64<br>（草泥土で火焼） | 西 | 斜形 |
| 鄭州大河村<br>（図 viii参照） | F 1 | 長方形・F 1～F 4の地面連続建築 | 南北5.2 | 東西4 | | 東西北高0.5－1<br>南高0.26<br>（草拌泥・細砂泥） | 北<br>東 | なし |
| | F 2 | | 甫北5.39 | 東西2.64 | | 高さ0.05－0.74 | | |
| | F 3 | | 南北3.70 | 東西2.1 | | | 北 | なし |
| | F 4 | | 南北2.57 | 東西0.87 | | | | |
| 禹県谷水河二期<br>（図xiv 参照） | F 1 | 長方形 | | | | | | |
| | F 2 | 長方形 | 北壁2.5<br>西壁3.15<br>東壁2.5 | | | （草拌泥） | | |
| | F 3 | （長方形） | （不明） | | | | | |

1. 河南省密県莪溝北崗遺址（文物1975－5）
　仰韶文化の淵源。6座（近円形5、方形1）あり、半地穴式。

　（5935Ｂ．Ｃ．±480年）
2. 遼寧省瀋陽新楽下層遺址（考古学報1978－4）
　屋内西北角に長さ0.5、幅0.4、深さ0.35ｍの堅穴。西南角に焼土堆積。北10ｍに径0.7、深さ0.15ｍの火膛、ここより0.2ｍに径0.36、深さ0.05ｍの小坑あり。

　（4850Ｂ．Ｃ．±145～4195Ｂ．Ｃ．±120年）。
3. 陝西省宝鶏北首嶺中層遺址（考古1979－2）
　Ｆ３は北首嶺で最大。東北角に高さ0.13・長さ2.6・幅1.5ｍの小平台あり。北首嶺には今次７座あるが、ほとんど破壊。Ｆ３は最大の家屋。袋状灰坑６。路土あり。家屋に次序あり（本文参照）。爐の陶罐が坑の東部にあれば門道は向西す。

　（3795Ｂ．Ｃ．±110年、5150Ｂ．Ｃ．±140年：樹林校正）。

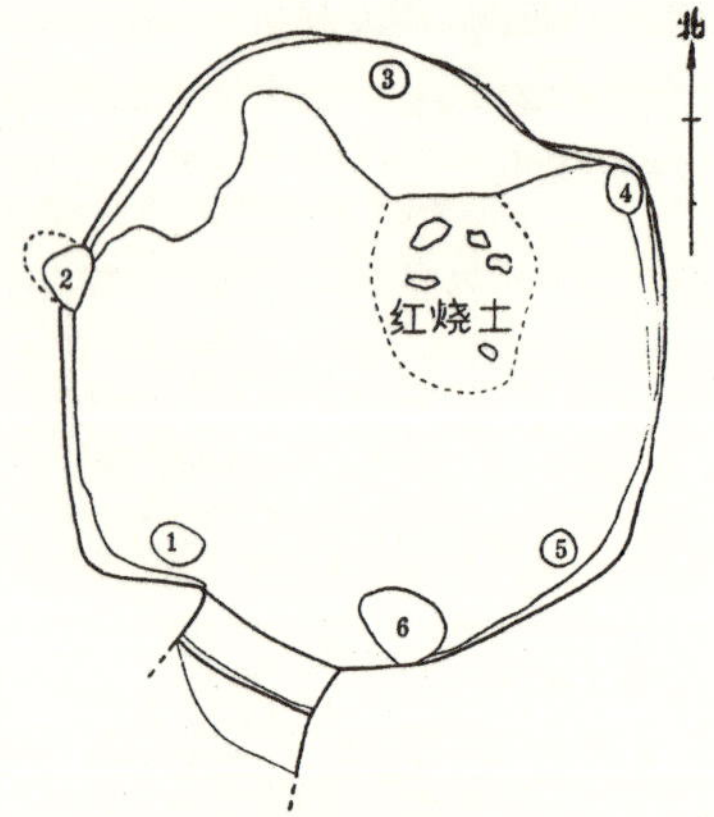


図xii　莪溝北崗遺址Ｆ２図

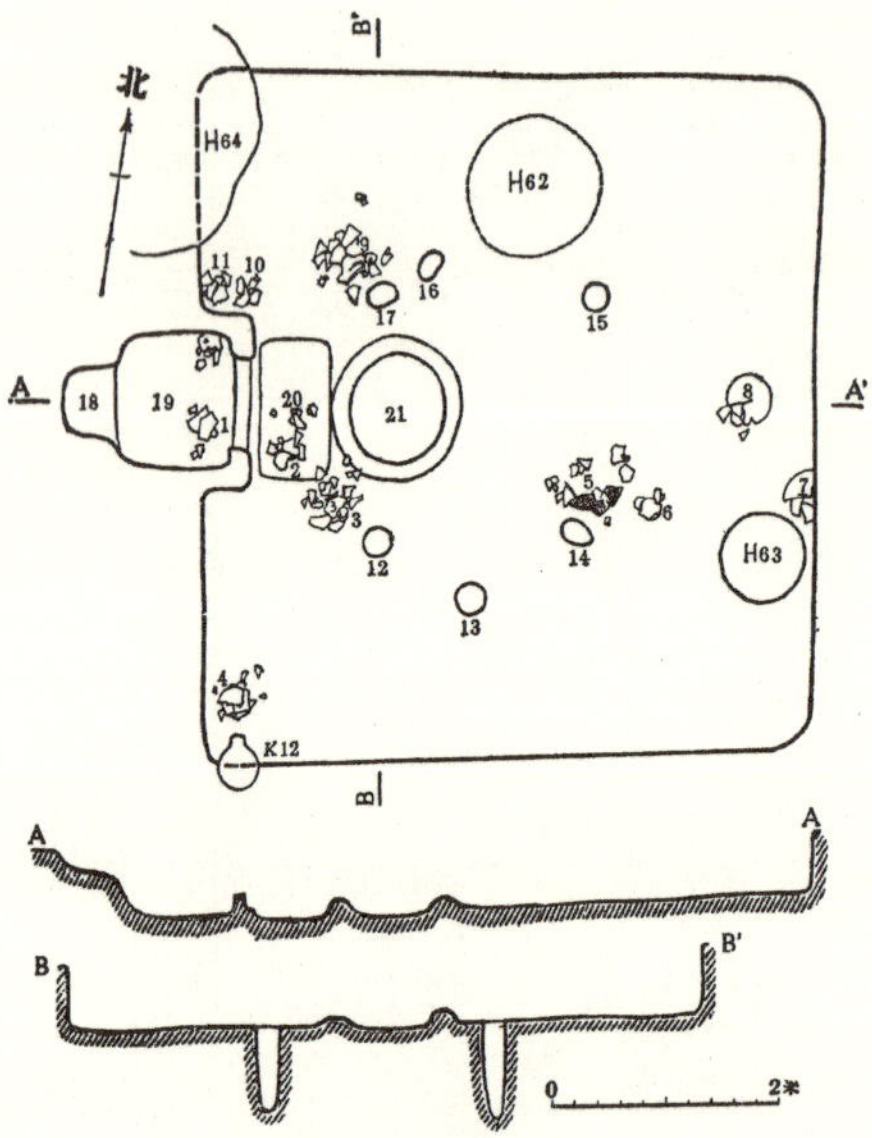


F17 平、剖面図
1−11. 陶器　12−17. 房内柱洞　18. 外門道　19. 内門道
20. 内凹平台　21. 円形灶坑

図xiii　姜寨遺址Ｆ17図

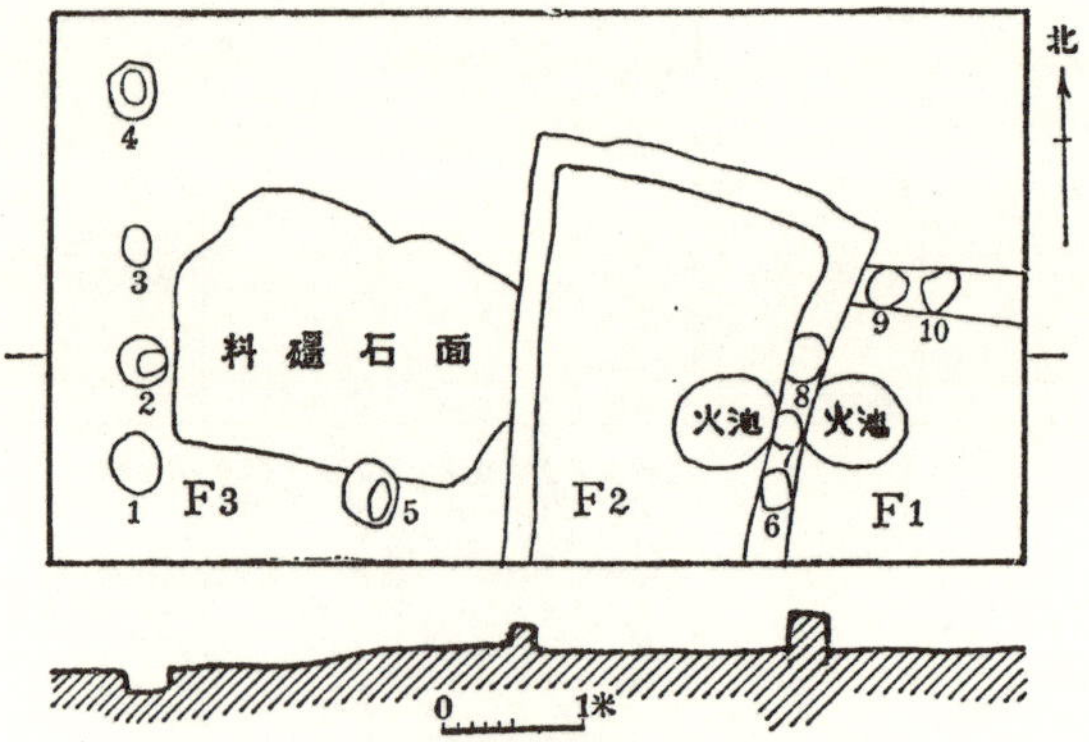


房基 F1、F3 平、剖面図
1−5. 柱洞　6−10. 鵝卵石

図xiv　谷水河遺址Ｆ１－３図

# 第二章　中国古代の聚落形態

## はじめに

漢代の聚落形態について、これを集村型城郭都市とする考えと、すでに小規模な自然村であったとする考えとがある。前者の考えは、宮崎市定氏に代表されるものであり、後者の考えは、岡崎文夫氏にまで遡りうる。[1] 宮崎氏によれば、後者のようないわゆる散村の出現は、三国以降の「村」制の成立がこれにあたることになる。[2]

中国において、地方行政組織がある程度現実性のある制度として文献にあらわれてくるのは、戦国、とくに秦漢時代からである。しかしかかる地方行政組織にしても、その具体的な運用となると、まだ多くの不明な点が存在している。その一つに、ここでとりあげようとする聚落形態の問題も含まれる。宮崎氏の都市国家論は、このようなたんなる聚落形態についてのみに限られたものではなく、氏の雄大な古代史論の構成と密接な関連がある。[3] しかし問題を聚落形態の変遷にしぼってみれば、散村の発生を、これまでのように三国以降とする考えについては、少なからず疑問がある。

かつて私は、この点について疑問をもち、すでに漢代においては、城郭などを備えない小規模な、いわゆる散村とでもよぶべき聚落形態が、かなりみられたのではなかろうかと述べたことがある。[4] ただその際、問題を漢代における小規模聚落の存在に限ったため、これら散村の起源についてはふれることができなかった。そこで、不充分な試論であるが、この点について少しく検討してみたい。

## 一　落

管子軽重篇乙に、

崇弟・蔣弟・丁恵之功、世吾歳罔、寡人不得籍斗升焉、去菹菜・鹹鹵・斥沢・山間・堨壠、不為用之壌、寡人不得籍斗升焉、去一列稼縁封十五里之原、強耕而自以為落、其民寡人不得籍斗升焉、則是寡人之国五分而不能操其二、是有万乗之号、而無千乗之用也。

との記事がある。これは斉の桓公が、当時まだ税の対象となっていなかった地域として、崇・蔣・丁恵等の諸侯の領地や、菹菜・鹹鹵・斥沢・山間・堨壠等の荒地とともに、「強耕而自以為落」をあげたものである。この税の対象外となっていた地域は、斉国の五分の二の広さにわたっている。「強耕而自以為落」の地域がどの程度の規模であったかは定かではないが、崇・蔣・丁恵等の領地と並べられていることからして、広がりや聚落の数においてかなりの規模の新しい居住地が形成されていたことは間違いない。

同時に「落」が国の徴税対象外におかれた新興聚落であったことからして、当時、それまでの支配体制を支えてきた生活圏の外に、新たな住民が相当数存在していたことになり、国家と新興聚落との関わり、旧来の聚落と新興聚落との関わりが、支配体制や社会構成にどのような変化を与えたかも問題となる。

「強耕而自以為落」について、郭沫若氏は、人民が辺境地域において耕作につとめ、自力で部落を形成したものであって、税の納入はいまだ行われていなかった。古代の国境地帯には、封疆林があって、人口が増加し農業が盛んになれば、この林を伐採して耕地としたが、このような新しい耕地の出現は、古代の井田賦籍の制に変化を与えずにおかなかったであろうと述べられている。(5)

「落」の出現が井田賦籍の制の変化、崩壊の契機になったとの指摘である。古い体制に縛られない人々の出現、それも広大な地域を占めることになっていたと思われる現実からして、支配体制に、これらの人々を新たに繰り込むに当たっては、当然、新興聚落の人々が開拓した耕地の位置づけ、税収の形態等、従来とは異なる対応（耕地に対する私権の拡大、現物地代への移行等）が求められたはずである。

ここで取り上げる中国古代における聚落形態の変遷においても、支配体制の変化、関連性に、一つの手がかりを与えてくれるものと考える。そこでまずは、この「落」について少しく考えてみることとする。

**落の性格**　漢書趙充国伝には、

兵至罕地、令軍毋燔聚落・芻牧田中、罕羌聞之、喜曰、漢果不撃我矣。

と「聚落」の語がみえ、漢書鮑宣伝にも、

部落鼓鳴、男女遮泄六亡也。

と「部落」の語がみえ、この部落は、後漢書南蛮伝にも、

其山有六夷七羌九氏各有部落。

と「部落」の語がみえている。また後漢書応劭伝には、

（鮮卑）無君長之帥・廬落之居。

と「廬落」の語がみえ、後漢書孫期伝には、

家貧、事母至孝、牧豕於大沢中、以奉養焉、遠人従其学者、皆執経壟畔以追之、里落化其仁譲、黄巾賊起、過期里陌、相約不犯孫先生里。

と「里落」の語がみえている（東観漢記建武十五年の条の「里落」もまた同義である）。

これら「落」をともなう熟語について、後漢書仇覧伝の、

吾近日過舍、廬落整頓。

の「廬落」の場合のように、「広雅曰落居也、案今人謂院為落也」（李賢注）と、院落、屋敷を指す事例もみられるが、先にあげた聚落・部落・廬落・里落等の事例からも窺われるように、「落」をともなう熟語が、多く聚落の意味において使用されていたことは疑いがない。

その上、これら前後漢書に散見する落の熟語は、漢書趙充国伝の「聚落」の場合は、罕羌の居所であり、後漢書南蛮伝の「部落」の場合も、氏羌の居所である。また後漢書応劭伝の「廬落」の場合は、その廬が、当時にあってはまま小聚落、散村の類を意味しており、後漢書孫期伝の「里落」も、その文面からして鄙びた片田舎の風景である。もちろん、「聚落」についても、漢書溝洫志の賈譲による治水三策の奏言にみえる、

趙魏亦為隄、去河二十五里、雖非其正、水尚有所遊盪、時至而去、則塡淤肥美民耕田之、或久無害、稍築室宅、遂成聚落、大水時至、漂没、則更起隄防、以自救、稍去其城郭、排水沢而居之、湛溺自其宜也。

のように、城郭とのむすびつきを想定させるものも存在する。しかしこの漢書溝洫志の「聚落」もまた、前後の事情からして、やはり新興聚落の称として使用されていた。また後漢書馮魴伝には、

潁川盗賊羣起、（略）攻囲県舎、（略）力戦連日、弩矢尽、城陥、帝聞郡国反、魴迺遁去、即馳赴潁川、（略）使魴転降諸聚落、県中平定。

とあり、「県舎」は「城」と言いかえられ、羣盗を降すために県内の「聚落」が平定されている。県城と「聚落」との組み合わせであるが、羣盗平定の対象とされた村々が、ここでは「聚落」と称されている。

潁川郡で多数（羣盗三千人）の反乱者を生みだした「聚落」も、さほど経済的に安定した都市とも考えにくい。

以上において「落」をともなう聚落の称が、往々地方の小聚落、自然村に対して用いられていたことが明らかとなる。「落」は、説文解字によれば、

凡艸曰零、木曰落。

とあり、木の葉が枯れ落ちるの義である。管子軽重乙篇にみえる「落」の形成過程から考えてみても、「落」はまた、その字義の通り、木の幹に当たる古い居住地「邑」から、はらはらと舞い落ちる木の葉のように新たに派生した聚落に対しても用いられていた。

管子山権数篇には、

管子曰、請立幣、国銅以二年之粟顧之、立黔落、力重、与天下調。

とあり、これは銅貨の鋳造のために、「黔落」を設けんとしたものである。この黔落について、張佩綸は、「黔」を「廛」の誤りとし、広雅釈詁により、「廛落」を居所と解している。これに対し孫毓棠氏は、黔落を「政府所設以施軽重之廛屋」と解し、郭沫若氏は、これを冶銅鋳幣の場所で、市廛とは関係なく、「鼓鋳必多用燃料而成聚落、故称其地為黔落歟」と解している。[6]

これらの諸説において、黔を廛の誤りとする考えは、音通によるものとしてもその根拠にとぼしく、郭氏の説もまた曖昧というべきである。そしてこの黔落についてては、むしろ安井息軒による「黔、黔首謂民、落村也」[7]の解釈が、より自然ではなかろうか。とすれば、この「落」もまた、貨幣鋳造のために新たに設けられた聚落の称となる。

**落の形成**　それでは、かかる「落」とよばれる聚落は、どのような経緯によって形成されたのであろうか。管子山権数篇の場合は、国によって設けられたもので特殊であるが、管子軽重乙篇の場合は、この落がまったくの新開地に、それも農民自身の努力によって設けられた事情が伝えられている。

このような荒野の開拓は、管子権修篇によれば、

地博而国貧者、野不辟也、（略）未産不禁、則野不辟、（略）野不辟、民無取、外不可以応敵、内不可以固守。

とあり、荒野の開拓が国家の急務と考えられていた。管子の編纂は、多く漢代に降るものであり、その内容も少なからず秦漢の事情を反映している。しかしかかる新開地に対する関心は、孟子離婁章句上にあっても、

孟子曰、（略）故善戦者服上刑、連諸侯者次之、辟草莱任土地者次之。

とあり、善戦者以下を、仁政によらずして富をもとめんとしたものと難じたものであるが、この中で、富国への道として、善戦者（兵学者）・連諸侯者（縦横家）と並んで、草莱すなわち荒野の開拓があげられている。

また戦国時代の秦においても、郡県制的農民把握による税収が、専制君主の経済的基盤として限界にきたことが自覚された場合、それを補うものとして、徠民による「陵陂丘隰」の地の開拓[8]が取り上げられている。このことは戦国時代、さらには春秋末から、荒地開拓への関心が、為政者の側からも次第に高まってきたことを伝えるものである。春秋末期から各邑間の境界意識が次第に目立ってくることも[9]、かかる荒野の開拓が、為政者自身に強く意識されてきたことと関連がある。

人民の側だけではなく、為政者の側からも行われる荒地の開拓は、当然「落」のごとき新興聚落の形成にも刺激となったはずである。管子軽重乙篇によれば、「落」は多く税収の枠外にあった。農民の手によって自力で形成される「落」は、自然流徙にかかるものが多かったと思われるが、新興聚落が派生して行く背景としては、春秋末期からの分族・分邑・別県・族的結合の弛緩等による邑の変質、細分化[10]、鉄製農具の出現等による灌漑や生産技術の向上、私有地の拡大、春秋末期から戦国時代にかけて目立ってくる流民の発生[11]、繰り返される種々の天災[12]、あるいは人口の自然増などが考えられ、農村の大きな変貌が進行して行ったものである。

新開地が拡大される過程で、あるいは周辺（南・西南方）の散居無城郭の習等に影響されることが少なくなかったかも知れない。同時にこのような農村の変化は、家族形態の変化とも密接な関連がある。この戦国時代には、商行為

の発達、人材登用の自由、田土経営や財産管理における個人所有の欲望、分財の進行による個人財産の零細化、生分、単家族の析出等の変化が現われてくる。[13]

もちろんこのような春秋末から戦国時代にかけての情勢は、この時期のみに限定されるとは限らない。しかしこの戦国時代にあっては、つづいて述べる聚・邑・廬の場合においても、聚落形態の上で変化が窺える。

そこでこれまでは、管子軽重乙篇にみえる「落」を中心に新興聚落についてみてきたが、ついではこの聚落形態の変遷を、さらに聚・郷・邑を通じて検討してみたいと考える。

## 二　聚・郷・邑

商鞅は、秦において、前三六一年につづき前三五〇年、第二回目の政治改革を行った。その際、かれは、

①并諸小郷聚集、為大県、県一令、四十一県。（史記秦本紀）

②而集小都郷邑聚、為県、置令丞、凡三十一県。（史記商君列伝）

と、諸々の小郷、（都）、邑・聚等を対象として、「県」にしたといわれる。[14] そしてこの県は、「県一令」と中央から派遣される役人の「令」が管理していた。春秋代から現われる聚落としての県とは別の存在で、商鞅による改革が、君権の強化を目指す地方行政制度の確立にあったことは疑いない。郷・邑・聚等と称される種々の聚落を、県という行政区画と、令という官僚体制のもとに、再編、統合せんとしたものである。

ただこれについて西嶋定生氏は、この改革は旧い族的秩序を解体せんがために、「それら小聚落から人を集めることであり、そのままの位置で県に包括するということではなかった」、そしてこの県とは、「新らしく設置された新邑である」と述べられている。[15] また、李亜農氏も、これを従来の農奴と領主との人身関係を断つ等のために、「商君把

集聚和都邑、通通集中到県城中去了」と、各地に居住している人々をすべて県城中に集中させたと考えられている。[16]

もしこの考えが正しいとすれば、商鞅の改革を境にして、秦国の聚落は一変したことになる。しかし旧秩序体制を破壊するために、全人民にわたる徙民策、強制的に人民を移住させるような大事業が、たとえ秦の中央集権化が当時比較的進んだ段階にあったとしても、果たして可能であろうか。同時にこのような政策が、当時それほどさしせまったものとして要請されていたであろうか。換言すれば、地域の旧秩序の破壊に、このような徙民策以外の道は存在しなかったのであろうか。疑問とすべき点である。

このことについては、前節においても検討したが、かかる地域社会の変革に、このような急激な国家権力による一大徙民策は必ずしも必要ではなかったと思われる。地方行政制度、行政区画としての県制が施行されるについては、それを受け入れる地域社会、聚落自体の変化が、すでに県制に先行し進行していたと考えられるためである。

曾我部静雄氏は、商鞅の改革の②について、これを「集小都郷邑、聚」とし、「聚」を「アツメテ」と読まれている。[17]しかし、この「聚」は、①の記事からみても聚落の称であり、また後述する管子乗馬篇には、聚は二十五社の称としてみえ、漢書平帝紀にも「郷曰庠、聚曰序」とのように、聚は郷とならぶ聚落の称としてみえている。そこで以下、本節においては、この商鞅の改革において、県制施行の対象としてとりあげられた、郷・邑・聚を、当時の代表的な聚落の呼称と考え、各々の形態について、その変遷を検討して行くこととする。

**聚**　商鞅の改革にみえる聚落の呼称のうち、郷・邑は、後述するように長い歴史をもち、その史料も豊富である。これに対し最後にあげられている聚は、少なくとも戦国時代に先立ち成立した文献において、これを聚落の意味に用いた事例を知らない。

史記五帝本紀には、舜の事跡として、

一年而所居成聚、二年成邑、三年成都。

とあり、守屋美都雄氏も、社の研究を通じ、社＝菆＝欑＝纂＝蕝＝叢＝聚との関連を抽出し、古代の原始的部族的集団が、一定の地域を占取開拓して、そこに聚居生活を開拓したとき、かれ等は、その聚居する行為、および聚落そのものを、聚の音で呼んだと指摘されている[18]。しかしこの聚の字を、戦国以前において聚落と代置する用法は、少なくとも一般的ではなかったと思われる。同時にこの聚は、聚落としての原義においても、郷・邑とは、少しく内容を異にしていた。そこでまずはじめに、比較的問題の多いこの聚についてふれておくこととする。

　聚は、説文解字によれば、

　　聚会也、从从、取声、一曰邑落曰聚。

とあり、段玉裁の注では「按邑落謂邑中村落」とある。また唐の張守節は、史記秦本紀の商鞅改革中の「小郷聚」に注し、「万二千五百家為郷、聚猶村落之類也」と解している。これらによれば、聚は村落の類ということになる。もちろん段注にみえる「村落」は清代の用語であるが、「村落」の語は、三国志魏志鄭渾伝や同魏志東沃沮伝に初見し、従来は、かかる事情を手がかりとして、いわゆる三国以降における自然村の出現が論じられてきた[19]。

　確認できる「村」の字は、三国以降において使用されていたことになる。しかしこの「村」にともなう「落」の字は、前述したように戦国時代にすでに現われ、その字義も、いわゆる「村」とさほど著しい区別があったとは考えられない。説文解字の「邑落」の「邑」も、後で述べるように、漢代にあってはまた、「落」と同義に用いられていた。このため「邑落」でもって解される「聚」の実態は、自ずから推測されるというべきである。そして段注の「邑中村落」との解は、邑の原義にとらわれすぎた解釈である。

　史記蘇秦伝にはまた、

　　禹無百人之聚、以王諸侯。

とあり、この「百人之聚」は、漢書枚乗伝では、「十戸之聚」となり、顔師古は、この聚に「聚、聚邑也」と注している。そうするとこの「聚」も聚落のこととなり、それも漢書枚乗伝に従えば一〇戸に過ぎない。

管子侈靡篇には、

百蓋無築、千聚無社、謂之陋、一挙而取天下有事之時也。

と、「千聚」がみえている。百蓋は百戸、千聚は千戸の聚で、いずれも人家の集合体である。しかも版築（家の土壁、または家々の周壁）や、聚落のシンボルである「社」すらもない。丁士函は、これに注して「百蓋猶百室与、千聚疑当為十聚」と、「千聚」は「十聚」であるとし、管子乗馬篇によって、「一聚積二十五暴、当有二十五社、無社、焉得不調之陋、若作千聚、恐無比大也」と、「千聚」の不可である理由を述べている。[20]

もちろん千聚をそのまま、千戸もの大聚落と解せないこともない。しかし社さえもない聚落を想定すれば、丁士函のように、一〇戸程度の聚でよいのかも知れない。管子では、聚落をあらわす言葉として、多く郷・邑・里等が用いられているのに、ここでは新たに「聚」が用いられている。そしてここでも「聚」は、「無社」と関連づけられている。

ただこの聚について、宮崎市定氏は、後漢書光武紀の戯陽聚・東陽聚の注に、その故城の位置がみえること、垂恵聚には、注に一名「礼城」とあり、桃城には、注に「桃聚」といいかえられていること、等々後漢の事例を引かれ、聚も城郭を有していたと述べられている。[21]聚が付される地名については、すでに那波利貞氏もふれられているように、漢書地理志と続漢書郡国志とを比較すれば、続漢書には、漢書に約八倍する五十五もの事例がみえ、[22]これら地名は、また古く春秋時代にさかのぼるものが多いことが知られている。

しかし問題は、これら続漢志にみえる聚の付く地名が、いつの時代から聚の称を付されたかである。この点について注意すべきは、後漢時代における地方区画の呼称には、工莽の時、

郡県以亭為名者三百六十。（漢書王莽伝中）

をはじめ、多く地名に郷や聚等の称が新たに付されたことである。このことは後漢時代に、新たに「聚」をもって呼

ばれる聚落と、「聚」本来の姿である散村の風との間に、差異が生じることにならなかったかと虞れる。後漢時代の「聚」についてはなお検討すべき余地が残されている。

以上、「聚」が比較的新しい聚落の称であると同時に、これが前節の「落」と同様の性格をもつ聚落であったことをみてきた。このことは、「聚」の出現もまた、「落」の経緯に類するものではなかったかとの推測をいだかせる。そこでつづいては、郷・邑についてみて行くことにする。

**郷**　郷の字は、卜辞にあっては〓、あるいは〓とあり、人々が会食をしている様を象形したものである。[23]このことから楊寛氏は、郷の起源を周の「共同飲食的氏族聚落」に求めている。[24]これに対して、説文解字には、

郷国離邑、民所封郷也。

とあり、[25]段玉裁はまた、「国之離邑、民所封郷也、劉成国亦曰、郷者向也、民所向也、其字从𨛜、皀声、从𨛜者、言其居之相鄰也」と、「郷」を「離邑」と解している。[26]

このことは、卜辞中の郷と、説文解字との間に、郷の字義について、族的共同生活から地方の邑、聚落への転化が窺えることになる。郷には、嚮や饗等の字義もあるが、ここでは居所、地域をさす用例に限り、詩経においては、わずかであるが鄘国風桑中に、

爰采唐矣沬之郷矣。

とあり、同小雅采芑に、

薄言采芑新田于此中郷。

とあり、同商頌殷武に、

維女荊楚居国南郷。

などの事例がある。そして毛伝によれば、「沬之郷」は「沬衛邑」、すなわち郷＝邑であり、「中郷」・「南郷」の郷は

「郷、所也」で、郷＝広がりのある場所となる。詩経には、郷のほかに、また居所、地域をあらわす言葉として、野・郊・邑・里等がみえている。しかし邑が、「作邑于豊」（大雅文王有声）、「于邑于謝」（大雅崧高）、「商邑翼翼」（商頌殷武）のごとく、都城を指し、里が「我里」（国風鄭将仲子）、「蹶之里」（大雅韓奕）のごとく、居宅、居所として比較的具体性をもっていたのに対し、郷は、野・郊等と同様、少し漠然とした地域概念でもって使用されている。

これに対し、国語・論語・春秋左氏伝・戦国策・周礼をはじめ、春秋戦国時代以降の文献になれば、郷の用例は、居住地区としての具体性をもってくる。いま郷の熟語を中心に例示すると、「郷里」（国語斉語・戦国策秦一斉六・周礼党正遺人司諫）、「郷長」（国語斉語）、「州郷」（国語楚語下）、「郷党」（論語雍正郷党子路他）、「郷人」（論語郷党子路他・春秋左氏伝昭公一二年）、「郷正」（春秋左氏伝襄公九年）、「郷校」（春秋左氏伝襄公三一年）、「郷曲」（戦国策秦一）、「窮郷」（戦国策趙二）、「郷邑」（戦国策魏二・周礼太宗伯朝士）、「六郷」（周礼大司徒）、「郷師」（周礼郷師）、「郷大夫」（周礼郷大夫州郷）、「郷吏」・「郷老」・「郷射」（周礼郷大夫）、「郷州」（周礼天府）、「郷遂」（周礼大司馬）、「郷刑」（周礼大司寇）、「郷士」（周礼郷士）等々多様であって、戦国策秦策一の郷曲・郷里の場合であれば、

売僕妾售乎閭巷者良僕妾也、出婦嫁郷曲者良婦也。

あるいは、

故売僕妾不出里巷而取良僕也、出婦嫁於郷里者善婦也。

と、郷は、閭巷・里巷、すなわち小聚落となる。

ただ周礼の郷遂の場合、郷は、一万二千五百戸ということになる。このため郷が、里・邑・党等の語と重ねられる場合、国語の州郷等を別とすれば、前掲の商鞅の改革中の「小郷都邑聚」の場合も含め、郷は往々にして、これらの語の上に冠せられている。州郷の場合は、比閭・族党・州郷の序列をあらわす際の熟語からきていて、州よりも郷の方が規模が大きい。里・邑・党・都・聚などとの比較においては、郷がより大きな広がりをもつ地域として用いられ

ていたことになる。

このことは郷が、郷射礼（軍事訓練）・郷飲酒礼（議会）[27]等にみられるように、比較的古い聚落としての意味合いをもっていたことから、後世、郷射・郷飲が、一種の国事となって行ったように、郷自体の字義もまた、郷遂のように、次第に広大な地域をさすにいたったものと思われる。

しかし郷の原義は、会食の様である。しかもかかる広大な地域をあらわす言葉としては、邑・国等、それ相応の原義をもった文字が存在している。このため、親々の情と深い結びつきをもつ郷は、孟子滕文公上の、

死徙無出郷、郷田同井、出入相友。

あるいは韓非子有度の、

故民不越郷而交、無百里之慼。

等のように、閭里、里巷のような日常生活の場を指す言葉としても引き続き用いられている。

曾我部静雄氏は、戦国策に郷の字がみえないとされ、これは、戦国時代に入ると春秋時代のように弱少群雄の争いではないから、その争奪する土地も、郷や里のような小さい面積のものではなくなった。同時にこれはまた、この時代における県なる行政区画名の普及をも意味していると述べられている。[28]しかし前述したように、戦国策においても実は多くの郷の字がみえている。そして県が、商鞅の改革を遡るいつの時点から、地方行政区画として、普及されるにいたったかは、未だ検討の余地がある。

春秋戦国時代以降、具体性を帯びてくるにしても、郷は地域概念においては比較的広がりをとどめる語であるが、ついでは邑についてみて行くことにする。

**邑**　邑の原義は、その字形—から、城郭、あるいは土塁のもとで、人が、城内、あるいは地下の穴居にて、地に坐した様であるといわれる。[29]邑の字義に、城郭の存在を強調する場合、この邑は、いわゆる中国古代都市国家論とも

つながって行く。しかし文献に伝えられる邑の形態には、「十室之邑」(論語公冶長・春秋穀梁伝荘公九年)、「百室之邑」(春秋左氏伝成公一七年・春秋穀梁伝荘公九年・呂氏春秋九順民)、「千室之邑」(論語公冶長)、「万家之邑」(戦国策趙二)、「万室之邑」(商君書兵守)等々、大小様々な規模が伝えられている。

このうち千室(戸)、万家の邑は、甲骨文や、尚書周武成・康誥・召誥等にみえる「大邑」、あるいは戦国策趙一の「城市之邑」等と同様、城郭を備えた大聚落、都市としての様相を呈していたことであろうが、十室、百室等と呼ばれる邑の場合は、都市と異なり、より自然的な聚落形態(あるいは無城郭)ではなかったかと思われる。

このようにみてくると邑もまた、その形態には、大小種々が存在するが、この点について張蔭麟氏は、周代には「人民聚居的地方通称曰邑、邑可分為両大類、有城垣的和没有城垣的」と、有城郭の邑と並んで無城郭の邑も存在していたと見なし、[30]李亜農氏も、「十室之邑」(論語)を引いて「這不是設防城市而是邑落、也就是部落的意思」と、同じく無城郭の邑を認められている。[31]また楊寛氏は、周代の聚落について、百家・千家といわれるものはまれであり、「所謂十室之邑、該是当時最普的小村社」と、一〇戸程度の聚落が一般的と考えられており、[32]斉思和、[33]李亜農、[34]徐中舒、[35]王仲犖[36]の各氏は、百戸をもって、当時の一般的な聚落と考えられている。

邑の用例を、詩経や尚書にあたってみると、大率都城の意味に用いられている。そして十室、百室等の邑は、春秋以降に編纂された文献に多く散見する。出土史料においても、殷代甲骨文に比べて、西周金文史料には、都を意味する茲邑、大邑・天邑等の類がきわめて少なく、地方の小聚落としての邑が多くあらわれてくる。[37]このことは、元来、城郭あるいは土塁等を備えた聚落であった邑が、十戸の邑等にも使用されるようになってきていることになるわけで、明らかに邑の字義に変化が窺える。そしてこの背景としては、当然、聚落自体の変化がこれに伴っていたわけである。

邑から派生した小聚落に対して、新たな「落」のような呼称が生まれてくる一方で、従来の居住地の呼称である邑もまた新興聚落の称として用いられたことが、邑の字義の変化において窺える。

このことからすると邑の変質、新興聚落の派生は、政治上の課題になるほどの規模ではないにしても、文献において「落」が確認される時期よりもさらに遡って進行していた可能性が大きい。そして漢代に降れば、邑は「落」あるいは「聚」の類と同義の聚落の称として、漢書西南夷伝の「邑聚」、あるいは後漢書東夷伝の、

（馬韓）邑落雑居、亦無城郭。

の「邑落」、後漢書衛颯伝の、

流民稍還、漸成聚邑。

の「聚邑」等のような用例として現われている。

それにしても商鞅の改革において、「小郷邑聚」と県制施行の対象として、郷・邑・聚と聚落の呼称が並べられた場合、張蔭麟氏も、これを「城邑和村落」として大別されている。[38] 郷・邑・聚には、その形態において相違点が意識されていて当然である。聚落自体に、種々異なる規模の形態が存在していたがためである。

以上、聚・郷・邑について述べてきたのであるが、ついでは問題の多い廬についてふれておくこととする。

## 三　廬

廬に関する記事としては、

①中田有廬、疆場有瓜、是剥是菹。（詩経小雅信南山）

②（古者）八家為鄰、家得百畝、余夫各得二十五畝、家為公田十畝余二十畝、共為廬舎、各得二畝半。（韓詩外伝）

③井方一里、是為九夫、八家共之、各受私田百畮、公田十畮、是為八百八十畮、余二十畮、以為廬舎、（略）在墅曰廬、在邑曰里。（漢書食貨志）

④一夫一婦、受田百畝、以養父母妻子、五口為一家、公田十畝、即所謂什一而税也、廬舎二畝半、凡為田一頃十二畝半、八家而九頃、共為一井、故曰井田、廬舎在内、貴人也、（略）在田曰廬、在邑曰里。（春秋公羊伝宣公一五年何休注）

⑤人三十、受田百畝、以食五口、五口為一戸、父母妻子也、公田十畝、廬舎五畝、成田一頃十五畝、八家而九頃二十畝、共為一井、廬舎在内、貴人也。（後漢書劉寵伝注引春秋井田記）

等が主なものである。このうち、②～⑤は、井田制との関連であり、共通している点は、耕地一一〇畝と廬舎の存在とである。

そこでこの廬舎であるが、説文解字は、廬舎の廬について

寄也、秋冬去、春夏居、从广、盧声也。

とあり、鄭玄は、①の廬に注して、「中田田中也、農人作廬焉、以使其田事」とし、顔師古は、③の廬に注して、「廬田中屋也」と、いずれも廬を田中の建物と解し、説文解字は、これを春夏の間の居所と見なしている。郭沫若氏は、①の廬について、これを蘆の誤りとされるが、その根拠は、下文の「疆場有瓜」との関係においてである。[39]しかし詩経にはまた、宿泊のための施設として「廬旅」の語がみえており、廬は家屋として認識されていた。そして②～④によれば、廬の面積は、二畝半となっていて、③にも、秋冬の間の居所である里に対し、「春令民畢出在壄、冬則畢入於邑」（漢書食貨志）と、春夏の居所である廬がみえている。

孟子滕文公章句上には、

周八百畝而徹、其実者什一也、（略）請野九一而助、国中什一使自賦、（略）方里而井、井九百畝、其中為公田、八家皆私百畝、同養公田。

と井田の制が伝えられ、八家公田一〇〇畝と、税率什一とを満足させるために、各自一〇畝の公田を設定し（税率は

十一分の一に近い）、余った二〇畝を、各廬舎に割りあてたものである。[40]

⑤の場合は、廬舎に五畝があてられているが、これは孟子梁恵王章句に二ヵ所と、同尽心章句上とにみえる「五畝之宅」を意識し、廬舎を恒久の住居と考えて、孟子の井田九百畝の原則をまげてまで（これだと井田は九百二十畝となる）、五畝の宅を設定したのに対し、他の②〜④は、井田九百畝の原則と、五畝之宅とを同時に満足させるため、廬と里との二ヵ所に、各二畝半の居所を設定したものである。

井田制の問題に、これ以上たち入ることは、本章の目的とするところではない。そこでここでは廬の問題に限って論じて行くこととするが、廬は、①の「中田有廬」をみてもわかるとおり、中田すなわち田中に存在していた。しかし廬が担っている役割は、この記事からだけでは判明しない。この点について加藤繁氏は、この廬を①詩経小雅信南山の内容から番小屋と見なし、詩経周頌良耜の、

或来瞻女、載筐及筥、其饟伊黍。

をもって、農夫のために妻子が弁当を持参する光景であるとし、邑外の田中に、永久の住所などは存在しなかったと述べられている。[41] 趙翼も、この廬舎について、「然則五畝之宅倶在邑中、所謂廬舎者、蓋上過苫茅於壠間憩息地、而非於公田中占其二畝半也」と、農作業中の休息小屋と理解している。[42]

確かに廬に対しては、趙翼や加藤氏の理解が正しいであろう。周礼地官遺人にはまた、

凡国野之道、十里有廬、廬有飲食、三十里有宿、宿有路室。

とあり、廬は、「宿」、宿舎とは違い、宿泊の設備などのない簡単な休憩所としてみえている。このため廬は、田中のみに限らず、簡単な建物一般の称であった可能性もある。そしてこの廬を、説文解字では、「寄」と解し、春夏の「居」とも伝えているが、この点も比較的恒久性のある居所であるとまで受けとめる必要はない。

ただ前掲の②〜④の場合は別としても、⑤の廬舎は、明らかに恒久的な住居と見なされており、また今日にあって

も、廬を農事中長期にわたり居住する建物として理解する傾向は強い。比較的詳細にわたるものとして金景芳氏の意見を紹介すると、氏は、前掲①の詩経小雅信南山の詩や、詩経豳風七月の、

四之日挙趾、同我婦子、饁彼南畝。

や、前掲③の漢書食貨志の「在野曰廬、在邑曰里」等を引き、当時の住居は、春夏と秋冬とで分かれていたと考え、その理由として、(i)当時、仕事を行う場所が、居住地より遠かった。それは、生産水準が低いため条件の悪い土地をさけねばならず、仕事場には茅屋があり、ここで憩いをとった。(ii)当時は、侵略・掠奪が甚だしかったため、収穫物を安全な所にしまっておく必要があった。(iii)当時、「三時務農、而一時講武」(国語周語上)といわれ、冬には、軍事訓練、土木建築等のため必ず里邑に帰らねばならなかった、等をあげられている。[43]

しかしこの金氏の指摘する詩経豳風七月の詩も、弁当持参と考えてもよいことであるし、漢書食貨志の記事などは漢代に降る伝文である。また仕事場が住居から遠かったという点についても、加藤氏は、当時邑の数が随分多かったこと、そしてその邑の大きさが大小区々であったこと等をあげ、邑と耕地とは適宜に配合され、遠方の土地が開ければ、十室の邑のような出村ができたのであって、邑内と別に田中に永久的住居をおく必要を見出しえないと述べられている。[44]

民国に入っての事情ではあるが、L.Buckを中心とする中国の農村調査によれば、耕地は居住地から平均八〇〇メートルの範囲内にあったとのことである。[45]

民国時代の農村調査は別にしても、廬の解釈に、このような混乱がみられる背景についてであるが、廬の字義は、詩経の時代に限定すれば、仮小屋・番小屋の類であったと思われる。しかしこれを、

①酒者河南潁川郡、水出、流殺人民、壊敗廬舎。（漢書哀帝紀）
②（鮮卑）無君長之帥廬落之居。（後漢書応劭伝）
③又乾三郡水地、得美田且二十余万頃、足以償所開傷民田廬処、（略）民居金隄東、為廬舎。（漢書溝洫志）
④多買京師膏腴美田、作大廬、近帯城郭、妨困人民。（東漢観記馬廖伝）
⑤河水盛溢、（略）尊躬率吏民、投沈白馬、祀水神河伯、尊親執圭璧、使巫策祝、請以身塡金堤、因止宿、廬居隄上。（漢書王尊伝）

等の、漢代の事例にあたってみれば、②、③の「廬落」、「廬処」等は聚落・居所の称であり、①、③の「廬舎」は、農民の居宅であったと思われる。また、④の「大廬」は、かなり立派な住居を指しているようであり、⑤の「廬居」は、仮小屋の類であったと思われる。廬の役割も、漢代に降れば、⑤のように原義に近い用法を残しながらも、一方では恒久的な住居にも用いられ、また聚落の称としての熟語を構成することにもなっている。

このことは、元来農村の番小屋程度の存在にしか過ぎなかった廬が、次第に恒久的な家屋の称としても使用されるようになってきたことを示すものである。そしてかかる廬の変化は、問題にした廬の原義についても当然影響を与え、後世の廬の解釈に混乱が生じることになっているわけである。

それではなぜ廬のような新しい居所の称を必要としたかであるが、この廬の場合も、その原義からして、聚や落の形成と並行して、新しい家屋の呼称が求められたということになるのかも知れない。

## 四　先秦地方行政組織の諸形態

秦漢にあっては、その地方行政組織として、漢書百官公卿表に、

大率十里一亭、（略）十亭一郷、（略）県大率方百里。

と、里・（亭）・郷・県の編成が伝えられている。また続漢書百官志には、

一里百家。

とあって、里・郷・（県）の編成には、戸数が基礎とされていたことが明らかである。[46] しかしこれら里・郷・県等の名称が、何故このような組み合わせとして制度化されたかについては定かでない。

文献には、秦漢の制に先立つ先秦の地方行政組織が伝えられている。以下にその主な事例を列挙する。

| 出典＼戸数（戸） | 1 国語斉語〈国・聖王之制〉 | 2 国語斉語〈鄙・聖王之制〉 | 3 管子小匡〈国・聖王之制〉 | 4 管子小匡〈鄙・聖王之制〉 | 5 管子度地 | 6 管子乗馬 | 7 周礼遂人〈畿外〉 | 8 周礼大司徒〈畿内〉 | 9 周礼旅師 | 10 尚書大伝咎繇謨 |
|---|---|---|---|---|---|---|---|---|---|---|
| 5 | 軌 | | 軌 | 軌 | | 伍 | 鄰 | 比 | 比 | |
| 8 | | | | | | | | | | 鄰 |
| 10 | | | | | | 連 | | | 聯 | |
| 24 | | | | | | | | | | 朋 |
| 25 | | | | | | | 里 | 閭 | | |
| 30 | | 邑 | | 邑 | | | | | | |
| 50 | 里 | | 里 | | | 暴 | | | | |
| 72 | | | | | | | | | | 里 |
| 100 | | | | | 里 | | 酇 | 族 | 族（4閭） | |
| 200 | 連 | | 連 | | | | | | 聯（8閭） | |
| 250 | | | | | | 郷 | | | | |
| 300 | | | | 率 | | | | | | |
| 360 | | 卒 | | | | | | | | 邑 |
| 500 | | | | | | | 鄙 | 党 | | |
| 1,000 | | | | | 術 | 都 | | | | |
| 2,000 | 郷 | | 郷 | | | | | | | |
| 2,500 | | | | | | | 県 | 州 | | |
| 3,000 | | 郷 | | 郷 | | | | | | |
| 3,600 | | | | | | | | | | 都 |
| 6,000 | | | 帥 | | | | | | | |
| 9,000 | | 県 | | 属 | | | | | | |
| 10,000 | 帥 | | | | 都 | | | | | |
| 12,500 | | | | | | | 遂 | 郷 | | |
| 36,000 | | | | | | | | | | 師 |
| 45,000 | | 属 | | （大夫） | | | | | | |
| 100,000 | | | | | | | | | | |
| 432,000 | | | | | | | | | | （州） |
| 1,000,000 | | | | | 覇国 | | | | | |

| D | C | B | A | | (18) | (17) | (16) | | 15 | 14 | 13 | 12 | 11 |
|---|---|---|---|---|---|---|---|---|---|---|---|---|---|
| 司馬法 | 管子乗馬 | 周礼匠人 | 周礼小司徒 | 出典／井(井) | 尉繚子攻権 | 管子小匡(軍令) | 周礼小司徒(軍制) | 口数(人) | 漢書鼂錯伝〈古之制辺県〉 | 漢書食貨志〈周制〉 | 釈名釈州国 | 鶡冠子王鈇 | 尚書大伝洛誥 |
| 井 | | 井 | 井 | 1 | 伍 | 伍 | 伍 | 5 | 伍 | 鄰 | 伍(鄰) | 伍 | |
| | | | 邑 | 4 | | | | | | | | | 鄰 |
| 通 | | | | 10 | 什 | | | 10 | | | | | |
| | | | 丘 | 16 | | | | | | | | | 閭 |
| | 暴 | | | 36 | | | 両 | 25 | | 里 | 里(方1里) | | |
| | | | 甸 | 64 | | | | | | | | | |
| 成 | | 成 | | 100 | | 小戎 | | 50 | 里 | | | 里 | |
| | | | | 180 | | | | | | | | | 里 |
| | | | 県 | 256 | 卒 | | 卒 | 100 | | 族 | | | |
| | 聚 | | | 900 | | 卒 | | 200 | 連 | | | 扁(甸) | |
| 終 | | | | 1,000 | | | | | | | | | |
| | | | 都 | 1,024 | | | | | | | | | |
| | 郷 | | | 4,500 | | | | | | | | | 邑 |
| 同 | | 同 | | 10,000 | | | 旅 | 500 | | 党 | 党(長) | | |
| | 方 | | | 18,000 | 率 | | | 1,000 | | | | | |
| 封 | | | | 100,000 | | 旅 | | 2,000 | 邑 | | | 郷 | |
| 畿 | | | | 1,000,000 | | | 師 | 2,500 | | 州 | | | |
| | | | | | | | | | | | | | |
| | | | | | | | | | | | | | |
| | | | | | | | | | | | | | |
| | | | | | | | | | | | | | |
| | | | | | 將 | 軍 | | 10,000 | | | | 県 | |
| | | | | | | | 軍 | 12,500 | | 郷 | 郷(向) | | |
| | | | | | | | | | | | | | |
| | | | | | | | | | | | | | |
| | | | | | | | | | | | | 郡 | |
| | | | | | | | | | | | | | |
| | | | | | | | | | | | | | |

これら種々の編成方式は、大きくわけて、1~15の戸数を基準とするものと、A~Dの面積を基準とするものとに分けられる。戸数を基準とするものには、また6・7・8・14のように、五と四との倍数、2・4・5のように、一

〇の倍数、1・3・12・14のように、一〇と四との倍数、あるいは10・11のように、三と四との倍数等の別がある。これらの倍数のよってきたるところは不明であるが、秦漢の制は、この倍数の点では、十進法となっている。

戸数を基準とする編成ではまた、その最下級の編成を、五家とするものと、八家とするもの、あるいは三〇家とするもの等の違いがあり、その階層の数も、7・8・10・12・14のように、六層の組み合わせの他、五層、四層等の組み合わせもみえている。そしてこの階層の数についても、なぜこのような相違がみられるのか明らかではない。

ただ編成の最下級の単位については、注意すべき点がある。すなわち鄰伍比軌等と呼ばれる五家の単位は、いわゆる後世の什伍・鄰保の系統に属するもので、その五家の上に位置する邑閭等こそが、当時における一般的聚落の規模を反映していると思われる。その規模は、一〇〇家以下、はぼ二五～五〇家に集中しており、いわゆる自然村に相当するものである。なお八家一鄰の制は、一井八家の井田制の影響による。

この戸数を基準とする編成に対して、後者の面積による編成は、Cを除くいずれもが井を基準としている。一井は九〇〇畝であり、九夫の耕地面積である。この思想は、いうまでもなく井田制にもとづくものである。一夫百畝の基準は、古来農民一家族の最も適当な耕地面積とされていた[47]。戸数編成と並んで、面積にもとづく地域把握が指向されていたことも、課税上の便宜等が背景として存在していたのかも知れない。Cの場合は、「方六里命之曰暴、（略）方六里名之曰社」とあって、暴は、社に該当することになっている。

このようにみてくると、これら種々の地方行政制度の編成は、これまでみてきた落・聚・郷・邑・廬等の聚落の称とともに、中国古代の聚落を窺う上で多くの示唆が含まれている。

そこでついでは、伝えられるこれら種々の地方行政制度の成立についてであるが、時代の降る漢書、釈名や、問題のある尚書大伝の伝文は別として、有名な周礼の制は、津田左右吉氏によれば、管子立政篇からとったとのことである[48]。管子立政篇は、戦国末には成立していた[49]。管子小匡篇の記事は、岡崎文夫氏によって検討が加えられ、国語斉語の参国伍鄙との関連において注目されている。岡崎氏は、管子小匡篇の「士農之郷十五」は、春秋末期の兵農一致を背景とし、国語斉語の「士郷十五」は、春秋初期の兵農分離を背景とし、両記事はそれぞれ別の原本にもとづくとされている。[50]

岡崎氏の説は、地域社会の変化を窺う上で重要であるが、[51]またかかる地方行政制度についての考え方が、すでに春秋戦国時代に存在していたこととなる。当然、論語六雍の「鄰里郷党」や呂氏春秋の「里郷邑国」との関連も注目される。

同時に、これらの地方行政制度において、戸数による編成が伝えられていることは、これらの組織が、族的結合の弛緩を背景とした、戸を基盤とする郡県制領域国家支配体制の形成期[52]において生み出されたものであることを物語る。楊寛氏は、周礼の制を周代の制とし、「六郷」を氏族族君の残余、「六遂」を被支配階級の地縁関係の組織と考え、[53]蕭伯賛氏は、国語斉語にみえる邑・卒・郷・県・属の重層的管理組織を社会組織上の一大変革と見なし、戦国時代の一般的現象と考えられている。[54]

ついでこれら諸制度における、各行政区画の次序、配列についてであるが、この点についても、その事情を必ずしも明らかにすることはできない。それぞれの名称のうち、郷・邑・里・県・族・党はいうまでもないが、その他、「酇」にしても、守屋美都雄氏の考察によれば、纂に通ずる古聚落の称であるとのことである。[55]「同」（春秋左氏伝昭公二三年、同襄公二五年）にしても、「成」（春秋左氏伝哀公元年）にしても、ともに一定範囲の地域の呼称として使用されていたことが知られている。

## おわりに

以上、主として先秦における落・聚・郷・邑・廬等の聚落形態の変遷を検討し、春秋末から戦国時代にかけて、聚落形態のうえに、新たな再編成の動きが起こっていたのではないかと考え、併せて先秦地方行政制度の諸形態についてもふれた。しかし断片的な史料にもとづく考察であるため、あるいは附会の点なきかをおそれる。

注

(1) 拙稿「漢代における里と自然村とについて」『東方学』三八、一九六九。本書所収。

(2) 宮崎市定「中国における村制の成立―古代帝国崩壊の一面―」『東洋史研究』一八―四、一九六〇。『宮崎市定全集』七、岩波書店、一九九二。

(3) 宮崎市定「中国上代は封建制か都市国家か」『史林』三三―一、一九五〇。『宮崎市定全集』三、岩波書店、一九九一。

(4) 注(1)。

(5) 郭沫若等『管子集校』科学出版社、一九五六、頁一二四五―六。

(6) 注(5)頁一二九三。ただ集校本は、この記事を「管子曰、請立幣、国銅以二年之粟顧之、立黔落、施[經]重(施本作力又無軽字)、与天下調」とかえている。

(7) 安井衡(息軒)『管子纂詁』は、「立幣謂鋳銭、顧讎也、黔黔首謂民、落村也、以二年所収之粟、讎国銅、別立民村、以鋳銭、我権力既重、乃与天下、調剤銭穀百貨」と。

(8) 増淵龍夫「先秦時代の山林藪沢と秦の公田」『中国古代の社会と文化』東京大学出版会、一九五七、『中国古代の社会と国家』弘文堂、一九六〇、頁二七四。

(9) 左伝によれば、文公元年「秋晋侯疆戚田」をはじめ、疆すなわち「正其界」の記事が散見する。

(10) 松本光雄「中国古代社会に於ける分邑と宗と賦について」『山梨大学学芸学部研究報告』四、一九五三。五井直弘「春秋時代の県についての覚書」『東洋史研究』二六―四、一九六八。同「春秋時代の晋の大夫祁氏・羊舌氏の邑について―中国古代集落史試論―」『中国古代史研究』三、一九六九。

(11) 葉玉華「戦国社会的探討」『中国的奴隷制与封建制分期問題論文選集』三聯書店、一九五六、頁一〇八―一一一。注(8)頁二七六。

(12) 五井直弘「後漢王朝と豪族」『岩波講座世界歴史』四、岩波書店、一九七〇、頁四二〇。

(13) 守屋美都雄「漢代の家族」『古代史講座』六、学生社、一九六二、『中国古代の家族と国家』東洋史研究会、一九六八、頁四〇九―一〇。

(14) 商君列伝には、本紀にない「都」が入っている。王念孫『読書雑志』三では、「都」の存在に疑問をいだいている。しかし「都」も諸侯一族の分邑であり、国より小さく、他の邑より大きいものといわれる（注(10)松本光雄。金景芳『中国奴隷社会的幾個問題』中華書局、一九六二、頁四）。よって本章では、都については邑と同列とみなし、本文では削った。この両記事では三十一県と四十一県との相違がみられるが、『史記会注考証』は、本紀も古抄本では「三十一」となっているとのことであり、この「三十一」は、六国表とも一致する。

(15) 西嶋定生『中国古代帝国の形成と構造』東京大学出版会、一九六一、頁五三五―六二一。

(16) 李亜農『中国的封建領主制和地主制』上海人民出版社、一九六一、頁一四二―三。

(17) 曾我部静雄『中国及び古代日本における郷村形態の変遷』吉川弘文館、一九六三、頁三八。

(18) 守屋美都雄「社の研究」『史学雑誌』五九―七、一九五〇、『中国古代の家族と国家』東洋史研究会、一九六八、頁二七八―八三。

(19) 注(2)。宮川尚志「六朝時代の村に就いて」『羽田博士頌寿記念東洋史論叢』東洋史研究会、一九五〇、『六朝史研究』日本学術振興会、一九五六、頁五九五。

(20) 注(5)、頁五九五。

(21) 宮崎市定「中国における聚落形態体の変遷について」『大谷史学』六、一九五八。『宮崎市定全集』三、岩波書店、一九九一。

（22）那波利貞「塢主攷」『東亜人文学報』二―四、一九四三。
（23）楊寛「郷飲酒礼与饗礼新探」『古史新探』中華書局、一九六五、頁八九。田倩君「釈卿郷饗」『中国文字叢釈』、一九六八、頁一〇二―四。郷の発生過程には、卿が郷に転化したとする考えと、郷が卿に転化したとする考え（後者）とがある。
（24）注（23）楊寛氏論文。
（25）『説文解字』の「民所封郷」について、段玉裁注は「封猶域也、郷者今之向字、漢字多作郷、今作向、所封謂民域其中所、郷謂帰往也」と解している。孫詒譲氏は、「封」を「対」の誤りとしている（『籀廎述林』一〇「与海昌唐端夫文学論説文書」）。
（26）『経韻楼集』一二「与黄紹武書論千里第三札」。
（27）楊寛「試論西周春秋間的郷遂制度和社会結構」『古史新探』中華書局、一九六五、頁一四四。
（28）注（17）、頁三〇、三六。
（29）貝塚茂樹『中国の古代国家』アテネ文庫、一九五三、頁二〇。徐中舒「試論周代田制及其社会性質」『中国的奴隷制与封建制分期問題論文選集』三聯書店、一九六二、頁四五一。
（30）張蔭麟『中国史綱上古篇』三聯書店、一九六二、頁三六。
（31）李亜農『中国的奴隷制与封建制』華東人民出版社、一九五四、頁二〇注（17）。
（32）楊寛「試論中国古代的井田制度和村社組織」『古史新探』中華書局、一九六五、頁一二四―五。松本雅明「詩経研究の方法」『東洋文庫年報』一九六〇年度。
（33）斉思和「戦国制度考」『燕京学報』二四、一九三八、頁二一四。
（34）注（16）頁六。
（35）注（29）徐仲舒氏論文、頁四六二。
（36）王仲犖「春秋戦国之際的村公社与休耕制度」『中国古史分期問題論叢』中華書局、一九五七、頁六八。
（37）伊藤道治「甲骨文金文に見える邑」『年報』一九六四。
（38）注（30）、頁一〇八。
（39）郭沫若『青銅時代』人民出版社、一九五四、頁一〇八。同『十批判書（訂正本）』羣衆出版社、一九五〇、新版あとがき。
（40）加藤繁「支那古田制の研究」京都法学会、一九一六、『支那経済史考証』東洋文庫、一九五二、頁六一三。

(41) 注(40)、頁六一一—二。
(42) 『陔余叢考』四「五畝之宅」。
(43) 注(15)金景芳氏著書、頁一四—五。
(44) 注(40)頁六一二。なお注(3)宮崎氏論文も、大たい四キロの半径の円内にあったと。
(45) Lossing Buck, Land Utilization in China., 1937.
(46) 注(1)。なおこの里は、閭里、里巷等と熟語化される場合の、いわゆる居所としての里ではなく、行政単位としての里である。これまで行政単位としての里が、居延漢簡等で確認されるまでは、里といえば居所の汎称とされ、これが後の坊につながるか、あるいは自然村であったかが問題にされてきた。しかし今日この里について問題とすべきは、かかる里の字義の問題ではなく、「百家一里と伝えられる漢代の地方行政組織下における当時の村落の実体」についてである。里に、坊制につながる住居区画の用法が認められること自体には問題がないのであるから。
(47) 注(40)、頁五四一—八。
(48) 津田左右吉「周官の研究」『津田左右吉全集』一七、岩波書店、一九六五、頁三六〇。
(49) 羅根沢『諸子考察』学林書店、一九六七。
(50) 岡崎文夫「参国伍鄙の制に就て」『羽田博士頌寿記念東洋史論叢』一九五〇。
(51) 増淵龍夫「春秋戦国時代の社会と国家」『岩波講座世界史』四、岩波書店、一九七〇、頁一五〇。増淵氏は、「士郷」と「士農之郷」との相違を問題にすることは意味がないとする。
(52) 小倉芳彦「諸子百家論」『岩波講座世界史』四、岩波書店、一九七〇、頁一九四。
(53) 注(27)。
(54) 翦伯賛『中国史綱』一、三聯書店、一九五〇、頁三六〇。
(55) 注(18)。

# 第三章　中国古代の「都市」と農村

## はじめに

人々が定住生活を営み、社会的関係を構成する上で、それぞれの場として、都市と並んで農村の存在がある。しかしこの都市と農村との境界は、「都市」―王城、都城、あるいは帝城、郡県城等―の実態が必ずしも明確ではない中国古代においては、少なからず曖昧さが残されている。

もちろん最近の目覚ましい考古学上の成果は、中国古代における「都市」の実態についても、いずれ推論・仮説の域（城壁・大規模建造物・工房・墓地等を留める遺址は、先秦・秦漢にかけ少なくないが、内部の住民構成を明らかにしてくれる考古上の調査はほとんどない[1]）を脱し、これを明らかにしてくれる時期がくるものと期待するが、本章においては、これら「都市」と農村とを点において捉えるだけではなく、両者を包括する生活の場の広がり、いわゆる生活圏として考えてみることとする。

## 一　道路網と県域

中国古代における「都市」と農村とを視覚的に理解する上で、前漢初期（文帝一二年二月、西暦前一六八年に埋葬）の馬王堆三号墓から出土した『地形図』は、恰好の題材である。城壁を象ったものか、方形に記された県城と、その周囲に多数散在する円形の里は、「都市」と農村との分布そのものである。

『地形図』上に記される県城内の人口は、伝文がなく定かではないが、里の人口は、同じく馬王堆三号墓から出土した『駐軍図』にみえる注記によると、大きいもので一〇八戸、小さいものは一二、三戸。平均四一戸となっている。(2)県城と里の分布は、多く河川沿いに形成され、軍事用のダム施設なども認められる。居住地の立地条件、地理的環境について重要な示唆を与えてくれるが、これら居住地間には、『地形図』・『駐軍図』ともに、相互に細い実線（主として『地形図』）あるいは点線（『駐軍図』）で結ばれた道路網が描かれている。県城と里とは、明らかに一体化した関係をもっていた。

道路は、『駐軍図』によると、各聚落の間を、地形に合わせてか微妙な曲線をもって織り成されており、この道路は、『地形図』によると、里と里、里と県城とを結ぶだけではなく、県城と県城との間にもまた、あるいは山脈を越え、あるいは河川を渡って延々と延びている。

この意味では、特定の限定された小宇宙、あるいは県城と里＝県域が一つの纏まりを保つだけではなく、県と県との相互においても、その間に往来がみられ比較的緊密な関係が成り立っていたことになる。里も、行政上からくる制約を別とすれば、地理的条件においては、特定の県城とのみ結びついていなければならない必然性もなかった。

馬王堆三号墓の墓主が埋葬された前漢文帝時と、ほぼ時代を同じくする鼂錯の言によれば、

夫珠玉・金銀、（略）其為物軽微、易臧、在以把握、可以周海内、而亡飢寒之患、（略）而民易去其郷、盗賊有所勧、亡逃者得軽資也、（略）［商賈］千里游敖、冠蓋相望。（漢書食貨志上）

と、人々は、それぞれ「去郷」・「亡逃」・「商賈」と事情は違え、蓄財、すなわち珠玉・金銀のような、いわゆる軽資を手に、故郷を後にして、千里に周遊することもありえたわけである。

もちろん「亡逃」者のように法を犯す者もいるにはいたが、冠蓋相望むと称される多数の「商賈」のような存在もある。「去郷」者の内実については必ずしも定かではないが、これに合法的人士を含めることも、当然、可能であったはずである。かの司馬遷が、天下を歴訪したのもこれら道路網の恩恵があったればこそである。

遠近の差こそあれ人々は、この道路上を往来し、日々の生活に勤しんだはずである。ただ『駐軍図』には、「今毋人」とか、「不反」など、里の崩壊を伝える言葉がみえている。かかる路上にはまた、人生の悲哀が幾度となく繰り広げられたであろうことは想像に難くない。馬王堆三号墓出土の古地図を前にすると、人々の生き様、ざわめきが生き生きと伝えられてくる。

『地形図』上に認められる県城は八。これに対して、円形の聚落は約七〇。円形の聚落は、ほとんど里名にあたるが、比較的大きな円で表記される「深平」のみは、『駐軍図』では「深平城」と呼称され、県城と同様に城壁を備えていたためか、方形で記載されている。このため『地形図』の円形で記される聚落が、すべて城形を表記するほどの存在ではなかったとまでは言い切れないことになる。だが『地形図』と『駐軍図』とで重複する円形印の聚落の七ヵ所（深平・石里・波里・絅里・龍里・資里・蛇君）の内、深平以外はすべて両図とも一致して円形で表記されている。地名も『地形図』の蛇君が、『駐軍図』の蛇上里・蛇下里にあたるとの考えが許されるとするならば、両図で一致する円形印の聚落は、いずれも里名であったことになる。

『駐軍図』にはまた、円形印の聚落の他に、地理的条件のためか、各種多様な形状の城壁が、比較的具体的に表記されている。このことからすると、『駐軍図』において円形のみで記載される約六〇に上る聚落が、特記するほどの城壁を備えていなかったであろうことは、ほぼ間違いないと思われる。

『駐軍図』に記載される各種城壁には、都尉軍、都尉別軍、司馬特軍等と注記される軍事施設と思われるものが多いが、地図のほぼ中心部に描かれ、三角形の城壁を持ち、「箭道」と注記される箭道の「道」字が、辺境の県に相当する行政区分名であったとすれば、これは県（道）城となる。そして文献には伝えられていないが、もしこの箭道が県（道）城であったとすれば、『駐軍図』には、この県（道）城を中心に、多少不整形ではあるが、東西四〇余キロと南北五〇余キロとでもってほぼ方形の区画が実線で表示されている。

この県（道）城を中心とする実線内には、多くの軍事基地が確認されている。このことは、この地図が軍事面と関連をもっていたであろうことを推測させるが、この実線内に県（道）城として認められるものは箭道のみである。左下方の、方形の実線区画枠外には、方形印で「鮆障」が記載されており、この「鮆障」は、『地形図』によると、これとほぼ同じ場所に「鮆道」が方形印で記載されている。「箭道」が『地形図』で確認できないのは、『地形図』のこの部分が破損し欠落しているためと思われるが、『駐軍図』の「鮆障」には、『地形図』の「鮆道」が単一の方形印となっているのと異なり、「鮆障」と注記される方形印に隣接してさらに小型の方形が付記されている。これは、『地形図』に比べ『駐軍図』の方が詳細に表記されているためではなかろうかとも思われるが、いずれにしても、「鮆障」が、県（道）城である「鮆道」城、あるいはこれと密接な関係をもつ施設であったことは想像に難くない。

いずれにしても、「箭道」に比較的近接する「鮆道」は、「箭道」を核としたと思われる区画枠外とされており、『駐軍図』に記載される大約四、五〇キロメートル四方の区画は、「箭道」域、すなわち県（道）城域と一致するものではなかったかと想定され、その広がりは「県大率方百里」（漢書百官公卿表）の通り、方百里の県域の規定とほぼ一致する。

ただこの場合、「甗障」が、「甗道」城、あるいはこれと密接な関係をもつ施設であって、「箭道」とは別の県（道）域であったとすると、いわゆる「甗道」の県（道）城は、県（道）域の中で、随分と片寄った地点に位置していたことになる。偏りすぎの観がないでもないが、いずれにしても県（道）城が「箭道」の場合のように、必ずしも地理的に県（道）域の中心に位置していたとは限らなかったことになる。

このことは、県の区画が、多様な基準、配慮のもとに行われていたことになるわけであって、県城と県域内の里とが、地域社会の中でどのように関わりあっていたかについても関心がもたれる。

詳細な地図の出現は、多くの事情を物語ってくれる。もし『駐軍図』において県境が確認できるとすれば、これは貴重な存在となる。復元図によるとこの県境は、一応、山の尾根に沿って線引きされている。県境がここでは地形を考慮して画定されていたことになるが、それにしても県域を示す境界線が、『駐軍図』のように、直線に近い方形で表示されている点については、作図に際し、方形の絹布に作図することによる効率、あるいは利用上の便等を考慮して、多少作為が加えられているのかも知れない。

しかし個々の城壁を見る限り、城壁の形状は多く不整形に描かれており、全体としてはかなり実態が重んじられていたのではと思われる。『地形図』は、比較的正確とされているが、これと『駐軍図』とを比較してみると『駐軍図』の方が南北にかなり引き延ばされている（このことは、『駐軍図』の箭道域である東西四〇余キロ、南北五〇余キロの南北の距離がもっと短いことになる）。

『駐軍図』は、復元者による命名からしてもその用途のほどを窺わせるが、軍の配備には、郡都尉が関係している。県尉配下の軍の配備ではない。それにも拘わらず、ここでは県域が意識されている。課題からは逸れるが、郡都尉による作戦行動において、各県がそれぞれの立場において責任分担を負わされていたことを示唆する。

## 二　生活圏の移り変わり

馬王堆三号墓出土古地図に描かれる県城とこれを取り巻く里の存在は、当時にあっては、比較的辺境に位置する。それでも一応、県城を核とする地域社会の纒まり、地方行政区画が、文献において伝えられる方百里の枠内で描かれている。貴重な歴史の生き証人である。そこでついでは、かかる県城を中心とする方百里が、地域社会において、果たしてどのような役割を担うものであったかを考えてみる。

天下を周遊し、千里の間に遊ぶとすると、果てしなく続く交通網によって、地域社会の広がりは、途方もなく拡大していくことになる。しかしこの漢初をさほど遡らない、韓非子の有度篇によれば、明主の治世下においては、

民不越郷而交、無百里之慼、（略）治之至也。

と、「郷」を越えての交際や、「百里」の遠きにまで、死を弔ったり病を見舞ったりするような緊密な人間関係をもつようなことはないとみえている。

ここでの人間関係は、当然、比較的日常的な交流を念頭においたものと思われるが、その広がりの一つとして、ここでも「百里」の語が使用されている。韓非子有度篇は、治国における法度の重要性を説いているが、同篇によればまた、

荊荘王、并国二十六、開地三千里、（略）斉桓公、并国三十、啓地三千里。

と、一国がほぼ百里、方百里で捉えられており、有度篇にみえる前掲の「百里」の用法が、諸侯国の封土である方百里を意味していたことは疑いのないことである。

これに対して「郷」については、周礼郷遂の場合のように、一万二千五百戸を単位とする地方行政区画としての用

法もみえるが、方百里との関係如何は定かではない。ただ「不越郷而交」に類する表現は、また孟子滕文公上にも、井田制との関連において、

死徙、無出郷、郷田同井、出入相友、守望相助、疾病相扶持、則百姓親睦。

とあり、ここでの郷は、田野への行き来、防御や見張り、病気等における相互扶助など、郷を出て他の地に行く必要のない、あるいは行くことを望まないような地域とのことである。

孟子の「郷」は、例示される対人関係からして、当然、日常的生活を日々ともにする人々の集まりとなり、その範囲も自ずから限定せざるをえないはずである。

老子は、その理想的な社会を、

小国寡民、（略）甘其食、美其服、安其居、楽其俗、鄰国相望、鶏犬之声相聞、民至老死、不相往来。

と、「小国寡民」の範囲に求めんとしている。この「小国」は、閉鎖的な小聚落、村落共同体とも理解されているが、この「小国」と呼ばれる地域社会も、他の地域と老死するまで行き来することのない存在となっている。「国」を越えて行われる人々の往来は、為政者にとって、あるいは自らの軽重が問われかねない事態と理解されていたのかも知れない。ただ老子の「小国」は、鄰国の鶏や人の鳴き声が聞き取れる範囲となっている。このため「国」とはいえ、当然その対象となる地域は、これまたかなり限定されたものとならざるをえないが、それでもこれを「国」字でもって捉えんとしている。老子の無為も、為政者、「国」を意識した上での存在であったことになる。

いずれにしても日常的生活の場、習俗に馴染むの地が、人々の安住の地、往来の範囲とされていたわけである。先の韓非子とほぼ時代を同じくし、戦国末年に成立したとされる[3]、管子侈靡篇によると、

佶堯之時、（略）人民之俗、不相知、不出百里而来〔求〕足、故卿而不理静也。

とあり、帝佶（嚳）・帝堯の時代に仮託されてはいるものの、俗をともにし、必需品を入手するために往来しあう範

囲が、ここでは「百里」とされ、卿の所領地と理解されている。この「百里」は、当然方百里の謂いである。

ただ管子侈靡篇にはまた、

郷殊俗、国異礼、則民不流矣、不同法、則民不困郷、丘老不通、覩誅流散、則人不眺、安郷、楽宅、享祭、而謳吟称号者、皆誅、所以留民俗也。

とあり、管仲による献策として、ここでも自らの「郷」から流出したり、他郷と往来するようなこともなく、丘区の中において老死し、安住することが説かれている。

そしてここでは、郷に安住し、居宅に楽しみ、祖先の祭を行うからには、他郷・他国の情報を宣唱したり、誉めそやす者は、これを誅殺すると、上からの強制力が伴っていた。人々の生活の場、郷において安住することの背景として、他郷との間における習俗の相違も指摘されている。

この習俗の単位とされる郷に対して、国はまた礼の主体と位置づけられている。管子権修篇にはまた、この両者の関係について、

有身不治、奚待於人、有人不治、奚待於家、有家不治、奚待於郷、有郷不治、奚待於国、有国不治、奚待於天下、天下者国之本也、国者郷之本也、郷者家之本也、家者人之本也、人者身之本也、身者治之本也。

とあり、郷と国とは、身―人―家―郷―国―天下との関係にあり、必ずしも一致する存在とは見なされていなかった。このことは、管子侈靡篇で、

法而守常、尊礼而変俗、上信而賤文、好縁而好駔、此謂成国之法也。

と、国の礼が、郷俗をその礼法の下に一統し、改変すべきであると述べていることからしても、国は郷を包含する存在であったわけである。

管子権修篇の国と郷とは、地域の広がりを異にしていた。しかしここでの国は、桓公の治世下斉国のことであり、

方百里を基準とする封国を意味してはいなかった。ただ管子侈靡篇には、

請問、諸辺而参其乱、任之以事、因其謀、方百里之地、樹表相望者、丈夫走禍、婦人備食、内外相備。

とみえ、この方百里の地について、

謂百里之国、自国都至辺境、毎於高険之処、樹立其表。（劉向校）

のように斉国全域との理解もみえるが、これはむしろ国境地帯に方百里を単位にして防備体制を整備するようにとのことである。

この方百里の地は、辺境防備のための国家的体制としての軍事組織であって、孟子滕文公上の郷にみえる、地域の自然発生的自衛組織である「守望」とは別である。しかし管子侈靡篇の方百里は、丈夫と婦人とが一体となって国防に協力している。方百里の地が、地域住民を組織する上で、一つの纏まりとして認識されていたことになる。

管子侈靡篇にはまた、

三堯在臧於県、返於連比。

と、「県」の存在も伝えられている。方百里が秦漢時代に県を単位とする面積として理解されていたことは、漢書百官公卿表の、

県大率方百里、其民稠則減、稀則曠。

を引くまでもなく、よく知られていることである。方百里の地は、後述するように、封国としての領域につながる一方で、また県制への展望をももっていた。

このため方百里が、戦国末に成立したと考えられている管子侈靡篇で、辺境防備の単位と捉えられていることは、県制の展開とも関連させ興味深い点である。ただそれにしても管子侈靡篇の郷が、孟子の郷のように自律的な存在ではなく、「安郷」の事例のように、他律的に規制される側面がみえていることは注意すべき事柄である。

この点について、戦国末から漢初にかけて成立したとされる、晏子問上には、

百里而異習、千里而殊俗。

と、郷を特徴づける習俗の共通性が、百里、あるいは千里と見なされている。明らかに習俗の統一性、同化が拡大されてきている証拠である。管子侈靡篇においても前述した通り、「成国」の法として、礼法による郷俗の統一が謳われている。雲夢睡虎地出土の戦国末から秦初に関わると思われる秦簡においても、郡の長官より管轄下の県・道に送達された『語書』の中で、秦の「法律令」に基づく「郷俗」の改変が強く求められている。

国法に因って否定される「郷俗」とは、

古者、民各有郷俗、其所利及好悪不同、或不便於民、害於邦。（『語書』）

と、旧六国の律令のみでなく、民間において自然発生的に形成されてきた習俗も含まれる。拡大する領域国家の統治者にあっては、郷俗は国家の統一を害するもの以外の何物でもなかった。晏子にみえる、百里あるいは千里にもおよぶ統一化された習俗の存在は、当然、かかる礼法、統一化された法規制の洗礼をへた、再編成された新たな習俗を指していたものと思われる。

もちろん習俗の同化、改変が、上からの強制によってのみ行われたかといえば、必ずしもそうではない。管子侈靡篇にはまた、

国貧而鄙富、苴美於朝、市国、国富而鄙貧、莫尽如市、市也者勧也、勧者所以起本、善而末事起、不侈、本事不得立。

とあり、国都と辺（鄙）邑とが商行為、市を通じて繋がれていたことが指摘されている。末事である商行為の進展は、財政上の利点だけではなく、本業である農業の振興にも欠かせない存在として、肯定的に捉えられているが、また一方でこの末事は、

地重、人載、毀敝而養、養不足、事末作、而民興之。

と、収奪に耐えかねた農民が、本業を棄てて競い赴く結果をも生み、

利不可法、故民流、神不可法、故事之、天地不可留、故動化故、従新。

と、ややもすれば、「民流」、すなわち民による自然流徙にも繋がり、「化故、従新」と、新たな事態、社会構成の変化を招来することになっていた。

管子侈靡篇での商賈は、

移商入於国、非用人也、不択郷而処、不択君而使、出則従利、入則不守。

と、利に走って、「不択郷而処」とみえるがごとく、その居所を一定せず、その有用性を認められつつも、為政者の側からは、必ずしも肯定的にのみ捉えられていたわけでもなかった。

しかし波及効果として現われる、商賈の「不択郷而処」の動静にも似た、「民流」の動きは、単に末業への逃避だけではなく、地域社会における「化故、従新」、すなわち伝統的社会の変化に繋がり、当然、生活圏の拡大、さらには地域住民による経済活動の多様化等にも繋がって行ったと思われる。

もちろん住民の自然流徙、「民流」とはいえ、その背景、経緯は、商行為等、経済的、社会的環境の変化に誘われての影響のみともいいきれない。天災もあれば、戦火に逐われての流徙も存在したはずである。地域社会の変質には、多様な要因が介在していた。

この結果、招来される新たな地域社会の変動、生活圏の拡大は、

民至老死、不相往来。（老子）

死・徙、無出郷。（孟子滕文公章句上）

等の鶏犬の声が確認できる範囲での日常生活、同井の社会に少なからざる変化をもたらしたであろうことはいうまで

もない。

地域社会の変動、生活圏の拡大を、時間的縦軸において捉えるべきか、あるいは時間を越えた地域差の問題として捉えるべきかについては、いずれの要素も勘案されるべきである。

ただ禄邑・采邑の散在する封土建国の時代が、方百里の県を親民の官として統括する領域国家へと発展して行く中で、生活圏の拡大、習俗の統一も、これに対応して、あるいはこれが背景にあって、比較的限定される同井の範囲から方百里へとの変化をみたであろうことは充分に考えられることである。

同井の地域社会を描く老子や孟子の伝聞に比べ、方百里を同習の郷と見なす韓非子・管子・晏子の世界は、かかる時間的経過を反映しているということになる。

## 三　封国・禄邑制

馬王堆出土古地図によって確認される地域社会の実態は、県城等の人口密集地、いわゆる「都市」を核に里が散在していた。「都市」内にも里は存在した。しかし「都市」が、比較的政治的背景でもって設置・改廃されていたのに対して、多くの里は、農民の長期に亘る自己努力によって維持・経営されてきていた。

この地域社会の実態は、殷周の邑構造において基本的に同様の形態を見出すことができる。殷の地域社会は、領主の居城となる邑を中心に小邑が多数散在し、その核となる邑は政治的都市、これに付随する小邑—鄙邑は農耕に従事する人々の居住地であったとされている。(4)ただ殷周時代の城壁を有するような、いわゆる地域社会の中核と位置づけられる大邑、「都市」にしても、その規模にはまた当然、相違があったはずである。

孟子万章章句下によると、

天子之制、地方千里、分侯皆方百里、伯七十里、子男五十里、凡四等、不能五十里、不達於天子、附於諸侯、曰附庸。

とあって、封国の規模にも方百里から方五〇里にいたる差異が認められ、さらに附庸国としては方五〇里を下回る存在が示唆されている。このため各国の政治的中心である大邑にしても、当然これには規模の違いが存在していたはずである。

もちろんこの百・七十・五十の数値が、どの程度実態を反映するものであったか、これについては疑念なしとしない。(5) 同時に封国自体にしても、この中はさらに卿や大夫の采邑に分割されていた。いわゆる領主の所領も、さらに多様な政治的纏まりが存在したことになるが、孟子万章章句下の封国制は、その支配を支える農民個々の存在について、これを井田制、すなわち「一夫百畝」の原則で捉えている。

中国における地方行政制度は、兵制が兵農一致の方向で拡大されて行くなか、兵制と一体化して発展してきたが、伝えられる地方行政制度の形態には、大別して戸数を基準に編成されているものと、耕地面積を基準に編成されているものとの二種がある。

兵制は、元来、成人した男子を徴発の対象としていた。このため兵制との関連において生みだされる組織化は、当然この成人男子を基準として編成されるべきもので、成人男子はまた戸毎の核としても位置づけられていた。このことから地方行政制度は、畢竟、戸数を基準とすべきであったと考えられるが、成人男子はまた、戸の核となる一方で「一夫百畝」との原則で地積とも結びつけられていた。このため地方行政制度においては、戸を基準とするものと地積を基準とするものとの二種が混在することにもなってくる。

戸と地積との関わり自体は、中央集権化の過程で発展してくる地方行政制度においても密接な関係が窺えるが、この問題は、封国制の下におけるいわゆる井田制などにおいても、支配の基本として、当然、意識されていたものである。

孟子万章章句下の封国制も、この意味で方里の規模、大小は、それぞれの住民の多寡に直結していたことになるが、この封国制についてはまた、漢書刑法志によると、

一同百里、堤封万井、除山川・沈斥・城池・邑居・園囿・術路三千六百井、定出賦六千四百井、戎馬四百匹、兵車百乗、此卿大夫采地之大者也、是謂百乗之家、一封三百一十六里、堤封十万井、定出賦六万四千井、戎馬四千匹、兵車千乗、此諸侯之大者也、是謂千乗之国、天子畿方千里、堤封百万井、定出賦六十四万井、戎馬四万匹、兵車万乗、故称万乗之主。

と、禄邑制との関連において、百里＝万井と、領域の地積と井田制とが対応されてはいるものの、現実には、

卿大夫の采邑の大規模な者＝方百里　　＝六千四百井＝百乗之家
諸侯の大規模な者　　　　＝方三百十六里＝六万四千井＝千乗之家
天子　　　　　　　　　　＝方千里　　＝六十四万井＝万乗之主

とあって、それぞれの領域の地積は、耕地面積と直ちに対応するものではなかったとされている。ここでは采邑、封国の領域に、山川その他、非農耕地が含まれていたわけである。このため諸侯の封地も、三百六十里と孟子の封国制に比べて、その面積が数倍している。

もちろん漢書刑法志に伝えられるこれらの数値は、一般論的、あるいは観念的なもので、領域中に占める山川等の割合については、当然、地域差を織り込んで考えて行かねばならない。同時に、このように各国の領域に面としての視点が導入されてきたのは、国境が線として意識されるようになってきた春秋時代、前七世紀あたりに入ってのことである。

ただ漢書刑法志の「一同方百里」についてはまた、同じ刑法志に、

殷周以兵定天下矣、（略）因井田而制軍賦、地方一里為井、（略）畿方千里、有税有租、税以足食、賦以足兵、故四井為邑、（略）是謂乗馬之法。

とあり、軍賦・乗馬の法としては、

井・通＝十井・成＝百井・終＝千井・同＝万井・封＝十万井・畿＝百万井＝方千里

邑＝四井・丘＝十六井・甸＝六十四井

との編成が伝えられ、それぞれの内部構成は、井田でもって表示されている。

井田制は、いうまでもなく孟子滕文公章句上に初出し、その実態については、議論が重ねられてきた。このため井田制の取り扱いについては、慎重を期さねばならないが、伝えられるところでは、井田制は税収のための基礎とされ、

夏后氏五十而貢、殷人七十而助、周人百畝而徹。（孟子滕文公章句上）

と、周代においては一夫百畝が原則とされている。周に先立つ時期の五十畝・七十畝については、顧炎武日知録「其実皆什一也」項の指摘するように、物差の相違で、土地の広さは同一であるとの見方もあるが、あるいは労働効率の高まりをも反映していると見るべきであるかも知れない。

もちろん時代差、あるいは各国分立する中で、また一夫の耕地面積にも、それぞれの相違を考慮しなければならないのかも知れないが、いずれにしても井田制は、これを支える農民の存在が前提とされる一方で、これがまた税収の基礎ともされていた。

そうすると「地方一里為井」との井に、山川等の非農耕地が含まれていたとする伝文は、井田制が「一夫百畝」の原則のみで捉え切れないことになる。井田制本来の姿と少しく乖離することになりかねない。それにも拘わらず、井がこのように非農耕地を包含するにいたっていることは、国土が、井田、すなわち農耕地のみを集約した形、点として捉えられていたのに対して、国土全てを面として捉えるようになった結果ということになる。

農耕地と農民のみを主眼とする井田制でもって、封国・采邑の規模を描写せんとすることは、領域を点において支配していた時代の痕跡となる。いうまでもなく領域を、点において把握していた時代の方が、面として捉えていた時代よりも時間的にはより遡る。

孟子万章章句下の封国制は、一夫百畝に支えられ、井田制を基礎としていたが、この封国制についてはまた、同章句下に、

天子之卿受地視侯、大夫受地視伯、元士受地視子男、大国地方百里、君十卿禄、卿禄四大夫、大夫倍上士・上士倍中士、中止倍下士、下士与庶人在官者同禄、禄足以代其耕也、次国地方七十里、（略）小国地方五十里、（略）耕者之所獲、一夫百畝。

とあり、侯＝卿＝大国方百里、伯＝大夫＝次国方七十里、子男＝元士＝小国方五十里と、畿内の卿・大夫・士の所領地は「禄」と位置づけられていた。そしてこの「禄」の内実は、一夫百畝に相応する収穫が、「禄足以代其耕也」と、受領できることになっていた。このため卿大夫士の采邑は、この場合、即、禄食に直結するものであり、受領地の中に、山川等の非農耕地は、当然、考えられていなかった。

このことからすると、卿大夫士の禄食に対応させられる孟子万章章句下の采邑、禄邑制もまた、その地積が、同章句下の封国制と同様、一夫百畝の井田制で表記されていたということになるが、周礼大司徒においては、この封国制について、

諸公之地、封疆方五百里、其食者半、諸侯之地、封疆方四百里、其食者参之一、諸伯之地、封疆方三百里、其食者参之一、諸子之地、封疆方二百里、其食者四之一、諸男之地、封疆方百里、其食者四之一。

とみえ、公＝方五百里、侯＝方四百里、伯＝方三百里、子＝方二百里、男＝方百里と、同じ周制を述べながら、孟子万章章句下の場合よりも、各国の地積が、より大きく捉えられている。

同時に周礼大司徒は、この封国制を述べるに当たって、

以天下土地之図、周知九州之地域、広輪之数、弁其山林川沢丘陵墳衍原隰之名物。

と、全土に亘り、山林を始めとする非農耕地についても、これを視野に入れていた。このため周礼大司徒の各封国の地積にあっては、領域内に、かかる非農耕地が含まれていたであろうことは充分に考えられることである。(6)

孟子万章章句下と同様の封国制は、礼記王制においてもまた、

天子之田方千里、公侯田方百里、伯七十里、子男五十里、不能五十里、不合於天子、附於諸侯。曰附庸。

とみえ、この各封国の「田」は、同王制の後文において、

方一里者、為田九百畝、方十里者、為方一里者百、為田九万畝、方百里者、為方十里者百、為田九十億畝、方千里者、為方百里者百、為田九万億畝、（略）四海之内、断長補短、方三千里、為田八十万億一万億畝、方百里者、為田九十億畝、山陵林麓川沢溝瀆城郭宮室塗巷、三分去一、其余六十億畝、（略）名山大沢、不以封、其余以為附庸間田、諸侯之有功者、取於間田以禄之、其有削地名、帰之間田。

とあり、封域はすべて耕地と見なされ、「名山大沢、不以封」と、山沢等の非農耕地は、除外視されていた。

また管子事語篇にも、

天子之制、壌方千里、斉諸侯方百里、負海子七十里、男五十里。

と、侯＝方一〇〇里、子＝方七〇里、男＝方五〇里がみえ、同軽重乙篇には、

天子中立、地方千里、兼覇之壌、三百有余里、佌諸侯度百里、負海子男者、度七十里。

と、覇＝方二〇〇里、小諸侯＝方一〇〇里、子男＝方七〇里がみえている。管子事語篇と同軽重乙篇との間に男の封域に相違がみられるが、封国制の内実は、ほぼ孟子万章章句下や礼記王制の形態に近い。

管子軽重乙篇の場合は、この記事の後文において、

去菹莱鹹鹵斥沢山間環壏、不為用之壌、寡人不得籍斗升焉。

とあり、斉国においては、功臣の領地、自主的に人民の拓いた新開地とともに、荒地（以上三者で国土の五分之二一）が、斗升すなわち税の対象外に置かれていたことが問題とされている。管子軽重乙篇では、この結果、非農耕地の活用が、種々論じられているのであるが、未だ同篇に伝えられる封国制においては、諸侯・子男の封地に原則的には、非農耕地が含まれず、面としての視点が充分に反映されていなかったことになる。

ともあれ西周に遡るとされる封国・禄邑の規模は、これを点として捉えた場合、ほぼ方百里を上限に方五十里を切る大きさまで、大小規矩様々で、それぞれの規模の中に核となる領主の邑があり、これに小邑が付属していたことになる。これに対して荒地等、無主空閑の地をも包含する、いわゆる面として封国・禄邑を捉えた場合、その地積は、周礼大司徒に伝えられるように点の集合体としてみた場合に比べて数倍することになる。

このことは支配の実相として、点から面への変化が窺えることになるが、これを生活圏の問題に限定してみると、政治的事情が加味された結果ではあるが、人々の纏まりとしては、地域差、大小様々の様相が呈され、必ずしも一律の規模でのみ推移していたのではなかったとのことが示唆されることになる。

## 四　方百里の来源

これまで、封国・禄邑の規模には差異は認められるものの、人々が生活する範囲は次第に拡大して行ったであろうと考えた。ただ生活圏の拡大が、必ずしも一律ではなかったとの点は、政治的背景をともなう面もある。生活圏の拡大には、自律性、自己発展に類する部分が少なくない。このため封国・禄邑の問題は、生活圏の問題から少しく乖離することにもなりかねない。

ただそれにしても封国・禄邑の場合、先にみた郷俗の広がりの中で、一つの区切りとされた方百里が、ここでも比較的重要視されている。もちろん郷俗の広がりは、面としての側面をもつ。漢制の県も、戸数によって四等級（万戸以上・次万戸以上・減万戸・次減万戸）に分けられていたが、また面としての方百里が一応の原則とされていた(7)。

これに対し封国・采邑における方百里は、井田で換算すると、九百万畝となり、一井八家の制で算出すると、方百里の戸数は八万戸となる。漢制の県に比べ戸数は大幅に増人する。しかし漢制の県は、方百里に面としての側面が加味されており、同じ方百里であっても、井田制の集合体としての方百里との間に、戸数の上で斯く相違が生じることになる。

礼記王制によると、九州は、一州方千里。天子の元士、諸侯の附庸を除いて九州には、方百里の国＝二四九、方七〇里の国＝五〇一、方五〇里の国＝一〇二三、の計一七七三国が存在したことになっている。これを一井九百畝で積算すると、一七七三国は、六七億五二二一万畝となり、一井八家によると、戸数は六千一万九千二百戸となる。

約六千万戸は、一戸五人とすれば、三億人の人口となる。これには天子の元士・附庸の分は含まれていない。漢代の元始二（後二）年の戸数は一二三五六七四〇、人口は五七六七一四〇一であるから、ここでも礼記王制の封国・禄邑制は、思想的産物、机上の空論にしても余りに実態から離れすぎている。もちろん礼記王制の国数において実態を捉えんとすること自体もまた問題かもしれない。

ただそれにしても、封国としての方百里には、面として捉えられた方百里の存在も伝えられている。このため各史料に頻出する方百里の語についてては、これに何らかの背景を求めてみることも意味のあることかも知れない。封国・禄邑制について、これまで少しくふれたのは、封国・禄邑の伝文に、点から面への支配の上での変化がみられたことと、郷俗の広がりとしての方百里と、封国制との関連制如何について確認しておきたかったがためである。

結果としては、同じ封国・禄邑制にしても、井田の集合体としての方百里は、聚落の実態からは離れるものであり、

周礼大司徒においては、方百里が男の封土で、封国中最小国の地積とされている。
面としての方百里の方が、当然、聚落の実態に沿うものであったことになる。そしてこの面としての封国制を伝える

ただ周礼が、果たしてどの時期の事情を反映するものであったかが問題となるが、これは方百里が、地域社会の発展・拡大の過程においても一種の生活圏として次第に認められうる広がりとなって行ったと同様、政治的纏まりを考える上でも、面として方百里が比較的無理のない、それ以上分割しがたい範囲と見なされるにいたった時期であって、これがまた面としての方百里を、封国の一単位、しかも最小単位として位置づけるにいたったことになる。

封国制としては、点から面への支配の変化が、方百里の語を大国の称から小国の称へと変化させている。もちろん点の集合体として捉えた方百里は、山川等、荒地を包含する方百里に比べ領域の耕地面積は相当規模拡大することになる。

井田の集合体としての封国制で、最小規模の封土は、附庸を除くと方五十里である。方五十里の戸数は、一井八戸によって考えてみると、総数約二万戸となる。漢代における県の範囲は、方百里であったが、面として捉えられていたこともあり、県の戸数は万戸を目途としていた。

このことからすると漢制の県方百里の戸数は、井田制に基づく封国制の中では、最小規模の方五十里の戸数がやや近い規模となる。春秋戦国時代の県も、大県は万戸とされていた。このため封国・禄邑制の最下級単位である、点としての方五十里と、面としての方百里とは、政治的纏まりとしての現実的背景をもっていたのではとの見方も成り立つ。

方百里と井田制との関わりは、井田制の史料が戦国初期の孟子に初出するだけに、史料面ではこれ以降の伝文となる。しかし方百里の来源そのものについては、幾つかの経緯が伝えられている。そこでついでは、方百里に関わる背景として、この点を考えてみると、その一つは白虎通徳論封公侯に伝えられるもので、

諸侯封、不過百里、象雷震百里、所潤雨同也、雷者陰中之陽也、諸侯象也、諸侯比王者為陰、南面賞罪為陰、法雷也、七十里五十里美徳功也。

とあり[8]、諸侯の封土方百里の由来が、「象雷震百里」に求められている。この「象雷震百里」は、易経震にみえる、

震、亨、震来虩虩、笑言唖唖、震驚百里、不喪匕鬯。

に基づくと思われ、彖辞によれば、

震驚百里、驚遠而懼邇也、出可以守宗廟社稷、以為祭主也。

と、百里四方が、雷鳴、震動の脅威のおよぶ範囲と見なされている。

「震驚百里」の百里は、雷鳴の轟く範囲であるから、当然、面としての方百里であったが、この範囲が諸侯の封土と重ね合わされていることは、自然現象に仮託されてはいるものの、支配を実効たらしめんとした場合、雷鳴の脅威のおよぶ範囲あたりが、またその限界と見なされていたわけである。地理的にみて、政治的纏まりとしての実効性、妥当性が、当時、かかる表現で方百里に求められていたことになる。

震の卦はまた、長男を示すともされる[9]ことから、封国中の大国、公侯の封土方百里と、「震驚百里」とがこの点でも関連づけられたものかとも思われるが、それでもその範囲は、人々に身近な雷鳴・潤雨をともにする地域が支配の上限とされていたことになる。

白虎通徳論は、このように雷震とそれに伴って生じる潤雨のおよぶ範囲という自然的条件に方百里の来源を求めているが、方七十里、方五十里については、一転して方百里との差を抽象的な徳功に求めている。これに対して、孟子告子章句下は、

天子之地方千里、不千里、不足以待諸侯、諸侯之地方百里、不百里、不足以守宗廟之典籍、周公之封於魯、為方百里也、地非於不足、而倹於百里、太公之封於斉也、亦為方百里也、地非不足也、而倹於百里、今魯方百里者五。

と、方百里が、宗廟の典籍に定められた諸事を行うためには、方百里の収入が必要であるとし、方百里の来源に、財政的理由が挙げられている。

そしてこの方百里は、「倹（つつましさ）」の限度内での範囲であり、これが財政上の限度とされているが、この地積の根拠、正当性はとなると、周公旦や太公望呂尚もまた方百里の地に封ぜられていたことを指摘するにとどまる。「宗廟之典籍」は、当然、祖法にあたるものであり、宗廟の祭祀、儀礼のみを指していたのではなかった。国政全般に亘ると思われるが、その拠り所とされる魯や斉の建国当初の姿はとなると、これは封土の不足等の故ではなく、方千里の天子が待遇しうる対象としての立場、枠が前提となっていた。このため方百里のいま一つの来源としては、これが「検」、それも中央の天子とのバランス、政治的配慮によって決められた規模であったことにもなる。

このようにみてくると、方百里の規模としては、その背景に自然的・地理的側面、財政的・経済的側面、さらには政治的側面等が考慮され、これら種々の条件を整合する形で方百里が、政治的纏まりにおいて比較的妥当性をもつ規模として重んじられるようになってきたものとなる。

詩経大雅桑柔では、

維此聖人、瞻言百里。

との百里が、漢の毛亨により「遠慮也」、「遠」と解されている。このため「遠」は、聖人による叡慮のおよぶ範囲となり、必ずしも限定された広がりとする必要もなく、「百里」の語感も、時代によっては特定の距離に限定されるものではなかったことになるが、方千里と方百里とのいずれが、より現実性をもって登場したかというと、政治的な纏まりとしての推移を考えると、方千里の方が、方百里を超越する言葉として遅れて生みだされたとのことが考えられうる。

方千里の拠り所として礼記王制は、

恒山～南河の間＝千里弱
南河～長江の間＝千里弱
長江～衡山の間＝千里強
東河～東海の間＝千里強
東河～西河の間＝千里弱
西河～流沙の間＝千里強

で四海の内＝方三千里。一州をもって方千里とする。

これに対して管子軽重乙篇は、

地之東西二万八千里、南北二万六千里、天子中而立、国之四面、面万有余里、民之入正籍者、亦万有余里、（略）立壌列天下之旁、天子中立、地方千里。

とあり、四海の内は、二万八千里×二万六千里。国中は、方万里。この中で天子の畿内を方千里としている。

管子軽重乙篇の成立は、前漢時代に降るとされるが[10]、ここでは、国中方万里に「中立」する規模として百分の一の方千里が位置づけられている。礼記王制の九州各方千里は、井田制に基づくと思われるが、この場合、天下は方三千里である。両記事においては、方千里の積算の拠り所も、国土全域の把握も異なる。

同時に礼記王制の一州方千里にあっても、これが実態をさほど反映したものでなかったことはいうまでもない。そして方千里自体が、さらに方百里等の禄邑に分割される存在であったわけであり、数値の上でさほどの実態があったとも思えない。

一方、方百里については、論語泰伯にも、「百里之命」とみえている。これも諸侯を方百里と見なす用例である。井田制を伝える孟子に先立ち、どの時期に方百里が、政治・経済上等で、実質的、有効な規模として収斂されて行ったかであるが、孟子を遡る時期において方向づけられていたことは事実であろう。そしてこの方百里に対する認識は、井田制によって潤飾されるまでは、山川・荒地等をも含む全領域を指す語として捉えられていたと思われる。

それにしても方百里は、次第に現実的位置づけをもち、ついには県の単位として認知されるにいたっている。しかしその来源の一つが、周公旦や太公望呂尚に仮託されていることからも窺われるように、一般の人々の日常的生活からすると、方百里、ほぼ四十キロ四方の地も、かなり大きな広がりとして受け取られていたと思われる。

そして面としての方百里が、政治的纏まりとして登場してきた時期は、孟子を遡るにしても、国境が線として意識されている時期、春秋時代をさほど大きく遡ることはなかったはずである。

## 五　「都市」と農村

方百里の由来には、幾種かの背景が付加されてきている。これも方百里の地域が、一つの纏まりとして意識されてくる中で、種々仮託されて行ったものであろう。そして方百里が、生活圏としてある程度の現実性、一帯性をもって捉えられるまでには、同井的存在から出発して以降の展開に、当然これが受容されるだけの経緯が存在していたはずである。

孤立した聚落も、これが常に限られた状況下にのみ止まるものではなかった。地域的特性や政治的・社会経済的事情等も関わり、より整合性、補完性の高い生活圏を受け入れて行ったはずである。いわゆる村落共同体の理解においても、個々の聚落と、相互に関連し合う生活圏との関係如何が、当然課題となる。

そして同井的範囲から出発したと思われる個々の聚落が、より広がりをもつ生活圏を形成して行く上で注意すべきは、馬王堆の古地図においても窺われるように、複数の聚落を衛星とする核になる聚落の存在である。

核になる聚落は、邑制国家における大邑と小邑との関わり以降、往々にして政治的色彩を帯びる存在、いわゆる政治的「都市」である。「都市」と、これを取り巻く聚落、すなわち農村との関係では、「都市」による農村に対する収奪と、その代償としての地域防衛、治安維持、再生産への保障等々が計られていた。ただ皇甫謐の帝王世紀では、老農が壌を撃ち、政治と無縁な牧歌的日々を口ずさんでいる。農村が「都市」との関係でどの程度恩恵を蒙っていたかは、なお検証されるべき問題である。考古学上、比較的城壁内の住民構成を伝える戦国時代の燕の下都、漢代の河南県城では、ともに城壁内において農具が確認されている。

「都市」の盛衰・興亡は、主として政治的背景に起因する。「都市」に附設される市にしても、原則として市籍をもとに末業として管理され、農村経済との飛躍的交流は望むべくもなかった。「都市」経済に柔軟性と活力とが認められるためには、市制の弛緩、崩壊も必要な要件の一つであった。

農業経済を基本とする社会で、「都市」が成立、発展して行くためには、農村経済が大きな支えとなる。そこでこの農村経済における比較的顕著な転機を、中国古代に求めるとすれば、通常それは農業技術が大きく改善された春秋戦国時代となる。しかし中国における政治的「都市」の登場はこれを遡る。そして春秋戦国時代において、いまだ「都市」の構造に大幅な変化を確認することはできない（城壁内に宗教的建造物は少なくなる）。

このため中国における「都市」の成立には、より強力な政治力の発動、専制的権力が無視できないことになる。都市の建設には、大量の労働力と、高度な技術力が必要である。またこれを生かしうるだけの地勢への理解も必要である。都市の建設は、種々のハードルを克服して初めて成り立ちうる。それだけに、殷周時代に大邑を核とし小邑を衛星とする地域社会が成立している事実は、中国古代における政治的・文化的成熟度のほどを窺わせる。

もちろん国家と社会、「都市」と農村、あるいは行政村と自然村との類別も可能であるが、それぞれが乖離したままで存在することはありえない。政治的「都市」が、前述したように農村からの厳しい搾取の上に成り立ちえたとしても、「都市」の政治力が、地域の一体性を高め、その一体性がまた、農村経済の安定、拡大、進展等に寄与したことも事実である。もちろん農村が受け身に終始するだけでもなかった。農村に「都市」を支えうるだけの余力が存在したことも否めない。農民による自己犠牲も大きいが、農村における再生産に対する不断の努力や新開地の拡大等も寄与していたと思われる。同時に地縁の拡大は、新たな発展への可能性を秘めることになる。

地域社会における生活圏の発展、郷俗の拡大も、この「都市」と農村との相互関係において展開して行った。この結果形成された方百里は、比較的早期に出現した地域的纏まりであるにも拘わらず、県制に繋がり、地方行政制度の最前線で、以降、王朝政治を支える最も実効性のある区域として生き続けることになる。

## おわりに―過所―

漢代において、人々が移動するためには県（郷）による通行証が必要であった。このことは、人々の行動が県を単位に管理されていたことになる。

ただ漢書終軍伝において知られるごとく、前漢武帝時に、山東の済南郡から博士官に詣らんとして、終軍が徒歩で函谷関に入り、関の役人から手形をえたが、

関吏予（終）軍繻、軍問以此何為、吏曰為復伝、還当以合符。

と、終軍は「繻」の用法を知らなかったという。

この点について大庭脩氏は、繻は発行した関専用の通行証と解され済南から博士官に行く旨を著わした伝信は別に所持していたと解されている。(11) これによると、済南から函谷関にいたるまでの各過所での通行証と異なり、函谷関のみが独自の繻を発行していたことになる。

過所毎、あるいは県単位で通行許可の管理体制に相違がみられたかどうかは、内郡一般の関津が、どのように管理されていたかが定かではないため明らかにできない。ただ前漢文帝一二（前一六八）年から景帝四（前一五三）年にかけては、この関が廃止されている。そして景帝四年に関が復活されているが、その理由は、前年に起こった呉楚七国の乱の影響で「備非常」（漢書景帝紀応劭注）の故とされている。

呉楚七国の乱の中核となった呉王濞は、

招致天下亡命者、盗鋳銭・東煮海水為塩、以故無賦、国用饒足。（漢書荊楚呉伝）

と亡命者を活用し、自国の財政に資している。応劭の指摘する「非常」は、より広く軍事面での策動、諜報活動などをも対象としていたかも知れないが、かかる亡命者もまた、本籍を許可なく流徙した者であり、社会的影響は少なくなかったはずである。

景帝四年に、過所の制を復したことも当然と思われるが、それでは文帝一二年の時点で、なぜ関津での通行規制が態々廃止されたのであろうか。史料はその背景について直接ふれてはいないが、漢書文帝紀一二年の条には、

道民之路、在於務本、朕親率天下農、十年于今、而野不加辟、歳一下登、民有飢色、是従事焉尚寡、而吏未知務也、吾詔書数下、歳勧民種樹、而功未興。

に始まる詔が伝えられている。この詔は、この歳の租税を半減することを命じたものであるが、この詔においてはまた、耕地が思うように開拓されず生産量に不足が生じていることが述べられている。農民に対する税負担の軽減も、生産量の増加と、これがための新開地の拡大が意図されていたわけである。

このことから考えると、関津の取り締まりの廃止は、農民のより自由な農業生産に対する意欲、新開地への進出を期待してのものであったことになる。同時にこのことは、秦漢交替期の混乱が鎮静化して行く中で、農民を無用に特定の地に縛りつけておくことの不可が考慮されたためとも思われる。

かかる背景をもって廃止された関津の規制が、再び復活されるに際しても、これはあくまで「非常」のためであって、関津廃止時の事情が否定されたわけではなかった。このことは地域社会の流動化が、上からの規制如何に拘わらず、天災などの不慮の事態は別としても、在来の生活圏に内在する相応の完結性、さらには国策としての側面もあり、史料に特記されることもなく恒常的に進行し、さほど大きなうねり、治安上の問題に結びつくこともなかったのではとのことを窺わせる。

これまで「都市」と農村とを包括する、地域社会としての一定の纏まりを、試論ながら、一種の生活圏として捉え、その展開を、方百里にいたる過程において考えてきた。ただここでは、人々が一帯感を意識したであろう広がり、主として空間的側面に限定したため、これら地域社会の具体的内部構成については別に稿を改めなければならない。

なお、中国古代の「都市」の語は、都と市、すなわち都城、城域と、それに附設される市区の謂で、市制が廃止され、城全域と市とが一体化される後代の都市とは内実を異にする。このため本章では、都市の語に「」印を付して後代の都市と区別した。[12] さらに、「都市」の語については、国都の対比でまた王城とも区別されるが、国都制が崩れてきた後は、「帝都」の語も生じてくる。時代の推移にともなう国都の区別も、当然、考慮されるべきであるが、本章においては、王城・都城を個別に対象としなかったため、一律に「都市」の語でこれを統一した。

注

（1）①江村治樹『春秋・戦国・秦漢時代の都市の構造と住民の性格』平成元年度科学研究費補助金一般研究(C)研究成果報告書、一九九〇。②同『春秋戦国秦漢時代出土文字資料の研究』汲古書院、二〇〇〇、は都市遺跡の考古学上の成果を網羅的に整理されている。

③愛宕元『中国の城郭都市―殷周から明清まで』中央公論社、一九九一、は都市史を政治制度の動向その他において立体的に分析する。
④「中国古代城市関係文献目録」『日本と中国における都市の比較史的研究』文部省科学研究費補助金（海外学術調査）研究報告第一・二号、一九八八・一九九一、は遺跡別に中国の関係文献を収録。
⑤鶴間和幸「秦漢比較都城論―咸陽・長安の建設プランの継承―」『茨城大学教養部紀要』二三、一九九一、は咸陽・長安城関係文献目録を収録。
⑥葉驍軍「中国都城研究文献索引」『中国都城歴史図録第四集』蘭州大学出版社、一九八七、は都城関係文献の総合目録。
⑦『一九八七―一九八九中国古代城市研究文献目録』中国社会科学院歴史研究所、一九九〇。
⑧拙稿「漢代の河南県城をめぐって―漢代の地方都市について」『中国都市の歴史的研究』刀水書房、一九八八。本書所収。
拙稿「中国における最近の都市史研究」『東方』一〇〇、一九八九、にも主な研究を紹介。

この他、

（2）馬王堆漢墓帛書整理小組『馬王堆漢墓帛書古地図』文物出版社、一九七七。拙稿「中国古代における小陂・小渠・井戸灌漑について―馬王堆出土駐軍図の紹介によせて」『中央大学アジア史研究』一、一九七七。本書所収。
（3）羅根沢「管子探源」『諸子考察』人民出版社、一九五八。
（4）伊藤道治「邑の構造とその支配」神戸大学文学会『研究』三三、一九六五、『中国古代王朝の形成―出土資料を中心とする殷周史の研究』創文社、一九七五。
（5）加藤繁「支那古田制の研究」京都法学会、一九一六、『支那経済史考証上』東洋文庫、一九五二、頁五四五、は孟子の封国制について、「此れが果たして周の古制であるか否か此処で論ずる限でないが、百里七十里五十里といふ数は、百を本として程よく定めたものである」と、述べられている。
（6）清朝の考証学者である江永・金鶚・黄以周等も、孟子や礼記王制に引かれる方百里方七十里方五十里の三等の封国制が、山川等を除くものであったことを指摘している。以上については、孫詒譲『周礼正義』巻一九、大司徒の条に詳述されている。
（7）拙稿「漢代における県大率方百里について」『鈴木俊先生古稀記念東洋史論叢』山川出版社、一九七五。本書所収。

（8）白虎通徳論爵にも、「所以名之為公侯者何、公者通公正無私之意也、侯者侯也、侯逆順也、春秋伝曰、王者之後称公、其余人皆千乗、象雷震百里、所潤同」とある。

（9）国語晋語に、「震長男也」とある。

（10）注（3）。

（11）大庭脩「漢代の関所とパスポート」『関西大学東西学術研究所論叢』一六、一九五四、『秦漢法制史の研究』創文社、一九八二。

（12）注（1）拙稿「漢代の河南県城をめぐって」。

# 第四章　漢代の里と自然村

## はじめに

秦漢時代の郷里制において、里を自然村と見なすか、あるいは人為的な行政村と見なすか。またこれを人為的な行政村と見なした場合、自然発生的な聚落の存在は認められるのかどうか。これまで多くの議論が重ねられてきた。同時に、この郷里制についていては、これを伝える漢書百官公卿表の、

大率十里一亭、（略）十亭一郷。

と、風俗通義の、

国家制度、大率十里一郷。

との記事において、その記載を異にしているため、いわゆる里、亭、郷の統属関係をどのように考えるかをめぐって、亭の性格を中心に、これまた多くの議論が重ねられている。

このためここでは、これらの問題点のうち、主として里と自然村との関係を検討し、自然村としての共同体の場の存在にふれ、つづいて亭の性格にも論及したいと考えている。

## 一　行政村と里

秦漢時代における里について、これまで、これを行政村とする解釈と自然村とする解釈とが対立してきた。しかしこの論争をふりかえってみると、居延漢簡の紹介を契機として、岡崎文夫氏以来大勢をしめていた里を自然村とする解釈が、次第に里を行政村とする解釈へと変わってきたことに気付く[1]。

居延漢簡には多数の名籍が含まれていて、それぞれの名籍には、「名県爵里」（居延漢簡二三九・四六、七・三一、漢書宣帝紀地節四年九月の条）と、里名が県名とともに記載されていた。これまで史記太史公自序の司馬貞索隠所引の博物志にみえる「太史令茂陵顕武里大夫司馬遷年二十八」など断片的にしか伝えられていなかった名県爵里が、漢代の公文書において一般的に使用されていたことが明らかとなり、里を自然村とする解釈に疑問が提出され、再検討を余儀なくされたためである。

居延漢簡が紹介され、里が行政区画であったことが認められるまでは、漢書や続漢書が里についての明文を欠いていたことにより、わずかに伝えられる続漢書百官志の、

里有里魁、民有什伍、善悪以告、本注曰、里魁掌一里百家、什主十家、伍主五家、以相検察、民有善事悪事、以告監官、

の記事についても、「一里百家」は、司馬彪が晋制によって考えたものであろうとして否定し[2]、「里有里魁」についても、この記事以外に里魁の事例を見出しえないことをもって、その存在に疑問をいだき[3]、さらには宋書百官志下にみえる、

(A)県令長秦官也、(B)大者為令小者為長、(C)侯国為相漢制、(D)置丞一人尉大県二人小県一人。

(E)五家為伍伍長主之、二五為什什長主之、十什為里里魁主之、十里為亭亭長主之、十亭為郷郷有郷佐三老有秩嗇夫游徼各一人、郷佐有秩主賦税、三老主教化、嗇夫主争訟、游徼主姦非。

(F)其余諸曹略同郡職。

の(E)の郷里制の記事をも、司馬彪続漢書本注の誤りを沈約が拡推し、漢制に擬したものであろうとして否定してしまった。(4)

この結果、里=自然村と解し、父老をもってこの里の指導者と見なす見解が大勢をしめるにいたった。しかしこのような解釈において、「一里百家」、「里有里魁」等についての解釈が、かならずしも当をえたものでなかったことは、後述するところであるが、宋書の郷里制の記事についても、これまでの解釈には少なからず疑問が感じられる。以下この点についてまず検討を加えておくこととする。

この宋書の記事を、漢制のものとして問題にしたのは、岡崎文夫氏であった。(5) 以来漢の郷里制を論じる場合、必ずといってよいほどこの記事は引き合いに出され、その是非が論じられてきたのであるが、いまだこの記事を漢制とすること自体に疑問をいだくことはなかった。

しかしこの宋書の記事は、(A)、(B)において県の令長を、(C)において侯国の相を、(D)において県と侯国との丞尉を述べ、つづいて(E)において郷里の制にふれ、(F)においてその他の諸曹におよんでいるのであるが、問題の(E)の記事が漢制であると解釈されてきた根拠と思われる(C)の「漢制」の語は、(C)の相の規定が漢制にもとづくものであったことに対して挿入されたものであり、(D)の丞尉の規定は漢制ではなく秦制である。このため(C)の「漢制」の語は、(C)の相の規定以外にかかりえないこととなり、これまで(E)の記事をも漢制として議論していたことは問題となってくる。

ただ宋書の記事は、前後の事実関係を考えずして読むならば、「漢制」の語は後にかけて読んだ方がむしろ自然である。思うにこのことは、沈約が宋書の記事を続漢書百官志の、

(B)′県万戸以上為令不満為長、(C)′侯国為相皆秦制也、(D)′丞各一人尉大県二人小県一人。

によるとともに、漢書百官公卿表の、

(A)′県令長皆秦官掌治其県、(B)″万戸以上為令秩千石至六百石減万戸為長秩五百石至三百石。

の(A)′をもって補い、表現の不正確な続漢志の(C)′の「皆秦制也」に代えて、「漢制」の語を挿入したため、宋書の文脈にかかる混乱を招くこととなったのではなかろうか。ともあれこの宋書の記事は、漢代のことと切りはなして検討すべき事柄のようである。

## 二　里魁と父老

このように、漢代の里を地方行政機構における最末端単位としてとらえた場合、これまで説かれてきた里を自然村とする考えはどのようになるのであろうか。

これについて宮川尚志氏(6)や日比野丈夫氏(7)は、行政村（里）と併存する自然村の存在を想定され—宮川氏は聚を、日比野氏は漢書地理志や続漢書郡国志にみえる郷・里・聚をこれに当てる—、その解決をはからんとされたのであったが、西嶋定生氏(8)は、日比野氏の里を自然村と並存するものとして理解することに疑問をいだかれ、当時の文献においても、かかる事例の存在を示唆するものはなかったと、自然村の存在を否定されてしまわれた。

西嶋氏の、里における自律的秩序機能の喪失を前提とする秦漢帝国に対する理解については、すでに増淵龍夫氏(9)によって疑問が提出され、「すべてを国家権力による他律的形成と解する視野においてではなく、そこに内包される特殊具体的な自律的秩序に視点」を置くことの必要性が強調されている。しかしそれでは、自然村と行政村とを具体的にどのように結合させるかということとなると、これまで充分な説明がなされるにはいたっていない。

そこで以下、この自然村と行政村との関連についてであるが、いまこれを父老と里魁（里正）との問題においてとりあげてみたいと考える。まず父老とは、守屋美都雄氏[10]によれば、里内の共同自営の必要から置かれた経験豊かな者であって、社費社祭の監督指導、土木営繕の管理、賦銭等の公金取扱いへの立ち合い、里の代表者として郷・県の行事に参加する等の任を負うということになるが、それではこのような父老の活動の場をどこに求めるかということになると、守屋氏は、これを地域社会の最下部であり、郷県につながる「里」に求めたいとされる。

そして父老は、里内において里門を監督する微禄の吏とともに、国家の指令―求盗令の類―をふれあるいたり、あるいは公金の取り扱いにまでタッチしていることから、里における自然発生的という本来の性格を喪失して、漢の官制の末端にくりこまれていたことを意味するのではなかろうかと考えられ、父老を郷県の行事に参加する里の代表者とされたのであった。

しかし父老をこのように里の代表者と結論づけた場合、続漢書百官志において、やはり里の代表者として伝えられている「里魁」との関係が問題となってくる。これまでも父老を里の代表者とする考え方は一般的であって、日比野丈夫氏[11]のように、里（行政村）と自然村との並存を考定される立場にあっても、やはり父老は里における県・郷吏の代弁者とされ、里魁との関係については全くふれられるところはなかった。

この点について西嶋定生氏[12]は、里魁あるいは里正を里の代表者とよび、父老は里中の子弟（男子）の指導者層とされ、子弟は父老の指導のもとに実際の行動に従事すると考えられたが、代表者と指導者との具体的な役割分担についてはふれられるところはなかった。そして小畑龍雄氏[13]の場合は、里魁が続漢書以外にみえず、父老が里の内部において大きな力を持っていた情況より、里魁の存在を疑問視されている。

この里魁については、聞鈞天氏[14]もまたその存在に疑問をいだかれているのであるが、漢書酷吏伝尹賞の条には、

乃部戸曹掾史与郷吏亭長里正父老伍人、雑挙長安中軽薄少年悪子。

と、父老とならんで里正がみえ、この里正は春秋公羊伝宣公一五年の条における漢の何休の解釈によれば、

　選其耆老有高徳者名曰父老、共有弁護伉健者為里正。

とあって、父老とは別の存在としてとらえられていたことは明らかである。また里正は、その字義よりして里魁と性格を同じくする役職名であったとも思われ(15)、一概に里魁の存在に疑問をいだくことは問題である。

　そこでこの里正・里魁の存在と、同一里内に存在する父老との関係が、あらためて問題となってくるが、先ほどの何休によれば、この父老と里正とについて、

　父老比（比）三老孝弟官属、壄（里?）正比庶人在官。

とあり、父老が無秩の地方の有力者である三老に比えられているのに対し、壄（里?）正は吏に比えられていたことが知られるのである。また、史記平準書によれば、

　守閭閻者食粱肉、為吏者長子孫、居官者以為姓号。

とあって、吏（本官ならざる下級官吏）・官（本官にして品秩ある者）に対して、「守閭閻者」(16)と、行政機構の枠外におかれた地域社会の統率者、管理責任者の存在が伝えられている。

　これらのことは、父老が里正と異なる存在であったことを推測させるのであるが、またこの父老について、居延漢簡の、

滎陽　秋賦銭五千　東利里父老夏聖等教数
　　　　　　　　　西郷守有秩志臣佐順臨
　　　　　　　　　従請親具　　　　　　　四五・一

では、「東利里父老夏聖等」とあり、東利里（行政村）において、郷吏である守有秩や佐とともに父老が秋賦に立ち会っ

た際、東利里の父老は夏聖一人ではなかった可能性がある。このことは、父老が里の代表者であったとすると、一つの里に複数の代表者が存在していたことになりかねない。里は前述したように人為的な行政村と理解されるべきものであっただけに少しく疑問である。

そこで問題を父老と里正との関係にかえせば、このように場合によっては一里中に複数存在し、無秩の三老に比えられる父老とは、先に述べた行政機構の外におかれた「守閭闇者」の存在とも考えあわせ、吏に比えられる里正が行政村を代表したのに対し、国家権力と結びつかないところの自然発生的な散村の統率者ではなかろうかということになる。

そして漢代において、里正の存在が認められたとしても、自然村の統率者である父老は、住民と密接な関係をもつものであったがため、[17]地方行政の上において、より大きな比重をもつものであったことは、先述した守屋美都雄氏の父老に関する研究からして容易に推測されるところである。

この父老に率いられる自然村は、隋唐に降れば、行政村とならんで地方行政機構のなかに、あるいは畿外の里党として、あるいは在邑の坊、在野の村として[18]—編成方式が明示されず自然村と考えられる—公認されるにいたっている。自然村の存在が古くから地方行政の上において如何に看過しがたい存在であったかが窺われる。

## 三　里の編成

以上、漢代における行政村ならびに自然村の存在についてみてきたのであるが、ついでは、この行政村と自然村との編成についてふれることとする。まず行政村である里の編成についてであるが、漢書百官公卿表の伝えるところによれば、郷里制の編成規定は、

大率十里一亭、亭有長、十亭一郷、郷有三老有秩嗇夫游徼、(略)県大率方百里、其民稠則減稀則曠、郷亭亦如之。

とあって、亭・郷・県にとどまり、里についての規定はみえず、わずかに続漢書百官志において、

里有里魁、(略)本注曰里魁掌一里百家。

との編成方式が伝えられているにすぎない。

しかしこの続漢志本注にみえる「一里百家」との伝文についても、岡崎文夫氏[19]は、これを晋制によるものであるとされ、漢代の里に一定の戸口数を含むと解されるふしはなく、当時の里は自然に発生した部落であると見なされたのであるが、里を行政村と解する立場の人々は、これに対して戸数による里の編成を主張されている。[20]

この点は、史料不足のため明瞭をかくのであるが、当時の里について、戸数を伝えてくれると思われるいくつかの事例をあげてみると、一里の戸数は、

① 風俗通に「五〇戸」。

② 春秋公羊伝宣公一五年の条の漢何休の注に「八〇戸」。

③ 礼記雑記下の漢鄭玄の注、および管子度地篇に「一〇〇戸」。

④ 漢書中に散見する賜牛酒の時の単位は、漢書武帝紀(元封二年六月)・漢書成帝紀(鴻嘉元年)等に「一〇〇戸」、漢書元帝紀(初元元年)・同(初元五年)等に「五〇戸」。

とあって、ほぼ五〇戸から一〇〇戸のあたりでとらえられている。

このことは後述するように、当時の自然村があるいは五〇戸を下まわる規模であったかも知れないと思われることからして、里がすべて自然村と一致する大きさであったと解することは問題であるかも知れない。ただ司馬彪続漢志にみえる「一里百家」の規定は、後ほど自然村の項でふれる通り、自然村の状況如何によって、「一里百家」の原則

自体にかなりの融通性が認められており、自然村を行政区画に編成する上で、それなりの現実的な対応が図られていたことになる。

## 四　自然村の規模

ついでは自然村の規模についてみてゆくこととする。宮崎市定氏は、この自然村について、秦漢時代の人民は城内の人為的な区画である里（一〇〇戸を原則とする）のなかに居住し、これに反する者は反社会的な存在であった。六朝に入ると、城郭に住む者と村落に住む者との二種類にわかれてきた。そして唐になると、古代のように郷亭の城郭は見当たらなくなり、一面に星のように三、五〇家程度の村落が散居するにいたると述べられている。[21]そして秦漢の城郭都市（聚落）については、これは上古に万国とか千八百国とか称された無数の邑が、漢代になってその大きさや重要さによって上級のものは県、中級のものは郷（三〇〇戸程度）・聚、下級のものは亭（三〇〇戸、五〇〇戸程度）となったものであると説かれている。[22]

この宮崎氏の見解によれば、漢代における聚落は、平均二〇〇戸もの大規模なものとなり、城郭都市以外には自然村の入りこむ余地はないことになる。そして宮崎氏は、これら漢代における聚落の起源を先秦の邑に求められたのであるが、この邑について、松本雅明氏[23]は、これら諸邑は都市国家というべきではなく、ほとんど一〇戸ないし二五戸の農耕民を中心とした村落で、中国古代はこれらの村落を基盤にして、諸侯国の首都が都市として発展していたと述べられ、先秦における散村の存在を指摘されている。

このことは、先に父老の検討を通じて推論したように、漢代に降っても散村の存在が考えられるべきことになるが、いまこのことを漢書王莽伝下にみえる、

> 四方皆以飢寒窮愁、起為盗賊、稍稍羣聚、常思歳熟、得帰郷里、衆雖万数、亶称巨人従事三老祭酒、不敢略有城邑、転掠求食、日闋而已。

あるいは、

> 収合離郷小国無城郭者、徙其老弱、置大城中、積蔵穀食、并力固守、賊来攻城、則不能下、所過無食、埶不得羣聚。

あるいは、

> 四方盗賊往往数万人、攻城邑、殺二千石以下太師王匡等、戦数不利。

によると、王莽治政下の農民蜂起の際、農民は、初期の段階においては烏合の衆で、「有城邑」、すなわち城郭を備えるような都市に対する攻撃能力はなく、もっぱら「転掠求食」、すなわち「無城郭者」とも考え合わせ城郭の備などのない[24]村々の掠奪をこととしていたが、これが次第に攻撃能力をたかめ、ついには城邑を攻略するまでにいたっているのである。

　このことは農民が、未組織から組織化へ、その攻撃対象が、無城郭ないわゆる散村から城郭都市へと発展して行ったことを意味しているのであって、この農民蜂起の状況は、あきらかに漢代においても、城郭などをもちえない、自然発生的と思われる小規模な散村が、かなりの数存在していたことを窺わせることになる。

　また漢書酷吏伝咸宣には、

> 大羣至数千人、擅自号、攻城邑、取庫兵、釈死罪、縛辱郡守都尉、殺二千石、為檄告県趨具食、小羣以百数、掠鹵郷里、不可称数。

と、前漢武帝の時期に、南陽・楚・斉・燕と各地で群盗が跋扈した際、数千人の規模の盗賊は「城邑」、城郭都市を襲撃し、武器を掠奪したり、郡の長官を殺害したりと狼藉の限りをつくしたが、数百人の少規模の場合は、「郷里」

を襲撃している。そしてこの「郷里」は、「城邑」と対比して使われており、漢書王莽伝の「無城郭者」に該当するものと思われ、漢代の人々が、「郷里」の語に対していだいていた理解を垣間見せることにもなっている。

また考古学上の成果においても、一九五五年遼陽において前漢村落址（あるいは屯戍地か）の一部が発掘され、六戸の農舎が発見されている。これによれば各々の農舎は、房屋・爐灶・土窖・水井・厠所用の土溝・畜舎の木欄・塵ためなどを備え、一五ないし三〇メートルの距離をおいて分散していて、その配置にはなんらの人為的な次序も存在していなかったことが報告されている。(25)

この点、五井直弘氏(26)や、宮崎市定氏(27)は、一九五六年河北武安県の午汲において発掘された春秋から漢にかけての古城(28)が、城郭をもち、その内部が十個に区分けされていたとされ（発掘報告書には、城郭内の区分けについての詳細な記載はない。城郭内の構造は不明とすべきである）、漢代の郷里一般も、これに準ずるものと見なされた。しかしこの午汲古城は、東西八八九、南北七六八メートルもの規模をもつ由緒ある古城であって、これはむしろ当時の一般的集落というよりも、いくつかの散村を衛星とし、地域の経済生活の中核を担う都市と見なすべきものである。(29)

それでは城郭をもたないような散村の大きさは、どの程度のものであったのであろうか。松本雅明氏は前述したように、先秦において一〇戸ないし二五戸の村落が存在していたことを指摘されたが、晋書職官志によれば、晋代において、

（里）不得減五十戸。

と五〇戸をきるような小聚落の可能性が伝えられており、また通典食貨郷党によれば、唐代には、さらに、

其村居不満十家者。

と一〇戸をきるような小聚落の存在が伝えられている。

もちろん自然村が、すべてこのような小規模なものでなかったことは、加藤繁氏(30)が唐宋時代の村落の戸数において、

小さきは数十戸、多きは数百戸で、通常百戸前後であったらしいと言及されている通り、また数百戸の村落の存在もみられるのではあるが、中国における自然村の大きさが、大体数十戸の散村であったことは、先秦以来ほぼ一定していたことのようである。

聚落の景観については、華北・華中江南デルタ・華南等の地域差が考慮されねばならないが、それでも清水盛光氏[31]は、「支那に於ける村落の平均戸数を二、三十家」と見なされており、橘樸氏[32]も「支那の単位部落は三〇戸から五、六〇戸程度の小規模なものが普通」であったことを指摘されている。

このようにみてくると、漢代においてもかかる小規模な自然村（無城郭の散村）の存在は想定されるところであるが、漢書五行志中之下にみえる、

建昭五年兗州刺史浩賞禁民私所自立社。

の晋臣瓚の注には、

旧制二十五家為一社、而民或十家五家共為田社、是私社。

とあって、一〇戸あるいは五戸でもって私社を設けたことがみえている。この私社は、人為的な行政区画に設けられた、いわゆる官社に対し、自然発生的な散村に私的に設けられた社のことを伝えているのではと考えられる。漢代の聚落にあっても、一〇戸あるいは五戸程度の散村が存在していた可能性を窺わしめるものである。

なおこの自然村と行政村との関連について、加藤繁氏[33]は、「小村の場合には、村幾つかを合せて一里を為すこともあり、又、大村の場合には、一村にして数里を為すこともあつたであろう」と述べられているのであるが、漢書百官公卿表によれば、秦漢の県郷亭（里）の編成に対し、

其民稠則減、稀則曠。

と、戸数の多寡によってそれぞれ融通すべきことが記載されている。このことは晋書職官志においても、晋代の里に

対し、「土広人稀」、また通典食貨郷党によれば、唐代の里に対しても、「山谷阻険地遠人稀」と、それぞれ地理的条件によって、行政区画の編成に柔軟な対応が認められている。地理的条件による自然村の規模の変化と関連をもつものではなかったかと思われる。そしてかかる行政区画の編成方式は、民国時代になっても、まもられていた。(34)

## 五　什伍と自然村

続漢書百官志によれば、

里有里魁、民有什伍、善悪以告、本注曰、里魁掌一里百家、什主十家伍主五家、以相検察。

と、里の他に、「民」に什伍とよばれる組織のあったことが知られる。この什伍の制は、漢書百官公卿表にはみえないのであるが、この制度が前漢においても存在したことは、塩鉄論周秦の条に「什伍相連」とあり、漢書においてもまた多くの記事が確認でき明らかである。

什伍の制は、史記商君列伝に、

令民為什伍而相収司連坐、不告姦者腰斬、告姦者与斬敵首同賞、匿姦者与降敵同罰。

とあり、商鞅変法の什伍、連坐告姦の制に起源するといわれる。(35)商鞅変法における県制が郷里制まで整備していたか定かではないが、いわゆる行政村である郷里制が整う以前から什伍制は施行されていた可能性が大きい。そしてこの制度は、漢以降においても、あるいは比鄰ともよばれ、郷里制とは直接関連性をもたない別個の組織として存在していた。(36)

続漢書百官志によれば、

什主十家伍主五家、以相検察。

と什伍制がみえ、什伍は一〇家・五家で組織され、家々が相互に監視し合うよう義務づけられていた。一〇家と五家との組み合わせについては別に述べたが、続漢志にみえる什伍の「相検察」は、商鞅の連坐告姦の制と同様で、唐代に降っても鄰保制として継承されている。

もちろん（郡県）郷里制も治安の任を帯びていた。什伍制と共通する側面であるが、続漢志によれば、郷（里）には、別に

　主知民善悪、為役先後、知民貧富、為賦多少、平其差品。

と、役の発動や徴税の任務が課せられており、また唐開元七年令（唐六典戸部員外郎）および開元二五年令（通典食貨郷党）においても、郷里には、

　課植農桑催駆賦役。

と、徴税に関する任務が課せられていた。什伍と郷里とは、組織上のみならず、その活動内容においても役割を異にしていた。

続漢志によれば、この什伍の組織はまた、

　民有什伍。

と、漢代においては「民」に置かれたことになっている。この「民」に什伍を置くとは、後漢書光武帝紀建武七年三月の条においても、

　今還復民伍。

と「民伍」となっているのであるが、国語斉語によれば、

　伍之人、祭祀同福死喪同恤禍災共之、人与人相疇家与家相疇、世同居少同遊、故夜戦声聞足以不乖、昼戦目相見足以相識、其歓欣足以相死、居同楽行同和死同哀、故守則同固戦則同彊。

とあって、伍の人々は、世々同居し、少時より同遊し、同福同恤、同楽同和同哀する、親々の情によって結ばれた地域社会、すなわち「民」のなかにとらえられていた。

このことは什伍が対象としていた「民」とよばれる存在が、人為的な行政区画の住民ではなく、当時の自然発生的な聚落の住民を指していたのではなかったかとの推測をいだかせる。

同時に什伍制自体が、人為的な行政区画である里を機械的に細分したのではなかったこととも考えあわせると、什伍は里を基準として五家あるいは一〇家に分けたのではなく、自然村をもとに什伍を編成し、地域社会の再組織化を意図していたのではなかったかと思われる。

それではこの什伍の運用は、どのように行われていたのであろうか。管子立政篇によれば、

十家為什、五家為伍、什伍皆有長焉、(略) 凡出入不時、衣服不中圏属羣徒不順於常者、閭有司見之、復無時、若在長家子弟臣妾属役賓客、則里尉以譙于游宗、游宗以譙于什伍、什伍以譙于長家。

と、什伍は長家、すなわち戸長によって編成され、その組織責任は、同篇によれば、

凡過党其在家属、及于長家、其在長家、及于什伍之長、其在什伍之長、及于游宗。

と、家族の責任は家長、什伍の構成員の責任は什伍の長によってとられることになっていた。

商鞅の什伍は、連坐と告姦とを内容としていたが、漢代においては、

漢承秦制、蕭何定律、除参夷連坐之罪、増部主見知之条。(晋書刑法志)

と、蕭何の律改正によって連坐制は除かれた。

その際、新たに「部主」の規定が導入されている。部主は、監督責任者が配下の責任を問われる規定で、什伍においては什伍内の者が罪を犯した場合は、什伍の責任者が連坐させられる可能性がある。管子に伝えられる什伍の責任体系も、あるいはこの部主の法に類するものかも知れないが、漢代の什伍(実際は五家組)には、これまで什伍長の

存在は確認できていない。

また塩鉄論周秦には、

今自関内侯以下、比地於伍、居家相察、出入相司。

または、

今以子誅父、以弟誅兄、親戚小（相）坐、什伍相連。

とあって、元帝の時代に連坐がみえている。連坐制と同時に廃止された参夷の法も復活されており、連坐の制も後で復活されたことになる。漢書王莽伝下においては、

坐鄰伍鋳銭挾銅。

と、伍を単位とする連坐の制が伝えられている。

什伍の制は、単なる隣組ではなく公権力のもとで組織化されたものである。このため漢代を遡るが、

訾其里正与伍老屯二甲。（韓非子外儲説右下）

とあり、漢代に入ってもまた、

乃部戸曹掾史与郷吏亭長里正父老伍人、雑挙長安中軽薄少年悪子。（漢書酷吏伝尹賞）

とあり、あるいは、

然後為条教、置父老師帥伍長、班行之於民間、勧以為善防姦之意。（漢書循吏伝黄覇）

とあって、郷里の役人と協力関係をもっていた。

このことは、見方によっては国家権力があたかも里を越えて自然村のなかにまで浸透し、自然村を国家権力のもとで再編成、秩序づけていたかのような印象を与える。しかし郷里制（行政村）とは別に、什伍の制―あるいは父老の公的認知も―があえて併存、導入されていることは、当時の地方行政が、行政村の長のみをもってしては、各地に散在

する小聚落、あるいはその中の住民を充分に把握しきれていなかったことを意味している。このため幾重にも張り巡らされる支配の網は、かえって支配の限界を際だたせることにもなりかねない。

同伍・鄰伍と称され、同楽同恤の情を胚胎する伍の制ではあるが、什伍には連坐、あるいは告姦が介在させられている。什伍の導入に伝統的な秩序を破壊せんとする意図が感じられなくもないが、支配の限界との視点でとらえれば、当時の自然村（共同体）に対して、父老、さらには同居同游の紐帯－血縁関係、あるいは地が血を決する異姓同居における擬制の血縁関係－を利用し、郷里制支配の限界を補わんとしていたとの側面が大きかったと思われる。

## 六　閭左と謫

つづいて、漢代の里の性格をめぐる問題点として、閭左についてふれておくこととする。閭左については、史記陳渉世家に秦二世皇帝元年七月の条に、

発閭左適戍漁陽、

とあり、また漢書鼂錯伝にも、秦代の適（謫）について、

因以謫発之、名曰謫戍、先発吏有謫及贅婿・賈人、後以嘗有市籍者、又後以大父母父母嘗有市籍者、後入閭取其左。

とみえている。

この閭左について、三国魏の孟康は、漢書鼂錯伝に注して、

秦時復除者、居閭門之左、後発役不供復役之也、或言、直先発其左也。

と、復除者で閭門の左側に居住する者と解し、唐の司馬貞もこれを受けて、史記陳渉世家に注して、

閭左謂居閭里之左也、秦時復除者、居閭左、今力役凡仕閭左者尽発之也、又云凡居以富強為右、貧弱為左、秦役

戍多富者役尽兼取貧弱者也。

と詳述している。

これに対し顔師古は、後漢応劭の漢書食貨志上の「発閭左之戍」の注、

尽復入閭其取左、発之、未及取右而秦亡。

を、諸説のうち最もよいとし、また漢書鼂錯伝に注しては、

居閭之左者、一切皆発之、非謂復除也。

と、閭里に貧富によって住居区が分かれていたとの点を否定して、住民の徴発に当たって、単にまず左側の居住者を発したが、右側の居住者は発する前に秦が亡んでしまったものと理解している。

この顔師古の説は、広く受け入れられるところとなり、最近における閭里の解釈においても、曾我部静雄氏[37]の場合は、孟康の説をとられ、宮崎市定氏[38]は「戦前の海軍に半舷上陸という言葉があったが、それと似たような意味であり、当時の人民は殆んど凡て里居していたのであり、その半数の壮丁を徴発することである」とされ、また閭については、もし一里に二つもの閭があれば、どの閭から入るかによって閭左の範囲が異なってきて、大問題を引きおこすこととなる。しかし里には中間に閻（中門）が存在していて問題はなかったとされ、西嶋定生氏[39]も「（閭左は）兵員獲得のための里中の左半分を徴発したという意味であるといわれるから、里はその半分をもって単位とされたことがある」とされ、ともに顔師古の説を採用されている。

いま閭里において、その左地区に貧窮者が住まわされていたかどうか知るべくもないが、顔師古の指摘するように、閭左が単なる里の左地区居住者であったとしても、これでは里に人為的な整然とした居住編成が想定され、これまで述べてきた当時の里が自然村を基盤として編成されていたとする理解とは異なる。

しかし、このような従来の閭左に対する理解は、あまりに「左」を地域と見なすことに拘泥しすぎているように思

われる。閭右の語も伝えられていない。このため閭左については、これはむしろ、当時の七科謫、すなわち吏有罪者・贅婿（労働消却債務奴隷）・賈人・故有市籍・父母有市籍・大父母有市籍などとならぶ、亡人・悪少年（ともに権門豪家に付着する軽侠無頼の徒）などと同義に解される科者（謫）としてとらえられるべきもので[40]、生業をもたず、あるいは閭里の侠などと称され地方の権門豪家の私兵的存在となって、地域社会、地方行政の上に害毒を流す、いわゆる「豪右」に対する閭の「左道」者を指していたと解した方が、より自然なのではなかろうか[41]。

そして、これら閭左の徒を辺戍によって地域社会より切りはなすことは、地方豪族の専断を抑え、地域社会の治安を維持する上で大きな効果があったというべきであり、閭左の徒辺は秦代のみに限られているが、漢代に入っても、これは謫戍として継続されることとなっている。

## 七　郷亭里の統属関係

郷亭里の統属関係を伝える基本的な史料は、

①大率十里一亭、（略）十亭一郷。（漢書百官公卿表）

②大率十里一郷。（風俗通義）

の二種である。

ところが、この二つの記事は、その表記を異にしている。この表記の相違をめぐって、まず①にあって②にかけている亭が、行政区画のひとつとして里と郷との中間に位置しているとする理解と、治安維持の機関で行政区画からははずれ、里は郷に直属しているとする理解とが対立している。

いま一つの問題は、亭を行政区画として認めるか認めないかは別として、漢代の郷里制において、かかる十進法をもってする編成方法が現実に行われていたかどうかについてである。すなわち前者は、郷亭里間の統属についての問題であり、後者は郷亭里のそれぞれの編成方式に関わる問題である。

この問題について、最近注目をあびているのは宮崎市定氏[42]の見解である。氏は、郷亭里のうち、里は亭郷（県にも）ともに統属し、郷は亭が一〇個集まった場合、そのなかで一番大きな亭をもって、これに当てたものであるとされた。この宮崎氏の解釈をもってすれば、先の①と②との伝文における表記上の相違も、ほぼ納得できるのであるが、この解釈においては、郷と亭とを別の地域、区画と見なしたことになり、続漢書百官志にみえる郷は、

皆主知民善悪、為役先後、知民貧富、為賦多少、平其差品。

と民政を、亭は、

以禁盗賊。

と治安を担当するとの、それぞれ異なる職掌が無視されていることとなる。また郷を亭よりも大きいと理解する点についても、「十里一亭」、「十里一郷」と、ともに「十里」でもって構成されており、やはり問題を残すこととなる。

これに対し曾我部静雄氏[43]は、十亭一郷は前漢の制であり、十里一郷は後漢の制であって、亭は後漢になると治安維持の機関となり、行政区画としての単位は里に譲ったものであるとされている。この解釈も、問題の記事の相違点に限れば、一応の解決がつく。とくに秦制を承けた前漢の制度を、郷と亭との関係にとどめて理解せんとする試みは、この他にもみえるが[44]、実際には、前漢においても、居延漢簡等に行政区画としての里の存在が確認されており、曾我部氏の解釈においても、やはり問題を残すこととなる。

これ以外の見解は、大体亭を行政区画と見なすかどうかによって、あるいは①の記事を是とし、あるいは②の記事を是とするものであって、両記事を同時に満足させる理解は確認できない。

しかしこの問題は、結論を先にいえば、単に①に亭がみえ、②には里郷間に亭がかけていることが問題となるので

はなく、亭の性格如何が問題とされるべきである。②の風俗通義においてはまた、

大率十里一亭、亭留也、今語有亭留、亭待、蓋行旅宿食之所館也、亭亦平也、民有訟諍吏留弁処、勿失其正也、亭吏旧名負弩、改爲長、或謂亭父。

とあり、亭は漢代においても一般に宿泊所ならびに治安維持の機関として理解されていた。亭の役割は本来、亭候、すなわち候望にあったのであって、亭を行政区画として議論してきたことには、いささか不自然な気がしてならない。(45)

そして亭をこのように単なる駅伝、警察機関とする考えに立てば、問題の記事も、①の「十里一亭」、「十亭一郷」は亭制について述べた記事となり、②の「十里一郷」は、いわゆる郷里制について述べたものということになる。この場合、「十里一亭」の十里は距離。主要な道路に沿って十里の距離を原則として亭を一郷内に十個設けたのであり、「十里一郷」の里は行政区画の里となる。

ここにおいて両記事の相違も同時に満足させることが可能となる。しかるにこの亭を、あえて行政区画とした根拠は何であろうか。単に漢書百官公卿表の「十里一亭」の記事のみをもってこれを推論するような場合は別として、㋐「亭侯」の存在、㋑「亭部」が土地の所在を示す際に用いられている、(46)の二点は問題となる。

そこで、この二点について考えてみると、㋐の亭侯は後漢になってあらわれてくる。この契機が何であったか定かでないが、あるいは王莽が、天鳳元年に、

郡県以亭為名者三百六十。(漢書王莽伝中)

と亭名を重視したことより、それまで単なる駅伝、警察機関にすぎなかった亭の地位が高められ、後漢になって賜侯の対象が広がり、侯にさらに段階を設ける必要が生じた際、便宜上「郷侯」の下に「亭侯」を設け、侯の「所食吏民」(続漢書百官志)は、郷侯に比し適宜算出したものかとも考えてみた。この亭侯についてはなお後考にまつとしても、後漢になって現われる亭侯の存在のみをもって、漢代を通じての亭に行政区画としての性格を求めることには問題が

残ると思われる。

また㋑の亭部についても、当時の郷里制は、面積でなく戸数によって編成されていた[47]。このため、面の表示において、亭が交通治安を管轄し、一定の距離—一〇里一亭と一定の原則をもつ—をもって設けられていたことから、亭名が用いられたことは充分に考えられうる。そして亭部は、亭の統轄する地域との義となるが、このことが亭の役割、性格に何らの変化をもたらすものでもなかったことはいうまでもない。

以上、郷亭里の統属関係について、郷は行政村である里を基盤とし、別に交通治安関係の亭が配置されていたとのことをみてきたが、それではつぎに亭と郷、あるいは里と郷とのあいだに、一〇対一の関係が現実にとられていたかどうかが問題となる。これについて漢書百官公卿表、あるいは続漢書郡国志などにおいては、亭と郷との関係は、大体四対一となっている。このため十進法にもとづく郷亭里の編成方式は、単なる制度上の理念にすぎなかったことになる。続漢書百官志が、郷亭里の編成において、かかる数的関係を全く省略していることも、かかる事情を反映したものであったかも知れない。

## おわりに

以上、漢代の郷里制について、⑴里は行政村である、⑵この里は、里魁（里正）に代表され、数十戸の小規模な自然村を基盤とする一〇〇戸程度の人為的な区画である、⑶父老は自然村の統率者であり、⑷什伍は自然村に対する行政村の限界をカバーするものとして利用され、⑸閭左は閭里の左道者（謫）であった、⑹亭は郷里と同じ性格の行政区画ではなかったこと、等を検討してきた。

しかし問題は広範であり、とくに本節では村落の制度的な側面に視点を絞った。私は別に辺境地域における初県の造成を検討し、これが必ずしも皇帝支配の理想化を具現せんとする政治的背景をもつものではなかったことを論じた。[48]本節も、これを村落の編成、地方行政の末端組織において試みんとしたものである。

注

（1）里の性格をめぐる諸説と、主要な文献とをかかげておく。

イ、里を自然村とする立場

(A)岡崎文夫『魏晋南北朝通史』弘文堂、一九三二。頁五七九―八一。十里の解釈を距離から部落に移された論理には充分に納得しがたいものがある。

(B)鎌田重雄「漢代郷官考」『史潮』七―一、一九七三。『秦漢政治制度の研究』日本学術振興会、一九六二、に「郷官」として所収され、後掲の日比野氏に近い考えをとられるにいたる。

(C)伊藤徳男「漢代の郵について」『東洋学報』二八―三、一九四一。

(D)櫻井芳朗「漢代の三老について」『加藤博士還暦記念東洋史集説』冨山房、一九四一。

(E)小畑龍雄「漢代の村落組織に就いて」『東亜人文学報』一―四、一九四二。

(F)清水盛光「中国の郷村統治と村落」『社会構成史体系』一九四九。頁一九―二〇。『中国郷村社会論』岩波書店、一九五一。頁二四―六。

(G)松本善海「秦漢時代における村落組織の編成方法について」『和田博士還暦記念東洋史論叢』講談社、一九五一。『中国村落制度の研究』岩波書店、一九七七。

(H)松本善海「秦漢時代における亭の変遷」『東洋文化研究所紀要』三、一九五二『中国村落制度の研究』岩波書店、一九七七。

(I)河池重造「赤眉の乱と後漢帝國の成立について」『歴史学研究』一六一、一九五三。里は一〇〇戸前後と。

(J)大淵忍爾「中国における民族宗教の成立(2)」『歴史学研究』一八一、一九五五。

(K)厳耕望『中国地方行政制度史上編』中央研究院歴史語言研究所、一九六一。頁二四三。

ロ、里を行政村とする立場の一（一里は一〇〇戸）

(L)和田清『支那地方自治発達史』中華民国法制研究会、一九三九。頁八―九。

(M)労榦『秦漢史』中華文化出版事業社、一九五二。頁一二四。

(N)労榦「居延漢簡考証」『居延漢簡考釈之部』中央研究院歴史語言研究所、一九六〇。大率一里百家は、一般的基準。ただ労榦「漢代的亭制」『中央研究院歴史語言研究所集刊』二二、一九五〇、では里は戸口によらず地域単位とする。

(O)王毓銓「漢代亭与郷里不同性質不同行政系統」『歴史研究』二、一九五四。

(P)王毓銓「漢代亭的性質和它在封建統治上的意義」『光明日報』一九五五年三月三一日。後掲、蔡美彪氏への反論。

(Q)蔡美彪「漢代亭的性質及其行政系統」『光明日報』一九五四年一二月二三日。

(R)西嶋定生『中国古代帝国の形成と構造』東京大学出版会、一九六一。頁三七三―四。

(S)曾我部静雄『中国及び古代日本における郷村形態の変遷』吉川弘文館、一九六三。頁四七―五八。後漢時代のもの。

(T)楊樹藩『両漢地方制度』国立政治大学、一九六三。頁七一―二。

ハ、里を行政村とする立場の二（一里は一定戸数を基準とする）

(U)日比野丈夫「郷亭里についての研究」『東洋史研究』一四―一・二、一九五五。『中国歴史地理研究』同朋舎、一九七七。自然村は別に存す。

(V)曲守約「漢代之亭」『大陸雑誌』一二―一二、一九五五。一里二五家。

ニ、里を城郭内の一区画とする立場

(W)宮崎市定「中国における聚落形態の変遷について」『大谷史学』六、一九五八。『宮崎市定全集』三、岩波書店、一九九一。同氏の「読史箚記―三漢代の郷制」『史林』二一―一、一九三六、『宮崎市定全集』一七、岩波書店、一九九三、も参照。

(X)宮崎市定「中国における村制の成立―古代帝国崩壊の一面―」『東洋史研究』一八―四、一九六〇。『宮崎市定全集』七、岩波書店、一九九二。

(Y)宮崎市定「漢代の里制と唐代の坊制」『東洋史研究』二一―三、一九六二。『宮崎市定全集』七、岩波書店、一九九二。

（2）注（1）(A)。

（3）注（1）(E)。また聞鈞天『中国保甲制度』商務印書館、一九三五、も里魁に疑問をいだく。

（4）注（1）(A)。
（5）注（1）(A)。
（6）宮川尚志「六朝時代の村に就いて」『羽田博士頌寿記念東洋史論叢』東洋史研究会、一九六〇。『六朝史研究　政治社会』日本学術振興会、一九五六。
（7）注（1）(U)。
（8）注（1）(R)、頁三七五－六。
（9）増淵龍夫「所謂東洋的専制主義と共同体」『一橋論叢』四七－三。『新版中国古代の社会と国家』岩波書店、一九九六。
（10）守屋美都雄「父老」『東洋史研究』一四－一、一九五五。『中国古代の家族と国家』東洋史研究会、一九六八。
（11）注（1）(U)。
（12）注（1）(R)、頁三七五－六。
（13）注（1）(E)。
（14）注（3）。
（15）注（1）(K)、頁二四三においても、里魁と里正とを同一と見なす。
（16）加藤繁訳注『史記平準書・漢書食貨志』岩波書店、一九四二、頁二六注二六は、「守閭閻者」に注し、村役人と。ただし、この村役人の意味するところ広義ならん。
（17）注（1）(E)。注（10）。および宇都宮清吉「漢代における家と豪族」『史林』二四－二、一九三九。『漢代社会経済史研究』弘文堂、一九五五、頁四四一他、等参照。
（18）注（1）(X)。
（19）注（1）(A)。
（20）注（1）。
（21）注（1）(X)。
（22）注（1）(W)。
（23）松本雅明「詩経研究の方法」『東洋文庫年報』一九六〇年度。

(24) ただし、注(1)(Y)で、宮崎市定氏は、この無城郭者を「一通りの牆壁は備えていたのでただそれが戦争に役立つほど堅固ではなかったというだけのことであろう」と見なされている。
(25) 東北博物館(李文信執筆)「遼陽三道壕西漢村落遺趾」『考古学報』一九五七―一。なお当時の城市の遺跡については、これまでも多くの発掘があるが、村落についての発掘はまれである。このことは、城壁等を有するほどの都市はその遺跡をとどめうるも、ありふれた一般的な散村の場合は、その跡をたどることが不可能となってしまったためであろう。三道壕については、後、高煒「漢代城邑聚落遺址的発現」『新中国的考古発現和研究』第四章二、文物出版社、一九八四、で、「屯戍」地ではないかとの理解が出されている。
(26) 五井直弘「豪族社会の発展」『世界の歴史』三、筑摩書房、一九六〇。頁一六二―四。ただし城内の区画は五井氏による推論。
(27) 注(1)(Y)。
(28) 孟浩・陳慧・劉来城、康保柱・鄭紹参加整理「河北武安午汲古城発掘記」『考古通訊』一九五七―四。
(29) 中国科学院考古研究所編著『新中国的考古収獲』考古学専刊甲種四、文物出版社、一九六一。頁六八。
(30) 加藤繁「唐宋時代の荘園の組織並に其の聚落としての発達に就きて」『狩野教授還暦記念支那学論叢』弘文堂、一九二八。『支那社会経済史考証』上、東洋文庫、一九五二、頁二四七。
(31) 清水盛光『支那社会の研究』岩波書店、一九三九。頁二七〇。
(32) 橘僕『支那社会研究』日本評論社、一九三〇。頁四四九―五〇。
(33) 注(30)。
(34) 満鉄現地調査資料A第十二号北支経済調査所第三班『歴城県冷水溝荘ニ於ケル質問応答』、一九四一年一二月序。頁六八。
(35) 櫻井芳朗「什伍制度についての考」『東京学芸大学研究紀要』六、一九六五。好並隆司「秦漢帝國の構造について」『歴史学研究』三一二、一九六六、では、商鞅以前にも、これにつながる什伍の制度がみえることを指摘している。
(36) 晋・唐の伍制、鄰保制が郷里と別の組織であったことは、松本善海「鄰保組織を中心としたる唐代の村政」『史学雑誌』五三―三、一九四二。『中国村落制度の研究』岩波書店、一九七七。および増村宏「晋・南朝の符伍制」『鹿大史学』四、一九五六。同「唐の鄰保制」『鹿大史学』六、一九五八、を参照。ただ劉宋の郷里制(宋書百官志)、北魏三長制(魏書食貨志)は伍鄰を里と連繫させている。しかし宋書の記事には作為があるようであり、また北魏のものは、「宜準古」との前文をもち、周礼の郷里制に擬していることは事実であり両者とも問題がある。

（37） 注（1）(S)。頁四七。

（38） 注（1）(X)(Y)。

（39） 注（1）(R)。頁四一一。

（40） 拙稿「前漢時代における徙辺民について」『白東史学』一一、一九六六、本書所収。謫の項。

（41） なお、注（35）好並氏は、閭左を閭右＝上層民・豪族に対する下層民とみる。但し、五井直弘氏「古代史部会雑感（東洋史）」『歴史学研究』三一七、一九六六、は、秦漢の共同体内部にかかる対立が存在したかどうかについて疑問を提出している。なお楊寛『古史新探』、中華書局、一九六五、頁二二四脚注②は、応劭の説をとる。

（42） 注（1）(W)。

（43） 注（1）(S)。

（44） すなわち、翦伯賛『中国史綱』第二巻秦漢史、大孚出版公司、一九三七、頁六二。范文瀾『中国通史簡編修訂本』第二編、人民出版社、一九四九初版、一九六四、頁一一。尚鉞『中国歴史綱要』人民出版社、一九五四、頁二七－八。楊翼驤『秦漢史綱要』新知識出版社、一九五六、頁三。呂振羽『簡明中国通史上冊』三聯書店、一九五四、頁二三二－四。なお呂氏は「顧炎武以県統郷之説是確切的、而所謂以郷統里之説（日知録二二）、似係根拠後代情況而説的」と。

（45） 続漢書郡国志にみえる地名のうち、郷亭里等が付されるものを調べてみると、㋐亭と城とが付される地名が圧倒的（亭＝約九五。城＝約八一。聚＝約五三。郷＝約三八。里＝六。邑＝五）で、しかもこの亭と城とは、聚とともに比較的各州にわたって記載（亭がみえないのは揚益交の三州、城がみえないのは徐交の二州のみ。聚がみえないのは幽揚益交の五州）されている。㋑これに対し、郷・里は中央に近い地域では比較的記載（郷＝司隷一一、予八、兗荊各六、青四、徐約三、冀幽揚各一。里＝兗予各二、荊青各一。ただ亭も兗二二、予約一八、青一一、等と中央に近いほど多くなっている。城・聚も同様）されているが、中央をはなれるにしたがって、その地名は現われてこない。これらの地名が、当時の地方行政機構とどれほどの一致点をみるものであったかは定かでない。しかしかかる現象のうち、㋐の事実は、亭や城が元来軍事、警察あるいは交通機関として国家秩序を維持する上で、特殊な関心が寄せられていたればこそ、これと関係のある地名が、数の面でも、地域的広がりの面でも、より多く散見しているものと思われる。当時亭が、郷・里と異なる性格・系統のものであったことを推測せしめるものではなかろうか。

(46)　注（1）(U)。

(47)　例えば、水経注澮水注引陳留風俗伝に「(平陸県)建武元年以戸不満三千、罷為尉氏県之陵樹郷」とある。

(48)　拙稿「漢代西北郡における新秩序形成過程について」『中央大学文学部紀要』史学科一一、一九六六。本書所収。

〔附言〕これまで散村の発生を、三国以降に比定する傾向がみられた。例えば宮崎市定氏は(注（1）(W)論文)、これについて、①土地不足のため、農民豪族ともに城からはなれた遠方に土地を求めねばならなくなり、ここに新聚落の発生をみた。②内乱のため、郷亭に密集することは、反って動乱の際に掠奪の目標になり易く、むしろ散居していた方が安全である。③北方民族の内地移住の結果、彼等が城郭生活よりも村居生活の方を好み、漢人は都市から放り出された。④北方民族の内地移住に伴って牧畜が流行し、城郭生活が不便となった、等々をあげ、三国以降における散村発生の必然性を説かれている。しかしこのうち、土地不足については、漢代においても、すでに立錐の地もないほど豪族による自占化がすすんでいた。また遊牧民族の内地移住も、例えば秦のように漢以前においてもみられた現象である（この点は狩野直禎氏からご示唆をいただいた）。牧畜の点も、漢代において馬が阡陌の間に群をなしていたこと等が伝えられており、三国以前においてもまた、散村の存在を求める条件は整っていた。

# 第五章　馬王堆出土『地形図』の聚落

## はじめに

今からほぼ二千百年前にあたる前漢初期の古地図が、湖南省長沙の馬王堆から出土した。これまで中国の地図で現存する最古のものは、北宋神宗・哲宗（一一世紀）期の華夷図・禹跡図であったから、前漢初期の地図が出土したとなると、これは大変なニュースである。馬王堆漢墓といえば、死後そのままの姿で出土した貴婦人の死体や、その内棺を被っていた絶品の帛画などにより、わが国でもすっかり有名になったが、この古地図は案外知られていないようである。

しかし中国史の研究にとっては、僅か九十六センチメートル四方の絹地に描かれた古地図（付図「馬王堆出土古地図の復元図」。原載「西漢初期長沙国南部地図復元図」『文物』一九七五—二）ではあるが、実は奇跡の死体や帛画に劣らぬ、いやそれ以上の価値をもつ。

馬王堆には、前漢の長沙国の宰相であった黎朱蒼夫妻とその息子（？）の墓がある。この古地図が出土した墓は、このうち三号墓と呼ばれている息子の墓であり、一九七三年の暮に発掘された。発掘の結果、この三号墓の主人は、三十歳余りで死亡し、前漢文帝十二（前一六八）年二月に埋葬されている。その名や官職は不明であるが、副葬品に

馬王堆三号漢墓出土古地図の復原図（『文物』1975年２期）

駐軍図や三十八点もの兵器がみられ、地図の持ち主は、若き武将であった可能性が強い。この地図も軍事用としてのものであったことが考えられる。

## 一 『地形図』

問題の地図は、今年の初め中国の雑誌『文物』一九七五—二に、馬王堆漢墓帛書整理小組「長沙馬王堆三号漢墓出土地図的整理」と譚其驤「二千一百年前的一幅地図」として発表された。湖南・広東・広西の三省が接する、道・藍山・寧遠・新田・連・全州・灌陽の諸県一帯についてのもので、漢代にあっては長沙国の南部地区にあたる。

この地図には、河川・山脈などの地勢・道路・聚落のほかに旧跡の類も絵入で記載されている。深水（今日の沱水、瀟水）が地図の中心に位置し、その支流として鏞水・冷水・羅水・営水・臨水・壘水・参水などの称がみえる。支流の名は、深水と合流する地点に注記されており、総ての支流の称が判読できるわけではないが、冷水・営水の称は今日も引き継がれている。鏞水は今日の九嶷河、臨水は西河、壘水は泡水、参水は岭東河にあたる。

それぞれの河流の描写は、河源が細く河口にいたるほど幅広く配慮され、湾曲も自然で、現在の地図と比較して河川の位置の正確さには驚くべきものがある。

ついで、この河川に配されている山脈は、山の広がり、輪郭を曲線で描き、曲線で囲まれた山地の部分が斜線で塗られている。とくに九嶷山については、形の似た九峯が集まっていて、これを見る人がよく迷うことから、漢代、すでに九嶷の称がみえているほどであるためか、この部分は、山峯の集まった様子を表現するために十数個の波紋状が部分的に重なり合う形で描かれ、一見、等高線式の地図を連想させる。そしてこの九嶷山には、伝説通り帝舜の廟が九つの石碑とともに描かれている。

これらの技法、正確さは、北宋の華夷図・禹跡図よりもはるかに高度で、長く中国地図の基礎として利用された『大清一統輿図』にしても、この漢代の古地図にはおよばない。

もちろん今回出土した地図は部分図である。しかし、ややもするとこれまで、西晋の裴秀が漢代の地図類の粗悪さを強調（晋書巻三五）したため、漢代の地図にたいする評価はかんばしいものではなかった。しかし今回、この地図が出土したことにより、漢の高祖の参謀蕭何が、咸陽宮から先ず律令関係の書類とともに地図を持ち出し、全国の軍事上の要所を熟知し、項羽との抗争に備えたとの事情も理解できるわけである。戦国末の『管子』には、すでに地図篇の一章があり、地図には山谷・河川・丘陵・林・沢・道路・城郭の大小・聚落その他が記載されるとみえている。

この古地図は、縮尺がほぼ十八万分の一となっている。これは、漢代の十里を一寸に縮めたためと考えられている。漢の一里は三百歩、一歩は六尺である。

ところで、この地図は、面白いことに北が下方に位置している。すでに北宋の華夷図等では北が上部にきている。この点、別に意味のないことかも知れないが、その地域の治安をあずかる者として、支配地域を北面させるの気概が、かかる地図製作に示されているとみることはできないであろうか。そしてこの古地図の製作は、写真によってではあるが、筆跡は流麗で、かなり手馴れた人物の手になるものと思われる。

## 二　『地形図』にみえる聚落

以上、中国の馬王堆漢墓帛書整理小組ならびに復旦大学の譚其驤氏の研究を利用しながら、馬王堆出土の前漢初期の古地図を紹介してきたが、この地図にはまた、居住地として、方形により県治、丸印によりそれ以外の聚落が記載されている。

地名はそれぞれの方形・丸印の中に記入されている。県治は八で、営浦県（湖南省道県）が一番大きな方形で描かれ、地図の比較的中心にきている。丸印で示されるものは七〇を越え、その大半が深水以東に位置している。丸印にも大小の別があり、聚落の大きさに関わるものかも知れない。

この七〇余所の丸印の内、地名の釈文が発表されているものが五七あるが、この地名には、(1)「某里」、(2)「某部」、(3)「某君」、(4)「某某」との、四種の記載形式がみえる。この内、(4)の形式は五例で、しかも四例が深水以西の比較的聚落名の記載が粗略な地域に位置している。あるいは「某某里」となるべきものが簡略化されたと考えられなくもないが、他の事例と対比してみた場合、むしろ丸印が小さいため記入の技術面からして三字の聚落名については里の字を省略したのではなかったかと考えられる。

(1)の形式において、「某某里」となっているものは、六〇を越す事例のなかで、僅かに「深君里」と「于造里」との二例。その上、丸印がこの二例の場合（とくに「深君里」）は比較的大きくなっている。

(3)の形式は四例で、「不于君」・「㽘君」・「蛇君」・「雷君」と釈文され、不于君以外は人の氏姓と関係がある。このため不于君も「李君」と読むべきかも知れない。写真では、それも可能なようである。そしてこの(3)は、郷侯などの侯国名と関係づけられなくもないが、あるいはこの場合も、(4)の形式と同様の理由で里が省略されているとみることもできる。今日の中国でも、李家村とか陳家荘とか姓氏を冠した聚落名が多いが、この「某君里」もかかる類であったとすれば、当然このような形式の地名は、地方における土豪の発展との関係を想定することが可能である。

ついで(2)の形式であるが、これは三例で、「㴰部」・「㽘部」・「侈部」である。そしてこの三例も里を省略したと考えることが可能であるが、(2)の聚落は、侈部の場合、これが位置する深水支流の名が不明であるものの、㴰部・㽘部は、ともに㴰水・㽘水流域に位置している。西晋時の地方志『華陽国志』三には、蜀の地では里を立てる際、多く橋名をとったとのことがみえている。かかる河水による地名があって当然である。

それでは何故「部」字が河水名の下にくるのであろうか。いま(2)についていえば、これらの聚落は、いずれも各河水の中流域で、その流域に点在する聚落の中心ともみられるところに位置している。「部」はまま所轄の意味をもつ。

とすると、この「某部里」とは、その河水流域一帯の聚落の中心となり、あるいは漢制に伝えられる都亭（地方警察の本署）の設置される里であったかも知れない。

史籍には亭部との言葉がみえる。農業を主産業とする中国古代においては、この地図が明らかにするように、聚落は多く河水に沿って開かれたのであり、その河水名を都亭などが冠することは、一種の権威にもつながる。

このようにみてくると、丸印の聚落名の内、(2)～(4)の一一例も、「某里」形式と解せないこともない。ただこの点については、さらに同じく馬王堆出土の駐軍図（聚落名、戸数、里程などが記載されている）の発表を俟つ（本書「馬王堆『駐軍図』の聚落と灌漑」参照）としても、聚落名の大部分を占める(1)の「某里」の形式が、漢代の一般的な聚落名であったと考えること自体は問題あるまい。「里」とは、いうまでもなく漢制にみえる地方行政区画、郡県郷里の最下部に位置づけられるもので、百戸を基準に編成されることになっていた。

ところで、これまでこの漢代の聚落については、上級のものは県、中級のものは郷と呼ばれ三千戸程度、下級のものは亭と呼ばれ五百戸程度の規模をもち、城郭を有し、城内は人為的に百戸を原則とする里に区画されていたと見みなされ、中国では農村にあっても漢代まで城郭都市が存続したとの意見がみられた。そしてこの問題は、中国史の時代区分、漢代の社会経済の理解とも少なからざるつながりをもっている。

## おわりに

私は、すでに六年余り以前になるが、漢代の聚落は、多く百戸前後の自然村に分解しており、行政区画としての里は、かかる自然村と一致する。もちろん自然村は、百戸が標準的な規模であったであろうが、百戸を大きくきるものも少なくなかったであろう、との考えを述べたことがある。

しかしこの考えには批判も多く、最近も『歴史学研究』一九七五年五月号で、私のこの考えは根拠不充分であると批判されている。そこで今回新たに出土した古地図をこれまでの批判への反証としたいわけであるが、もちろんこの古地図は、広大な漢王朝の一部にすぎず、また比較的辺境に位置するとの点で問題となるかも知れない。

だが、この古地図は、少なくとも従来のように城郭都市でもって全土をおおいつくそうとする意見に反省を与えるはずであり、漢代の地方行政制度についても、県・郷・亭を、即漢代の聚落と解する意見に問題を提起するはずである。そしてこれらのことは、当然共同体への理解、時代区分論についても検討すべき点をもつこととなる。

# 第六章　馬王堆出土『駐軍図』の聚落と灌漑

## はじめに

中国古代における水利灌漑については、これまでも多く論じられてきた。とくに史記河渠書・漢書溝洫志に伝えられる水利工事が、主として国家的事業を中心としたものであったことから、これを中国古代帝国の形成過程、あるいは国家構造のなかで公権力の重要な支柱として位置づける努力がなされてきた。しかし史記河渠書や漢書溝洫志に伝えられる国家的事業としての水利工事は、防災・漕運を主目的とし、問題の灌漑はその派生的機能にすぎなかった。一部灌漑のための鑿渠もみえるが、これは首都の食糧確保のため等、局所的に発案試行されたにすぎず全国的視野をもつものではなかった。

このため、地域社会を支える水利灌漑は、国家的大規模工事に依存するのではなく、むしろ別の方式をとっていたと考えていたが、最近長沙馬王堆三号墓から二種の前漢初期の古地図が発見された。そしてこれには河川・聚落のほか、水利に関わる「波（陂・坡）」の記載もみえる。そこで以下この馬王堆出土の古地図、とくに『駐軍図』の紹介をかね、前漢初期の水利の実態について一、二述べてみたいと考える。

## 一 馬王堆出土『駐軍図』と陂―江淮の水利灌漑―

**『駐軍図』** 馬王堆出土古地図のうち、『地形図』についてはすでに紹介したが、[1] その際、同じ三号墓から出土した『駐軍図』の公表を俟ちたい旨述べた。ところが『文物』一九七六年一期、馬王堆漢墓帛書整理小組「馬王堆三号墓出土駐軍図整理簡報」(以下「簡報」と略称)にこの『駐軍図』の詳細が発表された。

それによると『駐軍図』は、南北九八センチ、東西七八センチの大きさで、帛に黒・朱・ライトブルーの三色でもって河川・山脈・道路・聚落のほか、軍の駐屯地・城塞・守備範囲等が描かれ、湖南省江華瑤族自治県の瀟水流域一帯にあたる。これは『地形図』の東南部分と一致するが、『駐軍図』の方は縮尺が『地形図』の一八万分の一に対し八万分の一から一〇万分の一と拡大されている。

記載内容も、新たに軍事関係の事項のほか、山名が記載(山脈の描写法も『地形図』と異なる)されている。河川・聚落の記載も詳細で、道路もかなりの部分が復原可能である。これらが三色で色分けされている点も新機軸で紀元前の地図としては極めて珍しい。

それでは『駐軍図』は、『地形図』の拡大されたものとして利用できるかというと問題がないでもない。例えば『地形図』で議論の多い九嶷山や岭東河に比定されている参水等深平城上流の河水が、幾筋か『駐軍図』では確認できない。

また①石里・波里沿いの両河川(蕾水・隃水)の合流した河川と、②絅里・智里沿いの両河川(智水。絅水か・満水。智水か)[2] の合流した河川とは、『地形図』では深水に合流する前に一つに合流しているが、『駐軍図』では、①・②それぞれの河川が個別に深水に合流している。ただ深水への合流は、『駐軍図』のこの部分に欠損がある。復元の際には、『地形図』の河流に合わせるべきであったかも知れない。

このように検討すべき部分もあるが、『駐軍図』の場合は、方形で囲まれた恐らく守備範囲を示すと思われる区域（同時に県境）内の軍事上の事項に重きがおかれている。このため詳細であるからといって、すべてが網羅されているとはいえない。『地形図』では、『駐軍図』で省略されている河川沿いに聚落がない。ただ公表された『駐軍図』の写真は、各所で破損が著しい。

そこで、これら一、二の問題点を別にすれば、『駐軍図』の精度は、はるかに『地形図』に優る。それだけに『駐軍図』の利用価値は大きい。たとえば軍の具体的な配置、すなわち、

- 主将（三号墓の主人）
  - 都尉軍（徐氏）
  - 都尉軍（徐氏）
    - （上記二軍より）都尉別軍（徐氏）
    - （上記二軍より）？（徐氏）
  - 都尉軍（周氏）——都尉別軍（周氏）
  - 司馬得軍
  - 司馬得軍（桂陽□軍）

の八軍（桂陽□軍の所属は不明）が、望楼や復道を備えた堅固な三角形状の城塞（道治所）[3]に陣する主将の下にそれぞれ一隊を編成し、要所に城壁（地形に応じ種々の変化をみる）を備えた陣地を構えている。

軍の構成、当時の戦略を考える上で貴重である。この古地図の整理にあたった馬王堆漢墓帛書整理小組は、この軍事情勢を、南粤趙佗が臣称をなした直後で、前漢文帝初年の時期と見なしている。

同時にこの『駐軍図』は、この地域の聚落についても具体的な史料を提供してくれる。『駐軍図』の聚落の表示方法は『地形図』の場合と同様丸形・方形の中に聚落名が記載され、『地形図』所載のうち「石里・波里・絅里・龍里・

資里（資里は『地形図』の湞里か）」は『駐軍図』でも確認できる。また『地形図』所載の「深平・蛇君」については、『駐軍図』では深平は「深平城」（『地形図』のように丸印でなく方形となる）ともよばれる存在であったことが判明し、蛇君の場合は「蛇上里・蛇下里」との二里の総称であったと思われ、孑水をはさんで河の東側には「蛇障」もみえ、孑水の東岸にせまる山脈は「蛇山」とよばれている。

『地形図』と『駐軍図』との聚落名の異同において、とくに蛇上里・蛇下里が、『地形図』でなぜ蛇君と表記されているかについては興味を覚える。先に『地形図』を紹介した際、この某君形式の聚落と封君あるいは地方土豪との関連を推論した。そこでこの理解に従うとすれば、蛇氏は二里をその影響下に置き、自らは身の安全のためか孑水の対岸の山麓に「蛇障」すなわち城塁を備えた居所[4]を築いていたこととなる。地方の有力者による住民支配の一端を窺うことができるということになるのかも知れない。

山名もこの蛇氏に因んでのことであったかも知れない。もちろん山名によって里名が付されたとの理解も可能である。『地形図』においても確認できるが、水名によると思われる里名が、『駐軍図』においても、資水に資里・孑水に孑里・延水に延里・袍水に袍里・蓄水に蓄里・條水に條里・智水（満水）に智里、等が確認できる。しかし蛇上里・蛇下里の場合、これを山名によったとすると『地形図』でこれが蛇君と「君」字を付して総称されている点が説明し難い。

聚落名についてはまた、『地形図』と重複するもののほかに『駐軍図』で新たに記載されているものが約五〇ある（『地形図』の方形・円形で示される地名七〇余。「某里」形式の地名は六〇余。『駐軍図』で確認できない里もある。例えば桃里）。そしてこれら『駐軍図』の聚落には、戸数について具体的な数字を伝えるものがある。いまこれを表示すれば、表Iの通りであり、

表Ⅰ

| 「今毋人」形式 | |
|---|---|
| 里名 | 戸数 |
| 孑里 | 三〇 |
| 絅里 | 五三 |
| 溜里 | 一三 |
| 慮里 | 三五 |
| 波里 | 一七 |
| 沙里 | 四三 |
| 智里 | 六八 |
| 乗陽里 | 一七 |
| 垣里 | 八一 |
| 泲里 | 三五 |
| 路里 | 四三 |
| □里 | 二〇 |
| （蛇上里） | 二三 |

| 「不反」形式 | |
|---|---|
| 里名 | 戸数 |
| 痤里 | 五七 |
| 資里 | 一二 |
| 龍里 | 一〇八 |
| 蛇下里 | 四七 |

一里の平均戸数はわずかに四一戸で、一里百戸の原則がこの地域では大きく崩れていたことになる。

戸数が注記される里には、戸数の後にすべて「今毋人」あるいは「不反」との付記がみえる（蛇上里のみは戸数の後に付記がみえないが、付記があったものと推測し近隣の孑里に準じ一応「今毋人」形式に入れた）。この二種の付記について、まず「今毋人」形式は、「孑里卅戸今毋人」等と記載されているもので、「今毋人」とは軍事上の必要上住民を強制的に移動させたか、あるいは住民が里を棄て逃亡したか等のため、その里が廃村の状態にあることを意味していると思われる。そしてそれぞれの戸数は、各里本来の規模を示しているのではなかろうか。

これに対し「不反」形式とは、「痤里五十七戸不反」等と記載されているもので、「不反」が「今毋人」とどう相違するのか定かでない。しかし態々「不反」と表現を異にしているところをみると、「不反」とは、あるいは里の人口が減少し本来の姿に復していないとの意味で、完全に廃村化していない里のことであるかも知れない。

そこでもし「不反」についてのこのような理解が許されるとすると、「今毋人」もこれは必ずしも強制的移動によるものではなかったかも知れない。なぜなら『駐軍図』にはまた、「胡里・琇里」が「并路里」、「弇里」が「并波里」、

「兼里」が「并慮里」、「圉里」が「并□〔里〕」と并村の事例が伝えられている。

このためもし軍事上の必要等から官による強制的移民が行われたのであれば、これはむしろ并村の方式をとったはずである。圉里は、「圉里□戸并□〔里〕不反」とあり、欠字があるが、戸数＋「并里」＋「不反」形式になっており、并村の事例と理解した。

いずれにしても「今毋人」・「不反」の里は、むしろ住民が里を棄て逃亡した可能性が大きい。「今毋人」形式の里は一六里もあり、廃村に準じる「不反」形式の四里を加えると、この地域ではほぼ三分の一の里が問題をもつこととなる。ただ前掲『文物』の論文では、「今毋人」・「不反」を軍事上の必要からの移民と考えている。

ここにおいて戸数が記載される里は、問題を抱えた里となる。このためあるいは記載される里の戸数の平均値でもって、この地区の全聚落の平均値を求めることには問題が残るかも知れない。この点、限られた事情のなかではあるが、戸数の記載される里が、里の規模において特別の事情をかかえていたとも思えず、一応記載される各里の平均値を、この地区の里の一般的状況と考えてみた。

それではつぎに、このように多数の廃村あるいはそれに準ずる里が存在することの背景であるが、この地域には陣地が集中している。治安の乱れが甚だしかった可能性がある。戦乱に巻き込まれることを恐れる等もあったと思われる。あるいは趙佗の乱の影響も考えなければならない。

しかし軍事上の要所であったにしても、広大な地域（「簡報」では周回「約五〇〇市里」、二五〇キロメートル）にわたる。このため里を棄てなければならなかった理由についてはまた別の原因が存在していたかも知れない。この点について『駐軍図』は、また別の示唆を与えてくれる。

**陂山**　当時の聚落は、『地形図』においても窺えるが、『駐軍図』においても自然の河川沿いに位置していた。これは前漢初期において、江南地域の聚落が未だ自然河川に灌漑の大部分を依存していたことを物語る。

『駐軍図』にはまた、自然の河川とならんで「波」の存在がみえる。図の中央部、いわゆる主将の居城のすぐ東側に描かれている。「波」は陂・坡、すなわち陂池のことで、水利史上江淮の水利において注目されてきた。陂の存在は、すでに詩経陳風沢陂にもみえる。

ただ先秦の陂は主として軍事施設であって、灌漑用として利用されることは必ずしも一般的でなかった[5]。『駐軍図』にみえる陂も、軍事施設に隣接し、明らかに城塞の附帯施設である。陂に隣接する聚落はみえない（利里は湛水に依存）。先秦の陂の役割が前漢初期にいたってもなお大きく変化していなかったことを示している。かかる陂は、比較的大規模な工事を必要とする。このため地方の小聚落の灌漑に陂が広く利用されるには、比較的長い時間的経過が必要であったということになる。

『駐軍図』は、陂造成の過程をも図示する。陂は「陂池」（尚書泰誓上）ともいわれるように溜池、ダムで、また「陂鄣九沢」（国語周語下）とあるように、堤の工事をともなった。これまで陂の具体的な形状は後漢に入ってのものとなる。後漢の陂池は陝西・四川出土の明器[6]によれば、四周に堤をめぐらし、漁池となる場合もみえるが、また稲田も多く、陂が灌漑に利用されていたことを窺わせる。これに対し前漢の陂となると、これまでその形状は明らかでなかった（後代の伝文であるが召信臣の鉗盧陂について通典食貨水利田に「累石為隄、傍開六石門、以節水勢」）。

ただ漢書溝洫志には、「（小）陂山」（史記河渠書は「披山」）がみえる。この「陂山」については、これまで顔師古の「因山之形」に従い、多く「山に陂って」と解されてきた[7]。しかし顔師古はこの陂山についてはまた、「一曰、陂山遏山之流、以為陂也」との解釈を紹介している。これは「山（谷）の流れを遏めて以て陂と為す」との謂である。いまこの顔師古の伝える「陂山」に対する二説を、『駐軍図』によって検討してみると、陂山の解釈は後説の方が正しい解釈であったことが判明する。

図Ⅰに『駐軍図』の陂の部分と三角形状の城塞とを紹介したが、これによれば陂は、西北部のみに堤（「波」はライ

（南）

図1 馬王堆出土『駐軍図』復原部分図

トブルーであるが堤は朱で描かれている。点線は道路）が設けられ、堤の側から溢水処理の水路が太筋で描かれる深水にまで通じている。貯蔵量には余裕があるらしく堤の両端にまでは水が届いていない。この陂の造成は、詳細なこの地域の地理が定かでないため、多少推測を混じえなければならないが、陂に貯蔵される水は天水ではなく河川から流れ込んでいたものではなかったかと思われる。そして溢水処理の水路となっている部分も自然の河川で、この河川を陂造成のために堰き止めたのではなかったかと考える。

地図上に朱色で示される堤は、まさに顔師古のいう、山谷の流れを遏（とど）めるためのものである。

この「陂山」方式は、漢書溝洫志によれば「它小渠及陂山通道者、不可勝言也」と小渠と並んで武帝時以降次第に一般に普及してくる。『駐軍図』によって初めてえられた「陂山」の正しい解釈は貴重である（溝洫志の「通道」とは陂山のみでなく渠にもかかり、人為的灌漑用の河道を開くの義であろう）。

「小陂山」（小渠の「小」は「陂山」にもかかる）の普及は、明器にみえるような平野での水池の造成へとつながって行ったことであろう。「陂山」方式も小規模であれば、陂の造成も比較的小人数で可能である。地域住民の協力あるいは地方官吏の指導によって容易に造成できたはずである。『駐軍図』の陂は大規模なものであるが、かかる軍事用の陂が、徐々にではあったとしても、「小陂山」の導入に刺激を与えたことは間違いない。

『駐軍図』には、前漢初期の陂の実態が具体的に描かれている。それだけでも貴重な発見であるが、この『駐軍図』はまた、当時いわゆる「陂山」方式の灌漑がそれほど一般化していなかったことをも示唆している。古地図に描かれる聚落は、陂を必要としない自然の河川沿に形成されていて、その規模も一〇～一〇〇戸程度である。このことは、自然の河川からの灌漑に依存する住民、それを支える農耕地が、河川から自力で溝渠を鑿り水を導き自給化する場合、この程度の聚落の規模が比較的上限であったことを意味しているのかも知れない。

もちろん聚落の規模については、この地域が山間部でもあり、耕地を造成する上で地理的に限界があったことも考えられうる。しかし『駐軍図』によれば、この地域ではまた多く并村が強行されており、伝えられる聚落の規模が地理的条件からのみ制約された結果ではなかったかも知れない。このため聚落の規模が平均約四〇戸と小規模な点については、また聚落の形成過程と関連づけて検討すべき事柄であるかも知れない。

比較的辺境の新開地では、土地を求める人々（人口の自然増や天災により析出）は、小グループで生活の場を開拓して行った。当然、自然流徙が主体である。聚落の形成過程はかつて検討したことがあるが、いわゆる自然流徙型の聚落は、「金城郡型」の新秩序形成過程[8]においても確認でき、「落」形成の経緯[9]とも類似する。

このため比較的大規模な工事等、公権力の介在を必要とするような環境整備は望むべくもなかった。各聚落は、それぞれ個別、独自に定住、発展して行ったわけで、その生活の基盤、例えば灌漑施設等も貧弱で、気象条件如何では常に廃村の脅威にさらされていたと思われる。人口の増加とそれにともなう耕地の拡大等、聚落の順調な拡大、発展は、必ずしも容易ではなかったはずである。

聚落の規模には、かかる事情も関係していたかも知れない。そして并村行為などは、あるいは公権力がかかる小聚落を強化し、より安定した地域社会の確立を指向せんとしていた現われであったかも知れない。もちろん軍事上の理由も否定しきれないが、并村行為が必ずしも軍事施設に隣接した里に限られているわけでもない点は気になる。

并村の意図には、さらに別の事情が存在していたかも知れない。波里は弁里・琇里、路里は胡里、慮里は兼里を併せながら、波里・路里・慮里のいずれも「今毋人」と結局廃村となり、圂里はどの里に并村されたか不明であるが、圂里自体が「不反」と注記されている。このことは例え徙民をともなう地域社会の開発が行われていたとしても、治安維持をも含め一時的な政策で、必ずしも新開地の造成、安定等を主目的としたものではなかったことを物語る。[10]

『駐軍図』において廃村、あるいはそれに準ずる状態の里が多く伝えられていることは、再生産過程における公権力との関わりが、さほど有効に機能していなかったことをも意味している。いわゆる水利灌漑との関連であるが、この地域の聚落は自然の河川に依拠していた。天候如何に左右される。聚落内での共同事業も戸数はわずかに平均四〇戸、少ない里では一〇数戸に過ぎない。共同作業にも限界がある。

もちろん里相互間の共同性も考えるべきかも知れない。虵上里・蛇下里などは蛇君の指導で、環境整備のための共同作業が可能であったかも知れないが、里相互の協力関係が、どの程度一般化できるか定かではない。なぜかといえば、多くの廃村の存在が、これら地域社会における共同性の限界を如実に物語っている（『駐軍図』の里は、小規模聚落の一般化を村字の出現する三国時以降に求める考えを否定する。村は漢代の屯田の盛行もあり、屯＝邨＝村が、聚・落にかわり城郭などもたない小聚落の称として一般的に使用されることになったにすぎない）。

以上、『駐軍図』にみえる荒廃した地方農村の姿について、その背景を聚落の形成過程や水利との関連で考えてみた。『駐軍図』に描かれる地域は、湖南省南部に位置する。前漢時代における陂は、これまで関中あるいは河南南部・湖北北部の山地に近い地帯に多いとされてきた。[11] この点では『駐軍図』も、灌漑がいまだ自然の河川に依存し灌漑用の陂はそれほど普及していなかったことを伝えてくれるが、軍事施設としての陂は、江南においても活用されていた。

『駐軍図』が伝える地域社会の実態は、自然の河川に恵まれていた。このため『駐軍図』の生活環境を、華北と同一に論じることはできない。そこで以下『駐軍図』と状況を異にする華北の水利・灌漑について考えてみる。

## 二　渠と井―華北の水利灌漑―

**小渠**　華北の水利において注目されるのは渠である。漢書溝洫志（史記河渠書の最後の部分）には、前節でふれた小陂とならんで「小渠」もまた「不可勝言也」と普及のほどが伝えられている。小渠は同志によれば「漑田」を目的とするものであり、また「穿渠」ともみえ人為的灌漑施設である。

小渠が灌漑用として普及してきたのは武帝時以後の現象で、普及していた地域としては、漢書溝洫志では、新開地の朔方から酒泉にいたる西北辺境（黄河・川谷を利用）や関中の霊渠・成国渠・漳渠（諸川を利用）、汝南・九江（淮水を利用）、東海（鉅定沢を利用）、泰山（汶水を利用）等、淮水以北の地域があげられている。

そこで小渠・小陂が一般化するにいたった契機であるが、史漢は、これを武帝が二〇年来の懸案であった黄河の瓠子での決潰を元封年間に修復した結果、「自是之後、用事者争言水利」と、水利に対する関心が高まったことと関連づけている。

ここでの小渠・小陂は、「用事者」が介在しており官（それも地方の小規模な水利工事であるから地方官吏[12]）の手になるものが少なくなかったと思われるが、それにしてもこのような小規模な水利工事が、瓠子での修復事業を契機として盛んとなったというのも不自然である。

漢代の水利を伝える史記河渠書・漢書溝洫志は、ともに比較的大規模な水利工事を中心に紹介し、地方の小規模な水利の実態を伝えていない。その意味では短文であるが、この小渠・小陂の記述は重要である。ただここで伝えられる小渠・小陂の盛行については、これを瓠子での治水工事に関連づけるよりも、官による大規模な水利事業が次第に地方官吏による水利対策に刺激を与え、小渠の類を徐々に普及させ、前漢武帝時にいたりついに「不可勝言也」との情況をみるにいたったと理解した方が自然である。

そしてこの武帝時に、態々この記事を挿入した背景としては、地方官制の整備によりこれら地方の水利事業が急速に発展するといった事情も考えるべきであるかも知れない。地方官制の整備は、地方役人に豪族層が進出してくる契機ともなっている。(13)

もちろん有名な寧成による南陽の陂のように、比較的大きな陂が個人（豪族）の所有となっている場合もある。このため小渠・小陂においては、当然民間の手になるものが多く存在したはずである。いまその大勢如何は定かではないが、かかる末端の水利にまで、武帝以後公権力の浸透がはかられていること自体は、国家構造を考える上で重要である。

これまで小規模な水利施設は、前漢末から後漢に入って発展し、それ以前は公田灌漑のため大規模な灌漑が中心であったとの見方がとられてきたが、(14)小渠等地方の小規模な水利灌漑施設の普及は、すでに武帝時にまで遡りうる。

**武帝以前の大規模水利工事**　小渠の普及に影響を与えたと考えられる国家的大規模水利事業は、はじめにもふれたように第二次農地の形成(15)や公田や新開地における初県の造成、(16)あるいは土地私有の欠如(17)等、国家構造論のなかで注目されてきた。そこでこの点について少しふれておく。

史記河渠書(18)は、黄河と済・汝・淮・泗水間、漢水と雲夢間、長江と淮水間、呉の三江・五湖、菑水と済水間等戦国諸国の渠ならびに秦の李冰の成都での渠工事を紹介しているが、これらは「皆可行舟、有余則溉浸」とのことで、その主目的は交通＝漕運の便にあり、灌漑については、渠が通過する地域で余裕があれば農耕地へ小渠を鑿り利用する程度であった。漕運のための渠に灌漑の機能が求められたとしても、これは副次的である。

ついで魏の鄴令西門豹による鄴の一二渠であるが、この場合は明らかに灌漑のためのものである。しかし漢書溝洫志では、この鄴での灌漑は史起が西門豹を批判し自己の栄達をもくろむ政争の具としてとりあげられている。史記でも具体的に一二渠にふれるのは後人の褚少孫の補史記の部分で、史記本文にはない。鄴の諸渠の実態は定かでなく、後種々の流説が生まれた可能性がある。

しかし鄴は斉の桓公の築くところと伝えられ、西門豹の時代は魏の文侯の本拠地となっている。このため鄴の開発に官の介入があったとしても不思議ではない。ただ一二渠については、当時の鄴の人口は二、三千程度（史記滑稽列伝）であり、これだけの数の渠が必要で、それも西門豹の時代にすべて官によって掘鑿されていたかどうかは疑問とすべきかも知れない。同時に、鄴での大規模な掘鑿工事が伝えられている点については、魏の本拠地としての政治的事情が影響していたかも知れない。

ついで秦の鄭国による水利工事であるが、これも灌漑用としてのものである。しかしこの水利工事は韓が秦を疲弊させせようとした政治的謀略である。いまだ漑田工事が国家を疲弊させると理解されていた。漑田そのものよりも工事の負担の方が評価されている。これはかかる大規模な工事をともなう灌漑の有効性が、未だ充分に認識されていなかったことを物語る。

では漢代に降ってはいかがであろうか。文帝時の酸棗・金隄の決潰、武帝元光中の瓠子の決潰は、ともに黄河の水災対策で灌漑にはつながらない。ただ瓠子の決潰に対する丞相田蚡の態度はあまりにも恣意的である。田蚡は自分の奉邑が決潰した岸の反対側（黄河の北部）で難を免れ邑収多大であったため、この決潰を天事として放置した。治水に対する官僚の認識、姿勢の一端を窺わせる。

そして本格的な水利事業は、鄭当時・徐伯［表］のいわゆる漕渠である。しかしこの漕渠もその主目的は、首都の食糧確保・漕運の便にあり、渠下の民がこれを灌漑にも利用したとされるが副次的である。

また河東守番係の渠田は、汾水・河水の河床に耕地の開発を試みたもので、その目的は漕運の労を省き首都の食糧を確保せんとしていた。このため番係の渠田も全国的視野をもつ政策でないことはもちろん、計画そのものも粗雑で結局失敗に終わった。

つづく褒斜道の土木事業等も同様であるが、各地の水利事業には、事業の有効性よりも、任地における公的事業の誘致に主要な目的がおかれていたかの観がある。

漢中守張卬の褒斜道は、首都の食糧確保のための漕運であったが、効果はなかった。厳熊（荘熊羆）の龍首渠は、井渠ともいわれるように工法が特殊で一〇年の工期を要する大事業であったが、これもその目的とするところは首都の食糧確保にあった。しかし龍首渠も、灌漑能力が低く「不得其饒」とのことである。

以上先秦から武帝時にいたる、小渠・小陂の盛行が伝えられる以前の水利事業をみてきたが、これらは漕運に関わるものが多く、また灌漑を目的とするものも鄭国渠は敵失による偶然の利であり、番係の渠田・厳熊の龍首渠の場合は首都の食糧確保という優れて政治的配慮にもとづく。いわゆる農業の振興を目的とする全国的視野にたった政策ではなかった。鄴の一二渠もまたこの後者の系譜に入る。そしてこのような大規模水利灌漑農法は、土壌地理学上からみても有効ではない[19]ともいわれる。

ただ公的水利事業において、派生的、副次的役割にしても、渠からの引水（「田疇之渠」＝小渠）が行われていたとなると、武帝時に盛行が伝えられる小渠との関係で引水の形態如何が問題になる。武帝時の小渠は、「用事者」、すなわち地方官衙が関係していたとされるが、先秦、あるいは漢初の地方官衙の実態は、武帝以降に比較しいまだ未分化であった[20]と思われる。

それでも漕運用の渠からの引水であれば、当然官の許可を必要としたはずである。しかしそれでも、田疇の間の水路作りに、どれほど公的労力が投入されたかとなると心許ない。あるいは田疇の鑿小渠工事の類は、民間の手にゆだねられる側面が多かったのではなかろうか。「用事者」が関心を深める武帝以降の小渠も、小陂の場合と同様、案外民間の努力の負うところが大きかったのではと思われる。そして公的徭役としての河川や橋の管理は、比較的規模の大きい河川管理に限られていたのではなかろうか。

**井戸**　武帝以前の地方の水利灌漑は、まま指摘されるように国家の手によって強く保証される状態でなかった。このため漕運のための渠さえも作れない地域においては、はたしてどのような灌漑方法がみられたのであろうか。『駐軍図』に代表される自然の河川に依存できる地域は、それを利用すればしのげる。しかし華北の平原ではそうそう自然の河川に依存するわけにもいかない。

もちろん古代の気候については異論も多く森林に恵まれ亜熱帯的な気候であったとの意見[21]もある。このため特別華北だからといって水利面で問題とすることもないかも知れないが、また当時すでに早燥した気候であったとする意見[22]もある。華北の気候が現在と同一の気候ではなかったとしても、文献上、江淮地域の陂に対して淮水以北に多く渠が採用されていたことは事実である。

そこで華北において自然の河川にかわりうる水資源はというと、それは湧水（泉）灌漑と井戸灌漑である。民国時代の華北の灌漑についての調査においても、水渠のほかにこの両者が重要な位置を占めていた[23]。湧水灌漑については、漢書溝洫志にも「泉流灌寖、所以育五穀也」とあり、均水約束で知られる召信臣の場合も、漢書循吏伝に「時行視郡中水泉」と、水利灌漑との関わりに「泉」がみえている。これは湧水灌漑の重要性がすでに広く認識されていたことを物語る。

これに対し井戸灌漑はとなると、あまりこれまで論述されてこなかった。この点について荘子天地篇には、子貢が楚から晋に帰る途中、漢水の附近で農夫が、

鑿隧而入井、抱甕而出灌。

と井戸灌漑を行っているのに出会っている。そこで子貢はこの農夫に対し、

鑿木為機、後重前軽、挈水若抽、数如泆湯、其名為槹。

と井水の汲み出しにカメでなく桔槹方式を行えば、「一日浸百畦」とのことを教えている。ところが農夫は桔槹を知らないわけではないがそのようなカラクリは厭いなのだと答えている。この説話は説苑反質篇にもみえるが、説苑では農夫は衛人、子貢は鄧折となっている。荘子にはまた天運篇にも、

　且子独不見夫桔槹者乎。

と桔槹が物の諺えにまで登場してくる。

　これによれば井戸灌漑、それも桔槹、すなわち「はねつるべ」方式がかなり一般化していたことがわかる。荘子天地・天運両篇は、漢初の作とされているから[24]、この桔槹の普及は漢初あるいはこれを遡る。成都から出土した漢の陶井ではまた、滑車が使用されている。

　井戸は飲料水として欠かせない。このため竜山文化時の遺跡からも深さ七メートル、直径二メートルの井戸が発見されている。殷周以降の遺跡においても引き続き井戸が発見されており[25]、これらが飲料水として利用されていたことは想像に難くない。

　井戸は、伯益（世本・呂氏春秋勿躬篇・淮南子本経訓）あるいは黄帝（世本）が創始したとされている。黄帝は種々の創始に関わるが、とくに諸書が、伯益作井神話を伝えていることは、伯益が禹を助けて治水にあたった人物であるだけに興味深い。伯益作井神話は、井戸が治水・水利との関連でも重視されていた事情を反映しているものと考える。

　易経井にも、

　　象曰、木上有水井。

とあり、ここでの水井は木のつるべ、または桔槹が用いられていた。易経井にはまた、

　　改邑不改井、无喪无得、往来井井、汔至、亦未繘井、羸其瓶。

とあり、瓦器のつるべも用いられていた。住む人々が変わっても井戸は変わらず使用されつづけるとあり、井戸と住

民との密接な関わりが伝えられている。ここでの井戸水の用途も、主として飲料用水である。

ただ井戸は、戦国から漢初にかけての文献には、「灌」との関わりで現われる。このことは井戸が単なる飲料水としてのみだけでなく文献の上でも次第に灌漑施設として位置づけられてきていることを意味する。また考古学上においても北京と河南泌陽県とから漢代の農田灌漑用の井戸群が発見され[26]、華北における井戸灌漑の普及が証明されることとなっている。

井戸の深さは地層構造により異なる。飲料水として用いる場合は良質な水を必要とするため掘り抜き的な方式がよいが、灌漑用としては浅井でよく、民国時代の調査では華北の井戸は、概ね三～九メートル程度の深さで灌漑可能である。単式の轆轤で一日の灌水能力は一アール（畝）前後、毎井の灌漑面積は約一〇アール（畝）であり、大井では毎井の灌漑面積は三〇アール（畝）となる[27]。考古学上も、中国古代の井戸として六～九メートル程度のものが発見されている[28]。

鑿井工事は、小井の場合であれば比較的容易である。戸単位に井戸を設けることも可能であった。後漢のことであるが僮約にも「鑿井浚渠」がみえ、これは「荘園の仕事には、井戸をほったり、どぶさらい」[29]と訳されている。しかし少し大井となると共同作業が必要で、宋と後代の事例があるが隣伍による鑿井が伝えられている[30]。また先秦の地方行政組織のなかにも「井」（周礼小司徒等）が最末端単位としてみえており、多少飛躍の恐れもあるが、孟子の井田制なども、耕地の井形区画の意のみではなく、案外かかる井戸灌漑の事情を反映していたかも知れない。

井戸を掘り当てる技術について、民国時代のことであるが、風水先生が地表の湿りかげんをみ、火を焚いて蒸気を観察し、鑿井地を決定している。「先有井、後有荘」といわれるほど華北農村にあって井戸は重要な存在であった[31]。

そこでこのように比較的小人数の手で、しかもある程度安定した水を確保できる井戸灌漑の普及は、当然新しい耕地、居住地の拡大を容易にしたと思われ、その時期は、自然村である「落」の形成が伝えられる戦国時代、さらにはこれを遡りうるものではなかったかと考える。

井戸灌漑普及の背景としては、鑿井用具となる鉄器の中国への流入も大きな契機となったと思われる。前述した大規模渠工事も、多く戦国時代以降の伝文による。このため戦国時代以前の灌漑は、考古学的にこれを遡る水井の存在が確認されてはいるが、なお自然河水か湧水に多くを求めねばならなかったかも知れない。(32)

自然の水源に依存する農耕形態では、地域社会の新たな展開にも限界がある。このため井戸灌漑が可能となったことは、小人数による新開地の自力での開拓をより可能とし、新しい居住地の急速な拡大に繋がった。ただこれら新たに形成された地域社会は、在来の政治形態では充分に把握しきれていなかった。商鞅の「開阡陌」などは、かかる地域社会の変動に巧みに対応したものである。

小渠の場合とこの井戸灌漑とを比較してみると、「用事者」が旗をふる小渠は、官がよりその安定を望んだ地域となり、比較的早くから開けた地域を対象としていた。これに対し井戸灌漑は、官の保護がえられないような地域の人々によっても利用された。大規模水利事業も、もちろん伝統的な地域を視野に入れてのものであり、水利を通じてみた公権力の地域社会への働きかけは、武帝以前、とくに先秦時代にあっては既存秩序の安定、既耕地の保護に止まり、新たな居住地域の拡大・造成などは、むしろ地域住民自身の努力に負っていたことになる。

実辺等の徙民策も、治安対策としての色彩が強く、局地的、一時的対応であり、ままいわれるようにこれが新開地の造成等の長期的展望にたつものではなかった。

もちろん井戸灌漑も次第に普及するに従い、より安定した水資源として伝統的な既存の農地でも採用されることとなる。それは漢代に入って新たな集約農法が現われることからも推測されうる。

## おわりに

最近も、中国古代史研究においては、共同体に対し関心が寄せられている。しかし個々の課題については、なお実証的研究にまたねばならない部分が少なくない。本章はかかる課題に関わるが、試論の域を出ない。

注

（1）拙稿「馬王堆出土古地図と漢代の村」『歴史と地理』二四二、一九七五。本書所収。
（2）注（1）でふれたが、河川名と里名とは関係が深い。智水流域には泂部、泂里がみえ、智水をこの泂里方向に復原しているのは問題である。智水の文字が確認できる部分は欠落が多く点線で河川の復元が行われ、泂部・泂里方面へ河流をつなげているが、泂部、泂里に沿って流れる河川は、泂水ではなかったか。泂水の河川名は確認できないが、欠損している部分に記載されていたはずである。また智里に沿っている河川は満水とされているが、むしろ智水が智里に沿う河川として復元されるべきであろう。満水の記載がみえる部分も欠損がある。このため満水の流れをどのように復元するか決め手はないが、智水と満水との復元には検討の余地がある。
（3）周世栄「有関馬王堆古地図的一些資料和幾方漢印」『文物』一九七六―一、は箭道を県道名と解す。
（4）注（2）は蛇障を「障塞尉」と関連づける。
（5）佐藤武敏「古代における江淮地方の水利開発―とくに陂を中心として―」大阪市立大学文学会『人文研究』一三―七、一九六二。
（6）岡崎敬「漢代明器泥象にあらわれた水田・水池について―四川省工品を中心として―」『考古学雑誌』四四―二、一九五八。秦中行「記漢中出土的漢代陂池模型」『文物』一九七六―三。
（7）史記会注考証所引の中井積徳説、小竹氏現代語訳史記その他。

（8）拙稿「漢代西北部における新秩序形成過程について」『中央大学文学部紀要』史学科一一、一九六六。本書所収。
（9）拙稿「中国古代における聚落形態について」『中央大学文学部紀要』史学科一六、一九七一。本書所収。
（10）注（9）。先秦の徙民については拙稿「商鞅の県制」『中央大学文学部紀要』史学科二二、一九七七。本書所収。
（11）注（5）。
（12）佐藤武敏「漢代の水利機構」『中国水利史研究』四、一九六五。
（13）五井直弘「秦漢帝国における郡県民支配と豪族」『人文論集』一二、一九六一。拙稿「中国古代における郡県属吏制の展開」『中国古代史研究』四、一九七六。本書所収。
（14）好並隆司「漢代の治水灌漑政策と豪族」『中国水利史研究』一、一九六五。
（15）木村正雄『中国古代帝国の形成』不昧堂、一九六五。
（16）増淵龍夫「先秦時代の山林藪沢と秦の公田」『中国古代の社会と文化』東京大学出版社、一九五七、『中国古代の社会と国家』弘文堂、一九六〇。同「中国古代国家の構造」『古代史講座』四、一九六二。
（17）例えば、豊島静英「古代中国におけるアジア的生産様式」『歴史評論』二六六、一九七二。
（18）注（14）は、史記河渠書と漢書溝洫志との間に記述の相違を説くが、地方の小渠・小陂の盛行を史記河渠書も説く。
（19）原宗子「いわゆる代田法の記載をめぐる諸解釈について」『史学雑誌』八五－一一、一九七六。
（20）注（13）拙稿。
（21）竺可楨「中国近五千年来気候変遷的初歩研究」『中国科学』一九七三－二。田村専之助『中国気象学史研究』上、中国気象学史研究刊行会、一九七六。
（22）西山武一『アジア的農法と農業社会』東京大学出版会、一九六九。
（23）河北・山西・山東等は和田保『水を中心として見たる北支那の農業』成美堂、一九四二。陝西は『支那省別全誌』陝西省、支那省別全誌刊行会、一九四三。
（24）羅根沢「荘子外雑篇探源」『燕京学報』三九。
（25）中国科学院考古研究所『新中国的考古収獲』考古学専刊四、文物出版社、一九六一。
（26）注（25）。

（27）注（23）和田著書。
（28）例えば、河南省文化局文物工作隊「河南泌陽板橋古墓葬及古井的発掘」『考古学報』一九五八年四期、の場合、一一の磚井で、深さ六～九メートル。井戸のなかには、井戸から耕地までの間に瓦筒製（直径一九と二六センチ、長さ約一一メートル）の水道をもつ。
（29）宇都宮清吉「僮約研究」『名古屋大学文学部論集』五、一九五四、『漢代社会経済史研究』弘文堂、一九五五。
（30）清水盛光「治水灌漑に現はれたる通力合作の形式」『中国郷村社会論』岩波書店、一九五一。
（31）山本斌『中国の民間伝承』太平出版社、一九七五。
（32）佐藤武敏「殷周時代の水利問題」『人文研究』一二－八、一九六一。五井直弘「中国古代の灌漑」『古代史講座』八、一九六三、は戦国以前の人工灌漑の先駆的存在にふれる。

# 第七章　秦咸陽城と漢長安城

## ——とくに漢長安城建設の経緯をめぐって——

### はじめに―漢長安城の規模をめぐって―

漢長安城[1]の建設は、漢の高祖五年に着手され、一二年後の恵帝五年九月に一応の完成をみた。ここで一応といったのは、この恵帝五年九月には、未央宮・長楽宮・北宮等の中心宮殿と長安城の四周の城郭・城門とが完備されたものの、長安城内外の宮殿・苑囿等の建設は、これ以降もつづけられ、一層の充実がはかられていたためである。

恵帝五年九月に一応完成された長安城について、実はその周回をめぐり、

㈠長安城中、経緯各長三十二里十八歩、地九百七十三頃。（三輔黄図所引漢旧儀[2]）

㈡長安城、方亦（六）十三里、経緯各長十五里、十二城門、九百七十三頃。（続漢書郡国志所引漢旧儀）

㈢城、方六十三里、経緯各十二里。（史記呂后本紀索隠所引漢旧儀）

㈣長安城、方六十里、経緯各十五里、十二城門、積九百七十三頃。（孫星衍輯漢官七種所引漢旧儀）

㈤周回六十五里、城南為南斗形、北為北斗形、至今人呼漢京城為斗城是也、（略）八街九陌、三宮、九府、三廟、十二門、九市、十六橋。

長安、閭里一百六十、室居櫛比、門巷修直。（三輔黄図

㈥（長安城、方六十三里、経緯各二十〔十二〕里）、形似北斗。

長安城中、八街九陌、閭里一百六十、室居櫛比、門巷修直。（三輔旧事[3]）

との諸説が伝えられている。このうち㈠～㈥の伝文は、城郭内の地積が九百七十三頃で、それが八街九陌、閭里百六十となっていたとの点ではそれぞれ一致しているが、長安城の周回については、①六十里（経緯十五里）説、②六十三里説、③六十五里説、④経緯十二里説、⑤経緯三十二里十八歩説等、伝文間に相違がみえる。

長安城の周回については、近年発掘調査[4]が進み、城周は二万五千メートルで、漢の六十里強であったことが明らかとなってきた。同時に、この長安城は、また伝えられるように、いわゆる北斗南斗の不整形でもあった。

このため前述の城周をめぐる諸説も、①六十里説がもっとも近いということとなる。それでは城周六十里説以外の諸説は、なぜこのような数値として伝えられてきたのであろうか。長安城が不整形であったことからすれば、結果としては城周六十里となっている前掲の史料㈡、㈣の経緯十五里説も、実は問題となる。実測によれば、城郭の南辺は漢の約十五里、東辺は漢の約十四里であるから、この部分の城郭の距離をもとにして表示したとすれば、経緯十五里もまた実態の一端を伝えていたことになる。㈢の経緯十二里説も、これがたまたま長安城の西辺の距離を城の四周のそれぞれの距離として誤り伝えたものであれば、西辺の距離は、実測では漢の十一里であるから、これもまた長安城の実態からそれほど離れたことにもならない。

また㈤の城周六十五里説も、各伝文中一致している長安城中の地積九百七十三頃をもとにその城周を算出したとすれば、実はこの城周六十五里説がもっとも適当となる。さらに、これも各伝文一致している閭里百六十から城周を考えてみると、いま一里百戸、一戸の宅五畝とすれば、百六十里は八百頃で、城周六十里説の場合の八百四十頃に近いこととなる。

しかし長安城中には、この閭里百六十のほかに、恵帝五年の城郭完成時までに、長楽宮周回二十余里（長安志所引関中記）、未央宮周回二十二里九十五歩（西京雑記）[5]、北宮周回十里等の宮殿が建設されていたため、「室居櫛比」すなわち城中の民戸の居住地域である閭里八百頃に、これら各宮殿地域の面積約二百三十頃を加える必要があり、これだと長安城中はほぼ千頃で、先の長安城中の地積九百七十三頃に近く、城周は六十五里説が適当となる。

閭里百六十は、「室居櫛比」とあって、民戸の整然とした居住形態を想定させるが、いま一里百戸、一戸五口とすれば、長安城中の人口は、八万人となる。宇都宮清吉氏が推定された長安の都市プロパーの人口は、紀元の前後を通じ、一〇万をこえたことはなかった[6]とされている数値に近くなる。同氏は戦国時代の李悝の説く食糧の総生産量から都市人口を農民の六に対し三の比率と考えられている。

ただ長安城中のこの閭里数を、長安城建設当初、恵帝時のことと見なせば、長安城中には、恵帝以降、未央宮の拡大[7]、桂宮周回十余里の新設等が行われ、城中の民戸の居住地域は次第に減少したはずである。

このようにみてくると、前掲の長安城の周回をめぐる伝文には、実態に近い城周六十里（経緯十五里）説と、長安城荒廃後、宮殿面積や閭里数等から推論したと考えられる城周六十五里説とが存在したことになるが、それでは㈡、㈢の伝文中にみえる城周六十三里説はいかがであろうか。

この城周六十三里説は、先の六十里説、六十五里説のような相応の背景が考えられない。城周六十三里説は、㈡、㈢それぞれの同一伝文中の経緯とさえも矛盾がある。このため玉海巻百七十三所引の㈡の漢旧儀は、割注で経緯が「十六里」と改められている。おそらくこの城周六十三里は、城周六十里あるいは六十五里の誤写である可能性がある。漢旧儀の記事は、㈡、㈣の場合が経緯十五里で、㈣の場合は方六十里となっており、あるいは原文では六十里であったものが、㈤の三輔黄図等の影響で、後、漢旧儀の伝本中に六十五里説が混入し、これが六十三里と誤写されたか、または漢旧儀の記事は方六十五里、地積九百七十三頃で、経緯については東・南辺の十五里を採用していたか、ということになる。

いずれにしても漢旧儀の記事は、城周・地積と経緯、あるいは城周・経緯と地積との間に矛盾が残る。漢旧儀の成立時には、王莽末の戦乱により長安城は灰燼に帰していた。このため長安城の実態についても、すでにかかる混乱がみられたということになる。そこで城周六十三里説を後人の誤写とするならば、㈢の経緯十二里説も、これだと城周四十八里となり、長安城の実態から大きく離れることになるため、あるいはこれも経緯十五里の誤写と考えるべきかも知れない。

以上、長安城の周回について、周回六十里・六十三里・六十五里、経緯十二里・十五里の各説についてふれてきたが、ついでは問題の㈠の「城中経緯三十二里十八歩」についてふれることとする。この経緯三十二里十八歩説は、三十二里十八歩を城郭の経緯各一辺の距離とすれば、長安城の周回は百二十八里七十二歩となって、長安城の実態からあまりにもかけ離れる。そこで㈠の漢旧儀の記事についてであるが、いま前掲の㈠～㈥内の記載形式を表示してみると、

| | 城名 | 城周 | 経緯 | 城門 | 地積 | 街陌 | 閭里 | 出典 |
|---|---|---|---|---|---|---|---|---|
| ㈠ | 長安城中 | | 経緯各長三十二里十八歩 | | 地九百七十三頃 | | | 漢旧義 |
| ㈡ | 長安城 | 方六十(三)里 | 経緯各長十五　里 | 十二城門 | 九百七十三頃 | | | 漢旧義 |
| ㈢ | 城 | 方六十(三)里 | 経緯各　十二(五)里 | | | | | 漢旧義 |
| ㈣ | 長安城 | 方六十　里 | 経緯各　十五　里 | 十二城門 | 積九百七十三頃 | | | 漢旧義 |
| ㈤ | 長安城 | 周回六十五　里 | | 十二　門 | | 八街九陌 | 閭里一百六十 | 三輔黄図 |
| ㈥ | 長安城中 | | | | | 八街九陌 | 閭里一百六十 | 三輔旧事 |

となり、㈠～㈣は、ともに漢旧儀の伝文であるが、㈠の漢旧儀の記事は、㈡、㈣と同様、地積については九百七十三頃と伝えながら－㈠は城門以下が省略して引用されている－、城周・城門については、これを伝えず、経緯についても㈠

のみが他の漢旧儀の記載と大きく相違している。このことは㈠の漢旧儀の記事が、後人の改竄をへた結果のものではなかったかとの疑いをいだかせる。

この点について、㈠の漢旧儀が引かれている、三輔黄図の記事を考えてみると、これは、

〔長安城、恵帝五年〕九月城成、高三丈五尺、下闊一丈五尺、上闊九尺、雉高三坂、周回六十五里、城南為南斗形、北為北斗形、至今人呼漢京城為斗城是也、漢旧儀曰、長安城中経緯各長三十二里十八歩、地九百七十三頃、八街九陌。

となっており、㈠の漢旧儀は、実は三輔黄図の「周回六十五里」説を説明する形で引用されている。三輔黄図の著者は、長安城の周回について、これを六十五里と考えていたわけであるから、これの根拠として漢旧儀を引用するにあたり、漢旧儀の城周の部分は重複するためこれを削除し、地積については城周六十五里と一致するため原文のままとしたが、「経緯各長十五里」については、城周六十五里、地積九百七十三頃のいずれとも矛盾することとなるため、城周六十五里を二分して、東西壁（経）と南北壁（緯）との各長さ三十二里余という形式（すなわち二辺の和。四周各辺だと十六里強となる）に改め所載したとも考えてみた。ただ三輔黄図は、

覆盎門与洛門、相去十三里二百一十歩。

と、長安城の覆盎門（南辺）と洛門（北辺）との距離について、十三里二百十歩とも記している。これだと経緯各三十二里十八歩は説明できない。もちろん六十五里を二分すれば三十二里百五十歩となる。確証はないが「経緯三十二里十八歩」と地積九百七十三頃、城周六十五里とを同時に満足させるためには、城周六十五里を二分した数値が経緯三十二里十八歩に対する理解としては一番近い数値となる。

ここにおいて、長安城の周回をめぐる諸伝文は、実態に近い城周六十里、経緯十五里説と、地積・閭里数等から推論されたと思われる城周六十五里説とに大別されることとなるが、現在すでに長安城の発掘調査が進展しており、長

安城の規模をめぐる伝文を検討し、これ以上漢長安城の規模を推論する必要はない。

本章は、別稿「漢代における県大率方百里について」[8]と関連するものであるが、それは、最近の研発でこの漢長安城の都市計画が、県郷亭里の編成において重要な例証とされており[9]、先に行った漢旧儀ほかの長安城の規模をめぐる諸伝文の検討も、実はこの問題と関わるものである。そこで以下、この長安城がどのような経緯で渭南の地に建設され、また秦の咸陽城とどのような関係をもつものであったかを検討することになるが、この長安城建設の経緯は、いわゆる長安城の自然発達説、計画的建設説との問題とも関連することになる。

## 一　秦咸陽城の発展

秦が雍から咸陽に都を移したのは、秦の孝公一二（前三五〇）年である。史記秦本紀には、

（孝公）十二年、作為咸陽、築冀闕、秦徙都之。

とみえ、また史記商君列伝にも、

作為築冀闕宮庭於咸陽、秦自雍徙都之。

とみえ、この孝公一二年の咸陽城は、咸陽宮と附属の庭苑、それに冀闕（正門）すなわち城門を備え、城周は定かでないが[10]、城門の存在からして四周には城郭がめぐらされていた。

以降、秦の首都は、この咸陽宮を中心に整備が進められて行くが、史記秦始皇本紀には、

（始皇二十六年）(A)徙天下豪富於咸陽、十二万戸、(B)諸廟及章台、上林、皆在渭南、(C)秦毎破諸侯、写放其宮室、作之咸陽北阪上、南臨渭、(D)自雍門以東至涇渭、殿屋複道周閣相属、(E)所得諸侯美人鍾鼓以充入之。

（始皇二十七年）(F)作信宮渭南、已更命信宮為極廟、象天極、自極廟道通酈山、(G)作甘泉前殿、築甬道、白咸陽属

之。

とみえ、秦は、始皇二六（前二二一）年天下統一を完成するや、翌二七年にかけて首都咸陽の一大拡張工事に着手した。

この時の工事は、(A)首都への徙民（いわゆる強幹弱枝政策）、(C)六国宮の建設、(D)・(G)離宮の建設と甬道複道の整備、等、いわゆる咸陽宮を中心とする首都の充実が計られる一方、また(F)天極に象り、渭南に極廟としての「信宮」の建設が意図されていた。

信宮の建設は、これを極廟として位置づけているが、極廟とは、司馬貞索隠によれば、

為宮廟象天極、故曰極廟、天官書曰、中宮曰天極是也。

とあり、天極星、すなわち天を主宰する太一神、帝星の宮廟のことである。このため極廟に位置づけられる信宮の建設計画は、単なる離宮と性格を異にし、首都の構成が、従前の渭北の咸陽宮を中心としたものから、渭南の信宮を中心とする新首都へと移行する、いわゆる首都の一大改造が企図されていたことになる。

前掲史記秦始皇本紀の(B)では、この信宮が計画された渭南の地には、諸廟・章台・上林が設けられていた。このうち上林苑については後述するが、章台は、漢書張敞伝の章台街に対する顔師古注所引の孟康によれば、これは「在長安中」とのことである。また史記楚世家には、楚懐王三〇（秦昭王八）年に、楚の懐王が謀られて、

遂与西至咸陽、朝章台。

と、この章台で秦の昭王に朝見したことが伝えられている。有名な藺相如の周王との会見もこの章台で行われている（史記廉頗藺相如伝）。

このことは始皇帝以前から、すでに渭南の地は、離宮や苑囿が設けられていただけでなく、政治的にも重要な役割を果たしていたことが知られるが、この信宮の建設については、三輔黄図に、

（始皇）二十七年、(A)作信宮渭南、已而更命信宮為極廟、象天極、自極廟道通酈山、(B)作甘泉前殿、築甬道、自咸陽属之、(C)始皇窮極奢侈、築咸陽宮、因北陵営殿、(D)端門四達、以則紫宮、象帝居、(E)引渭水貫都、以象天漢、(F)横橋南渡、以法牽牛、橋広六丈、南北二百八十歩、六十八間、八百五十柱、二百一十二梁、橋之南北［有］隄、激立石柱、[11] (G)咸陽北至九嵕甘泉、南至鄠杜、東至河、西至汧渭之交、(H)東西八百里、南北四百里、離宮別館、相望聯属。

とみえている。これによれば、始皇二七年の首都拡張工事、信宮の建設計画は、同時に、(F)渭水への架橋、(G)「南至鄠杜」との渭南での交通路の整備がともなっていた。

先に引用した史記楚世家では、「至咸陽、朝章台」とあり、章台は、渭南に位置していたにも拘わらず、咸陽の地と考えられていた。このため咸陽対岸の渭南一帯は、早くから咸陽城と一体化する地域としてとらえられていたことになる。その意味では、かかる渭南での新都建設計画は、咸陽城の拡大として捉えられていたかも知れない。

もちろん信宮が完成すれば首都としての中心宮殿は渭南におかれることになる。天下統一による新首都の出現であり、一諸侯国の首都咸陽城からの脱皮ということになる。しかし理念としての新首都建設も、現実は当面の必要性を重んじていた。

渭南での新都建設計画が打ち出された後も、咸陽宮を中心とする渭北での離宮建築、交通路の整備等が行われているのも、実はこのような事情によると思われる。

始皇二七年の信宮を中心とする新都建設計画は、交通路の整備が行われていることを除けば、この時点でどの程度具体化されたか定かでない。そして新都建設計画は、文献上では、天下統一後一〇年、始皇三五年にいたってようやく具体化の動きをみせることとなる。史記秦始皇本紀によれば、

（始皇三十五年）(A)始皇以為咸陽人多、先王之宮廷小、我聞文王都豊、武王都鎬、豊鎬之間、帝王之都也、(B)乃営

秦の咸陽城と周辺の離宮

宮殿・臺観（咸陽遷都以後に建築されたもの）
山
始皇帝26・27年時の咸陽城からの道路（含甬道・複道）：史記秦始皇帝本記・三輔黄図

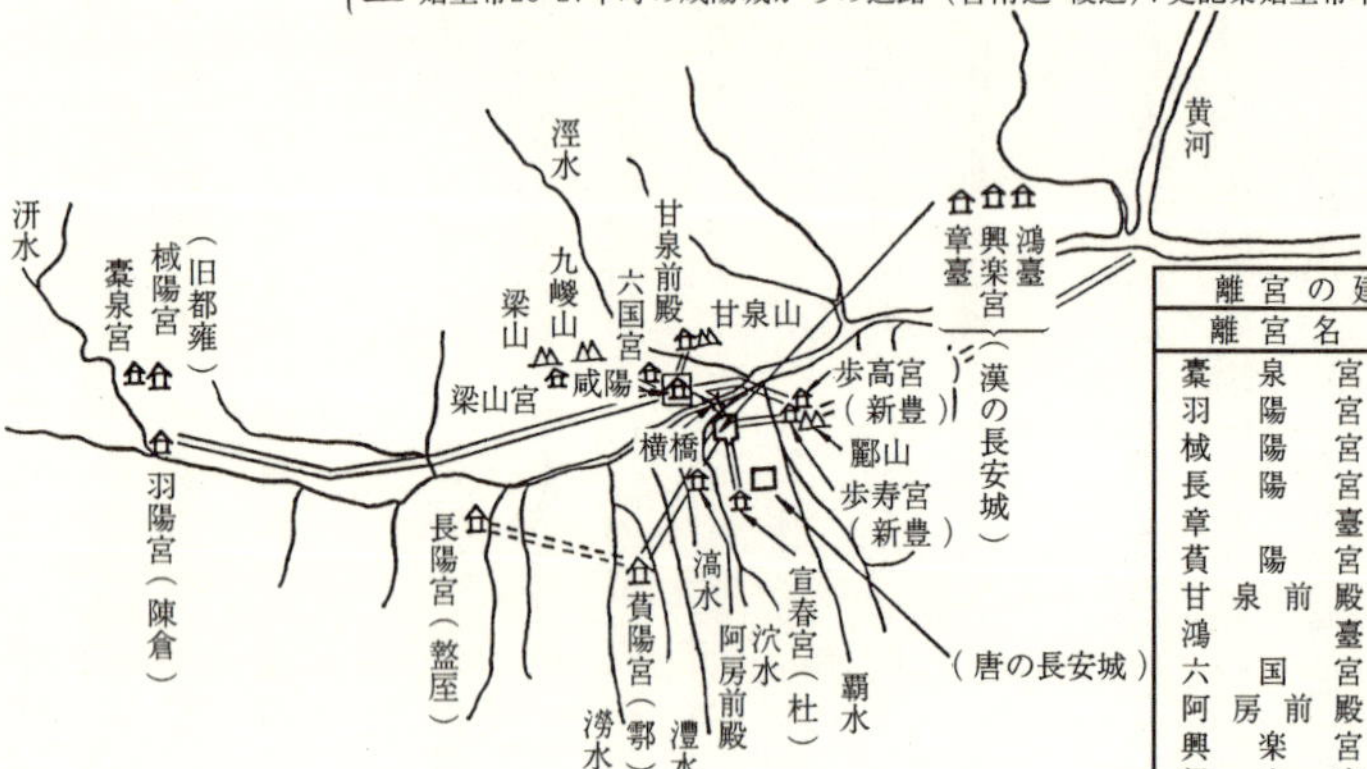


| 離宮名 | 年代 |
|---|---|
| 橐泉宮 | 孝公 |
| 羽陽宮 | 武王 |
| 棫陽宮 | 昭王 |
| 長陽宮 | 昭王 |
| 章臺 | （昭王） |
| 萯陽宮 | 文王 |
| 甘泉前殿 | 始皇帝27年 |
| 鴻臺 | 始皇帝27年 |
| 六国宮 | 始皇帝27年 |
| 阿房前殿 | 始皇帝35年 |
| 興楽宮 | （始皇帝） |
| 梁山宮 | （始皇帝） |
| 宣春宮 | |
| 歩高宮 | |
| 歩寿宮 | |

（出典：史記・漢書地理志・三輔黄図）

作朝宮渭南上林苑中、(C)先作前殿阿房、東西五百歩、南北五十丈、上可以坐万人、不可以建五丈旗、周馳為閣道、自殿下直低南山、表南山之顚以為闕、為復道、自阿房渡渭、属之咸陽、以象天極閣道、絶漢抵営室也、(D)阿房宮未成、欲更択令名名之、作宮阿房、故天下謂之阿房宮、(E)隠宮徒刑者七十余万人、乃分作阿房宮、或作麗山、発北山石椁、乃写蜀荊地材、皆至、(F)関中計宮三百、関外四百余、(G)於是立石東海上朐界中、以為秦東門、因徙三万家麗邑、五万家雲陽、皆復不事十歳。

と、(B)朝宮建設のことがみえている。そしてこの朝宮は、渭南に位置し、(A)では、従来の首都咸陽が狭隘になったための新都建設計画となっており、この朝宮建設が先の信宮建設と同一の新都建設計画であることは間違いない。

(F)では、当時すでに関中（咸陽から雍の間）だけでも三百もの離宮が存在した（「起咸陽、而西至雍、離宮三百」漢書賈山伝）。その多くは始皇帝の手になったものではと思われるが、天下統一の意気にもえる始皇帝は、かかる離宮建設に終始することなく、統一国家の首都にふさわしい新首都の建設を決意したわけである。

この新首都建設は、首都の中心宮殿、いわゆる信宮＝朝宮に先んじ、前殿の建築が阿房の地において行われている。これが阿房前殿、阿房宮と称されるものである。この前殿名「阿房」については、

(一)阿房者、言殿之四阿、皆為房也。(漢書賈山伝顔師古注)
(二)大陵曰阿、言其殿高、若於阿上為房也、房字或作旁。(同上)
(三)始皇作此殿、未有名、以其去咸陽近、且号阿旁、阿近也。(同上)
(四)此以其形名宮也、言其宮四阿旁広也。(史記秦始皇本紀索隠)
(五)以其牆壁崇広、故俗呼為阿城。(漢書東方朔伝顔師古注)
(六)阿房是山名、下文自明。(史記秦始皇本紀会注考証所引中井積徳)

等、種々の解釈が伝えられている。このうち(六)の山名説は、下文、すなわち「自殿下直抵南山、表南山之顛以為闕」から推測したと思われるが、これは阿房前殿から間道を通じて景勝の地南山と結ばしめたことを意味しており、阿房が南山につづく山地であったとまで考える必要はない。

三輔黄図によれば、この阿房宮は、

阿房宮、亦曰阿城、恵文王造、宮未成而亡、始皇広其宮、規恢三百余里、離宮別館、弥山跨谷、輦道相属、閣道通驪山八十余里、表南山之顛以為闕、絡樊川以為池、作阿房前殿、東西五十歩、南北五十丈、上可坐万人、下建五丈旗、以木蘭為梁、以磁石為門、周馳為複道、度渭属之咸陽、以為象太極閣道、抵営室也、阿房宮未成、欲更択令名名之、作宮阿基旁、故天下謂之阿房宮。[12]

とあり、秦恵文王の阿城(阿宮)を始皇帝が増築したものとされている。漢代に入ってもこの阿房前殿はまた「阿城」と別称されていた(漢書東方朔伝)。諸説がみられる阿房の名称は、また「阿」とも別称されていたわけであるから、

阿が元来地名であったかどうかは定かにしえないが、恵文王の建てた城宮を形容するいわゆる俗称としてのものであった可能性もある。

ともあれ阿房前殿が、朝宮の「前殿」として咸陽城の渭南地区、樊川の西側に建設されることとなったわけである。前殿は甘泉前殿と同様、正殿にたいする附属建築物としての位置づけをもつが、この阿房前殿が、恵文王の阿城を増築したものであったことからもわかるように、新首都に決定された渭南の地には、多くの離宮、苑囿が存在していた。先に、この渭南一帯には、秦の諸廟、章台、上林苑等が存在したことについてふれたが、このほかにも漢書地理志右扶風鄠県の条には、

有萯陽宮、秦文王起。

と、萯陽宮[13]がみえ、また同志右扶風盩厔県の条には、

有長楊宮、有射熊館、秦昭王起。

と、少しく西方に離れるが長楊宮、射熊館がみえている。さらに三輔黄図には、杜県に秦の離宮として「宜春宮」がある。この宜春宮の建築年代は定かではないが、始皇二七年の渭南での交通路の整備に際し、鄠県とともに杜県にも道路が敷設されており、当時、この杜県にも、それが宜春宮であったかどうかは定かでないものの、かかる離宮の存在は想定されることである。

始皇帝の新都建設地の選定には、かかる渭南の状況が考慮されていたものと思われ、先に掲げた史記秦始皇本紀始皇三五年の記事においても、朝宮は「渭南上林苑中」と、その建設予定地は渭南の上林苑内に位置することになっていた。

なお史記秦始皇本紀始皇三五年の記事は、この始皇帝の新都建設計画について、㈠首都として従来の咸陽城が狭隘となってきたこととならび、㈡新首都の地が、周の文王、武王の首都であった豊鎬の間に位置し、帝王の都としてふ

さわしい条件をもつものであったとのことにふれている。

周の豊は、灃水の西岸の霊台、鎬は昆明池の北の豊鎬村とされており[14]、阿房前殿の位置は、豊鎬村に近い場所である。もちろん中心宮殿の位置が問題となるわけであるが、これは着工する前に秦が滅亡したため、阿房前殿の規模からして正殿は相当な規模を想定させるが、その位置は定かではない。

ただ秦の天下統一後の新都が、周都と関連づけて説かれていたことについては、漢儒による周・秦・漢の系譜化との関わりも指摘されて[15]いるが、始皇帝の新都建設計画を窺う上では、渭南の苑囿、とくに上林苑との関係が問題になる。

## 二　秦の上林苑

秦の上林苑は、前掲の史記秦始皇本紀によれば、渭南の地に置かれた。それでは渭南のどの地域に位置していたかであるが、これは定かではない。この秦の上林苑は、漢代にも受け継がれた。漢の上林苑は、漢書東方朔伝によれば、武帝が、建元三（前一三八）年、東方朔の諫言を斥け、

> 迺使太中大夫吾丘寿王、与侍詔能用算者二人、挙籍阿城以南、盩厔以東、宜春以西、提封頃畝及其賈直、欲除以為上林苑、属之南山、（略）然遂起上林苑、如寿王所奏。

と、阿（房）城以南、盩厔以東、宜春以西の一帯に、苑の拡張をはかっている。

この結果、三輔黄図によれば上林苑は、

> 東南至藍田・宜春・鼎・湖・御宿・昆吾、旁南山而西、至長楊・五柞、北繞黄山、瀕渭水而東、周袤三百里、離宮七十所。

とあり、藍田から南山に沿うて長楊・五柞両宮＝盩厔におよび、渭北は黄山宮＝槐里から渭水に沿うて東する広大な地域となっていたようである。

苑の広さについては、三輔黄図・漢旧儀の三百里に対し、三輔故事は、

上林北至甘泉・九嵕、南至長楊・五柞、連緜四百余里。

と、甘泉・九嵕の地域も苑内に含まれると伝え、広さは四百余里となっている。三輔黄図によると、甘泉附近は、武帝時には、甘泉苑が独立している。班固の西都賦では、上林苑は、

四百余里、離宮別館三十六所。

とあり、同様四百余里であるが、宮館の数が異なっている。また漢宮殿疏には「三百四十里」とあり、その間の事情は定かではないが、上林苑の広さについては伝文によって数値を異にする。

上林苑の経営については、加藤繁氏の研究[16]がある。氏によれば、上林苑は離宮、遊園としてのものであるが、池禦その他の経済的側面をももっていた。上林苑は七、八県にわたる広大な区域で、民田をすべて園林としたのではなく、中には官佃として耕作に従事するものもいたであろうとのことである。

たしかに班固の西都賦には、

西郊則有上囿禁苑、林麓藪沢、陂池連乎蜀漢、繚以周牆。

とあり、上囿禁苑、すなわち上林苑は「禁苑」で、周牆を備え、長安志所引の関中記では、

上林苑門十二、中有苑三十六、宮十二、観二十五。

と、上林苑の周牆には門が十二設けられていた。そしてかかる広大な地域すべてに民戸の存在を否定することはできない[17]。

しかし苑囿、とくに上林苑については、漢書蕭何伝に、

後［蕭］何為民請曰、長安地陿、上林中多空地棄、願令民得入田、毋収藁為獣食。

と、蕭何が高祖に上林苑内の一部荒地の開放を請うたのに対し、高祖は「為請吾苑、以媚於民」と激怒し、蕭何を獄に下した。漢代の上林苑は、帝室の禁苑として、たとえ苑囿地としての整備がされていない地域であっても、苑の周牆内に民が自由に立入ることは禁止されていた(18)。

高祖の時の上林苑は、漢書高帝紀に、

故秦苑囿園地、令民得田之。

とあるように、秦の上林苑をほぼそのまま受け継いでいた。高祖二年一一月に、関中の食糧増産のため、苑囿の一部を開放したが、これは項羽と対峙せんがための一時的処置で、長安城完成後は再び禁苑化されたと思われる。

秦代の上林苑も、このような漢初の管理方式と同様であったに違いない。史記秦本紀には、

孝文王元年、①赦罪人、②修先王功臣、③褒厚親戚、④弛苑囿。

と、王の即位にともなう恩典の一つとして、苑囿の規制緩和があげられている。王の即位に際して恩赦等を行うことは通例であるが、文王のつぎの荘襄王においても、

ⓐ大赦罪人、ⓑ修先王功臣、ⓒ施徳厚骨肉、ⓓ而布恵於民。（史記秦本紀荘襄王元年）

とあり、文王時の④「弛苑囿」と同様の内容であったと思われるⓓ「布恵於民」がみえている。この時の苑囿、禁苑の規制緩和は一般庶民を対象に行われていた。このことは、苑囿が日常的には厳しく管理されていたことを物語る。

そこで秦代の上林苑の範囲についてであるが、漢の上林苑は、武帝時に苑の拡張が行われ、渭北の地域も上林苑内に入ることとなり、渭南に限られていた秦の上林苑については、漢の上林苑からこれを推測することは困難になってしまった。三輔故事には、

秦始皇上林苑中作離宮別館一百四十六所。

とみえ、この宮館の数は、武帝時に拡張された後の上林苑中の宮館数七十（三輔黄図）よりも多い。この宮館数の相違は、秦末の戦乱で多く秦代の宮殿が失われたためと思われる。

武帝による上林苑の再建においても、宮館の数は秦代におよばなかったが、宮館数が漢時の倍を越えていたとしても、秦の上林苑が渭南の地において漢の苑囿地を上回る広さを占めていたとまで考える必要はない。先の漢書蕭何伝の「上林中多空地棄」からは、かかる秦漢交替期における上林苑の荒廃を窺わせる。

史記司馬相如伝には、相如が、先秦の苑囿に仮託して上林賦を作り、

地可以墾辟、悉為農郊、以贍萌隷、隤牆塡塹、使山沢之人得至焉、実陂池而勿禁。

と、苑囿の奢侈を諫めている。上林苑のような建築物と一体化した形式の庭園建築は、秦代に入って初めて著しく発達したという。[19]

ただ秦の渭南の苑囿では、恵文王の時代から、阿房宮の前身である阿城（宮）、長安県の章台、盩厔県の長楊宮、鄠県の萯陽宮、杜県の宜春宮、その他の離宮が造築されていた。そして渭南の地と咸陽城と直結する横橋（渭橋、石柱橋）の架橋工事もみられた。この横橋の架橋工事については、前掲三輔黄図にも伝えられているように、始皇帝による信宮計画の際、施工されたと考えられているが、三輔旧事によれば、

秦於渭南有輿(興)宮、渭北有咸陽宮、秦昭王欲通二宮之間、造横長橋、三百八十歩。

と、秦の昭王が渭水に横長橋を造ったことがみえている。そしてこの横長橋は先の横橋と同一のものであったと思われることから、横橋の架橋は、始皇帝以前にすでに行われていたことになる。

三輔旧事にみえる興宮は、興楽宮すなわち後の長楽宮のことである。興楽宮（長楽宮）は、三輔黄図によれば、漢に入って建築されており、附属の宮殿である長信宮は、史記会注考証では「信宮即長信宮」とあり、始皇二七年に建築を予定していた信宮と同一と見なされている。しかしこれは推測の域をでず、前述したように信宮はかかる附属宮

殿の一つとして残るような性格のものではなかったはずである。

始皇二七年の信宮計画と興楽宮の建築年次とが結びつくかどうかも問題である。ただ三輔黄図・三輔旧事・三輔故事は、いずれも一致して興楽宮が始皇帝の造営にかかると伝えている。このことは、昭王が咸陽宮と興宮とを結ぶために横長橋を作ったと伝える三輔旧事の記事が問題となる。

三輔旧事の伝文にはまた、

始皇帝即位、在渭南作長楽宮、橋通二宮。

と、始皇帝時において咸陽宮と渭南の離宮との間が橋によって結ばれている。三輔旧事が伝えられる昭王時の横長橋は、始皇帝時の横橋と混乱があるのかも知れない。

しかし昭王時にも、渭南には章台、長楊宮等が建築され、とくに章台は、東方諸国との外交において重要な舞台となっていた。このため始皇帝時のように、石柱橋といわれるほど堅固なものではなかったとしても、昭王時に、渭南への橋、横長橋が造られていたとして当然のことになる。

このため始皇帝の横橋は、この昭王時に造られた橋を改築した可能性がある。そして渭南での苑囿の造成は、始皇帝以前、あるいは昭王の頃から本格化し、上林苑もこの過程で設けられたものかも知れない。

それでは肝心の秦の上林苑は、どの地域に設けられていたのであろうか。三輔黄図をはじめ今日伝えられる上林苑の事跡は、漢の武帝以後の拡張された上林苑と混同され、秦の上林苑ははなはだ不明確である。ただ三輔黄図によれば、始皇二七年の信宮計画の際、この渭南において、㈠「自極廟道通酈山」とならび、㈡「南至鄠杜」と、交通路の整備が行われている。

この交通路の整備が行われた地域のうち、㈠は自己の墓陵を営む酈山へであり、いま一つの㈡は、杜県ならびに鄠県へであった。信宮計画と関連して行われたこれらの交通路は、馳道工事とは別の目的、離宮や酈山間を結ぶための道路（甬道、複道）として造られており、甬道で結ばれた地域は、始皇二七年当時の渭南における重要な離宮（酈山は廟宇など）が散在していた地域ということになる。

離宮は多く苑囿と関係をもつ。始皇二七年、甬道で結ばれた鄠県には萯陽宮が存在していた。萯陽宮は、真偽のほどは定かではないが、始皇帝の母后が居住していたこともあった[20]とされている。杜県には宜春宮等の離宮があり、漢の長安城の地には、章台、興楽宮が知られる。三輔黄図によれば、漢代には長楽宮に附属しているが、

鴻台、秦始皇二十七年築、高四十丈、上起観宇、帝嘗射飛鴻于台上、改号鴻台。

と、鴻台の存在がみえ、この鴻台は始皇帝が狩猟等の遊観に利用していたようである。

さらに史記始皇本紀正義所引の括地志には、

阿城、在雍州長安県西北二十四里。

と、長安県の西北二四里に位置し、漢代では長安県に属していた阿城もまた、史記秦始皇本紀では、「上林苑中」となっている。

このことは、始皇二七年の鄠県・杜県方面への交通路、甬道の整備が、実は当時の咸陽城の渭南地域、上林苑内での交通路の整備を伝えたものではなかったかとの推測を生む。もちろん渭南での交通路の整備が、始皇帝二七年にはじめて着工されたと考える必要はないが、漢の武帝による建元三年の上林苑拡張の際にも、阿城以南、盩厔以東、宜春以西の地域（長楊宮・五柞宮・倍［萯］陽宮・宜曲宮・宜春宮などが点在）で、おそらく収用のためと思われる、頃畝、買値の調査が行われ、漢書東方朔伝にはまた、

又詔中尉左右内史、表属県草田、欲以償鄠杜之民。

と、とくに鄠・杜両県の住民に対しては代価が支払われている。

上林苑拡張のきっかけは、武帝が長楊宮・宜春宮一帯で微行の狩りを行い、田畑を駆け回り、地域の住民とトラブ

ルになったことによる。とくに鄠・杜両県の住民は、皇帝とは知らず県令に訴え、県令が武帝の側近を拘留するにいたった。このため上林苑を拡張し、終南山にいたる一帯を禁苑化しようとしたが、この禁苑地区において、鄠・杜両県の住民は代価を支払われ他県に移住させられている。

漢書東方朔伝にみえる、東方朔が、先にも一部引用した上林苑拡張に反対して行った諫言には、

故酆鎬之間、号為土膏、其賈畝一金、今規以為苑、絶陂池水沢之利、而取民膏腴之地、（略）且盛荊棘之林、而長養麋鹿、広狐菟之苑、大虎狼之虚、又壊人冢墓、発人室廬。（略）垣而囿之、騎馳東西、車鶩南北。

とあり、拡張された上林苑は、荊棘の林と化し、人家も取り壊されることになっていた。予定される苑囿の地は、酆鎬の間となっているが代価が支払われたのは鄠・杜両県のみである。上林苑予定地の他県の住民は、耕地は没収（買上げ）されても、あるいは池籞・放牧地等の苑内雑役に従事し、引きつづき居住することが可能であったためかも知れないが、鄠・杜両県については代価が支払われた。移住した後の家屋も取り壊しの対象とされたはずである（ただ漢書地理志、続漢書郡国志には、ともに鄠県・杜県がみえている。このため武帝時の住民の移住も、鄠県・杜県の全住民を対象としていたとまではいえないかも知れない）。

鄠・杜両県でのトラブルは、たしかに上林苑拡大の引き金となった。ただ鄠・杜両県の住民移住が、懲罰として移住させられたのであれば代価が支払われるはずはない。武帝による上林苑の再興、拡張に際し、このように厳しい禁苑化がはかられた鄠・杜の地は、始皇二七年における渭南での離宮間の交通路、「南至鄠杜」の地域とも一致している。このことからすると、鄠・杜両県の住民移住の背景には、鄠・杜の地が、秦代に遡る上林苑の地域として、特別視されていたとの事情が存在していたのかも知れない。

いずれにしても秦代の上林苑は、咸陽城の渭南地区にあり、禁苑として一般人民の居住等は厳しく制限されていたと思われる。(21) ただ秦の上林苑が、渭南でどのように区画されていたかは確認することができない。史記秦始皇本紀始

皇二六年の記事では、

諸廟及章台・上林、皆在渭南。

と渭南での上林苑と諸廟・章台とが並記されている。また史記秦始皇本紀では、二世皇帝が杜南の宜春苑中に葬られているが、この宜春苑は、上林苑中の宜春宮とそれに附属する庭苑とを指したものではなかろうか。

## 三　始皇帝の新都建設計画と阿房前殿

始皇帝による新都建設計画の問題にかえれば、史記秦始皇本紀始皇三五年の朝宮建築計画は、朝宮の前殿として、まず阿房に宮殿の建築を伝えるのみで、正殿その他新首都の全貌についてはなんらふれていない。しかし「乃営作朝宮渭南上林苑中」とのことであるから、新首都は、秦の上林苑中に考えられていたわけである。上林苑の正確な範囲は定かではないが、阿房前殿も、史記によれば上林苑内に位置し、正殿である朝宮もまた、上林苑中に位置することとなっていた。横橋の位置などからして、漢の長安城が建設された、咸陽城の渭南地区、章台・興楽宮等の宮殿群をも含む一帯に、新都の中心宮殿が考えられていた可能性が大きい。

中心宮殿は、始皇二七年に立案されたが、実際に着工されることはなかった。史記秦始皇本紀には、始皇三五年になっても、

聴事、羣臣受決事、悉於咸陽宮。

とあり、咸陽宮が、依然日常政務の中心となっていた。始皇帝が、天下統一後の長城建設によっても窺えるように、かれ一流の宏大な新都を夢み、その着工には、相当の準備が必要であったからに違いない。

章炳麟は、信宮の信は、「(始皇)作信宮渭南、已更命信宮為極廟、趙世家曰、武霊王十九年春正月大朝信宮、信宮

何義也、荅曰詩有客伝、一宿曰宿、再宿曰信、此為宿留之所、故曰信宮、漢有長信宮者、謂其長宿此也、信宮長信義猶古人之寝矣」と、再宿という意味で、信宮は宿留の宮殿であったとする[22]。

たしかに信宮が、正式宮殿名であったかどうか定かではない。そして渭南地域における諸宮殿は、咸陽宮に対しては離宮に過ぎなかったが、始皇二七年に計画された信宮は、これまでみてきたように単なる再宿のための宮殿とは性格を異にしている。

阿房前殿も、朝宮、正殿建築のための付属建築物であったと考えられるが、阿房前殿には、「以磁石為門」（三輔黄図）、すなわち凶器の所持を磁石でもってチェックする仕掛けなど工夫がこらされていた。規模の宏大さは、ついで着工されるはずの正殿の規模を想定させるものである。

この阿房前殿から新正殿予定地にかけての一帯は、南山をひかえた景勝の地であるだけでなく、禁苑として整備もされていた。咸陽宮は戦国列国の一首都にすぎない。当然秦帝国としての新たな首都建設が必要視されていた。このなかで、渭南の新都予定地は、周の古都との関連を始皇帝がどれほど意識していたかには問題が残るかも知れないが、統一帝国秦の新首都として、まことにふさわしい場所と意識されていたに違いない。

## 四　長安県の新置

始皇帝の新都建設計画の夢は、阿房での前殿の完成すらもみることなく潰えさった。豪奢を極めた諸宮殿も、秦末漢初の戦乱により多く荒廃した。漢の高祖は、婁敬の献策を入れて、この廃墟に首都建設を決定した。高祖五年のことである。佐藤武敏氏によれば、高祖五年後九月に長楽宮が補修され、同七年十月長楽宮の補修が完成した。また漢長安城の中心宮殿である未央宮は、高祖七年二月に完成し、この年、正式にこの地が首都として機能するようになっている。[23]

この漢の新都に「長安」の名が冠せられたのは、漢書地理志には、

長安、高帝五年置。

と、長安県が高祖五年に「置」かれているが、史記漢興以来将相名臣年表には、高祖六年に、

更命咸陽曰長安。

と、咸陽を長安に改めたとあり、史記高祖本紀索隠所引漢儀注でも、

高祖六年更名咸陽曰長安。

とあり、長安の名は、高祖六年に咸陽を改名して付けられたものである。

晋の皇甫謐「帝王世紀」でも、

(漢高祖)都長安、秦咸陽之地、今京兆所治県、其城狭小、至恵帝三年、始更築広、五年乃成。

と、長安と咸陽とが関連づけられ、長安は「其城狭小」とされている。

長安県の設置年には高祖五年と同六年の両説があるが、この新県長安について、史記漢興以来将相名臣年表の索隠では、盧綰が高祖二年に長安侯になっていることと、長安県との関連が考えられている。王先謙も漢書地理志の補注で、始皇帝の弟の成蟜が、始皇八年に長安君としてみえていることから、長安の名がすでに秦代にあったとしている。しかしこれら君侯名としての長安が、はたして漢の長安県と同一の地であったかどうかは不明である。元和郡県図志も、

長安県、本秦旧県、初楚懐王封項羽為長安侯、則長安久矣、非始於漢、但未詳所在耳。

と、長安の名が高祖五年の長安県設置以前からみえていることを指摘しているが、高祖五年以前の長安が、どの地におかれたかは未詳としている。

漢書地理志では、

渭城、故咸陽、高帝元年、更名新城、七年罷、属長安、武帝元鼎三年、更名渭城。

とあり、咸陽の名は、高祖元年に廃され、新城と改名、高祖七年には、長安県に併合され、武帝元鼎三年、再び長安県からわかれて渭城県として独立している。漢の長安県は、秦の「咸陽」が改称されたものであったが、高祖五年、秦の咸陽が、再び漢の首都に決定されたことから、渭北と渭南とに二分され、渭北は漢になって改称されたままの新城県となり、首都が建設されることとなった渭南地区は、長安県として新たに独立したもののようである。

そして高祖七年、新首都の完成により、従来通り渭北・渭南の新城・長安両県が一つとなり、長安県の名で統一されることとなっている。秦の咸陽城の機能が、離宮などの付属建築物を含め渭南に拡大されていたことはすでに述べた通りであるが、読史方輿紀要西安府長安県の条には、

長安県、附郭、在府治西、本秦杜県之長安郷、始皇封其弟成蟜為長安君、楚懐王亦封項羽長安侯、漢初以封盧綰、高帝五年置長安県。

と、長安県が、秦の杜県の一郷であったとみており、最近古賀登氏も、漢の長安城は、旧杜県の西北部と、泬水流域の聚落とを基礎に建設され、この二聚落、すなわち二都郷分は、「(長安県)経緯三十二里十八歩」(三輔黄図所引漢旧儀)で、漢書百官公卿表の「県大率方百里」、すなわち周囲百里は、この都郷の周回にあたるとされている。(24)

この説は、古賀氏の県郷亭里制研究の重要な裏付けとなっている。しかし三輔黄図所引漢旧儀の長安城の規模についての記事は、すでにふれた通り三輔黄図の著者による改竄が考えられ、これが必ずしも長安城の実態にそのまま関わるものではなかった。また「県方百里」に周回百里との義もなかったが、長安県の成立について読史方輿紀要が、杜県長安郷によるとの説は、前述した漢書地理志の所伝からして問題である。

なお続漢書郡国志には、長安県に「杜郵」の地名がみえている。このためあるいは、長安県と杜県との関係が問題

になるかも知れない。しかし杜郵が、もし杜県内に存在していたものであったとしても、長安県が首都として発展する過程で、もともと秦の咸陽の領域内に限られていた長安県が、しだいに隣接する杜県方面に拡大された結果ということも考えられうる。また玉海巻一七三では、

長安秦咸陽之地、長安郷也。

と、長安郷は杜県ではなく咸陽に存在していたと考えられているが、これも先秦の侯君名としての長安と漢の長安県とを結びつけたにすぎない。

## 五　漢長安城の建設

漢の長安県は、秦の咸陽の地で、高祖五年から七年の間は渭南地区のみに限られ、長安県内に位置した漢長安城は、咸陽城の渭南地区、上林禁苑の地であった。

漢長安城の建設は、蕭何がその指揮をとっていた。蕭何は、高祖が関中に入るや、いちはやく咸陽宮中の律令・図書を収めたことで知られている。このため蕭何によって指揮された咸陽城の建設は、廃墟となった秦の咸陽宮や阿房前殿を再建することなく、炎を免れた興楽宮を修築し、この興楽宮＝長楽宮にならべて新たに未央宮を築いたものと考えられるが、一面、蕭何は始皇帝の新都建設計画を入手し、これを念頭に長安城建設の指揮をとっていたことも考えられなくはない。

婁敬の遷都献策は、関中の地を説いているが、具体的に長安の地をあげてはいない。長安での築城は、蕭何の意見によるものかも知れない。もちろん実務に通じた蕭何のことであるから、始皇帝の新都建設計画をそのまま踏襲するようなことはない。それでも未央宮の場所などは、実にうまい着想である。始皇帝の新都建設計画における中心宮殿

も、この長安城のあたりに考えられていた可能性がある。

漢代の人とされる辛氏撰の三秦記[25]には、この長安城について、

竜首山長六十里、頭至渭水、尾連樊川、頭高二十丈、尾漸下高五六丈、土赤不毛、云、昔有黒竜、従山南出飲渭水、其行道成土山、［故因以名也］、今長安城、即疏山焉（為）台殿、基址不仮［版］築。

とあり、この竜首山を疏（きざ）み（山上をならし）て造営した台殿とは、後漢書文苑伝杜篤によれば、

規竜首、撫（さだめる）未央。

とあり、長安志所引播岳関中記にも、

未央宮殿及台、皆疏竜首山土以作之、殿基出長安城上、非築。

とあり、未央宮であったようである。

竜首山は、山海経西山経中にも、

竜首之山、其陽多黄金、其陰多鉄、苕水出焉。

とみえ、郝注はこれを三秦記にみえる竜首山にあてている。西山経は、先秦の成立とされているから、竜首山の名は比較的古い。だからといって「漢室竜興」（尚書孔安国序）と未央宮の竜首山上での築城とが、どれほど意識されていたかは定かでない。

また三秦記によれば、

長安地皆黒壌、城中今赤知火、堅如石、父老所伝、尽鑿竜首山土為城。

とみえ、長安城中のみは、竜首山を鑿って宮殿建築を行ったため、土壌は赤く堅いとのことである。土壌の赤色を持ち出している点は、漢が赤色を尚んだことと結びつけるための説話のようでもあるが、この辺りの山地を切り開けば、ある程度赤土となるは当然で、これもただ事実にもとづく記述と考えられなくもない[26]。

蕭何は、長安城の建設にあたり、既存の長楽宮を補修する一方、長安城の中心宮殿として、高さ二十丈の竜首山上に未央宮を建設したが、竜首山上は、ほとんど版築の手間をとることなく、しかも「殿基出長安城上」と、長安城上に聳え立つ壮大な宮殿建築を可能とした。竜首山の利用は、首都建設において当をえたものである。

始皇帝の新都計画においても、この竜首山上の利用は、当然考慮されていたと思われる。漢の長安城が、秦の新都建設計画をひきつぎ、秦の渭南の既存離宮と、地形とを巧みに利用したという想定も棄て難い。

長安城は、建設当初、この一帯には離宮が建てられ、禁苑として民の立ち入り等は厳しく制限されていた。もちろん一般民の聚落などは存在していなかったと思われる。ただ従来の離宮を活用しており、比較的将来計画に欠ける点は残る。

長安城はまた、禁苑中に建設されたものであったが、首都としての性格上、官僚や一般民の住居も認めなければならない。主要な宮殿群は、個々の宮殿に周垣が存在したが、居住民の閭里を城郭で囲い込む作業も必要とされてくる。主要都市の城郭化は、治安の上からもこれまで慣例となっていた。この結果、完成された長安城の城郭は、西北部が河水を避けるために不整形となり、南辺にも凸凹が生じることになっている。

長安城の城郭が不整形となっている背景については、また既存の聚落との関係が指摘されてきた[27]。たしかに高祖五年に首都建設がはじまると同時に、禁苑であったこの一帯にも閭里の増設が認められたと思われる。恵帝元年に城郭建築が着工されているが、高祖五年から丸八年の歳月がたっている。

この間、長安城内の人口、居住地区も相当増加したはずである。しかし居住地の拡大も、元来この一帯が禁苑であったことからすれば、蕭何をはじめ、首都建設関係者が首都の方形化を意図していたとすれば、居住地の制限は無理なくできたはずである。地形についても、もし首都の方形化を意図していたとするならば、西北辺の河水による不整形も避けられたはずである。方形をたもつ唐の長安城は、そのことの具体的例証である。ところが実際は不整形となっている。

長安城の建設においては、禁苑中の離宮・竜首山の利用等、個々の宮殿建築に重点がおかれ、恵帝時に城郭化された地域全体を、方形化にする等の長期的展望はもっていなかったと思われる。

ただこのことから、長安城建設推進者の無能さを云々することはできない。首都建設当初は、たしかに禁苑としての気安さもあったかも知れない。あるいは始皇帝の新都建設計画のもとに、より広大な首都計画を考えていたかも知れない。しかし戦国時代の諸国の首都においても、こと方形化の点については、必ずしもそれに執着していたとは考えられない。

首都の城郭化はそれほど延期することはできなかった。恵帝元年、当時の主要な宮殿を中心として城郭建設が実施されることとなった。この場合、首都建設当初にあっては、比較的自由撰択の余地が残されていた長安城であったが、恵帝元年に長安城の必要部分を囲い込もうとした場合、もし方形化を意図したとしても、長安城の実態はそれを許す状態ではなかった。

このようにみてくると、漢の長安城の建設においては、那波利貞氏の自然発達説(28)に近い考えとなるが、かかる背景には、この地が秦の禁苑であったという特殊条件がみられ、これを中国都邑の建設、城郭化の事例として、あまり一般化してとらえることには問題が残るかも知れない。

## おわりに

以上、漢の長安城について、これを秦の咸陽城との関連で述べ、長安城は秦の新都建設計画をひきつぎ、渭南の禁苑中に建設されたものであったこと指摘し、あわせて長安城の規模、周回をめぐる伝文の矛盾、始皇帝の新都建設計

てはならない。また今後の発掘調査の進展がまたれる。

画、秦の上林苑の位置、および漢における長安県新置の経緯等についてもふれた。

なお長安城については、かかる築城の経緯のほかに、長安城内の構造についても述べるべきであるがその点については稿を改めなければならない。また今後の発掘調査の進展がまたれる。

注

(1) 佐藤武敏『長安』近藤出版社、一九七一、の参考文献中に関係論文が網羅されている。なおその後の研究として、古賀登「漢長安城の建設プラン―阡陌・県郷制度との関係を中心として―」『東洋史研究』三一―二、一九七二。『漢長安城と阡陌・県郷亭里制度』雄山閣、一九八〇。

(2) 三輔黄図の成立は、張国淦『中国古方志考』中華書局、一九六二、は漢人の作とするも、また魏晋にその成立を考える意見も多い。本稿では、問題のないかぎり、張閬声校「校正三輔黄図六巻」を使用する。

(3) 三輔旧事は撰人不詳、新唐書芸文志にみえる。清の張澍輯「三輔旧事一巻」がある。しかし、本文中の「(長安城、方六十三里、経緯各二十里)、形似北斗」は張澍が史記呂后本紀の索隠から引用したものであるが、史記索隠では、( )の部分は三輔旧事の記事ではなく漢旧儀の記事である。

(4) 王仲殊「漢長安城考古工作的初歩収穫」『考古通訊』一九五七―五、によれば、東壁は五九四〇メートル、南壁は六二五〇メートル、西壁は四五五〇メートル、北壁は五九五〇メートルである。ただし、この長さは、中国科学院地理研究所編『中国古代地理名著選読』第一輯、科学出版社、一九五九、所載の「漢長安城建章宮区遺址及渠道復原図(中国科学院考古学研究所発掘調査資料)」によれば、曲折の部分を入れていない(たとえば南壁の場合だと、曲折したところを入れると七千数百メートルとなる)から、この曲折を計算に入れると二万五千メートルとなる。

(5) 未央宮の周回について、三輔黄図は「周回二十八里」、晋の潘岳関中記は「周旋三十一里」となっている。また西京雑記は、未央宮について「街道周四十七里、台殿四十三所、其三十二所在外、十一所在後宮、池十三、山六、池一山二亦在後宮、門闥凡九十五」(玉海宮室所引西京雑記は「街道周廻七十里」)と、未央宮に付属する宮殿その他があったのであるが、これは、未央宮が次第に拡大されていった結果と思われる。そのため、いま諸伝文中、もっとも数の少ない西京雑記の周回を、未央宮の初期の広さとみなしておく。

(6) 宇都宮清吉「西漢の首都長安について」『東洋史研究』一一―四、一九五一、『漢代社会経済史研究』弘文堂、一九五五、頁一五二―三。

(7) 注（5）参照。

(8) 『鈴木俊先生古稀記念東洋史論叢』山川出版社、一九七五所収。

(9) 注（1）古賀氏論文。

(10) 「秦都咸陽故城遺址的調査和発掘」『考古』一九六二―六。

(11) この横橋にかかわる尺度には、諸伝文間に相違がみられるが、いま『校正三輔黄図』によっておく。

(12) 阿房前殿の規模については、三輔黄図（東西五十歩、南北五十丈）、史記（東西五百歩、南北五十丈）、漢書賈山伝（東西五里、南北千歩）、三輔旧事（東西三百里、南北五百里）と相違がみられる。

(13) 漢書宣帝紀王先謙補注所引周寿昌は「玉海百六十六萯陽宮引応劭注、宮在鄠、秦昭王起、此作秦文王、微異」と。しかし手元にある元後至元三年慶路元儒学刊本玉海では「宮在鄠、秦文王所起」となっている。

(14) 石璋如「伝説中周都的実地考察」『中国歴史語言研究所集刊』二〇下、一九四九。なお黄盛璋「周都豊鎬与金文中的葊京」『歴史研究』一九五六―一〇、は豊を霊台でなくより灃水下流左岸にもとめる。

(15) 栗原朋信『秦漢史の研究』吉川弘文館、一九六〇、頁四九―五六。

(16) 加藤繁「漢代に於ける国家財政と帝室財政との区別並に帝室財政一斑」『東洋学報』八―一・九―一、二、一九一八、『支那経済史考証』東洋文庫、一九五二。

(17) 関中記（本文中引用）には「(苑) 中有苑三十六」とあるが、これは苑内がさらに牧場、狩猟場などの苑に分けられていたことを指すのであろう。

(18) 三輔黄図には、漢武帝時におかれた甘泉苑内御宿苑についてであるが、

　漢武帝為離宮別館、禁禦人不得入、往来遊観、止宿其中。

と、苑中は民の立ち入りが制限されていた。

(19) 伊藤清造『支那及満蒙の建築』大阪屋号書店、一九三九、頁五五七―八。

(20) 説苑正諫篇には、

毒懼誅因作乱、(略)(皇帝)取皇太后遷之于萯陽宮。

とみえるが、明の程栄の校では「一本作棫陽」とあり、棫陽宮は漢書地理志では雍県にみえる。たしかに史記秦始皇本紀によれば、嫪毒の乱をきっかけとする皇太后の徙遷は雍の地であり、棫陽宮の方が適当である。しかし説苑はこれ以外においても皇太后の徙遷地は一貫して棫陽宮となっている。棫陽宮と皇太后とが結びつく何らかの背景があってのことであろうか。

(21) 史記秦始皇本紀の正義所引廟記には、

北至九嵕甘泉、南至長楊五柞、東至河、西至汧渭之交。

とみえ、正義はこれを始皇二六年から二七年にかけてのことと見なしている。たしかにこの記事は三輔黄図とも類似しているが、「南至長楊五柞」の五柞宮は、漢代に造られたものであるから、これを秦の事跡とすると矛盾する。廟記は漢書経籍志に「廟記一巻」としてみえるが撰者は不詳である。しかし廟記の記事では、長楊宮は秦の昭王が造っており、長楊宮までの交通路が早く整備されていても当然である。いつの時点で長楊宮までの交通路が整備されたかは定かでないが、始皇二七年の時点では、まず鄠県までの道路(甬道)は整備されていたと思われる。なお芸文類聚六二所引漢宮闕名は長楊宮(宜春宮ほか)を長安にありと誤っている。

(22) 章炳麟『太炎文禄初編二』「与尤瑩問荅記」。

(23) 注(1)佐藤氏著書、頁三〇―二。

(24) 註(1)古賀氏論文。

(25) 類似する『三秦記』(漢唐地理書鈔所収)の伝文により[ ]内を補った。

(26) 伊藤清造「漢長安都城攷(一)」『考古学雑誌』二三―七、一九三三、は、この土壌赤色云々の三秦記の記事を単なる一伝説で信ずべき史実でない。ただ竜首山の土を用いたことは考えられるとされている。

(27) 那波利貞「支那都邑の城郭とその起源」『史林』一〇―二、一九二五。

(28) 注(27)。

本稿は、一九七四年十月九日、歴史学研究会東洋前近代史部会例会において報告したものの一部にあたる。

（補記）　本稿脱稿後、長安城内の考古学調査がすすみ、城内の建築物の配置等が明らかになってきているが、長安城建設の経緯について加える部分はない。なお漢長安城の考古学調査については、黄展岳「漢長安城的発掘」『新中国的考古発現和研究』第四章二、文物出版社、一九八四。中国社会学院考古研究所『漢長安城未央宮―一九八〇～一九八九年考古発掘報告―』（中国田野考古報告集考古学専刊丁種第五〇号）、中国大百科全書出版社、一九九六、等。

# 第八章　漢代の地方都市——河南県城——

## はじめに

漢代の「都市」を考える場合、比較的、長安や洛陽の帝城に注意が向けられてきた。そこで本章では、地方の県城、とくに河南県城を中心に漢代の地方「都市」の一端を検討してみたいと考えている。[1]

## 一　文献上からみた漢河南県城の地理

漢書地理志河南郡の条によれば、河南県は、

河南、故郟鄏地、周武王遷九鼎、周公致太平、営以為都、是為王城、至平王居之。

とあり、同条に伝えられる、

雒陽、周公選殷民、是為成周。

との、周公旦の建造した成周の地におかれた雒陽県に対して、同時期に建造された王城址に位置するという。[2]

続漢書郡国志河南尹の条でも、河南県は、

河南、周公時所城雒邑也、春秋時謂之王城、東城門名鼎門、北城門名乾祭、又有甘城、有蒯郷。

と、周東遷後の春秋時代の王城址に当たるとされ、その西南部（劉注）にはまた、甘城と蒯郷とが伝えられている。県治所を中心として、城や郷が存在している事例は、続漢書郡国志に比較的詳細に記載されている。例えば雒陽県にあっては、唐聚・上程聚・士郷聚・褚氏聚（県南）・前亭（県西南）・圉郷（県東南）・大解城（県西南）などと聚・郷・亭・城の存在が伝えられている。

この県名に附載されている地名は、続漢志の場合、主として名跡に類するものではあるが、これはまた、県治所、県城を中心に、城・郷・聚・里・亭などが外郭となる、地域社会の実態を垣間見せることにもなっている（後掲馬王堆出土古地図参照）。

本節で問題とする河南県の創置は、太平寰宇記河南県の条によれば、

河南、故郟鄏地、（略）秦滅、漢為県、属河南郡、後漢亦為河南県。

とあり、漢代に初めて置県されたことになっている。太平寰宇記が何によって河南県の初置を漢代と見なしたかは定かでないが、今はこれに従うとして、説文解字によれば、この河南県城の位置について、これは、

鄏、郟鄏、河南県、直城門官陌地也、従邑辱声、春秋伝曰、成王定鼎于郟鄏。

とあり、直城門、官陌（段注、官路）に位置していたという。

漢長安城には、三輔黄図によって直城門が城西に確認できる。しかし後漢の雒陽城には、続漢書百官志、城門校尉の条に雒陽城一二門が伝えられているものの、これには直城門の名はみえない。このため河南県城の位置を示す「直城門官陌」とは、雒陽城の城門に通じる陌に沿った地、程度にならざるをえない。

晋の皇甫謐、帝王世紀によればまた、

（周王）城西、有郟鄏陌、太康畋于有雒之表、今河之南。

とあり、説文解字で官陌に当たるとされる郟鄏の地が、郟鄏陌と表記され、周王城の西に位置づけられている。もしこの「城西」について、これを王城外の西方と理解すると、漢書地理志の周王城と郟鄏とが同一の地であるとする前掲の伝文と相違する。このため帝王世紀の「城西」については、王城内の西部地区と理解しなければならない。

河南県の名は、前後漢、魏晋をへて北魏にいたり、宜遷県と改称されたが、北周になって再び河南県に復され、隋・唐・宋代においても断続しながら河南県の名がみえている。そこでこの河南県城の今少し具体的な位置比定についてであるが、水経注穀水の条にはまた、

又東過河南県北、東南入於洛。

とあり、河南県が穀水（楊守敬、水経注図は離山水）の西に位置すると同時に、同注に引かれる河南十二県境簿には、

河南県城東十五里、有千金堨。

とあって、千金堨（堰）の西方一五里に位置していたという。千金堨は、洛陽伽藍記城西に、

出閶闔城門外七里有長分橋、中朝時、以穀水浚急、注於城下、多壊民舎、立石橋以限之、（略）長分橋西有千金堰、計其水利、日益千金。

とあり、洛陽城閶闔門外七里にある長分橋の西にあって、穀水の水利に供されていた。このため閶闔門－千金堨（長分橋）－河南県城をもし直線で結ぶとすると、河南県城は、北魏洛陽城の西側の閶闔門の西方約二二里に位置していたことになる。

北魏の洛陽城は、後漢の九六城に比べて南北一五里、東西二〇里（洛陽伽藍記）と拡大され、北魏時の閶闔門は従前の九六城時の城壁と同じ場所に位置していたと考えられている。[3] 後漢時代の雒陽城と河南県城との位置的関係も、後代河南県城の位置が大きく変化していない限り、北魏時の伝文とあまり変わっていないことになる（前漢時代の雒陽県城にも、後漢の雒陽城の中心宮殿の一つである南宮が確認できる。漢書高帝紀五年の条。なお陳顧野王輿地志は「秦時已有南

北宮」と雒陽城南・北宮を秦代に遡らせる）。そして元河南志にあってはまた、隋の煬帝の時に、

東去王城五里、為宮、大業十三年遂平毀王城。

とあり、隋の洛陽城との関係では、周王城は洛陽城西五里となる。

漢河南県城の位置について、雒陽城との関係を離れ、これをさらに漢河南県城に近鄰する県との関係でいえば、平陽県や新城県などは比較的距離をおくが、穀城（成）県がみえている。水経注穀水の条では、この穀城県城は、

東北過穀城県北。

と穀水（離山水）の南に位置することになっているが、同注には、

城西、臨穀水、故県取名焉、穀水又東逕穀城南、不歴其北。

とあり、穀水（今日の澗水）の北とされている。

穀水の比定については問題とすべき点もあるが、穀洛合流点に位置する河南県城からすると、穀城県城は漢河南県城の西北方に位置し、読史方輿紀要によれば、穀城県は雒陽県の西北一八里となっている。

以上、本節では、文献を中心としてではあるが、河南県城が漢代に入って創置され、周の王城内の比較的西部地区、後漢の雒陽城西の官陌と呼ばれる地に位置し、穀城県に近接していたとのことを検討してきた。ただこの漢河南県城については、すでに遺址かと推定される古城址が発掘されている。このためついでは、この古城址を中心に漢河南県城について考えてみることにする。

## 二　漢河南県城の城壁

**漢河南県城の発掘**　一九五四年に開始された周王城址の調査、発掘の過程で、

(1) 戦国時代の墓の上に城壁が築かれ、この城壁をまた破壊して後漢末の墓が存在する、いわゆる漢代の城址が発掘された。

(2) この古城址から「河南」(商承祚氏は「南」字の釈読に疑問を呈す)・「河市」・「河亭」などの刻字のある陶片や、「河南太守章」などの封泥が発見された。

(3) 漢代の城址の外郭に春秋中葉を遡る時期に建築され、前漢後期以後荒廃した城壁が存在している。

(4) 文献において前節でもふれたように、周王城址に漢河南県城がおかれたことになっている。

(5) 括地志(賀次君輯校)に、

河南県、王城、一名河南城、本郟鄏、周公所築、在洛川河南県北九里、苑内東北隅。

とあり、周王城は唐代東都の西苑内東北隅に位置している。元和郡県図志河南府序語にはまた、

周成王定鼎於郟鄏、使召公先相宅、乃卜澗水東瀍水西、是為東都、今苑内故王城是也。

とあって、周王城の位置する東都西苑が、比較的澗水寄りに位置していたことが明らかである。唐代にあっても周王城はなお、澗水の近く、東都西苑内に考定されていた。国語周語下にもまた、

霊王二十二年、穀洛闘、将毀王宮。

と、穀(澗)・洛両水の患を周王城が蒙ったと伝えられている。

等々の事情から、澗水下流域において確認された春秋中葉を遡る時期から前漢代にかけての城址と、漢代に新造、限定される城址とは、まさに周王城址と漢河南県城址とに当たると推定されたわけである。[5]

ここにおいて前節で問題とした漢河南県城の位置は、今日、周王城とともに発掘、確認されたことになり、漢河南県城は、隋唐洛陽城西の宮苑内で、漢魏洛陽城からは西方約二〇キロメートルに位置していて、周王城内の比較的西部地区に建造されていたことになる(図1)。

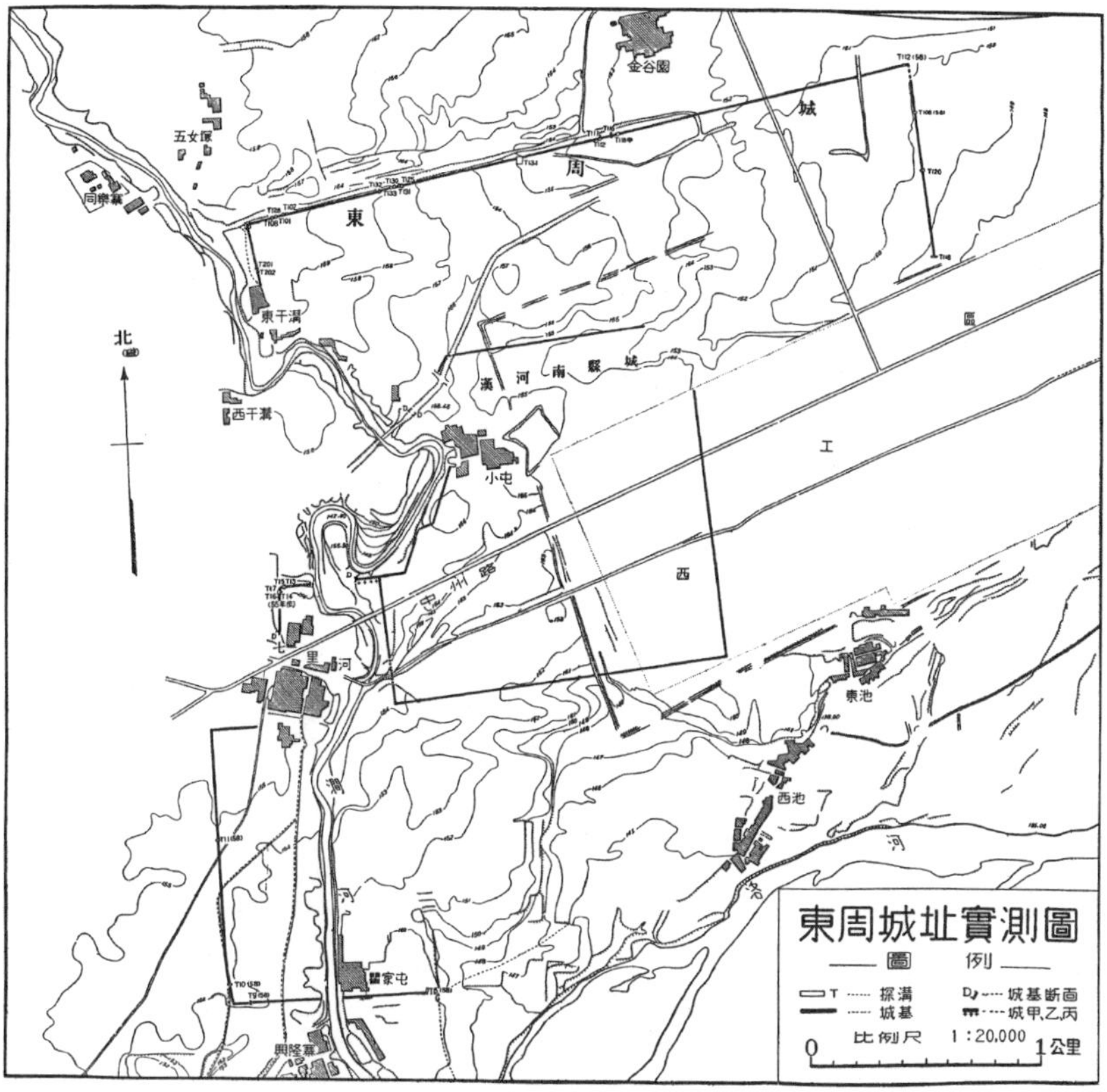


図1　漢河南県城図と周王城図　注(5)

**城壁の規模**　そこでついでは、漢河南県城の城壁の実態についてであるが、県城の城壁は、西北辺壁の澗水に沿った部分が河水の湾曲に合わせて斜めに東へと屈曲し、北辺壁は南辺壁よりも三分の一ほど短くなっている。

河水の影響で城壁が部分的に不整形になっている点は、漢長安城の場合と比較的類似しているが、このことを除けば漢河南県城はほぼ正方形に近く、周囲の城壁の全長は約五四〇〇メートル、南北の距離は約一四一〇、東西の距離は一四八五メートルであって、城壁は南北の軸で西よりに五～一〇度ほど傾いている。城壁の基底部の幅は平均六・三メートル、残存する城壁の高さは、すべて今日、地下に埋もれているものの高い部分で二・四、低い部分だと〇・四メートル。城壁は版築されており、版築の厚さは五～一〇センチメートル。[6] 版築層内には漢代の遺物（磚）も含まれており、[4] この城壁が漢代に入って築造されたものであることが明らかとなる。

**漢高祖の県邑築城令**　漢書高帝紀下、高祖六年の条には、

　冬十月、令天下県邑、城。

とあって、高祖が垓下で項羽を破った翌年（前二〇一年）に、全国の県邑に城壁の築造を命じたことが伝えられている。この県邑については、皇后・公主の食邑（張晏）、県治のある邑（顔師古）、県中の邑で士大夫以上の食邑（王先謙補注王啓原）などの注解があるが、令文の内容としては顔師古の解が自然ではなかろうか。

そうすると漢は、建国早々に県城の築造を命じたことになり、漢河南県城の新たな城壁築造との関わりが問題となる。この点について王啓原は、

　秦始皇三十二年、壊城郭、故県邑、皆無城、至是復令城之也。（漢書補注）

と、始皇帝による前二一五年の城郭破壊の伝文と高祖六年の築城令とを関連づけている。

始皇帝が、城郭を破壊させたとの伝文は、史記始皇本紀、始皇三二年、天下統一後六年目に当たる碣石門碑に、

　徳并諸侯、初一泰平、堕壊城郭、決通川防。

とみえている（城郭破壊の時期は天下統一時）。もし始皇帝による城郭の破壊が、徹底したものであったとすると、漢の高祖にとって、地方都市の治安を回復する上で、政治的役割を担う県治所などでは、城壁の築造が焦眉の課題となっていたはずである。しかし漢書高帝紀上によれば、秦二世皇帝元（前二〇九）年九月の時点で、沛の県城は、

　沛令欲以沛応之、（略）沛令後悔、恐其有変、乃閉城、城守、欲誅蕭曹、蕭曹恐、踰城保高祖、高祖乃書帛射城上。

と、堅固な城壁を有していた。同紀秦二世皇帝三年では、劉邦が宛を攻撃した際にも、

宛郡県連城数十、其吏民自以為降必死、故皆堅守乗城。

と、郡県城数十の存在が伝えられている。さらに劉邦と項羽とが対峙した高祖三年の滎陽での攻防でも、滎陽には東門・西門・城東観など城壁の存在が明らかとなっている。秦末の混乱時にあってもまた、魏の地で「数十城」の存在が伝えられている（漢書高帝紀上秦二世皇帝二年）。

始皇三二年に刻された城郭破壊の碑文から高祖六年の県邑築城令にいたる間にも、地方「都市」に城壁が存在した事例は決して少なくない。始皇三二年刻文の城郭の破壊は、張守節史記正義が指摘するように、あるいは関東の諸侯の旧居城を念頭においたもので、王啓原の指摘するように、始皇三二年以降、城壁がすべて取り壊されてしまったとまで理解する必要はないのかも知れない（附言すれば、現実には、本章でふれた周王城壁を始め諸侯の居城の城壁も大々的に破壊されてはいなかった。このため城郭破壊の刻文も城壁のみの破壊に主眼をおいたものではなく、旧諸侯国の残存勢力の払拭、討滅を意味していたのかも知れない。ただ史記李斯列伝には、天下統一後、「以斯為丞相、夷郡県城、鎖其兵刃」と、武器の没収と併行して、郡県城を「夷」したとある。すでに統一完成後であるため、この「夷」は郡県の城壁の破壊と解されている。「夷郡県城」と碑刻の「堕壊城郭」とがどのように関わるか定かではないが、もし秦が統一完成後、郡県城壁の破壊を実施したとしても、これは必ずしも徹底したものではなかったことになる）。

そうすると高祖六年の県邑築城令には、秦の天下統一の過程や秦漢交替期の戦乱の中で、多くの城壁が破壊されたことによる復興との意味合いが含まれていたかも知れない。

**城壁築造の時期**　そこで漢河南県城の城壁は、高祖六年の県邑築城令と果たしてどのように関わるかが問題になる。漢河南県城の場合、周の王城址に位置していたが、周の王城は、周王室滅亡後であろうが、城内に戦国時代の墓葬が確認されるなど次第に凋落して行った。[4] しかし周王城の城壁自体は、前漢後期以降荒廃にまかされるまでは修築・使用されていた形跡がある（北辺壁や東辺壁には、隋唐時代に東都宮苑区内で補修された部分もある[5]）。

このため漢河南県城は、周王城壁を県城壁として流用し、周王城壁が荒廃に帰する前漢後期を少しく遡る時期に、県城の実情に合わせて規模を縮小し、新たに県城壁を築造したということになるのかも知れない。

そうなると漢河南県城の新城壁は、高祖六年より遅れて築造されたことになる。築城の経緯が明らかな漢長安城の場合も、この地が帝都とされた後、城壁よりも宮殿（官署）の建築が先行した。漢長安城は、秦代の渭南地区の離宮を利用し、その後、未央宮や東闕・北闕・前殿・武庫・大倉など逐次建造して行った。漢河南県城の場合も、後述するように周王城内の重要建築物を含む、城内の比較的文化遺址の多い地区が県城域として利用されていた。

もちろん漢長安城も重要宮殿個々の周墻は、宮殿工事とともに築造されたはずである。しかしそれが、宮殿区全域を囲む目的で、新たな城壁が築造されるためには、高祖五（前二〇二）年五月に長安が帝都と定められ、恵帝元（前一九四）年正月に城壁工事に着手するまでに、約八年の歳月を要した（完成は前一九〇年）。

秦末の混乱期をへた漢初にあっては、地方県城の建設にしても、民心を安定させるために、既存の施設が可能な限り活用されたと思われる。漢河南県城の場合にも、周王城の城壁が漢代に入ってもなお修築・利用されていた。帝都長安城同様、実質を重んじる漢代の県城造成を例示している。

**漢河南県城と周王城・漢長安城**　漢河南県城の城形や周辺の地理的環境が、漢長安城と類似している点は注意が引かれる（図2）。漢の長安城は、北方に渭水、西に洎（泬）水、東に灞水、南に終南山が位置し、城形は西北部が洎水の河流によって大きく斜に削られていた。斗城といわれる所以である。

これに対して漢河南県城は、北方に比較的なだらかな邙山を間におくが黄河、西に澗水、東に瀍水、南に中岳嵩山が位置し、城形はこれまた西北部が澗水のため大きく斜に削られていた。澗水・瀍水と合する城南の洛水であるが、長安城西の洎水もその上流は城南に位置している。終南山北麓も水量が比較的豊富である（武帝時には城南に漕渠が作られる）。

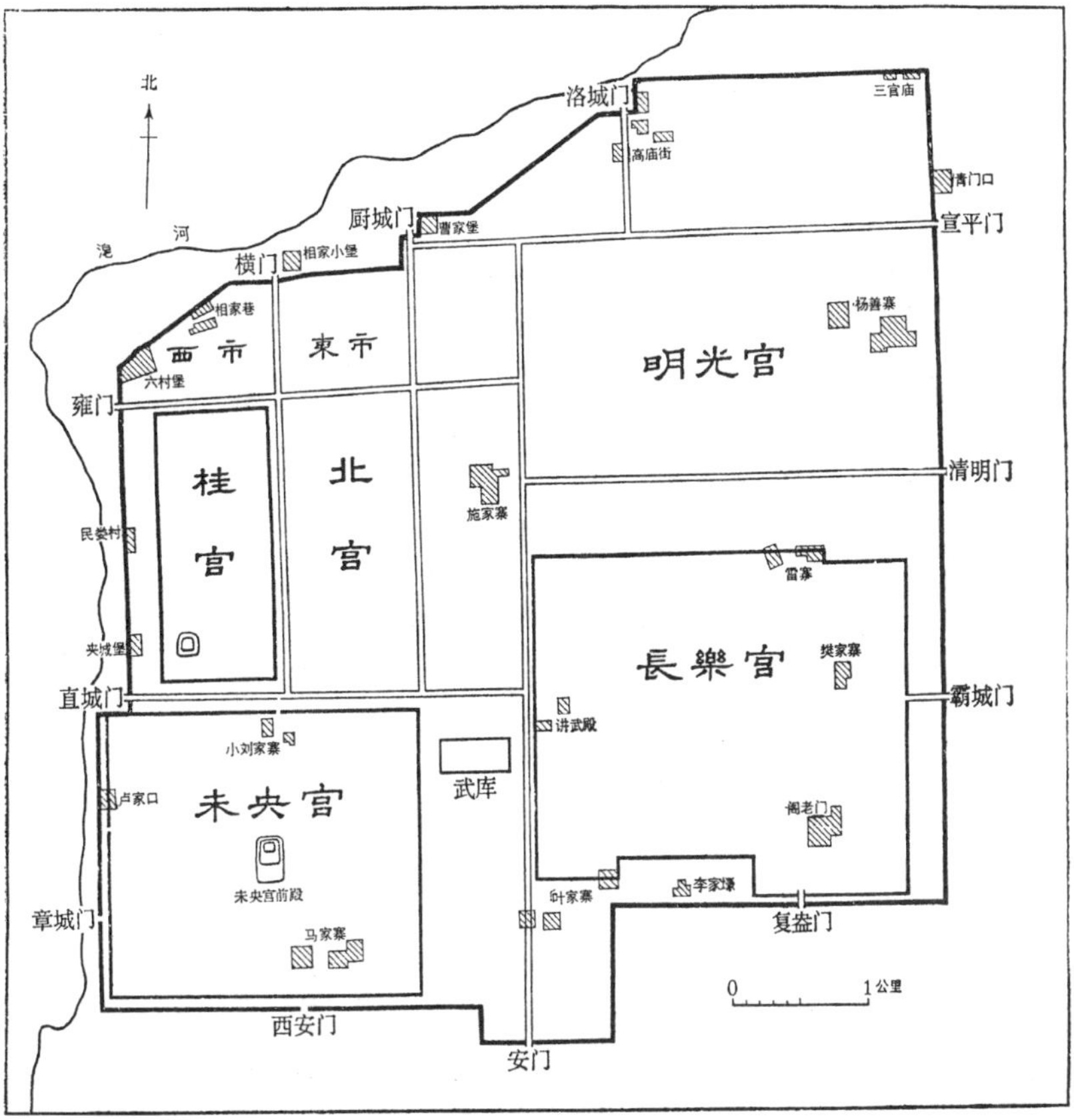


**図２　漢長安城図**　注(８)

周王城の城形も、西辺壁の確認が充分できないが、西北部城壁が漢長安城、漢河南県城同様に斜に削られている。漢長安城はまた、周王城・漢河南県城と同様、城壁が南北軸で少し西に傾いている。

このため周王城・漢長安城・漢河南県城の三城間における築城計画上の影響如何についてに興味を引かれるが、先ず漢長安城は、築城の指揮をとった蕭何が、始皇帝による渭南一帯での新首都建設計画を入手し、これを活用していた可能性がある(7)。新首都建設立案の背景は、咸陽城が秦の一地方国家であった時期の首都に過ぎなかったためであるが、もし漢長安城が始皇帝の新首都建設計画を下地として建設されたものであったとすると、この新首都建設計画に始皇帝が、すでに荒廃の進んでいた周王城を天下統一後の新首都の城形として採用するはずはない。

しかし漢長安城は、始皇帝のこの新首都建設計画をそのまま実施したものでなかった。新首都の一画に位置するはずの阿房前殿区が、漢長安城外となっていたことからも明らかである。

そこで漢長安城の建設にも、周王城等の影響を考える余地が残されていることになる。周王城は北辺壁の全長二八九〇メートル、東西南の三壁の確認が全部はできていないが、ほぼ三キロメートルで方形に近く、城壁の幅は約五メートル、版築の厚みは一〇センチ足らずで、城壁が南北軸で少しく西に傾いている。(5) 城の規模は漢長安城の約半分に過ぎないが、漢の高祖は、高祖五（前二〇二）年に、

帝乃西、都洛陽。（漢書高帝紀下）

と、一時、雒陽に都を定めている。

この時は成周に当たる雒陽城であったと思われるが、高祖が周の王城に帝都としての意義づけを感じていたであろうことは、婁敬が長安の地を帝都として進言した言葉の中に、

陛下取天下、与周異、而都雒陽、不便。（漢書高帝紀下）

とあることからも明らかである。

漢河南県城は、周王城の約四分の一の規模である。漢長安城の城周は、約二五七〇〇メートルであるから、(8) 漢河南県城は漢長安城のほぼ一六分の一である。城壁一辺の長さでみると、漢長安城の半分が周王城、周王城の半分が漢河南県城となる。因に後漢の雒陽城は、城壁の全長が約一三〇〇〇メートルであり、(8) 城形は異なるが周王城に近い規模となる。

附言すれば、始皇帝の新首都建設計画は、

命信宮為極廟、象天極。（史記始皇本紀始皇二七年）

引渭水貫都、以象天漢。（三輔黄図）

と、天極・天河など天文に象っている。漢長安城・漢河南県城もともに城北が北斗形になっている。漢長安城が「斗城」と称されたことを伝えるのは三輔黄図であるが、築城と星座とを関連させる考えは、すでに統一秦の新首都計画にもみえていた。あるいはかかる斗城思想は、周王城の城形から汲み取るところとなっていたかも知れない。

周王城が、斗形を呈していることが偶然か意図的かはこれを知りえない。ただ北斗七星は、史記天官書に、

所謂施璣玉衡、以斉七政。

とある通り、太一神の常居する天極と並び、日月五星（七政）の運行を正す重要な位置づけをもっていた。

以上は城形と周囲の地理との類似点をもとに、周王城の残影を漢長安城と漢河南県城とに求めんとしたが、このことも偶然の一致かも知れず、附会の虞れなしとしない。

**城壁沿いの濠溝**　周王城の城壁には、西辺壁沿いの一部で、城外に深さ五メートルほどの濠溝が確認されており、ここより城壁築造のための土を採取したものと考えられている。発掘の結果、この濠溝内から唐代の開元通宝銭や唐瓦が出土した。唐代にいたってこの深溝は埋められたものである。[5][9] 漢河南県城にあっても同様に、城壁の側に幅一・五、深さ〇・五メートルの濠溝の存在が確認されており、これもまた城壁築造のために土を採取したものと考えられている。[6]

## 三　漢河南県城内の情況

**周王城**　周王城域でも、とくに澗水流域には、新石器時代、仰韶・竜山期の遺址（東西干溝一帯）が確認されている。

以後この一帯は、殷（小屯村南から瞿家屯東北の澗水東岸、東西干溝一帯）、周（小屯村南から瞿家屯東北の澗水東岸、西干溝西南一帯）、春秋戦国（小屯村を中心とする澗水両岸、西干溝西南一帯）と時代が降るにつれて発展してきており、周王城の中心は、比較的この西部、澗水に鄰接する地方におかれていた。

周王城の城門や城内の道路は、今日定かではないが、小屯村の東・南部から瞿家屯にかけての地域には、堆積物中に瓦片が非常に多い。地表にも大量の板瓦・筒片、饕餮紋・巻雲紋の瓦当などが確認される。このあたり一帯が重要建築物の所在する地区であったことが明らかで[5]、王城の宮殿区[10]かと見なされている。

これに対し王城の西北部は、比較的手工場址が多い。戦国時代から漢初にかけての製品であるが、日用品としての陶器や明器を製造していた窯場があり、窯場と鄰接した家屋址からは多種の製陶用工具や陶片が発掘されている。また窯場の東南には製骨器所があり、窯場の南には玉などの装飾品製作所も認められる。

ついで宮殿区以東の洛水に鄰接する地区には、洛水の水運とも関わるか戦国時代の粮食倉窖（灰坑）が多数存在しており、王城中部の中州路一帯には、非常に多くの戦国時代の墓葬が分布している。墓の中には墓道を有するような大型墓も複数発掘され[10][11]、車馬坑も発見されているが[12]、これら城内の戦国時代墓については、前述した通りこれを王城の荒廃が進んだ後とする理解もある。

王城には、城内から城外への排水用に、城壁の下に直径二〇センチほどの縄紋をもつ陶製の水道管が、外の濠溝に傾斜しておかれていた[5]。漢河南県城西南角内一二〇メートルのところに位置する廃井は、井口八〇センチであり、井口より下三・二～四・五メートルの土中からは戦国時代から漢代にかけての陶片などの遺物が認められ、廃井が漢代あるいはそれを遡る時代に鑿井されたものであることが知られる[6]。

以上は漢河南県城の前身である周王城の概要である。未た調査地区も限定されており、城内の実態を速断することはできないが、それでも王城内の宮殿区・手工場区・倉窖区など王城としての機能を果たす上での重要な遺址は確認されている。城内の平面的構成は、戦国時代斉の臨淄城に近似するともいわれる[10]。

**漢河南県城**　周王城の北辺壁以南で、西方部の文化層を例示すると、唐宋・漢・戦国の三層の文化層が確認され、部分的には殷代晩期の文化層も確認できる[5]。殷代、さらには新石器時代の文化層となると地域的に比較的限定されているということになる。

漢河南県城内の情況についていえば、城内の西辺壁と南辺壁との間に、周・漢時の器物の出土が最も多く、城北部がこれにつぎ、城東部は出土品が最も少ない[6]。城内の文化遺物の分布には片寄りがみられる。そこで以下、漢河南県城内の考古学的成果について少しく整理してみることにする。

**中区居住遺址**　一九五五年の四月〜六月にかけて、その前年に行われた「洛陽西郊発掘区」での発掘を継続する際に、漢河南県城の西壁以西の澗水に鄰接する地方を「西区」（1〜100号）、県城内の西方部で県城の中心的地域を「中区」（101〜200号）、県城内の東寄りの地域を「東区」（300号〜）と名付けた[9][13]。これが統一された唯一の呼称ではないが[5][6][11]、ここでは便宜上、中区・東区の呼称を用いる。

そこでまず中区の事情を居住遺址を中心に紹介すると、この地区での遺址は、家屋址三・円困四・水井二・灰土坑一一である。発掘報告の詳細は表示（章末の「漢河南県城主要居住遺址一覧」参照）するとして、この地区の家屋址の内、105号と1101号はともに前漢時代の遺址であって、両者は比較的近接していたと思われる（報告書附載の地図によって比定してみると、両家屋とも小屯村南約三〇〇メートルに当たる[11][13]）。

家屋址の規模は、ほぼ一辺一〇メートル前後の方形で、建築様式も半地下式、四周の壁は版築である。105号址の近くには水井が認められ[9]、1101号址の近くにも水井と円困三・灰坑二が認められるが、この水井・円困ともに磚は用いられていない。屋内の設備としては、1101号址の場合、かまどの他にオンドルが備わっており注目される。さらに1101号址の屋内の堆積物中には大量の瓦があり、瓦葺の家屋であったことが判明する[11]。105号址は瓦のことがふれられていないが、1101号址と同様であったと思われる。

屋内からの出土品は、瓦の他に空心磚や日常生活用品としての陶器類、鉄製の刀・斧、銅銭などがあり、105号址からは半両銭の鋳型が出土した。[9] また1101号址には「河南」・「伝舎」・「河亭」などの文字を有する陶片や「雒陽丞印」の封泥があり、同址に鄰接する灰坑中からも、「河南太守章」・「史守印信」・「雒陽丞印」などの封泥が確認されている。[9][11]このため1101号址は一般の住居ではなく官廨の遺址[9]と考えられており（ただ一般人民の生活情況と理解する見解もある）[11]、105号址についても、単なる一般農民の住居とするには、半両銭の鋳型が、当時統一的に政府が鋳銭を行っていたわけではないが、些か不相応な感がする。

中区ではこの他に、詳細は不明であるが後漢時代の屋址が1101号址の北側にあり、105号址の東鄰にも後漢時代の円囷、109号がある。円囷中からは「河市」の印文をもつ碗片が十数個出土した[9]（「河市」の陶片については前漢晩期との見解もある）[11]。いずれも後漢時代（あるいは前漢晩期?）の遺址であるが、この円囷の位置する一帯は、あるいは「河市」と関連する地域であったかも知れない。

一九八二年に発掘されたところでは、県城内西南部で、東西の壁、厚さ一・三メートルを中心に、その南北面に方形で各辺三・五メートルの部屋が、各一〇部屋並んでいた。部屋毎の間仕切の壁の厚さは〇・四メートルである。中心の東西壁は両端で北に曲っているが、現在の建築物のため調査ができていない。東端角には南北に流れる筒形陶管による排水道三条がある。地層からしてこの遺址は後漢時代の家屋址であって、漢河南県城の高級官吏の住宅ではないかと考えられている。[15]

**東区居住遺址**　漢河南県城の東部地区といっても、発掘されている地域は城内の丁度中間部に相当していて、中区の105号址とここで取り上げる300号代の遺址とは一〇〇メートル余りしか東方に離れていない。

このため中区との関連が注目されるが、東区の居住遺址は家屋址七、粮倉囷九、灰坑五、擾土坑二、水井一、古水道一、卵石路一である。この内、家屋址一と粮囷一とは前漢時代のものであるが、残りはすべて後漢時代の遺址である。

まず前漢時代の遺址についてであるが、家屋址312号は、中区よりは心持ち規模が小さい。四壁には磚柱が用いられていた可能性があるものの磚壁ではなく、半地下式である。壁面に燈火用の洞がある。屋内からは大量の薄手の瓦や磚、生活用品としての陶器類、鉄製の刀・斧、銅銭などが出土している[13]。後述の後漢時代の家屋址で認められるような農具は、中区同様ここでも確認されておらず、建築様式、出土品の情況は中区の前漢時代の家屋址と大差はない。

このため312号址の場合も、居住民の社会層は中区とほぼ類似していたことを窺わせる。そして前漢時代の円囷も家屋址との関係は定かでないが、無磚で、中からは陶片のほか鉄製の斧・錛、銅銭などが出土[13]している。

後漢時代の家屋址は、半地下式住居が多いが、一例だけ地面上の家屋が確認されている（半地下式住居が多いのは夏冬の温度調節上有効なためか）。四壁には磚が用いられ、床面の舗磚された家屋址もある。規模は三〇～五〇平方メートルと比較的小さい。建築様式は前漢時代の家屋址に比べ進歩の跡が認められる。314号址などは二部屋で、内、一室は穀物貯蔵庫となっていた。家屋の性格を考える上で注意すべきことである。

また308号址は、近くに磚を用いた水井・排水道・卵石の敷きつめられた路が確認され、当時の生活環境が窺える（図3）。317号址は、粮倉・灰坑が近接し、屋内から石臼・石杵・石磨盤などが出土しているため、穀物加工のための家屋ではないかと推測されている（図4）。317号址に鄰接する粮倉をも含め、倉囷址は一例を除き周壁にはすべて磚が用いられていた。

家屋址・倉囷内からの出土品には、大量の瓦・磚（含空心磚）の他、日用生活品としての陶器類、鉄製の犁・鋤・刀・斧、銅鏃、銅銭、穀物加工具、水晶珠、骨製の「東門伝」と刻された私印、それに燃料としての煤（石炭）などが認められ[13]、東区は農民や手工業を中心とする[13][16]一般平民の居住区[9][13]との見方がある。

**県城内の住民層**　漢代の居住遺址としては、遼陽市北郊三里の三道壕村で発見された前漢時代とされる居住遺址に、比較的豊富な遺物が報告されている。遺物には、瓦当・生活用品としての陶器・鉄器（農具・車器・刀・帯鈎など）や陶紡輪・石磨・銅銭・瑪瑙や琉璃の装飾品などの他、水井・窯址・舗石大路などが確認されていて、比較的漢河南県

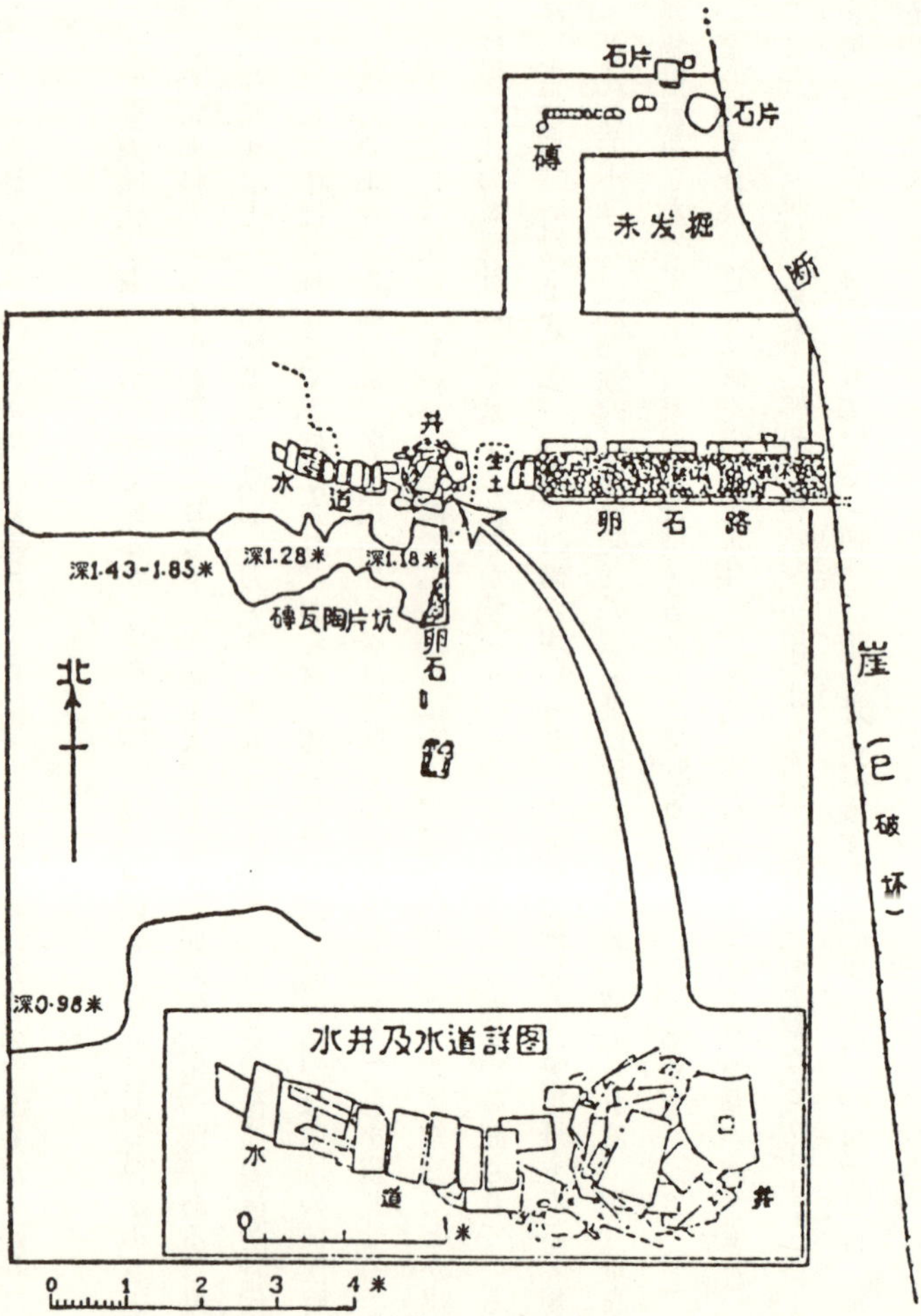


図3　308号家屋址（右上の石片や磚の発掘されている部分）と南隣する水井・排水道・卵石路　注(13)

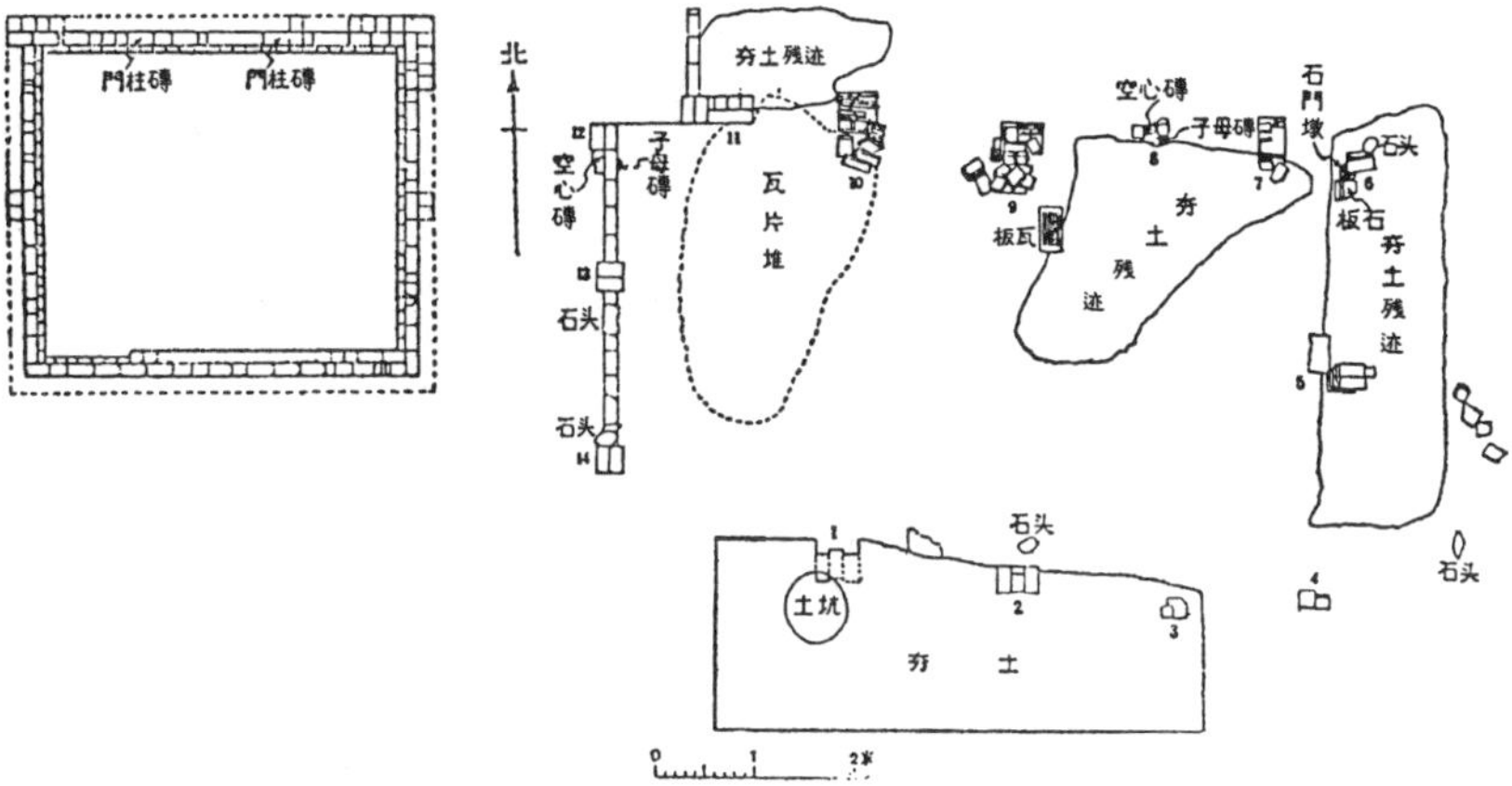


図４　317号家屋址（右）と320号倉（左）　注(13)

城東区の後漢時代居住遺址の情況と類似している。

発掘当初の報告以来、この三道壕村聚落址は、村落の農民生活を伝えるものと判断されてきたが[17][18]、最近この遺址については、「千秋万歳」の瓦当が用いられ、「昌平」・「軍厨」の刻字のある陶片があり、兵器や瑪瑙・琉璃の装飾品などもみられることから、ここでの住民は一般の農民ではなく、遼東襄平県附近の屯戍地との見解[16]に改められている。

たしかに、

富者田連仟伯、貧者亡立錐之地、（略）故貧民常衣牛馬之衣、而食犬彘之食。（漢書食貨志上、董仲舒上言）

と、仟伯を連ねる富者に対し、一般農民はまさに貧者に類するはずである。漢河南県城東区の後漢時代居住遺址は、磚壁と瓦葺の家屋で種々の鉄製農具や刀・斧・鏃、さらには未ださほど普及していなかった煤が燃料として使用されていた。近くには磚壁の倉や灰坑を備える。銅銭もほとんどの家屋址から出土しており、305号円囷中には、貫されたままの五銖銭が二六〇〇余枚も入れられていた。このため、ここでの住民が、着るに衣なく犬彘と同様の食を口にしていたかとなると疑問である。東区の後漢期の居住遺址も、中区同様かなり高度な生活を営むことのできた人々の居住区で、一般農民の住居とは異なる存在ではなかったかと思われる[19]。

県城中部で現在の王城公園の南三〇〇メートルのところに、砌磚による方形の後漢時代の水池、広さ三・五八×二・〇八メートル、深さ〇・一二〜〇・二二メートルが確認され、水池からは磚による排水溝が伸びていた。水池の西北部には水井があり、自然の流水を利用したものでなかったことが考えられる。水池の底にも磚が敷かれていた[20]。水池の役割が生活用水にあったか、観賞用か定かではないが、県城中部地区における生活環境の整備を窺わせる。

漢長安城内の閭里は一六〇で、「室居櫛比」（三輔黄図）と伝えられている。宇都宮清吉氏の推定では、城中の人口は一〇万人を越えなかったであろうとされている[21]。前漢末の平帝元始二（後三）年の大旱魃・蝗害に際して、大規模な救済策が講じられたが、この時、長安城中には、

又起五里於長安城中、宅二百区、以居貧民。（漢書平帝紀元始二年）

と、僅かに五里が設けられたに過ぎなかった。

三国魏の如淳は、この里に注して、「民居之里」と断わっている。長安城中の住民に、陵邑における「三選」（西都賦）のような資格が問われたかどうかは定かでないが、元来秦の苑囿地であった長安城内一帯で、宮殿建設と並行しての閭里造成が、全く無制限の住民流入を認めたかどうか問題である。当然、居住民に対し何らかの優先順位が設けられていたことも考えねばならない。如淳の注する「民居之里」の呼称も、それまでの里の住民に、「民」（貧民）以外の居住区が存在していたことを伝えるものかも知れない。

漢河南県城の西南部は、周王城の宮殿区と考えられている。漢代の県城も、この地区が引続き行政上重要な位置を占めていた。

漢河南県城中区・東区の居住遺址も、県城西南部に比較的鄰接している。この中区・東区が、「室居櫛比」であったかどうかまでは定かでないが（図5）、ここでの住民構成が、多く文武官、富人を中心としていたとのことも充分考えられうる。

そしてもし、このような漢河南県城内の居住遺址についての理解が許されるとするならば、今日漢河南県城内で確認できる遺址は、官署区と県政の中心となったと思われる人々の居住区となり、一般のその日暮しに追われる住民の

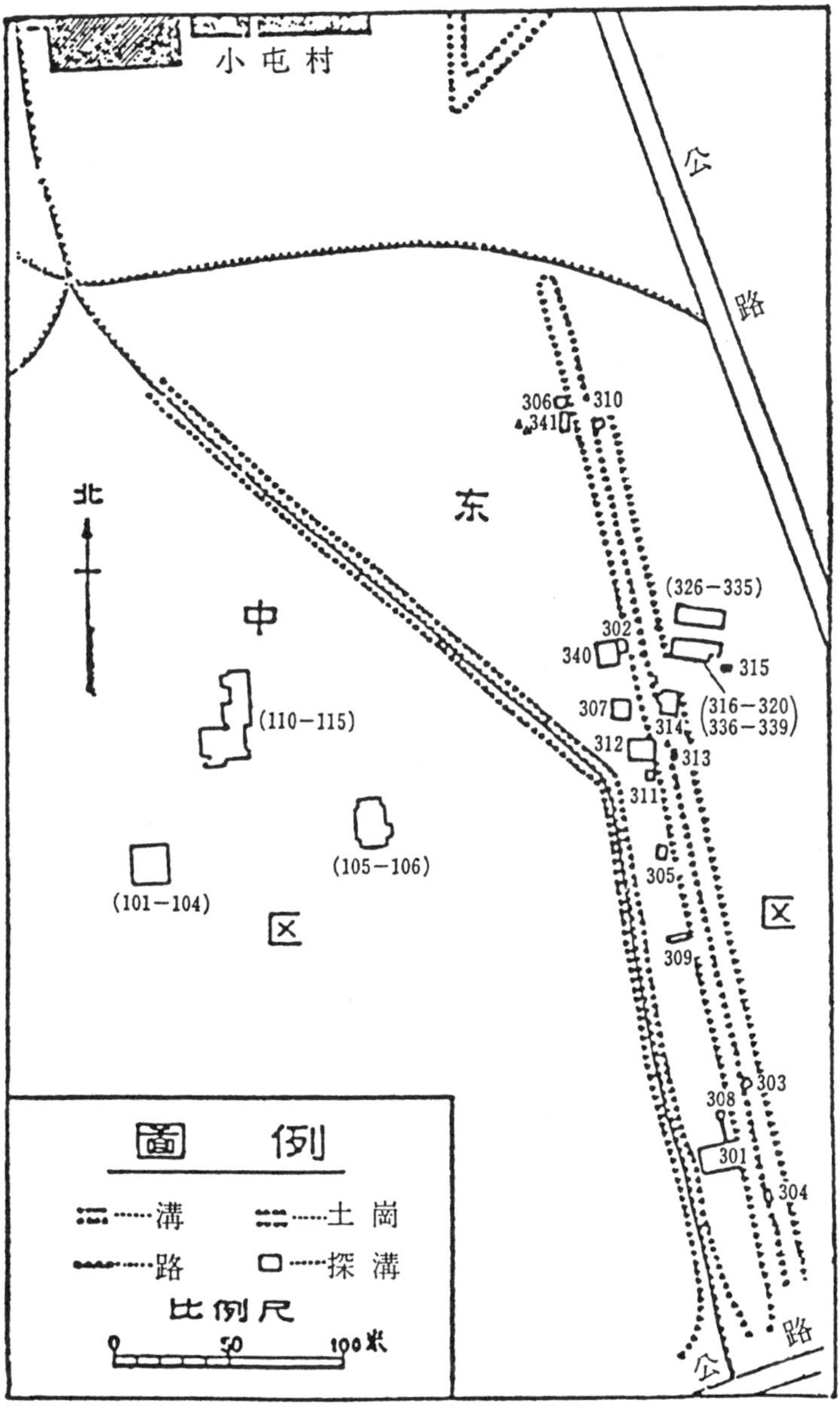


図５　漢河南県城東区遺址図　注(13)

姿は余り見当たらないことになる。

## 四　漢河南県城の荒廃

後漢献帝時の初平元（一九〇）年の年号（「初」字の釈読に疑問を示す見解もある）[14]が書かれた陶瓶が、河南県城の破壊された城壁の城基上の磚墓の中に副葬されていた（WNM1・813号）。この種の後漢末の墓はこれ以外にも複数存在する。漢河南県城の下限が後漢末と推定される所以である（後漢書張晧伝には、順帝陽嘉元年西紀一三二に廷尉張晧の死に際して、「時年八十三、遣使者弔祭、賜葬地於河南県」とあるが、墓所が城内であったかどうかは不明）。

それでは、漢河南県城はなぜかく荒廃に帰したのであろうか。考古研究所洛陽発掘隊は、これを時代の移り変わりによる県城址の移動と考えられている。[14]しかし黄展岳氏の報告はまた、遺物の類同性から県城の廃棄が、後漢末の戦乱によって破壊された可能性を指摘されている。[13]

後漢末の河南県城の事情を直接伝える文献は残されていないが、五銖銭二六〇〇余もが貫のままで放置され、その後、瓦礡の下で眠り続けてきた事情は、漢河南県城終焉の壮烈さを偲ばせる。

前述の水池の中からはまた、三稜の鉄鏃が発見されている。[10]閑かな水面をたたえたはずの水池には、誠に不似合な遺物であるが、この鉄鏃に漢河南県城終焉のすべてが物語られているのかも知れない。

黄塵の吹きすさぶ廃虚は、文献上、河南県の存続が伝えられてはいるものの、その後、急速に復興、繁栄した兆は窺えない。

澗水流域が新石器時代以来の居住遺址を伝えているとはいえ、漢河南県城の住民の中には、県城設置に伴い流入してきた比較的政治性の強い住民が少なくなかったと思われる。もちろん置県以来すでに四〇〇年の歳月が経過している。周王城の廃虚に建設された漢河南県城であったとはいえ、ここも新興の居住民としてのみあったわけではない。この点からすれば、住民の河南県城に対する感情は老家そのものになっていたはずである。それでもかれらは、一時の戦乱によって再びもとの繁栄を取り戻そうと努力はしなかった。その原因は、県城としての政治性が失われたことによるものと思われる。

ここに置県当初における住民構成の事情が、四〇〇年をへた後も大きく変化していなかったことになる。県城の性格を窺う上で留意すべき点である（漢河南県城周辺の焼溝・金谷園・七里河・澗西周山では五二三座の漢墓が発掘されている。もし県城の住民と関係しているとすると、墓主の身分は多く官吏や富人層である。ただ澗西の低地にある三二座の小型墓は比較的下層民の墓である。城内の住民構成を暗示している）[16]。

## 五　県城図―和林格爾後漢墓壁画―

漢河南県城は、幸いに考古学上の成果が多くの事情を明らかにしてくれた。しかし発掘された地域は、県城内の極く一部に過ぎない。

これに対し、一九七一年に内蒙古和林格爾県東南で発見された後漢墓壁画[22]には、五県の県城城内図が彩色美しく描かれている。県城を視覚的に捉える上で格好の素材である。この墓の主人は、二世紀の六、七〇年代に葬られている。生前は、孝廉により郎官―西河郡長史―上郡属国都尉―繁陽令―烏桓校尉を歴任し、壮大な荘園を所有していたと思われる。すべては墓壁の壁画の中から判明するわけで、この壁画は一種の墓誌の役割を担っている。

そこで以下県城図を中心にみて行くと、図示される県城は、西河郡離石県城（山西省離石県）、上郡土軍県城（山西省石楼県）、魏郡繁陽県城（河南省内黄県）、上谷郡寧県県城（河北省琢鹿県）、定襄郡武成県城（山西省平魯県）の五県城である。各県城図の梗概は、以下の通りである。

**離石県城**　城壁は長方形で、上辺壁と左辺壁（後掲寧県県城図では上が東になっている。このためあるいはここでの壁画図は上を東として描いている可能性がある。馬王堆出土古地図は上が南になっていた。ただ本章では寧県県城図以外は東西南北の称を用いなかった）とに城門が確認できる。城内右上部四分の一に府舎が描かれ、城内に「河西長史所治離石城府舎」の記載がみえる。

**土軍県城**　城壁の三辺が確認でき、上辺壁に城門がある。城内中央に長廊・列舎が描かれ、城内に「行（上郡）属国都尉時所治土軍城府舎」の記載がある。城壁外には、下方に描かれた離石城と合わせて河流が環流している。

**繁陽県城**　城壁は方形で、左辺壁に一、右辺壁に三、下辺壁に一（?）の城門がある。城内二分の一弱の右下隅に子城があり、子城の二面は大城の城壁が利用されている。子城内には長廊・列舎が描かれ、子城から大城内に二門、大城外に二門がある。子城外で大城内には墻垣をもつ小区、小屋舎区が点在している。城内に「繁陽県令官寺」の記載がある（図6）。

**寧県県城**　城壁は方形で、城内には「西門」・「寧城南門」・「寧城東門」がある。城内西北隅で城内三分の二強をも占めようかと思われる部分は、墻垣廊廡によって囲まれた子城のごとき部分である。この墻垣には「幕府南門」・「東府門」・「共（供）官門」がある。幕府内には墓主が端座する廡殿式堂屋が大きく描かれ、その後方には「斉室」がある。堂屋の前には楽舞雑技を囲んで文武の官吏が整列している。城内東北部に「倉」・「庫」、東辺壁沿いには、「司馬舎」・「営曹」とその入口である「営門」、さらには「寧県寺門」の一画がある。東南隅には重々しい墻壁で囲まれた市区に、「寧市中」の記載がある。西南部には庖舎と馬厩とがあり、城内東部には連結された三つの楼観がある。

寧県城南門外には、以上の城壁部と同じ位の広さの城壁で囲まれた方形の施設が鄰接している。ここでは武具が林立し、武吏に見守られて多数の人物が伏拝行礼して南門内に入っている。先秦時代の城壁にあっても、燕の下都、趙

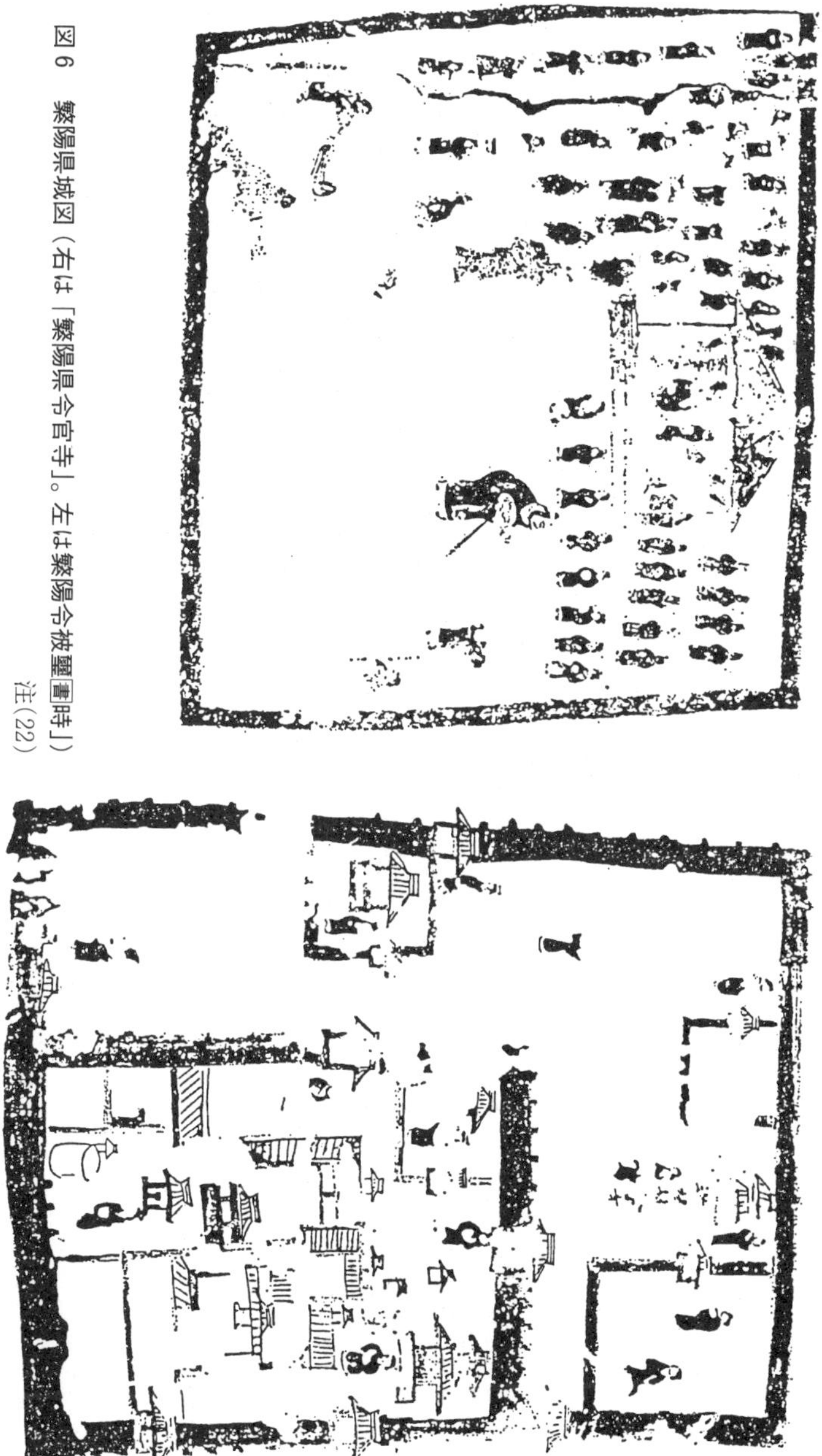

図6　繁陽県城図（右は「繁陽県令官寺」。左は繁陽令被璽書時」）注(22)

王城、雲夢城などは官署・宮殿区の城壁に鄰接して建築遺址が少なく、空閑のままの地域が城壁に囲まれて附設されている。これまでその用途が定かでなかったが、寧県県城はこの点について示唆を与える（図7）。

**武成県城**　城壁は方形で、下辺壁に城門がある。城内の大部分を右上隅の子城と官署区とが占める。子城の二面は大城の城壁が利用され、子城の内には左右に二棟の大型家屋が並ぶ。左は「堂」＝堂屋、右は「内」＝井・竈を備えた庖屋である。堂屋の下方に厩舎がある。子城内の右側部に「長史舎」区と「長史官門」とがある。子城の下辺には「武成長舎」と「尉舎」、その入口としての「武成寺門」がある。

**県城部分図－官署区と太倉－**　壁画の中には、以上の県城図の他にさらに寧県県城の幕府東門内（北側？）の寺官区の

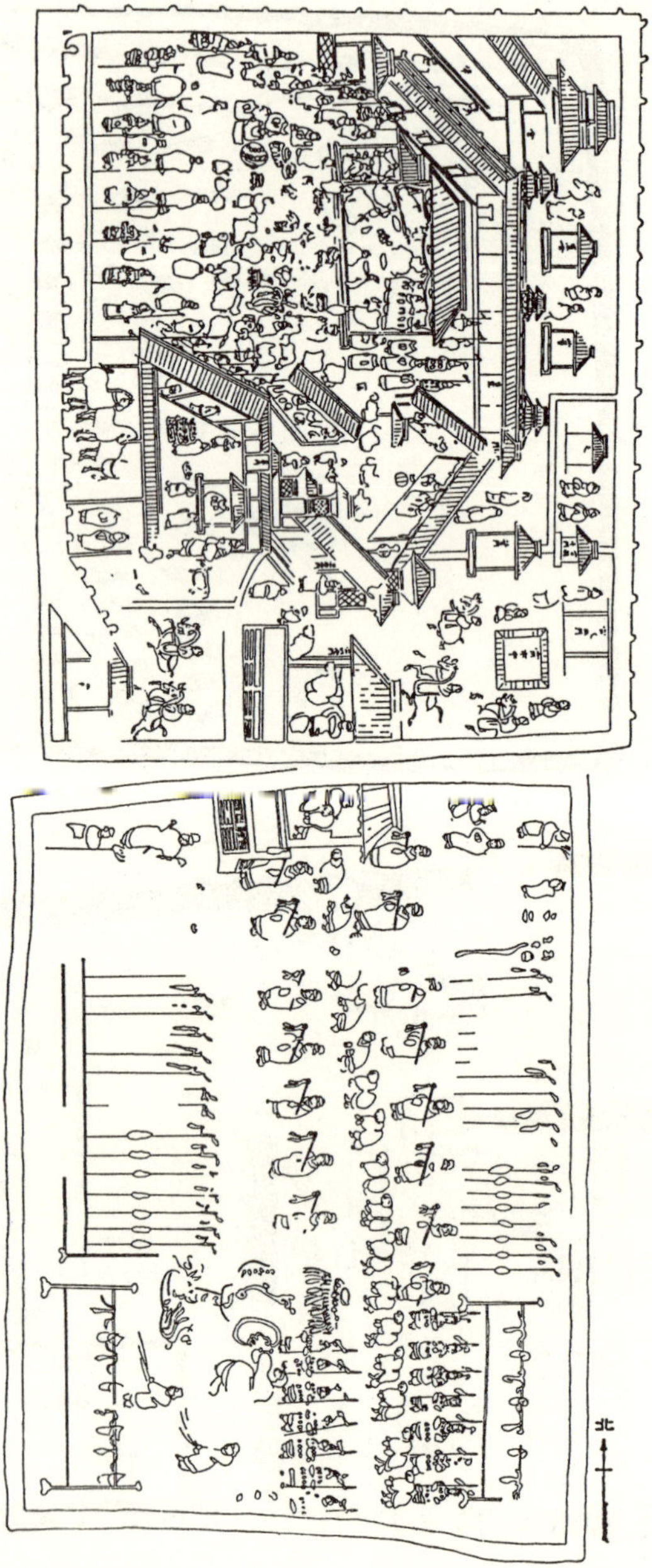

図７　寧県県城図　注(22)

部分図があり、「右賊曹」・「左賊曹」・「尉曹」・「右倉曹」・「左倉曹」・「功曹」の官署が描かれている。東門外には「兵弩庫」・「金曹」・「閤曹」・「塞曹」などがある（全体図は未発表）。また「幕府大廊」に配された「衛士」や、庖舎である「共（供）官掾史」の部分図もある。

土軍県城・離石県城については、「上郡属国都尉西河長史吏兵馬皆食大（太）倉」と記される部分図があり、「大（太）倉」・「金曹」・「辞曹」の建物が描かれている（図8）。繁陽県城の「繁陽県倉」・「繁陽吏人馬皆食大（太）倉」の部分図には、倉と「功曹」の建物が描かれている。寧県県城の「護烏桓校尉幕府穀倉」の部分図は、県城図の城内東北部の

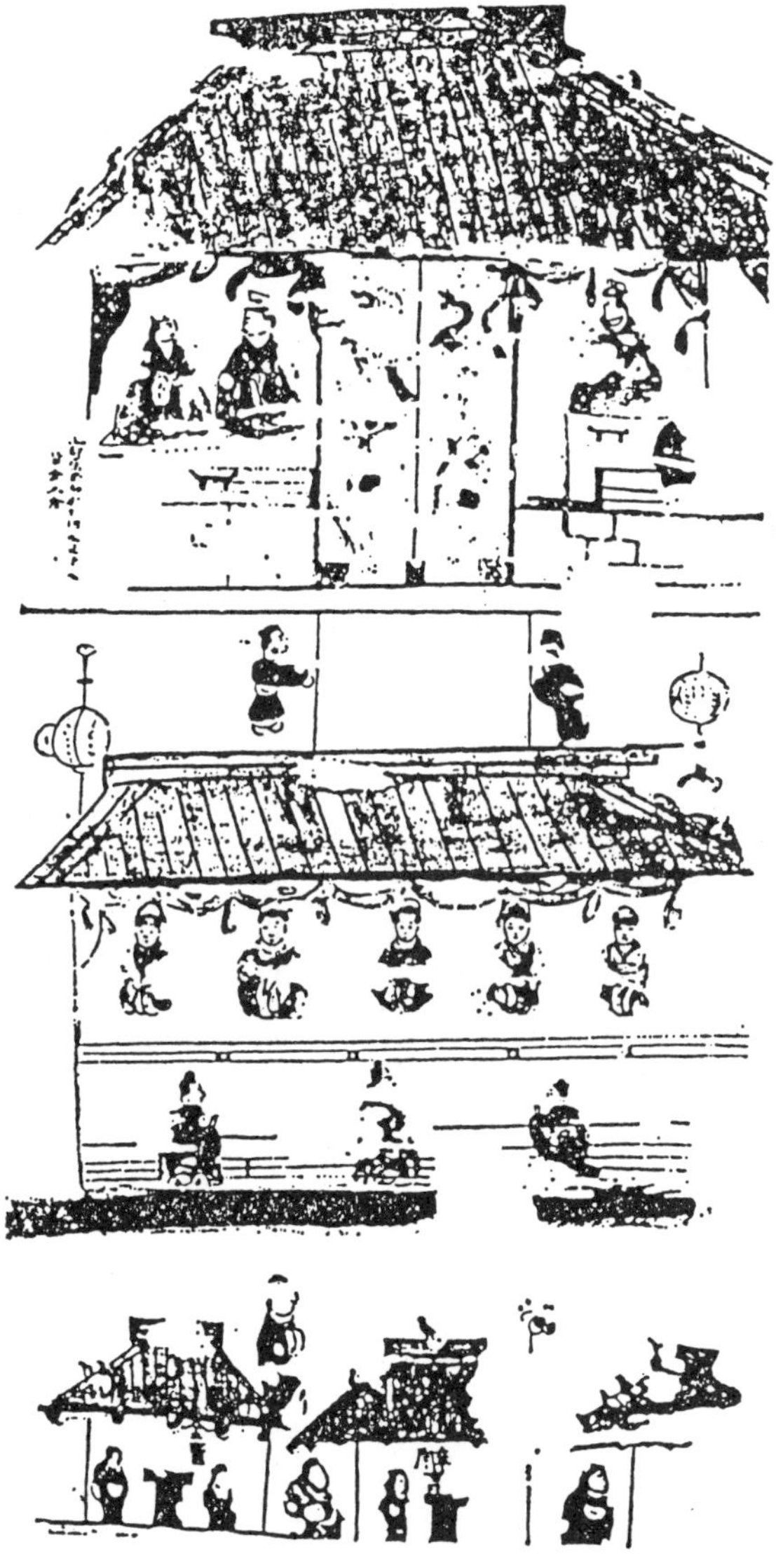

図8　県城太倉（「上郡属国都尉西河長史吏兵馬皆食大（太）倉」上部）と官署（「金曹」・「辞曹」等）図　注(22)

倉に建物が類似している。倉（太倉）は、四県城にわたり部分図がある。拡大描写されている官署区部分図と並び県政における倉の重要性を再確認させられる思いがする。

壁画中には、さらに「繁陽令被壐書時」の一図があり、方形の城壁内に屋舎一つと儀礼の参列者多数が描かれている（図6）。この図は繁陽県城図に近接して描かれており、これが県城に鄰接、附属する施設か、城内の部分図か定かでないが、もし県城城壁に鄰接する比較的空閑の多い施設となると寧県県城の場合と類似する。

**県城図と漢河南県城**　この他に塢壁を備えた荘園図（図9）なども存在する。しかしここでは主として県城図を紹介し、漢河南県城と城内の平面構成について、その関連性如何を考えてみることにする。

和林格爾後漢墓の県城図は、墓主の官歴を飾るものであるが、部分図によってさらに補強されている。それでも多少誇張気味に描かれている側面を考慮しなければならないかも知れない。このため山西・河北・河南の各省にわたる後漢時代のこれら県城図でもって、直ちに漢河南県城内の事情を論じることには問題が残るかも知れない。

それでも和林格爾後漢墓の県城図に描かれる瓦葺の家屋と、漢河南県城内のおびただしい瓦の出土とは全く関連性のないことでもないかも知れない。県城図ではまた城内の一隅（位置する隅に一定の原則があるわけではない）が官署区、子城として隔離されている点も、城墻こそ確認されていないが漢河南県城の場合と類似性があると思われる。

同時に、寧県県城の場合、城門近くに市区が設けられている。それでも兵士に見守られ城門を通って城内に入る人々の緊張しきった物腰を見せつけられる時、城内の雰囲気の一端が思い知らされる。かかる県城内に、その日の食にも事欠く貧農の姿を多く追い求めることは、如何にも不釣り合いな思いがしてならない。

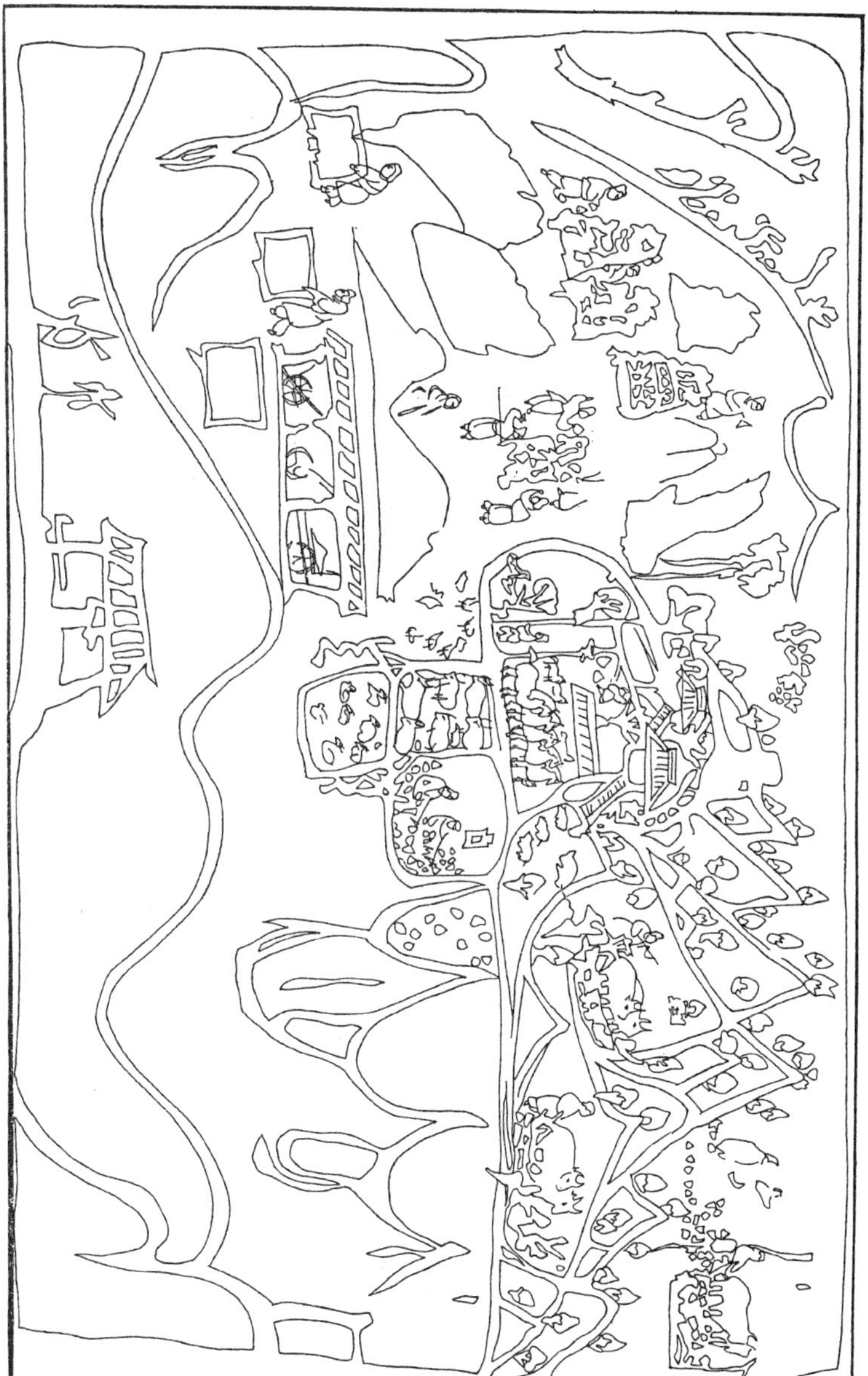

図９　周囲を塢壁で囲まれた荘園図（中央上部に馬厩舎や柵で囲まれた牛や羊、空地に鶏や豚が群がっている。左上部農地の３カ所で牛耕。左下に農舎。下部の塢壁に門）　注(22)

## 六　県城と農村—馬王堆出土古地図—

**都と市**　和林格爾後漢墓の墓主も、広大な荘園を別に所持し、多くの農民が農作業に従事していた。城内の官吏・富人の中には、かかる身分の人々も少なくなかったはずである。鉄製農具を備える人々のすべてが、自らどれほど直接農業に従事していたかとなると、それほど多くはなかったと思われる。

もちろん県城内における農民の存在を否定してしまうつもりはない。しかし漢書食貨志上にあっても、

操其奇贏、日游都市。

と、「都市」での行為は「游」と結びつけられている。もちろんこの「都市」は都の市、都に附設される（城壁内、あるいは城壁外で比較的城壁に鄰接する）市区の謂である。「都（城）」の大部分はこれまでみてきた通り、武卒、衛士に厳重に固められた官署区であり、人々が「游」の場として利用できる範囲は限られたものである。市区を限定し、市の管理を厳しくするのは、市籍者に対するよりも、城外からの部外者に対する意味合いの方が強かったと思われてならない。

漢長安城の市区の位置については論議があるが、市区の多くが城外[23]、あるいは城内にしても城門近くの外壁に接した地区[8]に設けられていた。城内の治安面からすると頷ける。北魏の洛陽城の市区もやはり城外に位置していた[24]。漢長安城中の閭里一六〇とすると、一里一〇〇戸として僅かに一六〇〇〇戸しか長安城中には居住していなかったことになる。

考古学上の成果をもとに報告されている漢長安城は、周知の通りそのほとんどが宮殿区となっている（図2）、これに対し一〇〇万の人口を擁した唐の長安城は、東市・西市がともに城内に位置づけられている。一〇万そこそこの

漢長安城では、城内に大々的に市区を設けるだけに未だ成長していなかったとのことになる。

当然のことながら、人口が比較的密集している県城級の市区が、市中のみならず、その近郊の農村に対しても、経済活動の高まりをもたらしたことは充分に考えられうる（例えば張衡西京賦は長安城の近郊について、「郊甸之内、郷邑殷賑、五都貨殖、既遷既引、商旅聯槅、隠隠展展」と、その賑いを述べる）が、城壁内の事情については、漢長安城も、漢代の地方県城と基本的に変わらないこととなる。

消費を煽り、人口の集中を前提とする城壁の建設は、一〇〇万の人口を擁したにも拘わらず、なお多くの空閑の坊が予定されていた唐の長安城あたりまで降るということになるのかも知れない。漢長安城は、国を挙げての災害対策においても、僅かに五里の居住区しか提供することができなかった。

漢河南県城も、前漢時代の家屋址が多い中区に対して、後漢時代には東区へと居住区が拡大（この場合、317号後漢家屋は戦国時代の遺址の上に建設されているが、これに鄰接する320号後漢方倉は前漢時代の遺址の上に建設されている）している。城内に居住区としての空間がなかったために、一般民の居住区造成が容易でなかった、とだけも考えられない。

本章では、都市という言葉を多く「　」付きで用いてきた。これは清明上河図に示されるような城内の雰囲気を、漢代の城壁内に余り感じることができなかったがためである（都市の定義については後述）。

これまで都市の繁栄を示す代表的事例として、戦国斉の臨淄がしばしば引用されてきた。しかしこの臨淄も、史記蘇秦伝には、

臨菑之中、七万戸、臣竊度之、不下戸三男子（戸ゴトニ三男子ヲ下ラズ）、三七二十一万、不待発於遠県」（戦国策斉一は「不下戸」の不字がない）。

とあり、「臨菑之中」とあるものの、城中と限定されてはおらず、戸数七万も、「遠県」を除いた臨淄圏一帯の戸数で、近県の戸数がこの中に含まれていたことも当然考えねばならない（この記事は、徴兵可能な兵員数を述べたものであり、

「不下戸三男子」を、まま下戸身分の戸には男子三人はいるからと訳されるが、これは問題である。当時はすでに身分別徴兵の時代ではなく国民皆兵である。周礼小司徒でも「起徒毋過家一人」と、一家一兵士とされているように、戸毎に三男子の徴兵は少しく無理な想定である）。

このため史記蘇秦伝の上文に続く、

臨菑之塗、車轂撃、人肩摩。

との事情は、臨淄城附設の市区、あるいはその周辺に関わる多少誇張気味の描写で、臨淄城内の居住者は、これまた比較的限定されるものではなかったかと思われる。

活気溢れる人々の息衝きよりも、多くは官衙の陰で武卒に守られ、怠惰な日々の中で権謀術数に明け暮れる。次代を担うべき「閭里少年」は、ややもすると退廃に傾く（漢書尹賞伝）。城壁内のイメージは、歴史の主人公としての魅力ということになると、高い文化水準を享受したはずの「都巿」住民よりも、農村の活力の方により引かれるものを覚える。同時に城壁内の健全な発展のためには、多くの非農業人口を養うだけの農村における生産の高まりも必要である。

**馬王堆出土古地図**　かかる城壁を設えた県城と農村（里）との地理的関係は、馬王堆出土の漢代初期かと思われる古地図が如実にこれを伝えてくれる（図10）。方形他の城壁（とくに駐軍図には県城の他に、県城内の軍事施設としての各種城壁がみえる）（図11）に囲まれた県城の周辺には○印の付された里名が河水豊かな江南のためか河川沿いに点在している。[25] 県城が交通の要所であると同時に、軍事的にも要害の地である等、自然・社会条件に適合する地に位置していたと思われることは、漢代から清代にかけての県の数が、千数百で、さほど大きく変化していない（漢代一五八七、唐代一五七三、宋代一二三四、明代一一七一、清本部一八省一二八九）[26] とのことからも窺える。ただそれでも、県城の市区に通い、奇贏を操ることのできた人々が、○印の里民の中にどれほどいたであろうか。

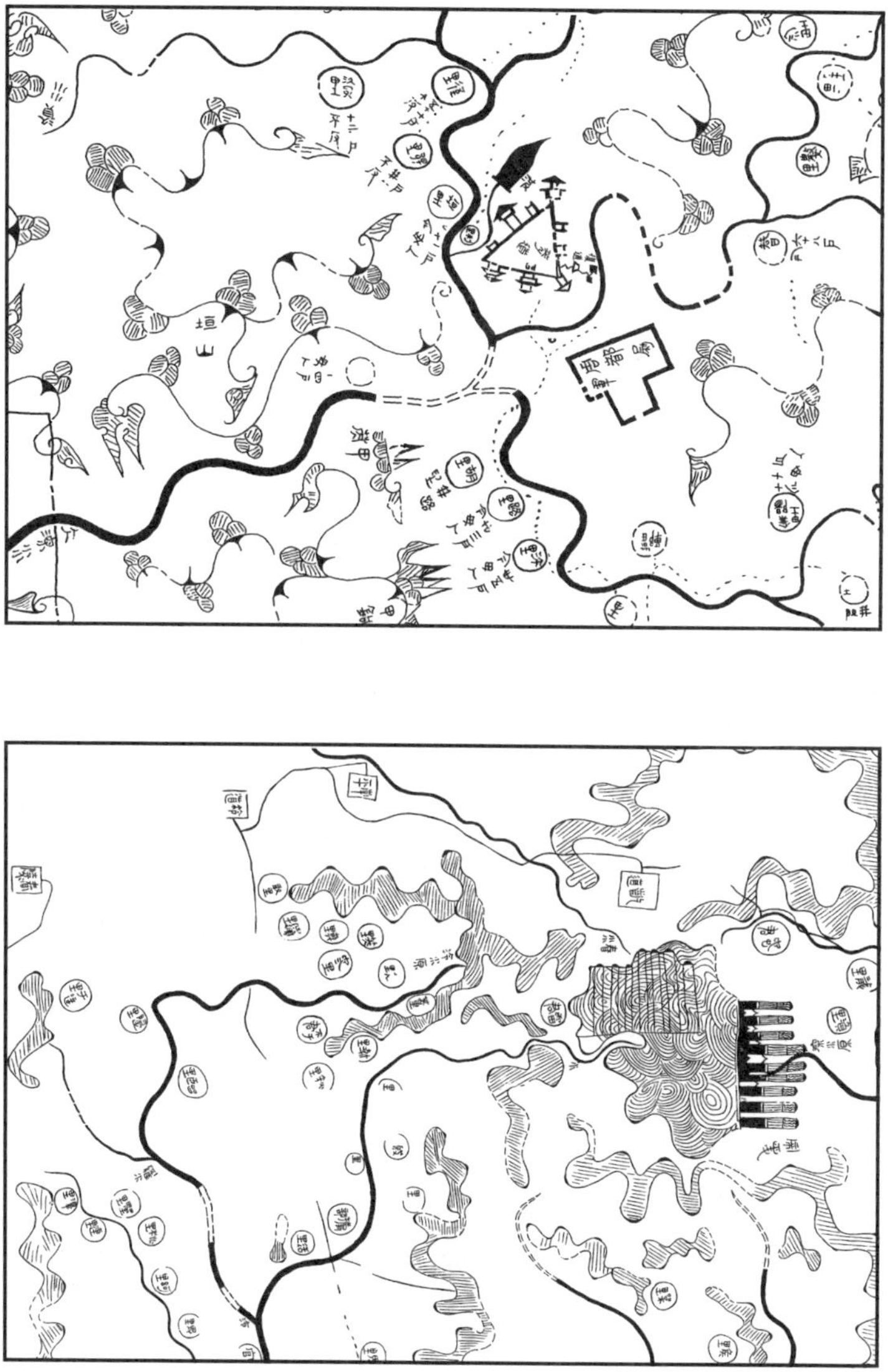

図10　県城と里（右は「齕道」・「南平」・「冷道」・「春陵」の各県城と周辺の里、馬王堆出土地形図。左は「箭道」県城・軍城と周辺の里、馬王堆出土駐軍図）（馬王堆漢墓帛書整理小組『古地図』文物出版社、1977）。「齕道」・「箭道」は辺境の県に相当する道名で呼ばれているかと思われるが、史籍には未記載。県城・里の他に山・川・道路がみえる。

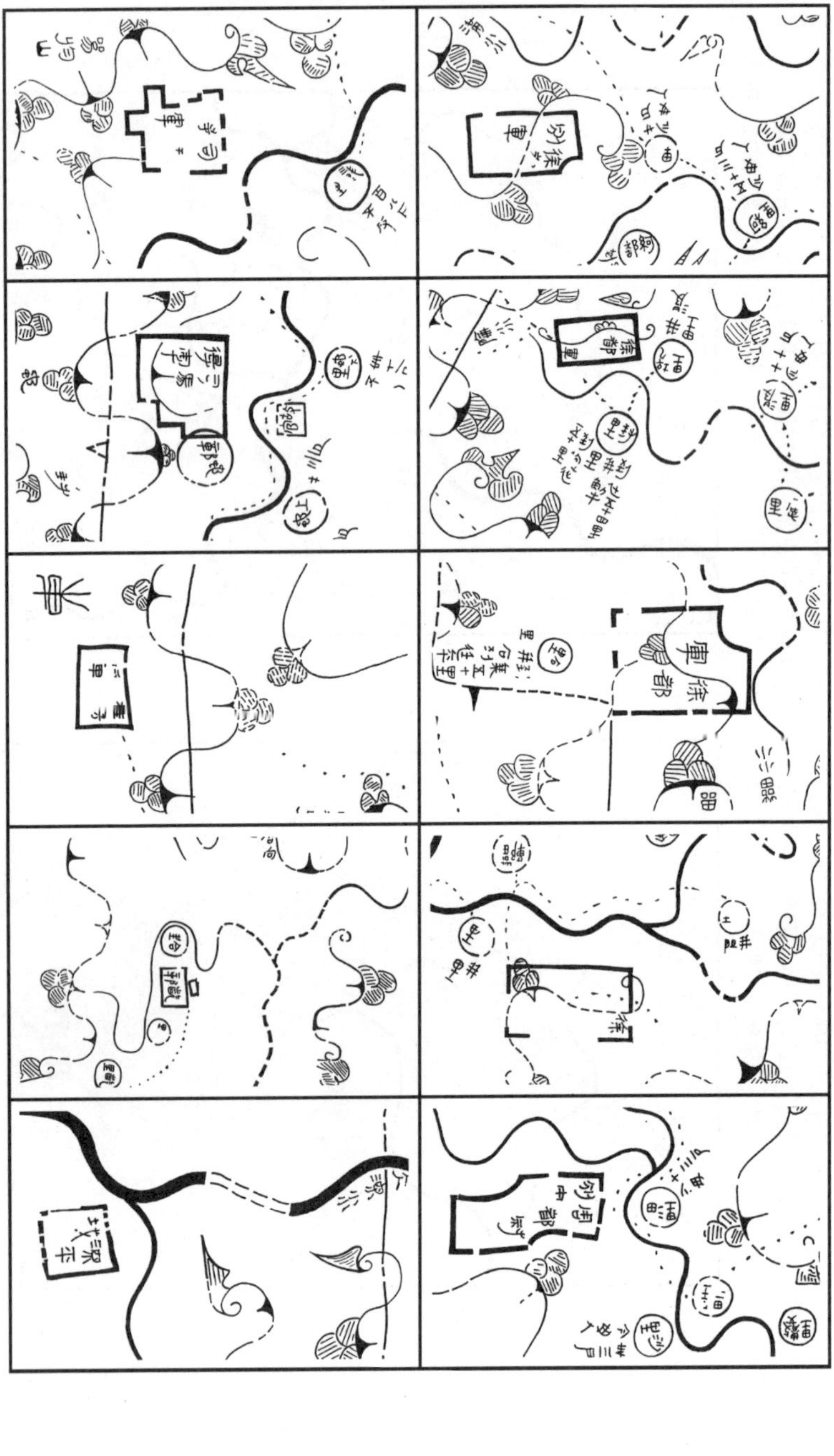

図11　馬王堆出土駐軍図にみえる各種城壁（馬王堆漢墓帛書整理小組『古地図』文物出版社　1977）。図９の部分の城壁は除外。

漢書景十三王、常山憲王伝には、父憲王の死後六日にして、太子勃が、

　与女子載馳、環城過市。

と、女子と城内を馳せ市区に游んだことが勃の罪過の一つに数えられている。勃は王位継承後数ヵ月にして廃されたが、かかる金に糸目をつけずに放蕩可能な人々にとって、市区はまた身の破滅をも忘れさせる場所でもあった（なお後漢書廖扶伝には、謹慎の様として、「絶志世外、（略）常居先人冢側、未曾入城市」とある）。

**「都市」の展開**　この「都」と「市」との一体化を阻止し、市の管理強化に努めたのが隋唐以前の国家政策の基本姿勢であった。このため「都」と「市」との一体化、混在化については、むしろ「都市」を取り巻く農村からの働きかけを待たねばならなかった。市的活動の農村内への波及が、市区の管理強化を無意味なものとし、「都」と「市」との一体化が生まれ、ついには市制の崩壊へと繋がって行くことになる。

## おわりに

**「都市」の定義**　漢代における数多くの画像石（磚）には、門闕・庭院・市肆・市集・武庫・倉屋・庖厨・宴楽など、県城内の情況について和林格爾後漢墓壁画を補うものが少なくない。陶製明器の中にも、住宅、庖厨・宴楽など当時を彷彿させる見事な作品がある。漆器の図柄中にも参考になるものが多い。このため地方県城の実態については、さらに豊富な描写が可能である。

それにしても中国の都市（城市）といえば、その景観として城壁を思い浮べる。このため小宮義孝氏のように、民国時代のことであるが、城壁と中国の後進性とをダブらせ、城壁内に住む人々の心の中の城壁についてまで言及する場合がある[27]。

しかし城壁が、政治・軍事・治安上等々の必要性から生まれたことは事実である。土壁が作られる以前においても聚落に対する防禦策として濠溝や木柵が備えられていた。華北地方にあっては、城壁が風塵や寒気、さらには水害[28]をも防ぐなど、生活環境を保護する上での役割を担っていた。

そこでついでは、城壁をもつ居住地といわゆる都市との関わりについてであるが、那波利貞氏は、村落に対応する都邑に、市街地としての繁昌性と位置的永続性とを指摘され[28]、加藤繁氏は、農民の聚落に対する都市を、政治・経済上の中心的存在と性格づけられている[29]。

都市の定義についてはまた、その共通点として、量的に密集した住居、大聚落で、巨大な一体的定住性があるともされている[30]。単に人口の集中のみでもって都市としての条件が整うならば、これまで述べてきたように城壁内では、商業都市としての側面は未成熟であったが、一〇万近い人口を抱える漢長安城も、もちろん「都市」と呼ぶことができるであろう。

漢書地理志が伝える長安・長陵・茂陵・傿陵などの諸県の人口も、二〇万前後（長安県八〇八〇〇戸二四六二〇〇口、長陵県五〇〇五七戸一七九四六九口、茂陵県六一〇八七戸二七七二七七口、傿陵県四九一〇一戸二六一四一八口、雒陽県五二八三九戸、陽翟県四一六五〇戸一〇九〇〇〇口、宛県四七五四七戸、成都県七六二五六戸、魯県五二〇〇〇戸、彭城県四〇一九六戸）である。

しかし長陵・茂陵など陵県城の場合は、三選者を中心として徙民置県されたものである。このため城内の事情も、一般の県と様態を多少異にする面があったかも知れない（班固西都賦は、「浮遊近県、則南望杜覇、北眺五陵、名都対郭、邑居相承、英俊之域、紱冕所興、冠蓋如雲、七相五公」と陵県を表現し、経済的繁栄にはふれていない）が、その他の一般の県の戸口数の場合をも含め、これらはまた多く県内の農村人口をも含んだ数である。

このため漢書地理志の県の戸口数と県城内居住者との関わりにはなお検討すべき点がある。ただ数十戸ないし一〇

○戸前後を単位とする農村（里）の戸口数と対比すれば、城壁をもつような居住地は、人口密集地に該当する。

このことから県城に、「都市」としての呼称を用いることもあながち誤りではないであろう。それでも本章では、唐宋以降の都市と区別する意味で、前述した通り都市に便宜上、「　」印を付して用いることとした。

**築城過程の三形態**　ついではこれら漢代における城壁築造の経緯についてであるが、これには考古学の成果をもとに、つぎの三形態があったとされる。

(1)　前代の聚落上に形成された場合。この場合は人口が稠密で手工業も発達し、城壁の規模が拡大して行く方向である→河北省黄驊県の漢城（章武県城）、湖南省寧遠県の冷道県城、河北省武安県の午汲県城。

(2)　戦国時代の城址を沿用、または改修した場合。

㋐戦国時代の故城を沿用した例→臨淄城、邯鄲大北城、その他多くの小中城邑。

㋑戦国時代の城址を縮小した例→漢河南県城。

㋒戦国時代の旧城の一隅で、もとの城壁を利用した小規模な城址の例→山西省夏県の漢城（河東郡城、魏の安邑城）、漢魯県県城、河北省易県の故安県城（燕の下都）。

以上三例は、戦国時代には比較的国政の中心となっていたが、漢代になって郡県治所として政治的比重が縮小された。

(3)　破壊された戦国時代の城址の近くに秦漢の郡県城が新たに築造された場合→湖北省江陵県紀南城東南二・五キロメートルの漢郢県県城。

である。(16)

このような城壁の形成過程についてはまた、文献を中心として、

(1)　城壁を築いた後に城内の都邑としての設備を整える→召公奭の洛邑建設。

(2) 自然に聚落が発生し相当の都邑となった後に城壁を築く→漢長安城。

の二例が指摘されている。[28]

このため築城過程の相違が城壁内の事情に何らかの影響を及ぼすことはなかったか、との点が問題となるが、考古学上、城壁の拡大と人口の稠密さなどが指摘される黄驊県漢城[31]（五二〇×五一〇メートル）、冷道県城[32]（東西南北壁約一八〇、一五七、一二〇、一三〇メートル、馬王堆出土地形図に方形の県城図がみえる）、午汲県城[33]（東西壁七六七、北壁八八九メートル。四方に各一城門。東西路一条。南北路四条は全体像不明）の三県城（いずれも実測図は公表されていない）においても、居住遺址（黄驊漢城＝城東に一辺一二〇メートルの土台。冷道県城＝城内に坡池。午汲県城＝舗石路、水井、灰坑、窯址、築城壁は後漢）や出土品（黄驊漢城＝日常生活用陶器、銅銭、「武市」刻字の陶罐。冷道県城＝大量の瓦、陶片、「冷道尉印」の官印。午汲県城＝瓦、陶片、陶紡輪、鉄製の犁・鋤・鎌・刀・三稜鏃・歯輪・銅銭）など、漢河南県城の事情と大差はない。

**中国における最近の古都研究**　以上において漢河南県城を中心とした、漢代の県城、地方「都市」についての検討を終わるが、礪波護氏も紹介されているように[34]、近年中国でけ、古都研究が活発である。史念海氏はこの点について、四つの現代化の中で新しい都市を建設するためにも古都研究が必要であると述べられている。[35] このことからすると、古都研究の中で土木工学、建築学、地理学など比較的自然科学的色彩をもつ研究が盛行していることも当然である。このような多角的研究が、中国都市の歴史的研究をさらに豊富なものとしてくれる。

注

（1）文献を中心とした県城研究、周振鶴「西漢県城特殊職能探討」『復旦大学歴史地理研究所歴史地理研究』一、一九八六。

（2）王城と成周との位置比定をめぐっては、例えば、宮崎市定「中国城郭の起源異説」『歴史と地理』三二─三、一九三三。『宮崎市定全集』三、岩波書店、一九九一。

上田早苗「古代中国の都市」『講座考古地理学』二「古代都市」、小学館、一九八三。前者は王城と成周とを同一地点とし、後者は双都説。なお、
葉万松・余扶危「関于商周洛邑城址的探索」『人文雑志叢刊』2「西周研究」、一九八四。は、周公の築いた成周を考古学の成果をもとに瀍水下流域両岸とする。

(3) 中国科学院考古研究所洛陽工作隊「漢魏洛陽城初歩勘査」『考古』一九七三―四。
(4) 郭宝鈞「洛陽古城勘察簡報」『考古通訊』創刊号、一九五五。
(5) 考古研究所洛陽発掘隊「洛陽澗浜東周城址発掘報告」『考古学報』一九五九―二。
(6) 郭宝鈞・馬得志・張雲鵬・周永珍「一九五四年春洛陽西郊発掘報告」『考古学報』一九五六―二。
(7) 拙稿「咸陽城と漢長安城」『中央大学文学部紀要』史学科二〇、一九七五。本書所収。
(8) 王仲殊『漢代考古学概説』中華書局、一九八四。
(9) 郭宝鈞「洛陽西郊漢代居住遺跡」『考古通訊』一九五六―一。
(10) 王世民「東周各国都城遺址的勘察」『新中国的考古発現和研究』文物出版社、一九八四。
(11) 中国科学院考古研究所『洛陽中州路』科学出版社、一九五九。
(12) 洛陽博物館「洛陽中州路戦国車馬坑」『考古』一九七四―三。
(13) 黄展岳「一九五五年春洛陽漢河南県城東区発掘報告」『考古学報』一九五六―四。
(14) 考古研究所洛陽発掘隊「一九五四年秋季洛陽西郊発掘簡報」『考古通訊』一九五五―五。
(15) 徐金星・黄明蘭『洛陽市文物志』洛陽市文化局、一九八五、頁三七。
(16) 高偉「漢代城邑聚落遺址的発現」・「洛陽漢墓的発掘和編年」『新中国的考古発現和研究』、一九八四。澗西地区の小型墓中にも銅鏡・鉄鏡・銅鑵・銅銭などが副葬されているものがある。
(17) 東北博物館（李文信）「遼陽三道壕西漢村落遺址」『考古学報』一九五七―一。
(18) 遼寧省博物館文物工作隊「概述遼寧省考古新収獲」『文物考古工作三十年』文物出版社、一九七九。
(19) 黄展岳「秦漢」『新中国的考古収獲』文物出版社、一九六一、頁八二は、「城市富人和封建地主為主体的居住区」。
(20) 黒秉洋「漢河南県城内発現水溝」『考古』一九六〇―七。

(21) 宇都宮清吉「西漢の首都長安について」『東洋史研究』一一―四、一九五一、『漢代社会経済史研究』弘文堂、一九五五。
(22) 内蒙古自治区博物館文物工作隊『和林格爾漢墓壁画』文物出版社、一九七八。
(23) 佐藤武敏『長安』近藤出版社、一九七一、頁七九―八五。
(24) 森鹿三「北魏洛陽城の規模について」『東洋史研究』一一―四、一九五二。『東洋学研究歴史地理篇』東洋史研究会、一九七〇。
(25) 拙稿「馬王地出土古地図と漢代の村」『歴史と地理』二四二、一九七五。本書所収。
同「中国古代における小坡・小渠・井戸灌漑について―馬王堆出土駐軍図の紹介によせて―」『中央大学アジア史研究』一、一九七七。本書所収。

後者は華北の農村の水利にもふれる。
(26) 鄭自明『中国歴代的県政』鄭自明刊、一九八三、頁二三四―五。
(27) 小宮義孝『城壁』岩波新書、一九四九。
(28) 那波利貞「支那都邑の城郭と其の起源」『史林』一〇―二、一九二五。城壁の洪水防禦効果にふれる。
(29) 加藤繁「宋代に於ける都市の発達に就いて」『桑原博士還暦記念東洋史論叢』弘文堂、一九三〇、『支那経済史考証』上、東洋文庫、一九五二。同「黄河地方の都市特にその城郭について」『大黄河』大阪毎日新聞社、一九三八。
(30) M・ウェーバー（世良訳）『都市の類型学』「経済と社会」第九章第八節第一項「都市の概念と種類」創文社、一九六四。
(31) 天津市文化局考古発掘隊「渤海湾西岸古文化遺址調査」『考古』一九六五―二。
(32) 周世栄「長沙出土漢印章及其有関問題研究」『考古』一九七八―四。
(33) 孟浩・陳慧・劉来城「河北武安午汲古城発掘記」『考古通訊』一九五七―四。
河北省文物管理委員会「河北武安県午汲古城中的窯址」『考古』一九五九―七。
同「河北武安県午汲古城的周漢墓葬発掘簡報」『考古』一九五九―七。
(34) 礪波護「中国都城の思想」『日本の古代』九「都城の生態」、中央公論社、一九八七。
(35) 史念海「序言」『中国古都研究』浙江人民出版社、一九八五。
(補記1) 本章ではふれることができなかったが、最近の先秦時代の城壁に関わる研究として、

中国社会科学院考古研究所『新中国的考古発現和研究』文物出版社、一九八四。

杉本憲司『中国古代を掘る』中公新書、一九八六。

楊寛（尾形勇・高木智見訳）『中国都城の起源と発展』学生社、一九八七。

江村治樹「戦国三晋都市の性格」『名古屋大学文学部研究論集』史学三二、一九八六、『春秋戦国秦漢時代出土文字資料の研究』汲古書院、二〇〇〇。

佐原康夫「春秋戦国時代の城郭について」『古史春秋』三、一九八六。

五井直弘「中国古代の都城」『季刊中国』六・七、一九八六。

小川誠「城牆の出現にかかわる問題」『上智史学』三一、一九八六。

林田亜紀夫「古代中国における城壁建築―戦国期を中心に―」『史学研究』一七五、一九八七。

がある。


（補記２）　本章脱稿後、（補記１）に記した楊寛氏の訳書が刊行された（原文未刊行）。楊氏の主張は、二重の城壁、すなわち城・郭の存在と、坐西朝東・西城東郭論とを漢長安城以前の「都城」（都城の語義については前掲注（34））に求められたのであるが、本章に関わる点としては、

①漢長安城の未央宮が、それまでの城内西南隅に宮殿・官署区が置かれる原則に一致している。

②漢長安城の閭里一六〇のほとんどが、市区と同様に城外、北・東北部の郭区に置かれていた、

との見解が注目される。

そこでまず①であるが、楊氏の見解に従うとすれば、周王城も宮殿・官署区は王城西南部にあり、漢長安城との類似点がまた一つ増えることになる。しかし未央宮の位置については、文献では主として竜首山の地形が利用されたためと伝えられており、その地理的必然性も考えられよう（前掲注（７））。また本章でみてきた県城内の子城の位置については、必ずしも一定の原則は見い出せない。先秦のことであるが、例えば燕の下都は宮殿が城内東北部に位置している。

ついで②についてはすでに、「西漢長安布局結構的探討」『文博』創刊号、一九八四、でも述べられているが、市区のみならず閭里一六〇をも大部分城外郭区に位置づけ、城内をほぼ宮殿・官署区のみとする。しかし例えば漢書尹賞伝に、

長安中、姦猾浸多、閭里少年、（略）城中、薄暮塵起、剽劫行者、死傷横道。

と、「(長安)城中」で、夕刻になると、「閭里少年」が、「薄暮」に、顔などの識別が困難になるためか、通行人を劫略している。もし城内に閭里がないとすると、これら閭里の少年は厳重な管理下におかれていたはずの城門を、通行が制限され始める夕刻になってから入り、人の動きが少なくなった城内の通行人に対して劫略を働いたことになる。当然、官吏のみを対象としたにしても、城内での夕刻以降の行動であり、閭里の少年のすべてが城外から来ていたとするには何か不自然な感が拭い難い。郭壁の確認をも含め、今後の考古学上の成果を俟ちたい。

なおまた本章脱稿後入手した、何漢南「漢唐長安城建築設計思想初探」『漢唐文史漫論』、一九八六、は、漢長安城の建設が天象に基づき配置されていたことを詳述する。未央宮の呼称・位置については、これが十二支の未、八卦の坤、十干の戊己などと関わり、西南に位置し、地の中心に当てられ、星座の紫微垣、天帝の居所に相当し、門闕は北が正面であったとする。

**漢河南県城主要居住遺址一覧**

| 地区 | 遺址 | 地面上・半地下建築 | 遺址の規模 | 門 | 壁面 | 床面 | 遺址内出土品 | 鄰接する遺址 | 鄰接する遺址内出土品 | 時代 | 文献（注番号） |
|---|---|---|---|---|---|---|---|---|---|---|---|
| 中区 | 105号家屋址 | 地下2.05mに床面 | 外辺11×11m 屋内8.5×8.5m | 東向1門（門道幅0.7m 門道階段高0.6m）（通行不便） | 版築（壁面は平らに光っていて壁の根元の角が円く塗られている） | 平坦で踏み固められている（永く居住者が使用） | 前漢・戦国式の陶片、半両銭の鋳型、空心磚 | （105号址の北約5m）水井（口径は頗る大 無磚）（未発掘で深さ不明） | | 前漢（水井は戦国から前漢） | （9） |
| | 1101号家屋址 | 地下1.6mに床面 | 10.3×10.3m | 東西南の三壁に各1門 門道は屋内へと傾斜 | 版築 厚さ約0.1m | 光整堅実 中央部に礎石（屋根を支える木柱用） 西壁側にオンドル | 大量の瓦（円瓦当・半瓦当・筒瓦・板瓦、大部分に巻雲紋）、陶器（碗・盆・甑・釜・豆・鬲・罐・壺・鼎・紡輪・陶狗・陶 | （1101号址東3m）円囷3 円形、周壁無磚（口径1.25m 底径1.05m 深さ1.7m）から | 灰緑土 灰坑 陶釜・陶甑・盆・碗・細把豆、布紋瓦・半瓦当、封泥20余 | 前漢（家屋址は前漢初期、水井は戦国から前漢） | （11） 囷・水井・灰坑は、（9） |

| | | 区　東 |
|---|---|---|
| | 109号円囷 | 312号家屋址 |
| | 地下0.55m | 地下1.3mに床面 |
| | 口径1.95m | 東西壁各6.6m 南北壁各3.45m 2間（6.6×3.5m、6.6×3.5m） 東西向 |
| 東門幅0.9m（東壁の中央部） 西門幅1.3m（家屋西北隅） 南門幅1.3m（家屋西南隅） 扇は外開き | | 不明 |
| | 砌磚 | 地下部分の四壁には版築・磚ともになし 四壁に直槽（仕切）が各2ヶ所ある ほぼ、（幅33cm 深さ14cm） 直槽底部に平らな磚が一個あり、磚柱の跡か 南壁西寄りに壁 |
| 高さ0.1～0.3m 幅1.3m 東北隅に灶 | | |
| 鴟等）、空心磚・縄紋薄磚・素磚、銅器（鏃・半両銭・帯鉤・砕銅塊）、鉄器（斧・鏟・刀・釘・砕鉄塊）、骨簪、孔玉斧、矩形石刀、獣骨（猪・狗・牛・羊等）「河南」・「伝舎」・「兼」刻字陶片、「河亭」印字陶盆5、「雒陽丞印」封泥2 | 「河市」印字碗片10余 | 大量の瓦（多くは薄唇・正面は縄紋で背は布紋）、陶片（盆・罐・瓮・槽・汲瓶・碗甑等）、紡輪2、陶丸1、陶羊頭1、陶鳥1、鉄器（斧・鋸・小刀・帯環釘等）、銅銭（大泉五十1・貨泉1） |
| （口径0.8m 底径1.05m 深さ0.5m）（1つはこの中間の規模）（1101号址の東） 水井 無磚 （1101号東址3m） 灰坑2 | | （312号址西南62m） 340号a円囷 無磚 （口径2.75m 深さ0.55m） 囷底は平で夯土なし |
| 「河南太守章」・「史守印信」・「雒陽丞印」・「三丞」・「匕丞」「阝印」の封泥残塊11 | | 囷 陶片（盆・罐・瓮・甑・槽・碗・細柄豆・洗等100余片） 鉄器（斧1・鏟1・残鉄）、銅銭（貨泉11・大泉五十2・貨布2、すべて王莽時） |
| | 後漢（「河市」陶片については前漢晩期と） | 前漢 |
| | （9）（ ）内は、（11） | （13）（ ）内は、（9） |

| | | | | | | | | | | |
|---|---|---|---|---|---|---|---|---|---|---|
| | | | | 洞（燈火用）床面よりの高さ 0.85m 洞高 30cm 洞深 10cm | | | | | | |
| 303号家屋址 | | | | | 舗磚（双行交錯） 残存面 ?×1.2m 「五」・「中」の陽文隷書字の磚各1 〔青磚で2×2m〕 | 大量の残磚・布紋瓦・石塊 舗地磚の下に同時代の磚の堆積（2m下でもまだ生土に達しない） | | | 後漢 | (13) 〔 〕内は、(9) |
| 304号家屋址 | 地下1.1mに床面 〔地下1.2～1.3m〕 | 東壁全長3.88m 北壁残長2.62m 南壁残長1.88m 〔残存半間 2…×3.4m 南北向〕 | 不明 | 砌磚 北壁中間に磚柱（屋根の傾きを支えるためか） | やや硬く、灰色 | 磚、陶片（盆・罐・瓮・缸・鍋・汲瓶・細柄豆・甑・洗等）が多い。他に鉄釘4 | | | 後漢 | (13) 〔 〕内は、(9) |
| 308号家屋址 | | | | | 排磚1行 石片（沙岩）（柱礎） | 残長1.3m 東側は磚 | （308号址の南鄰）石子路2条 東西向 残長4.18m 幅0.85～0.78m 両側砌磚 南北向 | 水井 深さ5.2m以下に出土物多し（地上の建物と同時に水井も破壊） 水井汲水用の轆轤石（中央に有孔） | 後漢 | (13) |

| | |
|---|---|
| | 314号家屋址 |
| | 地下（南房間1.46m 北房間1.11m）に床面〔地下1.2～1.3m〕 |
| | 南房間（東西壁5.2m 南北壁3.9m（屋内4.94×3.64m））北房間 各3.55m（屋内各3.29m）3個房間（1房間3.55×3.9m 他の2房間5.2×3.9m）東西向 |
| | 北房間の東壁中間 |
| | 砌磚 磚柱 |
| | 平坦で堅硬 北房間 灰緑色土（粮倉と類似） |
| 水井 六角形、井口下2.3mは砌磚、以下は土壁 口径0.52m 深さ8.2mまで調査したが井底はこれ以下 水道（水井の西辺） 渠 磚で方形の暗渠 残長1.7m | 上部は瓦が多く下部は磚や陶片多し、瓦（細縄紋・布紋の板瓦・筒瓦・半瓦当）、磚（大量の壁磚・空心磚80余・矩形磚）、陶（盆・罐・瓮・瓿・缸・碗・鋗・汲瓶・細柄豆・甑・洗等）、長頸青龍盒1、紡輪1、陶丸1、円形陶片30余、鉄器（刀2・犁1・環1・釘12）、銅銭（半両1・五銖11・大泉五十10・貨泉5・布泉1）、陶片 |
| | （314号址の近く）313号灰坑〔坑口2.68×2.20m 地下0.76m〕307号擾乱坑〔坑口4.1×3.4m 地下1.36m〕 |
| | 灰坑 空心磚、盆・罐・細柄豆・骨印章（「東門伝」私印） 擾乱坑 板瓦・筒瓦・瓦当、磚・矩形磚・馬蹄形磚・盆・罐・瓮・缸・鋗・碗・汲瓶・甑・洗・盤、鉄釘・鉄鏟、石杵 |
| | 後漢 |
| | （13）〔 〕内は、（9） |

| | | | | | | | | | | |
|---|---|---|---|---|---|---|---|---|---|---|
| | | | | | | 1300余、鉄器60余 | | | | |
| 315号家屋址（部分発掘） | | | | | 舗磚残11個 柱礎石 | 大量の瓦、磚、陶盆・陶罐残片 | 317号家屋址と密接な関係あり | | 後漢 | （13） |
| 317号家屋址 | 地面上 | 東西外長8.2m 南北外長6m 屋内｛東西7.1m 南北3.94m｝ ｛3個房間 共に8×4m 東北向｝ | 東北角（方向不明） | 砌磚 磚柱 | 平坦でない、土質はやや固い 淡黄色 床面0.6m下に別の床面あり（戦国時代の瓦・陶片あり） | 瓦（板瓦・筒瓦、正面は縄紋・背は布紋）、石灰、磚、石具（石磨盤・石杵・石臼）、陶片300余（盆・罐・瓮・瓿・缸・瓶・鋗・盤・細柄豆・甑・洗等）、陶丸2、彩陶獣2、鉄器50（斧2・錛1・小刀4・鈎14・釘6・環2・権1・鋪首1・鉄葉1）、銭幣31（五銖銭22・貨泉7・不明2） | （317号址西1.5m）320号方倉 ｛地面下1.45m 南北壁4.2m 東西壁3.58m｝ 倉内3.48×2.86m 磚壁・磚柱、倉底灰緑色・土質堅硬・平坦 （317号址と320号址の附近）329・333・335号灰坑 例：335号 ｛坑口1.60×1.55m 地下0.45m｝ 326擾乱坑 ｛坑口13×?m 地下1.02m｝ | 倉 瓦（板瓦・筒瓦、縄紋・布紋）、磚（空心磚数塊・門墩磚1）、陶片（盆・罐・瓮・瓿・瓶・汲瓶・鋗・碗・細柄豆・甑・洗等）、鬴1紡輪、釉陶獣1、鉄器（钁3・鏟1・刀1・釘26・鈎3・環2・車器1）、石具（磨盤1・臼2）、銅銭10（貨泉2・五銖銭8）、銅鏃2、水晶珠1、朱砂 倉の床面の下方に前漢時代の瓦片・陶片（含「河南」印字の陶片） | 後漢 | （13）〔 〕内は、（9） |

| |
|---|
| |
| |
| |
| |
| |
| |
| |
| |
| 灰坑（例：335号）板瓦・筒瓦、空心磚、瓦当、盆・罐・甑・鋗、煤、鉄鏟・鉄刀・鉄碴（重38市斤）<br>擾乱坑 板瓦・筒瓦・瓦当、空心磚・門墩磚、盆・甑・洗・碗・罐、鉄鋤・鉄刀 |
| |
| |

# 第九章　漢代における県の規模

## はじめに

本章は、漢代における県の編成をめぐる一、二の問題点について述べたものである。それは、県の編成がこれまで論じたことのある郷里制の場合と異なり、地方行政区画における戸数規定と面積規定との関係をどう統一的に理解すればよいのかという課題が含まれているためである。そしてこの課題は、また当時の居住形態、聚落に対する理解がからむこととなる。

## 一　県の編成

**県の四等級制**　秦漢の県の編成について、漢書百官公卿表は、

県大率方百里、其民稠則減、稀則曠、郷亭亦如之、皆秦制也。

と伝えている。これによれば、秦漢の県の編成には、(1)方百里と一定面積が考えられていると同時に、(2)民の稠稀、住民の戸数が県の面積の減曠に関わることにもなっている。

この面積と戸数との調整が、現実にどのようになっていたかというと、漢書百官公卿表では、

（県）万戸以上為令、秩千石至六百石、減万戸為長、秩五百石至三百石。

と、県は一万戸を界に大小二級に分けられているが、続漢書百官志では、

毎県邑道大者置令一人、千石、其次置長、四百石、小者置長、三百石、（略）県万戸以上為令、不満為長。

と、後漢では万戸に満たない県の場合、さらに次県と小県とに分けられていた。しかし通典職官秩品の条所引の「漢官秩差次」および「後漢官秩差次」によれば、県は、

万戸以上県令＝大県令（千石）

次万戸以上県令＝次県令（六百石）

減万戸県長＝次県長（五百石。成帝陽朔二年に五百石が除かれたため以降四百石）

次減万戸県長＝小県長（三百石）

とあって、万戸以上の県もまた二分されていた。結局、前後漢を通じて、県は戸数によって四等級に分けられていたことになる。

ところが続漢書百官志劉注所引の応劭漢官儀によれば、

前書百官表云、万戸以上為令、万戸以下為長、三辺始孝武皇帝所開県、戸数百而或為令、荊揚江南七郡、惟有臨湘南昌呉三令爾、及南陽穰中土沃、民稠四五万戸而為長、桓帝時、以江（汝）南陽安為女公主邑、改号為令、主薨復復其故、若此為繫其本、俗説、令長以水土為之、及秩高下、皆無明文、班固通儒述一代之書、斯近其真。

とあり、応劭は漢書の令長規定を是とし、続漢書百官志の伝文を俗説として斥けている。令長の規定には、かかる戸数以外の要素がからむとの理解があったようである。

このため厳耕望氏は、県は戸数によるのではなく、北辺の羌胡と隣接するような職事繁多な県では、戸口が少なく

ても大県の制が適用された[1]のであって、県はこの職事の繁簡によって令長の制を異にするとされている。

この厳氏の説は、銭大昭後漢郡国令長考と丁錫田同補（二十五史補編）とにより、呉郡、豫章郡、巴郡、蜀郡には令が少なく、郡の戸数から、長級の県でも万戸を越すことになっているとされ、先の漢官儀のいわゆる俗説を裏付けられている。

ただ銭大昭・丁錫田の令長考は、(1)諸書碑碣等に散見する諸県の令長を可能な限り検索しているが、郡中のすべての令長を網羅しているわけではなかった（例えば、豫章郡は二一県存在したはずであるのに、銭・丁の令長考では令一・長六・侯相二の九県しか確認されていない。それにも拘わらず厳氏は、令級の県を一県のみで二万戸と仮定し、他の二〇県は総て長級の県で、長級の一県は平均一万九千三百戸と計算されている）[2]。

また令長相は、各県で固定されていたものではなく、時期により変化—丁錫田の令長考補には、同一県で「令或長」となっているものが多く見出される—している。このため厳氏のように銭・丁による令長数と続漢書郡国志の戸数との関連のみをもって、漢制としての令長規定を論じることには問題が残る。

武帝時の初郡初県の場合は、新獲地に自己の領土たるを画さんがために郡名のみを付している[2]。かかる郡県では、守令長も必ずしも実態に沿うものでなかったはずであるが、このような事例は特例とすべきで、漢代における県の四等級の令長制は、概ね規定通り戸数にもとづくものでなかったかと考える。

それでは、県の四等級制は、ただ戸数のみにて編成されていたのかどうかが問題となる。この点について、四等級制は戸数の多少が基準とされているが、「大率」とまた減曠が認められており、面積の規定が、県の編成に際して比較的強く意識されていたように思われる。

**県の編成と地理的条件**　先に掲げた漢官儀において、県の編成に、「令長以水土為之」と述べられている点についてであるが、たしかに県は、また水土すなわち地理的条件とも深い関係をもっていた。

いま漢唐間の県の推移を考えてみると、県（道国）の数は、

前漢—一五八七（漢書地理志）
後漢—一一八〇（続漢書郡国志）
晋—一二三二（晋書地理志）
隋—一二五五（隋書地理志）
唐貞観時—一五五一（旧唐書地理志）

となっている。この県の数は、各時代疆域に相違があるが、この県の数を戸数との関連で考えてみると、晋の場合、戸二四五九八四〇（晋書地理志大康元年）[3]で、前漢の戸一二二三三〇六二（漢書地理志元始二年）に比して五分の一と減少しているが、県の数はそれほど減少していない。唐貞観時の戸も三百万（通典歴代盛衰戸口）であった。

このことは、当然一県の戸数が減少していることになるわけで、晋書職官志によれば、晋の県は、

不満三百戸・三百戸以上・五百戸以上・千戸以上・千五百戸以上・三千戸以上

の六等級制となっていて、漢代の万戸をもって大小を区切る場合と比べると、一県の戸数はかなり小さくなっていた。唐の県も、武徳令では諸州、

上県は五千戸以上
中県は二千戸以上
中下県は一千戸以上

となっている（唐会要置戸口定州県等第例）。

県は、漢唐の間に置廃もみられたが、漢の県治—県名も—を継承するものも少なくない。このため応劭も指摘するように、県の編成には戸口数とは別に、地理的条件が考慮されていたことになる。

漢書地理志にみえる西北地域の各郡の統県数と戸数との関係は、隴西・金城・天水・武威・張掖・酒泉・敦煌・安定・北地・上郡・西河・朔方・五原の諸郡の場合、一県の戸数は平均約三二二五―銭大昭の後漢郡国令長考でもこれら諸郡の県はほとんど長級―であるのに対し、漢書地理志の記載順で京兆尹から丹陽郡までの内郡とでも呼ぶべき三九郡の場合は、一県の平均戸数は約一一一四九となっており、明らかに県には地域差、交通・軍事上の要所との関わりが窺える。

漢代の場合、県を万戸でもって大小に大別したのも、一県万戸が、内郡においては―前述の西北地区の諸郡のうち九郡は武帝以降設置―比較的標準的な県の規模として、地理的条件の上からも適当であったことになる。

以上によれば、漢代の県の編成は、内郡では地理的条件が許す限り万戸に近い県が考えられ、

遠県去郡千二百至千五百里。（華陽国志巴郡後漢桓帝時）

あるいは、

今遠州之県或相去数百千里。（後漢書仲長統伝昌言）

等の地域においては、要所に県治を設け、漢官儀にみえる、

三辺始孝武皇帝所開県、戸数百而或為令。

とのように、戸数への配慮は大きく後退せざるをえなかった。

「其民稠則減、稀則曠」の規定は、県の編成においては面積よりも戸数の方が優先されていたかの観をいだかせるが、その実、面積―すなわち地理的条件―が重要な要素となっていた。

## 二　県郷亭里の編成をめぐる諸説

つぎに「県大率方百里」との規定が、地方行政区画においてどのように関わっていたかが問題となる。県の編成は、漢書百官公卿表に、

県大率方百里、其民稠則減、稀則曠、郷亭亦如之。

と、郷亭との関わりが伝えられているため、これまで県方百里も郷亭里との関連で論じられてきた。

問題は「郷亭亦如之」の解釈であるが、松本善海氏は、郷亭も一定の面積をもち、亭は漢書百官公卿表の、

大率十里一亭、亭有長、十亭一郷。

にもとづき、一亭は方十里で一県は方十里のもの百からなるとされている。(4) これは「郷亭亦如之」を、県同様、郷亭も一定の面積規定をもつと解されたことによる。

かかる解釈を前提とし県と郷亭里との統一的な理解を求めんとする試みは、早くは元の方回も、方百里は方十里が十であるから十亭一郷、十郷一県になると考えており、(5) 以後今日までこの試みは続けられている。

方回が方百里を方十里のもの十としたのは誤解であるが、松本氏の説も「十里一亭、十亭一郷」と風俗通義の「大率十里一郷」とを同時に満足させることにはなっておらず、氏は結局、漢書百官公卿表の県郷亭の規定は観念上の作り物であるとされてしまった。

これに対し好並隆司氏は、亭は方十里で、これが阡＝百里、陌＝十里の道に短冊状に配され、十亭で一郷を構成する。一県は十郷であり、方百里は正方形を想定していないとのことである。(6) この好並氏の説は、亭を方十里とする松本氏の考えを基礎とし、県郷亭の編成を漢書百官公卿表、風俗通義の規定に沿う方向で検討されたもので新しい試み

である。

しかし一県十郷との点は、史料にみえず、漢書百官公卿表の、

凡県道国邑千五百八十七、郷六千六百二十二、亭二万九千六百三十五。

にもとづく、一県四・一郷との事情とも一致しない。もちろんこの県郷亭の数値は、「十亭一郷」の規定においても実際は一郷四・五亭となっていた。このため一県十郷も、百官公卿表の数値のみからは否定しきれないことになるが、問題は、県郷間の場合、かかる特定の統属関係を示す史料が伝えられておらず、亭郷間同様の編成を県郷間に想定できるかどうかは問題である。

ついで越智重明氏は、十里一亭、十亭一郷の規定は阡陌などの幹線道路沿いの十里（キョリ）一亭というやや特殊な場合で、全国平均は一郷四・五亭であった。一県は平均四・一郷である。十里一郷は戸籍制度上の家が百集まった広さの里十であり、一県は平均約四十里、一亭は平均約二里となるとされている。[7] この越智氏の説は、伝文間の矛盾を巧みに統一されており、史料操作上の結論としての限界はあるとしても整備されたものとなっている。ただここでも、一県は四千戸で、一県平均万戸の実体からは離れることになる。

ところが最近発表された古賀登氏の県郷亭里制の研究は、これを長安城の建築プランに求められたもので、それなりに現実性を備えた説となっている。すなわち古賀氏は、県方百里には、周百里と四方各辺百里との二義がある。前者の場合は県治が置かれる都郷の大きさで二郷分、周約九八里にあたり、後者の場合は、県の管轄範囲を意味し、一県四郷が配されていた。

郷は五千歩の阡の左右に二千四百歩ずつの陌が五本造られ、陌の左右は、五十頃ずつの耕地―「二百四十歩一畝制」で計千頃―と戸五組＝伍ずつ十列＝什―一里百家で一郷千戸―の農民、それに郷治所五百戸の役人・軍人・商工業者とからなっていた。

亭には路亭と郷亭とがあり、十里一亭は路亭のことで、郷亭は都郷で三亭、下郷で二亭であったとされている。(8)

この古賀氏の説は、阡陌制の新見解にもつながり視野の広い研究となっている。しかしいま県郷亭里の編成に関わる点のみについていえば、一県四郷は越智氏の説と同じであるが、郷については一郷十五里となっている。これは十里一郷の規定と大きく相違する。また十五里中五里の郷治所の居民である役人・軍人・商人五百戸についても検討の余地がある。

まず役人については、幸い漢書百官公卿表に、

吏員自佐史至丞相十二(三)万二百八十五人。

と伝えられており、前漢の戸数一二二三三〇六一により一般民と役人との比率を、いまかりに百家一役人として計算してみると、役人は百戸に対し一戸の割となる。ただこれだと、続漢書百官志の「里魁掌一里百家」の里魁(里吏)のみで十二万の役人が占められてしまうことになる。通典職官官数の条では、この漢書百官公卿表の吏員数は、

哀帝時数、兼諸府州郡胥吏。

と地方行政機関の少吏をも含むとされているが、郷里の役人までを含めた数ではなかったはずである。

このためここでは、郷治内居住の役人に限って推論することになるが、郷治内の役人といえば、里吏は里内に亭吏は亭舎にということとなり、当然郷吏のみとなる。漢書百官公卿表、続漢書百官志によれば、郷里の構成は、三老一人、嗇夫または有秩一人、それに游徼、郷佐である。游徼と郷佐との定員は不明であるが、続漢書百官志劉注所引漢官では首都雒陽令の員吏七九六人。漢書地理志にみえる雒陽県の戸数との比率を考えてみると、七〇戸に役人一人の割となる。

ただこの比率も、後漢の雒陽県の戸口数が不明である。また県の員吏も首都という劇県であってみれば、これを地方一般の県の役人と住民との比率と考えることは適当でないかも知れない。それでもいま仮に、この比率で一郷当た

りの役人数を吏で考えてみると、一郷一〇〇〇戸としても、一郷当たりの役人は一四人である（この計算は、七〇戸に役人一人で計算したが、尹湾漢簡の東海郡の場合は、戸数二六六二九〇戸で、郷数一七〇、亭数六八八。郷吏数＝郷有秩・郷嗇夫・游徼・郷佐・郷三老五〇二、亭長六八九で、郷吏は一郷三人、亭長は一亭一人。郡全体の吏員総数は郷亭里郵まで含め二二〇三人、三老・孝弟力田等をも含めると二七七一人。二二〇三人だと一二一戸に役人一人、二七七一人だと九六戸に役人一人となる。全戸数に占める役人の数は、八％強になる。本書所収「漢代の地方行政と官衙」参照）。

ついで軍人であるが、漢代の士卒は徴兵制のもと役として従軍するもので、いわゆる兵農一致である。このため耕地をもたず城中に居住する軍人といえば武官の類となる。しかしかかる武官は、中央官府か将軍の莫（幕）府に属し、地方郷治内に多数居住することはまずなかったはずである。

そこで残る商人であるが、郷治程度に数百人もの商人が営業していたかどうか、これも問題である。

宇都宮清吉氏は、前三〜一世紀の社会で、農村人口と都市人口との比を六対三と考え、残りの一割を役人・軍人と考えられた(9)。宇都宮氏のこの非農民数算出の根拠は、戦国時代の李悝の説く食糧生産総量からの推定である。役人・軍人の数は当時の田租額（十分の一税）から推定されている。

もちろんこれは戦国時代の史料からの推定であるが、漢代についてこの方法を利用すれば、漢の田租は三〇分の一税であるが、如何に貧しい農民でも、この他に算賦・口賦が課せられた。いま一家五口、夫婦に子供三人とすると三百銭。粟一石の平年作時の値五十銭として、三百銭は粟六石にあたる。漢書食貨志にみえる鼂錯の言によれば、当時一家百畝で収穫百石であるから三〇分の一税だと三石となり、これに先の人頭税六石を加えると、農民から税としてはき出させる穀物は収穫の一〇分の一で、戦国時代と税負担率は同程度となる。

鼂錯の収穫高は、全国平均のためか李悝の百畝当たり百五十石より低くなっており、その意味では税率は同じでも、役人（文武官吏）の場合のみでなく非農民総ての比率において、漢代の方が回せる余地は低くなる。しかし問題は、このような農民と非農民との比率ではなく、この非農民の居住分布をどう考えるかということである。役人の場合は中央官府周辺と郡県治に集中していたことであろうし、商人も華北の大都市に集中していた[10]。

また古賀氏の描かれる里は、総面積百頃で、そのなかに宅地（一家五畝）と道路（一里中一・七頃）とを含んだものとされている（古賀氏は宅地と道路とを一割と考えられている。漢代には武功田はないため宅地五畝のみとした）。これだと一家の耕地は約九三・三畝となるが、一郷中二里には郷城が位置し、五百戸分の宅地二五頃がさらに含まれるため、その二里二百戸については、他の里より一二・五畝少なく約八十畝となり、井田制以来標準とされてきた一家百畝の原則から離れることになる。そこで問題となる五百戸を除いて考えた場合どうかというと、これでは一県（下郷三と都郷）が五千戸を原則としていたこととなり、両漢時の県の平均戸数一万戸強と大きく相違することとなる。

里中の居住地も、一里百戸、一戸五畝の宅とすると二百四十歩（三三一メートル）×五百歩（六九〇メートル）の規模となるが、いまこの面積を春秋時代から漢代にかけての古城である河北省の午汲古城において想定されている里、三八〇メートル×一七五メートル[11]と比較してみても、数値にひらきがみられる。

## 三　郷亭里と県方百里

「郷亭亦如之」をめぐって　以上、県郷亭里の編成をめぐる諸説を、とくに県との関わりを中心にみてきたが、これら諸説においては、共通して、

(1)県方百里との関連において郷亭里も一定面積をもつと考えられている。

(2)県郷の面積と戸数との整合に問題が残されている。

等がみられるようである。

この点、郷亭里の編成に限っては別に論じたが[12]、郷里については、これが一定面積をもつものではなく戸数にもとづき編成されるものであるとの考えがあり、私もこの考えに賛成してきた。

それは百家一里、十里一郷と、郷里が一定戸数を編成の単位としていたことが明白であり、十亭一郷は、亭が交通、警察業務のため十里（キョリ）毎に置かれる原則で、一郷と十亭舎との関係が考えられてきたが、それも実際は一郷四・五亭程度となっている。

亭は、一定距離に設置される原則のため、地籍の表記に亭の管轄下を意味する亭部が用いられている。このためややもすれば十亭一郷が、十亭部一郷と同様に考えられている。しかしそれは正しくない。

もし郷が亭部同様全国すべてを一定面積で区画していたものとすれば、租税徴収の単位となる郷が、当然地籍の単位とされたはずである。それが郷部でなく亭部が地籍の表記に用いられている。これは郷が戸数を編成の基準としていて地籍の単位として不適当であったためである。

漢書地理志には、定墾田のほかに「邑居道路山川林沢羣不可墾」と「可墾不可墾」とについて詳細な数値が所載され、その総計である提封田は一四五一三六四〇五頃－ただし実総計よりは少し少ない。あるいは提封田は耕地としての将来性のある地域のみか－となっている。

そしてこの提封田は「東西九三〇二里、南北一三三六八里」の全国土四百六十六億七千余万頃に比べると三百二十分の一であり、高山・巨沢・砂漠等の地を除いた、いわゆる地籍の対象となっていた地域と考えられる。

このため、戸と強く関わり民政を主たる職掌とする郷は、かかる無主空閑の地、山川林沢までもを把握することは困難であり、一定距離毎に設置される亭－ただし亭に方何里との規定があったかどうか定かでない－が地籍編成に利用されることとなる。

しかしこの亭も、設置不可能な地域が存在した。ここが提封田の限界となっている。このため十亭一郷は、郷と十亭舎（四・五亭舎）との職務上の連繫を規定したものとなり、十亭部の面積と一郷の面積とが同一であったとまで、漢書百官公卿表の「十亭一郷」の記事から想定する必要はない。

なお亭の性格について、亭がこのように地籍の単位となっているため、亭が土地売買、地籍の管理等民政にも関与するとの意見もみられる。しかし私は、亭の職掌は伝舎の管理と地区の警察業務に限られるもの[13]であり、地籍の編成は、戸籍の場合[14]と同様県段階で行われていたと考えている。

そこでもしこの考えが許されるとするならば、先の提封田の面積は全国の県の総面積と一致するものではなかったかと思われる（しかし県方百里で計算すると県の総面積は提封田の半分以下である。これは後述するように県方百里が思想性の強い数値であったためである。前出、尹湾漢簡の東海郡の提封は、前漢成帝時であるが、五一二〇九二頃八五畝であり、約三四万頃が耕地として利用されていた。百里四方の県を想定すると、提封五〇万頃ではその七分の一を占めるにすぎない）。

このように、十里一郷、十亭一郷の規定からは、郷里の編成に面積の規定を想定することはできない。それでは問題の「郷亭亦如之」の規定はどのように理解すべきであろうか。漢書百官公卿表の県郷亭里制の編成規定を再検討してみると、これは元来、

［大率一里百家、十里一郷］、大率十里一亭、十亭一郷、県万戸以上為令、減万戸為長、県大率方百里、其民稠則減、稀則曠、郷亭［里］亦如之。（［　］内は続漢書百官志・風俗通義で補う）

となるべきもので、里（戸数）・亭（距離）・県（戸数、面積）の編成を述べ、ついで県の編成に対する施行細則として、県編成上の融通規定を付し、最後にこの融通規定の趣旨を郷亭（里）の編成にも、また適用するということで、「郷亭亦如之」は県の方百里の面積や、その面積の減曠とは何ら関係をもつものではなかったことになる。

ところが漢書が里と郷との統属関係の部分を脱したため、これまで融通規定の解釈に混乱が生じた。そしてこの地方行政区画の編成に関わる融通規定は、晋書職官志にも、里について、

土広人稀、聴随宜置里吏、限不得減五十戸。

とあり、通典食貨郷党にも同様、

若山谷阻険地遠人稀之処、聴随便量置。

とあって、後代においても継承されている。

晋書職官志は、里に対して人口の疎密による融通規定が認められているのであるが、当然これは上級行政区画の編成－晋唐には面積による編成規定はみえない－にも連動したはずであり、漢制の場合とその趣旨、効用は同一であったと思われる。

同時に、かかる郷里に画一的な一定面積による人為的な地方行政区画を求める点については、漢代の地方農村、居住形態に対する理解が密接に関係している。このため以下は漢代の郷里を理解する上で、中国古代聚落の展開を要約する。

まず灌漑技術が未熟で自然の河川や雨水に頼らねばならなかった時代に、地下水も乏しい華北平原での聚落は、多く山麓の河川沿いに点在し、爾雅釈地に、

邑外謂之郊、郊外謂之牧、牧外謂之野、野外謂之林、林外謂之坰。

とあるように、聚落間には荒野や森林が存在し明白な境界もなかった。また中央の政治力も弱く地方の治安も充分でないため、規模の大きい聚落は、周囲に土塁等の防禦施設を必要とした。これが邑である。

春秋戦国時代に入ると、人口の自然増、農具・灌漑技術の進歩等により、聚落も自然の河川沼から離れ農民自身の力で荒野にも急速に形成されて行く。この新しい聚落は、土塁を備えたような従来の聚落に比べると、あたかも散り落ちる木の葉のようであるがためか、管子軽重篇・山権数篇では、これを「落」とも呼ぶ。「十室の邑」などはこれにあたる。この結果、荘子胠篋篇に、

昔者斉国鄰邑相望、鶏狗之音相聞、（略）闔四竟之内、所以立宗廟社稷、治邑屋・州閭・郷曲者、曷嘗不法聖人哉。

とあるように、聚落は散村化しているものの比較的隣接し、相互間の村の境界も意識され、地方行政区画も整ってくる。また中央集権化、政治機構の整備は治安の安定につながった。

このため新しく設けられて行く聚落は規模も小さく土塁などはほとんどなかった。動乱に際しては、急ぎ「塢」の築造が行われた。これに対し政治の中心地、交通の要所等に位置する聚落は、多くの人口を吸収して都市化した。都市は事ある毎に攻撃の対象となり城郭を必要とした。

以上は、漢代における地域社会が多く自然村を基礎に構成されていたとの理解による。そして問題となる商鞅の「集小都郷邑聚、為県」（史記商君列伝）も、これは既存の聚落を県制で全国を統一的に把握せんとしたものと理解した。自壊が進む地域社会に、商鞅が新たな地割りによって居住地の大規模な再編を行う必要があったかどうかも問題である。

また商鞅の「為田開阡陌封疆」（史記商君列伝）も、つづけて「而賦税平」と税制と関連づけられており、これは既耕地に対し阡陌、封疆を開く（決裂する）、すなわち既耕地に対して境界を明確にするということで、統一的な畝制にもとづく全耕地の検地、地籍の確立を意味したにすぎない。検地は国家財政の確立に欠かせないものである。

阡陌制の起源については諸説あるが、阡陌の字義から想定される画一化された耕地区画は、井田制においても窺えることで、あるいは旧い耕地区画の姿を部分的に反映する面があったかも知れないが、漢代の散村化された農村においては、かかる画一化された耕地の再編は困難であり、均産化を可能とする社会的条件も失われていたはずである。

なお畝制の問題（百歩制と二百四十歩制）は、租税と深く関わる。度量衡の統一とともに商鞅により統一的な方針が決定されたであろうが、畝制の決定と畝制にもとづく耕地の均一的な地割り、再編とは別の問題である。(15)

**県万百里** このようにみてくると、県の編成は郷里編成と切りはなして考えてよいこととなる。そこでついでは県方百里についてであるが、松本善海氏は、これにつき孟子万章章句下（礼記王制等にも類似の伝文）に、

天子之制地方千里、公侯皆地方百里。

とみえ、戦国末には七雄が方千里と考えられるようになった。したがって始皇帝は、統一後の天下を方万里と考え、漢に入って諸王が封ぜられるようになると、諸王国が方千里とされ、侯国と同級の県は方百里と考えられるようになった[16]と指摘されている。

たしかに漢代においては、後漢書左雄伝にも、

今之墨綬、猶古之諸侯。

とみえ、墨綬すなわち郡県長吏は諸侯に疑せられており、問題の県方百里が、かかる封建の制に倣うものであったことは充分考えられることである。それではこの方百里は何らの実態をもともなわないものであろうか。

まず「方」についてであるが、方は「長安城方六十三里、経緯各十二里、形似北斗也」（三輔旧事）と、一辺に斗形がある場合でも方と表現されている。複雑な地理的条件が想定される県の編成にも、正方・長方形などを前提とする必要はなく、方は県界をもつ程度に理解すればよい。では不整形にしても、県の四至内は方百里に相当する広がりをもっていたであろうか。この点につき古賀登氏は、一県四郷の場合、漢書地理志所載の全国定墾田の一県平均値と一致し、可墾不可墾の一県平均値をこれに加えると、方百里巾の三分の二を占め、李悝の尽地力の教の墾田と山沢邑居との比に一致するとされた。これは貴重な指摘である。しかしかかる一県中の墾田率を全国、とくに辺郡諸県に期待することは無理である。

ところが漢書地理志の統計では、この墾田率が前提となっている。このことは漢代における県の実態如何の問題よりも、実は漢代における為政者の政治姿勢—あるいは班固の教養—、それが墾田率に対する統計面でも確認できるとい

うことになり、かかる漢書の数値に強い思想性を感じさせる。

周礼には、

(1)郷遂の制（遂人、大司徒）

(2)井邑甸県都の制（小司徒）

(3)九畿の制（大司徒）

の三種の地方行政制度が所載されている。(1)は戸数、(2)(3)は面積を区画の基準とする。後者の(2)(3)は諸侯国の存在と強い結びつきがあるが、(1)は春秋以降の兵役の拡大、戸を単位とする一元的支配の進展と関わる。その意味では漢代の県郷里が強く戸数と関わっていることも当然である。

しかし県の場合は、地理的条件も編成上考慮されていた。方百里に思想性が濃いとしても、いまこの百里を線として考えた場合（結果として方百里の面積も可能）、治安上等、現実性が全くない数値でもない。応劭の地理風俗記（漢唐地理書鈔）には、

涿県東五十里有陽郷亭、後分為県。

と涿県から五〇里の距離に新県が設けられている。また、

博陵県故饒陽之下郷者也。

と県内の下郷が新県に昇格した例もみえている。同書は、この他にも多くの故県の存在にふれ、その距離が伝えられているが、その総てが百里以内となっている。この意味で方百里も全く見当はずれの広さでもないが、これを厳格に一般化、平均化するとなると県治間の距離においてすらなお問題が残る。同時にこのことは、内郡の県が戸数の増減と深いつながりをもっていたことを推測させることになる。

## おわりに

以上、(1)郷里の編成は一定の戸数（自然村が尊重されている）を基礎にし、(2)県は戸数を勘案しつつも地理的条件がまた強く考慮されていた。(3)亭は一定距離で亭舎が設置され、(4)県は郷里を基礎に戸籍を、亭部を基礎に地籍を作成した（戸籍と地籍とは、人頭税と田租とに関わる）、とのことにふれた。[17] なお古賀氏の県郷亭里制は、長安城の建設プランと関わりがあるが、この点は別にゆずり、[18] いま結論のみを述べれば、長安城は、既存の二都郷、県周方百里を基礎に建設したものではなく、秦の離宮、上林苑地区に建設されたものである。

注

(1) 厳耕望『中国地方行政制度史』上編一、中央研究院歴史語言研究所、一九六二、頁四六―七。
(2) 拙稿「漢代西北部における新秩序形成過程について」『中央大学文学部紀要』史学科一一、一九六六。本書所収。
(3) 晋書地理志の各州の戸数総計では二百七十余万となる。文献通考戸口ではこの戸数を「此晋之極盛也」と。
(4) 松本善海「秦漢時代における村落組織の編成方法について」『和田博士還暦記念東洋史論叢』、一九五一年。『中国村落制度の史的研究』岩波書店、一九七七。
(5) 銭大昭『漢書弁疑』巻九所引方回続古今攷。
(6) 好並隆司「漢代郷里制の前提」『史学研究』一一三、一九七一。
(7) 越智重明「漢魏晋南朝の郷・亭・里」『東洋学報』五三―一、一九七〇。
(8) 古賀登「漢長安城の建設プラン―阡陌・県郷制度との関係を中心として―」『東洋史研究』三一―二、一九七二。同「県郷亭里制度の原理と由来」『史林』五六―二、一九七三。同「阡陌考―二四〇歩＝一畝制の成立問題を中心として―」『史学雑

誌』八三―三、一九七四。『漢長安城と阡陌・県郷亭里制度』雄山閣、一九八〇。
(9)　宇都宮清吉「西漢時代の都市について」『東方学』二、一九五〇、『漢代社会経済史研究』弘文堂、一九五五。
(10)　注(9)。
(11)　五井直弘「豪族社会の発展」『世界の歴史』三、一九六〇。ただ本論文で紹介される午汲古城の里は、発掘調査によって確認されたものではない。
(12)　拙稿「漢代における郷について」『中央大学文学部紀要』史学科一八、一九七三。本書所収。
(13)　例えば好並隆司「前漢帝国の二重構造と時代規定」『歴史学研究』三七五、一九七一。『秦漢帝国史研究』未来社、一九七八、は亭長が民政にもたずさわるとされたが、これについては注(12)拙稿注(59)においてふれた。
(14)　注(12)。
(15)　拙稿「中国古代における聚落形態について」『中央大学文学部紀要』史学科一六、一九七一。本書所収。同「中国古代の農村一斑」中央評論二六―一、一九七四。
(16)　注(4)。
(1)　本章では什伍制のことにふれなかったが、これは拙稿「中国古代における伍制について」『中央大学文学部紀要』史学科一九、一九七四。本書所収、にて論じた。
(2)　拙稿「咸陽城と漢長安城」『中央大学文学部紀要』史学科二〇、一九七五。本書所収。
〔追記〕　本章は一九七四年一〇月九日に、歴史学研究会東洋前近代史部会例会で報告したものの一部にあたる。その際の報告要旨ならびに討論の大要は『歴史学研究月報』一八〇に所載されている。

# 第十章　漢代における初県の設置

## はじめに

このたび尾形勇氏が、「漢代屯田制の一考察」[1]と題する論文を発表され、前漢時代における屯田行為の機能に分析を加えられた。それによると「屯田」は、新県設置を予定した未墾の地を開拓灌漑するなどして、徙民を迎え入れる生活環境の造成、すなわち辺境における再生産体制の機構造成の具体的準備、いわゆる徙民の前段階的な存在であって、屯田のもつ軍事上、財政上、または東西貿易における任務等は、屯田の派生的機能であるとされている。

この尾形氏の考察は、屯田の概念に新見地を示すと同時に、さきに西嶋定生氏が大著『中国古代帝国の形成と構造』[2]において検討を加えられた、秦漢時代における新邑造成方式に対し、具体的な事例を提供されたことになる。

すなわち西嶋氏は、「新邑」は徙民が送り込まれる前に「推測によって考えれば軍兵の労働をふくめた意味で国家的な徭役労働」による生活環境の準備がなされ、族的結合の解体が行われ、新邑民の秩序体制を他律的なものとし、皇帝の個別人身支配体制、賜爵を通じての他律的な新秩序形成に必然的な場が提供されることになると考えられたが[2]、その徙民を迎え入れるための場の造成については具体的な事例をあげられてはいない。

尾形氏によって今回、具体化された新秩序造成方式は、辺境という限られた地域において実施されたものであるため、果たしてこのような造成方式による初県を秦漢的な県の実態とみるべきか、どうかについては問題がある。しかしその前に、まず⑴徙民以前に国家的徭役、屯田による生活の場の造成、すなわち他律的な秩序づけの条件が確立し、⑵しかも徙遷民自体、このような行為を通じて族的結合を解体し、小農民の析出を計らねばならないような要素が内在していたかどうかについて検討してみる必要がある。

ただここで、この両者を併せ論ずることは量的にみて困難であるから、本章では、⑴の課題をとりあげ、⑵の徙遷民の実態については別に論じる（本書「漢代における辺境への徙民―初県の環境Ⅲ」参照）こととし、その結論だけについて略述しておく。すなわち辺境新邑への「徙遷民」は、貧民を主体とする、所謂すでに従来の伝統から切断された個別的な異姓者の集合体であって、在来の秩序体制の存続を否定せねばならないような、皇帝支配の理念と矛盾する存在ではなかったと考えている。

そこで以下、前漢時代、とくに漢勢力の伸張が活発に行われた西北地区―寧夏・甘粛・青海・新疆での経営方式を通覧しつつ、果たして⑴のような新秩序造成方式が何処まで意図的なものとして究明されうるかについて若干の検討を行いたいと考える。

本論に入るにあたって、一応、尾形氏の説かれる新秩序造成方式についてまとめておくと、

①屯田行為の行われた同じ場所、時期に新県が設置されている。

②ここでは屯田兵が一歳の積穀を行い再生産活動化をはかり、その後、募民を徙遷充実させる。

③あるいは屯田兵自身がそのまま土着定住化する。

以上の①～③によって、「屯田―初県設置―徙民」の方式が明らかとなるが、さらにこの初県造成方式に、

④郡の創置方式である「未開地に築城―置郡」。

を組み合わせると、外敵を打ち払ってえた地に先ず一、二の「城」を築き、一定の地を画して「郡」を置き、その郡

内に次々と新城を築いて「屯田」を行い、「新県」を置いて「民」が徙される、という辺境地域における郡県設置の過程が図式化されることになる。

## 一　屯田と初県設置

まずは屯田の基本的機能が、初県設置の前段階にあたるかどうかについて、その事例を検討してみる。この点について尾形氏はつぎの二例をあげる。

①元狩三年、朔方郡に新設された沃壄、三封両県[3]は、史記匈奴伝にみえる、元狩二年の霍去病による討匈奴後で令居が設置される元鼎二年（水経注河水）の間の事跡と見みなされる、

是後匈奴遠遁、而幕南無王庭、漢度河、自朔方以西至令居、往往通渠、置田官、吏卒五六万人。

との、朔方から令居にいたる地域において行われた屯田的行為の結果であるとされる。

ついで②神爵二年、金城郡に新設された破羌、允街両県については、神爵元年四月（六月）[4]から翌年五月にいたる間、この地域で行われた趙充国屯田の結果であるとされた。

**オルドスの置県**　そこで前者①のオルドス置県と屯田との関係において、沃壄、三封置県の前段階といわれる、史記匈奴伝にみえる朔方から令居にいたる屯田行為についてであるが、この屯田行為は、尾形氏の説かれているように沃壄、三封両県が新設された元狩三年以前の事跡ではなく、その翌年、元狩四年の衛青、霍去病の匈奴討伐後において施行されたもので[5]、沃壄、三封の置県とは何らの関係を持つものではなかった[6]。

これは単に、前線の屯戍基地に開田方式を取入れ、基地の恒久化と転輸の削減とを指向せんとする純軍事的要請に過ぎなかった。

それでは、この沃壄、三封両県は如何なる経緯によって、この元狩三年に設置されるにいたったのであろうか。これについては明文を欠き、あるいは元狩三年、山東水災の際に行われた関東貧民七〇余万のオルドス徙遷[7]の結果、急遽設けられたものではなかったかと推測されるのであるが、いずれにしても、これら両県の置県に対しては、何らの準備的行為も見出すことはできなかった。

**金城郡の置県**　それでは②金城郡の事例は如何であろうか。尾形氏はこの破羌、允街両県の場合、趙充国屯田以外に、これらの初県を充実させる徙民実辺記事がないため、屯田兵自らを定着化させたものと解されている。そして神爵元年の趙充国屯田上奏の、

計度臨羌東至浩亹、羌虜故田及公田民所未墾可二千頃以上、其間郵亭多壊敗者、（略）願罷騎兵、留弛刑応募及准陽汝南歩兵与吏士私従者、合凡万二百八十一人、用穀月二万七千三百六十三斛塩三百八斛分屯要害処、氷解漕下、繕郷亭、浚溝渠、治湟陿以西道橋七十所、令可至鮮水左右、田事出賦人二十畮、至四月草生、発郡騎及属国胡騎伉健各千倅馬什二、就草、為田者遊兵、以充入金城郡、益積畜省大費、今大司農所転穀至者、足支万人一歳食、謹上田処及器用簿、唯陛下裁許。（漢書趙充国伝）

にみえる「為田者遊兵、以充入金城郡、益積畜省大費」は、屯田の終了後、あらためて屯田兵を郡の体制に繰り入れて積畜させようといっているのであり、また神爵二年五月の、

請罷屯兵、奏可。（漢書趙充国伝）

との屯田終了を示す記事は、屯田の終了を願うも、屯田兵の開田田作自体の中止を意味したものではないと考定されている。

しかしこの金城郡の置県においても、充国屯田は、神爵二年五月、「請罷屯兵、奏可」と屯田を終了するや、続いて、

充国振旅而還。

とあって、「振旅」、すなわち肝心の屯田兵団は引き揚げられているのであり、尾形氏が想定されるように、屯田兵がそのまま屯田地において初県を構成したとは考え難いのである。

この場合、あるいはこの時引き揚げた屯田兵が、趙充国屯田に従事した全屯田兵であったかどうかに問題が残るかも知れない。そこで趙充国屯田が、屯田兵を将来金城郡に編入しようと予定していたと考えられる根拠となっている「為田者遊兵、以充入金城郡、益積畜省大費」の解釈を検討してみる必要があるが、結論を先にいえば、この記事は、上奏文の前後関係から推して郡県体制とは関わりがなかった。

すなわち「為田者遊兵」は、「四月草生」の時期にいたれば「郡騎及属国胡騎伉健各千倅馬什二」を発して軍事上の拠点に配し、同時に、あるいはその結果、「為田者遊兵」(8)との屯田における軍事的機能を述べたものである。また「以充入金城郡」は、西羌の脅威にさらされている金城郡に、従来の騎兵を主体とした防備にかえて、屯田を開き郡の防衛体勢を補強しようとするの義であり、「益積畜省大費」は、屯田の財政上の利点、すなわち「積穀」して転漕の労を省くことを強調したものと解しうる。

「充入金城郡」については、金城郡屯田の機能を具体的に列記している「屯田十二利」に関する上奏において、多少内容は前後するが、ほぼ類似性のある、

罷騎兵以省大費、四也、至春、省甲士卒、循河湟漕穀至臨羌、以眎羌虜、揚威武、伝世折衝之具、五也、以間暇時、下所伐材、繕治郵亭、充入金城、六也。(漢書趙充国伝)

との叙述を見出すのであるが、これによっても「充入金城(郡)」は、屯田をもって金城郡の防衛体制を補塡しようとしたものであることは明らかで、別に屯田の郡県体制への移行を意味してはいなかった。

それでは神爵二年、趙充国屯田廃止と同年に設けられている破羌、允街両県の設置は、如何なる経緯によるもので

あろうか。これについて趙充国の屯田上奏文を注意すると、この地域は、まだ無主空閑の地が多かったものの、

其間郵亭多壊敗者。

とあって、趙充国屯田以前にすでに漢人の勢力が伸張していたことになる。それゆえ屯田兵の職掌にしても、

繕郷亭、浚溝渠。

とみえ、従来の施設を改修したにすぎなかった。

しかも「屯田十利」の上奏中には、

居民得並田作不失農業。

とあって、劉奉世[9]は、この「並」を「倶」と解し、周寿昌[10]は、この記事を「民田与屯田同時並作、而不相妨」と解している。このことからすると趙充国は、屯田を「先住の農民」の田地と併存させようと考えていたのであって、この地域は全くの無主空閑の地ではなく、すでに民田が開かれていたと考えられるわけである。

従って、これら初県に、「振旅」して帰還した屯田兵の一部が定住し、新県民となったとまで考える必要はないことになる。

このためこれら初県は、趙充国屯田が契機となって、この地の開田が整備され、対外情勢も安定したことから、この地域への移住が容易となって、急速な人口の増加を予定することになり、その上また、この地域の軍事拠点としての重要性も増大することとなったため、遂に破羌、允街の両県が創置されるにいたったものとなるであろう。

もちろん趙充国屯田が、新県設置の契機となったこと自体を否定するものではないが、この趙充国屯田は、あくまでも彼の「貴謀而賤戦」という政治理念から、「坐而勝」の法として献策実施されたものであって、決してこの地に屯田を通じて新秩序造成を行おうとしたものではなく、純軍事的政策であったことを知りうるのである。

**置県方式の二型**　以上、オルドスと金城郡とにおける屯田と置県との関係を考察したが、これらの事例においては、

ともに屯田は軍事、財政上、基地の恒久化、転漕費の削減等の理由によって施行され、置県の前段階たるものではなかった。

そして置県方式は、オルドス－後述するように河西地区にも共通－においては国家的徙民と併行され、金城郡においては、すでに流徙してきていたと考えられる居住民を主体として置県されていた。

思うにこのことは、オルドスや河西通廊の場合は、その地域が匈奴と隣接し、対外情勢が不安定である上に、沙漠土質であって生活を営むには容易でなく、小規模の流徙民による自給化が困難であったのに対し、金城郡は対外情勢も比較的安定していて、その上、灌漑も比較的容易で、小数の流徙民でも定住化が可能であったためである。

それゆえに「オルドス・河西型」の置県の場合は、国家権力を背景とした徙民を伴うのに対し、「金城郡型」の置県はそうした徙民を行わなくとも、自然なうちに住民の移住をみることができたのであろう。

このことは、「オルドス・河西型」新秩序造成の場合、後述するように再生産体制の確立過程において、当然国家権力の介入を余儀なくされるのであるが、これは初県造成地の環境如何によるものであって、それ以外の政治的意図をこの国家権力の介入から汲み取ることには問題がある。

## 二 屯田の積穀行為について

以上のように、オルドスと金城郡における屯田が、初県設置の前段階たりえないとすれば、ついで屯田機能中、新邑造成を予定する行為であるといわれる「積穀」は如何に解されるべきであろうか。これにつき尾形氏は、桑弘羊の輪台以東における屯田に関する上奏を分析し、

故輪台以東、捷枝渠犂皆故国、地広饒水草、有溉田五千頃以上、処温和田美、可益通溝渠、種五穀、与中国同時

孰、（略）臣愚以為、可遣屯田卒、詣故輪台以東、置校尉三人分護、各挙図地形、通利溝渠、務使以時益種五穀、張掖酒泉遣騎仮司馬為斥候、属校尉、事有便宜、因騎置以聞、田一歳有積穀、募民壮健有累重敢徙者、詣田所、就畜積為本業、益墾溉田、稍築列亭連城而西、以威西国輔烏孫、為便、（漢書西域伝下渠犂の条）

の「臣愚以為」から「田一歳有積穀」までを、屯田卒による屯田行為と受けとり、とくに「田一歳有積穀」について、これは屯田卒が一歳の田作積穀を行い、ついで予定される徙遷民の再生産活動を容易にしようとしたものであったと解し、屯田はこれを契機としてつづく募民を主体とする第二段階に入るとされた。そしてその結果は、「稍築列亭連城而西」と、鼂錯の新邑造営法に具体的に示されるような新県の設置をもイメージすると説かれた。

またこのような屯田形態は、この上奏の実行を断念した武帝の詔における苦慮においても、屯田そのものに対する批判がみられないことから、当時においては一般的通念としてそのまま受けとられていたものとも考えられている。

この見解において、問題の「積穀」自体、屯田の性格にさほどの変化を生ずる行為であったかどうか、あるいはまた、このような内容の屯田が当時の屯田の一般的形態と呼ばれるべきものであったかどうかなどについてはしばらく置き、まず桑弘羊屯田の場合、「田一歳有積穀」を契機として、初県設置を想定させるような変化が見出されるかどうかについて考察してみる。

問題となるのは、桑弘羊の輪台以東における屯田に関する上奏の、「有積穀」以下の記事にみえる徙民の意図と、新県設置をイメージするといわれる「列亭連城」の実態とである。

そこでまず前者の徙民についてであるが、もしこの徙民が、説かれているように兵卒に遅れ一歳田作の後、屯田地に送り込まれたものであったとしても、あるいはこの場合、戦耕分離型の屯田を想定することも可能であり、徙民の存在のゆえのみをもって、直ちに屯田の軍事基地としての性格に変化を予測することには疑問が残る。

また後者の「稍築列亭連城而西」にしても、この「列亭連城」は、通常、辺塞屯戍基地においては、

漢使光禄徐自為出五原塞数百里、遠者千里、築城障列亭、（略）而使游撃将軍韓説等長平侯衛伉、屯其旁。（漢書匈奴伝上）

のように、あるいは、

建塞徼、起亭燧、築外城、設屯戍、以守之。（漢書匈奴伝下郎中侯応の奏）

のように附随的に施行され、辺境地域での点と線との確保にあてられているのであって、桑弘羊の「列亭連城」だけをこの例外とすべき理由を見出しえない。

すなわち「稍築列亭連城而西、以威西国」は、この地区の屯田が確立すれば、さらに亭―交通通信機関―や城―候望―を列ねて基地を西方に伸張し、もって西方の諸国に威令を示さんとしたものである。

そこで、このように積穀行為を契機として、屯田の軍事基地としての性格に予測したような変化を見出しえないとすれば、つぎに屯田積穀行為自体についての検討が必要となる。

尾形氏も、「積穀」行為については、

至宣帝時、吉以侍郎田渠犂積穀、因発諸国兵、攻破車師。（漢書鄭吉伝）

や、あるいは

而輪台渠犂皆有田卒数百人、置使者校尉領護、以給使外国者。（漢書西域伝上序語）

のように、新邑造成につながらない屯田積穀行為の存在を認められてはいるが、これらは屯田の派生的機能であるとされている。しかし果たしてそうであろうか。

この積穀行為は、西域地方の屯田には、

国中有伊循城、其地肥美、願漢遣一将屯田積穀、令巨得依其威重。（漢書西域伝鄯善の条）

のように、あるいは、

〔鄭吉〕、東奏事、至酒泉有詔、還田渠犂及車師、益積穀、以安西国、侵匈奴。（漢書西域伝下車師後城長国の条）

のように、あるいは、

単于大臣皆曰、車師地肥美、近匈奴、使漢得之多田積穀、必害人国、不可不争也。（同上）

のように、多くその事例を知るのであるが、これら積穀は、ともに中央から遠く離れた屯田の自給化、恒久化を計ったもので、別に新秩序造成とむすびついた例証をみない。

このため問題とした桑弘羊屯田上奏中の「田一歳有積穀」も、他の一般的な屯田積穀行為と異なる特別な意味をもつものではなく、単に屯田の一機能として附言されているにすぎないのではなかろうか。

しかしあるいは、「田一歳有積穀」の「一歳」に特別な意味を感じるかも知れないが、これについては、地節二年にはじまる匈奴との車師争奪戦において、

〔鄭吉〕、将免刑罪人、田渠犂、積穀欲以攻車師、至秋収穀、吉憙発〔田士等〕、（略）会軍食尽、吉等且罷兵帰渠犂田、秋収畢、後発兵。（漢書西域伝下車師後城長国の条）

と積穀行為の効用が具体的に物語られていて、これを漢書匈奴伝と比較すると、屯田積穀開始は地節二年、そして「至秋収穀」は翌三年、「秋収畢」は翌四年にあたり、いわゆる「田一歳有積穀」なる表現は、屯田積穀の通例の事象であったことを知りうるのである。

最後に、このような屯田形態の一般性如何の問題であるが、これを論じるには、桑弘羊屯田をも含めて漢代の屯田史料は余りにも少ない。しかしそれにしても、この桑弘羊屯田において、西域に妻帯者が派遣されようとしている点は、他の屯田事例にはみられない。まして漢代の屯田が、一般的に軍屯であったことからしても、むしろ異例の観がする。しかしこのことも、実はこの桑弘羊屯田が実施されたものではなく、単なる理想案の域を出なかったことによるものである。なお尾形氏のふれられる桑弘羊上奏に対する武帝の詔であるが、この詔は、当時の対外政策に一大転

換をはからんとしたもので、屯田機構の一般性如何とは関係ないことである。

## 三　辺郡の創置について

以上、はじめに掲げた新秩序造成のうち、「屯田－置県－徙民」の過程についてみてきたが、ついでは初郡の創置過程を検討する。これにつき尾形氏は、河西置郡に関する、

(1)其後驃騎将軍撃破匈奴右地、降渾邪休屠王、遂空其地、始築令居、以西初置酒泉郡、後稍発徙民充実之、分置武威張掖敦煌。（漢書西域伝上序語）

(2)最後匈奴遠遁、而幕南無王庭、漢度河、自朔方以西至令居、往往通渠、置田官、吏卒五六万人、稍蚕食地、接匈奴以北。（史記匈奴列伝）

(3)又数万人、渡河築令居、初置張掖酒泉郡、而上郡朔方西河河西開田官、斥塞卒六十万人、戍田之。（史記平準書）

(4)故渾邪地空無人、（略）而漢始築令居、以西初置酒泉郡。（史記大宛伝）

の記事を検討し、

(1)の記事からは「置郡－徙民」。

(2)からは、先にもふれたように「屯田－置県」。

(3)からは、「渡河築令居」。

(4)の「始築令居以西初置酒泉郡」の記事からは、「築城－置郡」。

との置郡にいたる過程を析出し、もって「築城－置郡－屯田－置県－徙民」との辺境地域における新秩序造成方式を想定されている。

この新秩序造成方式中、屯田以下の「屯田－置県」、「屯田－徙民」については、すでに一、二節において疑問を提出したが、つぎに「築城－置郡」との新獲地における置郡過程は如何であろうか。

**元朔二年のオルドス置郡**　まず朔方置郡の事例を検討してみる。このオルドスの地は、元朔二年春、衛青による雲中から黄河に沿って隴西にいたる大遠征の結果、漢の支配が伸張し、同年ついに、

［春］置朔方五原郡、（略）夏、募民徙朔方十万口。（漢書武帝紀）

と、まず新獲地に自国の領土であることを確認すべく「郡名」のみを付し、その後、募民徙遷－同時に置県－を行っている。

置郡当初の「募民」は、兵卒の場合と異なり自給化を目指していたものと思われるが、史記平準書によると、

及車騎将軍衛青取匈奴河南地、築朔方、（略）又興十万余人、築衛朔方、転漕甚遼遠、自山東咸被其労、費数十百巨万、府庫益虚。

と、この募民十万余人は、内郡より転漕を受け、「築衛朔方」、すなわち募民自から城邑の営造守衛にあたっているのであって、徙民以前に生活環境の整備や自給化体制が確立された形跡はない。郡制がしかれ、自給化を指向していたとはいえ、当初の朔方郡の実態は、軍事基地と大差ないものである。

しかしこのような情勢も、三年後の元朔五年にいたると、早くも新たに臨戎県が増置されていて、朔方郡の開発が困難をともないつつも、徐々に進展してきていることを示唆している。同時に、これには元狩二年の、

朔方亦穿渠、作者数万人、各歴二三朞功未就、費亦各巨万十数。（史記平準書）

との灌漑事業が示すように、この地の自給化に国家の側面的な援助が行われていたことも見逃せない事実である。

**秦代のオルドス経営**　このような新秩序確立への努力は、かつて秦代のオルドス経営においてもみられた。始皇三二年、蒙恬の遠征によりオルドスに初めて中国の支配がおよぶと、翌三三年、

㋐西北斥逐匈奴、自楡中竝河、以東属之陰山、以為三十四県、城河上為塞、㋑又使蒙恬渡河、取高闕陶山北假中、築亭障以逐戎人、徙謫実之初県。（史記秦始皇本紀）

のように、この地に逸はやく㋐「置県」をなくして自己の領土たるを画し、つづいて㋑「徙謫」を行い、初県の充実をはかっているのである。

それゆえこの場合の徙謫実辺も、置県行為をみる以上、単なる屯戍とは異なり、自給化を指向していたとも思われるのであるが、その実、史記匈奴伝によると、

北撃胡、悉収河南地、因河為塞、築四十四県城臨河、徙謫戍、以充之、而通直道、自九原至雲陽。

とのように、この謫者は「屯戍」にあてられ、その粮食も、

使天下蜚芻輓粟、起於東（黄の誤）腄琅邪負海之郡、転輸北河。（史記主父偃伝）

と、内郡よりの転漕に負っていたのである。

この時のオルドスは、郡県を設置したとはいえ、内郡の郡県には、ほど遠い状態であったといえよう。そしてついには、秦末の混乱もあって、このときの置郡は、

常発三十万衆、築北河、終不可就、已而棄之。（史記主父偃伝）

と、郡県体制の確立をみずして崩れ去ってしまったのである。[11]

**河西置郡**　ついで河西通廊での置郡をみると、この河西置郡の経緯は、単に置郡方式を析出せんがための検討であるばかりでなく、実はいまだ明らかでない河西置郡の過程を推察する上でも有力な手懸りとなる。そこで以下河西経営、とくに経営の開始について、従来の諸説[12]を検討しつつ、その経緯を考察してみる（河西置郡の詳細は、本書「漢代の西北部経営—初県の環境Ⅰ」参照）。

まず労榦氏[13]の説くところであるが、氏は河西地区には最初に酒泉郡のみが設けられた。その置郡の紀年については、

漢書武帝紀と、同地理志とに元狩二年と太初元年との異同があるが、本紀の方によるべきであろうと指摘されるにすぎない。ところが張維華氏[14]は、河西置郡の最初を同じく酒泉郡とするものの、河西経営開始の紀年については、元狩四年に「故渾邪王地空無人」（史記大宛伝）とあって、当時、河西地区に置郡が行われていたとは考えられず、それは烏孫の河西招致が失敗した後の元鼎二、三年頃であろうと推定されている。

ついで施之勉氏[15]は、やはり元狩四年以前には河西経営が行われていなかったことを確認し、その経営開始は、「破南越」、「征西羌」、「公孫賀出九原、趙破奴出令居」の時点、すなわち元鼎六年であって、この年に酒泉置郡がなされたと考えられている。

また日比野丈夫氏[16]は、酒泉置郡については、施氏の指摘する元鼎六年の「趙破奴出令居」を契機とすると考えられているのであるが、ただ河西経営の開始については、酒泉郡が武威、張掖をこえて最初に設けられたとする考え方に疑問をいだかれた。そして史記平準書にみえる元狩四年から元鼎三年にいたる間の事跡と考定される、

又数万人、渡河築令居、初置張掖酒泉郡、而上郡朔方西河河西開田官斥塞卒六十万人、戍田之。

を、上郡・朔方・西河・河西から開田官や兵卒を張掖郡等に派遣したものと解され、この記事の「河西」は、新設された張掖郡等とは別の河西地区を指したものであるが、上郡・朔方等の諸郡と同列に記されていることよりして、河西通廊には「河西」と呼ばれる郡が、史記平準書によると元狩四年から元鼎三年以前で、張騫が烏孫から帰った元鼎二年以降、すなわち元鼎二、三年頃に設けられたと考えられている。

以上の諸説において、労榦氏の見解は、漢書本紀の元狩二年を河西経営の開始とするのであるが、その置郡にいたる経緯についてはなんらふれられるところがなく、また張維華氏の説も、烏孫の河西招致失敗後に漢朝が河西地区に進出すべき必要が生じたとする点では首肯できるが、それは河西置郡のための一条件にすぎず、これだけをもって、この時期に置郡が施行されたと速断するには躊躇を感じる。

では施之勉氏の見解は如何であろうか。同氏の説くように、「破南越」、「公孫賀等の匈奴討伐」の時点と酒泉置郡の時点とを直接むすびつける記載はないが[17]、「征西羌」については、漢書食貨志によれば、

㋐、西羌侵辺、(略)㋑又数万人、渡河築令居、初置張掖酒泉郡。

とあって、漢書武帝紀と比較してみると、㋐は元鼎五年九月の西羌による安故、抱罕の攻撃を指し、㋑は翌年一〇月の、

発隴西天水安定騎士及中尉河南河内卒十万人、遣将軍李息郎中令一(徐)自為征西羌、平之。

にあたると考えられ、この元鼎六年、「征西羌」の結果、「初めて」河西に置郡が行われたこととなっているのである。

このことは、常々、西羌の入寇が匈奴と相呼応して行われ、酒泉置郡の目的も、

置酒泉郡、以隔絶胡与羌通之路。(史記匈奴伝)

のように、西羌―同時に匈奴―対策にあたったことからして首肯される点である。

またこの元鼎六年は、南越の地に九郡、西南夷の地に五郡と新獲地への置郡が多く行われた年でもあった。ゆえに、これらの点より「征西羌」と酒泉置郡との結びつきに留意された施之勉氏の説は注目されることとなる。

ついで日比野丈夫氏の見解であるが、氏は前三者と異なり酒泉郡に先立つ河西郡の存在を考定された。しかしこの河西郡については、史漢に「河西郡」と明記された例証を知らず、また河西郡を推定するにいたった平準書の解釈も、上郡・朔方・西河・河西から張掖郡等へ兵を派したのではなく、上郡から河西にいたる地域に「田官を開き」屯戍を行ったとも解しうるのであって[18]、「河西」を、張掖、酒泉(敦煌)郡以外の河西の一地域[19]と限定する必要はない。

さらに同氏は、この河西郡の設置、すなわち河西経営の開始を河西への烏孫招致の失敗後で元鼎二、三年とされたのであるが、実は、この河西郡を想定された史記平準書の「而」以下の記事は、日比野氏が考定されるように元鼎三年頃の事跡ではなく[20]、元鼎六年か、あるいはそれ以降の事跡を叙したもので、河西郡の存否如何にかかわらず、河西経営が元鼎六年以前に着手されたと考えられる事情を見出すことはできない。

以上、各説の検討を通じて推測される河西進出の過程は、元狩二年の匈奴討伐の結果、河西回廊は無主空閑の地となったが、元狩四～六年頃までには、河西への門戸、令居経営が行われるにいたった。そして元鼎二年、胡を制するに胡をもってせんとする河西への烏孫招致が失敗し、元鼎五年、大規模な西羌反乱が勃発するや、初めて羌と匈奴の通使の主道であるエジナ河を抑える位置に酒泉郡を置き、河西経営に乗り出すこととなったのである。

そこで、このような河西進出の経緯を足がかりに、本節のはじめに掲げた河西四郡に関する四種の史料中、(1)の「降渾邪休屠王、遂空其地」と、(4)の「故渾邪地空無人」につづいて河西の情勢を叙した、

始築令居以西初置酒泉郡。

の記事を解釈すると、これを従来のように「始築令居以西」（始めて令居以西を築く）と読むと、恰も渾邪来降後、直ちに河西経営に着手したかのようになり、河西経営以前に、令居経営が行われていた事実を無視することとなる。また酒泉置郡以前に、すでに河西経営が進展していたかの錯覚を招くことにもなる。

それゆえこの記事は、「始築令居、以西初置酒泉郡」（始め令居を築き、以て西して初めて酒泉郡を置く）、すなわちまず「始」めに令居を築き、それから西行して「初」めて酒泉郡を設けたと解すべきである。なお(3)の「築令居」の時期は、(1)、(4)の「築令居」―水経注河水にみえる元鼎二年令居置県の頃か―とは異なり、元鼎六年の一時的な経営である。

このように河西での置郡にいたる情況を理解するとき、河西でも朔方郡の場合と同じく、まず新獲地に郡名のみを付し―すなわちこれ以前は何らの経営は行われず―、その後、

初置酒泉郡、後稍発徙民充実之。（漢書西域伝上序語）

と徙民が行われたことになる。

もちろん河西での徙民も、屯田等徙民に先立つ新邑の造成はみられないが、これについて、あるいは元鼎六年に、

初置張掖酒泉、而上郡朔方西河河西開田宮斥塞卒六十万人、戍田之。（史記平準書）

と、河西において屯田が行われていることに疑問を感じるかも知れない。しかしこの元鼎六年の屯田は、置郡を予定する河西のみに実施されたのではなかったことからも推察されるように、前年に、匈奴と西羌とが相通じて五原や安故の、いわゆる西北辺に入寇したことに対してとられた軍事的措置であって、置郡や徙民を予定した行為ではなかったのである。

ゆえに河西での徙民も、新邑地においてはオルドス同様、移住者自らの手で自給化に努力して行ったものとみるべきことになる。

なお最後に、日比野丈夫氏によって提出された、酒泉郡が武威・張掖をこえて初めて河西地域に設けられている点についての疑問であるが、これにつき敢て推論を試みれば、初期の酒泉郡は、他の河西三郡が分置されるまでの一時期の間、河西全体をさしていたのではなかろうかと考えている。すなわち史記衛将軍驃騎列伝において、

及渾邪以衆降数万、遂開河西酒泉之地。

のように、河西と酒泉とが同義的に併記されているのもそのためではなかろうか。

## 四　徙選民の自給化について

これまで辺境における新秩序の確立は、屯田等の公的徭役によって生活環境が前もって整備されていたのではなく、むしろ徙民自身の自給化への努力によるものであったことをみてきた。それでは、この徙民の自給化活動の実態は如何であろうか。

金城郡については知るべくもないが、「オルドス、河西型」の徙民についてみてみると、この徙遷にあてられる人々は貧民を主体としていたと思われ、その動員は、往々「募」、あるいは「欲住者」[21]、「敢徙者」[22]と記され、原則として

自発的動員とでも呼ぶべき方式をとっていた。

そしてこの自発的動員には、徙遷を誘発すべく種々の恩典や保護が考えられていたのである。例えば鼂錯は、これについて賜爵、力役の免除、あるいは家屋・生産手段の供与等を挙げている（漢書鼂錯伝）。しかし現実には、これら貧民の場合、自発的徙民とはいえ、その救済手段として、または流民化を防ぐべく、緊急、且つ強制的に徙遷される必要があったのであり、このような鼂錯の計画が、実辺においてどの程度生かされえたかは疑問とすべきである。

徙民は、実辺にあてられるや、主として自らの手で自給化に努力して行ったのであるが、それと併行してまた、

衣食皆仰給県官、数歳、仮与産業、使者分部護之、冠蓋相望、其費以億計、不可勝数。（史記平準書）

のように、官より自給化への保護が、衣食をはじめ数年にわたる「産業」—種子、牛馬等再生産のための手段—の貸与として行われ、その保護も、

予冬夏衣稟食、能自給而止。（漢書鼂錯伝）

のように、徙選民の自給化が確立するまで続けられていた。

それでも塩鉄論結和篇では、

以略無用之地、立郡沙石之間、民不能自守、発屯乗城、輓輦而贍之。

と、地域によっては、置郡徙民はしたものの、農耕に適さない土壌のために自給のめどが立たず、徙遷先から勝手に逃げ出す者もでる始末で、官から食料の供給を継続しつづけなければならない事態も生じることになる。

ゆえに、その費用たるや巨額にのぼった。それにも拘わらず、敢えて施行される徙民実辺は、単に軍事上、あるいは領土拡大のためのみでなく、さきにもふれたように、徙民自体に内在する社会的矛盾—彼等は主として関東地区の災害によって析出された貧民であった—を解決せんとする政治的意図（斉民策）が、その背景として存在していたわけである。

## おわりに

以上、前漢時代における西北部経営を通覧し、
(1) 屯田は軍事的任務をその使命とし、郡県設置における前提条件たりうるものでない。
(2) 初県造成方式には、その地理的情勢のゆえに、国家的徙民自身が造成にあたる「オルドス・河西型」と、自然に流徙してきた人々が開拓に従事する「金城郡型」とがみえる。
(3) オルドスや河西における郡の創置は、新獲地に対し、まず自己の領土であることを画さんがために「郡名」だけを付し、その後、徙民実辺を施行している。
(4) (2)の「オルドス・河西型」の徙選者の自給化には、側面的な国家の経済援助がみられるが、これは、この地域の地理的情勢のゆえであって、それ以外の例えば皇帝支配の理想化を具現せんとするような政治背景をもつものではなかった。

等につき検討してきた。

注

（1）『史学雑誌』七二―四。
（2）『中国古代帝国の形成と構造』第五章第三節、東京大学出版会、一九六一。「　」印引用文は五二八頁。
（3）漢書地理志に「沃壄、武帝元狩三年城」、「三封、武帝元狩三年城」と。尾形氏は「城」は置県を近く予定したものと。「城」との表記は地理志では臨戎県の場合とともに三例のみで普通は「置」となる。これにつき同志弘農郡黽池県の条に「景帝中

二年初城、徙万家為県」とあり、城は指摘されるように解されよう。

（4）漢書武帝紀、夏六月以降と。

（5）この記事の下限を、尾形氏は水経注河水にみえる令居置県の元鼎二年とするが、匈奴伝の記載からは霍去病死亡の元狩六年以前の事跡となっている。

（6）尾形氏は臨戎県もこの屯田の結果とみるが、この臨戎県は「元朔五年城す」で、この屯田より以前のことである。

（7）この元狩三年の徙民については、各記事の紀年が抵触し、これまで解釈に混乱がみえる。問題の記事は、

(1)漢已得渾邪王、則隴西北地河西益少胡寇、「徙関東貧民、処所奪匈奴河南新秦中、以実之」、而減北地以西戍卒半、其明年（元狩三年）匈奴入右北平定襄。（史記匈奴伝）

(2)其明年（元狩三年）山東被水菑、民多飢乏、於是、天子遣使者、虚郡国倉廥、以振貧民、猶不足、又募豪富人相貸仮、尚不能相済、「乃徙貧民於関以西、及充朔方以南新秦中七十余万口、衣食皆仰給県官、数歳仮予産業」。（史記平準書）

(3)渾邪王等降、県官費衆倉府空、其明年（元狩三年）「貧民大徙、皆仰給県官」。（史記平準書卜式事跡）

(4)有司言、「関東貧民、徙隴西北地西河上郡会稽、凡七十二万五千口、県官衣食振業、用度不足」。（漢書武帝紀元狩四年の条）

である。

これにつき松田寿男氏は、(1)の関東貧民の徙民は、元狩二年となっているが、「減戍卒半」のみは漢書武帝紀により元狩三年とされ、また(2)の元狩三年の徙民については、(4)の記事と比較し元狩四年のことであるとされた（「漢魏時代に於ける西北支那の開発」『東亜論叢』三、一九四〇）。

また加藤繁氏は、(2)と(4)の紀年の不一致につき、漢は秦制を承けて一〇月をもって歳首とし、元狩四年もなお一〇月から新年となった。ゆえに冬は歳の初めで秋は暮れである。北支で水害が起こるのは大抵夏から秋であるから、この山東水害も元狩三年の夏か秋に起こり、冬すなわち元狩四年の初にいたって其の救助の手段が講じられたのであろう。そこで武紀では四年の条に掲げ、平準書は三年の冬に水害の起こったこと、並びに救助の次第を述べたのであろうとされた（「漢代に於ける国家財政と帝室財政との区別並に帝室財政一斑」『東洋学報』八―一・九―一、二、一九一八、『支那経済史考証』上、東洋文庫、一九五二、頁四八―九）。

そこで両氏の見解に従えば、先の徙民記事は元狩二年と元狩四年の事跡となる。ところで(2)によると、この時の徙民は、

山東水災の一対策であって、使者を災害地に派し、あるいは豪家をして救助活動にあたらせるも、なお救済しえず、遂に最後の手段としてとられた処置であったが、(1)によると、この七〇余万にのぼる関東貧民の実辺は、当時の辺塞守備体制に「減北地以西戍卒半」との大変革を招来している。そこで、このような徙民の事情を、試みに漢書武帝紀で確認してみると、

(5)（元狩二年）秋匈奴昆邪王殺休屠王并将其衆合万余人来降、（元狩三年）秋匈収入右北平定襄、殺略千余人、遣謁者勧有水災郡種宿麦、挙吏民能仮貸貧民者、以名聞、減隴西北地上郡戍卒半、（元狩四年）冬有司言、関東貧民徙隴西北地西河上郡会稽、凡七十二万五千口。

とあって、(5)の記事は、元狩三年に(2)同様、「遣謁者」・「挙吏民能仮貸貧民」と災害対策がみえるものの、その原因たる山東水災の記事はなく、また(1)記事同様、「減戍卒半」とあるが、その契機たるべき徙民実辺記事は、元狩四年となっている。ところが、この元狩四年の徙民記事は、(4)と同様、「有司言」との書出しによる報告文であって、実際の徙民実施の紀年は、この時以前、すなわち元狩三年の「減戍卒半」の前に持って行くことも許される。

とすれば漢書武帝紀と史記匈奴伝の叙述における矛盾は解決するのであって、加藤繁氏の見解は徙民と「減戍卒半」との関連を無視されていたことになる。では松田寿男氏の見解は如何であろうか。確かに(1)の徙民を、(2)、(3)の徙民とは別個のものであったと理解することも可能であるが、北地以西の戍卒を半減させるほどの徙民が、元狩二年の事跡として匈奴伝のみにしか現われていないということは不可解である。おそらく(1)の徙民もそれにつづく「減戍卒半」とともに元狩三年の事跡と解すべきではなかろうか。(3)の記事も、渾邪王来降後の徙民は元狩三年となっている。

（8）「為田者遊兵」の読み方は、前文の「発騎」と並列の軍事体制とすれば、尾形氏のように「田者を遊兵」となり、「発騎」の結果とみなせば岡崎文夫氏のように「田者のために遊兵す」となる（岡崎文夫「魏の屯田制」『南北朝に於ける社会経済制度』）。いずれに解するも、要は屯田の機能を述べたものであろう。

（9）、（10）　漢書趙充国伝補注所引。

（11）　西嶋定生氏は、この秦代におけるオルドス置県につき、始皇三五年に「益発謫徙辺」、あるいは始皇三六年に「始皇帝卜之、卦得徙吉、遷北河楡中三万家、拝爵一級」（以上、史記始皇本紀）と徙民がつづいて行われており、これら徙民は、北辺新設の郡県民とされたものと考えなければならず、したがって、ここに新設された初県の内容はすでに始皇帝の天下統一後であるから、その初県は従来の伝統的な性格のない郡県制的な県の典型的な形態の例証であると考えられた（註（2）『中国古代

帝国の形成と構造』頁五二一―二)。しかし始皇三五年の徙謫はオルドス初県に行われたものであるかどうか定かでなく、また始皇三六年の徙民についても、徙謫とは性格が異なり、恰も先の初県が内郡の県のように整備されてきているかの観があるが、この徙民は「卜」によるものであった。また「遊徙」とも称されているように、実辺策として計画的に徙されたものであったかどうかも問題であるかも知れない。このため、これらの徙民をもってオルドス初県が内郡の県のように整備されるにいたったかどうかには疑問が残る。なお余有丁は、始皇三六年の徙遷について、北河徙民と占卜とは別個の事項と注している(『史記会注考証』)が、その根拠をあげず賛成し難い。

(12)　詳しくは日比野丈夫氏「河西四郡の成立について」『東方学報』二五、一九五四。『中国歴史地理研究』同朋舎、一九七七。主な意見は①本紀を是とする。②地理志を是とする。③本紀と志の折衷案(王峻説)。④本文中に引く四氏の説となる。しかし①②③は論拠乏しく本稿ではとりあげない。

(13)　「居延漢簡考証」『居延漢簡考釈』中央研究院歴史語言研究所、一九六〇。

(14)　「漢河西四郡建置年代考疑」『中国文化研究彙刊』二、一九四二。

(15)　『漢書補注辨証』新亜研究所、一九六一、頁二八―九。

(16)　注(12)日比野論文。

(17)　施之勉氏は史記匈奴伝の「是時漢、東抜穢貉朝鮮以為郡、而西置酒泉郡」を引くが、この記事の前後関係からは推論しえない。

(18)　藤枝晃氏「長城のまもり」『自然と文化別編』二、一九五五。なお日比野丈夫氏は史記河渠書、同大宛伝等にみえる「河西郡」と思わしき事例をあげる。しかしこれらも郡名ではなく地域名と解しうる。

(19)　Swann, N.L., Food and Money in Ancient China, 1950.

(20)　注(12)日比野氏は、史記匈奴伝の「漢渡河、自朔方以西至令居、云々」を、この史記平準書の事跡と同一と考えられるが、匈奴伝の事跡は元狩四年―六年の別件である。

(21)　漢書鼂錯伝。

(22)　漢書西域伝下。

# 第十一章 漢代の西北部経営——初県の環境I——

## はじめに

**前漢時代の対匈奴「百年戦争」** 前漢時代の西北部方面（西域を含む）への勢力拡大を、漢の対外政策、としての視点に立って整理してみると、それは、

〈第一期〉 首都圏防衛上の必要性、その他から陰山山脈附近の匈奴王庭を北方に排除し、黄河沿いの北上路（長安—涇水—蕭関—烏水—朔方—五原—陰山山脈南麓、長安—楡林—河曲—陰山山脈東端部など）を確保する一方、祁連山脈北麓の匈奴勢力を討ち、祁連山脈・湟水方面への拠点、令居を築く。前一二三年以降。

〈第二期〉 羌が匈奴と河西地区を通じて連繫し、関中に対して西方からの脅威となることを防止するため、祁連山脈東端の令居から祁連山脈の北麓で、山脈中より流出する河川の扇状地（オアシス）、それも祁連山脈を河谷に沿って南北に通行可能な諸地点（武威=石羊水—荘浪河—湟水、張掖=エジナ河—民楽—大通—湟水、酒泉=エジナ河ルートで湟水または疏勒河—青海、敦煌=党河—ツァイダム盆地—青海）を確保する。前一一一年以降。

〈第三期〉 匈奴の河西・西域方面への影響力を絶ち、匈奴を自力で西方から挟撃せんとして、車師（トゥルファ

ン）の経営に努める。前六八年以降。のほぼ三期に区分することができる。

このためこれら三期にわたる漢の西北経営は、いずれも対匈奴策を抜きにしては考えられない。この時期は、前一三三年の馬邑事件から前三六年の匈奴郅支単于謀殺にいたる約百年におよぶ。そしてこの漢と匈奴との「百年戦争」に動員された漢側兵士は、その九〇パーセント近くが武帝時四五年間に集中し、大約二百数十万人にのぼる（後掲附表Ⅱ参照）。

そこで前漢時代におけるこれら西北部方面での経営は、前漢時代最大の外交課題として位置づけることも可能であるが、この西北部経営はまた、塞北・河西・西域と、既成の中国領土から遠く離れた地域との関わりでもあり、少しく北・中央アジア史の分野とも重なる。

**松田寿男氏による「漢代の西域経営」観**　この点、松田寿男氏は、一九七五年にその多年の研究を体系化し、総括された「シルクロード論」[1]を発表され、この前漢時代の西北部経営についても、中央アジア史の分野から一つの結論を提示されている。

松田氏の結論によると、西域と漢人との関係については、従来これを西域経略（経営）として、対匈奴策・大宛討伐・屯田策による官営隊商の保護などの面から論じられてきているが、これは「たいへんな誤り」であって、西域と中国との交渉は、張騫の西使以前、先秦時代から存在しており、政治力や軍事力を動員した西域経営も、実は「西域貿易が常に存在する」との前提で発動されたものである。このため西域貿易と西域経略とを同視することは、西域の「自律性」からではなく、中央アジア史に対する「シナ本位」の見方となる。

**本章の課題**　この松田氏のシルクロード論は、西域、西域貿易の自律性を重視され、漢が軍事行動をもって新たに西域貿易路を切り開いたのではないとの点にその論点があるため、対匈奴策・屯田策などを通じての西域経営論を厳しく「誤り」と断ぜられたものであろう。しかしこれでは、たとえ西域、中央アジア史の「自律性」を強調されんとしたものであったにしても、漢の西北部経営があたかも東西交通路・西域貿易の確保を狙いとするものであったと結論づけられているかの観があり、この点についてはなお事実関係を通じて考証の余地がある。

もちろん西域が、東西交通路（西域貿易）として、歴史上重要な役割を果たしてきたこと自体を否定するわけではないが、西域を取り巻く各地の政治勢力がまた、それぞれの思惑をもって西域を舞台に角逐していたことも事実である。このため周辺諸勢力の思惑について、これを個々の事例から抽出し、それぞれに検討を加えてみること自体、あるいはそれが必ずしも東西交通・交易論、シルクロード論のみに限定されることにならないとしても、それはまた西域史のより立体的把握、実証に繋がると思われ、決して西域の自律性そのものを傷うことにはならないと考える。

そこで以下、このような問題点を考慮しつつ、前漢時代の西北部経営について少しくふれてみたいと考える。

## 一　対匈奴戦争の開始

本節ではまず、漢の西北部経営、対匈奴戦争の発端ともいえる武帝時の馬邑事件以前を中心に、それまでの匈奴との和親策が廃され、匈奴との本格的戦争が開始されるにいたった経緯について、これを一九七五年に発表された伊瀬仙太郎氏の研究[2]をもとに検討してみることとする。

**伊瀬仙太郎氏の所論をめぐって**　初めに伊瀬氏の所論を要約してみると、氏は匈奴と漢との紛争、とくに匈奴による漢への侵寇について、これは漢が匈奴の欲する物質、とりわけ奢侈財を和親条約や関市を通じ積極的に提供しようとせず、却って「中華思想に基づき、武力をもってかれら（匈奴、筆者注）を制圧する手段を撰んだ」ことに起因しており、史実に関する限り匈奴の侵寇は、この「漢の不法行為に対する対抗手段」であって、その非は漢側にあるとの結論を導かれている。

この結論にいたる上で、伊瀬氏が具体的裏づけとして挙げられた諸例のうち、とくに本節に関わる事例を紹介すると、①前一七七年の匈奴右賢王のオルドスへの入居は、漢人の辺塞地帯の吏が右賢王を侵侮したことによる。②前一六六～前一六二年にかけての、「匈奴、日已驕、歳入辺、殺略人民畜産甚多」（史記匈奴伝）との匈奴による連歳の侵寇も、文帝から単于に送った書状では、邪悪不正の漢人が利益を貪ったことに端を発しており、史記や漢書がこれを中行説の私怨と関連づけているのは、事件の責任をすべて匈奴側に求めようとする漢人一般の先入観による。③景帝時は、関市を開き匈奴の要求に応えていたため匈奴の入寇が少ない。④武帝が即位して和親条約を明らかにし、関市を手厚くすると匈奴は漢に親しみ長城附近を往来するようになった。⑤前一二九年、武帝が関市に集まった匈奴人を「不法襲撃」させたことが、以降八〇余年にわたる両国の交戦を招いた。⑥前八九年、匈奴単于から和親を従前通りするならば侵寇を中止するとの申し出がきている、などが挙げられる。

そこでもし、これらの事実が指摘されるように確認できたとすれば、後述するように馬邑事件にいたる匈奴との関係が、たとえ漢側における首都防衛の必要上などの比較的緊迫した事情を孕むとしても、これは漢側の自業自得ということになり、漢の対外政策を分析する上で影響をもつ。

**開戦後の和親の動き**　このためここでは、この伊瀬氏が指摘される諸点について、まず順次考えてみることになるが、このうち⑥の前八九（征和四）年に、狐鹿姑単于が和親を前提に戦闘中止を申し出た時期は、すでに両国間で四〇余年もの死闘が展開され、当時、匈奴は、漢書匈奴伝上によれば、

> 武帝崩（前八七、後元二年）、前此者、漢兵深入窮追、二十余年、匈奴孕重、堕殰、罷極、苦之、自単于以下、常有欲和親計。

との状況になっていて、この時点での和親に対する匈奴側の真意は、すでに物質的要求というよりも、連歳の戦闘で

疲れ苦しみ、妊娠したものも体力なく流産してしまうとの極限の事態で、漢との休戦にその重心が移ってきていた。

武帝時、漢と匈奴との本格的戦争が開かれて以後の両国間の公的ルートでの物資交流は、両国間の全面戦争の発端となった馬邑事件から前一二九年の漢軍出塞までの間については、史記匈奴伝に、

自是（馬邑事件）之後、匈奴絶和親、攻当路塞、往往入盜於漢辺、不可勝数、然匈奴貪、尚楽関市、嗜漢財物、漢亦尚（通）関市不絶、以中之、自馬邑軍後五年之秋、漢使四将軍各万騎撃胡関市下。（ルビは漢書匈奴伝上）

とあり、なお関市も存在していたが、それ以降については、「馬弩関」（漢書昭帝紀始元五年）などの名がみえてはいるものの関市の状況はさほど定かではない。ただ開戦後の両国間での和親についても、王庭を漠北に逐われ、次第に軍事的に追い詰められて行った匈奴が、なお常に漢との物資交流を求め、政治的事情よりもこれを優先させていたかどうかとなると明文はない。

それにしても、開戦後における漢・匈奴間での和親の動きは、本節の課題とも関わるため、多少煩瑣にわたるが開戦後の漢・匈奴間の主な和親・修好関係の事例を表示（附表Ⅰ）してみるとつぎのようになる。

〔附表Ⅰ〕

| 年号<br>皇帝・単于 | 和親・修好関係主要事項<br>漢 | 和親・修好関係主要事項<br>匈奴 | 関連事項<br>漢 | 関連事項<br>匈奴 | 出典 |
|---|---|---|---|---|---|
| 前一一九（元狩四）<br>武帝・伊稚斜 | 天子下其議、或言和親、或言遂臣之、丞相長吏任敞曰、匈奴新困、宜使為外臣、朝請於 | 単于用趙信計、遣使好辞請和親 | | （匈奴遠遁、而幕南無王庭） | 漢書匈奴伝上 |
| | 辺、漢使敞使於単于 | 単于聞敞計、大怒留之不遣 | 先是、漢亦有 | 単于亦輒留漢使 | |

| | | | 所降匈奴使者 | 相当 | |
|---|---|---|---|---|---|
| 前一一〇（元封元）武帝・烏維 | 而使郭吉風告単于、（略）南越王頭已県於漢北闕下、今単于即能前与漢戦、天子自将兵待辺、即不能、亟南面而臣於漢 | | 天子巡辺、親至朔方、勒兵十八万騎、以見武節 | | 漢書匈奴伝上（同武帝紀は「冬」） |
| | | 単于大怒、立斬主客見者、而留郭吉不帰 | | 単于終不肯為寇於漢辺、休養士馬、習射猟 | 漢書匈奴伝上 |
| | | 数使使好辞甘言、求和親 | | | |
| | 漢使王烏等闚匈奴 | | 王烏、北地人、習胡俗、去其節、黥面入廬 | | |
| | | 単于愛之、陽許曰、吾為遣其太子入質於漢、以求和親 | | | |
| 前一〇七（元封四）武帝・烏維 | 迺遣使説之、 | | 以匈奴弱、可遂臣服 | | 漢書武帝紀「秋」 |
| | | 単于使来、死京師 | 匈奴寇辺 | | |
| | 漢使楊信使於匈奴、（略）楊信説単于曰、即欲和親、以単于太子為質於漢 | | 漢用事者、以匈奴已弱、可臣従也、楊信為人、剛直屈強、素非貴臣、単于不親、欲召入、不肯 | | 漢書匈奴伝上 |

| | | | | | |
|---|---|---|---|---|---|
| 前一〇五（元封六）武帝・詹師廬 | 使者入匈奴 | | 児単于立、漢使両使、一人弔単于、一人 | | 漢書匈奴伝上 |
| | | | 去節、迺坐穹廬外、見楊信 | | |
| | | 単于曰、非故約、故約、漢常遣翁主、給繒絮食物有品、以和親、而匈奴亦不復擾辺、今迺欲反古、令吾太子為質、無幾矣 | | 匈奴俗、見漢使非中貴人、其儒生、以為欲説折其辞弁、少年、以為欲刺折其気、（略）漢留匈奴使、匈奴亦留漢使、必得当迺止 | |
| | 漢使王烏等如匈奴 | | | | |
| | | 紿王烏曰、吾欲入漢、見天子、面相結為兄弟 | | 何奴復讇以甘言、欲多得漢財物 | |
| | 王烏帰報漢、漢為単于築邸于長安 | | | | |
| | | 匈奴曰、非得漢貴人使、吾不与誠語 | | 諸所言者、単于特空紿王烏、殊無意入漢遣太子来質 | |
| | | 匈奴使其貴人至漢、病服薬、欲愈之、不幸而死 | | | |
| | 漢使路充国、佩二千石印綬、使送其喪、厚幣直数千金 | | | | |
| | | 単于、以為漢殺吾貴使者、迺留路充国不帰 | | | |

| | | | | | |
|---|---|---|---|---|---|
| | | | 弔右賢王、欲以乖其国 | | |
| | | 匈奴悉将致単于、単于怒而悉留漢使 | 匈奴使来、漢亦輒留之相当 | 漢使留匈奴者、前後十余輩 | |
| 前一〇〇（天漢元）武帝・且鞮侯 | | 匈奴帰漢使者、使使来献 | （前年、弐師将軍斬大宛王首） | | 漢書武帝紀「春」 |
| | | 尽帰漢使之不降者路充国等於漢、単于迺自謂、我児子、安敢望漢天子、漢天子、我丈人行 | | 恐漢襲之 | 漢書匈奴伝上 |
| | 漢遣中郎将蘇武、厚幣賂、遺単于 | | | | |
| | | 単于益驕、礼甚倨、非漢所望也 | | | |
| 前八九（征和四）武帝・狐鹿姑 | | 単于遣使遺漢書云、南有大漢、北有強胡、胡者天之驕子也、不為小礼以自煩、今欲与漢闓大関、取漢女為妻、歳給遺我糵酒万石、稷米五千斛、雑繒万匹、它如故約、周辺不相盗矣 | 弐師将軍降 | | 漢書匈奴伝上 |
| | 漢遣使者報送其使 | | （匈奴の提案を漢が拒否したが） | | |
| | | 単于留使者、三歳迺得還 | | | |
| 前八五（始元二） | | 自単于以下、常有欲和親計、 | | 武帝崩、前此者、 | 漢書匈奴伝上 |

| | | | | | |
|---|---|---|---|---|---|
| 頃 昭帝・狐鹿姑 | | （武帝崩）後三年、単于欲求和親、会病死 | | 漢兵深入窮追、二十余年、匈奴孕重堕殰罷極苦之 | |
| 前八五（始元二）昭帝・壺衍鞮 | | （単于）風謂漢使者、言欲和親 | | 左賢王・右谷蠡王、以不得立怨望、率其衆欲南帰漢、恐不能自致、（略）於是二王去、居其所 | 漢書匈奴伝上 |
| 前八一（始元六）昭帝・壺衍鞮 | | 移中監蘇武、前使匈奴、留単于庭十九歳、迺還 | | | 漢書昭帝紀「春」 |
| | | 迺更謀帰漢使不降者蘇武・馬宏等、（略）欲以通善意 | | 常恐漢兵襲之 | 漢書匈奴伝上 |
| 前七九（元鳳二）昭帝・壺衍鞮 | 漢亦羈縻之 | 単于弟左谷蠡王、思衛律言、欲和親、而恐漢不聴、故不肯先言、常使左右風漢使者、然其侵盗益希、遇漢使者愈厚、欲以漸致和親 | | 衛律以死、衛律在時、常言和親之利、匈奴不信、及死後、兵数困、国益貧 | 漢書匈奴伝上 |
| 前七一－六九（本始三－地節元）宣帝・壺衍鞮 | | 玆欲郷和親、而辺境少事矣 | | 匈奴大虚弱、諸国羈属者皆瓦解、攻盗不能理 | 漢書匈奴伝上 |
| 前六八（地節二）宣帝・虚閭権渠 | | 単于聞之、喜、召貴人謀、欲与漢和親。左大且渠心害其事、曰、前漢使来、兵随 | 漢罷外城、以休百姓 | 是時匈奴不能為辺寇 | 漢書匈奴伝上 |

| | | | | | |
|---|---|---|---|---|---|
| | | 其後、今亦効漢発兵、先使使者入、（略）時匈奴亡其三騎、不敢入、即引去 | | | |
| 前六〇（神爵二）宣帝・虚閭権渠 | | 迺使題王都犂胡次等入漢、請和親、未報、会単于死 | | 単于将十余万騎、旁塞猟、欲入辺寇、（略）月余、単于病欧血、因不敢入、還去即罷兵 | 漢書匈奴伝上 |
| 前六〇（神爵二）宣帝・握衍朐鞮 | | 握衍朐鞮単于立、復修和親、遣弟伊酋若王勝之、入漢献見 | | 顓渠閼氏即与右賢王（後、握衍朐鞮単于）私通、（略）単于初立、凶悪 | 漢書匈奴伝上 |
| 前六〇（神爵二）宣帝・前六〇年時の両単于か | | 匈奴単于遣名王、奉献、賀正月、始和親 | | | 漢書宣帝紀「秋か冬」 |
| 前五八（神爵四）宣帝・握衍朐鞮か | | 匈奴単于遣弟呼留若王勝之、来朝 | | （呼韓邪単于自立、握衍朐鞮単于自殺） | 漢書宣帝紀「五月」 |
| 前五六（五鳳二）宣帝・単于分立 | | 匈奴呼遬累単于、帥衆来降、封為列侯 | | （呼韓邪・屠耆・呼掲・烏藉・車犂の五単于、閏振・郅支骨都侯単于など） | 漢書宣帝紀「十一月」・匈奴伝下 |
| 前五四（五鳳四） | | 匈奴単于称臣、遣弟谷蠡王 | | | 漢書宣帝紀 |

| | | | | | |
|---|---|---|---|---|---|
| 宣帝・単于分立 | | 入侍 | | | 「春」 |
| 前五三（甘露元）<br>宣帝・単于分立<br>（呼韓邪）<br>（郅支） | | 匈奴呼韓邪単于、遣子右賢王銖婁渠堂入侍、（略）匈奴単于遣弟左賢王、来朝賀 | | | 漢書宣帝紀<br>「正月」 |
| | | 左伊秩訾王為呼韓邪計、勧令称臣入朝事漢、従漢求助、如此、匈奴乃定、呼韓邪議問諸大臣、皆曰不可、匈奴之俗、本上気力、而下服役、以馬上戦闘為国、（略）今兄弟争国、不在兄、則在弟、雖死猶有威名、子孫常長諸国、漢雖彊、猶不能兼并匈奴、奈何乱先古之制、臣事於漢、卑辱先単于、為諸国所笑、雖如是而安、何以復長百蛮、左伊秩訾曰、不然、彊弱有時、今漢方盛、（略）今事漢則安存、不事則危亡、（略）呼韓邪従其計、引衆南近塞、遣子右賢王銖婁渠堂入侍、郅支単于亦遣子右将駒于利受入侍 | | | 漢書匈奴伝下 |
| 前五二（甘露二）<br>宣帝・単于分立<br>（呼韓邪） | 詔有司議、咸曰、（略）匈奴単于、郷風慕義、挙国同心、奉珍朝賀、自古未之有也、 | 匈奴呼韓邪単于、款五原塞、願奉国珍、朝三年正月 | | | 漢書宣帝紀<br>「十二月」 |

| | | | | | |
|---|---|---|---|---|---|
| （郅支） | （略）詔曰、（略）今匈奴単于称北藩臣、朝正月、（略）其以客礼待之、位在諸侯王上 | | | | |
| | | 呼韓邪単于、款五原塞、願朝三年正月 | | （甘露三年）呼韓邪単于正月朝、（略）郅支単于亦遣使奉献（甘露四年）両単于倶遣使朝献 | 漢書匈奴伝下 |

この表は匈奴の衰退、とくにその内訌が激しくなり、単于自らが漢に称臣・入朝するようになった宣帝甘露年間までで止めてあるが、この間における和親・修好への動きに限定して両国の思惑を検討してみると、まず漢側が先に匈奴へ働きかけた事例としては前一一〇・一〇七・一〇五年の三例がある。しかし前一一〇年は匈奴の臣属を、前一〇七年は単于太子の質子を要求したものであり、前一〇五年の場合は、匈奴国内の擾乱を意図したものである。厳しい交戦下にあってみれば当然のことながら、いずれも対等な和親・修好を目指したものではなかった。

これに対して匈奴側からの働きかけは、漢側からの場合を除く一七例となるが、その対漢姿勢の原則は、「匈奴之俗」として伝えられる「得当」（前一一九・一〇七年）すなわち対等主義、あるいは「常長諸国」（前五三年）すなわち匈奴至上主義で、漢側の非礼に対しては、①漢使の拘留（前一一九・一一〇・一〇五・八九年）、②「非得漢貴人使、吾不与誠語」（前一〇七年）、あるいは紿き、甘言を弄し（前一一〇・一〇七年）て真剣に対応しない、③高飛車に「故約」の実行を求める（前一〇七・八九年）、などの態度をもって対処した。

そして「故約」については、これと引き替えに匈奴は侵寇の中止を申し出ている（前一〇七・八九年）ものの、もし漢がこの匈奴の甘言にほだされて物品を供応しても、その結果は、「単于益驕、礼甚倨」（前一〇〇年）であって、漢側の期待は裏切られている。匈奴側の和親・修好への動きも、また当然のことながらかつての対漢優越時代への回帰がその底流となっていた。

もちろん武帝時の末年から、匈奴側が漢の軍事力を恐れ、また自国での内訌も重なって、次第に和親を通じ漢との休戦、さらには漢軍の援助さえも真剣に考慮されてくるが、いずれも両国開戦後の和親の動きについては、物資交流の域を越え、政治的軍事的側面が払拭し難い。

**前一七七年の右賢王の侵寇**　この⑥以外の①〜⑤については、いずれも漢と匈奴との全面戦争にいたる過程での問題であり、両国開戦の経緯を確認する上でも重要な課題となっている。

そこで多少前後したが、まず①の漢の辺塞勤務の吏が匈奴を侵侮したとの問題について考えてみる。これは前一七六（文帝四）年の冒頓単于から文帝に宛てられた書簡のなかにみえている。史記匈奴伝によると、

前時皇帝言和親事、称書意合歓、漢辺吏、侵侮右賢王、右賢王不請、聴後義盧侯難氏（支）等計、与漢吏相距、絶二主之約、離兄弟之親、（略）漢以其故不和、鄰国不附、今以小吏（後義盧侯難氏等）之敗約、故罰右賢王、使之西求月氏撃之、以天之福、（略）諸引弓之民、并為一家、北州已定、願寝兵休士卒養馬、除前事、復故約、以安辺民、以応始古、使少者得成其長、老者安其処、世世平楽、未得皇帝之志也、（略）皇帝即不欲匈奴近塞、則且詔吏民遠舎。（ルビは漢書匈奴伝上）

とあり、この前年に行われたオルドス・北地への右賢王侵寇の背景について、単于は、「漢辺吏、侵侮右賢王」と、たしかに漢側の責任として説明している。

ところがこの書簡に対する文帝からの前一七四（文帝六）年の単于への書簡は、史記匈奴伝によれば、

使郎中係雩浅遺朕書曰、右賢王不請、聴後義盧侯難氏等計、絶二主之約、離兄弟之親、漢以故不和、鄰国不附、今以小吏敗約、故罰右賢王、使西撃月氏、尽定之、願寝兵休士卒養馬、除前事、復故約、以安辺民、使少者得成

其長、老者安其処、世世平楽、朕甚嘉之、此古聖主之意也、漢与匈奴約為兄弟、所以遣単于甚厚、倍約離兄弟之親者、常在匈奴、然右賢王事已在赦前、単于勿深誅、単于若称書意、明告諸吏、使無負約有信、敬如単于書。

とあり、一切漢側の責任、すなわち「漢辺吏、侵侮右賢王」との部分にふれないのみか、逆に、「倍約離兄弟親者、常在匈奴」と匈奴の方を責め、さらにこの度、右賢王輩下の「小吏」が約を敗るの故に右賢王を罰せられたそうであるが、「右賢王事已在赦前、単于勿深誅」とし、またもし単于がこの書簡に同意し、匈奴の「諸吏」に明告して約に背くことなく信あらしめば、「敬如単于書」と、事件に関しては匈奴側の処置についてのみ言及している。

文帝がここで「敬如単于書」と述べているのは、単于からの書簡中にみえる、「願寝兵休士卒養馬、除前事（右賢王侵寇事件）、復故約（高祖時の和親条約）、以安辺民」との和親の申し出に同意することを意味し、単于が漢人「吏民」を辺塞から遠くに舎めよとの申し出に対し、同書簡が辺塞警備の後退を認めたものでないことは、漢側が事件の責任を認めていない以上、自明のことである。

文帝はこの右賢王の侵寇に対して、漢書匈奴伝上（同様の記事が史記孝文紀に「帝曰」としてみえる）によれば、また、

下詔曰、漢与匈奴、約為昆弟、無侵害辺境、所以輸遺匈奴甚厚、今右賢王離其国、将衆居河南地、非常故、往来入塞、捕殺吏卒、敺侵上郡保塞蛮夷、令不得居其故、陵轢辺吏、入盗、甚驁無道、非約也。

との詔を発しているが、この詔文においてもただ匈奴の違約のみを難じている。あるいは事件の真相については不明というべきかも知れないが、ただこの時代の匈奴単于は、父の頭曼単于を殺して単于位を奪い、領土を拡大し、絶対的な権威を確立していた冒頓である。ゆえにたとえ漢の辺塞の吏が隣接地区の匈奴を侵侮したとしても、突発的、部分的なトラブルで匈奴側がこれによって大した打撃を被るはずもない。このため右賢王が敢えて冒頓単于の許しもなく罪を覚悟で勝手に任地を離れ、兵を動かすなどの危険を冒しえたであろうか。聊か不自然である。

そして漢の車騎八万五千の反撃をうけ逃走した右賢王に対する処罰は、その本来任務であるはずの月氏討伐を命じ

たにすぎない。この事件については、むしろ冒頓単于の書簡の方に、右賢王の軍事行動、匈奴側の意図を糊塗するための別の真相が隠されていたような気がしてならない。

**前一六六～前一六二年の匈奴の侵寇**　ついで②であるが、これは前一六六（文帝一四）年に老上単于が一四万騎を率いて北地・蕭関あたりに一ヵ月余もとどまり、三輔、甘泉宮附近にまで匈奴の兵が侵入した事件と、それに続く連歳にわたる匈奴による辺塞（雲中～遼東）への侵寇との事態をうけ、文帝が匈奴に書簡を送り、匈奴もこれに応えて途絶えていたと思われる和親を漢に申し入れてきたのであるが、ここで問題とされている書簡は、匈奴からの和親提案に対する、前一六二（文帝後二）年の文帝の返書である。

　そこで伊瀬氏が指摘されるこの書簡の当該部分を掲げてみると、史記匈奴伝によれば、

　今聞渫悪民、貪降其進取之利、倍義絶約、忘万民之命、離両主之驩。

とあり、邪悪不正の民が利を貪ったことがみえているが、この書簡をいま少し詳細に引用してみると、

Ⓐ皇帝敬問匈奴大単于、無恙、使当戸且居雕渠難・郎中韓遼、遺朕馬二匹、已至、敬受、Ⓑ先帝制、長城以北引弓之国、受命単于、長城以内冠帯之室、朕亦制之、使万民耕織射猟衣食、父子無離、臣主相安、倶無暴逆、Ⓒ今聞渫悪民、貪降其進取之利、倍義絶約、忘万民之命、離両主之驩、然其事已在前矣、Ⓓ書曰、二国已和親、両主驩説、寝兵休卒養馬、世世昌楽、闟然更始、Ⓔ朕甚嘉之、聖人者日新、改作更始、使老者得息、幼者得長、各保其首領、而終其天年、朕与単于倶由此道、順天恤民、世世相伝、施之無窮、天下莫不咸便、Ⓕ漢与匈奴、鄰敵之国、匈奴処北、地寒、殺気早降、故詔吏遺単于秫糵金帛絲絮佗物、歳有数、（略）Ⓖ朕追念前事、薄物細故、謀臣計失、皆不足以離兄弟之驩、朕聞天不頗覆、地不偏載、朕与単于、皆捐往細故、倶蹈大道、墮壊前悪、以図長久、（略）倶去前事、朕釈逃虜民、単于無言章尼等、Ⓗ朕聞古之帝王約分明、而無食言、単于留志、天下大安、Ⓘ和親之後、漢過不先、単于其察之。

とあり、問題の「渫悪民」が両主の驩を絶つとのことは、それにつづけての文脈からすると、「已在前矣」と過去の出来事とされている。そしてまたこの事件については、単于からの書簡ですでに和解が成立している。単于による兵馬を休めんとの申し出もきており（Ⓓの部分）、「前事」が謀臣の過失であってみれば、兄弟の約を破棄するにはあたらない（Ⓖの部分）との事情も附記されている。

このため「渫悪民」云々は、「已在前矣」（Ⓒ）・「前事」・「前悪」（以上Ⓖ）、と解決済みの事柄であったことになり、先に掲げた前一七六年の単于からの書簡と読み比べてみると、この「前事」が前一七七年の右賢王のオルドス方面への侵寇の際の事情（前一七四年の文帝から単于に宛てた書簡に照らし、「渫悪民」は当然匈奴側の民）、Ⓖ「謀臣計失」がその時の「右賢王不請、聴後義盧侯難氏等計」との事実に相当し、Ⓓ「書曰」云々も、前一七六年の単于からの書簡中の文言と、和親の締結・戦争の中止・兵卒や馬の休養・世世の太平、などほぼ一致している。

それにしてもこの場合、Ⓒ「渫悪民」云々の部分が、「今聞」との書き出しになっている点に問題が残るかも知れないが、この書簡は、その初めに、Ⓓ「先帝制、長城以北引弓之国、受命単于、長城以内冠帯之室、朕亦制之」云々とあり、先帝、すなわち高祖による約と、その延長としての文帝時の政治理念とが述べられ、ついで「今聞」として前一七七年の故事かと思われる部分があり、書簡の最後を、Ⓗ「朕聞古之帝王約分明、而無食言」と、まず前一七六年の単于の書簡に応酬し、ついでは前一七四年に両国の和親が成立したにも拘わらず、その後一方的に匈奴が和親に違反してきている、すなわち連歳の侵寇がみられるとの認識に立ってか、Ⓘ「和親之後、漢過不先、単于其察之」と匈奴側の態度を暗に責め、この書簡を締め括っている。

そしてこの書簡の全体の構成からすると、気になる「今聞」との「今」は、その前文のⒷ「先帝制」に対応しての「今」であり、おそらく文帝即位後（「今上」の今）程度の意味で用いられていたのではなかったかと考える。前一六二年の書簡作成時からいえば、前一七七年の右賢王のオルドス方面への侵寇は、すでに十余年も前のことであり、当然これまた「前事」ともなりえたわけである。

このようにみてくると、②の場合も、この前一六二年の文帝の書簡からは、前一六六～前一六二年にかけての間における匈奴侵寇の背景を明確に確認することはできない。そして前一六二年の和親条約についてはまた、史記孝文紀後二（前一六二）年の条に、これと関係する詔文が伝えられていて、

> 上（詔）曰、朕既不明、不能遠徳、是以使方外之国、或不寧息、夫四荒之外、不安其生、封畿之内、勤労不処、二者之咎、皆自於朕之徳薄、而不能遠達也、間者累年、匈奴並暴辺境、多殺吏民、辺臣兵吏、又不能諭吾内志、以重吾不徳也、夫久結難連兵、中外之国、将何以自寧、今朕夙興夜寐、勤労天下、憂苦万民、為之恒惕不安、未嘗一日忘於心、故遣使者冠蓋相望、結軼於道、以諭朕意於単于、今単于反古之道、計社稷之安、便万民之利、親与朕倶弃細過、偕之大道、結兄弟之義、以全天下元元之民、和親已定、始于今年。（ルビは漢書文帝紀）

とあり、連歳の匈奴による侵寇が窺われる一方、また辺塞の臣、兵吏が文帝の内意を充分匈奴に徹底していないとのことでもある。このため「遣使者冠蓋相望」と、頻繁に使者を派遣し単于との接触に努めており、文帝の事態への焦り、辺境守備の吏卒に対する苛立ちが感じられるが、このことをもって即、これを漢側の辺塞吏卒による匈奴への不法行為の存在にまで結びつけることができるかどうかとなると文面は抽象的である。

**景帝時の対匈奴情勢**　ついでは③の景帝時は関市交易が順調で、匈奴の侵寇が少ないとの点についてであるが、史料面では、

Ⓐ前一五六（景帝元）年、「匈奴入代、与約和親」。（史記孝景紀）

Ⓑ前一四八（景帝中二）年二月、「匈奴入燕、遂不和親」。（史記孝景紀）

Ⓒ前一四四（景帝中六）年六月、「匈奴入鴈門、至武泉、入上郡、取苑馬、吏卒戦死者二千人」。（漢書景帝紀）

Ⓓ前一四二（景帝後二）年春、「匈奴入鴈門、太守馮敬与戦、死、発車騎材官屯」。（漢書景帝紀）

の計四次の侵寇が伝えられている。このうちⒶは結局和親を結ぶが、その前段階は「入」となっており侵寇と和親が併行されている。ただ漢書景帝紀元年夏四月の条では「遣御史大夫青翟、至代下、与匈奴和親」となっていて、「匈奴入代」の部分がない。荀悦漢紀では「青翟」は「陶青翟」、顔師古は「翟」は衍字と解している。またⒷも「遂不和親」とあるが、漢書景帝紀中二年二月の条では「匈奴入燕」とあるのみである。

この点、史記匈奴伝は、

孝景帝復与匈奴和親、通関市、給遺匈奴、遣公主如故約、終孝景時、時小入盗辺、無大寇。

となっている。おそらく当時においては、辺塞の吏卒数千人の死や、郡太守の殺害などは、漢にとってもはや「小入」・「無大寇」と認識されていた。景帝時におけるⒶ〜Ⓓの入寇記事は、このような状況の中での伝文である。そして史記匈奴伝のこの記事は、いみじくも景帝時の対匈奴情勢が、如何に受け身の立場に後退していたかを窺わせる。慢性化してきていた辺塞への侵寇などよりも、より緊急を要する「大寇」すなわち後述するようにすでに首都圏に対する匈奴の脅威が迫ってきているとの新たな情勢が存在した。

このため③についても、慢性化する入寇の中で、景帝時の和親策が、匈奴を満足させその侵寇を防止しえたといえるかどうか、判断を慎重にしなければならない。

**武帝即位当初の対匈奴情勢**　そこでついでは武帝の即位後の④の場合であるが、これは史記匈奴伝にみえる、

今帝即位、明和親約束、厚遇、通関市、饒給之、匈奴自単于以下皆親漢、往来長城下。

との記事を指したものである。この前一四〇年の武帝即位時から前一三三（元光二）年の馬邑事件にかけての時期は、たしかに史料面で具体的入寇の記事はみえない。

しかし漢書武帝紀によれば、前一三四（元光元）年の冬（?）から六月にかけ、

衛尉李広為驍騎将軍、屯雲中、中尉程不識為車騎将軍、屯鴈門、六月罷。

と、李広・程不識の二将が雲中と鴈門に屯戍したことが伝えられている。馬邑事件の前年である。漢側が新たに将兵を派遣しての北辺での軍事行動は、前一四二（景帝後二）年に、郅将軍がその一年余り前の上郡への侵寇とその後の匈奴情勢をふまえて匈奴討伐を行っている（「郅将軍撃匈奴」史記孝景紀後二年）ことと、同年三月に車騎材官が匈奴の鴈門への侵寇に対処するため軍屯している（「匈奴入鴈門、太守馮敬与戦死、発車騎材官屯」漢書景帝紀、また史記孝恵紀）こと以来で、実に八年ぶりである。

この点、史記匈奴伝に伝えられるように、もし匈奴が漢に親しみ両国の関係が順調であったとするならば、武帝即位まもない前一三四年に、なぜ一方的に事を構える必要があったのであろうか。理解に苦しむが、実はこの問題について、漢書武帝紀元光二（前一三三）年の条に、馬邑事件に際しての武帝の詔文がみえ、それによると、

朕飾子女、以配単于、金幣文繡、賂之甚厚、単于待命加嫚、侵盗亡已、辺境被害、朕甚閔之、今欲挙兵攻之、何如。

とのことで、公主や物資の贈与（和親）が、かえって匈奴の漢に対する嫚心を招き、武帝即位後も和親条約の存在に関わりなく、「侵盗、亡已」の状態が依然として続いていたということである。

このため前一三四年の辺郡の屯戍も、直接の事件は伝えられていないが、これが漢側の一方的軍事行動ではなかったことが充分に推測される。そしてこの事実はまた、これまで漢側の一方的事情でもって企図されたと伝えられてきた馬邑事件についても、案外この前年の軍屯をめぐる諸事情が、これに深く関わっていたのかも知れない。

同時にこのことは、開戦後の和親をめぐる動きのなかでもみられるが、対匈奴和親条約の限界、実態を物語る。

**前一二九年の漢軍の関市襲撃** 最後になったが、ここでは⑤の前一二九（元光六）年に衛青・公孫敖・公孫賀・李広の四将による、関市に集まった匈奴人への襲撃が、伊瀬氏の指摘されるように「不法襲撃」・「不信行為」であったかどうかについてふれることにする。

まず前一二九年の出軍の情況であるが、史記匈奴伝によれば、

> 自馬邑軍後五年之秋、漢使四将軍各万騎、撃胡関市下、将軍衛青出上谷至蘢（龍）城、得胡首虜七百人、公孫賀出雲中、無所得、公孫敖出代郡、為胡所敗七千余人、李広出鴈門、為胡所敗、而匈奴生得広、広後得亡帰、漢囚敖・広、敖・広贖為庶人。（ルビは漢書匈奴伝上）

とあり、この戦闘は、上谷・代・雲中・鴈門から総勢四万騎もの大軍を出撃させながら、衛青が「七百余人」の斬首をえたに過ぎず、公孫敖と李広は匈奴のために大敗北を喫した。大軍を動かした割には戦果の少ない出軍である。ただこの点について、漢書武帝紀元光六（前一二九）年の条にみえる武帝の詔によれば、

> 夷狄無義、所従来久、間者匈奴数寇辺境、故遣将撫師、古者治兵振旅、因遭虜之方入、将吏新会、上下未輯。

とあり、顔師古の解釈に従えば、昔は平素から人民を訓練し万全を期していたが、今回は匈奴の侵寇に遭い、事前の慎重な準備もなく俄か造りの軍を派遣していたもので、体勢上の不備が存在していたとのことである。

そしてこの詔文は、つづけて、

> 代郡将軍敖、雁門将軍広、所任不肖、校尉又背義妄行、棄軍而北、少吏犯禁、用兵之法、不勤不教、将率之過也、教令宣明、不能尽力、士卒之罪也、将軍已下廷尉、使理正之、而又加法於士卒、二者並行、非仁聖之心、朕閔衆庶陥害、欲刷恥改行、復奉正議、厥路亡繇、其赦雁門代郡軍士不循法者。

と、その軍の混乱ぶりをも伝え、敗北した二将は罪に問われた。

このことは、漢側が対匈奴和親策を前提とする段階では、どうしても軍事的に受け身にならざるをえず、事前の準備を欠いた出軍もまた致し方ないことである。しかしそれにしても、この時、これほどまでに緊急を要した対匈奴事情とは一体何であろうか。これについては史記匈奴伝にみえる、

> 自是（馬邑事件）之後、匈奴絶和親、攻当路塞、往往入盗於漢辺、不可勝数。

との情勢、あるいはその前年の、漢書武帝紀元光五（前一三〇）年の条にみえる、

発卒万人、治雁門阻険。

との事情なども存在していたが、どうもその直接の原因ではないかと考えられる事件として、漢書武帝紀元光六（前一二九）年の条に、この前一二九年秋の出軍に先立つ同年の春、

匈奴入上谷、殺略吏民。

との事実が伝えられている。

この時の侵寇の被害情況は審らかではないが、これが漢書武帝紀に所載される具体的な匈奴侵寇記事の最初である。この結果、事前の準備もなく急遽四万もの大軍が派遣されている。この前一二九年春の上谷への匈奴侵寇がどの程度漢側に深刻な衝撃を与えたか、具体的内容を欠くが、相当の規模のものであったことが想定されうる。同時にこの事件はまた、結果としてその後の対匈奴全面戦争への実質的な幕開けとなるわけで、漢代の西北部経営史上、重要な位置づけをもつ。

そして本来の課題である前一二九年の漢軍の出兵が、はたして漢側の一方的な「不信行為」・「不法襲撃」であったかどうかであるが、以上みてきた限りにおいてはこれまた検討の余地が残される。

以上、伊瀬氏の所論に導かれ、漢の対匈奴策が中華思想に基づく漢側の一方的武力行使に終始していたかどうかをみてきたが、これまでの検討を通じては、とくに匈奴の非を衝くことを目的としているわけでもなく、また中国側史料を中心とする検討の限界を感じつつも、なお漢側を一方的に非とする見解については結論の慎重を期したいと考えている。

**漢初の対匈奴和親条約に対する理解**　このように検討してきたとして、伊瀬氏が問題とされる和親条約について、漢側が当初これをどのよう受け止めていたかどうかは問題として残されている。

それは武帝の対匈奴積極策の背景として、一般に、Ⓐ父祖以来の屈辱外交に終止符を打つ、Ⓑ武帝時に財政も富かになり中央集権国家としての基礎が固まった、との二点が指摘されており、[3]Ⓑの内政面での要因は別としても、Ⓐの屈辱的外交との点については、当然、問題の和親条約がこれに関わる。

伊瀬氏の所論は、この和親条約を屈辱的外交と位置づける漢側の不誠実さ、武力主義を問題とされていて、その意味では結論とされるところは、これまでの通説の延長線上にあり、またそれだけに妥当性をもつ。

このため対匈奴和親策が、漢側にとってどのように理解されていたかは問題となるが、この点について文帝時に和蕃公主に随行し、匈奴のために策を講じたとされる中行説の言として、史記匈奴伝に、

匈奴人衆、不能当漢之一郡、然所以彊者、以衣食異、無仰於漢也、今単于変俗好漢物、漢物不過什二、則匈奴尽帰於漢矣、其得漢繒絮、以馳草棘中、衣袴皆裂敝、以示不如旃裘之完善也、得漢食物皆去之、以示不如湩酪之便美也。

とあり、匈奴固有の習俗の保持を進言する一方、漢が自国で費す物資（前漢時の財政は大司農四十万万・少府八十三万万。桓譚新論）の十分の二もの額を匈奴のために使うとすれば、との話しが伝えられている。もちろんこの額は、仮定の上での話しであるが、あるいはもし歳々かなりの額の物資が匈奴に贈られていて、これがもし漢の財政にも影響するほどであったとすると、これは屈辱・「鄰敵之国」（史記匈奴伝）どころの問題ではなくなる。

漢書韓安国伝には、

遣劉敬奉金千斤、以結和親、至今為五世利。

とあり、贈物、歳幣の総額は定かにしえないものの（両国開戦後では武帝征和四年に「歳給遺我糵酒万石・稷米五千斛・雑繒万匹、它如故約」、宣帝甘露三年に「賜以冠帯・衣裳・黄金璽・盭綬・玉具剣・佩刀・弓一張・矢四発・棨戟一・安車一乗・鞌勒一具・馬十五匹・黄金二十斤・銭二十万・衣被七十七襲・錦繡綺縠雑帛八千匹・絮六千斤」、宣帝黄竜元年に「甘露三年の額＋衣百

一十襲・錦帛九千匹・絮八千斤」、元帝竟寧元年に「甘露三年の額＋衣服錦帛絮皆倍於黄竜時」、哀帝元寿二年に「加賜衣三百七十襲・錦繍繒帛三万匹、絮三万斤、它如河平時」、以上漢書匈奴伝。征和四年は実施をみず）、劉敬によって締結された和親条約が、漢の負担になることはなかったと思われる。

もちろん漢書韓安国伝の記事は、武帝時に馬邑の計を採択すべきかどうかの議論において、和親派韓安国が述べた言葉である。このためあるいは眉に唾する必要があるかも知れないが、同伝にみえるこの時の議論で、韓安国と対立した強硬派王恢の繰り返しての主張にも、和親条約そのものが漢の負担となっているとの発言はない。

そして前一七五（文帝五）年に盗鋳銭の令が除かれたことに対する賈誼の諫言中には、漢書食貨志下によれば、

制吾棄財、以与匈奴逐争其民、則敵必懐。

とのように、むしろ積極的に贈物を行い、もって匈奴を懐柔同化すべしとの意見さえみえている。

このため前一七四（文帝六）年頃に匈奴に赴いたと思われる中行説は、当然このような漢朝の空気、対匈奴策をめぐる議論を承知していたはずで、先ほどの中行説による、漢物の十分の二も贈られることがあれば、匈奴は漢に帰属するに違いないとの単于への献策も、あるいはこれら漢廷での議論を背景にしてのことであったかも知れない。そしてまた、この和親条約に付随する公主の嫁降にしても、漢側では、史記劉敬伝に、

陛下誠能以適長公主妻之、厚奉遺之、彼和漢適女送厚、蛮夷必慕以為閼氏、生子必為太子、代単于、何者貪漢重幣、（略）冒頓在、固為子婿、死則外孫為単于、豈嘗聞外孫敢与大父抗礼者哉、兵可無戦、以漸臣也。

と述べられているように、匈奴を帰属させんとの遠謀が働いていた。両国を「昆弟」とする位置づけも、これが屈辱であるとしてさほど深刻に問題視することもなかった。

また昭帝時と時代は降るが、塩鉄論にも、備胡・撃之・西域・和親などの、匈奴問題を論じた諸篇が存在しているが、ここにおいても和親条約については、これを肯定・評価こそすれ否定する意見は見当たらない。

もちろんこれには、匈奴と武力をもって対峙した場合との条件が前提になっているが、当時、現実に採択され、運用されている対匈奴和親条約そのものに対しては、大勢としてこれを評価する姿勢が窺え、前一六二（文帝後二）年の和親後の制詔においても、史記匈奴伝では、

制詔御史曰、匈奴大単于遺朕書、言和親已定、亡人不足以益衆広地、匈奴無入塞、漢無出塞、犯令約者殺之、可以久親、後無咎倶便、朕已許之、其布告天下、使明知之。

とあり、「亡人」すなわち投降者をめぐる両国間の行き違いを、あまり問題視せず棚上げする一方、和親条約に対しては、その遵守のために「約」を犯すものはこれを殺すとの強い決意を天下に公示している。

この決意はまた、「倍約離兄弟之親者、常在匈奴」（文帝六年の文帝から単于への書簡）・「和親之後、漢過不先」（文帝後二年の文帝から単于への書簡、以上史記匈奴伝）・「漢与匈奴和親、率不過数歳即背約」（武帝元光元年、大行王恢の言、王恢は「数為辺吏、習胡事」と。漢書韓安国伝）などと軌を一にするもので、史記孝景紀中二年の条に伝えられる、「匈奴入燕、遂不和親」などは、漢・匈奴いずれが和親を破棄したものか必ずしも定かではないが、「漢以其故（右賢王入居河南地）、不和」（文帝四年の単于から文帝への書簡、史記匈奴伝）との匈奴側の指摘は、どちらかといえば特例に類し、漢側の和親条約に対する認識を正しく反映したものではなかった。

**匈奴による首都圏への脅威**　このようにみてくると、馬邑事件に始まる対匈奴積極策の背景を、和親条約との関わりに求めることは問題となり、これを新たに何に求めるかが問題になる。この点、馬邑事件に際しての詔文は、「侵盗、亡已」（漢書武帝紀元光二年）とこれを一に匈奴の侵寇に帰している。

たしかに問題視される匈奴の侵寇ではあるが、もし漢側がこれに武力で対抗すれば、当然匈奴との全面戦争を覚悟しなければならない。それを覚悟で、なお武力対決に乗り出さねばならなかった深刻な事態についてであるが、これについて考えられることは、

Ⓐ前一七七（文帝三）年五月、「匈奴入北地、居河南為寇」。六月「其発辺吏騎八万五千詣高奴、遣丞相潁陰侯灌嬰撃匈奴、匈奴去、発中尉材官属衛将軍、軍長安」（史記孝文紀、漢書文帝紀は「匈奴入居北地河南為寇」）。

Ⓑ前一六九（文帝一一）年、「匈奴寇狄道（隴西）」（漢書文帝紀、狄道方面へは前一八二・呂后六年に「匈奴寇狄道、攻阿陽」、前一八一・呂后七年一二月に「匈奴寇狄道、略二千余人」漢書高后紀）。

Ⓒ前一六六（文帝一四）年（冬）、「匈奴単于十四万騎入朝那・蕭関、殺北地都尉卬、虜人民畜産甚多、遂至彭陽、使奇兵人焼回中宮、候騎至雍甘泉」。「以中尉周舎・郎中令張武為将軍、発車千乗騎十万、軍長安旁、以備胡寇、而拝昌侯盧卿為上郡将軍、甯侯魏遬為北地将軍、隆慮侯周竈為隴西将軍、東陽侯張相如為大将軍、成侯董赤為前将軍、大発車騎、往撃胡、単于留塞内月余、乃去」（史記匈奴伝、漢書文帝紀は「中尉周舎為衛将軍、郎中令張武為車騎将軍、軍渭北」）。

Ⓓ前一五八（文帝後六）年（冬）、「匈奴三万人入上郡、二万人入雲中」。「以中大夫令勉為車騎将軍、軍飛狐、故楚相蘇意為将軍、軍句注、将軍張武、屯北地、河内守周亜夫為将軍、居細柳、宗正劉礼為将軍、居覇上、祝兹侯、軍棘門、以備胡、数月胡人去、亦罷」（史記孝文紀）。

Ⓔ前一四四（景帝中六）年六月、「匈奴入鴈門、至武泉、入上郡、取苑馬、吏卒戦死者二千人」（漢書景帝紀）。

などの、それぞれの匈奴の侵寇によっても窺えるように、匈奴の数万から時には十数万の騎馬兵が、上郡・北地・隴西などの首都圏、三輔に隣接する諸郡に容易に侵入し、さらには蕭関を越え甘泉宮にまでも匈奴の兵が出没している事実である（上記以外の匈奴の侵寇で、高祖白登の恥以降その入寇地を伝えるものは、高祖七年一二月「代」、漢書高帝紀下、同八・九年頃「代・鴈門・雲中」、同一〇年「代」、同一一年正月「参合」、同一二年「上谷以東」、文帝時「雲中～遼東、とくに代」以上史記韓信伝・匈奴伝、景帝元年「代」、同中二年二月「燕」、同後二年春「鴈門」以上史記孝景紀）。

これに対して漢側の対策は、Ⓐ前一七七年には丞相自ら八万五千の兵をもって出軍しているが、それも三輔の少し北、上郡高奴（延安附近）までであり、同時に衛将軍により長安周辺に防衛のための軍屯が行われた。さらにⒸ前一六六年には、戦車千乗・騎卒一〇万が同じく長安近郊で駐屯する一方、五将軍が上郡・北地・隴西と三輔に隣接する北・西部三郡に分駐（王先謙補注）しているが、匈奴はそれでも一ヵ月余も長城内に留まっていた。またⒹ前一五八年には六将軍が動員されたが、そのうち四将軍が首都周辺（覇上・細柳・棘門・北地）に屯戍し、他の二将軍が山西省北部に屯戍している。

もちろん伝えられる史料は必ずしも多くはない。そしてまた匈奴の侵寇が三輔にのみ集中しているわけでもない。遅れて前一〇〇（武帝天漢元）年に、且鞮侯単于は「安敢望漢天子」（漢書匈奴伝上）と述べたとも伝えられているが、匈奴が真剣に漢の併合を意図していたかどうかとなると、これも漢興以来の匈奴との関わりにおいてどれほど模索され準備が進められていたか疑問であり、否定的にみるべきであろう。

しかし漢にとっては、匈奴の侵寇に対しての防衛線が、繰り返し首都周辺に集中せざるをえないとの情勢は、単なる東北辺郡への入盗とは性格を異にする。関中盆地での政権は、これまでも異民族の脅威に圧し潰された前例がある。長安周辺での兵屯防衛を余儀なくさせられる漢側が、匈奴の侵寇に首都圏、さらには王朝への危機を感じたとして当然である。

このような緊迫した異常事態の下で、開祖以来の和親策は放棄された。多大の犠牲を覚悟しなければならない対匈奴全面戦に突入したが、これもさほど特異視すべきではない。このため武帝による対匈奴政策の転換も、これは屈辱的な和親条約や、武帝の個人的資質などのみに帰されるべき問題ではなく、武帝ならずとも早晩選択せざるをえない焦眉の事態、まさに前述した「大寇」の危機が迫っていたということになる。

**漢による対匈奴出撃の図式**　以上の結論をえるためには、さらに匈奴側の侵寇の意図を具体的に検討する必要がある。この問題については、すでに内田吟風氏による多角的な研究がある。内田氏の指摘によると、匈奴が「武力を実行する時期は、飢餓期ではなく、却ってそれが成功を約束する食足り兵多き豊かな時期であった」(4)とされており、この指摘は、これまでみてきた匈奴侵寇に対する危機感に、さらに緊迫度を加える。

同時に、漢の対匈奴戦争は、全面戦争開始後も含め、ほとんど史料上ではあるが、匈奴の侵寇に対する報復・防禦としての図式に終始している。いま比較的事件の錯綜する武帝時以降について試みに表示（附表Ⅱ）してみる。

〔附表Ⅱ〕

| 年号 | 匈奴の動向（下段の漢の動向の契機）―入寇地・漢側の被害情況― | 出典 | 漢の動向―将軍・兵数・出軍地・行軍先― | 出典 |
|---|---|---|---|---|
| 前一三四、？―六月（武帝元光元） | （「侵盗亡已」、元光三年の詔、本文参照） | 漢書武帝紀 | 李広（屯雲中）・程不識（屯鴈門） | 漢書武帝紀 |
| 前一三三、春（元光二） | | | 韓安国・李広・公孫賀・王恢・李息など五将軍、三〇余万（屯馬邑） | 漢書武帝紀・匈奴伝上 |
| 前一二九、春（元光六） | 入上谷（略吏民） | 漢書武帝紀 | | |
| 同、秋 | | | 衛青・公孫敖・公孫賀・李広など四将軍、四万騎（出上谷・代・雲中・雁門、至竜城） | 漢書匈奴伝上（同武帝紀は「春」） |
| 同、冬（秋） | 盗辺（漁陽尤甚） | 漢書匈奴伝上（同武帝紀は「秋」） | 韓安国（屯漁陽） | 漢書武帝紀・匈奴伝上 |
| 前一二八、秋（元朔元） | 入遼西（殺太守・略二千余人）、入漁陽・雁門（敗漁陽太守・都尉、殺略三千余人、囲韓安国） | 漢書武帝紀・匈奴伝上 | 衛青三万騎・李息（出雁門・代） | 漢書武帝紀・匈奴伝上 |
| 前一二七、春（元朔二） | 入上谷・漁陽（殺略吏民千余人） | 漢書武帝紀 | 衛青・李息（出雲中、至高闕・符離・隴西） | 漢書武帝紀・匈奴伝上 |

| | | | | |
|---|---|---|---|---|
| 前一二六、夏（元朔三） | 入代郡（殺太守・略千余人） | 漢書武帝紀・匈奴伝上 | | |
| 同、秋（夏） | 入雁門（殺略千余人） | 漢書匈奴伝上（同武帝紀は「夏」） | | |
| 前一二五、夏（元朔四） | 入代・定襄・上郡（殺略数千人）、入河南・朔方（殺略吏民甚衆） | 漢書武帝紀・匈奴伝上 | | |
| 前一二四、春（元朔五） | | | 衛青・蘇建・李沮・公孫賀・李蔡・李息・張次公など七将軍、一〇余万人（出高闕・朔方・右北平、出塞六・七百里、囲右賢王） | 漢書武帝紀・匈奴伝上 |
| 同、秋 | 入代（殺都尉・略千余人） | 漢書武帝紀・匈奴伝上 | | |
| 前一二三、二月（元朔六） | | | 衛青・公孫敖・公孫賀・趙信・蘇建・李広・李沮など七将軍、一〇余万騎（出定襄、数百里、遇単于兵） | 漢書武帝紀・匈奴伝上 |
| 同、四月 | | | 衛青など七将軍、一〇余万騎か（出定襄、絶幕） | 漢書武帝紀 |
| 前一二二、五月以降（元狩元） | 入上谷（殺数百人） | 漢書武帝紀・匈奴伝上 | | |
| 前一二一、三月（元狩二） | | | 霍去病、一万騎（出隴西、過焉耆山、至皐蘭） | 漢書武帝紀・匈奴伝上 |
| 同、夏 | | | 霍去病・公孫敖、数万騎（出隴西・北地、過居延、攻祁連山） | 漢書武帝紀・匈奴伝上 |

| | | | | |
|---|---|---|---|---|
| 同、夏 | 入代郡・雁門（殺略数百人） | 漢書匈奴伝上 | 張騫・李広（四千人）（出右北平、討左賢王） | 漢書武帝紀・匈奴伝上 |
| 前一二〇、秋（元狩三） | 入右北平・定襄（殺略千余人） | 漢書武帝紀・匈奴伝上 | | |
| 前一一九、春（元狩四） | | | 衛青・李広・公孫賀・趙食其・曹襄・霍去病など六将軍、一〇万騎・数十万人（出定襄・代、至幕北・闐顔山・狼居胥山・翰海） | 漢書武帝紀・匈奴伝上 |
| 前一一二、九月（元鼎五） | （西羌、攻安故、囲枹罕）、入五原（殺太守） | 漢書武帝紀 | | |
| 前一一一、一〇月（元鼎六） | | | 李息・徐自為、卒一〇万人・隴西・天水・安定騎士ら（征西羌） | 漢書武帝紀 |
| 同、秋 | | | 公孫賀（一万五千騎）・趙破奴（一万余）（出九原・令居、至浮苴井・匈奴河水） | 漢書武帝紀・匈奴伝上 |
| 前一〇七、秋（元封四） | 寇辺 | 漢書武帝紀・匈奴伝上 | 郭昌・浞野侯（屯朔方） | 漢書武帝紀・匈奴伝上 |
| 前一〇四・一〇二（太初元・三） | （大宛、漢の使者を殺す） | 漢書武帝紀・李広利伝 | （李広利、大宛討伐）（二回総計六万六千騎・数万人）（屯居延休屠、一八万） | 漢書武帝紀・李広利伝 |
| 前一〇四、冬（太初元） | （匈奴左大都尉）曰、我欲殺単于降漢、漢遠、漢即来兵近我、我即発 | 漢書匈奴伝上 | | |
| 同、夏 | | | 公孫敖（築受降城） | 漢書武帝紀・匈奴伝上 |

| | | | | |
|---|---|---|---|---|
| 前一〇三、秋（春）（太初二） | | | 趙破奴、二万騎（出朔方、至浚稽山） | 漢書武帝紀（同匈奴伝上は「春」） |
| 同（趙破奴出軍の後） | 攻受降城、入辺 | 漢書匈奴伝上 | | |
| 前一〇二、夏（太初三） | | | 光禄勲徐自為（築城障列亭、五原—盧朐の間） | 漢書武帝紀・匈奴伝上 |
| | | | 韓説・衛伉（屯光禄塞旁）路博徳（築居延沢上） | 漢書武帝紀・匈奴伝上 |
| 同、秋 | 入定襄・雲中・五原・朔方（殺略数千人、壊光禄諸亭障） | 漢書武帝紀・匈奴伝上 | | |
| 同、秋 | 入張掖・酒泉（殺都尉・略数千人） | 漢書武帝紀・匈奴伝上 | 任文（救張掖・酒泉） | 漢書匈奴伝上 |
| 前一〇〇（天漢元） | 単于益驕・礼甚倨、非漢所望也 | 漢書匈奴伝上 | | |
| 同、秋 | | | 発謫（屯五原） | 漢書武帝紀 |
| 前九九、五月（天漢二） | （匈奴が西域輪台基地を奪回、本文参照） | | 李広利（三万騎）・公孫敖・路博徳・李陵（五千人）（出酒泉・西河・居延、至天山・会涿邪山・居延北千余里） | 漢書武帝紀・匈奴伝上 |
| 前九八、秋（天漢三） | 入鴈門 | 漢書武帝紀 | | |
| 前九七、春（天漢四） | | | 李広利・路博徳・公孫敖・韓説など四将、七万騎・歩兵一四万余（史記匈奴伝は歩騎＝歩兵一七万）（出朔方・鴈門・五原、単于待余吾水南・与左賢王戦） | 漢書武帝紀・匈奴伝上 |
| 前九一、九月以降（征和二） | 入上谷・五原（殺略吏民） | 漢書武帝紀・匈奴伝上 | | |
| 前九〇、正月 | 入五原・酒泉（殺両部都尉） | 漢書武帝紀・匈奴 | | |

| | | | | |
|---|---|---|---|---|
| （征和三） | | 伝上 | | |
| 同、三月 | | | 李広利・商丘成・馬通など三将、四万騎・一〇万余人（出五原・西河・酒泉、至浚稽山・天山・車師） | 漢書武帝紀・匈奴伝上 |
| 前八七、冬（昭帝後元二） | 入朔方（殺略吏民） | 漢書昭帝紀 | 発軍（屯西河）、左将軍桀（行北辺） | 漢書昭帝紀 |
| 前八五（始元二） | 左賢王・右谷蠡王、率其衆欲南帰漢 | 漢書匈奴伝上 | | |
| 同 | | | 習戦射士（詣朔方）・故吏（屯田張掖郡） | 漢書昭帝紀 |
| 前八三、秋（始元四） | 入代（殺都尉） | 漢書匈奴伝上 | | |
| 前八〇（元鳳元） | 入辺 | 漢書匈奴伝上 | 漢追之、発人民（屯甌脱） | 漢書匈奴伝上 |
| 前七九（元鳳二） | 屯受降城 | 漢書匈奴伝上 | | |
| 同 | 入張掖（日勒・屋蘭・番和） | 漢書匈奴伝上 | 張掖太守・属国都尉郭忠（発兵） | 漢書匈奴伝上 |
| 前七八（元鳳三） | 入五原（殺略数千人）、攻塞外亭障（略取吏民） | 漢書匈奴伝上 | 范友明、二万騎（出遼東） | 漢書昭帝紀・匈奴伝上 |
| 前七四（元平元） | （烏孫公主上書、出兵を求む） | 漢書匈奴伝上 | | |
| 前七二、夏（宣帝本始二） | 数侵辺 | 漢書宣帝紀 | | |
| 同、秋 | | | 田広明・趙充国・范明友・韓増・田順・常恵など六将、一六万余騎・西域兵五万（出西河・酒泉・雲中・張掖・五原、至鶏秩山・候山・蒲離候水・烏員・余吾水・右谷蠡王庭） | 漢書宣帝紀・匈奴伝上 |

| | | | | |
|---|---|---|---|---|
| 前七一、正月（本始三） | | | 五将軍（前七二年と同規模か、一六万余騎）（出長安） | 漢書宣帝紀 |
| 同、冬 | （匈奴討烏孫） | 漢書匈奴伝上 | 漢三千余騎（入匈奴） | 漢書匈奴伝上 |
| 前六八（地節二） | 発兵、先使使者入、南旁塞猟、相逢俱入 | 漢書匈奴伝上 | 辺騎（屯要害）、治衆ら四人、五千騎（出塞数百里） | 漢書匈奴伝上 |
| 同 | 発両屯各万騎、以備漢 | 漢書匈奴伝上 | | |
| 前六七、秋（地節三） | （車師争奪、附表Ⅲ参照） | 漢書匈奴伝上・西域伝下 | 鄭吉（討車師）、（車師抗争が以降続く、前六二年まで、附表Ⅲ参照） | 漢書匈奴伝上・西域伝下 |
| 前六一、三月（神爵元） | （西羌反） | 漢書宣帝紀 | 三輔中都官徒弛刑など（詣金城） | 漢書宣帝紀 |
| 同、四月 | | | 趙充国・許延寿（討西羌） | 漢書宣帝紀 |
| 同、六月 | | | 辛武賢（討西羌） | 漢書宣帝紀 |
| 前六〇（神爵二） | 欲入辺 | 漢書匈奴伝上 | 趙充国、四万余騎（屯縁辺九郡） | 漢書匈奴伝上 |
| 前四四（元帝初元五） | 郅支単于、漢使の谷吉を殺す | 漢書元帝紀・匈奴伝下 | | |
| 前三六、秋－冬（建昭三） | | | 甘延寿・陳湯、漢兵・胡兵四万余人（従南北両道、至康居界）（斬郅支単于） | 漢書元帝紀・陳湯伝・匈奴伝下 |

もちろんこのような中国側の記録に対し、これは匈奴を一方的に非とし漢側の出兵を正当化するための作為であるとの見方もできるかも知れない。しかし文帝時（文帝四～六年の間）の和親をめぐる議論においても、史記匈奴伝に、

公卿皆曰、単于新破月氏乗勝、不可撃、且得匈奴地、沢鹵非可居也、和親甚便。

とあり、公卿の大勢は、匈奴の土地を漢人の居住できるような地味でないと理解していた。漢側が匈奴との戦争を通

じて積極的に塞外地への領土的野心をもつなどのことはなかったと思われる。

辺境の官を歴任した清の趙翼は、オルドス地域を含む武帝時の領土的拡大に対して、その書、廿二史箚記「漢書武帝紀賛不言武功」の項で「其中有秦所本有、已淪入外国而武帝恢復之者、如朔方・朝鮮・南越・閩越、秦時已内属、然不過羈縻附隷、至武帝、始郡県其地」と述べ、朔方や朝鮮・南越・閩越などについては、これが武帝によって初めて中国の領土に繰り入れられたものではなかったと指摘している。この点については、箕子朝鮮の問題をはじめ部分的には異論もあるかと思われるが、趙翼も、「并有秦所本無、而新闢之者、西北部則酒泉・敦煌等郡、南側九真・日南等郡、西南則益州等郡、而西域三十六国、又秦時所未嘗開化」と、河西・西域についての経営は、武帝時に初めて手がおよんだと認めている。

河西・西域への進出は、たしかに漢の対外政策を考える上で重要な課題であり、はたしてどのような経緯によって進められたか、以下ふれることにする。

## 二　河西経営への道程

以上は、初めに述べた漢の西北部経営、対匈奴政策の第一期、それもその前史に過ぎない。そしてそこでは、漢による対匈奴積極策への転換が、必ずしも漢側の武力主義のみに起因するものではなかったことを指摘した。ついで本節では、領土的野心、拡張主義との関わりをもちかねない漢の河西経営、すなわち西北部経営の第二期についてふれることにする。

**河西地区での置郡開始年次をめぐる諸説**　この漢の河西経営については、すでに日比野丈夫氏の詳細な研究があり[5]、筆者もかつてその梗概にふれたことがある[6]。このためここでも河西経営開始にいたる経緯・背景と、問題となる置郡

（四郡設置）、それもその着手の時期、すなわち主として河西経営前史に限定することとする。

まず問題の多いこの河西地区での置郡開始の時期について、これまでの主な諸説を整理してみると、①前一二一（元狩二）年説、②前一一五（元鼎二）年説、③前一一三（元鼎四）年以降説、④前一一一（元鼎六）年説、⑤前一〇四（太初元）年説、⑥時期不確定説、がみえる。

まず①説には、労榦氏と劉光華氏とがあり[7]、労榦氏は、漢書武帝紀では前一二一（元狩二）年に武威・酒泉郡が置かれ、漢書地理志では前一〇四（太初元）年に張掖・酒泉郡が置かれているが、図経の類から雑採した地理志に比べ史官の注記によった本紀の方がその史源は正確である。ただ本紀の武威の語は誤りであり、張騫が派遣されその招致が計られている烏孫の居住地は、その故地、祁連・敦煌の間であったとされている。つぎに劉光華氏は、一九七三・四年にかけての居延地方での試掘の際、エジナ河（弱水、Edsin-gol）畔肩水金関より、

元朔二年。（72Ej77）

の断簡と、

牒書除将司御三人〃一牒元狩四年四月甲寅朔甲寅尉史□敢言之。（EjT10・311）

との、「元狩二年」に近い、「元朔二年」と「元狩四年」の二点の紀年のある木簡が出土していることから、前一二一（元狩二）年に酒泉郡が置かれたとする漢書武帝紀の記事は正確であるとされている。

ついで②説には、松田寿男・張維華・日比野丈夫の三氏があり[8]、松田寿男氏は前一二一（元狩二）年に河西を掌中にしたが、適切な策がなく、烏孫の招来にも失敗したため、張騫の帰国した前一一五（元鼎二）年に武威・酒泉両郡を設置したとされたが、後には置郡年次を確定することを避けられた。張維華氏も松田旧説に近く、烏孫招致失敗後に酒泉郡の設置を考えられている。これに対し日比野氏は、前一二一年以降、令居経営が行われ、前一一五年にいたってまず令居を中心に河西郡（張掖郡の前身）が建置され、前一一一（元鼎六）年に酒泉郡の設置がみられたと考えられ

ている。

また③説は黄文弼氏[9]であるが、氏は張騫の烏孫行後、西域諸国が漢と通行するようになったのは張騫の死（前一一四年）後で、この後の前一一三（元鼎四）年以降に酒泉郡が置かれたと説かれる。しかし一説として、張騫の烏孫からの帰国は元狩年間（前一二二～前一一七年）も末で、西域諸国からの入朝は前一一五（元鼎二）年であったともいわれる。そして漢書西域伝上序語では、「始築令居以西初置酒泉郡」と、令居と酒泉郡とは同時に設けられており、水経注で確認される前一一五年の令居置県の年に酒泉郡もまた置かれたとする説も併記されている。

さらに④説には、施之勉氏・張春樹・陳夢家の各氏に本書筆者があり[10]、まず施之勉氏は、前一一一（元鼎六）年には、南越を破って西南夷での置郡がみえ、また西羌の討伐や漢将趙破奴が令居より匈奴討伐に出軍もしているなどの時代背景があるため、この前一一一年に酒泉郡の設置を考えられ、筆者も前一一二（元鼎五）年の西羌の反乱を契機としてその後に酒泉置郡を考え、張春樹・陳夢家両氏も同様の見解である。

さらにまた⑤説は、M・A・N・ロウェ、A・F・P・フルスウェの両氏[11]で、ともに漢書地理志に伝えられる紀年をもとに酒泉・張掖両郡の設置を前一〇四（太初元）年であると主張されるのであるが、フルスウェ氏は、またこの前一〇四年以前にも小規模な統治機関（Administrative un_ts）が存在していたと考定されている。

そして最後の⑥説は、岑仲勉氏[12]の見解である。岑氏によれば、郡の建設は、詔を奉じて着手されても、基地の経営そのものには時間がかかるため、紀・志・伝における置郡年次の相違もまたこの間で、それなりの拠り所があったものかも知れない。さもなければ史料のいずれかが誤りであるとされ置郡の年次を明示されなかった。

**河西地区での置郡の背景**　以上によれば史料上の異同を解決するために、各説とも置郡にいたる背景を論じ、それをもとに河西経営開始の時期を決定せんとしているが、必ずしもこれまでその一致をみるにはいたっていない。

このため、これまでの議論を整理するためにも、河西地区での置郡開始に関わると思われる主な記事を以下列記し

てみると、

Ⓐ其明年（元狩二年）、渾邪王率其民降漢、而金城・河西、西並南山・至塩沢、空無匈奴、匈奴時有候者到、而希矣、其後二年（元狩四年）、漢撃走単于於幕北、（張騫の烏孫よりの帰国と死＝元鼎二・三年。烏孫と昆弟の約＝元封中。大宛の汗血馬をうる＝年次不明）、而漢始築令居、「以西、初置酒泉郡、以通西北国」、（略）是時漢既滅越（元鼎六年）、而蜀西南夷皆震、請吏入朝、於是（元鼎六年〜元封二年）、置益州・越嶲・牂柯・沈黎・汶山郡、欲地接以前、通大夏。（史記大宛伝）

Ⓑ漢又（元鼎六年）、遣故従驃侯趙破奴、万余騎、出令居、数千里、至匈河水、而還、亦不見匈奴一人、是時（元封元年）、天子巡辺至朔方、（略）是時（元封三年）、漢東抜穢貉・朝鮮、以為郡、「而西、置酒泉郡、以鬲絶胡与羌通之路」。（史記匈奴伝）

Ⓒ其明年（元鼎五年）、南越反、西羌侵辺為桀、（略）数万人発三河以西騎、撃西羌（元鼎六年）、「又数万人、渡河築令居、初置張掖・酒泉郡」、而上郡・朔方・西河・河西開田官斥塞卒六十万人、戍田之。（史記平準書）

Ⓓ（元狩二年）秋、匈奴昆邪王、殺休屠王、并将其衆合四万余人来降、置五属国、以処之、「以其地為武威・酒泉郡」、（略）（元鼎六年）匈河将軍趙破奴出令居、皆二千余里、不見虜而還、乃分武威・酒泉地、置張掖・敦煌郡、徙民以実之。（漢書武帝紀）

Ⓔ自武威以西、本匈奴昆邪王・休屠王地、武帝時、攘之、「初置四郡、以通西域、鬲絶南羌匈奴」。（漢書地理志秦地の条）

Ⓕ西伐大宛、并三十六国、結烏孫、「起敦煌・酒泉・張掖、以鬲婼羌、裂匈奴之右肩」。（漢書韋賢伝）

Ⓖ（元狩二年）驃騎将軍撃破匈奴右地、降渾邪・休屠王、遂空其地、始築令居、「以西、初置酒泉郡」、後稍発徙民、充実之。（漢書西域伝上序語）

Ⓗ先帝推攘、斥奪広饒之地、「建張掖以西、隔絶胡羌」。（塩鉄論西域篇）

Ⓘ乃武帝征四夷、開地広境、北郤匈奴、西逐諸羌、乃度河湟、築令居塞、「初開河西、列置四郡、通道玉門、隔絶羌胡、使南北不得交関」、於是障塞亭燧、出長城外、数千里、時先零羌与封養牢姐種、解仇結盟、与匈奴通、合兵千余万、共攻令居・安故、遂囲抱罕（元鼎五年）、漢遣将軍李息・郎中令徐自為、将兵十万人、撃平之（元鼎六年）、始置護羌校尉、持節統領焉、羌乃去湟中、依西海塩池左右、漢遂因山為塞、河西地空、稍徙人以実之。（後漢書西羌伝）

Ⓙ「（元鼎二年）漢乃於渾邪王故地、置酒泉郡、稍発徙民、以充実之、後又分置武威郡、以絶匈奴与羌通之道」。（資治通鑑）

などがある。そしてこれら諸史料に伝えられる河西経営の背景については、Ⓐの史記大宛伝がこの伝の性格上からか西方との交通を第一義とする以外は、Ⓑ・Ⓕ・Ⓗ・Ⓘ・Ⓙとすべてこれを匈奴と西羌との連絡を断つことにあると考え、Ⓔのみは両方の意義を併記している（Ⓒ・Ⓓ・Ⓖはとくに明記せず）。

このため各史料において強調される匈奴と西羌との連絡を遮断することを、この河西経営の主目的と捉えると、前一二一（元狩二）年の昆邪王が漢に来降した後で、この匈奴と西羌との隔絶策が痛感されるような事態が、はたして史料上確認できるかであるが、前一一二（元鼎五）年の、漢書武帝紀元鼎五年の条に、

西羌衆十万人反、与匈奴通使、攻故安（安故）、囲抱罕、匈奴入五原、殺太守。

と伝えられる、匈奴と西羌とによる漢への共同軍事行動以外には、これを確認することができない。このため前掲史料のⒸ・Ⓘも、ともに河西経営の開始をこの前一一二年の西羌討伐の時点においており、Ⓘの後漢書西羌伝などは、この西羌反乱の時点においては態々、「河西地空、稍徙人以実之」と、なお河西地区に経営の手がおよんでいなかったと付言している。

そして言及する史料が比較的少ない、Ⓐの「通西北国」の理解についても、これが張騫烏孫行後の、西域諸国の入朝を意味していたとすると、史記大宛伝によれば、

　騫還到、拝為大行、列於九卿、歳余卒、烏孫使既見漢人衆富厚、帰報其国、其国乃益重漢、其後歳余、騫所遣使通大夏之属者、皆頗与其人倶来、於是西北国、始通於漢矣。

と、張騫の死（前一一四年）後で、張騫に同行した烏孫の使者も帰国した後、「其後歳余」にして、「於是西北国」となっており、その時期は、前一一二年の西羌の反乱の時期と大差はない。また史記大宛伝によれば、

　自博望侯騫死後、匈奴聞漢通烏孫、怒欲撃之。

とあり、烏孫が張騫を介し漢と通じたことで、匈奴が怒り、烏孫討伐を狙っていた事実からすると、前一一二年の匈奴と西羌とによる漢への大規模な入寇も、あるいは西域諸国の漢への入朝に反発した匈奴側の働きかけにより、令居経営など湟水流域への影響力を強めつつある漢側に不安感を感じていた西羌が同調したものであったかも知れない。

　もちろんこの点は推論の域をでないが、もしこのような理解が許されるとしても、「通西北国」を重大視し、これを障害とみなしたのは匈奴側でのことで、漢側史料が、河西経営の背景を多く匈奴と西羌とによる共同軍事行動の阻止においていたとの点は、正しい認識である。

**酒泉置郡と令居基地の経営**　以上において、漢による河西経営開始の時期を、烏孫招致失敗後で、西羌反乱の前一一二（元鼎五）年をあまり降らない頃と考えたのであるが、それにしても劉光華氏によって紹介された、エジナ河畔から、「元朔」・「元狩」の紀年をもつ木簡が採取されたとの新事実は、元朔年間の木簡は内容不明であるものの、昆邪王来降以後、主として軍事面においてではあろうが、引き続き漢側による河西地区への関心が払われていたことになる。河西での置郡にいたる間の「空白の十年」を埋める上で貴重な指摘である。

　そして先に掲げた四郡関係諸史料では、この河西地区でまず初めに置郡をみたのは、Ⓐ・Ⓑ・Ⓖ・Ⓙでは「酒泉」、

Ⓒでは「張掖・酒泉」、Ⓗでは「張掖以西」とあり（Ⓔ・Ⓘは「四郡」とあるのみ）、Ⓓでは「武威・酒泉」、Ⓕでは「敦煌・酒泉・張掖」となっているが、史料中、置郡にいたる具体的過程にふれる場合には、

始築令居、以西、初置酒泉郡。（Ⓐ・Ⓖ）

渡河築令居、初置張掖・酒泉郡。（Ⓒ）

となっていて、酒泉あるいは張掖郡が「初」めて置かれたことになっている。このため、考証の余地を残すかと考えられる張掖郡の設置年次を別とすれば、酒泉郡が河西四郡のなかで最初に設置されたことは疑いない。

このことは、河西地区での置郡においては、エジナ河と疏勒河との河谷を利用して祁連山脈の南北を結ぶ交通の要所で、豊かな水量に恵まれ、祁連山脈の中・西部を制し、天山東部・陰山山脈西端に通じる「酒泉」は、河西経営に乗り出すにあたり、最初に選ばれるに相応しい地理的条件をそなえていた。酒泉郡とならんで張掖郡が比較的早期に河西地区で設置されていたことが各史料にみえるが、これも張掖が、酒泉と類似した地理的条件を備えていたがためである。

しかしこれだけでは肝心の祁連山脈東部の経営が欠落する。このため日比野氏は、前述したように酒泉郡設置の前段階として、令居経営とこの地を中心とする「河西郡」の設置を考定されたわけである。

令居は、祁連山脈東端部で南北を結ぶ要路、荘浪・大通両河を抑える恰好の地であって、史記匈奴伝では、前一一九（元狩四）年の衛青らによる匈奴討伐と、それにともなう「匈奴遠遁、而幕南無王庭」との事情の下に、

漢度河、自朔方、以西、至令居、往往通渠置田宮、吏卒五六万人、稍蚕食、地接匈奴以北。

と、漢による令居経営が初めて確認され、水経注河水の条では、

（澗）水出令居県西北塞外、南流逕其県故城西、漢武帝元鼎二年置、王莽之罕虜也。

とあって、烏孫招致失敗後の前一一五（元鼎二）年に県とされており、史記平準書によると、前一一一（元鼎六）年の

西羌反乱の際にも、

又数万人、渡河築令居、初置張掖・酒泉郡。

とあり、令居経営の充実が重ねて実施されている。

長期にわたって令居基地の強化が繰り返し行われていたためか、前一一一（元鼎六）年の西羌一〇万人の反乱に際しても、この令居は攻撃の対象とならず、黄河の南の安故と抱罕とが攻撃にさらされている。同年の趙破奴一万騎による匈河水＝オルホン河にいたる匈奴討伐軍も、またこの令居から出軍している。令居から匈河水への行軍であれば、黄河・賀蘭山沿いに北上したと考えることより（同時に公孫賀が九原＝五原郡から出軍）、エジナ河を経由した可能性が大きい。酒泉に漢の基地があれば、当然その酒泉から出軍しているはずであるが、この時点でも令居が出軍の基地とされており、当時においても、河西地区での中心的基地が、未だ令居であったことを窺わせる。

**「河西郡」は存在したか**　昆邪王の来降以降、河西の地が無人になったと伝えられているが、実際は、この令居が依然基地としての役割を果たし、河西地区一帯の管理にあたっていたことになるが、それでもなお匈奴と西羌とが呼応する反乱を防止することはできなかった。祁連山脈東端に位置する令居をもってしては、祁連山脈を南北に通じる幾通りかの交通路すべてを管理し切ることは不可能であった。

このため前一一二（元鼎五）年の匈奴と西羌との同時攻撃を契機に、祁連山脈中・西部の軍事基地として、その最大の要所、酒泉の経営（置郡）が必要視されるにいたる。その際新たな置郡において問題となるのは、この令居県が当時何郡に所属していたかである。これについて日比野氏は、前述したように令居を「河西郡」の所属と考えられ、その置郡の年次については、これを烏孫招致に失敗して張騫が帰国したその年、前一一五（元鼎二）年と見なされた。

「河西郡」は、漢書地理志では確認できない。このため日比野氏は、

Ⓐ「上郡・朔方・西河・河西」。（史記平準書）

附図Ⅰ（地図出版社刊「中国歴史地図集㈡」により作成）

Ⓑ「朔方・西河・河西・酒泉」。（史記河渠書）

Ⓒ「河西・酒泉」。（史記衛将軍驃騎伝）

Ⓓ「金城・河西」。（史記大宛伝）

などと、各種の史料にそれぞれの郡名と並んで「河西」の称がみえており、これをもとに「河西郡」の存在を推定されている。

たしかにこの河西四郡の設置年次については、史料上の異同が多く問題も少なくないが、ただ祁連山脈東端部、甘粛省東部地区の置郡の場合は、隴西郡が「秦置」（北地郡も秦置）であるほかは、金城郡が昭帝時の前八一（始元六）年、比較的内郡三輔に隣接する天水・安定両郡でさえも、武帝時ではあるが前一一四（元鼎三）年と遅れて開置されており（附図Ⅰ参照）、これらの諸郡にあっては置郡の紀年上に異同はない。

このことは甘粛省東部地区での郡県化の進展が、漢代にあっては、天水・安定両郡の設置などから考えても、前一一五（元鼎二）年の烏孫招致の失敗を一つの契機としていたことが充分に考えられるが、それでも新たな置郡への動きは、なお前一一四年が最初である。

このため天水・安定両郡などよりも遠辺に位置する令居、あるいはそれ以遠の地に、天水・安定両郡よりも早く「河西郡」などの郡県化が行われていたかどうかとなると問題が残る。

また前掲の「河西郡」に関わるとされる諸史料についても、Ⓓは、「河西」と併記される「金城」が、まだ郡名となっておらず、Ⓐの場合も、その前後の文は、「初置張掖・酒泉郡、而上郡朔方西河河西開田官斥塞卒六十万人、戍田之」となっていて、記事の前後関係からして、もしこの記事中の「河西」が、酒泉郡などと異なる祁連山脈東部の特定地域の郡名であったとすると、Ⓐが酒泉郡設置後の新たな開田情況を伝える記事でありながら、肝心の酒泉郡には開田がおよんでいなかったことになりかねない。

そこで、前掲「河西郡」関係史料中の、Ⓑ・Ⓒの場合も、その「河西」をⒶ・Ⓓと同様、ともに祁連山脈北麓のオアシス一帯を指す一般的地域名と理解し、「河西酒泉」についても、これを「河西の酒泉」、程度の義と考え、問題とした「令居県」の所属については、既存の隴西郡（あるいは北地郡）あたりを考えてみたいと考える。ただこれも、河西経営の多難さを象徴するかのような、断片的で錯綜する関係史料を通じての試論である。令居県の所属についても、もちろんなお検討の余地は残されている。

**河西経営の意義**　ともあれ河西経営は、史記大宛伝の随所に伝えられているような、西域の珍貨へのあこがれや、張騫の西域遣使後の新情報などがその引金となって開始されたものではなく、これまた優れて自衛的軍事的要請が作用していたことになる。

対匈奴戦線が、令居・賀蘭山脈東麓・オルドス・遼東へと伸びきった段階で、西羌の入寇に対して、漢側がなおこのように敏感に反応を示した背景には、これが単なる対西羌策としてだけではなく、匈奴と提携した形態での脅威が、関中に近隣することでもあって、これまた即首都圏防衛への配慮が働いたためと思われる。

昆邪王の来降以後、「空白の十年」をへた後での河西四郡設置への動きであってみれば、漢側がこの河西の地に積極的な領土的野心を抱いていたかどうかについても、当然疑問が感じられるが、ただその結果として、塩鉄論西域篇に、大夫の言として、

建張掖以西、隔絶羌胡、瓜分其援、是以西域之国、皆内拒匈奴、断其右臂。

とあるように、これは西域での匈奴の地位に大きな衝撃を与えるものであった。

## 三　西域への進出—輪台基地から渠犂基地へ—

以上みてきた、漢の西北部経営第二期の河西経営も、その開始にいたる経緯に終始した。それは、酒泉郡以後の置郡においても、それぞれの経営地点の地理的条件が、いずれも祁連山脈の南北を結ぶ交通の要所であったことから、河西経営の基本的性格が大きく変化することはないと考えたからである。同時に酒泉郡以降の置郡は、いずれも決め手となる史料がなく、置郡の年次を確定することができないためもある。そこで本節では、最後の第三期に区分した西域経営についてふれることにする。

**張騫の新西行路開拓**　漢と西域との交渉にふれるとすれば、まず有名な張騫の大月氏行が挙げられるが、これがまた匈奴対策を任務とするものであったことは、今更に論じるまでもない。そしてこの大月氏行は、その所期の目的を達成することはできなかったが、西域から帰国した張騫は、その後、史記大宛伝によれば、

騫曰、（略）今使大夏、従羌中険、羌人悪之、少北則為匈奴所得、従蜀宜徑、又無寇、天子既聞、大宛及大夏・安息之属、皆大国、多奇物、土著頗与中国同業、而兵弱、貴漢財物、其北有大月氏・康居之属、兵彊、可以賂遺

設利朝也、且誠得而以義属之、則広地万里、重九訳、致殊俗、威徳徧於西海、天子欣然以騫言為然。

とあり、西羌・匈奴地域を避けての新西行路開拓、あるいは「広地万里」と領土拡張とも理解されかねない新機軸を提言し、新たな大夏など西方諸国への交通路の開拓が推し進められることになる。

この提言に対する漢朝自体の真意は、史記大宛伝にまた、

初漢欲通西南夷、費多、道不通、罷之、及張騫言可以通大夏、乃復事西南夷。

とあって、張騫の意図と必ずしも一致するものではなく、単に従前から繰り返されてきた西南夷経営の延長線上に位置づけられている。

このためこの新西行路開拓を提言し、経営の実行者ともなった張騫は、結局西方諸国との通交に失敗したにも拘わらず、李広利の大宛討伐の場合とは異なり、何らの責めも問われなかった。この時、同じく史記大宛伝によれば、

漢以求大夏道、始通滇国。

とあって、滇国との通交を開くにいたっている。漢朝の本来意図していた西南夷経営の上で、予期した成果が認められたためということもあったかも知れない。

折角の張騫による壮大な提言であったが、それに対応しての漢朝の姿勢はこの程度のものであり、当時の漢朝における対西域観の一端を窺わせる。そして張騫による元朔時の烏孫行も、これを契機に西方諸国からの入朝に期待を寄せ、その実現がみられてはいるものの、肝心の烏孫行自体は、史記大宛伝によれば、

今誠以此時而厚幣賂烏孫、招以益東、居故渾邪之地、与漢結昆弟、其勢宜聴、聴則是断匈奴右臂也。

と、あくまでも対匈奴策に焦点がおかれていた。

**大宛討伐の背景**　張騫の烏孫行は、西域経営に漢を一歩足を踏み込ませることになった。前一〇二（太初三）年に始まる大宛討伐も、まま馬の補給や品種改良のために汗血馬を求めんとしたと指摘[13]されるが、事の発端は、大宛が「漢

去我遠」との考えで財物を所持し汗血馬を購わんとした漢使を軽んじ、ついには自己の勢力圏郁成国において殺害させ、その財物を奪ったことにある（史記大宛伝）。最初から漢が武力で汗血馬を得んとしたものではなかった。

ただ羽田明氏も指摘されているが[14]、この大宛討伐においてまず考えられるべきことは、匈奴との関係である。史記大宛伝においても、第一次の大宛討伐失敗の後、今後は匈奴討伐に集中すべきであるとの公卿の意見に対し、武帝は、第一次の大宛討伐に際しては、

宛兵弱、誠以漢兵、不過三千人、彊弩射之、即尽虜破宛矣。

と、大宛行の経験がある姚定漢らの言を信じたこともあってがためか、「欲侯寵姫李氏」とか「取善馬」などの、比較的軽挙に類するかと思われる判断が伝えられているが、これが失敗をうけての大規模な第二次大宛討伐のための出兵体制を整えるという段階においては、

宛小国、而不能下、則大夏之属軽漢、而宛善馬絶不来、烏孫・侖頭、易苦漢使矣、為外国笑。


との考えのもと、反対する官僚を処分してまで大宛討伐を強行している。

第二次大宛討伐に際しての武帝の考えにも、たしかに善馬の取得にふれるところはあるが、朝議を押し切り、敢えて反対する官僚を処分してまで出軍するとなると、その力点は、明らかに「外国」から軽んじられんことを恐れるとの部分におかれていたはずである。漢使の殺害と、それにともなう出兵が挫折したままで放置されると、河西に進出し新たな漢の前線と隣接することになった西域諸国との間で、漢が大きな軍事的失点を背負い、西域での匈奴の位置づけを絶対化する。

もちろん、このような配慮は、漢使殺害をうけての第一次大宛討伐の際にも、当然判断の底流にあったと思われるが、塩鉄論西域篇にはまた、大夫の言として、

初弐師不克宛而還也、（略）則西域皆瓦解而附於胡。

と、西域における匈奴の影響力についての情勢分析がみえており、武帝が案じる「外国」のなかに、匈奴が含まれていたことは想像に難くない。

事実、「烏孫・侖頭、易苦漢使矣」（史記大宛伝）と、西方への漢使をあなどり苦しめたと伝えられる烏孫は、漢書西域伝下烏孫国の条によれば、張騫が烏孫に赴いた時点で、

烏孫遠漢、未知其大小、又近匈奴、服属日久。

と、すでに長期にわたり匈奴に服属していた。元封年間（前一一〇～前一〇五年）に漢から公主の降嫁をみるも、公主細君は王昆莫の右夫人で、匈奴の女性が上位の左夫人とされ、公主は年に一、二度昆莫と会うに過ぎなかった。昆莫をついだ岑陬も、細君、細君死後は楚王戊の孫の解憂を妻としたが、自分の後の王位には、匈奴妻との間に生まれた泥靡を遺言している。漢と比較的交渉が深められつつあった烏孫においてさえ、なお当時強く匈奴の影響下におかれていたことは疑いない。

**大宛討伐と輪台の抵抗**　それにしても天山北麓で匈奴に近接する烏孫と異なり、天山南麓でブグル（Bugur）に位置するとされる侖頭（崙頭・輪台）が、漢使を苦しめたとされるのは何故であろうか。この侖頭はまた、第二次大宛討伐の際にも、史記大宛伝によれば、

於是弐師後復行、兵多、而所至小国、莫不迎出食給軍、至侖頭、侖頭不下、攻数日屠之、自此而西、平行至宛城。

とあり、戦争の当事国以外で、唯一の戦闘が記録されている。この第二次大宛討伐の際には、匈奴色の濃い烏孫さえも漢の要請をうけ、漢書李広利伝によれば、

初弐師後行、天子使使告烏孫大発兵撃宛、烏孫発二千騎往、持両端、不肯前。

とあり、実戦には参加しなかったが、一応二千騎を出動させ、漢に協力の姿勢を示している。

全滅の道を選んだ侖頭の抵抗は、他の西域諸国に比べいささか異常ともいえる。侖頭一国の判断による行動とは、

とうてい理解し難い。この点について、漢書西域伝上序語では、よく知られているように、

匈奴西辺日逐王、置僮僕都尉、使領西域、常居焉耆・危須・尉犂間、賦税諸国、取富給焉。

と、この侖頭に近接する焉耆（Kara-shahr）・危須・尉犂（Korla）の間に匈奴の僮僕都尉が居し、西域諸国から賦税を徴していたと伝えられている。このため漢使の妨害を含め侖頭による反漢行動の黒幕には、どうしても匈奴が介在していたのではと推測されることになる。

**武帝時の輪台屯田をめぐって**　大宛討伐終了後、史記大宛伝によれば、

而敦煌置酒泉都尉、西至塩水、往往有亭、而崙頭有田卒数百人、因置使者、護田積粟、以給使外国者。

と、初めて漢の基地がこの崙頭に設けられている。同様の記事は、漢書西域伝上序語にも、

自弐師将軍伐大宛之後、西域震懼、多遣使来貢献、漢使西域益得職、於是自敦煌至塩沢、往往起亭、而輪台・渠犂、皆有田卒数百人、置使者校尉領護、以給使外国者。

とあり、その基地の責任者は使者校尉とよばれていたが、漢書西域伝ではまた、漢の基地として輪台のほかに渠犂の名がみえている。

このため清の碩学徐松は、この漢書西域伝の記事を昭帝時のこととし、西域における漢の基地は、初め渠犂中心で、輪台はその後に渠犂から分置されたと考え（漢書西域伝補注）、近年も施之勉氏[15]は、漢書西域伝下渠犂の条で、

故輪台以東、捷枝・渠犂、皆故国、地広、饒水草、有漑田五千頃以上、処温和、田美、可益通溝渠、種五穀、与中国同時孰、（略）臣愚（桑弘羊）以為可遣屯田卒、詣故輪台以東、置校尉三人、分護。

とみえる、征和年間（荀悦漢紀・資治通鑑は征和四年、前八九年）の桑弘羊による輪台屯田策が、武帝によって拒否される一方、同条ではまた、

昭帝乃用桑弘羊前議、以杅彌太子頼丹為校尉、将軍田輪台、輪台与渠犂、地皆相連也。

と、昭帝時にいたって桑弘羊の征和年間の「前議」により「校尉」が輪台に派遣され屯田が実施されることになっていることから、史記大宛伝にみえる崙頭屯田の記事も、武帝時ではなく昭帝時のことであるとして、徐松の説を支持されている。韓儒林氏[16]もまた、大宛討伐後の漢による西域での屯田地を同じく渠犂と理解されている。

これに対し筆者は、かつて徐松説が誤りであることを指摘した。[17]それは西域における漢の基地は、武帝時における輪台が最初で、渠犂での屯田は宣帝時に始まるとの結論であった。ただ施之勉氏が指摘される、前掲の桑弘羊奏言中にみえる予定される屯田地が「輪台以東」、すなわち輪台および捷枝・渠犂におよんでいたと注記されている点であるが、荀悦漢紀征和四年の条では、この奏言はまた、

故輪台以東、皆故国処、(略)臣愚以為可遣屯田卒詣輪台、置校尉二人。

となっていて、屯田地は輪台のみに限定されている。そして漢書西域伝下渠犂の条では、桑弘羊の奏言を拒否するにいたった武帝の詔文も併せ伝えられているが、ここでも、

今又請遣卒田輪台。

とか、

今請遠田輪台、欲起亭隧。

とあり、輪台屯田についてのみ論じられている。桑弘羊による屯田地が、輪台に限定されるものであったことは明らかである。

**武帝時の車師討伐と輪台屯田の動向**　大宛討伐後すでに輪台に屯田が存在していたとすれば、前八九(征和四)年に改めて輪台での屯田を奏言することは、たしかに不自然である。ここに徐松のような理解も現われる。

しかしこの点について注意すべきは、大宛討伐の二年後にあたる前九九(天漢二)年に、史記匈奴伝上によれば、

漢使弐師将軍広利、以三万騎出酒泉、撃右賢王於天山、得胡首虜万余級而還、匈奴大囲弐師将軍、幾不脱、漢兵

物故什六七。

と、李広利が三万騎を将いて天山方面で右賢王と戦っていることである。この時漢軍は大敗を喫し、出軍をともにした李陵が匈奴に降るなどのこともみられたが、漢書西域伝下車師後城長国の条によればまた、同じ前九九年に、

武帝天漢二年、以匈奴降者介和王為開陵侯、将楼蘭国兵、始撃車師、匈奴遣右賢王将数万騎救之、漢兵不利、引去。

とあり、この李広利と右賢王との戦争に、漢への投降匈奴人に将いられた楼蘭国の兵士が参加し、その戦場の一つが車師、すなわちトゥルファン（Trufan）であったことが判明する。これが、「始撃車師」と、車師をめぐる漢軍による最初の戦闘であった。

この最初の車師討伐は失敗に帰したが、この第一次車師討伐の九（あるいは一〇）年後、前九〇（征和三）年（あるいはその翌年）に、漢書武帝紀征和三年の条によれば、

（三月）重合侯馬通四万騎、出酒泉、（略）通至天山、虜引去、因降車師。

とあり、漢書西域伝下車師後城長国の条にもまた、

征和四年、遣重合侯馬通、将四万騎撃匈奴、道過車師北、復遣開陵侯将楼蘭・尉犂・危須、凡六国兵、別撃車師、勿令得遮重合侯、諸国兵共囲車師、車師王降服、臣属漢。

とあって、紀年に一年の差異がみられる（漢書景武昭宣元成哀功臣表・同李広利伝では、ともに出軍した李広利の匈奴討伐を征和三年とする）ものの、再び馬通が四万騎を将いて匈奴討伐に派遣され、車師の北を通過することになっていて、開陵侯の将いる楼蘭・尉犂・危須などの兵がまた、この馬通軍支援のために車師討伐に従事し、ついには車師王を降すにいたっている。

漢書西域伝下渠犂の条の武帝征和四年の詔文によれば、この時の西域諸国軍の態勢・規模は、

前開陵侯撃車師時、危須・尉犂・楼蘭、六国子弟在京師者、皆先帰、発畜食迎漢軍、又自発兵凡数万人、王各自将、共囲車師、降其王、諸国兵便罷、力不能復至道上食漢軍。

とみえ、第一次の時と同様、匈奴からの投降者開陵侯の指揮のもと、京師在住の西域六国の子弟がそれぞれ自国の兵士を将い従軍しており、その負担は「力不能復至道上食漢軍」とあることからも、相当厳しいものであったことが想定され、その規模は総勢数万人にものぼった。

この馬通の漢軍と開陵侯の西域六国軍とによる車師討伐、天山東部での作戦の展開に対し、漢書匈奴伝上によれば、匈奴もまた、前九〇（征和三）年に、

重合侯軍至天山、匈奴使大将偃渠、与左右呼知王将二万余騎、要漢兵、見漢兵強、引去、重合侯無所得失、是時漢恐車師兵遮重合侯、乃遣闓（開）陵侯、将兵、別囲車師、尽得其王民衆而還。

と、大将偃渠と左右呼知王との二万余騎を出動させているが、漢軍の強大さをみて引き帰したという。このため今回は匈奴との戦闘はなかったが、この結果、第一次車師討伐で果たしえなかった天山東部における匈奴の重要拠点、車師を漢軍は降服させることができた。

そこで問題とすべきは、何故この前九九（天漢二）年以降、この天山東部、さらには車師が新たに漢軍の攻撃の対象にされたかであるが、この謎を解く鍵は、どうも前八九（征和四）年の桑弘羊による前掲輪台屯田の上奏に秘められていたと思われる。

それは、前一〇一（太初四）年の大宛討伐直後に創置されたと思われる使者校尉の輪台基地（同時に大宛討伐後に生まれたであろう親漢諸国もか）が、前九九年の第一次車師討伐をあまり遡らない時点で、匈奴ならびに車師などの天山東部地区の親匈奴諸国のために攻撃をうけて敗退させられた結果、この第一次の天山東部、車師への報復が行われたのではなかったかと思われることである。

しかしこの時は匈奴の主力部隊が動員され漢軍は大敗を喫し、輪台屯田も放棄されたままにならざるをえなかった。匈奴の天山東部地区への関心の強さをいみじくも窺わせるが、ついで前九〇年にいたり、漢書武帝紀征和三年の条によれば、

匈奴入五原・酒泉、殺両都尉。

と、匈奴が酒泉・五原に侵寇し、両郡の都尉を殺害するにいたると、同年（あるいは翌年）、第二次の天山東部、車師への攻撃が開始されることになる。

この際、同時に五原から出軍した李広利が、匈奴に投降するとの大打撃を被るが、天山東部での作戦は、一応の目的を達しえた。ここにおいて放棄のやむなきにいたっていた輪台屯田についても、天山東部地区での匈奴勢力の後退をうけ、桑弘羊らによる議論が再燃したと思われる。

事実、桑弘羊の上奏に対する武帝の詔文中にも、前掲したように「今又請遣卒田輪台」（漢書西域伝下渠犂）とあって、この輪台への屯田が、「又」、すなわち桑弘羊の上奏以前にすでに存在していたことを示唆している。

このため漢による車師攻撃は、輪台屯田をはじめとする大宛討伐後の西域での新情勢に対する匈奴の反発と、それに対抗する漢の反撃との事情が存在していたことになる。桑弘羊が第二次車師討伐の翌年、車師降服後の前八九（征和四）年に、一端放棄されていた輪台屯田の開置を奏上したとして何ら不自然ではない。

ただそれにしても第一次車師討伐から第二次までに九（あるいは一〇）年もの間隔がある。そして第二次車師討伐も、わずか一・二年で放棄に追い込まれたと思われる輪台屯田の再開だけを考慮してのことではなかった。この点は、輪台屯田に対する漢側の評価如何の問題にも関わるが、それにしても前九〇（征和三）年の酒泉・五原への匈奴侵寇が、なぜ第二次車師討伐に連動したのかが問題となる。

そこでこの点であるが、これは前一〇二（太初三）年の大宛討伐時以来伝えられることのなかった匈奴による酒泉

への侵寇が問題となる。酒泉置郡間もない大宛討伐の時には、酒泉地区はその後背地として匈奴の侵寇が予想され、史記大宛伝によれば、

　益発戍甲卒十八万、酒泉・張掖北置居延・休屠、以衛酒泉。

とあり、居延・休屠に一八万もの兵を置き、河西の中心地「酒泉」を防衛しているが、前九〇（征和三）年の時点で再びこの酒泉が攻撃の対象とされたということは、当然河西に近い天山東部における匈奴の健在ぶりを窺わせる。同時に、緒に着いたばかりの河西経営にも少なからざる影響が生じる。このため再度の天山東部、車師への討伐が決意されたと思われる。もちろんのことであるが、このように緊迫した情勢のなかで、輪台での数百人程度の漢の基地が、大宛討伐直後に開置されて以来そのまま存続していたとはとうてい考えられない[18]。

かくして第二次車師討伐の成功後、新たな西域事情を背景に、桑弘羊による輪台屯田が奏言されるにいたった。しかし武帝は、李広利の敗北や民疲などを理由にこれを許可しなかった（漢書西域伝下渠犂）。武帝が死を迎える一年前のことである。そして輪台がこのように使者校尉の屯所に選ばれた理由は、たまたま大宛討伐の際に、ここが李広利軍のために屠られ、「故輪台」（漢書西域伝上序語）とも称されているように、無人の廃墟と化していたからに他ならない。

**武帝時に渠犂屯田は存在したか**　ついでは武帝時の輪台屯田とともに、ままいわれるように武帝時に渠犂での漢の屯田が存在していた[19]かどうかについてであるが、前掲漢書西域伝上序語のように、「輪台・渠犂、皆有田卒数百人」と、輪台・渠犂を併記する記事のほか、漢書鄭吉伝には、

　自張騫通西域李広利征伐之後、初置校尉、屯田渠黎、至宣帝時、吉以侍郎田渠黎、積穀、因発諸国兵、攻破車師。

とあり、漢書西域伝下渠犂の条には、

　自武帝初通西域、置校尉、屯田渠犂、是時軍旅連出、師行三十二年、海内虚耗、征和中、弐師将軍李広利、以軍

降匈奴。

とあり、水経注河水の条にも、

漢武帝通西域、屯渠犂。

とあり、武帝時の西域での屯田を、渠犂（渠黎）に限定する史料さえみえている。

しかしこの武帝時における渠犂屯田については少しく前述したが、これら屯田実施と同時代の著作である史記にあっては、当時輪台以外の屯田地を伝えておらず、桑弘羊による西域での屯田再開地とそれに対しての武帝の詔文もまたこの輪台に限定されている。そして桑弘羊の献策に依拠して実施に移された昭帝時の屯田地も、これまた輪台のみにおいてである。

漢書武帝紀天漢二年の条によれば、前九九（天漢二）年の時点では、

渠黎六国、使使来献。

とあり、渠犂ら六国からの使節の入朝が伝えられ、「故輪台」とも称される輪台の場合と異なり渠犂は、なお独立国であった。ただ漢書西域伝下渠犂の条の桑弘羊の奏言（前八九年）にあっては、

故輪台以東、捷枝・渠犂、皆故国。

となっていて、この記事にみえる「故国」を、もし「古国」の義[20]ではなく輪台の場合同様、非独立国と解するとすれば、これは前九〇（あるいは八九）年の車師降服後の新たな西域情勢を述べたものということになるが、この記事は大宛討伐直後の事情とは結びつかない。

そこで伝えられるように、大宛討伐後も渠犂がなお独立国であったとするならば、漢による独立国への屯田は、比較的早いものとして昭帝時に入っての伊循城での屯田が伝えられている。これは漢書西域伝上鄯善国の条によれば、楼蘭国の国内事情から、

王自請天子曰、身在漢久、今帰単弱、而前王子在、恐為所殺、国中有伊循城、其地肥美、願漢遣一将屯田積穀、令臣得依其厳重、於是漢遣司馬一人、吏士四十人、田伊循、以塡撫之、其後更置都尉、伊循官置始此矣。

と、漢に要請があってのことである。西域オアシスにおける独立諸国家で、漢軍が基地（城）を築き屯田行為を維持するなどのことが、大宛討伐の直後において、輪台のほかで、強行・実施される必要性が存在していたかどうかとなると聊か疑問である。

そして後代の著作である水経注を除くと、武帝時の渠犂屯田のみを伝える漢書鄭吉伝・同西域伝下渠犂の条は、ともに後代の宣帝時に実施された渠犂屯田（後述）と関係が深い記事である。このためこれら武帝時における渠犂屯田の伝文は、総論を叙した漢書西域伝上序語の部分も含め、おそらく宣帝時に脚光を浴びた渠犂屯田と混同したがための誤りと思われる。

**昭帝時の西域経営と輪台屯田**　このように武帝時の西域経営は、輪台屯田がまず実施されたが、匈奴勢力のために実施直後に放棄へと追い込まれた。

そこでついでは、武帝に続く昭帝時の一四年間であるが、匈奴による侵寇は、この間も依然として続いていた（前八七年「入朔方」・前八三年「入代」・前八〇年頃「入辺」・前七九年「入張掖」・前七八年「入五原」、前掲附表Ⅱ）。この間、車師では、漢書西域伝下車師後城長国の条によると、

昭帝時、匈奴復使四千騎、田車師。

とあり、再び匈奴の勢力が回復している（漢書常恵伝にも、昭帝時、「烏孫公主上書言、匈奴発騎田車師、車師与匈奴為一、共侵烏孫、唯天子救之、漢養士馬、議欲撃匈奴、会昭帝崩」と。漢書西域伝下烏孫国の条にも同様の記事）。

そしてかかる天山東部における匈奴勢力回復の情勢をうけてか、漢に降服貢献していた楼蘭国でも、漢書西域伝上鄯善国の条によると、匈奴に質子となっていたことのある王が、

後復為匈奴反間、数遮殺漢使。

と、しばしば反漢行動を示すにいたる。

そこで霍光も前七七（元鳳四）年に、この楼蘭を抑える（傅介子を派遣し楼蘭王安帰を暗殺し親漢政権を樹立する）一方、併行して同年（紀年は資治通鑑）、漢書西域伝下渠犂の条によれば、

昭帝乃用桑弘羊前議、以杆彌太子頼丹為校尉、将軍田輪台、輪台与渠犂、地皆相連也、亀茲貴人姑翼請其王曰、頼丹本臣属吾国、今佩漢印綬来、迫君国而田、必為害、王即殺頼丹、而上書謝漢、漢未能征。

と、西域杆彌国からの質子頼丹を輪台に派遣し屯田させている。この時の輪台屯田は、桑弘羊の「前議」によってのことであり、基地の性格も武帝時の「使者校尉」の形態（一種の亭障）を踏襲するものであった。頼丹が任じられた「校尉」もまた、使者校尉ではなかったかと思われる。

しかしこの時の輪台屯田は、校尉頼丹がかつて亀茲の質子であったことから、亀茲が脅威を感じ頼丹を殺害したため屯田再開はまたもや失敗した。この事件は漢書にその紀年が伝えられていないが、漢書傅介子伝によれば、前七八（元鳳三）年に、その翌年楼蘭王安帰の殺害に関わることになる傅介子が大宛遣使の途次、亀茲に立寄っている。それにも拘わらず頼丹殺害のことは何ら問題となっていない。このため頼丹の輪台への派遣は、この前七八年以降ということになるかと考え、ここでは資治通鑑の紀年によることとした。

なお昭帝時の輪台屯田の規模については、史料に明記されておらず定かではない。桑弘羊上奏（「前議」）中の予定される屯田地、「輪台以東」の「以東」の部分が上奏文の原文通りであって、この昭帝時の屯田においてもこれが生かされていたと解する向きもあるが[21]、校尉頼丹が亀茲と大した戦闘を伝えることなく殺害されていることからすると、この時の屯田が輪台以外の数国にもおよぶ、比較的大規模なものであったとは考えられない。せいぜい武帝時と同様の数百人程度の規模ではなかったかと思われる。

漢軍のために血塗られた輪台での屯田は、昭帝時にあっても挫折した。漢側は亀茲から頼丹殺害を詫びる書簡を届けられてはいるが、これに何の処置を執ることもできなかった。武帝時における輪台屯田の短命さといい、この昭帝時における消極的姿勢といい、まことに長期的展望を欠く。漢の使者校尉基地、西域での交通路確保（亭の伸張）に対する限界、熱意のなさを物語る。

**宣帝時の西域経営と渠犂屯田**　ついで宣帝時になると、漢書宣帝紀本始二（前七二）年の条に、

詔曰、朕以眇身、奉承祖宗、夙夜惟念、孝武皇帝、躬履仁義、選明将、討不服、匈奴遠遁、平氐羌・昆明・南越、百蛮郷風。

とあるごとく、漢の西北辺は次第に少康に向かってはいるものの、同書同条ではまた、

匈奴数侵辺、又西伐烏孫、烏孫昆彌及公主因国使者上書、言昆彌願発国精兵撃匈奴、唯天子哀憐出兵、以救公主。

とあり、匈奴の侵寇がなお依然として継続し、また烏孫からは援軍依頼の書簡が漢使に托されている。このため宣帝の即位（前七三年）早々の前七二（本始二）年とその翌年の二回にわたり、二〇万もの大軍（烏孫兵五万を含む、漢書匈奴伝上）が匈奴討伐のために動員されている。

この結果は、匈奴側の人畜の損傷が「然匈奴民衆死傷而去者、及畜産遠移死于不可勝数」（漢書匈奴伝上）と非常なものとなり、「於是匈奴遂衰耗」（同上）と匈奴は大きな打撃を被ったのであるが、またその後、前六〇（神爵二）年に即位した握衍朐鞮単于の暴政と、それを契機とする匈奴の内訌が表面化してくると、匈奴の漢への侵寇も、漸くにして鎮静化して行くことになる。

このような匈奴情勢の変化は、漢の西域経営にも影響をもたらす。漢書常恵伝によると、前七二年の匈奴討伐に従軍した常恵の場合、

以恵為校尉、持節、護烏孫兵、昆彌自将翖侯以下五万余騎、従西方入、（略）時漢五将皆無功、天子以恵奉使克

獲、遂封恵為長羅侯、復遣恵持金幣、還賜烏孫貴人有功者、恵因奏請亀茲国嘗殺校尉頼丹、未伏誅、請便道撃之、宣帝不許、大将軍霍光、風恵以便宜従事、恵与吏士五百人、倶至烏孫、還、過発西国兵二万人、令副使発亀茲東国二万人、烏孫兵七千人、従三面攻亀茲、兵未合、先遣人責其王以前殺漢使状、王謝曰、乃我先王時、為貴人姑翼所誤耳、我無罪、恵曰、即如此、縛姑翼来、吾置王、王執姑翼詣恵、恵斬之、而還。

と西域諸国軍五万余騎を率い、功を上げ長羅侯に封ぜられている。また匈奴討伐に参戦した烏孫への論功行賞のため再度烏孫に派遣されると、それを機会に常恵は、宣帝の許可をうることはできなかったが霍光の内意をうけ、西域諸国の兵四万七千を発し、昭帝時に頼丹が殺害されたままとなっていた亀茲国を討伐している。漢書西域伝下烏孫国の条によれば、その後、前六四（元康二）年に亀茲は、

元康二年、烏孫昆彌因恵上書、願以漢外孫元貴靡為嗣、得令復尚漢公主、結婚重親、畔絶匈奴。

とあり、ついに漢との姻戚を求め、匈奴との離反を誓うにいたる。

常恵が亀茲を討伐した時期は、漢書宣帝紀・同西域伝下烏孫国の条によれば、前七一（本始三）年に常恵が長羅侯に封ぜられていて、亀茲討伐を黙認した霍光は、漢書宣帝紀・同霍光伝によれば前六八（地節二）年春には病篤く、同年三月に死去している。そうするとこの常恵による亀茲討伐は、前七一年から前六八年の間ということになるが、王先謙はこの時期を前六九（地節元）年に比定している（漢書西域伝下烏孫国の条補注）。

そこで亀茲国の討伐が、前六九年であったとすると、その翌年にあたるが、前六八年に、漢書西域伝下車師後城長国の条によれば、

地節二年、漢遣侍郎鄭吉、校尉司馬熹、将免刑罪人、田渠犂、積穀、欲以攻車師。

とあり、輪台屯田についで初めて渠犂に屯田が開かれている。そしてその主たる任務は、従来の輪台屯田の使者校尉基地のように、単に西方へ赴く漢使へのサービスではなく、車師への攻撃そのものを使命とするようになっている。

このことは渠犂の屯田が、輪台の屯田と比較し基地の性格を大きく変化させていることになるが、問題の亀茲国もすでに漢に服属した段階で、屯田地の位置がこの時何故、従来試みられてきた輪台から渠犂の地に移されたかも問題である。

**渠犂の位置と屯田開設の背景―使者校尉基地からの脱皮**　この点について、漢書西域伝下車師後城長国の条には、

車師、去渠犂千余里、間以河山。

とあり、漢書西城伝下渠犂の条には、

輪台、西於車師千余里。

とあり、たとえ車師経営を任務とするにしても、輪台・渠犂ともに車師への行程は「千余里」となっていて大差はない。それにも拘わらず屯田基地は輪台から渠犂へと移された。

そこでこの漢の屯田地変更の事情を知る上でも、問題の多い渠犂の位置について少しく述べておかなければならない。これについて清の徐松は、まず渠犂の位置を輪台の東でターリム（Târim）河の北岸とし（漢書西域伝補注）、近年では嶋崎昌[22]、岑仲勉両氏[23]が烏塁の南、黄文弼氏[24]は尉犂の西境砂磧中、A・F・P・フルスウェ氏[25]はクチャ（Kucha）の南東とされている。しかしこれでは輪台からの場合と比較し、渠犂から車師への行程上にどのような利点が存在するのか定かではない。

このため試みに漢書西域伝に伝えられる渠犂の位置に関わる史料を整理してみると、その四至は同伝下渠犂の条に、

東北与尉犂、東南与且末、南与精絶接、西有河、至亀茲五百八十里。

とあり、且末（Charchan）・精絶（Niya）は南道沿いであるが、尉犂（Korla）・亀茲（Kucha）は渠犂に比較的近接していたと思われる。松田寿男氏によれば、都護府の烏塁（Chadir）に近い諸国の漢書西域伝の里程は信頼がおける[26]とのことであるから、いま渠犂周辺の里程を挙げてみると、

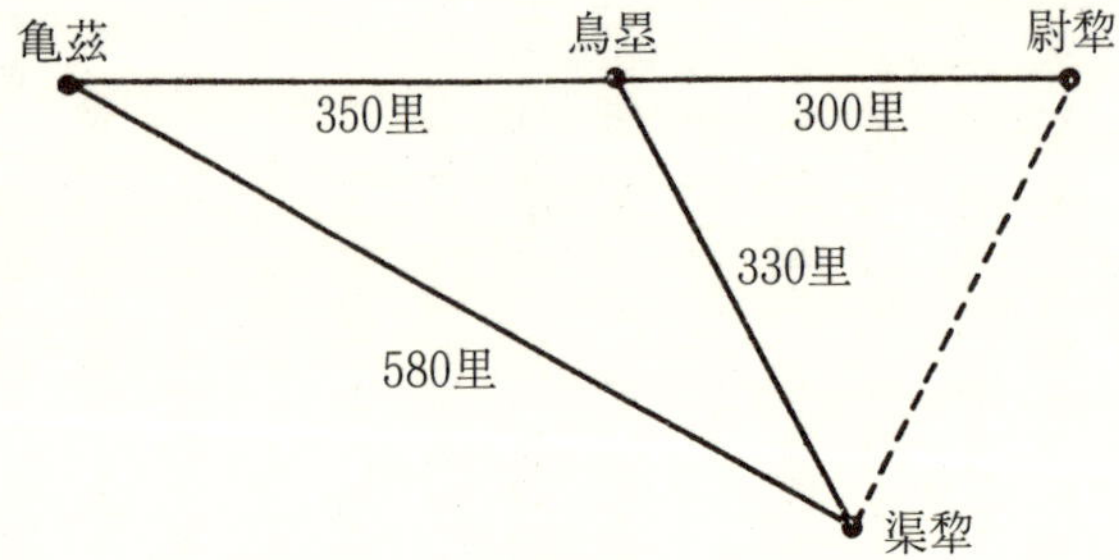


附図Ⅱ

Ⓐ「(渠犂)、西有河、至亀茲五百八十里」。(渠犂の条)
Ⓑ「(烏塁)、其東南三百三十里、至渠犂」。(烏塁の条、王先謙補注により「東」字を補う)
Ⓒ「(亀茲)、東通尉犂六百五十里」。(渠犂の条)
Ⓓ「(尉犂)、西至都護治所三百里」。(尉犂国の条)
Ⓔ「(亀茲)、東至都護治所烏塁城、三百五十里」。(亀茲国の条)

などとなる。なおⒸは渠犂の条に記載されているが、この渠犂の条ではまず最初に渠犂国の人口・四至を纏め、ついで主として輪台経営の転末を叙し、最後に亀茲国の条に欠落している亀茲国の動向におよび、さらにⒸの記事を掲げているのであって、これまでまま誤解される向きもあるが、Ⓒは明らかに亀茲国の事情の一部に属している。

　そこでこれらの里程をもとに渠犂の位置を推定してみると、附図Ⅱのようになり、徐松の位置比定と一致する。渠犂の四至中に「西有河」とみえる「河」は、ターリム河ということになる。これが西方に位置していることも、ターリム河が渠犂あたりで屈曲あるいは分流していたとすれば問題ないが、この点について実は、水経注河水には、

敦薨之水、自西海逕尉犂国、国治尉犂城、西去都護治所三百里、北去焉耆百里、其水又西出沙山鉄関谷、又西南流逕連城、別注裂以為田、桑弘羊曰、臣愚以為連城以西、可遣屯田、以威西国、即此処也、其水又屈而南逕渠犂国西、故史記曰、西有大河、即斯水也、又東南流逕渠犂国、治渠犂城、西北去烏塁三百三十里、漢武帝通西域、屯渠犂、即此処也、南与精絶接、東北与尉犂接、又南流注于河。

との記事が伝えられている。「敦薨」とはバグラシ湖（Bagrash-kul）であり、「敦薨之水」とはコンチ・ダリア（孔雀水、Konche-darya）であるとすると、この水経注では、「史記」すなわち漢書西域伝の記事であろうが、これは「西有大河、即斯水也」とあって、問題の「河」は、このコンチ・ダリアと見なされる。

　このため改めて渠犂の位置・里程を検討してみると、亀茲は渠犂からも烏塁からも、ともに「西」と位置づけられている（Ⓐ・Ⓑ）。そこで烏塁と亀茲間三五〇里（Ⓔ）、烏塁と渠犂間三三〇里（Ⓑ）をもとに渠犂と亀茲との間の里程を求めると、渠犂は烏塁の東南方であり（Ⓑ）、それは六八〇里に近い里程となるが、前掲Ⓐではこれが五八〇里となっている。そこでこのような数的操作に疑問を感じないわけではないが、試みにⒶの里程を、Ⓔ＋Ⓑの里程六八〇里に修正してみると、渠犂の位置は、従来比定されていた場所より附図Ⅲのようにかなり東北方、コンチ・ダリア方向に移動する。

　ここにおいていまこのコンチ・ダリア附近の状況を、一般に利用される楊守敬の水経注図によってみると、附図Ⅳのようになる。ただ河道については少しく実際を伝えていないため、A・スタインの調査、附図Ⅴをもとに考えてみると、水経注が伝える、尉犂城から渠犂城にいたる間のコンチ・ダリア沿いの「連城」にあたる遺跡として、実は九ヵ所の候望が確認されており、最近（一九五七～五八年）の黄文弼氏による考古発掘報告[27]においても、漢代のものと考えられる「庫魯克（クルク）山南麓之烽墩」の存在が同様に確認されている。黄氏の指摘されるクルク・ダーグ（Kuruk-tāgh）南麓の烽墩とは、おそらくA・スタインが確認したコンチ・ダリア沿い、すなわちクルク・ダーグ南麓の候望と同一の遺跡ではなかろうか。

　そして「別れ注ぎ裂かれて以て田を為す」についても、これは候望地区での開田の存在を示していると考えられ、水経注はこの「連城」地区を、桑弘羊奏言にみえる屯田予定地（今日伝えられる漢書西域伝下渠犂の条の桑弘羊奏言中では「臣愚以為可遣屯田卒、詣故輪台以東、（略）益墾漑田、稍築列亭、連城而西、以威西国」となっている）と見なしている。

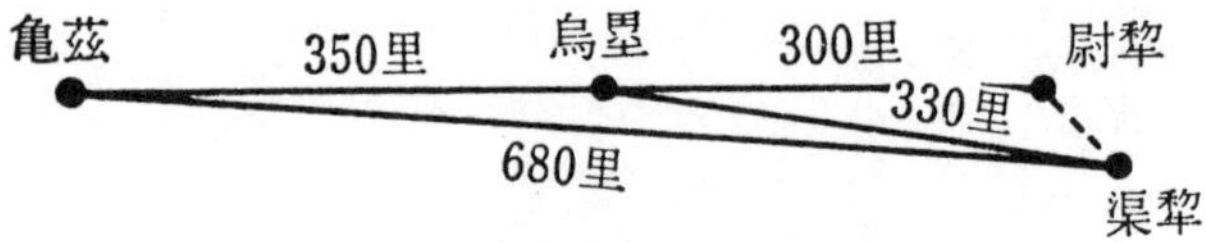


附図Ⅲ

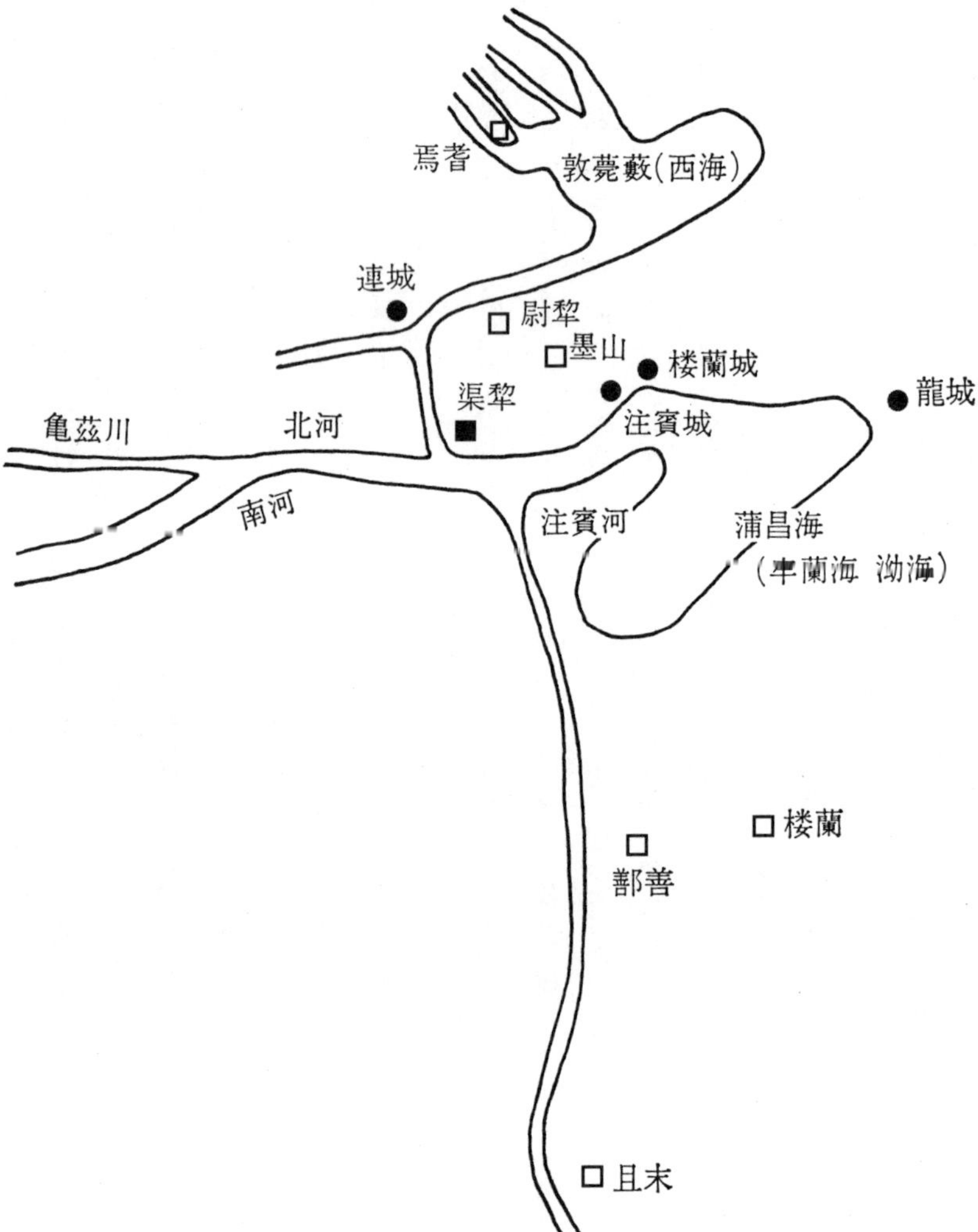


附図Ⅳ（楊守敬「水経注図」により作成）

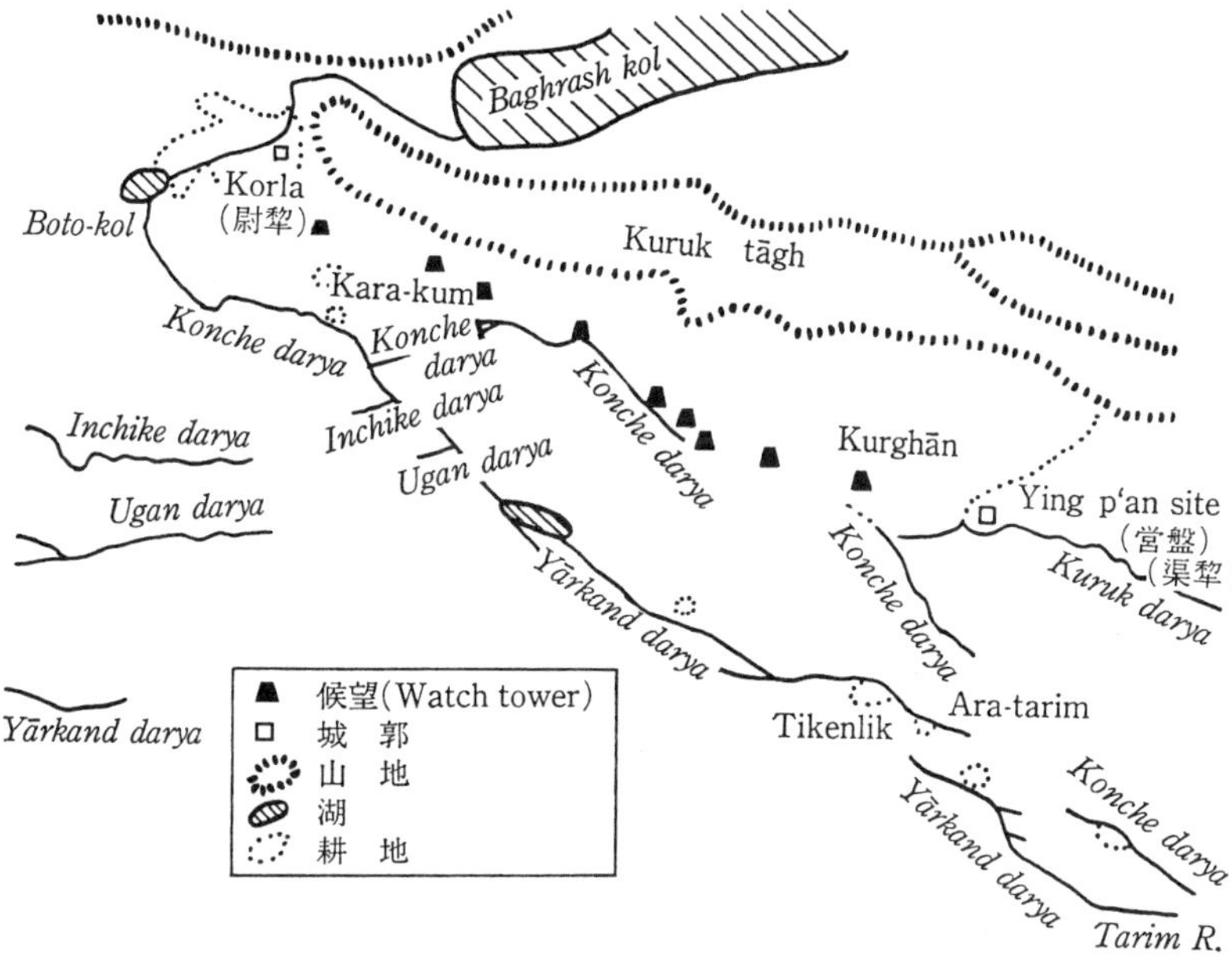


**附図Ⅴ**（A.Stein : Innermost Asia により作成）

そこで水経注が伝える「連城」、開田地で、なおかつ「西有河」の地、すなわち渠犂を求めるとすれば、これはコンチ・ダリアとクルク・ダリア（Kuruk-darya）とが合流する古址「営盤」あたりに、漢代の渠犂の地が比定されることになる。[28] そしてこのような推論が許されるとすれば、漢書西域伝や水経注の渠犂の四至にみえる、「東北与尉犂」、東北して尉犂にあたるの「東北」は、西北の誤りになる。

多少推論を重ねたきらいがあるが、渠犂の位置が営盤のあたりであったとすると、渠犂は輪台よりも東方で漢との往来に便であるだけでなく、匈奴の僮僕都尉が常置（前六〇年神爵二年に西域都護府が置かれると僮僕都尉もこれを契機に廃止）していたと伝えられる尉犂・焉耆・危須などの地域を避け、すぐ北のクルク・ダーグを越えて車師に直行できるという大きな利点が生じることになる。

もし輪台の基地を拠点にして、車師、さらにはその背後にある匈奴と全面対決に乗り出した場合、漢から輪台への道中が尉犂などの親匈奴諸国によって脅かされる危険がある。同時に車師への行程において、僮僕都尉の影響力がある国々を通過しなければならない。もちろんこの輪台基地が孕む問題点は、渠犂が烏塁の南、尉犂の西南に比定された場合にも同様に残ることになる。

渠犂を基地とした長期にわたる車師抗争が、わずか二千人足らずの勢力で行いえた背景には、渠犂の地理的条件に負うところが大きかったと思われる。もちろんクルク・ダーグ越えの道は、必ずしも当時の常道ではなかったかも知れないが、通交はさほど困難を伴うものではない。

**車師抗争の背景**　輪台から渠犂に屯田基地が変更された経緯もほぼ明らかになった。そこでついでは、本格化される車師経営の背景についてであるが、これは天山東部地区の一大オアシスを漢がその勢力下におかんとしており、これが武帝以来の車師抗争の経過からして、河西・西域への匈奴の影響力を弱めさせるとの狙いをもっていたことはいうまでもない。

同時に、漢が繰り返し大月氏や烏孫に働きかけ果たしえなかった、東西から匈奴を挟撃しカラコルム方面に遠遁していた匈奴王庭に自力で肉迫するとの意図が秘められていたことも明らかである。漢書西域伝下車師後城長国の条にも、宣帝の渠犂および車師における屯田に関係する詔文がみえ、ここでもその目的として、

以安西国、侵匈奴。

との言葉がみえている。

しかしこの車師経営は、匈奴の執拗な反撃をうけ、前六三・六二（元康三・四）年の間に放棄された。このため前六〇（神爵二）年の西域都護府（烏塁）や、前四八（元帝初元元）年の戊己校尉（車師前王庭）[29]などの創置による新たな西域経営の進展は、匈奴の自壊を俟たねばならないが、漢の西北部経営の基本的性格の変化ということになれば、それは前三六（元帝建昭三）年の西域都護甘延寿らによる郅支単于の謀殺に求められると考える。

なお車師をめぐる漢と匈奴との抗争は、史料上紀年の面で混乱があり、王先謙の補注にも誤りが認められるため、

かつて問題となる部分の紀年についてはその梗概にふれたことがあるが、[30] いま事実の推移を表示（附表Ⅲ）しておく。

**〔附表Ⅲ〕**

| 年号 | 漢側の動向 | 出典 | 匈奴側の動向 | 出典 |
|---|---|---|---|---|
| 前六八（宣帝地節二年） | 地節二年、漢遣侍郎鄭吉・校尉司馬熹、将免刑罪人、田渠犂、積穀、欲以攻車師 | 漢書西域伝下車師後城長国の条（以下西域伝と略称） | | |
| 前六七（地節三年） | 至秋、収穀、吉・熹発城郭諸国兵万余人、自与所将田士千五百人、共撃車師、攻交河城、破之、王尚在其北石城中、未得、会軍食尽、吉等且罷兵帰渠犂田 | 西域伝 | | |
| | 其明年、西域城郭共撃匈奴 | 漢書匈奴伝上（以下匈奴伝と略称） | | |
| 前六六（地節四年） | 秋収畢、復発兵攻車師王於石城、王聞漢兵且至、北走匈奴求救、匈奴未為発兵、王来還、与貴人蘇猶議、欲降漢、恐不見信、蘇猶教王撃匈奴辺国小蒲類、斬首、略其人民、以降吉、車師旁小金附国、随漢軍、後盗車師、車師王復自請撃破金附 | 西域伝 | 匈奴聞車師降漢、発兵攻車師 | 西域伝 |
| | 取車師国、得其王及人衆去 | 匈奴伝 | 単于復以車師王昆弟兜莫、為車師 | 匈奴伝 |

| | | | | |
|---|---|---|---|---|
| | 吉・熹引兵北逢之（匈奴） | 西域伝 | 王、収其余民、東徙、不敢居故地 | |
| | | | 匈奴不敢前 | 西域伝 |
| | 吉・熹即留一候、与卒二十人留守王、吉等引兵帰渠犂 | 西域伝 | | |
| | 車師王、恐匈奴兵復至而見殺也、迺軽騎奔烏孫、吉即迎其妻子、置渠犂 | 西域伝 | | |
| | 東奏事、至酒泉、有詔、還田渠犂及車師、益積穀、以安西国、侵匈奴、吉還、伝送車師王妻子、詣長安、賞賜甚厚、毎朝会四夷、常尊顕以示之 | 西域伝 | | |
| | 於是、吉始使吏卒三百人、別田車師 | 西域伝 | | |
| | 而漢益遣屯士、分田車師地、以実之 | 匈奴伝 | | |
| 前六五（宣帝元康元年） | | | 得降者言、単于大臣皆曰、車師地肥美、近匈奴、使漢得之、多田積穀、必害人国、不可不争也、果遣騎来撃田者 | 西域伝 |
| | | | 其明年、匈奴怨諸国共撃車師、遣左右大将各万余騎、屯田右地、欲以侵迫烏孫西域 | 匈奴伝 |
| 前六五－六三（元康元－三年） | 吉、迺与校尉、尽将渠犂田士千五百人、往田 | 西域伝 | | |

| | | | | |
|---|---|---|---|---|
| 前六三（元康三年） | | | 匈奴復益遣騎来、漢田卒少、不能当、保車師城中、匈奴将、即其城下謂吉曰、単于必争此地、不可田也、囲城数日、迺解、後常数千騎、往来守車師 | 西域伝 |
| | | | 後二歳、匈奴遣左右奥鞬、各六千騎、与左大将、再撃漢之田車師城（ヤールホト）者、不能下 | 匈奴伝 |
| 前六三－六二（元康三－四年） | 吉上書言車師去渠犂千余里、間以河山、北近匈奴、漢兵在渠犂者、埶不能相救、願益田卒、公卿議、以為道遠煩費、可且罷車師田者 | 西域伝 | | |
| | 遣遣長羅侯（常恵）、将張掖・酒泉騎、出車師北千余里、揚威武車師旁・胡騎引去、吉迺得出、帰渠犂、凡三校尉、屯田車師 | 西域伝 | | |
| | （車師）王之走烏孫也、烏孫留不遣、遣使上書、願留車師王、備国有急、可従西道以撃匈奴、漢許之、於是、漢召故車師太子軍宿在焉耆者、立以為王、尽徙車師国民、令居渠犂、遂以車師故地、与匈奴、車師王得近漢田官、与匈奴絶、亦安楽親漢 | 西域伝 | | |
| 前六二（元康四年） | 後漢使侍郎殷広徳責烏孫、求車師王烏孫貴将、詣闕、賜第与其妻子 | 西域伝 | | |

居、是歳元康四年也

## おわりに

以上、前漢時代の西北部経営を三期に区分し、これらが大筋において対匈奴策の枠組を出ることなく推行されていたとの点を確認した。もちろんこの漢・匈奴「百年戦争」の結果として、漢の西北部への進出がみられたが、これは東西交通路の制覇、東西交易の利権獲得そのものを企図してのことではなく（事実それほど莫大な実益もなかったであろう）、またこの点がそれほど大きな外交上の課題となることもなかった。

このように述べてくると、あるいは史記大宛伝の叙述と多少の齟齬が感じられなくもない。史記大宛伝はたしかに異国情緒あふれる名篇である。このためこれを基調とする論稿もままみられるが、これにはまた感性の世界に属する部分も少なくない。塩鉄論西域篇には、大宛討伐をめぐっての大夫の言に、

先帝、絶奇聴、行武威。

との武帝の心境が伝えられている。いかに五〇年を越える長期の在位を誇る武帝にしても、国事にあっては、それほど奇聴に興じ恣意がまかり通ったとも思えない。

これまで取り上げてきた個々の課題は、いずれも漢の対外政策に類別されるが、このような課題はまた、いうまでもなく皇帝権の実相を顕著に具現化し、皇帝権の性格を窺い知る上での恰好の題材となる。本章の主眼もまたここにある。

ただこのように前漢時代の西北部経営を通覧したとしても、取り上げた対象はなお限られている。また疎漏・附会の虞なしとしない。（本章は、昭和五十八年度の京都大学における東洋史研究会大会での報告「漢書西域伝序語について」をも

とに加筆した）

## 注

（1）松田寿男「シルクロード論」『東西文化交流史』雄山閣、一九七五。

（2）伊瀬仙太郎「漢匈奴交渉の一考察」『東西文化交流史』雄山閣、一九七五。

（3）たとえば護雅夫・神田信夫編『北アジア史（新版）』山川出版社、一九八一、頁四五。

（4）内田吟風「古代遊牧民族の農耕国家侵入の真因」『ユーラアシア学会報』三、一九五五。『北アジア史研究匈奴篇』同朋舎、一九七七。

（5）日比野丈夫「河西四郡の成立について」『東方学報』二五、一九五四。『中国歴史地理研究』同朋舎、一九七七。

（6）拙稿「漢代西北部における新秩序形成過程について」『中央大学文学部紀要』史学科一一、一九六六。本書所収。

（7）労榦「有関四郡問題」『居延漢簡考釈之部』中央研究院歴史語言研究所、一九六〇。劉光華「漢武帝対河西的開発及其意義」『敦煌学輯刊』一、一九八〇。

（8）松田寿男「漢魏時代に於ける西北部支那の開発」『東亜論叢』三、一九四〇。ただしその後、同『東西文化の交流』至文堂、一九六二、頁七三では、置郡の年次を不明とされる。張維華「河西四郡建置年代考疑」『中国文化研究彙刊』二、一九四二。日比野丈夫氏注（5）。なお長沢和俊「前漢の西域経営と東西交通」『シルクロード研究』国書刊行会、一九七九、は烏孫の招致失敗後、直ちに酒泉郡を置いたのかも知れないとされる。また注（3）頁五三、は日比野氏の説と同様、「河西郡」の前一一五年設置を認める。

（9）黄文弼「河西四郡建置年代考」『西北部史地論叢』上海人民出版社、一九八一。

（10）施之勉「河西四郡建置考」『大陸雑誌』三―五、一九五一。同『漢書補注弁証』新亜研究所、一九六一。拙稿注（6）。張春樹「漢代河西四郡的建置年代与開拓過程的推測」『漢代辺疆史論集』食貨出版社、一九七七。陳夢家「河西四郡的設置年代」『漢簡綴述』中華書局、一九八〇、陳氏は張掖郡も元鼎六年に開置されたとする。

（11）M.A.N.Loewe, Record of Administration, vol.1, Cambridge University Press,1967, pp.59-60. A.F.P.Hulsewé,

M.A.N.Loewe, China in Central Asia：The Early Stage 125B.C.-A.D.23, Sinica Leidensia vol.XIV, 1979, pp.75-76.

（12） 岑仲勉「酒泉郡等四郡」『漢書西域伝地理校釈』中華書局、一九八一。

（13） たとえば伊瀬仙太郎『中国西域経営史研究』巌南堂書店、一九六八再刊、頁四。この当時の戦闘は、数万から一〇万騎にもおよぶ規模であり、馬の改良は考えられるものの大宛にわずかな馬の補給を求める段階ではない。

（14） 羽田明『西域』河出書房新社、一九八二新装版、頁一五七。

（15） 施之勉「屯田輪台在昭帝時」『大陸雑誌』四九―一、一九七四。

（16） 韓儒林「漢代西域屯田与車師伊吾的争奪」『穹廬集』上海人民出版社、一九八二。

（17） 拙稿「漢武帝の外征をめぐって」『中央評論』二四―二、一九七二、本書所収。なお本章でふれることのできなかった馬邑事件以降の匈奴との関係についても概観する。

（18） 張春樹「試論漢武帝時屯田西域侖頭的問題」『漢代辺疆史論集』食貨出版社、一九七七、は大宛討伐から征和三年の間には輪台に軍屯し、昭帝時は「輪台以東」の屯田のため輪台を中心とするものではなかったとする。

（19） たとえば『シルクロード事典』芙蓉書房、一九七五、「クルラ」の項（頁一一六―七）、「ターリム盆地」の項（頁一九三）など。

（20） 小竹武夫訳『漢書（下）』筑摩書房、一九七九、頁三五一は「故の輪台の東捷枝・渠犂はいずれも古国」とあり、注（11）A.F.P.Hhisewé, pp.166.では “to the east of old Lun-t'ai there are Chieh-chin and Ch'ü-li which are both ancient states” とあって、「故輪台」の「故」は「もと」、「捷枝渠犂、皆故国」の「故」は「古」の義と解している。なお、新疆地区の詳細な旅行記である、成一ら撰文『絲綢之路漫記』新華出版社、一九八一、の一章に「在漢唐屯田遺祉」があり、それによると、漢の輪台屯田地は今日の輪台県の東南二、三〇キロメートルに位置し、「卓果特沁城」と呼ばれ、この古城の西方にはタマリスクの中、長く真直な溝渠と大小四角に区切られた田地の跡が、車で二時間ほど走る間もずっと続いている。そしてこの卓果特沁城は高さ六、七メートルの土丘で周囲ほぼ一千メートル余りの円形の城である。城内には円形の小さい湖があり、その中心に高台がある。城の東方にはターリム河が認められる。卓果特沁城から車で二時間ほど離れた「柯尤克沁城」は漢代の輪台国の城であるが、これも円形の城である。現地人はこの辺りの古い烽火台を「恰克（車輪）拝来克（車輻）」

と呼ぶとのことで、同書の筆者は、この「恰克拝来克」と、卓果特沁城の円形の城墻（車輪）・中心の高台（車軸）とを関連づけている。またこの地からは漢代の陶片や石碾・石磨も確認できたという。正式な考古学的報告書ではないが興味深い。

(21)　注（18）。

(22)　嶋崎昌「姑師と車師前・後王国」『中央大学文学部紀要』史学科一一、一九六六。『隋唐時代の東トゥルキスタン研究』東京大学出版会、一九七七、頁五〇。

(23)　岑仲勉「渠犂、附輪台」『漢書西域伝地理考釈』中華書局、一九八一。

(24)　黄文弼「漢西域諸国之分布及種族問題」『西北部史地論叢』上海人民出版社、一九八一。

(25)　注（11）A.F.P.Hhisewé, pp.164.

(26)　松田寿男「烏塁からの里数を論ず」『古代天山の歴史地理学的研究』早稲田大学出版部、一九五六。なお尉犂の位置比定については、（清）傅恒等輯『欽定皇輿西域図志』の焉耆西南方 Kalgan aman 説、（清）松筠『新疆識略』の Korla 説、A・スタインの Karakuum 説など諸説があるが、本章では松田氏も拠られた Korla 説を採る。

(27)　黄文弼『新疆考古発掘報告』文物出版社、一九八三、頁四六。

(28)　営盤はコズロフ（P.K.Kozlov）、ヘディン（S.A.Hedin）、A・スタインなどによる多くの調査がみられ、廃墟となってはいるものの四門のある巨大な城壁、数多くの家屋、台地上の墓地、小寺院、高さ八メートル近く周囲三一メートルの塔などの遺祉が確認されている。ヘディン『探検家としてのわが生涯』（山口四郎訳、白水社、一九六六、頁二七五）、スタイン『中央アジア踏査記』（沢崎順之助訳、白水社、一九六六、頁二五八）、ほか。なお営盤からのクルク・ダーグ越えの交通事情については、一九七九年に新疆大学歴史系を訪問した際にもこれを確認した。紅柳の敷かれた通路が残っていると。

(29)　伊瀬仙太郎氏注（13）頁九一―一二では、この戊己校尉の治所について、漢書元帝紀建昭三年の条にみえる顔師古注の「戊己校尉者、鎮安西域、無常治所」から「安西城（ママ）に鎮す」と解され、戊己校尉の治所は安西城＝交河城（ヤール・ホト Yâr-khoto）に設けられたと説かれるが、顔師古の注は「西域を鎮安す」と読め、戊己校尉の治所に必ずしも繋がらない。また当時の車師に安西城は確認できない。松田寿男氏注（26）頁七三―四では、漢書西域伝下車師後城長国の「突出高昌壁入匈奴」から、高昌壁（カラ・ホージョ Kara-khodjo）を戊己校尉の治所とされるが、この記事も車師前王国の東境に位置する高昌壁の陣営を突破して東走し、匈奴に逃げ込むとの意味にも解しうるようで、高昌壁を戊己校尉の治所と決定する根拠にはならない。

(30)　拙稿注(6)。なお推移の把握に多少の相違はみられるが、この点についてまた注(22)がふれる。

(付記)　本章脱稿後、『匈奴史』内蒙古人民出版社、一九七七、の著者として知られる林幹氏編の『匈奴史論文選集一九一九—一九七九』中華書局、一九八三、が、わが国の書肆にも入荷した。なお中国における匈奴史研究については、片桐功「中華人民共和国に於ける匈奴史研究」『名古屋大学東洋史研究報告』九、一九八四、が、その動向を伝える。筆者は、本章の主要な舞台となる中国西北部地方について、一九七九年と一九八二年の両度、トゥルファン・ウルムチ・天山へ、また一九八二年にはフフホト・陰山山脈南麓・賀蘭山脈東麓から河西回廊・湟水を遡って西寧へし旅行した。本章はこれらの実見が一つの契機となっている。

# 補論　漢武帝の外征をめぐって——初県の環境Ⅱ——

## はじめに

「西域ブーム」との言葉がきかれる。「西域」、広義では中央アジアから西アジアをもさすが、狭義だと東トルキスタンをさす。この「西域」の語は、松田寿男氏により、史記にはみえず班固の漢書を初見とするとされてきたが[1]、実は史記衛将軍驃騎列伝に、すでに「西域王渾邪王」とみえている。ここでは以下、西域の語を狭義で用いるが、西域について語られる場合、かならずといってよいほど現われる人物に漢の武帝がある。

漢の武帝は、前漢第七代の皇帝で、その在位は、前漢朝の四分の一、五四年（前一四一～一八七）の長きにわたった。「雄才大略」、中国史を形づくる三人物の一人として、教を成した孔子、政を立てた始皇とならび、「境は武帝より定まる」とも称される。たしかに武帝といえば、まず積極果断な対外政策が思いうかべられる。ところが、この武帝の対外政策に対し、漢代の人々からは、案外きびしい批判があびせられている。前漢宣帝時の経学者、夏侯勝は、

武帝、多く士衆を殺し、民の財力を尽し、天下を虚耗す。（漢書巻七八）

と難じており、正史である漢書の撰者、後漢の班固も、漢書武帝紀の賛に、もっぱら武帝の文事のみを引き、その武功については、一事をもふれるところがなかった。

しかし清代の考証学者趙翼は、かかる武帝への批判を知りつつも、

(武帝が増すところの地)、これまでの一倍、(略)永く中国の四至となり、千万年、皆その利を食む。(廿二史箚記「漢書武帝紀賛不言武功」)

と、なお武帝の武功を帝の功績中第一と断じている。趙翼は、辺境の地方官を歴任した人であっただけに、領土の問題には深い関心を示すこととなっている。

もちろん、この武帝の外征も、新中国の歴史の教科書(たとえば、高級中学『中国歴史』上冊、新中出版社、一九五二年刊)では、一応「侵略戦争」と規定してはいる。しかしまた同時に、この当時の対外拡張を、中国文化が周囲の国々よりも高く、中国の工業製品がいたるところで歓迎されたこと、これがその基本的な原因であったとも述べている。

歴史上にあらわれる領土の問題。まことに古くして、また新しい側面をもつ。

前三世紀末から前二世紀にかけ、内外モンゴリアを中心に、西は新疆、東は満州(中国東北地区)にかけての大帝国を建設した匈奴冒頓単于について、前漢の歴史家司馬遷はつぎのような記事を残している。

冒頓が立つや、当時強勢であった東胡は、まず匈奴の宝馬「千里馬」を、つづいては単于の閼氏(単于の后妃)を欲した。これに対し冒頓は、無道の東胡討つべしとの群臣の意見をおさえ、東胡に近隣の誼として宝馬および閼氏をあたえた。東胡はいよいよ増長し、匈奴と東胡との間にあった、住民もいない不毛の地に対し、その所有を主張するにいたった。これに対し、群臣がどうせ不毛の地、いずれにしようとも可なりと述べるや、冒頓は、「土地は国家の基」とし、あたえてもよいといった家臣を斬り、ついに東胡討伐を命ずるにいたった(史記匈奴伝)、と。

遊牧国家とはいえ、為政者たるものの心意気、また司馬遷の関心をとらえたかのようである。

そろそろ本論に入ることとなるが、本章では、かかる武帝の外征のうち、①西域経営当初の基地の問題—徐松の見解に対する批判—と、②武帝外征の背景について、少しく検討してみることとする。

## 一　輪台と渠犂

漢書西域伝序語は、将軍李広利の第二回大宛（Ferghana）討伐（前一〇二〜一〇一）以降における、漢勢力の西域への伸張について、

ここにおいて敦煌より西して塩沢（Lob-nor）にいたる、往々亭を起こし、而、輪台（bugur）・渠犂（Konche-darya 畔か）、皆、田卒数百人あり。使者校尉をおきて領護せしめ、もって外国に使するものに給す。

と概観している。ところが、漢書鄭吉伝によれば、

李広利征伐の後、初めて校尉をおき、渠犂に屯田す。

とあり、この校尉は、先の使者校尉をさすと思われることから、ここでは屯田地、校尉の治所が渠犂におかれていたこととなる。また漢書西域伝渠犂の条にも、

武帝、初めて西域を通じ、校尉をおき、渠犂に屯田す。

と、漢書鄭吉伝と同様の記事がみえている。

このためか、清代の碩学徐松は、漢書西域伝序語の「輪台・渠犂、皆、田卒数百人あり」に対し、その名著『漢書西域伝補注』で、

(A)これは昭帝時の事跡である。

(B)輪台・渠犂ともに西域の小国（胡国）であり、漢は、これを滅ぼして田卒をおいたのである。渠犂には田卒千五百人がいたが、いま分かれて輪台にも出することとなった。

(C)ゆえに田卒の数は、各々数百人となる。

との見解を述べている。そして、この徐松の見解のうち、とくに(B)は、漢初の西域経営の基地が、まず渠犂におかれていたことを示唆しており注目すべき問題提起となっている。

しかるにこれまで、この中国による本格的な西域経営の幕開けともいうべき、基地開設の問題については、あまり検討されることがないままにきている。このため、ここではこの点について考えてみることとする。

以下、徐松の見解を検討しながら、漢の西域経営の動向をおってみることとするが、結論を先に述べれば、この徐松の見解には、前漢時代の西域における基地の推移を無視した点が多く、前漢最初の漢側の基地は、輪台を中心としていたと考える。

まず徐松の(A)の見解からみて行くと、この昭帝時の西域経営においては、徐松のいうように渠犂に屯田が置かれた事跡は存在しない。

また輪台にも、一時扜彌（Uzun-tati）の太子頼丹をして屯田させたことはあるが、これもすぐに、亀茲（kucha）王のために、

頼丹、もと吾国に臣属す、今、漢の印綬を佩びて来たり、吾国に迫りて田す。必ずや害をなさん。（漢書西域伝渠犂）

との理由で、頼丹が殺され失敗に帰している。それゆえ、この昭帝時に輪台・渠犂に各数百人の田卒と校尉とが常置されていたとは考えられない。

昭帝の時期は、武帝晩年、前八九年に出されたいわゆる「西域放棄の詔」以降の西域経営が一時中断された時期にあたっている。

そして史記大宛伝には、

漢すでに宛を伐つ、（略）而、燉煌に酒泉都尉をおき、而、塩水にいたる、往々亭あり、而、侖頭（輪台）に田年

数百人有り、因て使者［校尉］をおき、田を護り粟を積み、もって外国に使するものに給す。

とあり、問題の漢書西域伝序語の記事は、明らかにこの史記大宛伝にもとづくものと思われる。とすれば史記大宛伝の記事は、武帝時、それも大宛討伐直後の西域経営を述べたものであるから、漢書西域伝序語の記事も、当然またこれに倣うものとなる。

また、先の漢書鄭吉伝、同西域伝渠犂の条の「屯田渠犂」の記事であるが、これも大宛討伐直後、すなわち武帝時のことと思われる。

このようにみてくると、徐松が、(A)輪台・渠犂の屯田を昭帝時と見なしたことの誤りであることが明らかとなる。それでは問題である(B)の、渠犂から輪台へと漢の基地が拡大されて行ったとの見方はいかがであろうか。先の漢書鄭吉伝の、

李広利征伐の後、初めて校尉を置き、渠犂に屯田す。

によると―漢書西域伝渠犂の条もほぼ同様―、たしかに漢は、西域経営を開始するや、まず渠犂に校尉をおき、屯田を開き、輪台はその後であったようである。北魏と時代は降るが、水経注河水でも、

漢武帝、西域を通じ、渠犂に屯田す。

となっている。

ところが、かんじんの漢書西域伝序語がよったと考えられる史記大宛伝には、

而、侖頭（輪台）、田卒数百人有り、因りて使者［校尉］を置く。

と、輪台に使者校尉がおかれていたこととなっていて、渠犂の屯田については、ふれられていない。この史漢の異同について、あるいは史記大宛伝が渠犂の語を脱したものとみるべきかも知れない。

また漢書西域伝渠犂の桑弘羊上奏にも、

もとの輪台以東、捷枝・渠犂、皆故国、（略）臣愚おもえらく、屯田卒を遣わし、もとの輪台以東に詣し、校尉三人をおきて分護せしむべし。

とあり、この上奏は、前八九年（資治通鑑）に行われたものであるから、武帝時には、「輪台以東、捷枝・渠犂、皆故国」、すなわち輪台・渠犂ともに屯田が開かれていたとの解釈も可能となる。

しかしこの桑弘羊の上奏も、史記大宛伝の記事が前一〇一年をあまり降らない時期における西域の状況を伝えたものであったのに対し、前八九年のことであり、その間一〇余年もの開きがある。このため桑弘羊上奏の時点では、西域経営もすでに相当進展していたわけで、この上奏の記事だけをもって一概に史記大宛伝の記事に遺漏を認めることは問題が残る。

そこであらためて、史記大宛伝に輪台のみしか伝えられていない背景について考察してみる必要がある。まず、先にあげた桑弘羊の上奏にこたえた武帝の詔をとりあげてみると、桑弘羊は、西域経営の基地について、「輪台以東」と、漠然とした表現をしているのに対し、武帝は、

今また、卒を遣わし輪台に田せんことを請う、輪台、車師に西すること千余里。（漢書西域伝渠犂の条）

とか、

今、遠く輪台に田せんことを請い、亭燧を起こさんことを欲す。（同上）

のように、輪台のみの経営を中心にして、屯田卒派遣の可否を論じている。

このことは、当時西域経営において、とくに輪台が重視されていたことを暗示する。また、この時の武帝の詔により、結局中止されることとなった西域経営が、昭帝時、桑弘羊の上奏を用いて再開されんとしたとき、まず最初に、校尉（頼丹）の派遣が行われたのも、実はこの輪台であった。

武帝時における西域経営の中心が、このように輪台におかれていたかの観があるにも拘わらず、先にみた漢書鄭吉

伝や、同西域伝渠犂の条では、武帝時の基地として渠犂のみをあげ、輪台についてはふれられていない。

そこで、この理由を考えてみなければならないが、この漢書西域伝渠犂の条の場合は、これが、いわゆる渠犂の情勢を中心に論述したものであったことに注意すべきである。そして漢書鄭吉伝の場合も、鄭吉が、宣帝時渠犂屯田を行った事跡に関連して、ここ武帝時にあっても、渠犂屯田のみを強調せんとしたもので、両記事ともに、武帝時の西域経営全般にわたる事情にふれたものではなかったことに気付くのである。

すなわち渠犂の屯田は、鄭吉による宣帝時の渠犂屯田が、あまりにも有名であっただけに、このようにしばしば史料にも現われてくるわけで、漢書西域伝序語の渠犂屯田の記事も、むしろ班固が史記大宛伝を引くにあたり、輪台のほかに新たに渠犂を附加したのではなかったかとの推測をさえいだかしむ。

そこでつづいては、何故このように西域経営開始当初、輪台の経営が重要視されたかを明らかにせねばならないことになる。

これについて史記大宛伝には、西域経営開始の契機となった第二回大宛討伐の際、
而、至るところの小国、迎えざるなし、食を出し軍に給す、侖頭（輪台）にいたる、侖頭、下らず、攻めること数日にして、之を屠る、これより西し、平行して宛城にいたる。

と、西域諸国中、輪台のみが徹底して抵抗したことが伝えられている。輪台が漢軍に抵抗した真相は、なんら伝えられていないが、それにつけても①北道中輪台のみが、なぜ数日にもわたり漢の大軍に抵抗し、ついには、「屠る」と、全滅のうきめをみたのであろうか。②しかも李広利の西行路が漢代の常道、敦煌から尉犂（Kara-kum）を経過したものであったなら、当然、匈奴の僮僕都尉の常住地たる尉犂で、なんらかの衝突が避けられないと考えられるのであるが、李広利の西行中、輪台事件以外になんらのトラブルも伝えられていないのはなぜであろうか、等々が問題となる。

そこで、この二つの疑問点についてであるが、②については、おそらく、李広利が、匈奴とのトラブルにより、大宛討伐が失敗することのないよう、匈奴の前線基地尉犂をさけ、敦煌より輪台にでる行路をとったのではなかったかと考える。

それでは、①の何故あえて輪台が漢の大軍に抵抗したかということであるが、これについては、尉犂をさけた漢の遠征軍に対し、尉犂に近く北道胡国で烏孫と並び称せられることもあったこの輪台で、匈奴による西行阻止のための策動が行われたとしても不思議ではない。そしてまた、このようにでも理解しない限り、漢の大軍に輪台が国運をかけて抵抗し、一方李広利も、「屠る」と徹底的に討滅してしまうという、凄惨な抗争の背景を理解することはできない。

漢が北道の安全を確保するために、尉犂に近く、匈奴の軍制に絶好の地であるこの輪台に、まず最初に漢の基地を造成したとしてもまた当然というべきである。そして渠犂については、輪台にみられるような、なんらの必然性をも見出すことができない。

以上において、徐松の見解の(B)についても、かならずしも当をえたものでなかったことが明らかとなる。つづいては、(C)の田卒数についてふれておくこととする。

(C)において、徐松が、西域経営開始時における、渠犂の田卒をなぜ千五百人と考えたかであるが、この点は、おそらく鄭吉の宣帝時における渠犂屯田の、「田士千五百人」（漢書西域伝車師後城長国）を、武帝時のことと混同した結果であると思われる。このため田卒数千五百人を、武帝時の屯田卒の数と見なして議論することはできないことになる。

このように徐松は、前漢の西域経営当初における基地の動向について、いくつかの誤りをおかしている。そこで私は、この西域経営当初の実情、とくに使者校尉の治所を伝える史料としては、史記大宛伝の記事をより重視したいと考えている。

## 二　漢と匈奴

つづいては、このような武帝時における西域経営をはじめとする対外政策の背景について述べることとなるが、これは主として武帝の対外奴策と深い関連をもつ。そこで、まずは武帝の匈奴討伐開始の背景についてふれ、あわせて漢と匈奴との抗争についても、一応の推移をのべておく。

武帝が立つや、漢は、ようやく、

> 水旱の災に遇うにあらざれば、民、人給し家足る、都鄙の、廩庾皆満ち、府庫貨財を余す、京師の銭巨万を累ね、貫朽ちて校ふべからず、大倉の粟、陳々として相因り、充溢して外に露積し、腐敗して食うべからざるにいたる。
> （史記平準書）

と、いわゆる匈奴討伐を可能にする条件がととのってくる。ここにおいて武帝は、匈奴討伐に先んじ、前一三九年、張騫を大月氏に派して遠交近攻を画し、前一三五年には、閩越王郢を討って後顧のうれいを断ち、ついに、前一三三年、

> 朕、子女を飾り、もって単于に配す、金幣文繍、之を賂すること甚厚し、単于、命を待けて嫚を加う、侵盗已むこと亡し、辺境害を被むる、朕、甚之を閔しむ。今、兵を挙げて之を攻めんと欲す、如何。

と、匈奴討伐の決意を明らかにするにいたったのである（漢書武帝紀）。

そして、この年の夏、馬邑の奸計によって漢と匈奴との和約が破られるや、以降九〇余年、元帝の前三六年秋、郅支単于が康居（Sogdiana）で攻殺されるまで、漢と匈奴との死闘が開始されることとなる。

このように考えると、いわれてきたように武帝による匈奴討伐の背景は、高祖以来の屈辱的な対匈奴関係に終止符

をうつための武帝の一大英断となる。もちろん、このような見方自体は正しい。しかし、このときの武帝の英断を、これまでのように美化された武帝個人の資質にのみ結びつけてしまうには少しく問題が残る。

武帝ならずとも、この匈奴討伐は、避けることのできない切迫した事情が別にあったわけである。そこでいま、武帝時にいたる漢と匈奴との関係をふり返り、この間の事情について考えてみることとする。

匈奴に冒頓単于が現われるや、匈奴の国勢はとみに発展し、前二〇〇年には漢の高祖を白登（山西大同）に破り、その勝兵三十万と号した。この匈奴に対し、漢は、①多額の帛絹酒米等の歳幣、②和蕃公主の降嫁、③昆弟の和、④関市を通じて必需品の徴達に応ず、等々の懐柔策を行い、あえて事をかまえるを欲しなかった。

ところが匈奴は、このような漢の懐柔策に対し、かえって漢を侮り、連歳辺寇をなし、あるときは呂后を辱しめ、文帝の前一六六年冬には、ついに匈奴老上単于、一四万騎をひきいて入寇し、首都三輔にせまり、雍県（陝西鳳翔）甘泉宮をも窺うにいたった。まさに首都長安が匈奴の脅威にさらされることとなったわけである。

いま、この時期の漢と匈奴との対峙を地図に示せば附図Ⅰのようになり、首都長安の防衛が、漢側にとっていかに焦眉のことであったかを物語る。

先にみた武帝の英断にも、かかる現実的要請は、当然強く働いていた。もちろん後述するように、前一六六年の三輔への侵入には、特殊な匈奴側の事情があったが、漢側からみれば、かかる現実はやはり大きな脅威となったことはいうまでもない。多少いい過ぎかも知れないが、むしろかかる現実的要請こそが、高祖以来の国是である対匈奴和親策に対する一大転機を余儀なくさせた背景になっていたのではなかったかと考える。

以上、武帝の対匈奴積極策の背景についてのべてきたが、つづいては簡単に前漢時代における漢と匈奴との関係についてふれておくこととする。これはつぎの三期にわけられる。

第一期　匈奴の優勢期（高祖七年前二〇〇～武帝元光二年前一三三）

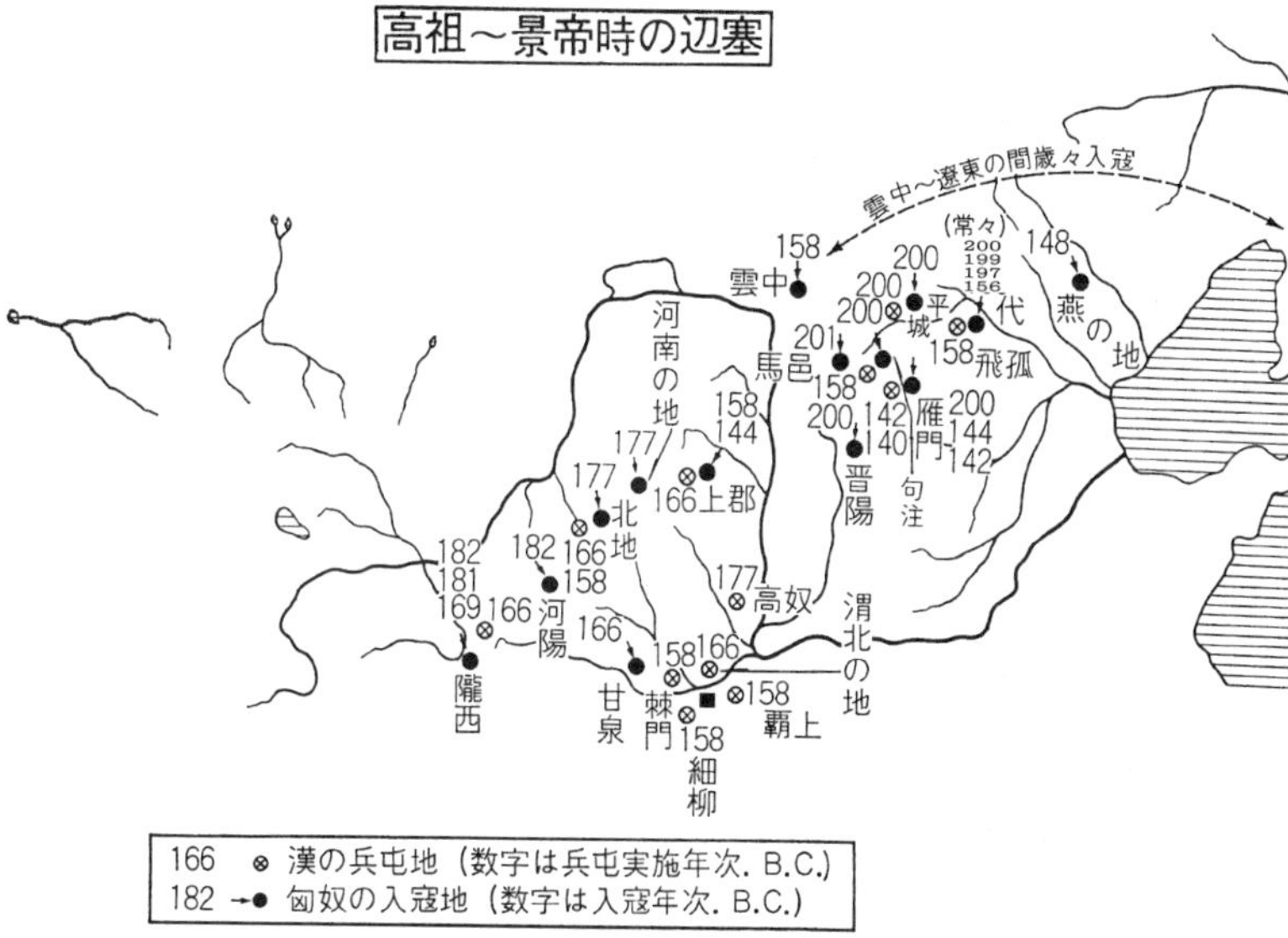


附図Ⅰ

第二期　漢と匈奴との抗争期（同上～元帝建昭三年前三六）

第三期　漢と匈奴との和平期（同上～光武帝建武二四年後四八）

である。この漢と匈奴との関係において、匈奴の侵入掠奪の原因については、すでに内田吟風氏[2]、江上波夫氏[3]による、匈奴の経済活動の面からの研究がある。そこでここでは、先に検討した西域経営との関連において、漢の西北部方面への勢力拡大に焦点をしぼり、述べて行くこととする。

まず第一期は、附図Ⅰのように、匈奴の入寇が遼東から隴西にいたる長城線上に繰り返され、なかでも雲中～代にいたる地域がとくに著しい。このことは、この地域が、①匈奴単于庭（Huhu-hoto）から往復しやすい距離にあり、②関中から遠く、警備も充分でない、③戦国時代以来の開発により、侵寇の目的物である食料等の必需品や、高度化した特産品とその原料等が豊富であった、等々によるためと思われる。

そして隴西から関中への侵入は、狄道（甘粛）への二回を除き、文帝の前一七七年の北地郡（甘粛還県）への入寇は、漢の役人が右賢王を挑発したことに対する報復であり、文帝の前一六九年の狄道、文帝の前一六六年の三輔への入寇は、宦官中行説の煽動の結果であって、いずれも単なる掠奪を目的とする入寇でなかった。江上波夫氏は、匈奴の侵寇地域に、東西諸王の大体の縄張りがあったことを推測されている。[4] とすれば、この西北部地区は、いわゆる匈奴の右地にあたることになる。

そこでこの西北部地区に対する匈奴の入寇が少ない点であるが、これは関中の守りが堅固であったこともさることながら、この右賢王以下の諸王が主として西域経営にあたっていたためではなかったかと考える。そして漢は、この第一期の時期には、「不出塞」の原則をもって、兵屯や徙民等により防備に専念したのであった。

ついで第二期に入ると、漢の前線は Ordos・河西・西域へと伸張し、匈奴の入寇もそれに対応して「代〜雲中間の入寇は他地域にくらべると第一期同様多い」、次第に河西・西域の漢の基地に対する攻撃が増加してくる。いまこの時期の情勢を、またつぎの(1)〜(3)の時期にわけてみて行くこととする。

(1)《前一三三年の漢と匈奴との抗争開始〜前八九年の「西域放棄の詔」と外征の中止》（約四〇年間）。

この時期の重要な事件は、

①前一二七年のOrdos奪回。

②前一二一〜一一九年の河西平定により、「匈奴遠遁し、幕南に王庭なし」（漢書匈奴伝）と漢の匈奴に対する優位が確立。

③前一〇四〜一〇一年の大宛討伐と漢の西域への進出。

である。ここにおいて、

㋐漢が匈奴に対し優勢となる。

㋑漢が新獲地に郡県の新設を行う。

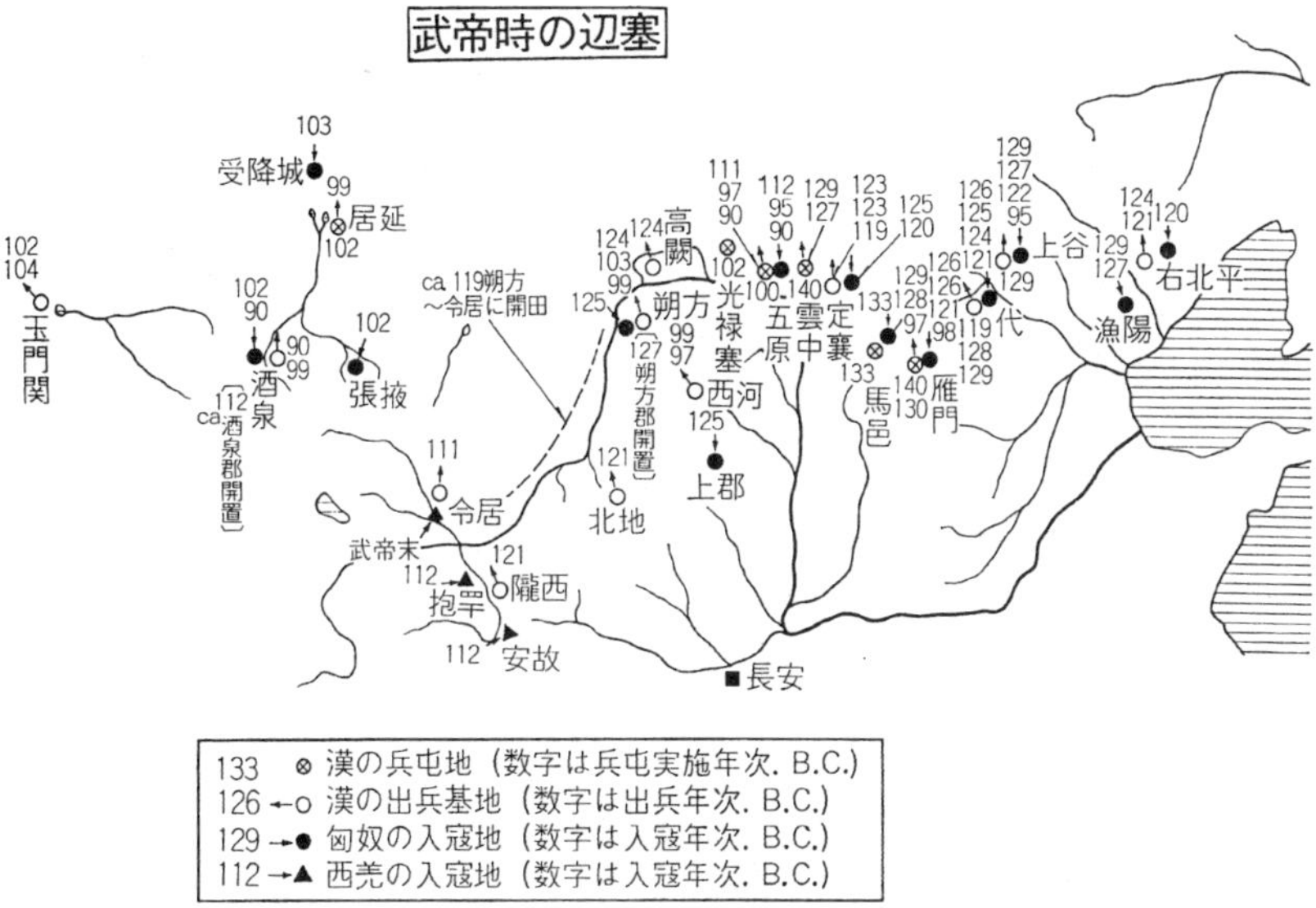


附図Ⅱ

㋒匈奴は単于庭を Kharakhorum 附近に移す。

㋓大宛討伐以降は、匈奴による酒泉・張掖等の漢側基地に対する入寇がみえる。

等の事情が窺える（附図Ⅱ）。そして匈奴による入寇の性格も、掠奪を目的とするよりも、漢勢力の排除を目的とするようになる。

(2)《前八九年の外征中止～宣帝本始二年前七二年の遠征再開》（一七年間）。

この時期は、霍光が政治を専断した。かれは、「百姓内定、然後卹外」（塩鉄論地広篇）と、前代の外征によって高まる百姓の怨嗟に対し、専ら内政にあたった。一方匈奴も、壺衍鞮単于の即位をめぐって内訌が起こり、漢の調整期に乗ずることができず、両勢力の間に小康が保たれた。ゆえに附図Ⅲのように、匈奴の入寇も散発的で、漢も西域で多少の画策を行ったに過ぎない。

(3)《前七二年の外征開始～元帝建昭三年前三六年の郅支単于の攻殺》（三六年間）。

この時期は、

①前七二年の匈奴討伐により、匈奴に対し「民衆の死

昭帝～宣帝本始元年の辺塞

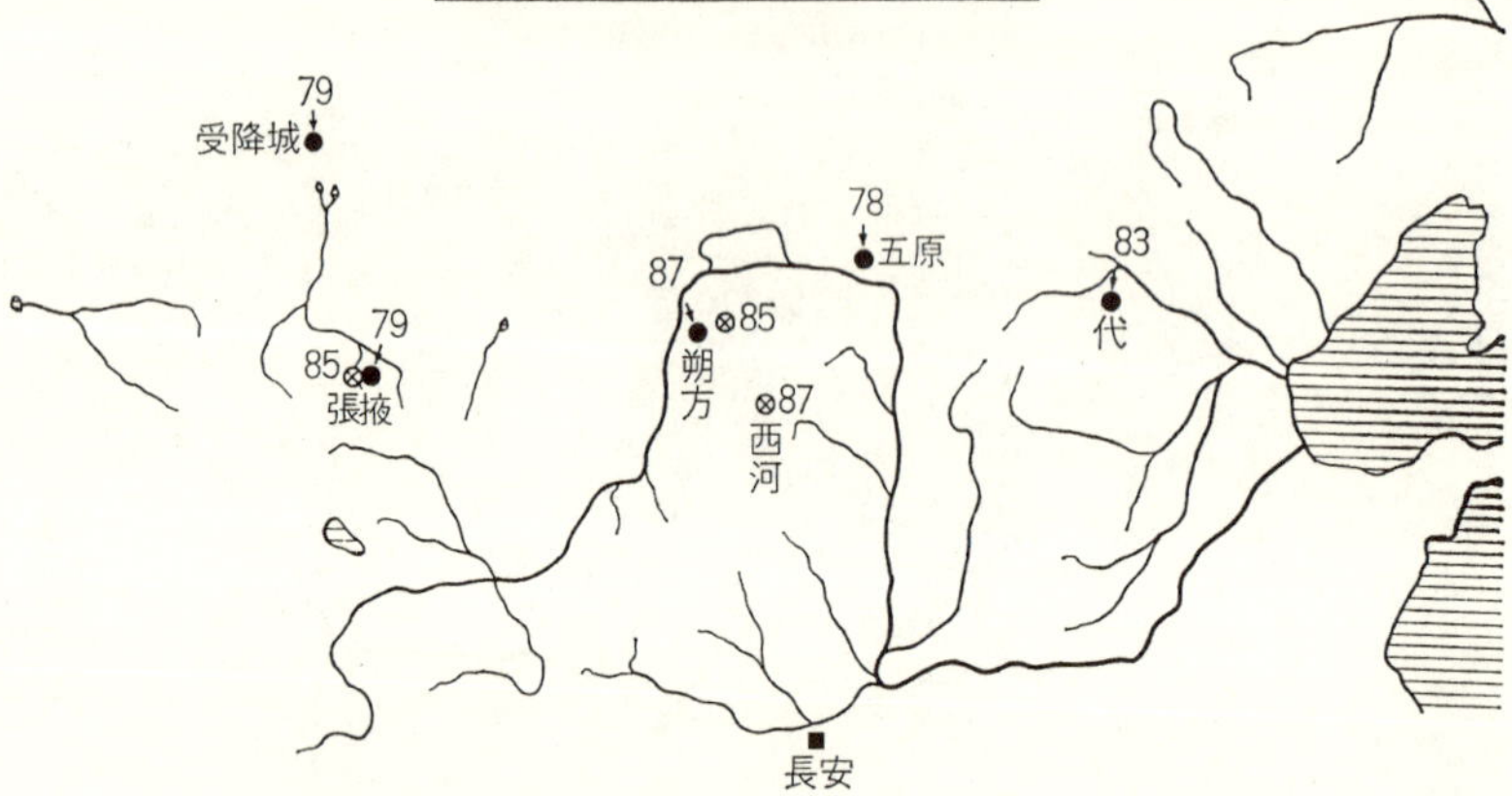


85　⊗ 漢の兵屯地（数字は兵屯実施年次．ＢＣ）
79 →● 匈奴の入寇地（数字は入寇年次．ＢＣ）

附図Ⅲ

宣帝本始二年以降の辺塞

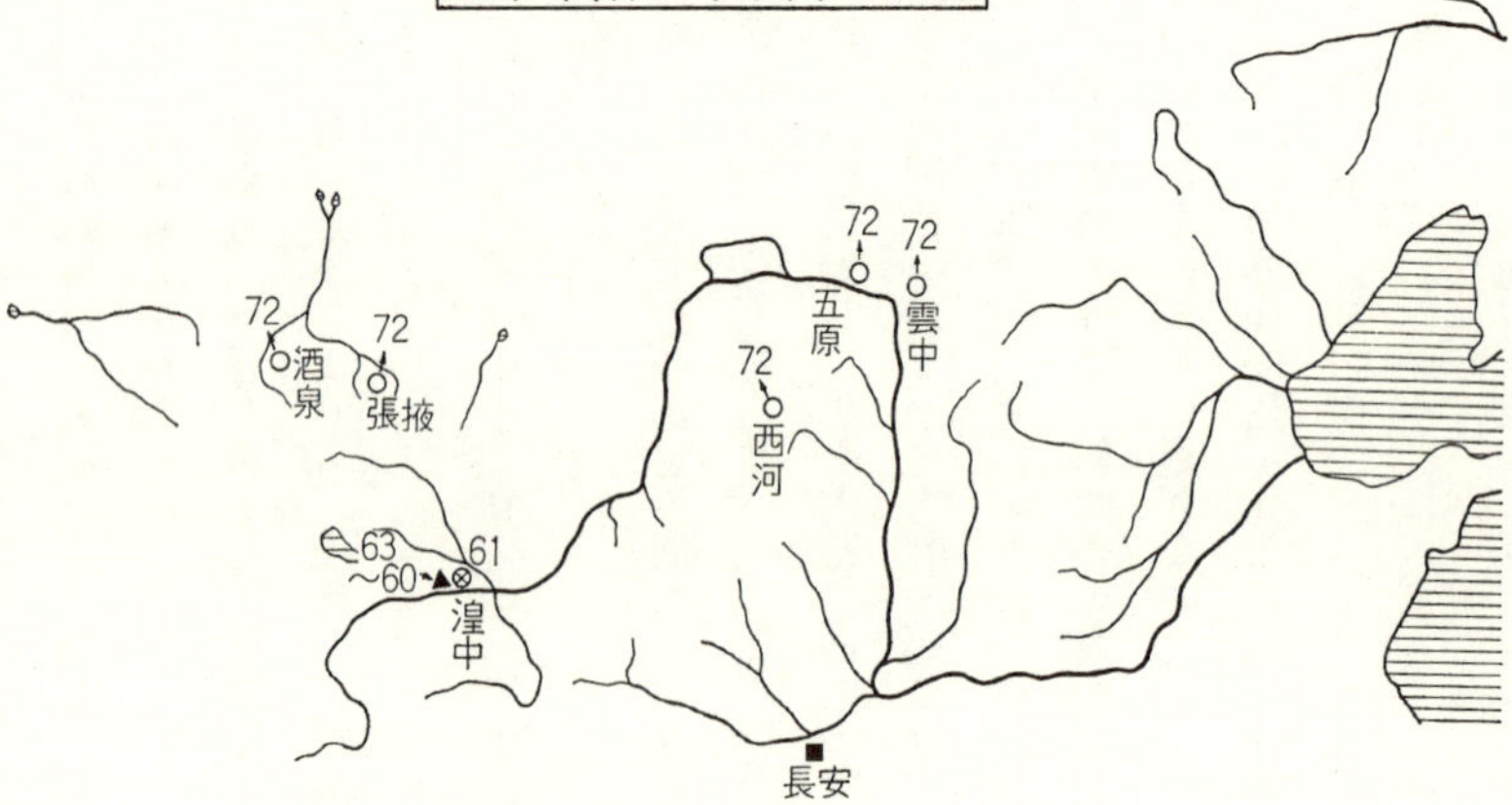


61　⊗ 漢の兵屯地（数字は兵屯実施年次．ＢＣ）
72 ←○ 漢の出兵基地（数字は出兵年次．ＢＣ）
63 →▲ 西羌の入寇地（数字は入寇年次．ＢＣ）

附図Ⅳ

傷して去る者、及び畜産の遠移して死するもの、数うにたうべからず」（漢書匈奴伝）との打撃。
②前六八～六五年には車師争奪戦。
③前五七年の五単于争立から前五六年の郅支・呼韓邪両単于対立にかけての匈奴の分裂。
④前五一年の呼韓邪単于の漢への入朝と、前三六年の郅支単于の誅殺による匈奴の平定。

との、いわゆる匈奴の衰退期にあたる。

そして、この時期の辺境は、附図Ⅳのように安定し、匈奴と漢との抗争は、車師をめぐる西域での抗争が注目されることとなる。江上波夫氏は、この匈奴の分裂衰退について、その家畜数の変化に注目され、武帝末征和四年以前には、匈奴は一人当たり一九頭以上の家畜を所有していたが、宣帝本始二年前七二年には一人当たり一〇頭、あるいはそれ以下に減少し、地節二年前六八年には五頭あるいはそれ以下に激減したことを指摘され、(5)家畜数の減少と、遊牧民族の分裂衰退等との関連を分析されている。家畜減少の原因には、戦争のほかに天災もある。

## おわりに

以上、漢武帝の外征をめぐってと題し、少しくその問題点をみてきたが、そろそろ与えられた紙数もつきたようである。ところで本章は、かかる小論であるため、ことわるべき文献も多く省略した。その点、お許しいただきたい。

注

（1）松田寿男「西域」『アジア歴史事典』五、平凡社、一九六七、頁一五一。
（2）内田吟風「古代遊牧民族の農耕国家侵入の真相―特に匈奴史上より見たる―」『ユーラシア学会研究報告』Ⅲ、一九五五。

『北アジア史研究匈奴篇』同朋舎、一九七五。

（3）江上波夫「匈奴の経済活動－遊牧と掠奪の場合－」『東洋文化研究所紀要』九、一九五六。

（4）注（2）。

（5）注（2）。

# 第十二章　秦漢時代における辺境への徙民
## ――初県の環境Ⅲ――

### はじめに

前漢時代の西北部では、首都関中をひかえ、匈奴の侵入を阻止せんがために、積極的にその経営、討征・屯戍・徙民実辺等が繰り広げられた。この経営には、連歳にわたり多数の人々の発動をみたが、これには正規の課役者以外に、かなりの庶人、謫をはじめ奴婢、異民族の降者等[1]があてられている。このような事情については、これが武帝末期からとくに増加するため、武帝の晩年から匈奴の勢力が弱まり、国家の総力をあげて戦う必要がなくなった結果とも理解されているが、それでは何故正規の課役者にかわる者として、この種の人々の動員がみられるようになったのであろうか。

本章では、この点につき、辺塞経営においてとくに多くの事例を見出す庶人と謫との発動を中心に、少しく考察してみたいと考える。

## 一　庶　人

辺塞経営に際し、所謂庶人が動員された事例は、表Ⅰのようになる。

**（表Ⅰ）**

| | 紀年 | 動員 | 経営 | 出典 |
|---|---|---|---|---|
| ① | 文帝十一年（前一九六） | 募民之欲往者 | 徙塞下 | 漢書鼂錯伝 |
| ② | 武帝元朔二年（前一二七） | 募民（十萬口） | 徙朔方 | 漢書武帝紀（史記平準書・漢書食貨志） |
| ③ | 元狩四年（前一一九） | 徙関東貧民（凡七十二萬五千口） | 徙隴西・北地・西河・上郡・会稽 | 漢書武帝紀（史漢匈奴伝・史記平準書、漢書食貨志） |
| ④ | 元鼎六年（前一一一） | 徙民 | 徙張掖・敦煌 | 漢書武帝紀 |
| ⑤ | 征和四年（前八九） | 募民壮健有累重敢徙者 | 屯田輪台（但し、実施されず） | 漢書西域伝下渠犂条 |

**庶人の実態**　これらの事例において、③の「貧民」以外はともに「民」となっているが、①の「民之欲往者」の場合は、

募辠人及免徒復作令居之、不足募以丁奴婢贖辠及輸奴婢欲以拝爵者、不足迺募民之欲往者、皆賜高爵復其家。（漢書鼂錯伝）

と、単に罪囚や奴婢に対する「民」であるけれども、実はこの鼂錯の徙民には、

使先至者安楽而不思故郷、則貧民相募（慕）而勧往矣。

との伏線が設定されていて、先の「民之欲住者」をはじめ罪囚や奴婢は、この貧民の徙遷を予定した試金石にすぎず、鼂錯の徙辺の主眼は「貧民」におかれていたものと推測される。

また②の「募民」であるが、これも、

募民徙朔方十万口、又徙郡国豪傑及訾三百万以上于茂陵。（漢書武帝紀）

と茂陵に徙された豪傑・富人に対する「民」として表記され、明らかに下層階級の人々＝貧民を指したものと思われる。

このようにみてくると④の「民」は、これ以上の具体的身分は定かにしえないけれども、徙辺にあてられた「民」は、その大勢が「貧民」によって占めていたであろうことは明らかである。

それでは、この貧民とは如何にして放出されたものであろうか。漢書地理志秦地の条をみると、河西の住民について、

其民、或以関東下貧、（略）家属徙焉。

と、関東の下貧があげられている。先の③の七〇余万口にのぼる徙民の貧民も「関東貧民」と記されており、この徙辺にあてられた貧民が、往々、関東＝山東の地と関係していたことを知る。

すなわちこの関東の地は、華山・太行山以東の黄河流域で、連歳にわたり水旱の害を被り、多数の貧民・流民が析出され、人相食の惨状となり、非常な社会不安につながる危険を孕んでもいた。

**前漢時代における貧民の徙遷地域**　そこで当然、この災害に対する救済策が講じられたわけであるが、その救済策においていて、この徙辺は、

（元狩三年）山東被水菑、民多飢乏、於是天子、Ⓐ遣使者、虚郡国倉廥以振貧民、Ⓑ猶不足、又募豪富人相貸仮、

Ⓒ尚不能相救、乃徙貧民於関以西及充朔方以南新秦中七十余万口。（史記平準書）

のように、最後の手段Ⓒとして本地安堵策に失敗した結果とられたものとなっている。

このことは、これら貧民の徙辺が、実辺そのものの要請としてとられたというよりは、寧ろ住民の流民化を防止せんとしたものであったことになる。同時に前漢時代における貧民の徙遷が、単に辺境に限られたものでなかったことは、元狩三年の表Ⅰ③の徙遷、あるいは元鼎二年頃の、

山東被河災、及歳不登数年、人或相食、方二三千里、天子憐之、令飢民得流就食江淮間、欲留留処、使者冠蓋相属於道、護之、下巴蜀粟以振焉。（漢書食貨志）

のように江淮の地にも、あるいは表Ⅱのように、

（表Ⅱ）

| | 紀年 | 徙辺記事 | 出典 |
|---|---|---|---|
| ① | 成帝河平元年（前二八） | 流民入函谷関 | 漢書天文志 |
| ② | 陽朔二年（前二三） | 関東大水、流民欲入函谷 | 漢書成帝紀 |
| ③ | 鴻嘉四年（前一七） | （詔曰）関東流冗者衆（略）流民欲入関、輒籍内 | 漢書成帝紀 |
| ④ | 平帝元始二年（二） | 郡国大旱蝗、青州尤甚、民流亡、（略）罷安定呼池苑、以為安民県、起官寺市里、募徙貧民、（略）於長安城中、宅二百区、以居貧民 | 漢書平帝紀 |

と、関中の地にも行われていたことから明らかである。

そしてこれら徙遷において注意すべきことは、所謂徙辺の記事が武帝時に集中し、それ以降、少なくとも史料面に

はあらわれていないことである。[2] これに対した関中への徙遷流徙の記事は、成帝以降多く見出されることとなる。

思うにこれらの対応は、ともに貧民の卹民策の一端としてとられたものであるが、徙辺の場合は、後述するように自給可能時まで遠辺の地への衣食等、生活物資の輸送という困難な問題をともなった。このため武帝以降対匈奴情勢が緩和され、大規模な実辺策を強行する必要がなくなり、武帝以降の財政窮乏が、このような実辺策を困難にするようになると、災害対策は、より容易な免租や種食の補給等[3]の一時凌ぎの対策か、江淮への徙遷―史料面にはあまり現われぬが、これは、この地への徙遷が自然流徙という形式をとったためであろう―、あるいは関中への徙遷等に限られることとなったものと思われる。

なお関中への徙遷において、とくに成帝の時期になって入関記事が相次ぐことについては、元帝時の陵園囿の廃止と関係があるのかも知れない。しかし入関記事が成帝時に集中しているからといって、関中への徙遷が成帝以前になかったかというと、初陵造営に附随する県の設置にともない行われる所謂徙陵＝三選七遷[4]の他に、表Ⅲにみえる、

**（表Ⅲ）**

| | 紀年 | 徙陵者 | 恩典 | 徙陵地 | 出典 |
|---|---|---|---|---|---|
| ① | 景帝五年夏（前一五二） | 募民 | 賜銭二十萬 | 陽陵 | 漢書景帝紀 |
| ② | 武帝建元三年春（前一三八） | （河水溢于平原、大飢人相食）賜徙茂陵者、戸銭二十萬田二頃 | 賜戸銭二十萬田二頃 | 茂陵 | 漢書武帝紀 |
| ③ | 昭帝始元三年秋（前八四） | 募民 | 賜銭・田宅 | 雲陵 | 漢書昭帝紀 |
| ④ | 宣帝本始二年春（前七二） | 徙民 | 起第宅 | 平陵 | 漢書宣帝紀 |

のように、「豪族」・「名家」・「吏民訾三百万以上」等々とその身分を明記した三選者と異なる、[5]「民」とのみしか記されていない徙遷者がみえてくる。しかもこれらの徙遷者のうち①②③は三選者の徙遷には見えない「銭」が下賜されていた。[6]

また②は、「河水溢于平原、大飢人相食」との水災により析出された貧民に対する救済策ではなかったかと推測され、③の「募民」も、あるいは偶然の一致かも知れないが一度前年に大災害があり、

詔曰、往年災害多、今年蚕麦傷、所振貸種食、勿収責、毋令民出今年田租。（漢書昭帝紀）

と異例の免租が行われている。

このことは、これら三選者としての身分を記さない徙遷者（④は定かでない）が、あるいは三選にあたらない身分の人々、下層階級に属する人々を指し、三選が「彊本弱末」を名目とした徙遷であったのに対し、[7]三遷者以外の貧民の徙陵は斉民策をかねた徙遷であったことを示しているのかも知れない。

そしてこの種の人々にのみ銭が支給されているのも、帝陵を穢さないよう貧民と三選者との均衡をとるため、中家の財（一〇万銭）を上まわる銭（二〇万銭）が、三遷者以外には下賜されていたのではなかろうか。

ただそれでは、徙陵に貧民があてられるにしても莫大な費用を要し、入関の斉民策としての意義には自ずから限界があったはずである。また徙陵行為において、三選者の場合、強幹弱枝としての面が強調される向きもあるが、このように多額の銭を支給していることは、これら徙陵が、多分に帝陵の装飾的側面をもっていたことを物語ることにもなる。

**徙辺民の自給化**　先にあげた西北地区への徙遷にかえると、彼等の動員は、表Ⅰの①②⑤では「募」とあり、この「募」は①で「欲往者」、⑤で「敢徙者」と重ねて説かれているように自発的動員の形式をとっていた。

そしてこれら庶人を自発的という形式で辺境に移す―半ば強制的であろうが―際には、賜爵と課役の免除を約束し、

家屋・生産用具等の生活環境を準備し[8]、さらには、

数歳仮予産業。（史記平準書元狩三年の徙辺）

と数年にわたって再生産のための手段を支給し、それも、

予冬夏衣廩食、能自給而止。（漢書鼂錯伝）

のように、自立の時期まで続けられんとしていて、これら徙民が専ら辺境地での定住化を指向していたことが明らかとなる（ただし征和四年の輪台屯田の募民は、実施されたものではなくこの範疇には入らない）。

これら辺境の新邑民はまた、往々にして軍事的使命、すなわち辺塞守備・兵粮補給等の任務をかねていた可能性がある。このため従来この徙辺充実を民屯と解する傾向きがある。しかしこのような徙辺民の特殊性は、辺境の郡県民たる地理的環境よりくる附随的性格であって、この特殊性をあまり強調することは、徙民が指向していた郡県民としての自立への努力を見失うおそれがある。

## 二　謫

辺塞経営に際し、謫なる者が動員された事例としては、つぎのごときものがある（表Ⅳ）。

**（表Ⅳ）**

| | 紀年 | 謫 | 経営 | 出典 |
|---|---|---|---|---|
| ① | 武帝太初元年（前一〇四） | 発天下謫民 | 討大宛 | 漢書武帝紀 |
| ② | 太初四年（前一〇一） | 発天下七科適 | 討大宛 | 漢書李広利伝 |

| | | | | |
|---|---|---|---|---|
| ③ | 天漢元年（前一〇〇） | 発讁（民） | 戍屯五原 | 漢書武帝紀（漢書五行志中之上） |
| ④ | 天漢四年（前九七） | 発天下七科讁 | 討匈奴 | 漢書武帝紀 |

**徙辺謫の任務**　これら謫・適・讁はともに同義であるが、この謫の動員方法は、先の庶人の場合と異なり、ともに「発」となっている。この「発」は、謫者の実態（後述）から推して強制発動を意味したものであろう。そしてこれら謫者は、動員後、専ら「遠征」・「戍屯」等の役にあてられていた。

　このような役は、漢代においては全丁男が義務として負わねばならないものであったが、この役に謫が動員されていることは、正規の課役者の補充、あるいは肩代わりとして一般国民の負担を軽減せんことを意図したものであろう。

**謫の実態―七科謫―**　それでは、この謫とは如何なる事情により、このように動員課役されるにいたったのであろうか。まずは謫の実態を明らかにせねばならない。

　この謫の動員はすでに秦の始皇三三（前二一四）年に、

　発諸嘗逋亡人・贅婿・賈人、略取陸梁地、為桂林・象郡・南海、以適遣戍。（史記秦始皇本紀）

とあり、あるいは、

　使蒙恬渡河、取高闕・陶山・北仮中、（略）徙謫実之。（史記秦始皇本紀）

とあるも、謫の何たるかについての具体的な説明はない。

　ただ顔師古は、表Ⅳの①の「天下謫民」に注して、

　庶人之有罪讁者也。

とし、漢書酈食其伝の「令適卒分守成皐」の「適卒」に対しても、

　　謫卒、謂卒之有罪謫者、即所謂謫戍。

と注解し、漢書武帝紀元狩三年秋の「発謫吏穿昆明池」の「謫吏」に対しても、

　　謫吏、吏有罪者、罰而役之。

とあって、今日多くこの顔師古の解釈が受け入れられ、謫は「罪囚」と解されている。(9) 果たして然りであろうか。

　この謫につき、最初に解釈を試みたのは、三国魏の張晏であった。彼は表Ⅳ④の「天下七科謫」に注して、

　　吏有罪一、亡人（命）二、贅婿三、賈人四、故有市籍五、父母有市籍六、大父母有市籍七、凡七科也。

と「七科」を列記している。この張晏の説く根拠が何によるかは定かでないが、漢書鼂錯伝に秦代の謫戍にふれ、

　　戍者死於辺、輸者僨於道、秦民見行如往棄市、因以謫発之、名曰謫戍、先発吏有謫及贅婿・賈人、後以嘗有市籍者、又後以大父母・父母嘗有市籍者、後入閭取其左。

と戍卒の負担をカバーするものとして、①吏有謫、②贅婿、③賈人、④嘗有市籍者、⑤大父母嘗有市籍者、⑥父母嘗有市籍者、⑦入閭取其左の七種があげられ、①〜③が最初に動員され、それで不足ならば④、さらには⑤・⑥、最後に⑦が動員される順序となっている。

　この漢書鼂錯伝の記事と思われるものは、漢書食貨志上、始皇帝時の「発閭左之戍」に対する応劭の注にも引かれているが、この漢書鼂錯伝の七種を、張晏の七科謫と比較してみる（表Ⅴ）と、

**（表Ⅴ）**

| | | | | | | | | |
|---|---|---|---|---|---|---|---|---|
| 漢書武帝紀張晏註 | 吏有罪 | 亡人（命） | 贅壻 | 賈人 | 故有市籍 | 父母有市籍 | 大父母有市籍 | |
| 漢書鼂錯伝 | 吏有謫 | | 贅壻 | 賈人 | 嘗有市籍 | 父母嘗有市籍 | 大父母嘗有市籍 | 入閭取其左 |

のようにほぼ一致している。ただ両者において「亡人」と「入閭取其左」との点は相違している。

　ところが先に掲げた史記秦始皇本紀の「発諸嘗逋亡人・贅婿・賈人、（略）以適遣戍」によると、謫に含まれる

「贅婿」や「賈人」とともに、「嘗逋亡人」も讁として屯戍とされており、この「嘗逋亡人」は張晏の説く「亡人」と関連をもつと思われる（後述）ため、秦代においても「亡人」は讁と考えられていたことを知りうるのである。

一方、「入閭取其左」も、史記陳渉世家によると、秦二世皇帝元年七月のこととして、「発閭左適戍漁陽」とあり、この「閭左」は漢書鼂錯伝の「入閭取其左」と同義であると考えられることより、「入閭取其左」もやはり讁の概念に入るものと考えられる。

かく「亡人」も「入閭取其左」も、ともに讁の範疇に入るものであるとすれば、所謂七科の数には合わなくなる。このため「天下七科讁」の七なる数は多分に当時の讁者の総称であって、七の数にさほどこだわる必要のないことを意味しているのであろうか。表Ⅳ①の「天下讁民」は、漢書李広利伝にみえる、

太初元年、以広利為弐師将軍、発属国六千騎及郡国悪少年数万人以往。

の従軍者中の「郡国悪少年」にあたるものと思われ、この「郡国悪少年」もまた讁の概念に入ることになる。

このように数えあげるとさらに讁の種類が増加するかのようであるが、ここでまず張晏、漢書鼂錯伝に共通する各讁の内容を検討し、再びこの「亡人」、「入閭取其左」、「郡国悪少年」等の考察にかえることとする。

まず張晏の「吏有罪」であるが、この「吏有罪」の「罪」は鼂錯伝では「讁」となり、応劭は「過」となっている。ともに同義であろうが、このように吏にして罪をえて徙辺されるにいたった具体的事例は表Ⅵのようになる。

（表Ⅵ）

| | 紀年 | 徙遷者 | 経営（徙遷地） | 出典 |
|---|---|---|---|---|
| ① | 武帝元狩五年（前一一八） | 天下姦猾吏民 | 徙辺 | 漢書武帝紀 |
| ② | 征和二年（前九一） | 吏士劫略者 | 徙敦煌 | 漢書劉屈氂伝 |

| | | | | |
|---|---|---|---|---|
| ③ | 昭帝元鳳五年（前七六） | 吏有告劾亡者 | 屯遼東 | 漢書昭帝紀 |
| ④ | 元帝建昭二年（前三七） | 京房・張博・張光の妻子 | 徙辺 | 漢書淮陽憲王欽伝・京房伝 |
| ⑤ | 成帝永始二年（前一五） | 解万年 | 徙敦煌 | 漢書成帝紀 |
| ⑥ | 永始二年（前一五） | 陳湯 | 徙敦煌（後安定） | 漢書陳湯伝 |
| ⑦ | 哀帝初年 | 薛況 | 徙敦煌 | 漢書薛宣伝 |
| ⑧ | 建平二年（前五） | 李尋・解光 | 徙敦煌 | 漢書李尋伝 |

このうち、④～⑧はいずれも高官で、②とともに罪一等を減じて徙辺された者であったが[10]、①・③はその官位・姓名を伝えず、あるいは下級官吏の罪をえた者であったかも知れない。その罪状は「姦猾」・「有告劾亡」である。「姦猾」とは多くその地位を利用して不当に巨利をうるがごとき不正行為を行った者[11]、「有告劾亡」とは告劾を被って逃亡していた者であるとされ[12]、いずれも詳しい内容は定かでないが、②・④～⑧等のように特筆されるほどの重罪者ではなかったと思われる[13]。

そしてこれらの動員の内、③の場合に「屯」すなわち辺塞屯戍に服役している他は、「徙」とあるのみである。大庭脩氏は、④～⑧について「徙遷地での生活に何らの制限はなかったものであろうか」[14]と、彼等が徙遷地で労役にあてられた者ではなかったことを指摘しておられる。ところが仁井田陞氏は「秦漢時代遠く辺境を開拓経営するにおよんでは、徙刑囚流刑囚はもとより死刑囚をもその死を免じて屯戍充軍に利用し、いわゆる『実辺』のためにこれを投入した」[15]と、徙遷された罪囚はすべて屯戍充軍等の役にあてられたと考えられている。このため④～⑧には問題が残るが、①と③は労役刑として辺塞経営にあてられる可能性をもつ者になる。[16]

このようにみてくると、謫にあたる「吏有罪」とは、先にふれたように屯戍充軍にあてられたものであるから、表Ⅳの事例においては、多分①、③等の類にあたることになる。

なお大庭氏は、漢代における徙遷刑を論究された際、先の「天下姦猾吏民」、「吏有告劾亡者」は罪人ではなく、また「吏有罪」も現在獄に捕えられている者ではなく前科者を指す。徙遷刑は武帝時代には行われておらず、元・成帝の頃、死刑の代刑として採用されたものであると述べられている。[17] しかしこの「天下姦猾吏民」や「吏布告劾亡者」、「吏有罪」についての解釈には少しく問題があると思われる。すなわち氏は、徙遷刑が武帝時にはなかったとの前提にたって論じられているのであるが、罪囚を徙辺服役させることはすでに秦代から行われていることである。武帝時のように辺塞経営が積極化された際には、秦代の例にならって罪囚の発動が行われたであろうことは充分考えられうることである。

ついで表Ⅳ②の「吏士劫略者」の場合は如何であろうか。漢書劉屈氂伝によると、巫蠱の乱が鎮圧されるや、

諸太子賓客嘗出入宮門、皆坐誅、其随太子発兵以反法族、吏士劫略者皆徙敦煌郡。

と乱に関係のあった者は敦煌郡に徙されたのであるが、顔師古はこのなかの「吏士劫略者」に注して、「非其本心、然被太子劫略、故徙之也」と、進んで太子の側について謀叛を起こしたのではなく、太子に強要されて謀叛に加わったのであるから、罪を減じて徙辺させたと解している。

そうすると、この場合の「吏士劫略者」は、前科者ではなく罪囚であって、他から強要されたという情状を酌量し、死一等を減じ徙辺されたものにある。そして時期は、武帝の征和二年のことである。

もしこの考定が許されるとすれば、所謂徙遷刑は秦代に引き続き、漢代においても、あるいは死刑の、あるいは労役刑の代刑として早くより実施されていたことになる。

ついで「贅婿」であるが、これはすでに論じられているように、労働消却債務奴隷のことである。[18] また「賈人」・「故（嘗）有市籍」・「父母有市籍」・「大父母有市籍」の四者は、現在本人が、または過去に、あるいは父母が、祖父母が商業に従事していたもののことである。

以上、七科のうちその六科を述べたが、最後に問題として残した「悪少年」・「亡人」・「入閭取其左」についてふれる。まず「悪少年」であるが、この悪少年が屯戍充軍に動員された事例は表Ⅶのようになる。

**（表Ⅶ）**

| | 紀年 | 悪少年 | 経営 | 出典 |
|---|---|---|---|---|
| ① | 武帝太初元年（前一〇四） | （発）郡国悪少年（属国騎） | 討大宛（第一回） | 漢書李広利伝 |
| ② | 太初三年（前一〇二） | （発）悪少年（辺騎） | 討大宛（第二回） | 漢書李広利伝 |
| ③ | 昭帝元鳳五年（前七六） | 発三輔及郡国悪少年 | （屯遼東） | 漢書昭帝紀 |

顔師古は、この悪少年の①に「無行義者」、③に「無頼子弟」と注しているが、漢代の史料にみえる「少年」とは、所謂「常に徒党を組んで姦をなし、変に応じて事を起こすいわば年少の軽侠無頼の徒」[19]のことであった。

それでは「亡人」とは如何であろうか。これはまた「亡命」とも記されているが、[20] これについて顔師古は「謂脱其名籍而逃亡」[21]、すなわち本籍地を逃亡したものと解している。大庭脩氏はこれを、本籍を恣意に逃亡した者と解されるが、行方をくらませているものを辺に移すわけには行かないから、史記秦始皇本紀始皇三十三年の条の「嘗逋亡人」のごとく過去にそのような前歴のあった者と説かれている。[22] また松田寿男氏は、この「嘗逋亡人」を流民と見なされている。[23]

これらによれば「亡人」は、本籍を逃亡し流民化したものと解すべきかも知れない。しかしこれでは亡人は、災害によってしばしば放出される流民と異なるところがない。「七科」の一科としては、他の六科に比べて科者としての性格が弱いようである。

そこで漢書に散見する「科者」とみなされる「亡人(命)」の事例を検討してみよう。漢書呉王濞伝によると、呉王は、

招致天下亡命者盗鋳銭、(略)佗郡国吏欲来捕亡人者、頌共禁不与、如此者三十余年、以故能使其衆、(略)誘天下亡人謀　作乱逆。

と盛んに亡命者を利用し、富国強兵を行っているのであるが、この亡命者は、名籍のある郡国の吏が捕縛にきているところをみると、単なる流民や貧民の類ではなく科者であり、この亡命者が保護を求めた呉王濞が、春中君以来の遺風をつぐ大侠として聞えた豪雄であるだけに、亡命者の性格も窺い知れることになる。

また成帝時の外戚王氏五侯の一つである紅陽侯父子も、

交通軽侠、臧匿亡命。(漢書酷吏伝尹賞)

と游侠を好み、亡命者を臧匿していたことが知られ、武帝時の豪侠郭解も、

臧命(師古曰、臧名臧亡命之人也)作姦剽攻。(漢書游侠伝郭解)

と亡命者を匿っている。

では、このように権門豪家に帰属する亡命者とは具体的にどのような人々であろうか。漢書朱雲伝によると、雲は元帝の時、推されて官途につかんとしたが、

雲素好勇、数犯法亡命。

と「犯法亡命」の理由で退けられている。かく評される彼の素性は、

少時通軽侠、借客執仇、長八尺余、容貌甚壮、以勇力聞。

と好勇軽侠の徒であり、この「犯法亡命」の事跡も、おそらく「通軽侠」の時期においてのことではなかろうか。若くして豪侠信陵君の客となり、後、財をえて自ら侠客を招致するにいたった張耳の場合も、その前歴に、

嘗亡命遊外黄。（漢書張耳伝）

と亡命行為をもち、游侠の徒、周丘も、

亡命呉、酤酒無行。（漢書呉王濞伝）

とあり、前漢末の魁侠原渉も、

亡命歳余。（漢書原渉伝）

と、亡命の経歴をもっている。

このことは、亡命行為が多く游侠の徒の間にみられ、その亡命の動機も本籍で罪を犯して仕方なく亡逃したもの、または張耳の「亡命遊外黄」のように他郷の游侠のもとに走った場合もあったようであり、亡命者が、総じて軽侠無頼の徒をさしていたことを物語る。

ただ亡命者が、多く游侠の徒に類するといっても、春秋戦国時のそれには比ぶべくもなく、

賞視事数月、盗賊止、郡国亡命散走、各帰其処、不敢闚長安。（漢書尹賞伝）

の「郡国亡命」者のような、また群盗に類する者も少なくなかったであろう。これは漢代における游侠の一般的傾向ではなかったか。(24)

では最後に、漢書鼂錯伝の「入閭取其左」は如何であろうか。三国魏の孟康はこれに注して、

秦時復除者、居閭之左、後発役不供、復役之也、或云、直先発取其左也。

と、復除者で閭里の左側に居住する者と解している。この考えは唐の司馬貞に継承され、史記陳渉世家の「閭左」の

注において、

　閭左謂居閭里之左也、秦時復除者居閭左、今力役凡在閭左者尽発之也、又云凡居以富強為右、貧弱為左、秦役戍多富者役尽兼取貧弱者也。

と述べている。これに対し顔師古は、後漢応劭の漢書食貨志上「発閭左之戍」に注する、

　尽復入閭取其左、発之、未及取右而秦亡。

を諸説の中、最も良いとし、また漢書鼂錯伝の「入閭取其左」においては、

　居閭之左者、一切皆発之、非謂復除也。

と閭里に貧富による住居区別のあったことを否定し、機械的に先ず左側の居住者を発し、右側の居住者は発するにいたらずして秦が亡んだものであると解しており、この顔師古の説は広く採用されるところとなっている。

　いま秦代の閭里において、左区に貧窮者が住まわされていたかどうか知るべくもないが、もし顔師古の説くように機械的に閭里の左区居住者と解するとしても、それでは何故彼等が科者と考えられねばならないのかが明らかでない。また、もし役の徴発がこのように閭里の左右地区の別によって行われる慣例があったとするならば、当然「閭右」の語もあったと思われるが、その事例を見出すことはできない。

　漢書宣帝紀に、宣帝の即位以前の事跡を叙し、宣帝が、

　具知閭里奸邪、吏治得失。

と市井の情勢に通じていたことを述べ、その「閭里奸邪」に明るいことを、為政者の要諦ともいうべき「吏治得失」と並べ強調している。そこで、これほど問題視される「閭里奸邪」とは如何なるものであろうか。

　思うにこれは、漢書游侠伝の序語にみえる豪侠陳遵を称した「閭里之侠」、あるいは漢書尹賞伝の、

　長安中姦猾浸多、閭里少年、羣輩殺吏、受賕報仇。

等のような、いわゆる地域社会における癌的存在たる豪俠、あるいは軽俠無頼の類を指していたのではあるまいか。すなわちこれら豪俠は、地方の権門豪家で、自らは生業をもたず、游民的存在である軽俠無頼の徒を隷属させて私兵的存在となし、往々にして地方政治を専断していた。

ゆえに、この種の人々を公権支配の末端機構に繰り入れることが、漢の国家体制を維持する上で重要な施策と考えられていたことは、増淵龍夫氏の深く追求するところである。[25]「閭里奸邪」に通じていることは、為政者たるものに強く望まれていたわけである。

そこで改めて先の閭左について考えてみると、閭左の左には「邪道」・「不正」の字義がある。とすれば、この閭左とは所謂地域社会の権門豪家の勢力を抑えんがために、徴発された権門豪家に附着する軽俠無頼の徒を指したものではなかろうか。

このように「入閭取其左」もまた、先にみた「悪少年」・「亡人」と同様、軽俠無頼の徒と解されるとすれば、これら三者は、実は同一の科者と見なされるべきものであったことになる。[26]そして七科謫の七の数も実は単なる謫者の総称以上の積極的意味をもつことになる。

以上、七科謫の内容を検討してきたが、それはほぼ、「労役刑にあたる程度の有罪吏」・「債務奴隷」・「商賈」・「軽俠無頼の徒」の四種に要約され、この謫を最初に掲げた顔師古の説くがごとく、罪囚者といい切ることには問題が残る。

ただ張晏も漢書鼂錯伝の場合も、この七科の謫に序列をつけており、その序列は謫の罪意識の程度によっていたと思われる。張晏は、「亡人」を第一位におき、漢書鼂錯伝は「閭左」を第七位においている。この点、史記秦始皇本紀始皇三三年の条の「発諸嘗逋亡人・贅婿・賈人」によると、この謫者の序列は張晏説と一致する。しかし漢書貢禹伝の、

孝文皇帝時、貴廉絜・賤貧汙・賈人・贅婿及吏坐贓者。

によると、賈人・贅婿・吏坐贓者とあり、漢書鼂錯伝のまず最初に辺に徙されるべき讁の三者と一致し、亡人や閭左はみえていない。

このことについて、あるいは史記秦始皇本紀の「嘗逋亡人」が、「嘗」と断わっていることから、「嘗逋亡人」は、戦国七国対立期に他国へ走った者を指し、漢代でいう軽侠の徒とは異なっていたにも拘わらず、張晏はこの秦代の亡人を念頭において七科を考定し、文帝時の鼂錯は当時の七科を念頭において序列を行ったため、両者においてこのような相違をみるにいたったのではなかろうか。

**動員の背景**　かく讁の実態を理解するとき、有罪吏を摘発動員することは、いうまでもなくその地位を利用することにより、不当に巨利をえ、治道を危うしたことによるものであり、つぎの債務奴隷の徴発は、その所有者である大地主・富商に打撃を与えんとしたものであったであろう。また賈人は、農本主義を建前とする当時にあって、末利を追うものとして厳しく抑圧されていたものであり、軽侠の徒は、生業を持たずして良人を圧迫し、地方政治を困乱させる危険分子であった。このため彼等を讁として徙辺服役させることは、被動員者自体に内在する社会的矛盾に起因するところが大きかったということになる。

讁たるものは、一種の罪意識をもって動員されたのであるから、斉民策として徙辺された庶人が新邑民となったのに対し、讁者は主として屯戍充軍の役にあてられたのであった。しかし庶人にしても讁にしても、その動員の背景が被動員者自身に内在する矛盾に起因している点は、漢代の辺塞経営の性格を検討する上で注意すべきことである。

## 三　謫・罪囚動員の推移—西北地区経営において—

**徙刑囚の動員**　以上は七科謫を中心に論じてきたが、この他に表Ⅷのような罪囚と考えられる者の辺塞経営への動員がある。

**(表Ⅷ)**

| | 紀年 | 徙発 | 経営 | 出典 |
|---|---|---|---|---|
| ① | 武帝太初元年（前一〇四） | 赦囚徒 | 討大宛 | 漢書李広利伝 |
| ② | 昭帝元鳳元年（前八〇） | 将三輔太常徒免刑 | 討武都氐 | 漢書昭帝紀 |
| ③ | 元鳳六年（前七五） | 募郡国徒 | （築遼東玄菟城） | 漢書昭帝紀 |
| ④ | 宣帝地節二年（前六六） | 将免刑罪人 | 屯田渠犂 | 漢書西域伝下車師後城長国 |
| ⑤ | 神爵元年（前六一） | 発三輔太常徒弛刑 | 詣金城 | 漢書趙充国伝 |

これらは、④の他、皆「徒」とあり、この徒は労役刑に服しているものと解されるが、このうち、①は「赦」、②・④は「免刑」、⑤は「弛刑」によって発動されている。この徙遷にともなう「赦」・「免刑」・「弛刑」のうち、「赦」は秦代の「赦罪人遷之」式の赦と同様、代刑となすことを意味していたと[27]思われ、また「弛刑」も、顔師古によれば、

謂不加鉗釱者也、弛之言解也。

とあり、胡三省は「将弛刑五十人」（資治通鑑建武二六年の条）に注して、

弛刑者弛刑徒也、説文弓解曰弛、此謂解其罪而輸作者。

と、服刑者が刑具―鉗・鈦―を解かれたことを指し、その所以は、胡注の説くように代刑として労役―輸作―に服させるためであった。

ゆえに「赦」と「弛」は同義であったと思われ、「免刑」もまた、主刑を免ずるの義で、「赦」等と同様代刑となしたことを指すものであろう。なおこのような代刑として屯戍充軍にあてられた徒は、漢書においても一般の兵卒と区別して記されており、居延漢簡においても、彼等は「弛刑」、あるいは「弛刑屯士」として、「田卒」・「河渠卒」・「戍卒」等の兵卒とは区別されていた。

ついでこれら罪囚が、謫の範疇に入れられるべきものであるかどうかであるが、徒とされるにいたった罪状が明らかでないので定にしえない。しかしあるいは、これら単なる「徒」者は、有罪吏や商賈のごとき謫者とは罪意識の上で区別があったかも知れない。

**新開地の居民**　漢書地理志下秦地の条をみると、河西地区の住民について、

自武威以西、（略）其民或以関東貧民、或以報怨過当、或以誖逆亡道家属徙焉。

と叙している。このうち新開地に主として貧民が派せられたことはすでに述べた通りであるが、この記事にみえる「報怨過当」と「誖逆亡道」とは如何なる種類の人々であろうか。松田寿男氏はこれ等を謫とされ、外地開拓の常例とされている。(28)

「報怨過当」と「誖逆亡道」について、その具体的な内容は定かでないが、敦煌の地が罪囚の流徙地であったことを考えるとき、これら「報怨過当」・「誖逆亡道」は、辺境での労役を目的とする謫者というより、徙遷刑徒が多くこの地に流徙されてきていた事情を伝えるものではなかろうか。ただ罪囚が実辺にあてられたとしても、新開地の居民

の主体となることはなかったであろう。

**罪囚の屯戍充軍における推移**　最後に、以上述べた謫・徙刑者の屯戍充軍が前漢時代を通じてどのような推移をたどったかについてふれておこう。まず前漢時代における西北地区経営への動員で、その人員構成が明示されている事例を表示してみると表Ⅸのようになる。

（表Ⅸ）

| 紀年 | 動員 兵卒 | 動員 その他 | 経営 | 出典（漢書） |
|---|---|---|---|---|
| 高祖七年 | 歩兵三十二万 | | 討匈奴 | 高帝紀・匈奴伝 |
| 呂后五年 | 河東上党騎 | | 屯北地 | 高后紀 |
| 文帝三年 | 辺吏車騎八万 | | 詣高奴 | 匈奴伝 |
| 十四年 | 騎卒十万 | | 屯渭北 | 文帝紀・匈奴伝 |
| 十四年 | 車騎 | | 屯上郡北地隴西 | 匈奴伝 |
| 景帝後二年 | 車騎材官 | | 屯雁門 | 景帝紀 |
| 武帝元光二年 | 三十万 | | 屯馬邑 | 武帝紀 |
| 元光五年 | 卒万人 | | 治雁門 | 武帝紀 |
| 元光六年 | 四万騎 | | 討匈奴 | 匈奴伝 |
| 元朔元年 | 三万騎 | | 討匈奴 | 匈奴伝 |
| 元朔五年 | 兵十余万人 | | 討匈奴 | 匈奴伝 |
| 元朔六年 | 十余万騎 | | 討匈奴 | 武帝紀・匈奴伝 |
| 元狩二年 | 数万騎 | | 討匈奴 | 武帝紀・匈奴伝 |
| 元狩四年 | 騎五（十）万私負歩兵数十萬 | | 討匈奴 | 武帝紀・匈奴伝 |
| 元鼎六年 | 隴西天水安定騎士中尉河南河内卒十万 | | 討西羌 | 武帝紀 |
| 元鼎六年 | 二万五千余騎 | | 討匈奴 | 匈奴伝 |

| | | | | |
|---|---|---|---|---|
| 元封元年 | 勒兵十八万騎 | | 行幸北辺塞 | 武帝紀 |
| 太初元年 | | 天下謫民（＝郡国悪少年）属国六千騎 | 征大宛 | 武帝紀・李広利伝 |
| 太初二年 | 二万騎 | | 討匈奴 | 武帝紀・匈奴伝 |
| 太初三年 | 辺騎六万 | 赦囚徒（斥候）悪少年（充軍）天下七科適（転輸） | 征大宛 | 李広利伝 |
| 天漢元年 | | 讁 | 屯五原 | 武帝紀 |
| 天漢二年 | 三万騎歩兵五千人 | | 討匈奴 | 武帝紀 |
| 天漢四年 | 歩兵十万余、七万騎 | 天下七科讁 | 討匈奴 | 武帝紀・匈奴伝 |
| 征和三年 | 四万騎九（十）万余人 | | 討匈奴 | 武帝紀・匈奴伝 |
| 後元二年 | 軍 | | 屯西河 | 昭帝紀 |
| 昭帝始元二年 | 習戦射士 | | 詣朔方 | 昭帝紀 |
| 始元二年 | | 故吏将 | 屯張掖郡 | 昭帝紀 |
| 元鳳元年 | | 三輔太常徒免刑 | 討武都氏 | 昭帝紀 |
| 元鳳元年 | 兵 | | 討匈奴 | 匈奴伝 |
| 元鳳二年 | 兵 | | 討匈奴 | 匈奴伝 |
| 元鳳三年 | 二万騎（北辺七郡） | | （討烏桓） | 昭帝紀・匈奴伝 |
| 元鳳五年 | | 三輔及郡国悪少年吏有告劾亡者 | （屯遼東） | 昭帝紀 |
| 元鳳六年 | | 郡国徒 | （築玄菟城） | 昭帝紀 |
| 宣帝本始二年 | 二十数万騎鋭卒習騎射者 | 郡国吏三百石、西域烏孫の兵 | 討匈奴 | 宣帝紀・匈奴伝 |
| 本始四年 | 三千余騎 | | 討匈奴 | 匈奴伝 |
| 地節二年 | 五千騎 | | 討匈奴 | 匈奴伝 |
| 地節二年 | | 免刑罪人 | 屯田渠犂 | 西域伝 |
| 地節三年 | | 西域城郭兵、渠犂田士（免刑罪人） | 討車師 | 匈奴伝・西域伝 |

| | | | | |
|---|---|---|---|---|
| 神爵元年 | 佽飛射士習林孤児材官（三河潁川沛郡汝陽汝南）騎士（金城隴西天水安定北地上郡） | 三輔中都官徙弛刑及応募胡騎越騎羌騎 | 討西羌 | 宣帝紀 |
| 神爵二年 | 四万騎 | | 屯縁辺九郡 | 匈奴伝 |
| 元帝建昭三年 | 屯田吏士 | 西域胡騎 | 討匈奴 | 元帝紀・匈奴伝 |

これによると、武帝の大宛討伐を契機として、正規の兵卒にあたらない者の動員がみえてくる。このような傾向に対し、米田賢次郎氏は、武帝の晩年から匈奴の勢力が弱まり、国家の総力をあげて戦う必要がなくなったためであると述べられているが[29]、またこれには、連歳の出兵よりくる国民の負担を軽減せんとするねらいもあったはずである。武帝末期より讁や徙刑囚、あるいは胡騎を充軍させる傾向があらわれるといっても、表Ⅸからも窺えるように、それを上まわる正規の兵卒が動員されており、この種の動員はあくまでも補充としての域を出なかった。居延漢簡においても弛刑屯士等、罪囚と考えられる名籍は極く限られている。

## おわりに

以上、前漢時代の西北地区における漢支配の拡大過程において、辺塞経営に動員服役された庶人と讁を中心に検討してきたが、庶人（貧民）は小農民の没落を未然に防ぎ、流民の発生による社会不安の増大を規制せんとする斉民策として、讁はその反社会的性格のゆえに、いずれも動員されるべき必然性をもつものであった。同時に彼等の徙辺は、徙選民自身のもつ矛盾の他に、一般人民の負担を軽減せんとする要請によるものでもあった。なお本課題は別に発表した辺塞地区における新秩序形成過程と関連をもつもの[30]であるが、その点において附言すれば、これら徙遷にあてられた者は、意図的にその族的結合の解体や小農民の析出を計らねばならないほど皇帝支配と矛盾する存在ではなかった。

注

(1) これは秦代における徙民の対象たる「庶人」・「罪囚」・「捕虜」と類似性をもつが、秦代の「捕虜」は戦国時代における他の六国の捕虜を対象としたものである。秦代の徙遷民については久村因「古代四川に土着せる漢民族の来歴について」『歴史学研究』二〇四、一九五七。なお奴婢の発動については、

　募以丁奴婢贖辠、及輸奴婢欲以拝爵者。（漢書鼂錯伝鼂錯の徙辺の上奏）

のごとく贖罪や賜爵を条件に、あるいは、

　興十万余人、築衛朔方、（略）費数十百巨万、府庫益虚、乃募民能入奴婢得以終復為郎増秩。（史記平準書）

のごとく復除や為郎増秩を条件に奴婢の提供を促している。また漢書匈奴伝には、

　辺人奴婢愁苦欲亡者、多曰聞匈奴中楽、無奈候服急何、然時有亡出塞者。

との侯応の上奏がみえ、ここでの奴婢は、辺塞地域の経営に関係するものであろうか。なお、これら奴婢動員の背景は、本文中の債務奴隷の場合を参照されたい。

(2) 漢書趙充国伝にみえる神爵元年の討西羌や屯田金城郡の「応募」はその実態定かならず。

(3) 免租の事例は、鴻嘉四年の関東の水旱（訾三万以下の者）、あるいは綏和二年の河南の水災（訾十万以下）、元始二年の青州等の旱蝗（天下民訾不満二万、及被災之郡不満十万）等を知る（以上漢書本紀）。災害対策としては種穀の支給の他、家屋・棺銭（葬銭）等も支給されている。

(4) 三選とは三種の選ばれた人々、すなわち「高官の家々、富人、及び人々を役使する兼併家たち」を意味する。七遷とは高祖以下宣帝にいたる七つの陵墓を中心として代々建設された都市に強制的に移住せしめられたものをいう。宇都宮清吉「西漢の首都長安」『漢代社会経済史研究』弘文堂、一九五五。

(5) 例えば、高祖九年（徙長陵）の「斉諸田楚昭屈景燕趙韓魏後及豪傑名家」（漢書婁敬伝）、武帝元朔二年（徙茂陵）の「郡国豪傑及訾三百万以上」の他、太始元年（徙茂陵雲陵）、宣帝本始元年（徙平陵）、元康元年（徙杜陵）、成帝鴻嘉二年（徙昌陵）にもみえる（以上漢書本紀）。

（6）ただ始元四年夏の徙雲陵の「三輔富人」の場合には「賜銭戸十万」とある（漢書昭帝紀）。通常徙陵にあてられる三選は郡国の権勢家であるが、この場合は関内三輔の富人とあり特例か。

（7）漢書婁敬伝。

（8）漢書鼂錯伝に辺塞の新邑造成につき、

調立城邑、（略）先為室屋、具田器、（徙罪囚・奴婢）、不足廼募民之欲住者、皆賜高爵、復其家。

とある。しかし果たしてこれがどの程度まで実施されえたかには問題があろう。

（9）なお久村因氏は謫につき、「恐らく統一国家としての秦が種々の例えば朕・詔・制・黔首などの公式用語を設定した時に改められた結果であって、用語自体の上では、罪人といっても、謫といっても、殆んど変りはなかったものではあるまいか」と。注（1）久村氏論文。

（10）④～⑧については、大庭脩氏「漢の徙遷刑について」『史泉』六、一九五七。『秦漢法制史の研究』創文社、一九八二。

（11）大庭脩氏「漢津における不道の概念」『東方学報京都』二七、一九五七。『秦漢法制史の研究』創文社、一九八二。史記始皇本紀、始皇三四年の条の「適治獄吏不直者、築長城及南越地」の「治獄吏不直者」もこの類であろう。

（12）如淳注「告劾亡者、謂被告劾而逃亡」。

（13）例えば、告劾亡者は「発三輔及郡国悪少年・吏有告劾亡者」（漢書昭帝紀元鳳五年）と、後述する軽侠の徒たる悪少年と同等の罪意識でとらえられている。

（14）注（10）。

（15）仁井田陞『中国法制史研究（刑法）』東京大学出版会、一九五九、頁九二。

（16）注（15）、頁七八注六に、徙謫における労役は髠鉗城旦（すなわち徒刑）と相類すると。

（17）注（10）。

（18）仁井田陞「漢魏六朝に於ける債権の担保」『東洋学報』二一－一、一九三三。

（19）増淵龍夫「漢代における民間秩序の構造と任侠的習俗」『一橋論叢』二六－五、一九五一。『中国古代の社会と国家』弘文堂、一九六〇、頁六九。

（20）漢書武帝紀天漢四年条補注、「先謙曰、官本注、亡人作亡命」。

(21) 漢書張耳伝。
(22) 注(10)。
(23) 松田寿男「漢魏時代における西北支那の開発」『東亜論叢』三、一九四〇。
(24) 宮崎市定「游侠に就て」『歴史と地理』三四－四・五、一九三四。『宮崎市定全集』五、岩波書店、一九九一。
(25) 注(19)。
(26) 漢書李広利伝補注所引郭嵩寿注も、
　秦法、弛刑徒戍辺為発讁、漢因之有七科発讁、所発之悪少年亡命、則亦寇盗之流也。
と悪少年・亡命者を寇盗の流と解している。
(27) 注(10)。
(28) 注(23)。
(29) 米田賢次郎「秦漢帝国の軍事組織」『古代史講座』五、学生社、一九六二、頁二六二。
(30) 拙稿「漢代西北部における新秩序形成過程について」『中央大学文学部紀要』史学科一一、一九六六。本書所収。

〔附記〕 本稿提出後、影山剛氏は「中国古代の塩業の生産組織と経営形態－主として専売制以前に関して－」『史学雑誌』七五－一、一九六六(『中国古代の商工業と専売制』東京大学出版会、一九八四)において「亡命者」についての見解を発表されたが、本稿においてはふれることはできなかった。

# 地方行政編

# 第一章　中国古代の社制

## はじめに

社は、社稷として国家的儀礼に登場する一方、一〇家五家の規模である「田社」としても現われる。また「国社」・「侯社」・「県社」・「里社」等々も伝えられる。このため社は、中国古代の社会・政治史上の課題として注目されてきたのであるが、従来の研究は、比較的社の原初形態、古代人の宗教・習俗にふれるものが多かった。(1)

これは、主として社の起源が民衆の間における自然発生的なものであるとの考えによるもので、清の顧炎武なども、

社之名起於古之国社里社、故古人以郷為社。（日知録「社」）

と、社の起源に国社の他に里社と、地方聚落との関わりを考えている。

しかしこの点について、清の金顎は、

至於里社、（略）其制始於秦、古未之有也、一里二十五家、即得立社、是民自立社也、月令、仲春之月、命民社、鄭志亦謂、此秦社、自秦以下民始得立社也、今引秦里社、以解古之置社、未免混乱。（求古録礼説社稷考(2)）

と、里社のような小規模な社は、秦に始まるとし、先秦における里社、二五家一社制の存在を否定した。

また社と関わりの深い土の祭祀について、近年赤塚忠氏は、甲骨文を中心として、殷代における土の祭祀は、原始

的宗教ではなく、殷王朝が諸地方にある諸族の神々を王朝の祭典に包摂するにあたり、その象徴として土が現われた。土は自然発生的な神ではなく、祭典制度の整備にともない設けられたものであると指摘されている。[3]

戦国末の作とされる管子侈靡には、

千聚無社、謂之陋。

と「無社」がみえる。丁士函は、千聚の千は十にあらためるべきであると主張しているが[4]、地域によっては、千あるいは一〇の聚落と、各地の聚落で「無社」が存在した。

周礼にあっても、後述するように二五家一社制を伝える反面、比閭族党州郷において、二千五百家の州に「州社」が伝えられているが、党族以下にあっては、党正に「春秋祭禜」あるいは「以礼属民而飲酒于序以正歯位」、族師に「春秋祭酺」と、それぞれ独自の祭祀儀礼が伝えられているものの、社の存在についてはふれていない。

二五家の閭にいたっては、

春秋之祭祀役政喪紀之数、聚衆庶。

とあり、唐の賈公彦によれば「閭胥皆為之聚衆庶以侍駆使也」とのことで、閭の住民は独自の祭祀さえもなく、単に上級行政単位の祭祀のために使役される存在となっている。

このことは、これまで主として自然発生的な存在として検討されてきた社に対してなお再検討の余地が残されている。そこで本章においては、この社を、「社制」、行政機構としての面から少しく検討してみたいと考える。[5]

## 一　書社と二五家一社制

社が地方の小聚落で確認できるのは、商君書賞刑に、周の武王に仮託してではあるが、里有書社。

とみえるのが早いものである。商君書の成立は多く戦国末に降るが、陳啓天は、この賞刑篇を商鞅（前三三八年没）の自作[6]と考えている。いずれにしても社と里との関わりが、秦、それも県制による全国統一を果たした商鞅との関連において初見することは注目すべきである。

ここでは、里に置かれる社が「書社」と称されている。書社は、すでに春秋左氏伝哀公一五（前四八〇）年に、

因与衛地、自済以西、禚媚杏以南書社五百。

とみえ、西晋初の杜預は、この哀公一五年の書社を、

二十五家為一社、籍書而致之。

と解している。書社はまた、史記孔子世家にも、

書社地七百（里）。

とみえ、唐の司馬貞は、この書社について、

古者二十五家為里、里則各立社、則書社者、書其社之人名於籍。

と、杜預と同様、「二五家一社」説によるとともに、書社と戸籍編成との関わりについてもふれている。管子版法解に、

武王伐紂、士卒往者、人有書社。

と「人有書社」とみえるのも、商君書賞刑の「里有書社」に類似する記事であるが、ここでも書社は、住民個々と関わっており、指摘される社を媒介とする戸籍編成の可能性も窺わせる。[7]そしてこの戸籍編成の単位は、二五家となる。

ここにおいて社と小聚落との関わりは、早く春秋時代に遡ることとなる。杜預はまた、春秋左氏伝昭公二五（前五一七）年の、

斉侯曰、自莒疆以西、請致千社、以待君命。

との社についても、二五家一社との解釈をしており、後漢末の高誘も、呂氏春秋高義の、

請以故呉之地、陰江之浦、書社三百、以封夫子。

との書社に、

社二十五家也、三百社七千五百家。

と、二五家一社説を採用している。

そこでこれら注釈家の二五家一社制は、何を根拠にしていたかが問題となるが、これは周礼に拠っていたようである。現行の周礼にはみえないが、説文解字や白虎通徳論に引かれる周礼では、

周礼二十五家為社、各樹其土所宜木。（説文解字）

周礼説二十五家、置一社。（白虎通徳論）

と、二五家一社制がみえている。(8) また周礼遂人には二五家一里制もみえている。

周礼は多く漢制を反映している。二五家一里制は、百家一里制の漢制と必ずしも一致しない―ただし現実には二五家一里も存在する―が、漢制には後述するように、里社の存在が知られる。このため先秦、春秋時代の書社については、これを周礼にもとづき、漢代の里社とも重ね合わせながら、後漢以来、二五家一里（社）制と関連づけて解釈してきたわけで、いわゆる先秦の社と小聚落である里との関わりについて当然検討が必要となる。

清の金鶚は、求古録礼説社稷考において、春秋左氏伝哀公一五年の「書社五百」は、

五百社計一万二千五百戸、斉与衛地、未必如此之大。

と一社二五戸「五百社」とすると実情から離れるため、

凡言、書社幾百者、皆謂幾百戸也。

と一書社五〇〇戸の義と解し、わが竹添光鴻も、左氏会箋哀公一五年の条の「書社」の注において金鶚の説によっている。

ただ滝川資言は、史記孔子世家の書社に注して、

　蓋書社、書名於里社之籍也、猶曰居民也、書社十、即十戸、書社百、即百戸。

と、「書社十」の「十」を戸数とする点は変わらないが、一書社一〇戸説を提示している。これらは、「書社幾百」との形式の「幾百」について、これを社（二五戸・一〇戸）の数とする従前の解釈に対し、戸数説を提示したわけである。

社が里等の小聚落と結びつくのは、初めにふれたように商鞅との関わりにおける事例が早いものである。しかし商鞅の場合でも、全国土にわたる県制施行は確認できるものの、これが里までの下級行政組織を完備していたかどうかとなると定かではない。里制の成立は、商鞅時を降る可能性も考えられうる。ましてこれが商鞅以前、春秋時代ともなると、里の戸数（二五家）如何は別として、里のごとき下級行政制度が果たして完備していたかどうかが先ず疑問となる。

このため春秋時代の書社を里（または二五戸一社）のような小聚落、あるいは末端の行政単位と関連させて論じることは問題である。「書社幾百」の幾百は、戸数と理解する方がより自然である。ただ史記孔子世家の書社の場合は、

　書社地七百里。

とあり、司馬貞索隠は、この七百里と社とを結びつけているが、この「里」字については、従来衍字との指摘[9]があり従うべきである。

なお書社との関連で引用される、春秋左氏伝昭公二五年の、

　斉侯曰、自莒疆以西、請致千社、以待君命。

との「千社」について、杜預は前述したように二五家一社制で解している。滝川資言もこの場合は、

蓋二十五家為里、里有社、一社二十五家、百社即二千五百家、千社即二万五千家、与書社大小懸隔、古人往往混之。（史記会注考証）

と、書社とは区別し里社との関連を認めている。

しかしこれは問題で、地方行政制度における里（社）制の展開からして、竹添光鴻の、

千社者千家也。（左氏会箋）

との解釈に従うべきである。もちろん「幾社」の事例も、社が地方に分置されるなかで、戦国末に里書社のごときが現われてくると、この「幾社」の用法にも他の解釈が可能となる。例えば戦国策秦策二に、秦の昭襄王の事跡として、

秦王使公子他之趙、謂趙王曰、斉与大国救魏、而倍約不可侵恃、大国不義以告弊邑、而賜之二社之地、以奉祭祀。

と、「二社」がみえるが、これなどは、あるいは二里社にあたるものかも知れない。

以上によれば、春秋時代の書社は、戸口の把握が書社の称で行われていたことが伝えられる以外、社の具体的な実体、規模をこれから推論することは無理である。このことは社が、その原初形態において民間の小聚落を単位に設置されていたとの論拠の一を失わせることになる。

そこでついでは、先秦の社制の実態を知る手掛りとして社の原義について考えてみることとする。

## 二　社の起源

社は、まま稷と併称され「社稷」、国家の義に使用される。

しかし春秋左氏伝昭公二九（前五一三）年によれば、「社稷五祀」として、少皞氏の四叔（重・該・脩・熙＝句芒・蓐収・玄冥）、顓頊の子（犂＝祝融）、共工の子（勾龍＝后土）の五官の祀をあげ、勾龍すなわち后土の祀が「社」である

とされているのであるが、稷については、

稷田正也、有烈山氏之子、曰柱、為稷、自夏以上祀之、周弃亦為稷、自商以来祀之。

とあり、五祀とは別に説明されている。「社稷五祀」といいながら、稷が五祀に入らない。五祀については、国語魯語上は禘・郊・祖・宗・報を「国之典祀」とし、白虎通徳論五祀は門・戸・井・竈・中霤を「五祀」とし、礼記祭法は司令・中霤・門・行・属を「天子祭五祀」とするが、春秋左氏伝昭公二九年の「社稷五祀」の場合は、社を五祀に含ませている。

このことは、左氏伝の時代には、社稷と併称されてはいるものの、社と稷とが異なる起源をもつものであり、社の祀の方が稷よりも重んじられていたことを窺わせる。

事実、古文尚書の太甲上の、

先王顧諟天之明命、以承上下神祇・社稷・宗廟、罔不祇肅。

など[10]を別とすれば、社と稷とが「社稷」と併称されるのは春秋に下る。

稷については、后稷とも関連させ、社とは別に稷神、農業神としての展開が考えられ、関係する文献は、戦国以降、それも主として秦漢時代のものとなる。

ところが社の場合は、詩・書と、比較的古い文献のなかで、ある程度の性格を知ることができる。すなわち詩経大雅緜には、周の大王古公亶父の岐山での建都において、「立室家」・「作廟」・「立臯門」・「立応門」・「立冢」との行程が歌われている。これは中国古代における都城造営の様子を伝えるものとして貴重であるが、この都城では、祭祀に関わる施設として宗廟と冢土との造営が行われており、冢土は大社と解されている。

そしてこの冢土は、詩経大雅緜では、

廼立冢土、戎醜攸行。

とあり、戎醜は大衆で、前漢の毛亨の伝によれば、

起大事、動大衆、必先有事乎社、而後出。

と、人民を発動する際に社の祀が行われていた。大事とは戦争のことであり、尚書泰誓上にも、偽古文とされるものの、武王が殷を討つに際して、

予小子、夙夜祗懼、受命文考、類于上帝、宜于冢土、以爾有衆、底天之罰。

とあり、宗廟・天神とともに同じく冢土が祀られている。

都城造営に宗廟と社とが附随していたことは、墨子明鬼下においても、

且惟昔者虞夏商周、三代之聖王、其始建国営都、日必択国之正壇、置以為宗廟、必択木之脩茂者、立以為菆位。

とみえている。「菆位」とは社祀の義である。

それでは社は、なぜこのように宗廟とならび重視されたかであるが、これについて詩経小雅甫田には、

以我斉明与我犠羊、以社以方。

とみえ、ここでの社は、毛伝に、

社后土也、方迎四方気於郊也。

とあるように、また四方の諸気を迎える機能と関わりをもっていた。

社と方との関連は、詩経大雅雲漢にも、

祈年孔夙、方社不莫。

とあり、方（四方）と社とが併称されている。白虎通徳論に引用される尚書の逸文[11]には、

尚書曰、太社唯松、東社唯栢、南社唯梓、西社唯栗、北社唯槐。

とあり、社の形態の一端が伝えられているが、ここでも社は、太社と東南西北の方とから構成されていた。また尚書

禹貢にも、

厥貢、惟土五色。

とみえ、前漢の孔安国によれば、

王者封五色土為社。

とのことで、「五色土」は社との関わりをもっていた。

五色土と社との関わりについては、独断・白虎通徳論などにも受け継がれているのであるが、これなども社と方（四方）との結びつきの深さ、すなわち社が方社としての性格、機能を有するものであったことを示唆している。赤塚忠氏も、甲骨文中の四土の祭祀と五色土、五社との関連にふれられている。[12]

とすると社は、「方社」、すなわち「四方気」を迎える、四方の神々を統括しうるということになるが、また一方では、かかる社祀行為の背景として、当然社を通じて各地の住民を掌握するという政治的意図がはたらいていたとのことが考えられうる。

尚書商書逸篇（湯誓）によれば、

湯既勝夏、欲遷其社不可、作夏社・疑至・臣扈。

とあり、殷が夏を支配下に入れるにあたり、夏社の移転が問題となっている。孔安国によれば、勾龍の徳におよぶものがなかったために夏社の移転ができなかったとのことである（「作夏社」は、夏を滅ぼした後、大旱が続き湯王は亡夏社の祀を行った。呂氏春秋順民）。しかし殷もまた、甲骨文の土の祭祀からも窺えるように社を置いていた。このことからすると殷は、領土を拡大して行くなかで、他邦の社祀を逐次発展解消、いわゆる亡社の処置を行う必要があったわけで、伝えられる夏社の問題も、またかかる事情に関わるものと思われる。

それでは、社が諸地域の神々、すなわち領域内の諸族を統括するものとして、都城にのみ設けられるものであった

かというとそうでもない。尚書召誥には、

越翼日戊午、乃社于新邑、牛一羊一豕一。

とあり、周公が新しく建設された洛邑に駐留した際、社祀を行っている。これからすると、社祀は、洛邑のような地方においても行われていたこととなる。

北堂書鈔社稷所引の尚書無逸の逸文にも、

天子社濶五丈、諸侯社半之。

とあり、「諸侯社」の存在がみえている。社の機能が、主として地方諸侯の統合、慰撫にあったと思われることからすれば、洛邑級の地方都市において、早くから社が積極的に利用されていたことは当然のことである。

尚書禹貢の「厥貢、惟土五色」について、孔安国は、

王者封五色土為社、建諸侯、則各割其方色土与之。

と、封建に際しての社の地方分置、方土の分与についてふれている。戦国策秦策一には、

今（令）荊人収亡国、聚散民、立社主、置宗廟、（略）令魏氏収亡国、聚散民、立社主、置宗廟。

と、戦国時代の楚や魏においても、社が統合の象徴として存在、機能していたことがみえている。

尚書甘誓によれば、

用命賞于祖、弗用命戮于社。

とあり、天子の親征には、宗廟の祖主と社主とが伴われている。これは、戦争のような国人の協力を特に必要とする事態においては、宗廟と社とが、重要な役割を果たすものであったことを意味している。

同時に、この記事はまた、夏の啓が有扈を討った際のこととなっているが、これは支配氏族が宗廟に縛られるのに対し、地方の諸族は、社を通じ啓の支配に甘んじるとの事情があったことを伝えている。功績をあげ祖前に賞せられ

ることは、支配氏族（夏）の人々はもとより、夏族以外の地方諸族にとっては支配氏族に擬えられることになり、大変な名誉となる。これに対し命に違えば、社前において戮せられる。これは、命に違うがごとき者は、支配氏族といえども夏族以外の諸族の神々の庇護下におとされることを意味している。社と宗廟とは、それぞれ機能を異にしていた。

以上、詩・書を中心として、社の原始形態、機能についてみてきた。しかし社の地方末端、小聚落への分置は、後代の文献にみえる。このことは社の性格を次第に多様化させることになる（後述）。

周公の時代にも、すでに社の地方、諸侯国への分置が伝えられている。周代封建の進展は、社の地方分置をさらに推し進めたはずである。例えば、春秋左氏伝荘公二三（前六七一）年に、「斉社」がみえ、同閔公二（前六六〇）年に、「魯社」がみえている。

礼記祭法の、

王為群姓立社、曰大社、王自為立社、曰王社、諸侯為百姓立社、曰国社、諸侯自為立社、曰侯社、大夫以下成群立社、曰置社。

とある、「王社」・「侯社」・「置社（大夫社）」などもかかる事情を反映している。このことは当然、社祀行為がそれだけ実効性をもつものであったことを物語る。

ただこの社の地方分置は、また社の形態、機能を一層複雑にした。特に政治的統合、中央集権化が進むなかで、方社としての原義を変容させることにもなったはずである。

社は、すぐれて政治的意図のもとに設けられた祭祀儀礼であったが、春秋時代に入ると、単なる方社としての儀礼から社稷神へと転化し、さらには書社のように戸籍編成のための媒介、潤滑油として機能して行くことにもなる。

もちろん社祀は、礼記祭義に、

建国之神位、右社稷、而左宗廟。

とも伝えられるように、引き続き秦漢時代になっても国家儀礼の上で重視されていた。漢書郊祀志下には、

莽又言、帝王建立社稷、百王不易、社者土也、宗廟王者所居、稷者百穀之主、所以奉宗廟、共粢盛、人所食以生活也、王者莫不尊重親祭、自為之主、礼如宗廟、詩曰、乃立冢土、又曰、以御田祖、以祈甘雨、礼記曰、唯祭宗廟社稷、為越紼而行事、聖漢興、礼儀稍定、已有官社、未立官稷、遂於官社後立官稷、以夏禹配食官社、后稷配食官稷、稷種穀樹、徐州牧、歳貢五色土各一斗。

とあり、王莽時にいたっても、官社のみで官稷は設けられていなかった。

晋書礼志上にもまた、漢から魏にいたる間において、

故漢至魏但太社有稷、而官社無稷、故常二社一稷也。

と、皇帝が祀る太社には稷が合祀されていたが、地方の官社には稷が置かれていなかった。

官社は王社、すなわち諸侯王が祀るものである。このため社祀は、稷と異なり、地域の住民支配と深い関わりをもっていて、漢代における祭祀の地方分置においても、稷と比較し、社の方が重視されていたことを窺わせる。後述するが、漢制では州の場合も社のみで稷は置かれることがなかった。稷祀が、社と役割を異にし、それほど歴史的経過をへていなかったことは明らかである。

以上、社の原初形態とその後の展開についてふれたが、ついでは、中央集権化、地方行政制度が整備されてくるなかで、この社が、具体的にどのような役割を担うものであったかについて考えてみる。

## 三　里社と私社

春秋時代の書社は、必ずしも地方聚落を単位としたものではなかった。社の起源もまた、地方聚落での原始的習俗のなかに求めることはできなかった。

そして社の地方への分置は、むしろ上からの政治的意図によるものであり、社と地方聚落との結びつきは、比較的後代のことになる。

この点について、先にふれた商君書賞刑の「里有書社」との記事は、社と小聚落との結びつきを示す事例で、戦国時代と比較的早いものである。そしてこの商君書賞刑の場合は、社それも書社が、地方行政単位の末端である里と結びついている。

ただここにおいても社の地域社会への浸透は、私的な社としてではなく、公社としての性格を失っていない。社の地域社会への浸透には、書社としての行政機能、すなわち地域住民の戸籍編成の役割をも伴っていたわけで、社の地方への分置には、また人身支配を強化せんとする意図が付随していたことになる。

戦国末の作といわれる管子乗馬にも、

方六里一乗之地也、方一里九夫之田也、(略)方六里、名之曰社。

とあり、この方六里は、乗馬篇では「暴・部・聚・郷・方」との官制の最下級行政単位である暴にあたるが、ここでも社は、公社として現われている。

里社は、史記陳丞相世家によれば、

里中社、平為宰。

と、陳平が里社の宰となっていたことから、秦末には史実として確認できる。

漢書高帝紀、漢二(前一〇五)年二月の条によれば、

令民除秦社稷、立漢社稷。

とあり、漢二年には秦の社稷が除かれ漢の社稷が立てられている。この漢二年の記事は、史記蕭相国世家では、

　何守関中、侍太子、治櫟陽、為法令約束、立宗廟・社稷・宮室・県邑。

とみえ、この漢二年には漢の宗廟も設けられ、いわゆる王朝建国の体裁が整えられたが、社稷もその際に立てられたものである。

それにしても先の漢書高帝紀の記事は、漢書蕭相国世家の場合が「宗廟・社稷・宮室」と中央の事情であったことと比較すると、少しく内容を異にする。漢書高帝紀の漢二年の記事は、社稷の変更が「民」にもおよぶことになっている。

漢書高帝紀の漢二年二月の条には、社稷の記事の他に、蜀漢の民の租税免除、関中の従軍者の家の夫役免除、三老制の設置等が併せ伝えられているが、いずれも地域住民に直接関わるものである。漢二年の社稷の変更が、中央でのことはいうまでもないが、また「民」の社、すなわち里社等の類をも対象としていたことは充分に考えられうる。

前述の陳平の里社は、秦の里社であるから、漢二年には漢の里社に切りかえられたはずである。この陳平の里社は、後漢になっても残っていたようで、後漢の蔡邕により、「陳留孛昏庫上里社碑」[13]が建てられている。庫上里とは、陳平がかつて里社の宰となった里である。

後漢の鄭玄は、礼記祭法の、

　大夫以下成群立社、曰置社。

に注して、大夫以下庶人にいたるは、

　群衆也、大夫以下謂下至庶人也、大夫不得特立社、与民族居、百家以上則共立一社。今時里社是也。

と、百家をめどに社を建てている。そして「今時」、後漢の里社も、かかる百家一里で、漢制の地方行政組織と一致するものとなり、秦前後漢を通じ里には社が設けられていたことになる。

漢書郊祀志上によれば、漢二年に、
悉召故秦祀官、復置太祝太宰、如其故儀礼、因令県為公社。
とあり、社は秦の制を引き継ぎ、さらに県にも社が存在していたようである。先の漢二年の社稷の変更は、当然この県社も含まれていたはずである。また同郊祀志上によれば、
高祖祷豊枌楡社。
と、枌楡社がみえ、鄭氏は
枌楡、郷名也。
と枌楡を郷名と解し、史記封禅書集解所引の張晏の注では、この枌楡社は、
或曰枌楡郷名、高祖里社也。
と、里社と見なされている。枌楡が郷名であったとすれば、あるいは郷社の存在も考えられうる。続漢書郡国志、沛国の条では「枌楡亭」もみえている。顔師古は、
以此樹為社神、因立名也。
と、社の景観から枌楡の（郷里）名がつけられたと考えている。
続漢書祭祀志下によれば、
建武二年、立太社稷于雒陽、在宗廟之右、（略）郡県置社稷、太守令長侍祠、牲用羊豕、唯州所治、有社無稷。
とあり、後漢においては、県社のほかに郡社、州社も設けられていた。州にのみ稷が設けられていなかった点は、州が監察を主要な役割とし民政から遠ざかる面が考慮されていたためかも知れない。そしてこの郡社、州社は、あるいは前漢の制を継ぐものではなかったかと思われる。漢書五行志中之下には、
又昌邑王国社、有枯樹、復生枝葉。

と国社がみえている。

　このようにみてくると、秦漢時代には、社は地方行政制度のなかに繰り込まれ、中央集権化の一翼を担っていた。漢高祖二年に社稷の変更が行われたことも、これは項羽との本格的な対峙のために、急ぎ関中の民心をえんとしたものである。

　それでは、この地方行政制度に繰り込まれた社は、どのような実効性をもっていたのであろうか。これについて漢書郊祀志上には、漢高祖一〇（前一九七）年春に、

　　有司請令県、常以春二月及臘祀（社）[14]稷、以羊彘、民里社、各自裁以祠。

とあり、この時、県社は二月と臘（九月）とに社祀を行いたい旨の許可を求め、里社もまた各里独力で社祀を行いたい旨を奏請しともに許されている。

　先に引用した続漢書祭祀志でも、郡県の社祀に太守令長が侍祀しており、里も含め、各地方行政単位での社祀は、それぞれの行政単位で行われていたものと思われる。

　漢高祖一〇年春に、態々この自祠を奏請していることは、それまでの地方公社の祀が、中央の規制をうけるものであったことを意味しているのかも知れない。礼記月令の、

　　（仲春之月）択元日、命民、社。

なども、社祀が、「命民」と、上からの規制を受けていたことを伝えている。

　先にあげた漢書郊祀志上は、漢二年に県社が秦の「故儀祀」として再興されたことを伝えているが、この時の県社の祀は、中央官である太祝・太宰の管理下におかれていた。中央の祝官が、このように地方郡県の祭祀を主ることは、漢書郊祀志上にもまた、

　　至如它名山・川・諸神及八神之属、上過則祠、去則已、郡県遠方祠者、民各自奉祠、不領於天子之祝官、祝官有

　秘祝、即有災祥、輒祝祠移過於下。

とみえ、秦では辺遠の場合は例外とされるが、一般の郡県での祀―当然社祀も含まれたであろう―においては、天子が巡幸を行う際など、中央の祝官が直接執り行うこともあったようである。そしてこの郡県の祀では、天子の災・祥を人民に転化する役割も担わされていた。

このため漢高祖一〇年春、県社の祀を二月と九月とに定例化したこと、あるいは各地方公社独自の祭祀を認めたことは、地方公社の祀が中央から独立したことになり、社が次第に地域社会に浸透、定着化して行く契機となりえたはずである。

特に漢制にあっては、

　漢律、三人以上無故羣飲酒、罰金四両。（漢書文帝紀序語顔師古所引文穎注）

とあるように、多数の人々が集まり飲酒をともにすることは禁止されていた。ところが社祀においては、淮南子精神訓に、

　今夫窮鄙之社也、叩盆拊瓴相和而歌、自以為楽矣。

とあり、人々が歌い楽しんでいる。後漢の高誘は、窮鄙之社を「窮巷之小社」と解している。小社とは里社の類であろうが、礼記郊特性に、

　唯為社事、単出里。

とあるように、この社祀には里の住民全部が参加している。

小社での集会は、一種の公認された羣飲酒の機会となっていた。社には羊・彘・牛等の犠牲が供えられたが、続漢書礼儀志には、

　朔前後各二日、皆牽羊酒、至社下以祭日。

ともあり、酒も供えられていた。当然社祀後の酒宴が予定されていたはずである。

社祀の費は、漢書食貨志上では、戦国時代の李悝の言として、

除社閭嘗薪春秋之祠、用銭三百。

とみえており、早くから地域住民の負担によって維持されていた。漢代の社費も当然住民の負担によるものと思われる。

漢書地理志、秦地の条には、武威以西のこととして、

酒礼之会、上下通焉、吏民相親、是以其俗風雨時節、穀羅常賤、少盗賊、有和気之応、賢於内郡、此政寛厚、吏不苛刻之所致也。

とある。この武威以西は、武帝時の河西四郡設置以降、新たに開かれた地域で、関東貧民・報怨過当や誖逆亡道の家属等の徙民が行われていた。このため当然この地域の住民構成は、伝統的自律的秩序からは切りはなされた存在であったが、かかる新開地でも「酒礼之会」が行われ、内郡よりも治安がよかったとのことである。そしてこの酒礼の会は「二千石治之」と官（郡守）の支援によるものとなっている。

もちろんこの河西の酒礼の会が、即社祀を意味するかどうかは定かではない(15)。しかし社祀も一種の羣飲酒であり、社の機能にはまた「吏民相親」との効果が期待されていたことも考えられうる。

墨子明鬼下には、

今絜為酒醴粢盛、以敬慎祭祀、（略）内者宗族、外者郷里、皆得如具飲食之、雖使鬼神請亡、此猶可以合驩聚衆、取親於郷里、（略）上以交鬼之福、下以合驩聚衆、取親乎郷里。

とあり、ここでも酒醴粢盛の礼が鬼神の存在如何に拘わらず、「内者宗族、外者郷里」と宗族間、郷里での和親に役立っていたことが指摘されている。そしてこの郷里での和親は、また宗族内での礼にも通ずるものでもあったと思わ

れる。

このことは地方公社での酒礼が、伝統的な宗族内での秩序づけでもって、郷里の吏民の和親を意図していたということになるのかも知れない。墨子明鬼下は戦国末、秦で成立したとみられ[16]、この戦国末は中央集権化の進展とともに地域社会での族的結合が大きく崩れて行く時期である。

地域社会が再編成されていくなかで、社祀羣飲酒の礼は、流動化する地域社会にとって必要な措置であったとも思われる。

かくして社（書社）祀は、集権化の補助的手段として採用され、次第に地域社会に定着して行くこととなる。ただ漢書五行志中之下には、元帝建昭五（前三四）年、兗州刺史浩賞が、

禁民私所自立社、山陽橐茅郷社、有大槐樹、吏伐断之、其夜樹復立其故処。


と、民間での立社を禁じたことが伝えられている。

この禁の対象となった社について、三国魏の張晏は、

民間三（二）月九月又（立）社、号曰私社。

と、春秋二時の私社祀と解し、晋の臣瓚はこの私社を、

旧制二十五家為一社、而民或十家五家共為田社、是私社。


と、二五家一社制の公社に対し一〇家五家の小聚落の田社と解し、顔師古は臣瓚の説を是としている。

このことは前漢時に、公社のほかに私社が存在していたことになる。同時にこの私社にたいしては、兗州の山陽郡橐県茅郷での事件では、社の標識であったと思われる樹木の切り倒しまでもが行われている。社壇の存在そのものが破壊し尽されたわけである。

もちろん茅郷私社の伝文では、大槐樹が復活したとの事実が付加されている。地域住民の私社に対する思いの深さ

を物語る。しかしこの事件はまた、前漢末に私社の存在が問題化していたとの事情をも伝えている。私社への弾圧は、この茅郷私社に限られるものではなかったかも知れない。そして伝えられる塊樹の復活は、公権力の横暴に対する民衆のひそかな抵抗心を仮託した説話と理解することもできる。

そこで問題となるのは、なぜ私社がこのように厳しく弾圧されたかということである。これについては、当然私社がこれまでみてきた里社等の公社の権威を損い、その機能を低下させるものであったがためと思われる。同時に前漢末において、このような私社への弾圧が伝えられていることは、私社の発生がそれほど古いものではなく、あるいは里社に遅れるものであったことを示唆しているように思われる。

私社への弾圧如何は別としても、公社が、地域社会と直結し、自祀も認められるなかで、その性格に種々の変化が生じたことは否めない。地方公社の場合、県社・里社等のほかに県社稷のように稷神と併称さる場合もある。この稷神の扱いは問題であるが、いま社に限定すれば、漢代の公社は、説文解字の、

社、地主也。

に代表されるように、土地神である。しかし漢書郊祀志には「天社」、「巫社」がみえ、漢書欒布伝には文帝時、すでに欒布個人を祠る「欒公社」もみえている。

地方公社自体も、かかる種々の私社と混在するなかで、地方官制が次第に確立し、戸籍編成、住民把握の媒介としての役割も薄れて、地方行政の上で次第に副次的な存在とならざるをえなかった。後漢書孔融伝には、

郡人甄子然、臨孝存、知名早卒、融恨不及之、乃命配食県社。

とあり、郡人を県社に配食、すなわち祔祭するなどもみられる。

漢以降、地方公社の存在があまり明らかでないのは[17]、かかる公社の機能の変化がその一因と思われる。そしてこれまで錯綜する社の形態、機能が論義されてきたが、これはかかる戦国秦漢時代における社自体の変質がその原因であ

る。

隋書礼儀志二には、

梁社稷在太廟西、（略）毎以仲春仲秋、并令郡国県祠社稷、先農、（略）及臘又各祠社稷于壇、百姓則二十五家為一社、其旧社及人稀者、不限其家。

とみえ、梁では二五家一社制を採用しているが、これなども漢制の百家一社制が崩壊している証である。しかしここでは「旧社」も存在していた。公社としての機能は失われたとしても社の存在自体は受け継がれていたようである。

隋には、義倉の単位として社が現われてくる。また私社については、唐会要社稷によれば、天宝元年一〇月九日の勅に、

其百姓私社、亦宜与官社同日致祭。

と、後代にいたるが私社と官社とが共存していた。

## おわりに

以上、社の原義を方社と考え、中央集権国家の形成過程で社が行政機構の一として州郡県から末端の里にいたるまで設置されるにいたった過程をみてきた。そして特に地方公社の機能は、官僚制度の確立に先行する、あるいはそれの補助的存在として活用されたが、中央集権国家、官僚体制の整備と、社祀自身の変質も重なり、公社としての存在、役割はやがて形骸化して行ったようである。

これに対し、これまでの古代人の信仰形態、習俗との関連で議論されてきた社の形態、機能は、社が地方各地に分置されてくるなかで派生してきた現象として理解すべきものである。

## 注

（1）守屋美都雄「社の研究」『史学雑誌』五九―七、一九五〇、『中国古代の家族と国家』東洋史研究会、一九六八、に関係論文が引用されているが、その他に加藤常賢書社及社考」『社会学』九、一九四三。池田末利「社の変遷」『哲学』一三、一九六一。兪偉超「銅山丘湾商代社祀遺迹的推定」『考古』一九七二―五。宇都木章「社に戮すことについて」『中国古代史研究』吉川弘文館、一九六〇、をあげておく。

（2）皇清経解続編巻六七一。

（3）赤塚忠「甲骨文に見える土について」『高田真治博士古稀記念論文集』大東文化大学漢学会、一九六三。

（4）郭沫若等『管子集校』科学出版社、一九五六。

（5）社制の研究としては、有高巌「支那に於ける地方自治の由来」『史潮』一―一、一九三一。那波利貞「唐代の社邑に就きて」『史林』二三―二・三・四、一九三八。『唐代社会文化史研究』創文社、一九七四。曾我部静雄『中国及び古代日本における郷村形態の変遷』吉川弘文館、一九六三。同「社会という語の意味」『中国社会経済史の研究』吉川弘文館、一九七六。

（6）陳啓天『商鞅評伝』商務印書館、一九三五。

（7）注（1）加藤論文は、史記孔子世家の「昭王将以書社地七百里封孔子」について、①封ずという以上は土地の広さをいうべきである、②社の単位が二五と決まっていれば書社でなく「社七百」でよい、等とされ書社を租籍の仮字とされた。しかし封土としての采邑は面積というよりむしろ戸籍の対象となる戸の数がその単位となっていた。郷遂の制等伝えられる先秦の行政単位が多く戸を基準としていることからも窺えることである。

（8）現行周礼では大司徒の職に「設其社稷之壝、而樹之田主、各以基野之所宜木」とみえる。

（9）『史記会注考証』孔子世家注。

（10）古文尚書関係の諸篇は魏晋に下る。なお易経震の「出可以守宗廟、社稷、以為祭主也」も彖伝の部分で春秋に下る。詩経周頌載芟の「載芟春藉田而祈社稷」あるいは良耜の「良耜秋報社稷」は小序の部分で戦国に下る。

（11）北堂書鈔の館の条では「尚書無逸」と。

（12）注（3）。

（13）北堂書鈔の社稷の条ほかに引かれる。

（14）初学記歳時部、太平御覧時序部等により「社」を補った。

（15）地方の酒礼として郷飲酒がある。後漢の鄭玄は礼記郷飲酒義の注で、「如今郡国下令長於郷射飲酒、従太守相臨之礼也」と、郷飲酒の礼が太守臨席のもとに令長の手で行われ、また儀礼郷飲酒礼の注では、「今郡国十月行此飲酒礼、（略）而飲酒于序、以正治」と、この飲酒礼は一〇月に施行されていた。社祀は二月と臘とに行われる。

（16）渡辺卓『古代中国思想の研究』創文社、一九七三。

（17）晋書陸雲伝には「雲乃去官、百姓追思之、図画形像、配食県社」と県社がみえ、この県社でも配食が行われている。

# 第二章　春秋戦国時代の県制

## はじめに

商鞅の県制は、秦の孝公一二（前三五〇）年、いわゆる第二次変法において実施された。
商鞅の変法は、秦の孝公三（前三五九）年、ならびに同一二年の二次にわたって実施され、その具体的な内容は、史記商君列伝に伝えられる。ここで取り上げる県制についても、同列伝は、

而集小都郷邑聚為県、置令丞、凡三十一県、為田開阡陌封疆。

と伝えている。

商鞅の変法には、この県制のほかに、同列伝に、

①令民為什伍、而相牧司連坐、不告姦者、腰斬、告姦者、与斬敵首同賞、匿姦者、与降敵同罰。
②民有二男以上不分異者、倍其賦。
③有軍功者、各以率受上爵、（略）宗室非有軍功、論不得為属籍。
④為私闘者、各以軽重被刑。
⑤大小僇力、本業耕織、致粟帛多者復其身、事末利及怠而貧者、挙以為収孥。

⑥明尊卑・爵・秩等級、各以差次、名田宅・臣妾・衣服、以家次、有功者、顕栄、無功者、雖富無所芬華。（以上第一次変法）

Ⓐ而令民父子兄弟同室内息者為禁。

Ⓑ而賦税平。

Ⓒ平斗桶権衡丈尺。（以上第二次変法）

等が伝えられているが、この県制（阡陌制）についてのみは、先の史記商君列伝の記事のほかに、史記では、秦本紀孝公一二年の条に、

并諸小郷聚、集為大県、県一令、四十一県、為田開阡陌。

とみえ、また同六国年表周顕王一九年（秦孝公一二年）の条にも、

初取小邑、為三十一県、令、為田開阡陌。

とみえている。そして同じ商鞅の変法でありながら、県制（阡陌制）以外の諸改革については、史記六国年表では全くふれず、秦本紀においてさえも、ただ「変法脩刑、内務耕稼、外勧戦死之賞罰」とあるのみである。このことは史記において、商鞅の変法中、県制（阡陌制）のみが強調されていることになる。

この点について、司馬遷作史の時期は、秦の天下統一による郡県制施行後ほぼ百年にあたる。武帝によって次第に確立されてゆく新体制、郡県制支配は、この商鞅の県制に対して、司馬遷の関心を強くひきつけたということになるのであろうか。

ただ史記六国年表の記事は、その序語によれば、

因秦記。

とある。史記秦本紀もまた、この『秦記』を骨子としていた[1]。商鞅の変法にあって、県制（阡陌制）のみを具体的に

記載する史記秦本紀、同六国年表の形式は、あるいは秦の史官の手になる『秦記』の記載形式によるものであるかも知れない。

もちろん推論の域をでない。しかし商鞅の県制は、この史記における伝文の問題もさることながら、秦漢的郡県制の形成、その実態を考察せんとする場合、重要な課題となる。しかるにこれまで、この商鞅の県制については、史料上の制約もあって究明が遅れ、その施行地域さえもいまだ定かでない。そこで本章では、この商鞅の県制をめぐる問題点について、以下少しく検討を行ってみたいと考える。

## 一　春秋の県と秦漢的郡県

周官の所伝を別とすれば、県の初見は春秋時代である。この点は、すでに唐の杜佑が、

春秋時、列国相滅、多以其地為県、則県大而郡小、故伝云、上大夫受県、下大夫受郡、県邑之長、曰宰、曰尹、曰公、曰大夫、其職一也、至於戦国、則郡大而県小矣。（通典職官県令）

と、春秋の県が、列国抗争のなかで占領した地におかれたことを指摘しており、清の顧炎武も、

則当春秋之世、滅人之国者、固已為県矣。（日知録「郡県」）

と、この事実を具体的事例を捜集し跡づけている。清の趙翼は、これら春秋の県が、

蓋皆因秦制而彷之。（陔余叢考「郡県」）

と、早く秦において設置され、他の列国の県は、これに影響をうけたことを指摘している。民国に入ると、顧頡剛氏は、楚・秦・晋・斉・呉など、春秋列国の県について検討を加え、

(1)秦・楚には大県の傾向があり、県公は「諸侯」とも列記される。

(2)秦・楚の県は君主に直属するが、晋・斉・呉の県は卿大夫の封邑であった。

との点を新たに指摘された。[2] この顧氏の研究は、春秋の県を理解する上で重要な意味をもつ。

ただ顧氏の(2)の、楚・秦の県に君主の直轄地としての性格を認める見解については、近時、増淵龍夫氏による批判が注目される。増淵氏は、顧氏の見解に対し、とくに楚の県を中心にして、

(1)県公に世襲（鬬班―鬬克、申公叔侯―申叔時の父子間）・封邑化がみられる。

(2)県公は多く王族出身の有力世族によって占められていた。

と指摘され、春秋の県が秦漢的な県に成長するためには、邑の先住支配氏族の族組織秩序の破砕と支配氏族世族の官僚化とが必要であるとされた。[3]

漢も、武帝以後の郡県と春秋の県とを比較すれば、増淵氏が指摘されるように、春秋の県は、直線的に秦漢的郡県の起源とはならないかも知れない。しかし増淵氏も認めるように、これら春秋の県も、先住支配氏族の族組織の中核を破壊せんと意図していた。王との関係にあっても、封邑と混在する県であってみれば、県設置の時点では、問題を孕むとしても、王の力量いかんによって、中央の支配権の強化、官僚化への道も不可能ではなかった。

楚の申の県公の場合も、世襲とはいっても、確認されるところは父子二代の間においてである。これだけでは県の侯国化、子孫への世襲化が一般的となっていたとまでいいきれない。

春秋左氏伝襄公三〇年の条にみえる、晋の絳県の場合、絳県は晋の首都を擁する大県であったが、その県大夫は晋の強族趙武の「属」であった。ところが趙武は、この県大夫の姓名を知らず、問い質した結果、己の「属」であることを知るにいたった。左伝はこの県大夫の姓名を伝えていない。大県絳県ほどの県大夫であれば、趙武の族的縁者が任命されていてもおかしくはないが、ただ「属」とのみ記されている。あるいは疏属か、私属に近い存在であったかも知れない。

春秋左氏伝僖公二五年の条にみえる原県の場合も、晋の文公が原を降すや、文公は趙衰を「原大夫（または原守）」に任じているが、それは趙衰が「昔趙衰以壺飧従径、餒而弗食」と、食糧を持し公子重耳（文公）に従い、饑えるもこれを食さなかった故である。趙衰は、文公の五賢士の一人として重用された近臣ではあったが、この場合も、趙衰が県大夫に任じられるには、「其廉且仁、不忘君也」（杜注）と、君主に対する族的繫がりではなく信が重要視されている。

このようにみてくると、春秋時代の県は、必ずしも封邑化し王族出身の有力世族によって占められているだけでもない。

この点、秦漢代初期の郡県においても、世襲化の事例は確認できないものの、郡県守令の「久任」の傾向が確認できる。郡守の本郡回避の制も、いまだ充分に確立されておらず、本郡任の事例もみえる（会稽出身の厳助・朱買臣が会稽太守となっている）。一度郡県の守令となれば、同一の地域において長期に在任することになる。封邑化とはいえないまでも、それに近い影響力を郡県で発揮することが可能であった。このため「郡県之君」との称もみえ、守令の属吏には私属的性格も窺える。

また守令の出自についても、秦では宰相李斯の子である李由が三川（洛陽）の郡守となっていた。重要な郡県の長吏においては、中央政府との強い人的結合が考えられる。

それでも秦漢の郡県長吏の場合、春秋の県と比較すれば、郡県の数が格段に増加しており多数の人材を必要とした。中央政府との人的結合といっても、自から限界があったはずである。

このためか漢においては官僚の質の問題が別の面から規制されていた。漢書景帝紀後二年五月の詔によれば、

今訾算十以上、乃得宦。

と、本官の資格に資産上の制約が設けられている。ただこの資産による制約は、景帝の時、「訾算四」にまで引き下

げられている。

人材の量的確保が必要となるなかで、資産面からの質の維持が必ずしもすべてではなかったとの事情が反映されている。この結果は、人材登用の機会が拡大され、皇帝の手足としての官僚制度が確立されて行く上で、一つの契機となりえた。

以上によれば、春秋の県のもつ限界は、秦漢的郡県においても、その当初はいまだこれを解決しえていたわけではなかった。春秋の県の場合も、公の県大夫に対する統率力いかんによって県本来の性格も左右される。春秋列国が、「県」という新しい称を用い旧支配氏族の勢力を排し、公の配下にその地を強く「繫」げん（「県繫也」説文解字）としていたこと自体は、やはり秦漢的郡県につながる。

ややもすれば春秋の県に対して、その限界、秦漢的郡県との断絶との面が強調されてきた。これは秦漢的郡県をあまりにも整備、完成されたものとして理解してきたことによる。

春秋の県がもつ限界としては、むしろ県の設置が、采邑と混在し、限定された一部の地域、主として国勢の拡大にともない近隣国を併合して行った辺境地等にとどまり、その急速な拡大がみられなかったとの点にある。

これは春秋列国の政治改革が、中央集権化との面で充分方向づけられていなかったためである。商鞅の県制とはその点で一線が画される。

ただ増淵龍夫氏は、この春秋の県を説くにあたり、まず春秋左氏伝宣公一一年の条および史記楚世家にみえる、楚の荘王が陳を滅ぼして「県」としたが、楚の大夫申叔時がこの処置を道徳面から非難し、楚王はこれを入れ、

乃復封陳。

と、県の設置を中止している。このことは申叔時の口をかり荘王の「県」の設置が非難されているわけであり、左伝においては、すでに「県」と「封」とに明瞭に相反する価値評価が与えられていたと指摘されている。

しかしこの説話における申叔時の非難は、

抑人亦有言、曰牽牛以蹊人之田、而奪之牛、牽牛以蹊者、信有罪矣、而奪之牛、罰饑已重矣、諸侯之従也、曰討有罪也、今県陳、貪其富也、以討召諸侯、而以貪帰之無、乃不可乎。

と、陳を県としたことではなく、故なくして力でもって他国を奪ったとの点が問題とされており、この説話でもって後代の封建・郡県に対しての相対立する価値評価がすでに胚胎している、県が封建と対立して意識されるほどの大勢となってきていたとは思われない。

## 二　商鞅の県の戸口と県制施行地域をめぐる諸説

商鞅の県は、孝公一二年の際、「三十一県」（史記六国年表）、または「四十一県」（史記秦本紀）が設置された。そして、この「三十一県」と「四十一県」との差異については、

(1)単なる筆写上の誤りとし「四十一県」をとる見解。(4)
(2)史記秦本紀により「四十一県」をとる見解。(5)
(3)史記六国年表・同商君列伝により「三十一県」をとる見解。(6)

等の諸説がみえるが、この県数の差異は、商鞅の一県の規模と秦の全戸口数とが判明しない限りいずれとも決め難い。

この点について、守屋美都雄氏は、漢書地理志に伝えられる三輔の戸口が、戸六四七一八〇、口二四三六三六〇であることから、商鞅の時代の秦の戸口は、これを下まわるとして、一県万戸、全国三一万戸以上と推測された。(7)

これに対し西嶋定生氏は、先の三輔の戸口数より、漢書地理志に戸口の記載されている長安・長陵・茂陵の三県（大都会）分を除いた残りの五四県の戸口数の平均値が、戸八四三〇、口三二一〇〇であることから、商鞅時の県はこ

れよりさらに小さく、一県二、三千戸程度と推定された。

また秦の全国の戸口数については、秦の献公二一年の

与晋戦於石門、斬首六万。（史記秦本紀）

から、秦の兵力はこれ以上であり、この兵力に相応する人口を秦はもっていたとされ、この石門の戦は孝公より以前のことであるから、商鞅の「三十一県」、十万戸以下の戸数は、咸陽以東の新領域にあたるとされた。(8)

米田賢次郎氏も、戦国策趙策三の、趙の景文王時の記事、

古者四海之内、分為万国、城雖大無過三百丈者、人雖衆無過三千家者。

から、一城は戸三千、口万五千であり、商鞅の「三十一県」は、口四十五万。「四十一県」の場合では口六十万となるが、商鞅の県を「四十一県」、口六十万とした場合、これは咸陽以東、国境線の間に限定されると考えられた。(9)

以上によれば、商鞅の県の戸口数については、

(1)一県万戸説。

(2)一県二、三千戸説。

の二説がみえるが、この戸口数の問題は、これが単に県の規模についてのみに限定されるものではなく、商鞅の県の施行地域とも関わってくる。

一県万戸説の場合、商鞅の県は全国土に施行されたこととなり、一県二、三千戸説の場合は、咸陽以東の地域、あるいは後述するが咸陽周辺地域に限定されることとなる。

そこで県の戸口数をめぐる両説であるが、一県万戸説の場合、守屋氏は、これについて何らの根拠を示されなかった。もちろん漢書百官公卿表には、

県令長者秦官、掌治其県、万戸以上為令、（略）減万戸為長。

とあり、県の平均値を万戸と規定している。[10] しかしこの記事は漢制の県の戸数を伝えるもので、これをもって直ちに商鞅時の戸口数を推定することはできない―この点は後述する―。

これに対し、一県二、三千戸説の場合もこれまた問題がないわけでもない。米田氏が根拠とされる「人雖衆無過三千家者」との城（県）は、同記事によれば「古者」、すなわち三万の軍で天下を服しえた小国分立の時代においてのことである。

戦国策趙策三には、同記事につづいてまた、

今千丈之城、万家之邑相望也。

とある。もし趙の恵文王時の城邑の平均戸数をとるとするならば、これは、一城三千家ではなく、むしろ「今」、当世の事情、一城万家の方をとるべきであった。そして西嶋氏の場合も、一県二、三千戸説は想定の域をでない。

ここにおいて商鞅の県の戸口数については、新たな検討が必要となってくる。同時にこのことは、これら県の戸数を前提とした従来の県制施行地域に対する理解にも、当然影響をもつ。

## 三　大　県

商鞅の県の規模について、商鞅変法の伝文に何らかの手掛が残されていないかであるが、史記秦本紀には、

并諸小郷聚、集為大県。

と、商鞅の県が「大県」であったことを伝える。先秦の大県については、逸周書作雒解に、

制郊甸方六百里、国西土為方千里、分以百県、県有四郡、郡有四鄙、大県城、方王城三之一、小県立城、方王城九之一、都鄙不過百室、以便野事、農居鄙、得以庶士、士居国家、得以諸公大夫、凡工賈胥市臣撲、州里俾無交

為。

と大県がみえ、規模は四郡に相当し、王城（千七百二十丈、郭方七百里）の三分の一にあたる（農が居住する鄙は一〇〇戸をきる）。ただこの逸周書の成立は戦国時代、あるいはそれを降る。同時にこの逸周書の伝文は思想的所産としての色彩が強く問題がある。

漢制に降れば、大県令、次県令、次県長、小県長等の別がみえ、大県令は万戸以上の県となっている。しかしこれも漢制である。

史記秦本紀の「大県」の称は、何にもとづき記載されたものであろうか。この「大県」は、史料系統を一にする史記六国年表にもみえない。商鞅の変法について最も詳細である史記商君列伝にも、これについてはふれていない。このため商鞅の県を大県と称したのは、司馬遷が何らかの別史料から商鞅の県を大県と判断したためではと思われる。

漢制としての大県は万戸の規模をもつ。戦国時代にあっても、戦国策趙策一に、晋陽の役（前四五五－三）の際、

破趙、則封二子者各万家之県一。

と、「万家」の県がみえている。この万家（戸）の県は、知（智）過が、魏の謀臣趙葭・韓の謀臣段規にそれぞれの主君、魏桓子・韓康子の計略を翻意させんがための代償として、知（智）伯に提案したものであるが、知（智）伯は、結局この提案を、

破趙、而三分其地、又封二子者各万家之県一、則吾所得者少。

として拒否し身を滅ぼすにいたった。

この時代、万家の県を与えることは破格の待遇であったわけで、万家の県は、大県に相当する存在であったに違いない。

また戦国策魏策三には、魏王に対する朱巳の言として、

所亡乎秦者、山北・河外・河内、大県数百、名都数十。

と、「大県」の称がみえる。この記事は、戦国時代もかなり末期のものと思われるが、秦によって次々と魏の大県が攻略されて行くさまを伝えており、その数は数百にのぼった。魏は、中原に位置し繁栄してきた。このため戦国策魏策一には、

乃之万家之邑一。

と、「万家之邑」がみえ、同魏策二にも、

亦許由也、衍請因令王致万戸邑於先生。

とまた、「万家邑」がみえている。

戦国策では、県はまた「県邑」（韓策）と、邑と併称されており、魏にもまた万戸の大県が確認できることになる。

また戦国策秦策二では、

宜陽、大県也、上党・南陽、積之久矣、名為県、其実郡也。

と、宜陽が「大県」と呼称されている。この戦国策の記事は、秦の武王が韓の宜陽を抜かんとした際（前三〇八年）のことであるが、戦国策東周によれば、この時期の宜陽は、

宜陽城方八里、材士十万、粟支数年。

と、材士、すなわち兵役の任に堪えうるもの十万を擁していた。

「材士十万」とすると、宜陽大県の口数はこれに数倍したはずで、いま一家一材士と仮定すれば、この「大県」は一〇万戸の県となる。このためか宜陽大県の場合は、「名為県、其実郡」とも評されている。

このように戦国時代の大県をみてくると、実は漢制としての大県万戸の規定は、遡って戦国時代の大県の実態と多

く一致するものであったことが知られる（宜陽大県のように一県万戸を越えるものさえある）。

そこで問題とした史記秦本記に伝えられる、商鞅の県が「大県」であるとする伝文であるが、司馬遷にしても、当然それ相当の判断材料をもってのことであったはずで、商鞅の県が万戸（あるいはそれを越える）の規模をもつ「大県」であったとの理解はまず問題なかろう。

それではこの商鞅の県が、万戸の大県であったと理解した場合、商鞅の大県「三十一県」あるいは「四十一県」はどの地域に設置されたものであろうか。

「三十一県」とすれば三一万戸、「四十一県」とすれば四一万戸となる。当時の秦の全領土の戸口数は明らかでないが、これまでも利用されてきた前漢平帝元始二（後二）年における三輔の戸数六四七一八〇をもとに考えてみると、漢代になって新設された長安・長陵・茂陵の三県の戸数を三輔の戸数から除くと、残りの戸数は四五五二三六となる。

平帝時と商鞅の時代との間には三五〇年の隔たりがあるが、これまで西嶋・米田両氏は、咸陽以東の秦の戸数を十万戸程度と考えられてきた。このため商鞅の大県「三十一県」ないし「四十一県」が三一万戸あるいは四一万戸の住民であったとすると、長安・長陵・茂陵の漢代になって人口が急増した三大都市を除く三輔全域の戸数四五万に近くなり、これまでのように咸陽以東に限定できるものではなくなる。

商鞅の県は、秦の全国土にわたって設置された可能性が大きい。

商鞅の県が、このように秦の全国土にわたって設置されたものであったと理解した場合、佐藤武敏氏の研究が重要な意味をもつ。佐藤氏は、元和郡県図志により、咸陽・高陵・櫟・美陽・武功等の諸県が孝公一二年に設置されたものであったことを確認され、商鞅の県が、櫟・美陽・武功等、咸陽以西にも設置されている事実を指摘された(11)。

中国の地方志は、多く沿革史としての体裁をとり、とくに元和郡県図志は内容的にも定評がある。商鞅の県が、秦の全国土にわたるものであったとの理解にたてば、咸陽以西に孝公一二年の際の旧県が伝えられていることも当然である。

ただ佐藤武敏氏は、商鞅の県の規模を咸陽以西に確認されながら、商鞅の県の規模を西嶋・米田説によって、一県三千戸程度と考えられた。このため商鞅の県は、新都咸陽周辺における首都づくりの一環として、君主の直轄地を設けたものであるとの見解をとられた。しかし商鞅の県は、これまでみてきたように万戸の大県であったわけである。ただこの大県も、これが単一の万家の城邑であったと考えると問題となる。春秋左氏伝昭公三年の条にみえる、

晋之別県不唯州、誰獲治之。

のように、春秋の県は「別県」が行われている。杜預の注でも、

言県邑既別甚多、無有得追而治取之。

と指摘されているように、かかる別県の事例はかなり多くみられた。

晋の州県は、もと晋の温県に属していた。このことからして春秋の県は、複数の邑（本邑と支邑）から構成されていたこととなる。

春秋左氏伝哀公一七年の条にみえる、「実県申・息」との申・息両県が、それぞれ楚の文王によって滅ぼされた「国」であったことからも窺われるように、春秋の一県は、往々一国に相当することもあった。商鞅の大県が、かかる春秋の大県に倣うものであったことも充分に考えられることである。

## 四　春秋の県と商鞅の県—県の機能—

このように商鞅の県を秦の全国土にわたるものと理解した場合、「三十一県」と「四十一県」の相違はどうなるかであるが、これこそ秦国の全戸数が判明しない限り決着しない。ただこの点は、商鞅の県が前国土に実施されていた

ことから、これ以上ここでは問題にならない。
ついでは、商鞅に先立つ春秋の県と比較し、県の機能に何らかの変化が確認できるであろうか。以下この点についてふれることとする。

春秋の県は、多く国境近くにおかれている。[12] これは、

列国相滅、多以其地為県。（通典）

とも指摘されるように、春秋の県が多く列国抗争のなかで新獲地に設置されたものであったためである。県は、当然辺防等、軍事的使命を帯びることになる。

春秋左氏伝成公七年の条にみえる、申公巫臣、すなわち申の県公の言に、

此申・呂所以邑也、是以為賦、以御北方。

とみえるように、この申・呂二県も北方、すなわち晋・鄭に対する前線基地であった。そしてこの申・呂は、その支邑を分離せんとしたのに対し、「賦」が減少することをもって反対している。賦の収入が、県の辺防の義務等、県の経営上大きな比重を占めていたことを示し、県が領域内の賦により自給していたことも想定させる。

杜預はこの賦を「兵賦」と解している。それは下文の「御北方」との関連による解と思われるが、賦は元来、軍賦としての性格を帯びていた。

春秋左氏伝襄公三十年の条にみえる晋の絳県の場合も、杜での「城」に際して、夫役を供しており、この絳県での夫役担当の役人は、県大夫の属吏である「輿尉」であった。この輿尉について服虔は、

輿尉、軍尉、主発衆使民。（孔疏）

と解し、左氏会箋では、

蓋輿衆也、輿尉掌発衆使民、故名輿尉、輿尉、軍中則掌廝役輜重。

と解しているが、いずれにしても武吏的性格の県の属吏であったと思われる。

このように春秋の県は、軍事基地としての使命を帯びる一方、機構の面でも、兵賦に依存し、武吏が県の行政に関わる等のことがみえている。そしてかかる春秋の県の軍事的側面については、支配の貫徹という面からすれば、これはより集権化への方向性をもっていたことになる。

晋の絳県の場合、夫役に七三才という年長者があてられていた。このことが趙武の知るところとなり、

（絳県人或年長）、以為絳県師、而廃其輿尉。（春秋左氏伝襄公三〇年）

と、趙武によって輿尉は廃され、老人は県師に任ぜられている。力量さえあれば中央の支配が、かかる県吏の人事にまでも介入している。

そしてこの絳県の属吏「県師」について、杜預は、

県師掌地域弁其夫家人民。

と、地域住民の管理者と見なしている。この杜預の解は、周礼県師の、

県師掌邦国・都鄙・稍甸・郊里之地域、而弁其夫家・人民・田萊之数、及其六畜車輦之稽。

に依拠するものであるが、左氏会箋はこの県師をまた、

久窮居絳県、故挙以為之師也。

と、長く居住し地域社会において影響力をもっていたことから任ぜられたと理解している。「師」は、教導者としての義とともに、また孟子梁恵王下の「工師」に対する趙岐の「工師、主工匠之吏」との注のように、官吏としての義ををもつ。

このことから絳県の県師は、県大夫の属吏として任用された可能性がある。そして県師に任ぜられた人物は、免役年齢六五才をはるかに越える七三才の年長者で、左氏会箋が指摘するように長老的存在であったが、夫役に徴せられ

るような身分でもあった。

春秋の県の行政に、地域社会の長老的存在が登場してきていることになる。県の組織に地域社会に影響力をもつ人物が登場してくることは、県の民治機関化への変容を示唆するとともに、県が、次第に地域住民への強い浸透を意図してきていることにもなる。

三老・父老を利用した秦漢的郡県支配にもつながる。ただかかる県師の事例が認められるにしても、春秋の県が、後述するように地域社会の秩序づけを大きく変革することを意図していなかったことはいうまでもない。

ついで商鞅の県はどのように理解されるべきであろうか。まず商鞅の県の機構は、史記商君列伝に「置令・丞」とあり、同六国年表周顕王二〇年（秦孝公一三年）の条、すなわち商鞅県制の発表された翌年には、「初為県、有秩史」とみえる。このことは令丞を中心とする県の組織化が、孝公一三年にいたって、はじめて属吏である「有秩史」がおかれ具体化されたことを意味する。県制の実際の活動は、この県制発布の翌年になってのことであったかも知れない。

商鞅の県は、「令―丞―（有秩）史」と、比較的未分化な官僚組織であったが、この県の体制は、漢初の郡の組織、「太守―（都尉）―丞―卒史・書佐」とも形式に類似する。最近湖北省雲夢県睡虎地十一号秦墓より出土した秦簡(13)中にも、戦国末統一秦初の吏名がみえるが、漢制と比較するとなお未分化である。

秦漢的郡県制への方向をもつ、「令―丞―史」によって運営される商鞅の県は、春秋の県のように比較的軍事的色彩の強い県とは異なり、民治的な側面が強化されてきていることになる。もちろん属吏に有秩史が登場してくるからといって、商鞅の県制に軍事的機能が欠落していたとはいい難い。商鞅は前述した春秋の県の軍事的機能の効用を充分認識していたと考えるべきである。

商鞅の思想を比較的反映するといわれる商君書によれば、墾令篇に

百県之治、（略）官属少［則］徴不煩。

と、官府における属吏の数が取り上げられ、勒令篇には、

授官、予爵、出禄、不以功、是無当也。

と、官に爵（軍功）が伴い、禄を食んでいる。さらに去彊篇によれば、

十里断者国弱、五（九）里断者国彊、（略）挙民衆口数、生者著、死者削。

と、国は里の単位に区分され、そこでは戸籍編成の作業もみられ、問題の境内篇には、

其県四尉、訾由丞尉。

と県尉の称もみえている。

商鞅の県制と里制等の具体的行政区画の編成との関わりは、その詳細を知ることができない。もちろん国語斉語、管子小匡等には里制も伝えられている。しかし商鞅の県制は全国土にわたる新たな行政改革であって、里制にいたる地方行政組織の確立には、かかる方向が検討されていたとしても、なお時間を要したはずである。県の官吏の組織化についても同様のことがいえるであろう。

商鞅の県制は、秦漢に比べると未整備ではあるが、春秋の県に比べると、その機能に民治への比重が増してきている。行政制度としての進歩の跡が窺える。

しかしこの戦国時代の県は、韓非子五蠹篇に、

今之県令、一日身死子孫累世絜駕、故人重之是以人之於讓也、軽辞古之天子、難去今之県令者、薄厚之実異色。

とあり、県令はその地位に一日でもつけば、子孫が後々の世まで馬つきの乗車が使えると伝えられ、官僚制の確立にはほど遠い。

同時に、この商鞅の県は、その推進者である商鞅が県制施行後わずか一二年、孝公の没後、処刑されてしまった。それでも商鞅失脚後、大勢として商鞅の諸改革が大きく変化することはなかったと思われ、「宗室非有軍功、論不得

為属籍」と、宗室といえども例外ではなかった厳しい変法のなかで、当然多くの封建的な采邑が県の下に統合されて行ったと思われる。

ただ商鞅の処刑後、再びこれら采邑が部分的にしても采邑として復活する動きがなかったとも言い切れない。商鞅の県が秦漢的郡県にいたる間には、多くの曲折があったことと思われる。

最後に、この商鞅の県制下において、商鞅自身が県制施行後の孝公二二年、魏を撃ち公子卭を虜にした功で列侯となり、一五邑に封ぜられ商君と号している。このことは商鞅の県制が、全国土にわたって実施されていたとの理解と矛盾する。しかし商鞅の変法中には、軍功に対して爵と爵級とに比例し田宅が給付されている。

商鞅爵制は検討すべき点もあるが、いま商鞅県制との関わりについていえば、これら爵級に付随する食邑（采邑）的存在を否定することは政策の整合性からいってありえない。

列強抗争のなかで、商鞅といえども集権化の枠外に軍功爵としてかかる旧体制の残滓を容認せざるをえなかったということになる。商鞅自身の一五邑も、かかる食邑（采邑）としての性格をもつものであるが、この商鞅の爵も、世襲化への道は認められていなかった。

## 五　徙民と阡陌制

ついでは、

集小都・郷・邑・聚、為県。（史記商君列伝）

并諸小郷・聚、集為大県。（史記秦本紀）

初聚小邑、為三十一県。（史記六国年表）

と伝えられる、商鞅の県の編成方法をとりあげる。まず県の対象としてあげられている「小都」・「小郷」・「小邑」・「小聚」等についてであるが、これは態々「小」と断わっていることからしても判るように小聚落のことで、都・郷・邑・聚の各種の聚落名は、当時の居住形態の大勢を反映している。

そしてこれら小聚落には、落ともよばれ往々税役の対象外におかれるものも存在した[14]。もちろん大邑も県制の主要な対象となっていたが、史記にみえる商鞅県制の伝文は、守屋美都雄氏も指摘されるように、これは支配権の末端にいたるまでの徹底を強調したものである。

それでは、これら居住地域に対しての「集」・「并」・「取」と称される行為は、どのような内容であろうか。守屋氏は、これを従来大きな聚落に本拠をおいていたが、新しい「三十一県」の設置により、やや僻遠の小聚落も「亭」の配置を通じて県の内に編入したことを意味すると解された[15]。この守屋氏の見解のうち、商鞅の県が「亭」制を伴っていたとの点は史料上確認できないが、それまでの聚落をそのまま県が統轄したとの見解は従うべきである。

ただこの点について西嶋定生氏は、この商鞅の県は、咸陽以東の新領土に国内の小聚落から分異の法によって家族と分かれた人々がつれてこられたもので、それまでの住民は、この地を占領する際に追放されたと理解され、商鞅の県に秦漢的な郡県制を求められた[16]。西嶋氏の秦漢的郡県とは、伝統的な族的秩序がすでに解体された状態であるとし、その具体的事例をまた、始皇帝による徙民をともなう初県の設置にも求められた。

秦漢時代の初県・初郡について、これが必ずしも伝統的な族的秩序の解体を意図するものでなかった点は、別に指摘したことがある[17]。このため商鞅の県についても、この点を検討しておく必要がある。

もちろん商鞅の県制施行に際して、徙民が行われたことを示す史料は伝えられていない。西嶋氏が、この商鞅の県に、なぜ他の聚落からの大規模な徙民を想定されたか(分)異の法によるとされるが、「三十一県」あるいは「四十一県」におよぶ徙民を実施するとなると、秦国全土にわたり、大量の骨肉の分離が強制的に行われなければならない。如何に時代を異にするとしても想定できない）であるが、実はこの背景の一つに、[18]増淵龍夫氏による、春秋の県においても県設置に際して住民の強制的な移動が行われていた[19]との指摘がある。増淵氏は、

陽樊不服、囲之、蒼葛呼曰、徳以柔中国、刑以威四夷、宜、吾不敢服也、此誰非王之親姻、其俘之也、乃出其民。
（春秋左氏伝僖公二五年）

と晋の文公が陽樊を伐った際、陽樊の住民はこれに強く抵抗した。このため文公は、ついに陽樊の住民を「出」す、すなわち強制的に住民全部を他所に移させた。この方式は、小国を「滅」ぼした場合、そこの住民を「遷」させる事例に共通するものである（たとえば「斉侯滅萊、（略）遷萊于郳」春秋左氏伝襄公六年）。小国を滅ぼしてそこを統治する場合、住民の氏族的秩序をそのままにしておくと、住民の抵抗力が温存され統治の障害となる。このため住民が強制的に他に遷されることになるわけで、国が滅ぼされ住民が移された場合、その邑の秩序、内部構成は相当の変化をうけたと考えなければならないと説かれた。

この増淵氏の指摘によれば、住民が移された占領地には耕地はもとより家屋をも残されている可能性があり、廃墟のまま放置されることもなかったであろうから、この地に徙民策が講じられたことも想定されうる。しかしこれが占領地支配の唯一の形態ではなかった。増淵氏は、先の陽樊の記事につづく原県設置の際の事情について、

冬、晋侯囲原、命三日之糧、原下降、命去之、諜出、曰原将降矣、軍吏曰、請待之、分曰、信国之宝也、民之所庇也、得原失信、何以庇之、所亡滋多、退一舎、而原降、遷原伯貫于翼、趙衰為原大夫。（同上）

により、晋の文公は、原の討伐において部下との約を守った。これは晋において民の信を失うことを恐れたからである。このため原も文公の信に帰服することとなり、原邑の長である原伯貫のみが強制的に翼に遷されたとのことを指摘されている。

原県の場合、住民は文公に信服したのであるから、晋は原伯（あるいは彊族までを含むか）のみを切るに止め、住民

すべてを徙させることはなかった。この結果、原の住民の族的秩序は、先の陽樊の場合に比べると、ほとんど温存されていたと理解しなければならない。

そこで、この陽樊の邑と原との二つの滅国の事例は、滅国後の旧来の住民に対する対策として、

⑴邑の住民全部を遷させる。

⑵邑の支配氏族のみを遷させる。

の二種の形態があったことを教えてくれる。そしてこの滅国の事例はまた、この二種の占領地住民に対する対応の差異が、それぞれの邑の服属の過程に起因するものであったことをも教えてくれている。

春秋左氏伝昭公一五年に、晋の荀呉が鮮虞に進攻し鼓邑を包囲した際にも、鼓の人々が降らんとしたが、安易に降るを許すと鼓をえた後の鼓の人々の忠誠心や勤勉さが揺らぐと考え、食尽き対抗の手段がなくなるまで降るを許さなかったと伝えられている。これも邑の征服に際して、邑獲得後の治安対策が考慮に入れていたことを物語る。

陽樊の邑のように最後まで住民が抵抗した場合は、将来の治安を慮って住民全部を遷すとの強行手段がとられたが、原の場合は、討伐の途中で降服帰順したため、陽樊の邑の場合のような強行手段に訴える必要はなかったわけである。また鼓邑の場合は、占領地支配において旧住民の徙遷がすべてでなかった、むしろ異例であったことを教えてくれる。

このため春秋の滅国徙民策が、住民の族的秩序を破壊し、自律的機能を喪失させ、初県設置を予定するものであったかどうかについても、これは滅した国の住民に対する治安対策に起因し、通常の初県設置の事例には繋がらない。この点は、左伝や史記に散見する「出民」（この場合、「民」が邑の全住民をさしているかも問題である）の事例が、必ずしも初県設置と結びついていないことからも窺える。

なお史記秦本紀には、

（昭襄王）二十一年、錯攻魏河内、魏献安邑、秦出其人、募徙河東、賜爵、赦罪人遷之。

と、魏の安邑の場合、これが秦の支配下に繰り入れられるに際して、「出其人」と新住民の徙遷とが行われている。しかしこの安邑、いわゆる河東の地は、秦の圧力をうけ前三六一年に大梁に遷都するまでは魏の国都がおかれていた。そして魏の国都が大梁に遷都した後も、河東の地は秦・魏両国間で抗争の渦中にあった。

このため昭襄王二一年、この地が秦に献ぜられるに際して、安邑の住民は、「出人」の対象とならざるをえなかった。安邑における「出人」策は、秦の昭襄王と時代は戦国末であるが、ここにおいても住民の強制移住は、異例に属し、一に安邑の治安対策に帰せられるものである。

ただ安邑の場合、「出人」と同時に募民や赦罪人が送り込まれ、翌昭襄王二二年には、「河東為九県」と県制が施行されている。この点は西嶋定生氏も注目されているように、徙民と初県設置とが関連づけられることになる。

しかし史記秦本紀にはまた、昭襄王時に集中して、この昭襄王二一年の事跡の他に「赦罪人遷之」の事例が三例伝えられている（昭襄王二六年に穣、同二七年に南陽、同二八年に鄢・鄧へと）。そしてこの三例は、いずれも「出民」の行為が伝えられていない。赦罪人の徙民も一般募民の徙民も、その目的は同一であったはずで、上からの新秩序形成のための手段と理解できなくもないが、この三例においては、ともに郡県設置が伴ってはいなかった（ただ南陽は八年後になって郡がおかれる）。

また秦は、昭襄王二九年に郢、同三〇年には巫・江南を楚より獲得し、これを南郡・黔中郡としているが、この場合は逆に徙民行為が伝えられない（江南はこれを郡とした翌年、楚に返還している）。

このことは、昭襄王二一年の河東九郡の場合もふくめ、戦国時代においても徙民と郡県化とが必ずしも意図的に関連づけられるものではなかったことを示唆している。「出民」は、春秋中期以降列国抗争が激しくなってくるなかで、治安上やむをえない処置として強行されているが、空地となった新獲地に対する募民による新邑の造成が、いかに困難を伴ったかは、戦国時代の徙民が赦罪人を中心に行われていたことからも窺える。そしてかかる徙民は、天下統一後も七科謫として引き継がれ、ついには貧民流民対策にまで変容して行くこととなる。

以上、春秋戦国時の県が、必ずしも住民の族的結合を破壊することを前提としたものでなかったとの点を指摘した。このことは、当然商鞅の県制にもあてはまる。同時に商鞅の県は、地方の小聚落にいたるまで県の統轄下に編入し支配の貫徹をはかったが、この際、県の規模、編成は、什伍制の採用などをも勘案して[20]も、戸（口）数が基準とされていたと思われる。そしてこのような県の編成は、また秦漢時の県の編成とも一致する。

このように商鞅の県制を理解した場合、当然阡陌制の問題についてもふれなければならない。この阡陌制は、本章のはじめに掲げた商鞅県制を伝える史記の三種の記事のうち、いずれにもこれが併記されている。

そこで以下阡陌制についてであるが、この研究を専論するとなると稿を改めねばならない。このため、いま商鞅の県制との係わりにおいて阡陌制がこれまでどのように理解されてきたかについてのみふれると、
(1)阡陌は県の下部機構である亭の一定面積による所轄区域を千畝百畝の単位により確定するための土地整理。（守屋美都雄説[21]）
(2)咸陽以東の県設置が予定されている新邑周辺の未墾地に耕地を造成し、千畝百畝にこれを整然と区画。（西嶋定生説[22]）
の二説が代表的見解である。この二説のうち(2)は、初県は人為的な新邑・耕地の造成、徙民を伴うとの前提にたっての見解である。しかしこの点は、これまで述べてきたように春秋戦国から漢代にかけての郡県が、必ずしもかかる準備作業を必要とするものでなかったことより疑問が残る。

これに対し(1)説は、商鞅の県制には亭の存在が確認できないため、この見解も想定の域を出ない。また阡陌が、千畝百畝を意味するものであったかどうかについても必ずしも定かではない。

ただこれらの問題点は問題点として、この二説については、(1)説の方がより妥当性をもつと考える。阡陌制は、土

地を一定の基準によって新たに区画整理したとの理解が多く支持されてきているが、この場合、これを国家権力による人為的な耕地の再編成とする理解がある。⑵説はこれに属す[23]。これに対し⑴説は、阡陌制がこれまでの土地丈尺の不統一をなくすためのもので、土地制度上新奇なものではないとの理解にたっている。

⑴説はまた、未墾地の開発を阡陌制と結びつけている。これは県制が、全国土に施行され、秦の支配が国土の末端にまでおよんだ結果、未墾地も公有化され開発が進むとのことで、必ずしも阡陌制が未墾地の開発を第一義としていたわけではなかった。

このような阡陌制に対する理解の相違は、国家権力に対する理解、地域社会の実態に対する理解とも関わりをもつ。しかしこの点においても、商鞅の県制からは、阡陌制を通じて地域の社会構成に一大改造が試みられたとの必然性を導き出すことはできない。⑴説により妥当性を認める所以である。

ここで阡陌制について結論のみを述べれば、これは財政確立のために、既耕地を中心に土地台帳の作成をめざす、新畝制にもとづく検地であったと理解している。「阡陌」は、単なる「封疆」とも並称される存在である。阡陌の字義に関係すると思われる千・百も、検地、測量の際に生かされたとしても、地割り、耕地の再編成にまで直結するものではなかった。

## おわりに

以上をまとめれば、

⑴春秋の県には、これまで県の采邑化、官僚制の未整備等その限界が指摘されてきたが、かかる側面は、秦漢的郡県においてもいまだその残滓が窺える。

(2)春秋の県は、旧支配氏族の勢力を排し、君主の支配下にその地を強く繋げんとしていたもので、この新たな政治姿勢は、郡県制形成過程において評価されるべきものである。

(3)春秋の県には、軍事的機能が強く窺える。これは春秋の県がまま辺防等軍事的使命を帯びるものであったがために、県がより集権化への方向性を強めるものであったことを窺わせる。

(4)春秋の県には、地域の長老的存在を支配機構のなかに綿り入れる試みがみられる。これは一般住民に対して、既存の秩序を上から強制的に破壊するのではなく、地域社会の秩序を利用し支配の円滑な浸透を考慮していたことを示唆し、三老・父老を利用した秦漢的郡県にも通じる。

(5)商鞅の県は、万戸の大県で、県（阡陌制）の施行地域は、他の商鞅諸変法と同様全国土にわたる。県（阡陌制）の施行を一部の地域に限定する見解は、他の諸変法と矛盾する。

(6)全国にわたり実施された商鞅の県制ではあるが、賜爵に伴う食邑の存在は許容された。

(7)商鞅の県には、民治的機構が推測されるが、県以下の行政組織等具体的内容は不明である。

(8)商鞅の県は、春秋の県に倣うところが少なくないが、これが全国に施行されたとの点で画期的な改革といえる。当然君主権に対する理解にも関わる。

(9)春秋戦国時を通じ、旧来の住民の強制的移住、新獲地への徙民等、人為的な新邑造成は、治案対策（軍事上の要請）として採用されたもので、県制施行等を意図する新秩序づけとは必ずしも直結するものではない。

(10)阡陌制は、県制が戸口を掌握したのに対し、既耕地を中心とした新畝制にもとづく検地による土地台帳の作成をめざし、財政の確立をはからんとしていた。等のこととなる。

注

（1）栗原朋信『秦漢史の研究』吉川弘文館、一九五六、頁一一。
（2）顧頡剛「春秋的県」『禹貢』七—六・七合刊、一九三七。
（3）増淵龍夫「先秦時代の封建と郡県」『経済学研究』二、一九五八。『中国古代の社会と国家』弘文堂、一九六〇。
（4）宮崎市定「東洋的古代」『東洋学報』四八—二・三、一九六五、『宮崎市定全集』三、岩波書店、一九九一、等。
（5）楊寛『商鞅変法』上海人民出版社、一九五五。
（6）守屋美都雄「開阡陌の一解釈」『中国古代の社会と国家』東京大学出版会、一九五七、『中国古代の家族と国家』東洋史研究会、一九六八、等。
（7）注（6）。陳啓天『商鞅評伝』商務印書館、一九三五、も商鞅の県により県の全国的施行が始まるとする。
（8）西嶋定生「郡県制の形成と二十等爵制」『中国古代帝国の形成と構造』第五章第三節、東京大学出版会、一九六一。
（9）米田賢次郎「二四〇歩一畝制の成立について—商鞅変法の一側面—」『東洋史研究』二六—四、一九六八。『中国古代農業技術史研究』同朋舎、一九八九。
（10）拙稿「漢代における県大率方百里について」『鈴木俊先生古稀記念東洋史論叢』山川出版社、一九七五。本書所収。
（11）佐藤武敏「商鞅の県制に関する覚書」『中国史研究』六、一九七一。
（12）注（3）。
（13）拙稿「湖北雲夢睡虎地秦墓管見」『中央大学文学部紀要』史学科二六、一九八一。
（14）拙稿「中国古代における聚落形態について」『中央大学文学部紀要』史学科一六、一九七一。本書所収。
（15）注（6）。
（16）注（6）。
（17）拙稿「漢代西北部における新秩序形成過程について」『中央大学文学部紀要』史学科一一、一九六六。本書所収。
（18）注（8）頁五一七。
（19）注（3）。
（20）拙稿「中国古代の伍制について」『中央大学文学部紀要』史学科一九、一九七四。本書所収。

（21）注（6）。

（22）注（8）。

（23）楠山修作「阡陌の研究」『東方学』三八、一九六九、『中国古代史論集』著者刊、一九七六。一里百家による里の造成を考られる。

# 第三章　中国古代の伍制



## はじめに

**商鞅以前の伍制**　（什）伍連坐の制[1]は、多く商鞅変法中の什伍制に起源するといわれる。しかし伍制はこれよりも古く、殷周においては確認できない[2]ものの、すでに春秋時代には試みられていた。

春秋公羊伝僖公一九（前六四一）年にみえる、

梁亡、此未有伐者、其言梁亡何、自亡也、其自亡奈何、魚爛而亡也。

と、梁が自滅するにいたった経緯について、後漢の何休は、同伝の注で、

梁君隆刑峻法、一家犯罪、四家坐之、一国之中無不被刑者、百姓一旦相率倶去。

との事情を伝えている。この事情はまた、董仲舒の春秋繁露王道篇にも、

梁内役（一作取）民無已、其民不能堪、使民比地為伍、一家亡五家殺刑、其民曰亡者封、後者刑。

と、ほぼ同様にみえている。そしてこの梁の峻法は、春秋左氏伝僖公一九年の、

初梁伯好土功、亟城而弗処、民罷而弗堪。

あるいは、史記十二諸侯年表穆公一九年の、

梁好城、不居、民罷相驚。

等からして、過重な土木工事を遂行するための手段としてとられたもので、いわゆる平常時の制とはいい難いが、ここにも五家を単位とする連坐の制がみえ、伍制の範疇に入る。

もちろんこの梁の伍制は、後人の伝文にかかる。しかし春秋左氏伝桓公五（前七〇六）年には、鄭にあってすでに、

先偏後伍、伍承弥縫。

と、兵制においてではあるが、梁の伍制に先立ち、伍をもって単位とする制がみえている。伍制が兵制との関連をもつものであったことは後述するが、梁の伍制についての伝文も、それほど唐突なことでないかも知れない。

また鄭の子産と時代は少し降るが、春秋左氏伝襄公三〇（前五四二）年にも、

子産使都鄙有章、上下有服、田有封洫、廬井有伍、（略）従政一年、輿人誦之曰、取我衣冠而胥褚之、取我田疇而伍之、孰殺子産、吾其与之、及三年、又誦之曰、（略）我有田疇、子産殖之。

と、伍制がみえている。この子産の改革は、施行当初、人民の強い反感をかったが、この改革のうち、人々はとくに、奢侈の禁止とならんで、伍制の実施を槍玉にあげている。

この伍制について晋の杜預は、「使五家相保」と注しているが、これほど人民の不評をかった伍制こそは、廬井すなわち聚居の民にたいする伍家連坐の制ではなかったかと考える。そしてこの伍制はまた、田疇増殖とも関連をもつもので[3]、施行三年後には人民の支持をえ、一応恒久的な制度として成功をみたようである―この改革の定着過程は商鞅の改革に似る―。

ついで、戦国時代に降ると、史記秦始皇本紀に、秦の献公一〇（前三七五）年のこととして、

為戸籍、相伍。

と、伍制がみえている。この伍制についても、その運用等定かではないが、すでに春秋時代において伍制の存在が想

定されることから、これもまた五家を単位としており、伍制の範疇に入ると考える。そしてこの献公の伍制は、戸籍との関わりが伝えられているが、この点については後述する。

**商鞅の什伍制とそれ以降の伍制の変遷**　秦の献公一〇年を降ることわずかに一六年、同じ秦において、孝公三（前三五九）年、有名な商鞅の什伍制が施行されている。商鞅の什伍制も、かかる春秋以来の伍制とまったく関係なく施行されたとは考え難い。

商鞅の什伍制は、

(1)その編成が従前の「伍」制でなく「什伍」の制であったこと。

(2)什伍制を含む商鞅の諸改革が、秦による統一帝国成立への礎石となり、その諸改革とともにこの什伍制も後世に大きな影響を与えたこと。

等においても伍制史上注目される存在である。

このうち、(1)什伍の編成については後述するとして、(2)について略述すれば、この什伍制を含む商鞅の第一次変法は、

卒用鞅法、百姓苦之、居三年、百姓便之。（史記秦本紀）

あるいは、

行之十[七]年、秦民大説。（史記商君列伝）

と、変法実施当初は反対も多かったが、施行後三年にしてほぼ定着し、七年後には、人民の支持を受け、孝公一三（前三五〇）年の第二次変法への足がかりをつかむこととなる。

そしてこの什伍制は、以降、あるいは漢南朝間の伍制、あるいは北魏の鄰長制、北斉の比鄰制、隋の保長制、唐の鄰保制、宋明清の保甲制として持続され、民国に入っても保甲運動の名のもとにとりあげられている。

もちろん本章にあっては、これら伍制の変遷のうち、先秦から南朝までの諸事情についてふれんとするものである。しかしそれでもこの伍制の編成、機能については、十家あるいは五家を単位としていたとされ、その実態についてもなお問題が残されている。

**伍制の起源と兵制**　伍制は、かかる連坐制、地方政制に関わるもののほかに、兵制においても、また伍がみえている。連坐制、地方政制にかかわる伍制―本章では、とくに断わらない限り伍制とはこの場合を指す―は、この兵制の伍に起源するといわれてきた。

このことは什あるいは伍が、地縁聚居の間から生まれてきたと思われる鄰里・比閭等と性格を異にし、いわゆる特定の数値と深い繫がりをもっていたことを窺わせる。事実、周の兵制とされる、

五人為伍、五伍為両。（周礼小司徒）

の真偽には問題があるとしても、すでに述べたように春秋梁の伍制に先立ち、すでに鄭においても兵制上の伍が存在しており、什制についても、商鞅の改革をまつまでもなく、春秋左氏伝襄公一三（前五六〇）年には、兵制において、

新軍無師、晋侯難其人、使其什吏率其卒乗官屬。

と、什の存在が窺える。[4]そして商鞅の什伍制自体も、後述するようにまたその編成、賞罰等において、兵制との一致を建前としていた。

同時に、この前七〇七年・前五四二年の鄭や、前六四一年の梁にみえる伍制の伝文は、この時期が、ちょうど春秋左氏伝僖公一五（前六四五）年の、

晋於是乎作州兵。

以降の、春秋諸国における兵制改革の時期とほぼ一致している。晋の州兵については、これが即民（農民）への兵役拡大に繫がるかどうか異論もあるが、[5]この前七、六世紀に、民への兵役拡大が試みられつつあったことは事実である。

春秋時代における伍制の実施が、これら新たな民への兵役拡大の動きと関連するものではなかったかとの推測を生む。兵役の全人民への拡大は、より一元的な支配機構の整備を必要としたはずである。そしてこれはまた当然、いわゆる旧い族的秩序の破壊、戸を単位とする郡県制的領域支配、漢以降の郷里制への方向とも結びつく。

もちろん兵制上の組織を取り入れたにしても、一定数、すなわち戸数によって地方政制を秩序だてることに意味があり、兵制と地方行政制度とがまったく一致する必要はない。国語斉語にみえる、

（管子）作内政而寄軍令焉、（略）五家為軌、故五人為伍、軌長帥之、十軌為里、故五十人為小戎、里有司帥之、（略）春以蒐振旅、秋以獮治兵、是故卒伍整於里、（略）伍之人祭祀同福、死喪同恤、禍災共之、人与人相疇、家与家相疇、世同居、少同遊、故夜戦声相聞、足以不乖、昼戦目相見、足以相識、其歓欣足以相死、居同楽、行同和、死同哀。

では（ほぼ同文が管子小匡篇にもみえる）、五家の軌が五人の兵士集団と一致しているが、これも兵農一致を建前とする当時の地方行政制度に対する考え方を反映している。

兵制と地方行政制度との関係は、周礼小司徒にあってもまた、

乃会万民之卒伍而用之、五人為伍、五伍為両、四両為卒、五卒為旅、五旅為師、五師為軍、以起軍旅、以作田役。

と、兵制と「比・閭・族・党・州・郷」（周礼大司徒）、「鄰・里・酇・鄙・県・遂」（周礼遂人）の地方行政制度とが、五家＝比鄰と五人＝伍とで、

凡起徒毋過家一人。（周礼小司徒）

のように、一家一兵士の割で一致するとされている。

しかし漢書刑法志には、同じ周の兵制として、

地方一里為井、井十為通、通十為成、成方十里、成十為終、終十為同、同方百里、同十為封、封十為畿、畿方千

里、（略）故四井為邑、四邑為丘、丘十六井、（略）四丘為甸、甸六十四井也、有戎馬四匹、兵車一乗、牛十二頭、甲士三人、卒七十二人、干戈備具、是謂乗馬之法。

とみえ、韓詩外伝四によれば、

古者八家而井田、方里而為井、広三百歩、長三百歩、（略）八家為鄰、家得百畝、（略）八家相保、出入更守、疾病相憂、患難相救、有無相貸、飲食相召、嫁娶相謀、漁猟分得、仁恩施行。

とあって、この井は、国語の同福同恤の関係にある五家同様、相憂相救の関係にある鄰八家をもって構成され、卒や甲士は、約七家一人の割となっており、必ずしも一家一兵士の原則にこだわってはいない。

このことは兵役が、その時々の事情に応じて、必ずしも一家一人の原則に縛られるのではなく、必要数の壮丁を徴兵すればよいわけで、家（戸）を基礎とするところの地方行政制度の組織とは、その一致にも自から限界があったわけである。

**伍の転化**　本章の対象外であるが、伍にはまた、史記淮陰侯列伝の、

生乃与噲等伍。

との「伍」や、史記外戚世家の、

心置我籍趙之伍中、宦者忘之、誤置其籍代伍中。

との「伍中」、漢書司馬遷伝の、

独与法吏為伍。

との「伍」、等々の場合のように、単なる組、グループの字義もみえる。これは伍が、まま組織の初級単位となることからくる字義の転化で、数値としての五の字義を越えた用法である。

# 一　伍と連坐制

**商鞅の什伍制**　伍制は商鞅の什伍制において定着し、歴代その施行をみることとなったが、この永い生命をもちえた伍制の効用は何であろうか。まず商鞅の什伍制についてこれを考えてみると、商鞅の什伍制は、

(1)令民為什伍、而相牧司連坐、不告姦者腰斬、告姦者与斬敵首同賞、匿姦者与降敵同罰。（史記商君列伝）

(2)設告〔相〕坐而責其実、連什伍而同其罪。（韓非子定法）

とあり、告姦にたいする賞賜と、匿姦にたいする連坐とが内容となっている。告姦連坐の制は、韓非子制分篇にも、

然則〔微姦之法〕奈何、其務令之相規其情者也、〔然〕則使相関奈何、曰蓋里相坐而已、禁尚有連於己者、理不得相闚、惟恐不得免、有姦心者不令得〔志〕、闚者多也、如此、則慎己而闚彼、発姦之密、告過者免罪受賞、失姦者必誅連刑、如此、則姦類発矣、姦不容細、私告任坐使然也。(6)

とみえ、ここでは告姦の強化のために、連坐の範囲が什伍を越え里の住民全員にまで拡大し、告姦も私告（密告）の形式がとられている。

連坐制は、元来地縁関係に着目したもので、連坐制の強化を図るとなれば、かかる一村全体への連坐の拡大も、当然考えられることになる。しかし連坐の範囲については、これに一定の限界を設けている商鞅の什伍制の方が、より現実性をもっていた。

同時に、伍制が私告によって維持されんとしている点について、伍制の罰則は、同伍全員にその罪がおよんでいる。捕告者への賞賜について、墨子号令篇は、

城下里中、家人皆相葆、若城上之数、有能捕告之者、封之千家之邑、若非其左右及他伍捕告者、封之二千家之邑。

と、里中の私告者個人に帰することとなっている。商鞅の什伍制をはじめ、漢南朝間の伍制でも、これに伍長等の責任者の恒常的存在がみえず、告姦は、多くこの私告の形式がとられたと考える。

**漢・三国の伍制**　それでは、この商鞅の什伍制につづく漢代の伍制にあって、その役割はいかがであろうか。続漢書百官志には、

里魁掌一里、什主十家、伍主五家、以相検察、民有善事悪事、以告監官。

とあり、什伍は、善事、悪事を監督官に報告することになっている。善事を報告する点は、商鞅の制にはみえない。漢代における伍制の変化を窺わせるが、ここではまた商鞅の什伍にみえる連坐の規定がない。

そこでまず連坐規定について考えてみると、続漢書百官志は、連坐の規定にふれていないが、什伍が「告悪事」の任にあたることになっており、実効性をもたせるためには、当然連坐は欠かすことのできないものである。蕭何によって連坐制が廃止されてはいるが（本書「漢代の里と自然村」参照）、塩鉄論周秦篇には、文学の言として、

今以子誅父、以弟誅兄、親戚［相］坐、什伍相連、若引根本之及華葉、傷小指之累四体也、如此、則以有罪及誅無罪、無者寡矣、（略）自首匿相坐之法立、骨肉之恩廃、而刑罪多［矣］、父母之於子、雖有罪猶匿之、［其］不欲服罪爾、［聞］子為父隠、父為子隠、未聞父子之相坐也、聞兄弟緩追以免賊、未聞兄弟之相坐也、聞悪悪止其人、疾始而誅首悪、未聞什伍之相坐、（略）君君臣臣、父父子子、比他何伍、而執政何責也。(7)

と、族刑、縁坐制とならび什伍連坐のことがみえ、漢代においても伍制は告姦連坐の制として機能していたことになる。

漢代の告姦の制については、前漢文帝時の博士韓嬰の韓詩外伝四でも、

今或不然、今民相伍、有罪相伺、有利相挙、使構造怨仇、而民相残傷。

と、伍制の機能としてみえており、淮南子泰族訓にも、

商鞅為秦、立相坐之法、而百姓怨矣、（略）使民居処相伺、有罪相覚、於以挙姦、非不掇也、然而傷利睦之心、而構仇讎之怨。

と、居民相伺がみえている。

以上は前漢時の事例であるが、この伍制は、王莽時においても、「伍人相伍」と、伍制と連坐制との結びつきが窺われる（漢書王莽伝）。ただ王莽時の伍制については漢制と異なる点があるため後述するとして、後漢にあっても、後漢書光武帝紀建武七年の条に、

今還復民伍。

とあり、後漢書仲長統伝にも、

明版籍以相数閲、審什伍以相連持。

とみえている。そして三国時代に入っても、この伍制は、三国志魏書鄭渾伝に、

〔京兆令〕渾以百姓新集、後制移民之法、使兼複者与単軽者相伍、温信者与孤老為比、勤稼穡明禁令、以発奸者。

とみえ、告姦の制として維持されていた。

それではこの告姦連坐制に対し、続漢書百官志に伝えられる什伍の「告善事」とは何を意味するのであろうか。これについては明文をかくのであるが、後述するように管子君臣篇によれば、什伍はまた、官吏の挙選にもかかわるとのことで、あるいはこの「告善事」も、単なる、

三老掌教化、凡有孝子順孫、貞女義婦財、譲財救患、及学士為民法式者、皆扁表其門、以興善行。（続漢書百官志）

との善事への褒賞ではなく、官吏挙選、郷評との繋がりをもっていたかも知れない。

**王莽の伍制**　王莽の伍制は、結論からいえばこれも告姦連坐の制である。しかしこの王莽の伍制には、漢制と異なる側面がある。そこで以下この点についてふれることとする。

王莽の伍制は、漢書王莽伝中始建国二年の条には、

⑴盗鋳者不可禁、廼重其法、一家鋳銭、五家坐之、没入為奴碑。

と、盗鋳者に対し、従来より刑を重くしたことがみえている。ではこの伍制、どの点が従来と異なり「重其法」となっているのであろうか。この盗鋳をめぐる王莽の伍制は、また、

⑵又坐鄰伍鋳銭挾銅。（漢書王莽伝下天鳳四年）

⑶敢盗鋳銭及偏行布貨、伍人知不発挙、皆没入為官奴婢。（漢書王莽伝下地皇元年、顔師古曰「伍人同伍之人、若今伍保者也」）

⑷民犯鋳銭、伍人相坐、没入為官奴婢、其男子檻車、児女子歩、以鉄鎖琅当其頸、伝詣鍾官、以十万数、到者易其夫婦。（漢書王莽伝下地皇二年）

⑸民坐挾銅炭、没入鍾官、徒隷殷積数十万人。（後漢書隗囂伝）

とも伝えられている。そして⑶によれば、この連坐は、これまでと同様匿姦の場合に限られている。

連坐の範囲について⑸では、ただ「民」とのみあって連坐の範囲が省かれているが、⑴では「五家坐之」と五家組であり、⑵では「鄰伍」とあって、近隣の五家によって編成されていた。

⑴で「重其法」とされる点からいえば、連坐の範囲は、後述するが前漢時代と同様五家をもって編成の単位としていて、商鞅の什伍制に比べれば、軽減されていたことになる。また罪刑についても王莽の場合は、官奴碑となすとのことで、いわゆる生命刑や身体刑ではなく、これも商鞅の制に比べて厳罪というほどでもない。

このため「廼重其法」で残るところは、⑷にみえるように、連坐が伍中の各家の戸長に限られることなく、罪を犯した家以外の家族、「児女子」にまでおよび、官に没入されているとの点になる。

従来の伍制では、犯罪者を出した家は、墨子号令篇の、

若欲以城為外謀者、父子妻子同産皆断、左右知不捕告、皆与同罪。

とのように、左右、すなわち近鄰者の連坐と同時に、当然族刑の適用を受けたが、伍中の他の家に対する連坐は、管子立政篇等からも推測されるように、戸長に限られていた(8)。

この連坐と族刑との関係は、漢書刑法志に、

陵夷至於戦国、韓任申子、秦用商鞅、連相坐之法、造参夷之誅。

とあり、相坐の法は、什伍連坐制のことであり、参夷は、顔師古によれば「夷三族」のことである。三族については、父族・母族・妻族、あるいは父母・兄弟・妻子等の解釈があるが、いずれにしてもこの夷三族は、族刑、縁坐のことであり、商鞅にあっても、同遊同恤の地縁による連坐と、親々の情を利用する縁坐とは区別されていた。そして連坐と縁坐の併用は、李悝法経(9)にも、

［雑律略城禁］越城一人則誅、自十人以上夷其郷及族。

とみえている。李悝の法は、晋書刑法志によれば「［秦漢旧律］其文起自魏文侯師李悝、（略）商君受之以相秦」と、商鞅の改革に大きく影響を与えたものであり、連坐、縁坐はいわゆる商鞅に起源するものではなかったか。そしてこの連坐、縁坐の起源は、小倉芳彦氏によれば、戦国君主の支配強化のための官僚統御の術が密接にからむとのことである(10)。

とすると王莽の伍制にあって、同伍中の各家族の「児女子」にまで刑が拡大されていることは、伍制連坐と族刑縁坐とが組みあわされた、まさに「重其法」の厳刑となる。しかしこの厳刑は、王莽時の特異な社会情勢にもとづくもので、後漢代に入るや、建武七（前三一）年には、はやくもこの王莽の伍制は、「今還復民伍」（後漢書光武帝紀）と、前漢の制に復されている。

**晋南朝の伍制**　ついで晋南朝の伍制の役割であるが、これについて晋書王羲之伝には、

自軍興以来、征役及充運、死亡叛散、不反者衆、(略)又有常制、輒令其家及同伍課捕、課捕不擒、家及同伍、尋復亡叛、百姓流亡、戸口日減、其源在此。

とあり、ここにみえる晋の伍制は、同伍中に役を逃げる者があれば、家人ならびに同伍の人々は、それを捕える義務があり、捕えることができなければ家人と同伍とが罪に問われたようである。そして晋代においては、これが「常制」であった。

このような亡叛者に対する連坐の発動は、また劉宋代にも、宋書沈攸之伝に、

為政刻暴、(略)将吏一人亡叛、同籍符伍、充代者十余人。

とあり、宋書羊玄保伝にも、

[太守劉式之]立吏民亡叛制、一人不禽、符伍里吏送州作部、若獲者賞位二階、玄保以為非宜、(略)此制施一邦而已、(略)由此此制得停。

とあるが、亡叛者に対する連坐刑の強化は、刻暴の政、あるいは一邦のみの制とされ、劉宋代に常制とされることはなかった。

劉宋代の伍制においては、葬法を守らなかった者に対する同伍者からの糾言(宋書何承天伝)。劫掠繁多のなかで一人罰せられ、その家族や匿姦のためか同伍者数十人が連坐(宋書謝荘伝)。風俗峻別のなかで比伍への連坐(宋書謝方明伝)等[11]、いわゆる告姦連坐の事例が多くみえ、劉宋の伍制もまた、告姦連坐の制であったことが知られる。

このため晋代における伍制の連坐制の強化、拡大も、あるいは役の亡叛者に限られることかも知れない。そして晋南朝の伍制は、引きつづき運用の中心を告姦連坐においていた。ただ一時的にしても伍制の強化が図られている背景には、魏晋以来の政情不安や地域社会の混乱が考えられ、常制となることはなかったにしても、晋南朝を通じ、伍制の強化は、まま試みられたことかも知れない。

南史郭祖深伝によれば、南朝梁にあってもまた、

又梁興以来、発人征役、（略）多有物故、輙刺叛亡、（略）録質家丁、合家又叛、則取同籍、同籍又叛、則取比伍、比伍又叛、則望村而取、一人有犯、則合村皆空。

とあり、征役にたいする共同責任として、責任の追求、すなわち連坐が、家→同籍→同伍→村へと拡がりをみせている。

## 二　伍と地方政制

伍制連坐の変遷をみてきたが、連坐制は、告姦を主目的としていた。通典でも、商鞅の什伍制については、これを「刑制」の条に所載している。同じ什伍制でも、通典は、後漢と劉宋の什伍制とについては、これを「職官郷官」の条にあげている。

伍制の規定は、商鞅の什伍制と後漢（後漢書百官志）、劉宋（宋書百官志）についてしか伝えられていないが、商鞅を降ると、伍の運用には、連坐制と異なる新たな役割が生じている。

漢書尹賞伝によれば、

乃部戸曹掾史与郷吏亭長里正父老伍人、雑挙長安中軽薄少年悪子。

とあり、伍人が、県の戸曹や郷吏・亭長・里正等、地方役人とともに、市中の無頼の徒の取締りにあたっており、恰も伍が、地方行政制度の下部機関としての性格を帯びていたかの観がある。このような連坐制と範疇を異にする伍の役割については、管子の諸篇が比較的多くの事例を伝えてくれている。

**管子諸篇の什伍**　以下管子諸篇にみえる伍、什伍の記事をあげれば、

(1)下什伍以徵、近其罪状〔巽升〕、以固其意。（君臣下）
(2)水官亦以甲士当被兵之数、与三老里有司伍長行里、因父母案行、閲具備水之器。（度地）
(3)常令水官吏与都匠、因三老里有司伍長、案行之、〔籠臿、板築、雨輂、食器、雨具〕常以朔日始出具閲之。（度地）
(4)令五官之吏与三老里有司伍長、行里順之。（度地）
(5)三老里有司伍長者、所以為率也。（度地）
(6)常以冬日、順三老里有司伍長、以冬賞罰。（度地）
(7)歳有四秋、而分有四時、故曰〔大春〕農事且作、請以什伍農夫、賦耜鉄、此之謂春之秋。（軽重乙）[12]
(8)夫善牧民者、非以城郭也、輔之以什、司之以伍、伍無非其人、人〔什〕[13]無非其里、里無非其家、故奔亡者無所匿、遷徙者無所容。（禁蔵）

等がみえている。このうち(1)は郭沫若氏によれば、「罪状」が「巽升」となるべきであるとのこと[14]であるから、ここでは什伍は、人材登用、官吏の推薦にかかわっており、(2)〜(6)は、伍長が三老や里吏とともに、徴兵適令者の調査や治水工事のための点検、賞罰への立合い等、里中の公的な仕事にたずさわっている。

(7)は、什伍に編成された農夫に対し、什伍の単位毎にスキ用の鉄を給し、秋熟の時、その価を償わしめたとのことである。耜鉄の支給が什伍を単位としていたことになる。耜は手耕具である。淮南子主術訓の「一人蹠耒而耕、不過十畝」では、耜と構造上の相違があるが、耒も手耕具であり、耒を用いての一日の耕作能力は一人で一〇畝である。同じ手耕具でも、趙過の人輓犂になると、「率多人者田日三十畮・少者十三畮」（漢書食貨志）と、一日三〇畝となっている。(7)の耜の場合、耒と同様に耜の耕作能力を一〇畝程度と低い段階のものと見なせば、耜は、什伍に一耜でなく一家に一耜が必要となる。

しかし管子乗馬篇には、「丈夫二犂、童五尺一犂」とあり、二犂は耒に轅、一犂は耜に轅がついたもので、牛耕[15]で

ある。牛耕の発達は、戦国時代から顕著となるが、この牛耕だと、崔寔政論（斉民要術耕田）に、

武帝以趙過為捜粟都尉、教民耕殖、其法三犂共一牛、一人将之、下種挽耬皆取備焉、日種一頃、今三輔、猶頼其利、今遼東耕犂、轅長四尺、廻転相妨、既用両牛、両人牽之、一人下種、二人挽耬、凡用両牛、六人一日、纔種二十五畝、其懸絶如此。

とあり、三犂だと一日一〇〇畝、遼東の耕犂だと一日二五畝である[16]。

(7)を伝える管子軽重乙篇は、その成立が遅れ、前漢武昭帝時の理財家の手になるともいわれている[17]。このため軽重篇の耜鉄は、かなり進んだ段階のスキ―牛耕あるいは人輓犂―が考えられ、漢代においては、什伍を単位とするスキの共用―漢代の伍制は、五家を単位とし、耕地面積はほぼ五百畝―も可能であったかも知れない。もちろん伍制を単位とするスキの共同使用が、どこまで普及していたかは問題が残るが、(7)にあっては、伍制がまた、農耕においても深い繋がりを持ち合うものであった（スキ共同体）ことを示唆している。

ついで(8)では、什伍が里中における亡命者の通報や取締りにあたっている。

以上によれば什伍は、市中の無頼の徒や亡命者の取締りにあたり、郷里の民政一般に協力し、また鉄製農具の頒布単位ともなっていた。伍人は、「世同居、少同遊」の関係にあり、地域の事情にも通じていて、伍制の地方行政制度への協力も、当然求められるだけの背景をもっていた。

管子立政篇にはまた、

凡出入不時、衣服不中、圏属群徒、不順於常者、閭有司見之、復無時、若在長家子弟臣妾属役賓客、則里尉以譙于游宗、游宗以譙于什伍、什伍以譙于長家、譙敬而勿復、一再則宥、三則不赦。

と、「出入不時、衣服不中、圏属群徒不順」に対する譙（せめ）、責任の追求が、里尉→游宗→什伍→長家（戸主）との経路をたどっておよんでいた。これとほぼ同様の事例が、鶡冠子王鈇篇にも、

伍人有勿、故不奉上令、有余不足居処之状而不輒、以告里有司、謂之乱家、其罪伍長以同、里中有不敬、長慈少出等異衆不聴、父兄之教有所受聞不悉、以告扁長、謂之乱里、其罪有司而弐其家、扁不以時循行、教誨受聞不悉、以告郷師、謂之乱扁、其罪扁長而弐其家。

とあり、令尹→柱国→郡大夫→県嗇夫→郷師→扁長→里有司→伍長→家（伍人）への波及がみえている。

これが「過党」者への対応となると、管子立政篇では、

凡過党、其在家属、及于長家、其在長家、及于什伍之長、其在什伍之長、及于游宗、其在游宗、及于里尉、其在里尉、及于州長、其在州長、及于郷師、其在郷師、及于士師。

と、長家→什伍之長→游宗→里尉→州長→郷師→士長へと、その責任追及が家長から上級行政単位へと遡上している。

これに対し、孝悌忠信賢良者についての報告も同篇にはみえており、この場合は、

凡孝悌忠信賢良儁材、若在長家子弟臣妾属役賓客、則什伍以復于游宗、游宗以復于里尉、里尉以復于州長、州長以計于郷師、郷師以著于士師。

と、什伍→游宗→里尉→州長→郷師→士師の順序になっている。

いずれにしても管子立政篇にみえる地方行政制度の運用においては、什伍が、地方政制上、単なる臨時的な協力関係ではなく、かなり恒常化された任務を受け持っていた。しかも先にあげた管子諸篇の什伍の役割を考えるとき、什伍と地方行政制度との関わりは、かなり多岐にわたっている。

本節であげた管子の諸篇は、すべて戦国末から漢初にかけて成立したものであり、管子が伝える什伍と地方行政制度との関わりは、多く漢制を反映していたことになる。漢書尹賞伝にみえる伍人と里・郷・県各吏との協力関係も、かかる事情と繋がりをもつものであったと思われる。(18)

このようにみてくると、伍制と郷里制との関係は、国家の支配が、里を越えて伍の段階まで浸透していたことにな

るが、伍制の編成は、続漢書百官志にあっても、

　里有里魁、民有什伍。

と、什伍は民（地縁）にあり、里を基準に編成されたものではなかった。[19]このことは、管子立政篇にあっても、

　分国以為五郷、郷為之師、分郷以為五州、州為之長、分州以為十里、里為之尉、分里以為七游、游為之宗、十家為什、五家為伍、什伍皆有長焉。

とあり、国から游までの行政区画の編成は、上下それぞれの行政区画の規模を基準として編成されていたのに対し、什伍のみは、最下級行政単位の游と切りはなされた形でその編成が伝えられている。

　これは、伍制が、元来告姦の制として民政を主管する地方行政制度とは別組織であったことに起因するが、それにも拘わらず、これまでみてきたように伍制が地方行政制度に対して種々の協力関係をもっていた事実は、郷里制の地域支配における限界を意味している。

　同時に伍制が、地縁共同体の変革にも拘わらず連坐の単位としての効用を残し、地方行政上にも利用されるだけの独自性を失っていなかった[20]とのことにもなる。

　かかる郷里制への地縁の活用は、問題の父老にあっても同様であったが、墨子号令篇によれば、

　里中父老（小）[21]、不挙守之事及合計者。

と、父老もまた吏とは区別される存在である。

**伍長**　伍にはまま、伍長の存在が指摘されている。管子中にみえる伍長等は潤色がさけられないとしても、漢書黄覇伝にも、

　置父老師帥伍長。

と、伍長がみえ、後漢代にあっても、三国志魏書公孫度伝に、

先時、属国公孫昭守襄平令、召度子康為伍長。

と、伍長がみえている。しかしこれら伍長は、すでに別に論した[22]通り常置の制ではなく、長吏によって設置される便法としてのもので、連坐の単位としての伍制とは異なり、いわゆる耳目、爪牙、落長などと性格を等しくするものである。

連坐制にもとづく五家は、告姦の形式も私告であり、これに長の存在を必要とすることはなかった。伍制（伍人）と地方行政制度との関係にしても、それはあくまでも便法上のもので、漢から南朝にかけて、伍に長をおき、伍を里に直結する下部行政単位として恒久化することはなかった。

管子に伝えられる伍長の存在だけではなく、周礼司徒にも、

鄰長五家則一人。

とあり、この五家の鄰長は、

鄰長掌相糾、相受、凡邑中之政相賛、徙于他邑、則従而授之。

と、職掌の面では糾察、互助、移住（住民登録に関係するか）等があげられていて、告姦連坐の伍制との関係も窺われ、汲冢周書大聚解でも、

五戸為伍、以首為長、十夫為什、以年為長。

と伍長がみえ、晋の孔晁の注は、「首為伍家寂服」と、伍首と喪服との関連にふれる。しかしこれら伍長・鄰長などの呼称は、五家組が兵制との深い関係をもっていたことから、兵制同様、統卒者をおかんとする考えが影響したとも思われるが、伍長が伍に常置されていた確証はない。

## 三　伍の編成

**伍制と家**　以上は、伍制の起源、役割等についてみてきたが、ついでは伍制の編成についてふれることとする。

伍制は、連坐制をその支えとしていた。その限りでは伍制には必ず一定の数的限界、連坐の範囲が存在したはずである。伍は、説文解字によれば、

相参伍也、从人五。

とある。参伍は錯雑するの義であるが、「从人五」からして、伍は五の数にもとづく単位である。五の数は、民生必須の五材を五行に仮するがごとく、往々中国古代人の思考にあっては一つの基礎的な数である。

ここで課題とした告姦連坐を伴う伍制は、春秋時代に初見し、そこでも五家によって編成されていた。もちろん五をもって単位とする編成は、兵制（あるいは行政組織上）において、さらにこれを遡るが、兵制としての伍は、個人、壮丁を単位とするもので、告姦連坐制の伍制とは異なる。

家を単位とする伍制の初見には、前述したように、歴史的経緯が存在していた。家を単位とする地方把握のあり方は、管子の牧民、形勢、権修、小匡、治国、山至、軽重甲、軽重乙等の諸篇にみえる地方政制の構成[23]にあっても、同じく、

家―郷―国―天下。

となっていて、支配は個人に直接およぶものではなく、一応家を経過することとなっていた。かかる地方政制の構成は、老子[24]ほかにもみえ、先秦の地方行政制度として伝えられる諸形態もまた、軌・伍・鄰・比等、ともに家を編成の基礎としている。

そこでこの家についてであるが、続漢書百官志には、

里魁一里百家、什主十家、伍主五家。

とあり、宋書百官志にあっても、

五家為伍、伍長主之、二伍為什、什長主之、十什為里、里魁主之。

とあって、什伍制と郷里制ともに家によって構成され、伍制の編成は、後述するように八月案比の際に行われていた。戸籍上の家と什伍の家とが、同一の形態であったことを窺わせる。

ただこの点について越智重明氏は、漢代の伍制の家は核家族を基本とし、郷里制の家は兄弟の終世同居を基本とする小宗制にそう戸籍上の家であった[25]とされている。この家族制の問題については、稿を改めたいと考えているが、往々地方政制のなかで、郷里制をカバーするものとして機能する伍制と、一里百家の家とが異なる形態の家により構成されるという見解は検討の余地がある。

**伍制と五家**　伍制は、家を単位とし、家長が伍の構成員になっていた。それでは伍の構成、五家との関係はいかがであろうか。

伍は、説文解字にもみえるように五の数と深い繋がりがある。事実、春秋公羊伝僖公一九（前六四一）年の何休の注、

一家犯罪、四家坐之。

は、五家をもって連坐の範囲と見なすものであり、問題とされる[26]荀子議兵篇の、

五甲首而隷五家。

の「隷五家」も、唐の楊倞は、「役隷郷里之五家也」と解しており、伍制との関連を窺わせる。

そして五家をかかる賞賜の単位とし課役に供していることは、また春秋左氏伝定公九（前五〇一）年にも、

得斂無存者、以五家免。

とあり、この伝文は斂無存の戸をえんとした際のものである。

さらに先秦の地方行政制度にあっても、

五家一軌、五〇家一里。（国語斉語、管子小匡）

五家一軌、三〇家一邑。（同上）

五家一鄰、二五家一里。（周礼遂人、漢書食貨志）

五家一比、二五家一閭。（周礼大司徒）

五家伍、五〇家一里。（鶡冠子王鈇、漢書鼂錯伝）

五家伍、一〇家一連。（管子乗馬）

五戸伍。（汲冢周書大聚解）

と、[27]最下層の地方行政単位に、多く五家による編成が伝えられており、これらの事情も、五家を単位とする伍制の存在と関連性があったかも知れない。

もちろん最下層の地方行政単位には、

八家一鄰、二四家一閭。（尚書大伝洛誥）

八家一鄰、二四家一朋。（尚書大伝皐陶謨）

と、八家による編成[28]もみえるが、これは井田制と関係するもので、伍制とは系統を異にする。また釈名釈州国には、

［周制］五家為伍、以五為名也、又謂之鄰、鄰連也、相接連也、又曰比、相親比也、五鄰為里、居方一里之中也、

五百家為党、党長也、一聚之所尊長、万二千五百家為郷、郷向也、衆所向也。

と、周礼大司徒の「五家一比、二五家一閭」に近い編成が伝えられているが、ここでは二五家が方一里内に居住して

いる。この方一里は、漢書刑法志では、

因井田而制軍賦、地方一里為井、井十為通、通十為成、成方十里。

と、一井にあたることとなっているが、この井について、釈名釈州国は、

周井九夫為井、其制似井字也。

とあり、韓詩外伝には、

八家而井田、方百而為井。

とあって、井田制の系統では、方一里が九（八）夫＝九家となる。このため井をもって地方行政制度の基礎とする諸史料－前出のほかに周礼小司徒、同匠人、司馬法、管子乗馬等[29]－と伍制系統によるものとの関係如何には、なお問題が残される。

伍制と五家との関連を窺わせるものとしてはまた、先秦の兵制として伝えられる、

五人伍、二五人両。（周礼小司徒、白虎通）

五人伍、十人什、五〇人属。（尉繚子）

五人伍、五〇人心戎。（国語斉語、管子小匡）

等[30]にも、共通して伍が兵制の最下層単位となっている。もちろん兵制の伍と家（同時に地域社会）とが、全面的に重なるものではない（全戸に成丁がいるとも限らない）が、前述したように五を単位としているとの点で五家組と兵制との関わりがでてくる。

**商鞅什伍制の連坐範囲**　伍が五家によって編成され、連坐の範囲も、この五家を限度としていたことでは大きな問題点はないが、商鞅が、伍に什伍と什を冠したことにより、什と伍との関係について、解釈の混乱が生じた。

伍に什が冠せられた場合、続漢書百官志、宋書百官志は、ともにこれを十家五家と伝え、管子立政篇でも同様の解

釈にたち、従来多くこの解釈が採用されている。しかし什伍制にも、連坐が伴っており、連坐の範囲に、当然固定した限度が設けられていたはずである。この点について唐の司馬貞は、史記商君列伝の「什伍」の注で、

一家有罪、而九家連挙、発若不糾挙、則十家連坐、恐変法不行、故設重禁。

と、十家を連坐の範囲と考え、これを「重禁」と受け取っている。また唐の杜佑も、通典職官の後漢官秩差次において、

亭長郷有秩三老游徼家什等。

と、郷官の条では什伍を十家五家と紹介しながら、これをまた什家の制といいかえている。[31]

このように什に重きをおく考えは、最近においても、陳啓天氏[32]は司馬貞の説に依拠し、梁啓雄氏[33]も、

商君使民五家為伍、十家為什、互相糾察、有奸人就告発、不告発、十家連帯受罰。

と、什伍については十家五家と解しながらも、連坐の範囲としては十家を限度と考えている。薩孟武[34]、張友鸞氏[35]他も同様の考えである。また越智重明氏[36]も伍は組の意味で、什伍は十家により構成されるとし、その根拠として後漢書仲長統伝、塩鉄論申韓篇等をあげている。

商鞅の什伍制は、すでに司馬貞も指摘するように、変法令を徹底せんがための「重禁」であると同時に、氏族的集団の解体との関連も考えられているが、商鞅の什伍制についてはまた、韓非子定法篇では、

公孫鞅之治秦也、設告相坐、（略）是以其民用力労而不休、逐敵危而不卻。

と、民力の高揚が期待されている。塩鉄論非鞅篇では、

商鞅以重刑峭法為秦国基、（略）又作相坐之法、造誹謗、増肉刑、百姓［斉］栗、不知所措手足也。

と、「重禁」の具体的な実態について、これを肉刑の増加などと並行する刑罪の強化と理解している。いずれにしても、商鞅が新たに什伍を導入しようとした際、秦の献公の伍制等、それまでの伍制に対して、一段の強化を意図し、

十家連坐制を施行したであろうことは充分に考えられることである。

それでは、什家と伍家との関係はいかがであろうか。これにつき管子五行篇は、

然則涼風至、白露下、天子出令、(A)命左右司馬、衍組甲、厲兵、(B)合什為伍、以修於西境之内。

と、秋、(A)甲を修めるとともに、(B)民間にあっては、「合什為伍」とみえている。この「合什為伍」について、丁士函は、幼官篇の、

修郷閭之什伍。

禁蔵篇の、

輔之以什、司之以伍。

を引き、(B)の「為」を衍字とし、張佩綸は、これを「合為什伍」に改めている。[37]丁士函・張佩綸ともに、これを「什伍」の熟語と見なしたのであるが、もしこの五行篇の原文を生かせば、什伍は、什を単位に編成されたグループのことになる。

また管子度地篇にあっては、

籠臿・板築、各什六、十車什一、雨輂什二、食器雨具人有之、錮蔵里中。

とあり、水害にたいする里中の備えにおいて、作業の単位が「什人」とされている。

これらのことは、商鞅の什伍制が、連坐の範囲を十家に拡大したことにより、従来の伍家の単位は、その実態、存在の意味を失ったことになる。そして十家の単位は、水害に備えての作業等においても、現実に活用される単位となっていた。

唐制にあっては、「四家為鄰、五家為保」と、この什伍制と同様に、鄰と保との二つの組織がみえ、この鄰と保との関係が問題とされ、これをそれぞれ別の組織とする考えもみえるが、[38]什伍制の運用にあっては、什と伍とが、異な

る組織であったとは考えられない[39]。

また什伍を十家、五家とし、これを人為的な都市構築のなかで位置づけんとする考え[40]もみえるが、都市をはなれた各地の散村で、五家と十家との関係がどのように生かされるかが問題となる。さらに周礼、国語、管子等には五家に始まる地方行政制度が多くみえるが、十家を単位する地方行政区画はまれである。このため什は言葉のあやで什には意味がないとの考え[41]もみえるが、この商鞅の什伍制にあっては、従前の伍家に対し、什家連坐と、連坐範囲を拡大したことに意味がある。

什伍制が、「重刑峭法」と称される所以もここにある。まさに「重禁」であり、従来どおりの伍制にとどまるものではなかった。もちろん「重刑峭法」は、また刑罰の強化としても考えられ、春秋梁の場合も、

一家亡、五家殺刑。（春秋繁露王道篇）

とあり、商鞅の什伍制と深いかかわりをもつと思われる尉繚子伍制令でも、

伍有干令犯禁者、掲之免於罪、知而弗揚、全伍有誅。

とあって、連坐すれば誅殺となっている。兵制に準じたとも考えられる伍制であるだけに、導入当初、兵制の厳罰をそのまま流用したことも充分考えられるわけで、商鞅の什伍制においても、連坐の量刑如何については、それほど特異視することもなかった。

**什伍制の起源**　それでは、伍に什を冠した制は、何に起源するのであろうか。商鞅の什伍制は、賞罰において兵制に準ずるところがあるが、商君書境内篇にみえる商鞅の兵制では、

五人伍、五〇人一屯長[42]。

となっていて、什の単位がみえない。ただ境内篇に什伍制との関連で什の存在を推測する考え[43]もあり、商鞅の兵制中に什制が存在しないと否定しきることもできないが、兵制と什伍制とは、前述したように組織的に必ずしも一致する

必要はない。

ただ什伍制が、兵制と深い繋がりをもつものであったこと自体は、先に推測した通りである。このため商鞅の什伍制と商鞅の兵制との関連は別としても、兵制としての什伍制について、実は尉繚子伍制令に、

軍中之制、五人為伍、伍相保也、十人為什、什相保也、五十人為属、属相保也、百人為閭、閭相保也、伍有干令犯禁者、掲之免於罪、知而弗掲、全伍有誅、什有干令犯禁者、掲之免於罪、知而弗掲、全什有誅、属有干令犯禁者、掲之免於罪、知而弗掲、全属有誅、閭有干令犯禁者、掲之免於罪、知而弗掲、全閭有誅、吏自什長已上至左右将、上下皆相保也、有干令犯禁者、掲之免於罪、知而弗掲者、皆与同罪、夫什伍相結、上下相聯、無有不得之、姦無有不掲之罪、父不得以私其子、兄不得以私其弟、而況国人聚舎同食、烏能以干令相私者哉。

と、魏の兵制に、伍制、什制の存在が伝えられている。現存の尉繚子には、偽作説もあるが、明の董悦は、この魏の兵制を商鞅と同じ時代の魏の恵王時のものと見なしている(44)。

魏の兵制は、商鞅の制と類似するところが多く、その編成にあっても、

五人（伍長）－一〇人（什長）－五〇人（卒長?）－一〇〇人（伯長）－一〇〇〇人（千人之将、司馬）－一〇〇〇〇人（万人之将）－将軍－大将軍(45)。

となっていて、商鞅の兵制である、

五人（伍長）－一〇人?－五〇人（屯長）－一〇〇人（将）－五〇〇人（五百主）－一〇〇〇人（二五百主）－国尉－大将。

と、ほぼ一致している。また魏の兵制には、干令犯禁に対する告姦連坐の制もみえている。

兵制中における什制については、すでに春秋時代の兵制中にも散見（春秋左氏伝襄公一三年）しており、尉繚子の魏の兵制もまた、後世の偽作としてのみ否定しきれないものがある。ここにおいて商鞅の什伍制の起源もまた、春秋戦

国列国の兵制、とくに魏法との関係が問題となる。

**漢魏晋南朝の什制と伍制**　伍制は、商鞅の什伍制施行を契機に、五家連坐制から十家連坐制へと強化されたが、漢代以降の伍制は、五家連坐制に復帰している。

前漢代の伍制については、

(1)乃部戸曹掾吏、与郷吏亭長里正父老伍人、雑挙長安中軽薄少年悪子。(漢書尹賞伝)

(2)亦県県有名籍、盗賊発其比伍中。(漢書尹翁帰伝)

(3)今或不然、令民相伍。(韓詩外伝四)

等と、伍人、比伍、相伍等の称がみえ、前掲の漢書王莽伝中にも、鄰伍、伍人の称がみえている。この伍制につき、漢書王莽伝は、王莽時のこととして、盗鋳者に対し、

廼重其法、一家鋳銭、五家坐之。

と、五家を連坐の単位としていた。

王莽時における五家連坐の制は、先に述べた通り「重其法」として施行されたにも拘わらず、商鞅の什家連坐よりも軽減されている。もし前漢の連坐制が十家を単位とするものであれば、「重其法」の王莽の制が、前漢の制を軽減することはありえない。王莽の五家連坐の制が、遡って前漢時代に施行されていたことを窺わせるが、後漢の鄭衆は、「大比」の解に、

五家為比、故以比為名、今時八月案比是也。(周礼小司徒鄭玄注所引)

と、大比を八月案比とし、あわせて五家を単位とする編成(後述)にも言及している。

後漢の伍制は、「今還復民伍」(後漢書光武紀)と、建武七年に、前漢の制を復し、連坐に縁坐を一体化させた王莽時の伍制を廃したが、その後漢にあっても伍制は、伍家連坐制となっている。

また、秦漢の交の成立[46]といわれる墨子号令篇でも、「伍人不得斬、得之除」、「伍坐」等、伍制がみえているが、同篇では

能捕得謀反・売城・踰城敵者一人、以令為除死罪二人、城旦四人。

と、謀反者一人を捕えれば、死罪二人と城旦四人とが赦されると伝えられている。この場合、もし捕えることができなければ、当然罪をえて死罪二人（以上？）と城旦四人がでたはずである。

死罪と労役刑とは、謀反者を出したことによる連坐刑ということになるが、死罪は極刑であるため、縁坐刑にあたるとすれば、死罪以外の城旦者四人は、伍中の謀反人の家以外の家長ではなかろうか。

ただ墨子号令篇には、伍の連坐として伍人総てが斬されるともみえている。しかし実際の運用にあたっては、犯罪者をだした家と同伍とで、何らかの差異が考慮されていたと思われる。

このことは秦漢の交において、すでに五家連坐制への復帰が推測されることになるが、漢代ではまた、群盗の蜂起に対し、漢書成帝紀鴻嘉四年の条に、

相捕斬、除罪。

と、仲間を捕斬すれば赦罪されると伝えられている。後漢書光武紀下建武一六年の条によれば、

聴羣盗自相糾擿、五人共斬一人者、除其罪。

と、その赦罪の限度は五人までであった。赦罪の限度である五人と連坐制の伍人とが、直接結びつくものではないが、ともに罪刑の限度を五の単位においている点で一致している。

礼記曲礼上にあっても、

羣居五人、則長者必異席。

とあり、孔穎達は、この記事を、

謂朋友居処法也、（略）古昔地敷横席、面容四人、四人則推長者居席端。

と解し、五人の席次が述べられているが、地域社会にあって、群居の礼に五人が単位とされる、それ相当の事情が存在していたことも考えられる。礼記は、漢代における礼の実態を多く反映している。

また居延漢簡においても、伍制は、

（上闕）近倉穀里三銖五分、五家相証任伍中（下闕）

（上闕）尉誼臨。　　　　　　　　　　　　　　　　　（二一九・八）

とみえ、断片の簡であるが、五家が、いわゆる「伍」の関係において、相証すなわち地方での銭穀の納入（？）に際し証左の任にあたっている。この漢簡は、前漢時の公文書と考えられ、前漢時の伍の編成を窺う上で参考となる。

漢碑においても、後漢の熹平年間に建てられた蒼頡廟碑には、

良辰薦祀告□□□復氏五家須□□祷祈雨降。

とみえ、これは降雨のための祈祷と思われるが、ここにおいても、その任に五家が共同であたっている。

以上、多少推論を重ねたきらいもあるが、前漢代の伍制は、王莽の伍制と同様に、五家連坐制であったことが窺える。ただこの場合、越智重明氏の指摘される後漢書仲長統伝と塩鉄論申韓篇との記事が問題となる。後漢書仲長統伝の記事は、

(1)然則寡者為人上者也、衆者為人下者也、一伍之長、才足以長一伍者也、一国之君、才足以君一国者也、天下之王、才足以王天下者也、愚役於智、猶枝之附幹、此理天下之常法也、（略）(2)明版籍以相数閲、審什伍以相連持、限夫田以断并兼、定五刑以救死亡、益君長以興政理、急農桑以豊委積、（略）(3)向者天下戸過千万、［除］其老弱、但戸一丁壮、則千万人也、遺漏既多、又蛮夷戎狄居漢地者尚不在焉、丁壮十人之中、必有堪為其什伍之長、推什長已上、則百万人也、又十取之、則左史之才已上、十万人也、又十取之、則可使在政理之位者、万人也、

以筋力用者、謂之人、人求丁壮、以才智用者、謂之士、士貴耆老、充此制以用天下之人、猶将有儲、何嫌乎不足也。

と、(1)において、人才の差異によってその地位も自から異なるの謂を説き、(2)において、戸籍の整備等、政務十六ヵ条をあげ、(3)において、この人材の数にふれているのであるが、そのなかで(1)では、長としての事例に「伍長」をあげ、もって王者におよび、(3)においては、長たるものの数を、算出の便宜のためか、「又十取之」と、十を単位とし、長の名も、「什長」からはじめている。

後漢書仲長統伝の記事は、天下の人材を説くにあり、伍長、什長の名をあげてはいるが、それは物の喩というべきで、いわゆる伍制の実態如何とは関わりのないことである。

また塩鉄論申韓篇の、

〔文学曰〕文誅仮法、以陥不辜、累無罪、以子及父、以弟及兄、一人有罪、川里驚駭、十家奔亡。

は、連坐制に関わるものであろう。しかし塩鉄論における御史と文学との伍制をめぐる議論は、周秦篇にも、

〔御史曰〕一室之中、父兄之際、若身体相属、一節動而知於心、故今自関内侯以下、比地於伍、居家相察、出入相同、父不教子、兄不正弟、舎是誰責乎。

〔文学曰〕今以子誅父、以弟誅兄、親戚相坐、什伍相連、（略）君君臣臣、父父子子、比地何伍、而執政何責也。

とみえているが、この場合、御史は「伍」といっているにもかかわらず、文学は、この伍にたいし、また「什伍」の称を用いる。

什伍の称は、漢代にあっては、兵制において、

五人為伍、伍長一人、十人為什、什長一人、百人為卒、卒史一人。（漢旧儀）

と、什伍の存在がみえ、淮南子兵略訓にも「什伍」、「伍連什伯」、漢書鼂錯伝にも「什伍」等、兵制としての什伍の

称はみえているが、告姦連坐制に什伍の称を用いることは稀である。それにも拘わらず塩鉄論での文学は、敢て什伍の称を用いる。

しかし、この文学による議論は、連坐制を非難するにある。このため連坐制を難じるにあたり、有名な商鞅の十家相坐の酷制、什伍制の語を用い、その非なるを強調したとしても不思議ではない。問題の「十家奔亡」も、文学が、漢制を説きつつ、また商鞅の制に関連させてこれを論難したものと考える。

同時に、この連坐制は、南史郭祖深伝にみえる梁時の、

一人有犯、則合村皆空。

の場合は、晋南朝において什制が存在した形跡はなく[47]、五家連坐の制であったが、その時期にあっても、伍制は運用次第で、他伍、一村すべてにも連及したわけで、「十家奔亡」も、その意味では必ずしも誇張の言でなかったかも知れない。

もちろん実態に変容があっても、名称だけは存続することもある。先にあげた後漢書仲長統伝の(2)にみえる「審什伍以相連持」等は、この類であろう。いずれにしても連坐制は、無辜の者に罪をおよぼすことであるだけに、商鞅のように、それまでの五家連坐制を十家連坐制に拡大するがごときは、戦国抗争の非常時においてはじめて許されることである。十家連坐制のような酷刑を漢代において長期に施行することは、人民に過重な緊張を強いることとなり、かえって社会の混乱を招いたに違いない。後世の連坐制にあっても、十家連坐制のごときは異例とすべきであったようである[48]。

漢につづく魏晋南朝も伍制であった。漢南朝間の伍制は五家組である。商鞅を降るどの時期に五家連坐に改められたか定かでないが、什制は秦国においてのみの制となる。

それでは、続漢書百官志の、

県万戸以上為令、不満為長、侯国為相、皆秦制也、（略）里有里魁、民有什伍、善悪以告、本注曰、里魁掌一里百家、什主十家、伍主五家、以相検察、民有善事悪事、以告監官。

あるいは、宋書百官志の、

県令長秦官也、大者為令小者為長、侯国為相、漢制［也］(49)（略）五家為伍、伍長主之、二伍為什、什長主之、十什為里、里魁主之。

において、なぜ十家五家の制が伝えられているのであろうか。思うに連坐の制は、後述するようにとかくの批判を受け、前漢時にも、一時期ではあるが参夷・連坐の罪が除かれた。後、連坐制は復活、施行されたが、王朝の基礎が整うなかで、あるいはそれほど厳格に運用されることがなかったかも知れない。

伍制の編成自体は、つづいて述べるように毎歳つづけられていた。晋書職官志は、里制にとどめるが、続漢書百官志と宋書百官志とは、一応これを所載している。しかしその宋書も、肝心の連坐にふれていない。続漢書百官志、宋書百官志が、現行の伍制にふれず、商鞅の什伍制の釈義を転載していることも考えられうる。伍制の形骸化を示唆しているのかも知れない。

**伍制の編成方法**　それでは伍制の編成方法は、どのような方法で行われていたのであろうか。

これにつき秦の献公十年の「為戸籍、相伍」（史記秦始皇本紀）では、伍制が戸籍との関係をもっている。管子度地篇によれば、

令曰、常以秋歳末之時、閲其民、案家人比地、定什伍口数、別男女大小、其不為用者、輒免之、有錮病不可作者疾之、可省作者、半事之、并行以定甲士被兵之数、上其都。

とあり、毎歳秋に、住民の貌閲、戸籍調査が実施され、戸口、性別、年齢、疾病者、兵役適齢等が調査されているが、これと並んで什伍の口数の調査、すなわち什伍の編成が行われていた。この度地篇の記事について、尹知章は、

案人化地、有十口五口之数、当受地若干。

と、この什伍を十口五口の口数に応じ土地支給を行ったものと考えているが、「案家人比地、定什伍口数」は、「比地為伍」と同様の用法で、什伍が地縁にもとづき編成されるものであったことを意味している。[50]

管子幼官篇でもまた、

［九和時節］、修郷閭之什伍、量委積之多寡、定府官計数。

と、同じく秋に、什伍の編成が行われている。

この管子度地、幼官の両篇は、成立が遅れ漢代の作ともいわれ、多く漢制を反映していると思われるが、事実、漢代にあっても、後漢の鄭眾によれば、先にもふれたように、

五家為比、故以比為名、今時八月案比是也。（周礼小司徒鄭玄注所引）

と、五家を単位とする編成が、八月案比、戸籍編成の際に並行していた。そして漢書尹翁帰伝によれば、

郡中吏民賢不肖、及姦邪罪名、尽知之、県県各有記籍、（略）姦邪罪名、亦県県有名籍、盗賊発其比伍中、翁帰輒召其県長吏、暁告以姦黠主名、教使用類推迹盗賊所過抵、類常如翁帰言、無有遺託。

と、翁帰が、東海大守、守右扶風を歴任した際、各県の名籍には、住民の賢・不肖・前科が記載されていて、尹翁帰は、この県の名籍をもとに県の令長を督励し、治安に務めたようである。各県の名籍には、伍制の編成等も、「盗賊発其比伍中」等からして記載されていたと思われる。

伍制の編成は、塩鉄論周秦篇では、

故今自関内侯以下、比地於伍。

とあり、列侯を除く関内侯以下の全人民が、いわゆる士庶の別なく地縁によって五家に編成されていた。劉宋時になっても、この編成の方式は、同伍犯法の士庶区別の問題（宋書王弘伝）にみられるように変わることはなかった（補註）。

なお先鄭はまた、

比居謂伍籍也、比地為伍、因内政寄軍令、以伍籍、発軍起役者、平而無遺脱也。（周礼小宰鄭玄所引）

と伍籍についてふれている。しかしこの記事だけでは、伍籍と戸籍との関係は定かでない。ただ唐書高駢伝にみえる唐制の、

［秦］彦者徐州人、本名立、隷伍籍。

との伍籍は、旧唐書秦彦伝では、

秦彦者徐州人、本名立、為卒隷徐州。

とあって軍籍である。先鄭の伍籍も、軍令に類するものとなっている。

## おわりに

**伍制の実施状況**　最後に、これまで述べてきた伍制の実施状況についてふれておく。まず伍制の効用、とくにその中心となる告姦連坐制が充分機能していたかどうかが問題である。

そこで告姦連坐の制であるが、これを徹底することは、韓詩外伝の「使構造怨仇、而民相残傷」によっても窺えるように、地域の秩序を大きく破壊する虞があり、実施には、塩鉄論の文学の意見に代表されるように当然強い批判があった。

そして後漢になると、尚書令の左雄にまで、

［秦］県設令長、郡置守尉、什伍相司、封豕其民。（後漢書左雄伝）

と、「分伯建侯」、「代位親民」、「民用和穆」を変革した郡県制とならび、什伍制が厳しく批判されている。もちろん

左雄の言は、秦の酷政を難じるにあるが、その際にも、什伍はとくにとりあげられている。

伍制に対する強い批判は、当然、

［及孝文即位］、懲悪亡秦之政、論議務在寛厚、恥言人之過失、化行天下、告訐之俗易。（漢書刑法志）

とのように、私告の後退を余儀なくさせたはずである。漢書趙広漢伝では、広漢が潁川太守の時、「又教吏為缿筩」と、目安箱を設け密告の制を実施している。密告の制は、伍制の告姦連坐制が充分機能しておれば必要ないものである。しかもこの目安箱さえも、つぎの潁川太守韓延寿により、

令相告訐、（略）潁川由是以為俗、民多怨讎、延寿欲更改之、教以礼譲。（漢書韓延寿伝）

と廃止されている。

このような事情のためか、伍制は、その運用にあたって、宋書沈約伝自序では、同伍者中のものが遠くで犯罪を犯した場合の連坐の適用が問題とされ、犯行現場百歩以内の伍に連坐が適用されている。宋書王弘伝では、同伍中の士庶の一律連坐が問題とされている。これらの問題のうち、後者は貴族制の発展とも関連することであろうが、前者の事例は、伍制の運用が、南朝にいたるもなお充分整備されるだけの歴史的経過をみていなかったことを意味している。

先にふれた続漢志、宋書百官志の伍制についての記載の曖昧さも、また伍制連坐制の限界を伝える。

**まとめ**　以上、

⑴伍制の起源が、春秋時代における兵役の拡大、戸を単位とする一元的支配の発展と関係していた。

⑵伍制の効用は、告姦連坐の組織として企図されたものである。

⑶伍制が、地縁の事情に通じていたがため、まま地方政制に利用されることもあった。

⑷伍制の編成は、毎歳八月比案の際、近鄰五家をもって編成されていた。

⑸ただ商鞅の什伍制のみは、非常時の策として、近鄰十家を連坐の範囲とし連坐を強化した。

等にふれ、あわせて、

(6)この連坐制は、郷村の秩序に大きな打撃を与えるものであっただけに、強い批判を受け、伍制の編成は建前としてつづけられているが、連坐制の実効には手心が加えられていたと思われる。

とのことにもふれた。かかる伍制は、さらに唐の鄰保制とも関連させて考えるべき点が多いが、これについては機会をあらためる。

注

（1）従来の伍制についての研究にはつぎのものがある。

戸水寛人、「周代五家の組合」『国家学雑誌』一一－一二二、一八九八。

聞鈞天『中国保甲制度』商務印書館、一九三五。

清水盛光『中国郷村社会論』岩波書店、一九五一。

桜井芳朗「什伍制度についての考」『東京学芸大学研究紀要』六、一九五四。

米田賢次郎「二四〇歩一畝制の成立について」『東洋史研究』二六－四、一九六八、『中国古代農業技術史研究』同朋舎、一九八九。

好並隆司「秦漢帝国の構造について」『歴史学研究』三一二、一九六六。

同「商鞅変法をめぐる二、三の問題」『岡山史学』五二、一九七二。『秦漢帝国史研究』未来社、一九七八。

越智重明「什伍制をめぐって」『東方学』四一、一九七一。

古賀登「県郷亭里制度の原理と由来」『史林』五六－二、一九七三。『漢長安城と阡陌・県郷亭里制』雄山閣、一九八〇。

拙稿「漢代における里と自然村とについて」『東方学』三八、一九六九。本書所収。

岡崎文夫「南朝に於ける士庶区別に就ての小研究」『内藤博士還暦記念祝賀支那学論叢』一九二六。

松本善海「鄰保組織を中心としたる唐代の村政」『史学雑誌』五三－三、一九四二。『中国村落制度史の史的研究』岩波書店、一九七七。

増村宏「晋南朝の符伍制」『鹿大史学』四、一九五六。

同「宋書王弘伝の同伍犯法の論議」『鹿児島大学文理学部研究紀要文科報告』四、史学編一、一九五五。

また劉宋時の伍制関係史料は、郝懿行「補宋書刑法志」『二五史補編』三。

（2）什や伍の字も甲骨文や詩経書経易の卦爻弁等の殷周にかかわる史料では確認できず、その初見は春秋時代に関わる史料となる。

（3）注（1）好並氏「秦漢帝国の構造について」は、この伍制を井田法の八家に類し、「分田制禄」を本質とするとされるが、春秋時代の伍制施行の背景は、より一元的支配が意図されていたかと考える。そこでこの伍制は、連坐制としての五家組であると同時に、農耕面でも互助的性格を負わされていたのではなかろうか。

（4）孔頴達疏は、この什吏を「什吏謂十人長也、（略）則晋人為軍或十人置吏也」と。竹添光鴻『左氏会箋』は「歩卒之称」と。

（5）宮崎市定「古代支那賦税制度」『史林』一八－一・二・三・四、一九三三、『宮崎市定全集』三、一九九一、は、この作州兵を平民の兵役加入とするが、五井直弘「春秋時代の県についての覚書」『東洋史研究』二六－四、一九六八、は、これを聚落単位に兵器を作らせそれを徴発したものとされ、平民への兵役は春秋左氏伝襄公一三（前五六〇）年の「悼公初有四軍」あたりからとされる。

（6）制分篇中の［　］内は、梁啓雄『韓子浅解』中華書局、一九六〇。王先慎『韓非子集解』により字句を改めた。

（7）周秦篇中の［　］内は王利器『塩鉄論校注』古典文学出版社、一九五八、により字句を改めた。

（8）注（1）好並氏論文。注（1）拙稿。

（9）董説『七国考』「魏刑法」の条、桓譚新書［論］所引。

（10）小倉芳彦「族刑をめぐる二、三の問題」『学習院大学文学部研究年報』一一、一九六五。『中国古代政治思想研究』青木書店、一九七〇。

（11）宋書何承天伝「時丹陽丁況等久喪不葬、承天議曰、礼所云還葬、当謂荒倹一時、故許其称財、而不求備、丁況三家数十年中葬輒無棺櫬、実由浅情薄恩、同於禽獣者耳、竊以為丁宝等同伍積年、未嘗勧之以義、縄之以法、十六年冬既無新科、又未申明旧制、有何厳切、欻然相糾、或由鄰曲分争、以興此言、如聞在東諸処、比例既多、江西淮北、尤為不少、若但謫此三人、（略）懼虧聖明亯鮮之美、臣愚謂況等三家、且可勿問、因此附定制旨、若民人葬不如法、同伍当即糾言、三年除服之後、不得追相告列、於事為宜」。

宋書謝荘伝「臣竊謂、五聴之慈、弗宣於宰物、三宥之沢、未洽於民謡、頃年軍旅余弊、劫掠猶繁、監司計獲、多非其実、或規免身咎、不慮国患、楚対之下、鮮不誣濫、身遭鈇鑕之誅、家嬰孥戮之痛、比伍同閈、莫不及罪、是則一人罰謬、坐者数十」。

宋書謝方明伝「江東民戸殷盛、風俗峻刻、強弱相陵、姦吏蜂起、符書一下、文摂相続、又罪及比伍、動相連坐、一人犯吏、則一村廃業、邑里驚擾、狗吠達旦、方明深達治体、（略）州台符摂、即時宣下、緩民期会、展其辦挙、郡県監司、不得妄出、貴族豪士、莫敢犯禁、除比伍之坐、判久繫之獄」。

(12) 軽重乙篇の［　］内は、『管子集校』一九五六、により補う。

(13) 通典食貨の条では「人」を「什」に作る。

(14) 『管子集校』科学出版社、一九五六。

(15) 天野元之助『中国農業史研究』お茶の水書房、一九六二、頁七四〇。

(16) 西山武一、能代幸雄訳『斉民要術』上、農林省農業総合研究所、一九五七、頁三六註七二。

(17) 羅根沢『管子深源』中華書局、一九三一。以下管子各篇の成立年代は、本書を参照。

(18) 伍家と上級行政単位との関わりは、北朝三長制にあっては「若一疋之濫、一斤之悪、則鞭戸主、連三長」（魏書張普恵伝）と、伍家の長―これは行政単位としてのものであるが―の責任が上級行政機関の長に連及することとなっている。

(19) 注（1）拙稿。

(20) 板野長八『中国古代における人間観の展開』岩波書店、一九七二、頁三〇二―三。

(21) 王引之は「小」を衍字とする（孫詒譲『墨子閒詁』所引）。

(22) 拙稿「漢代における地方小吏についての一考察」『中央大学文学部紀要』史学科一七、一九七二。本書所収。

(23) 牧民篇「以家為郷、郷不可為也、以郷為国、国不可為也、以国為天下、天下不可為也、以家為家、以郷為郷、以国為国、以天下為天下」。

形勢篇「道之所言者一也、而用之者異、有聞道而好為一家者、一家之人也、有聞道而好為郷者、一郷之人也、有聞道而好為国者、一国之人也、有聞道而好為天下者、天下之人也、聞道而好定万物者、天下之配也」。

権修篇「兵之守在人、人之守在粟、故地不辟則城下固、有身不治、奚待於人、有人不治、奚待於家、有家不治、奚待於郷、有郷不治、奚待於国、有国不治、奚待於天下、天下者国之本也、国者郷之本也、郷者家之本也、家者人之本也、人者身之本也、身者治之　本也」。

小匡篇「是故民皆勉為善士、与其為善於郷、不如為善於里、与其為善於里、不如為善家」。

治国篇「民富則安郷重家、安郷重家則敬上畏罪」。

山至篇「桓公問管子曰、請問国会、管子対曰、君失大夫為無伍、失民為失下、故守大夫以県之策、守一県以一郷之策、守一郷以一家之策、守家以一人之策、(略)幣准之数、一県必有一県中田之策、一郷必有一郷中田之策、一家必有一家直人之用」。

軽重甲篇「食三升則郷有正食而盗、食二升則里有正食而盗、食一升則家有正食而盗」。

軽重乙篇「且使外為名於其内郷、為功於其親、家為徳於其妻子」。

(24) 老子「以身観身、以家観家、以郷観郷、以邦観邦、以天下観天下」。

(25) 注（1）越智氏論文。なお同氏は、漢の伍制は核家族であるが晋南朝の同伍の家は戸籍上の家と一致するとされ、また宋書百官志が里制の家(戸籍上の家)と伍制の家とを同質と理解している点は正確さを欠くとされる。

(26) この荀子議兵篇の記事をめぐっては、増淵龍夫「商鞅変法の一問題」『野村博士還暦記念論文集封建制と資本制』一九五六、『中国古代の社会と国家』弘文堂、一九六〇。平中苓次「秦代土地制度の一考察」『立命館文学』七九、一九五一。守屋美都雄「秦の軍功褒賞制における人的支配の問題について」『社会経済史学』二三―一、一九五七、『中国古代の家族と国家』東洋史研究会、一九六八。注（1）好並氏論文、楠山修作「商鞅の轅田について」『東方学』四六、一九七三、『中国古代史論集』著者刊、一九七六、等でとりあげられている。

(27) 国語斉語「管子於是制国、五家為軌、軌為之長、十軌為里、里有司、四里為連、連為之長、十連為郷、郷有良人焉」。

管子小匡「制五家為軌、軌有長、十軌為里、里有司、四里為連、連有長、十連為郷、郷有良人、三郷一帥」。

国語斉語「管子対曰、制鄙、三十家為邑、邑有司、十邑為卒、卒有卒帥、十卒為郷、郷有郷帥、三郷為県、県有県帥、十県為属、属有大夫、五属、故立五大夫」。

管子小匡「五鄙奈何、管子対曰、制五家為軌、軌有長、六軌為邑、邑有司、十邑為率、率有長、十率為郷、郷有良人、三郷為属、属有帥、五属一大夫」、周礼遂人「掌邦之野、以土地之図、経田野、造県鄙、形体之灋、五家為鄰、五鄰為里、四里為酇、五酇為鄙、五鄙為県、五県為遂」。

漢書食貨志「(殷周之盛)、五家為鄰、五鄰為里、四里為族、五族為党、五党為州、五州為郷、郷万二千五百戸也」。

周礼大司徒「令五家為比、使之相保、五比為閭、使之相受、四閭為族、使之相葬、五族為党、使之相救、五党為州、使之相賙、五州為郷、使之相賓」。

鶡冠子王鈇「五家為伍、伍為之長、十伍為里、里置有司、四里為扁(甸)、扁為之長、十扁為郷、郷置師、五郷為県、県有嗇夫治焉、十県為郡、有大夫守焉、命曰、官属郡大夫退脩(循)其属県、嗇夫退脩其郷、郷師退脩其扁、扁長退脩其里、里有司退脩其伍、伍長退脩其家、事相斥正、居処相察、出入相司」。

漢書鼂錯伝「臣又聞古之制辺県以備敵也、使五家為伍、伍有長、十長一里、里有仮士、四里一連、連有仮五百、十連一邑、邑有仮候」。

管子立政「分国以為五郷、郷為之師、分郷以為五州、州為之長、分州以為十里、里為之尉、分里以為十游、游為之宗、十家為什、五家為伍、什伍皆有長焉」。

汲冢周書大聚解「開闢修関、道五里有郊、十里有井、二十里有舎、(略)以国為邑、以邑為郷、以郷為閭、禍災相卹、資喪比服、五戸為伍、以首為長、十夫為什、以年為長、合閭立教、以威為長、合旅同親、以敬為長」。

(28) 尚書大伝洛誥「八家為鄰、三鄰為閭、三閭為里、五里為邑」。

尚書大伝咎繇謨(洛誥)古之処師、八家而為鄰、三鄰而為朋、三朋而為里、五里而為邑、十邑而為都、十都而為師、州有十二師焉」。

(29) 周礼小司徒「乃経土地而井牧其田野、九夫為井、四井為邑、四邑為丘、四丘為甸、四甸為県、四県為都」。

周礼匠人「九夫為井、井間広四尺、深四尺、謂之溝、方十里為成、成間広八尺、深八尺、謂之洫、方百里為同、同間広二尋、深二仞、謂之澮」。

司馬法(周礼小司徒鄭注所引)「六尺為歩、歩百為畮、畮百為夫、夫三為屋、屋三為井、井十為通、通為匹馬、三十家、士一人徒二人、通十為成、成百井三百家、革車一乗、士十人徒二十人、十成為終、終千井三千家、革車十乗、士百人徒二百人、十終為同、同方百里、万井三万家、革車百乗、士千人徒二千人」。

管子乗馬「方六里、命之曰暴、五暴命之曰部、五部命之曰聚、聚者有市、無市則民乏、五聚命之曰某郷、四郷命之曰方、官制也、（略）方一里九夫之田也」。

（30）周礼小司徒、尉繚子は原文を本文に引用する。
白虎通三軍「三軍者何法、法天地人也、以為五人為伍、五伍為両、四両為卒、五卒為旅、五旅為師、師二千五百人、為一軍、六師一万五千人也」。

国語斉語「以為軍令、五家為軌、故五人為伍、軌長帥之、十軌為里、故五十人為小戎、里有司帥之、四里為連、故二百人為卒、連長帥之、十連為郷、故二千人為旅、郷良人帥之、五郷一帥、故万人為一軍、五郷之帥帥之」。

管子小匡「以為軍令、是故五家為軌、五人為伍、軌長率之、十軌為里、故五十人為小戎、里有司率之、四里為連、故二百人為卒、連長率之、十連為郷、故二千人為旅、郷良人率之、五郷一師、故万人一軍、五郷之師率之」。

（31）光緒丙甲四月浙江書局刊本九通所収本。

（32）陳啓天『商鞅評伝』商務印書館、一九三五、頁五六。

（33）注（6）梁啓雄氏著書、頁四〇八。

（34）薩孟武『中国社会政治史』一、三民書局、一九六九三版、頁二四〇。

（35）張友鸞『史記選注』人民文学出版社、一九五七、頁二二四注二二・二三。

（36）注（1）越智氏論文。

（37）注（14）。

（38）宮崎市定「四家を隣と為す」『東洋史研究』一一－一、一九五〇。『宮崎市定全集』岩波書店。増村宏「唐の隣保制」『鹿大史学』六、一九五八。

（39）史記商君列伝において、司馬貞は「劉氏云、五家為保、十保相連」と五家を保とする（十保は二伍十家で十家連坐の義か）。張守節は「或為十保、或為五保」と五保十保にふれる。この保は唐制鄰保の保をあてるが、保は「四鄰入保（四方之民来城郭自保守）」（淮南子時則訓、呂氏春秋十二自紀）等の用法によれば、地縁的関係を示す鄰に対し、地縁を越えたより広範な連帯性を含むようであるが、本章で取りあげた伍制の編成は、地縁と考える。なお汲冢周書大聚解に「五戸為伍、以首為長、十夫為什、以年為長」とみえるが、五戸と十夫との関係が定かでないため、首と年とがどのように関連するか不明である。

(40)　注（1）米田氏論文。注（1）古賀氏論文。
(41)　注（1）桜井氏論文。
(42)　商君書境内篇「其戦也、五人〔束簿〕為伍、一人〔死〕而〔剄〕其四人、能人得一首則〔優〕、（略）五〔十〕人一屯長、百人一将、（略）五百主短兵五十人、二五百主、将之主、短兵百、（略）国〔尉〕、短兵千人、〔大〕将、短兵四千人」。引用原文中の〔　〕内は、守屋美都雄「漢代爵制の源流として見たる商鞅爵制の研究」『東方学報京都』二七、一九五七、『中国古代の家族と国家』東洋史研究会、一九六八、により改めた。
(43)　注（1）米田氏論文。
(44)　注（1）『七国考』。
(45)　伍制令、束伍の各篇を参照。なお兵教上篇に「伍長－什長－卒長－伯長－兵尉－神将－大将」がみえる。また制談篇に「千人一司馬」がみえ、攻権篇には「五人伍、十人什百人卆、万人将」とある。
(46)　大塚伴鹿『墨子の研究』森北書店、一九四三。
(47)　注（1）増村氏論文。
(48)　隋書食貨志では、北斉河清三年令に「十家為比鄰、五十家為閭里、百家為族党」と十家比鄰のことがみえ、王安石の保甲制も十家一保である。しかし北朝の制は、北魏三長制下の五家一鄰もふくめ、地方行政制度の末端機構としての性格が強く、王安石の保甲制は、施行三年で五家一保制に変更されている。王陽明の保甲法も十家一甲であるがこれは、後、郷村の保長に従う自衛の制となり、郷約と結びつくこととなっている。
(49)　注（1）拙稿で、宋書百官志のこの記事についてはふれた。
(50)　注（14）。
(補注)　古賀登「阡陌制下の家族、什伍、閭里」（一九七三年史学会部会報告）、『漢長安城と阡陌・県郷亭里制度』雄山閣、一九八〇、は、五家一隣とは、同一宅地内に住む核家族五つで、三族グループであるとされる。本章は伍が血縁グループとなることの事例を否定するものではないが、編成の原則はより地縁によると考える。

# 第四章　睡虎地出土竹簡にみえる伍制

## はじめに

中国における地方行政制度としての伍制は、文献上、春秋時代、前七世紀頃まで遡ることができる。これは兵役が士大夫層の枠組を越え、農民層にまで拡大されて行くなかで、元来兵制上の組織であった伍（五人組）の単位が、地方行政制度の下部組織（五家組）として導入されて行ったことに始まる。

『国語』斉語に、「作内政而寄軍令焉」と伝えられる兵制と内政との関連性は、兵農分離時代における職業軍人としての士大夫層にあっても、兵制がまた日常生活の上で活用される側面をもつものであったことを想定させるが、兵制がさらに、国内全域に地方行政制度の一端として施行・拡大されて行く過程は、国民皆兵の徹底と並行して、君主による集権化、人身支配の強化への動きでもあった。

伍制が地方行政制度として定着して行く契機の一つに、商鞅による什伍制の実施が指摘されている。商鞅による什伍制は、春秋時代にみられた伍制を什制に変更し、連坐の範囲を広げ、治安の強化を狙っていたが、これは十家組内の一家（戸）の罪が他の九家の各戸長にまでおよぶという恐怖政治を演出するものであったがため、漢代に入ると什伍制の呼称は残るものの、その実態は春秋時代の伍制に戻された。

商鞅の什伍制は、前三五九（または三五六）年に施行された。しかしその後これが何時まで実施され、またその編成の具体的形態はどのようなものであったか、さらにはその機能はなど関心がもたれるが、史料上の制約でさほどこれを跡づけることはできない。

この点について、一九七五年に発見された湖北省雲夢県睡虎地の秦墓から大量の竹簡が出土した。この竹簡は、戦国末から統一秦初にかけて生存した県吏が所持していたもので、秦律を含み注目を受けたが、また比較的多くの伍制に関わる記述も含まれ、従来不明であった商鞅以後の什伍制、伍制の推移がわずかながら確認できるようになった。

春秋時代から漢六朝にかけての伍制の動向については、かつて略述したことがある[1]が、この睡虎地出土竹簡によって確認できる戦国期、あるいは統一秦初に関わる伍制については、あまり言及することができなかった。このため以下、少しく睡虎地出土竹簡中の伍制関係の記事を整理しておくことにする。本章で引用する睡虎地竹簡は、一九八一年に文物出版社で刊行された『雲夢睡虎地秦墓』により、簡号を史料の後の（　）内に付記した。

## 一　伍の編成

〔史料1〕可謂(何)四鄰、四鄰即伍人謂殹。（法律答問、簡号四六九）

この〔史料1〕は、伍の組み合わせが、戦国末から統一秦初に、「四鄰」の関係において編成されていたことを伝えてくれる。時代は降るが、かつて仁井田陞氏が唐の戸令の復旧に際し、鄰と保との関係について、これを「四家為鄰、五家為保」と認められたこと[2]から、鄰と保との具体的構成とその機能について論争が行われた。

この論争の過程については、すでに松本善海氏が詳細に紹介されている[3]が、この鄰保をめぐる問題点の一つに、四家の鄰と五家の保とが、並立する組み合わせであったか、それとも鄰は保内に包括されるものであったかが課題とされた。

もちろんこのような議論は、一見、形式的で瑣末な事柄のようであるが、これはまた、支配の最末端に位置づけられる鄰と保との機能如何に繋がる問題点でもあることから、大きな関心を呼んだ。

唐令における四家一鄰と五家一保との組み合わせや、それぞれ（とくに鄰）がもつ機能などについては、いまだ決定的な解決方法は見出されていないが、今回、睡虎地で出土した前掲の〔史料1〕では、前三世紀のことではあるが、四家組の鄰と五家組の伍とが並立する組織ではなく、鄰は伍の内に包括される存在であったことが明らかである。

そこで四鄰と伍との関係、その組み合わせ方式についてであるが、これは〔史料1〕に「四鄰即伍人」とあることからして、当然、中心、基準となる一家とその四鄰との存在を前提として初めて成り立つことになる。それでは伍の具体的な編成形態はとなると、これまで同列の左右五家でもって構成されるとの図式が想定されてきた（附図A）[4]。

四鄰の語は、『国語』斉語においても、「四鄰大親」とみえているが、その実態は、斉が南の魯、西の衛、北の燕に対して、征服していた諸邑を返還し、相互の封疆（国境）を正したとの事実であって、ここでの四鄰は、四方の諸侯国を意味している。

鄰の字義については、『詩経』小雅正月の後漢鄭玄の注に、「鄰、近也」とあり、民国時の汪仁寿の『金石大字典』には、鄰字の古文字としてまた、「66」（漢孫根碑）、あるいは「∞」（汗簡）が収録されている。そしてこの鄰字の古文字については、加藤常賢氏が、「□□」、または「ΔΔ」の字形とし、「□」は他人に侵されぬために壁で囲まれ、門でさえぎられた一個の屋敷であって、「□□」・「ΔΔ」は、その屋敷が二軒並んでいる「となり」という意味を表わしていると説かれた[5]。

四鄰が、ある中心に近鄰する東西南北などの四方鄰を意味するとの理解も、これら鄰字の字解に沿うものであろうが、鄰字にはまた、藤堂明保氏による音韻学上の分析から、一軒一軒数珠つなぎに並んで連なっている様（附図B）

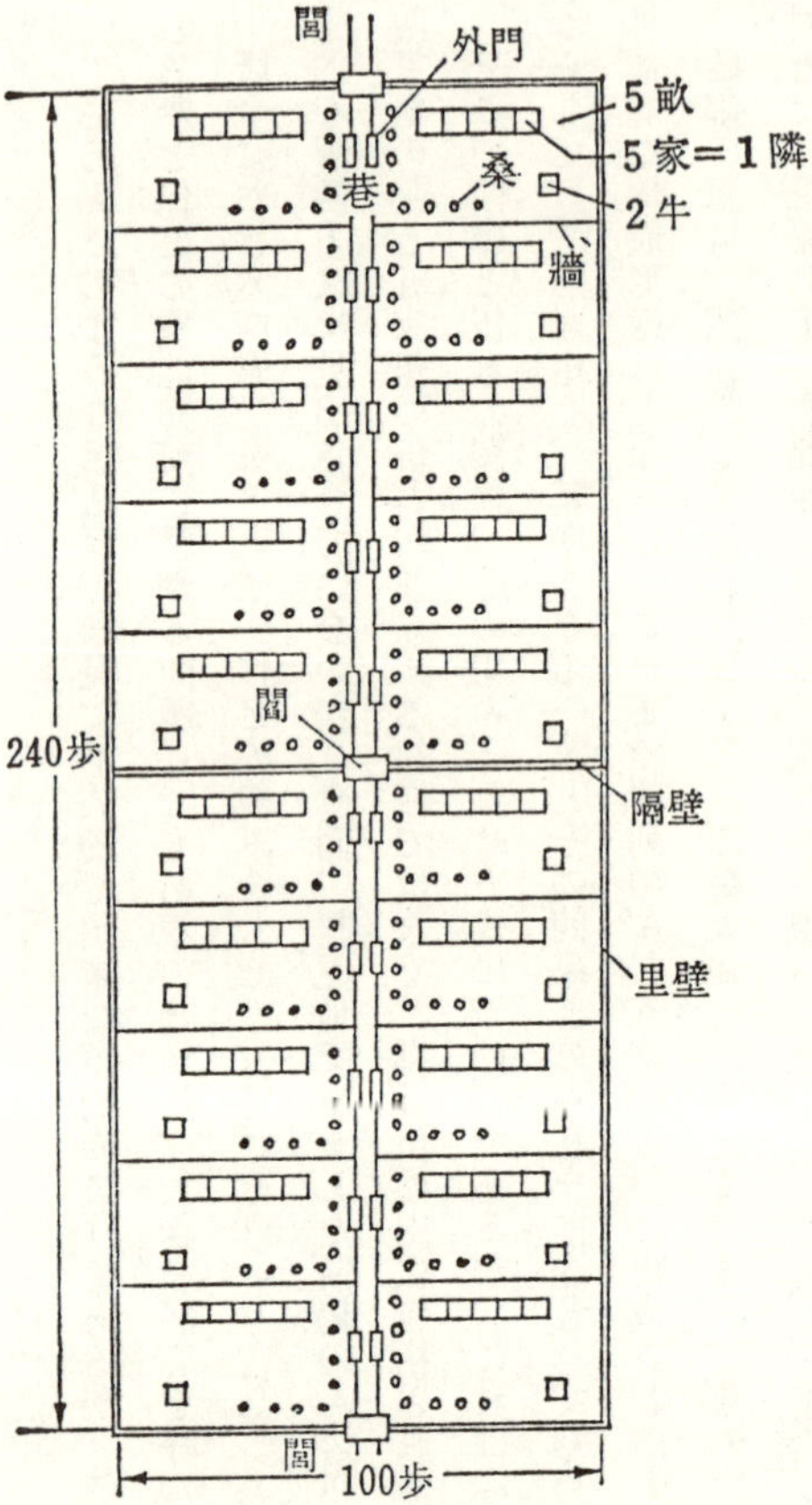


古賀登氏の秦漢の里

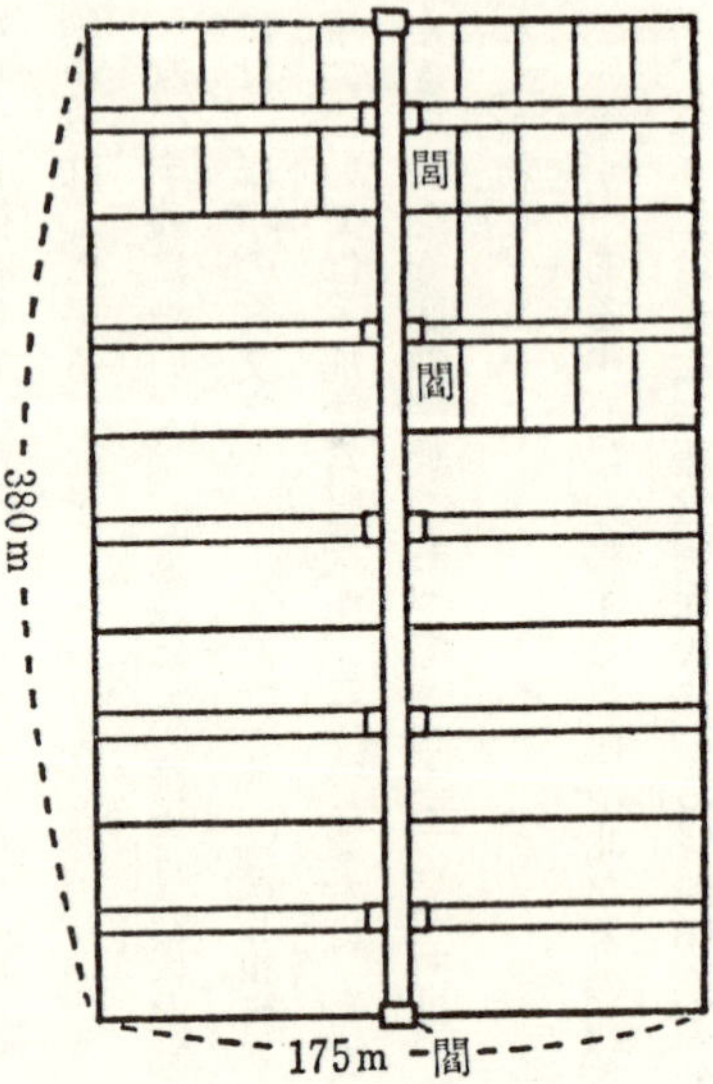


米田賢次郎氏の商鞅の里

附 図 A

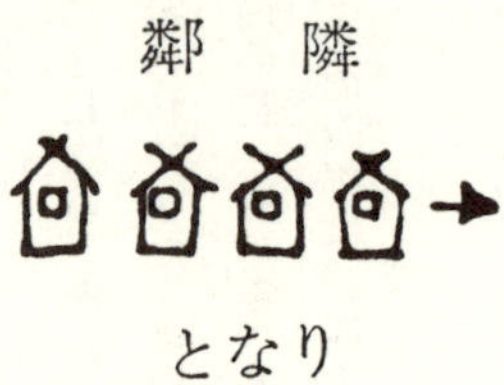


藤堂明保氏の鄰

附 図 B

との義も認められる。そしてこの字義に該当する用例として、藤堂氏は、『説文解字』の「五家為鄰」と、『論語』里仁の「子曰、徳不孤、心有鄰」とを引用されている[6]。

藤堂氏の見解は、鄰が数珠つなぎになっている様との考えであるから、これまで指摘されてきていた同列の五家をもって伍とする、との組み合わせ形態とも一致する。ただ『論語』里仁の鄰字に対する、三国魏の何晏による「以類聚」との解、あるいは朱熹による「鄰、猶親也」との解、など特定の数や形態を離れた理解もある。

白川静氏は、鄰字の正字を説文解字と異なって「隣」とし、隣は人牲を用いる聖所で、ここでの祭祀を司る官吏の存在が、後、行政単位に転化したとされている[7]。後漢の劉熙の『釈名』釈州国では、

五家為伍、以五為名也、又謂之鄰、鄰連也、相接連也、又曰比、相親比也。

とあり、鄰は、「相接」とともに、「連」の義でもあるという。「接・連」の意味は、必ずしも四方鄰のように伍の家が直接鄰接する関係だけに限定されることではない。数珠つなぎの意味も含まれていたと思われるが、藤堂氏も、こと熟語「四鄰」の釈義となると、さすがにこれは、四方の近所、四方の鄰国、四方の鄰人と解されている[8]。

四鄰を東西南北などの四方の関係で理解すると、鄰の字義は、あるいは環状で数珠つなぎに連続する様子なども想定されるかも知れないが、問題の伍の編成に関連づけると、藤堂氏も、『説文解字』の「五家為鄰」については、これを同列の五家と理解し、「四鄰」については、これを四方の環状につながる四家と理解され、同じ五家の組み合わせを考えるにしても、形態の上で相違が生じている。

もちろん睡虎地出土の史料は戦国末から統一秦初、『説文解字』は後漢時代の編纂物であり、両者の意味する五家組の形態が相違していたとすれば、藤堂氏の理解も問題はない。しかし『説文解字』の「五家為鄰」との伝文の理解如何に関わる課題としてこれを検討し直すことも可能であると思われる。

そこであらためて前掲〔史料1〕の「四鄰即伍人」をもとに、この『説文解字』の「五家為鄰」を検討してみると、

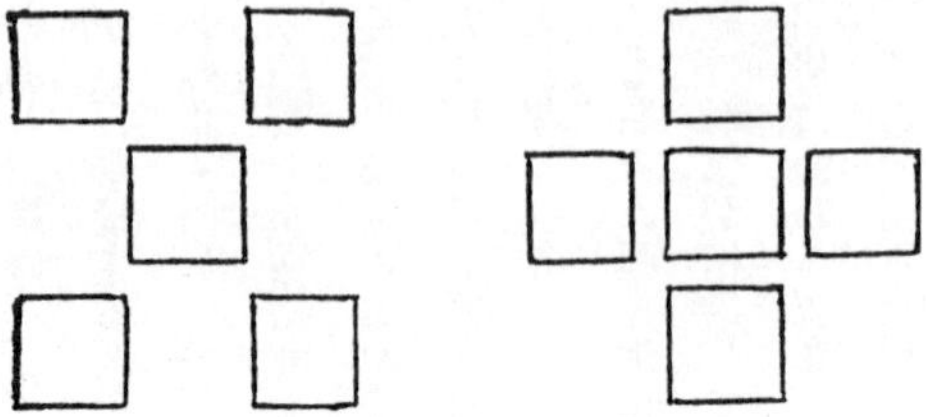

「四鄰即伍」の五家組

附　図　C

『説文解字』の五家は、四鄰とその中心になる家とによって編成されていて、これがすべて「鄰」の関係に位置づけられているとすると、四鄰数珠つなぎの形態も考えられるが、中心の家から四方にそれぞれ放射線上に連なるものとして理解することも、これまた充分に成り立つ。

もちろん時代の異なる史料で、統一した方向性を導きだす姿勢は問題かも知れない。それでも『説文解字』の五家組を、睡虎地出土の史料で理解せんとした背景は、戦国秦漢時代における条里制の存在を疑問視する考えが前提となっている。睡虎地出土の史料で確認される五家組が、漢代に降って人為的な条里区画を満足させるような同列五家組に改変されるなどのことは、当然ありえないと考えているがためである。

伍、即四鄰と、五家組が四鄰との関係において編成されていた点は、なお今後、慎重を期すべきかも知れないが、少なくとも前掲〔史料1〕にあっては、伍が必ずしも固定された存在ではない。

古文字にも「66」、または「∞」と象形されているように、中心の家と、東西南北に必ずしも限定される必要はないが、四方鄰家とのそれぞれ二家の関係の積み重ねによって編成されていた（附図C）と思われる。[9] もちろん情況によっては数珠つなぎの五家組の形態を否定するわけではない。

ただこの伍が、聚落の単位ともされる里を越えてまで五家編成の原則を保持していたかどうかとなると、これは定かではない。伍制がそれほど画一的で、五の数値に厳密を期していたとも考えられない。四鄰は、近鄰の義にも通じる。里は、税や役を始め民政の基本単位であり、伍制のような単なる治安維持機構とは性格を異にしていた。

里は、漢制で一里百戸と規定されながら、実態は必ずしもこれとは一致していなかった。問題の伍にあってもまた、複数里が鄰接する都市のような場合は別として、これが近鄰の原則を無視し生活の実態、地縁の関係から大きく逸脱してまで編成されていたとの理解は、あまり現実性、実効性がない。里の編成と同様、伍制においてもまた、五家の数がその絶対条件とまでなりえていなかったことは想像に難くない。伍の編成の図式、形状についても同様である。

なお、

〔史料2〕冗募帰、辞曰日已備、致未来不如辞、訾日四月居辺、●軍新論攻城、城陷、尚有棲未到戦所、告曰戦囲以折亡、叚者、耐、敦長・什伍智弗告、訾一甲、伍二甲、●敦表律。（秦律雑抄、簡号三六三・三六四）

と、〔史料2〕には、伍と並んでまた什伍の語がみえている。同じ事件の責任の追求にあっても、什伍は一甲の罰則ですんでいるのに、伍は二甲と罰則が重くなっている。

このことは什伍と伍とが異なる組織であったことを窺わせるが、睡虎地秦墓竹簡整理小組の訳文では、伍を「同伍的人」と解しているのに対し、什伍は「同什的人」と解している。[10] 同伍人よりも同什人の方が、人間関係においてより稀薄にならざるをえないとの理解に立てば、同什人の方が責任を軽減されていることも納得できる。しかし敦表律の場合は、どうも辺境の屯所に関わる律文で、ここでの什伍は、軍隊組織（隊列）に限定しての什や伍のことであった可能性が大きい[11]。

そして睡虎地出土竹簡中にあっては、本章で取り上げている民間の地方行政に関わるような十家組の存在は、確認することができない。

このため商鞅による十家組の制度は、この戦国末から統一秦初にかけて、すでに廃止され、商鞅以前の伍制に戻されていた可能性が大きい[12]。

## 二　伍の構成

〔史料3〕吏従事于官府、当坐伍人不当、不当。（法律答問、簡号五二五）

〔史料4〕大夫寡、当伍及人不当、不当。（法律答問、簡号五二六）

この二種の史料のうち、〔史料4〕については、睡虎地秦墓竹簡整理小組によって、比較的高爵で人数も少ない大夫の場合は、一般の伍人と一緒に五家組に入っていなかったとの見方がだされており[13]、陳自方氏も、睡虎地秦律中の連坐には、

①家族の連坐

②什伍の連坐

③官吏の連坐

の三種があるとされ[14]、官吏が什伍の連坐制から分離されていたと見なされている。

そうすると伍の構成は、漢制の場合のように、「今自関内侯以下、比地於伍」（塩鉄論周秦）と、関内侯以下全人民が地縁によって五家に編成されていたのではなくなる。ただ陳自力氏の説かれる官吏の連坐は、官吏が所轄の部下の責任を被る、治獄において不直をなした官吏が職を失うなど、官僚組織内での責任体制についてである。職務上の責任と日常的な生活の場における伍制とは、競合するものではないはずで、職務上の責任を負うからといって日常生活面での責務が免除されることにはなりえなかったと思われる。

秦爵の実態については、必ずしも明らかではないが、「大夫」の爵級の者のみが伍制から例外扱いされているということも不可解である。〔史料4〕に「大夫寡」とある「寡」についても、これまで寡少の意味に解されてきているが、

なぜ大夫が寡少であるのか問題である。

ただ〔史料4〕については、〔史料3〕の吏人の場合と同様に、伍の連坐規定が大夫には適用されていなかったとの解釈があり、[15]冨谷至氏のように、大夫は什伍の構成員ではなかったとの解釈が受け入れられている。[16]しかし〔史料3〕の場合は、「従事于官府」の吏が、伍人として連坐すべきかどうかが問題とされている。吏がもし伍の構成員となっていなければ、設問自体意味のないことになる。吏もまた伍の構成員となっていたことは明らかである。

それでは〔史料3〕の場合、なぜ伍人の連坐が免除されているかであるが、この時の吏は、官府に「従事」していていた。吏にとって当然のことである「従事于官府」が、わざわざ付記されている点も気になる。そこでこの官府に従事するとある「従事」についてであるが、法律答問中にまた、

大夫甲堅鬼薪、鬼薪亡、問甲可(何)論、当従事官府、須亡者得、●今甲従事、有(又)去亡、一月得、可(何)論、当訾一盾、復従事、従事有(又)亡、卒歳得、可(何)論、当耐。（簡号四九七・四九八）

とみえ、「従事」とは、たんに吏職に服務するだけのことではなく、罪意識をも含め、強制的に服役させられる場合があったようである。[17]このため〔史料3〕の「従事于官府」の吏については、服役者など特殊な事情をもつ人々であった可能性がある。

〔史料3〕の場合は、吏に同伍連坐の免除規定が適用されていた。このため〔史料3〕の「従事于官府」者は、重ねて同伍人としての連坐を適応するにはおよばないなどの経緯が存在していたのかも知れない。

そこで先に問題とした〔史料4〕の場合は、〔史料3〕と記載形式が類似しており、「大夫寡」者の場合も、伍にあって同伍人としての連坐規定が適用されるべきかどうかとの問いかけで、大夫身分のものが伍の構成員になっていなかったとまで解さなくてもよさそうである。

それにしても〔史料4〕の場合、「大夫寡」の文意が問題となる。そこでこの点についてであるが、古賀登氏は、こ

れを爵五級から爵九級までの大夫階級のうち、爵五級の大夫や爵六級の官大夫を指すとされている。[18] これは「寡」を、爵級の低いものと理解されてのことである。これに対して冨谷至氏は、これを大夫以上の人数も少ない上級有爵者と見なされる。[19] 睡虎地秦墓竹簡整理小組による、人数の少ない大夫爵との理解もある。「寡」の解釈としていずれを是とすべきか決め手はない。ただ〔史料3〕の「吏従事于官府」に対する連坐制免除規定の理解を、ここで援用することが許されるとするならば、問題の「大夫寡」についても、これは大夫の身分のもので、しかも「寡」者であることが連坐制免除の適用資格を備えていたということになる。大夫についても、これが上級有爵者であるか、あるいは広く官位にあるもの一般を指していたのか定かではないが、「寡」については、寡少の意味よりも『管子』問に

　問独夫寡婦孤寡疾病者、幾何人也。

とみえる「寡」者など、刑の優遇措置を講じる必要のある人に対する、何らかの連坐制免除の具体的事由を説明する言葉ではなかったかと考える。

　この点についてはなお後考に俟たねばならないが、〔史料3・4〕について問題とすべきは、いわれているように、伍の枠外に位置する住民の存在が、はたして〔史料3・4〕において確認できるかどうかである。しかし〔史料3・4〕を含め、睡虎地出土竹簡中には、このような事実は確認できない。

　封診式に分類される「封守」の記事には、

〔史料5〕郷某爰書、以某県丞某書、封有鞫者某里士五甲家室・妻・子・臣妾・衣器・畜産、●甲室人、一宇二内、各有戸、内室皆瓦蓋、木大具、門桑十木、●妻曰某、亡、不会封、●子大女子某、未有夫、●子小男子某、高六尺五寸、●臣某、妾小女子某、●牡犬一、●幾訊典某某、甲伍公士某某、甲党有「它」当封守、而某等脱弗占書、且有辠、某等皆言曰、甲封具此、毋它当封者、即以甲封付某等、与里人更守之、侍(待)令。(簡号五八一—五九二)

とみえ、公士は下級有爵者と解されているが、ここでは有爵者が伍の構成員とされている。当時も、士庶の別なく全

住民が伍の構成員になっていたとの理解がまた許されるようである。

つづく〔史料6〕にあっては、

〔史料6〕匿敖童、及占癃不審、典・老、贖耐、●百姓不当老、至老時不用請、敢為酢偽者、訾二甲、典・老弗告、訾各一甲、伍人、戸一盾、皆遷之、●傅律。（秦律雑抄、簡号三六〇、三六一）

とあり、「伍人」と称される伍の実態は、「伍人、戸一盾」と、「戸」を単位に構成されていたことが明らかである。戸は戸籍編成の基礎となる存在であり、役徴発のための単位ともされていて、商鞅の分異の法において確立、方向づけられたものである。

さらには、

〔史料7〕賊入甲室、賊傷甲、甲号寇、其四鄰・典・老、皆出不存、不聞号寇、問当論不当、審不存、不当論、典・老雖不存、当論。（法律答問、簡号四六八）

と、〔史料7〕にあっては、甲の家に賊が侵入して、甲を傷つけた事件で、里典や老とともに、甲の四鄰の責任如何が問われている。そしてこの場合、四鄰が甲家に賊が侵入した時、たまたま不在であったことから、典・老とは異なり、四鄰はその責任を免れることができた。

もし四鄰のうちで在宅している家があり、甲家での賊の侵入を知りつつ放置していたとなると、これは不告姦、あるいは犯罪者に加担したと見なされ、その責任が問われたのであろうが、四鄰不在の場合は、「令民為什伍、相収司連坐」（史記商君列伝）にみえる連坐の適用外と考え、四鄰の責任を問うようなことはしなかった。

ただ典・老のみは、在、不在に拘わりなく、賊の侵入を許し、またそれに対する対応策を講じることができていなかった無策、体制の不備のゆえに、換言すれば職責の故に、責任が問われている。典は里典とも熟されており、里の吏人であったと思われるが、[20]老についてはその実態は定かではない。典と老とは、前掲〔史料6〕にも両者が並記さ

れているが、法律答問中には、

〔史料8〕甲誣乙通一銭黥城旦辠、問甲同居・典・老当論不当論、不当。（簡号五五三）

ともみえ、いずれも地域での治安の責任を問われる立場であった。そして〔史料6・7〕ともに、老は伍人や四鄰とは責任体制の面でまた異なる立場におかれている。

睡虎地秦墓竹簡整理小組は、この「老」について、これを「伍老」、後世の保甲長と解している。[21] たしかにこの点、つぎの〔史料9〕には、

〔史料9〕賈市居列者及官府之吏、毋敢択行銭・布、択行銭・布者、列伍長弗告、吏循之不謹、皆有辠、金布。

（金布律、簡号一三五）

とあり、「列伍長」と、市列における伍長の存在が伝えられている。しかしこの場合の賈市は、官府の吏が共同責任を負わされる形で運営されており、戦国・秦代の市の組織けあまり詳らかではないが、商鞅の抑商策をへた後の市の運営のことでもあり、市が官府の影響下におかれていたことも当然考えられうる。

このため、〔史料9〕に伝えられる「列伍長」の存在も、これは強い国家統制の下における特殊な市の管理体制であって、これを一般住民に対する伍制の組織にまで拡大して理解する必要はない。そして前節でも問題とした〔史料7〕の「四鄰」についても、これはたまたま賊が侵入した甲家に対しての「其四鄰」であって、〔史料1〕にみえる「四鄰即伍人」の原則に従えば、被害を受けた甲家を中心に成立する五家組、伍に該当していたことになる。

このことは繰り返しになるが、「四鄰即伍人」の原則を忠実に運用すれば、四鄰は「其四鄰」と「其」家如何で変更され、固定した組織とはなりえないことになる。

四鄰によって規制される「伍人」の関係も、五家組が固定されていない限り、地縁の範囲内で、その構成を変更せざるをえなかった。五家組の関係が、血縁関係をもつ家によって構成されることもあったと思われるが、春秋左氏伝

昭公三（前五三九）年の条に伝えられる、居を構えるにあたっての卜鄰の風習[22]なども、血縁によって結ばれる伍が、必ずしも一般的な傾向となりえていなかったことを物語る。

このように固定されることのない伍の組織に、伍長などの伍の責任者を求めることは意味がない。先に問題とした「老」の理解についても、これを「伍老」とみなすことには問題が残る。ただ「老」も、ある程度、公的立場が認められていたようであるから、漢代の三老制実施などの引金となる存在であったかとも考えるが、なお推論の域を出ない[23]。なお伍長については、漢六朝を通じ、かかる伍の核となる存在の常置は、いまだこれを確認することができない[24]。

## 三　伍の機能

伍の機能の一つに、連坐制が含まれていたことはよく知られている。すでに前節でもこの点については紹介したが、また、

〔史料10〕戦死事、不出、論其後、有（又）後察不死、奪後爵、除（いましめる）伍人、不死者帰、以為隷臣。（秦律雑抄、簡号三六五）

〔史料11〕律曰、与盗同灋、有（又）曰、与同辠、此二物、其同居・典・伍、当坐之、云与同辠、云反其辠者、弗当坐、●人奴妾盗其主之父母、為盗主、且不為、同居者為盗主、不同居不為盗主。（法律答問、簡号三九〇・三九一）

〔史料12〕伍人相合、且以辟辠、不審、以所辟辠辠之、有（又）曰、不能定辠人、而告它人、為告不審、今甲曰伍人乙賊殺人、即執乙、問不殺人、甲言不審、当以告不審論、且以所辟、以所辟論当殴。（法律答問、簡号四六六・四六七）

などにも、伍と連坐制との関わりを伝える。このうち〔史料10〕では、戦功による子供への行賞が、後で不実とわかったため爵が奪われ、同伍人へも累がおよんでいる。

爵を受けた本人は必ずしも兵役に従事しているとは限らないから、ここでの「伍人」は民間の伍制であった可能性

がある。論行賞の具体的手続きは定かでないが、遺族が申請した行賞手続に問題があり、伍人もまた同時に責を受けたのかも知れない。戦場での事実関係の責を、ここでは民間の伍人が被ることになっている。

また〔史料11〕は、「与盗同瀘」・「与同辠」と、いずれも具体的な事実関係は定かでないが、犯罪の実行当事者でないものが、当事者と同様に責任を問われており、その範囲け、「同居」・「典」・「伍」とされている。伍は犯罪当事者の四鄰として、当然告姦の義務があったわけで、「与盗同瀘」・「与同辠」とは、この告姦の義務を伍人が怠ったと見なされたがためであろう。

典の場合は、里内にあって、

可謂逋事及乏繇、律所謂者、当繇、吏典已令之、即亡弗会、為逋事、已閲及敦車食若行到繇所乃亡、皆為乏繇。

（法律答問、簡号五三四）

と、中央からの役の通達を、上級官府の担当吏とともに里人に伝えるなどの比較的日常的な行政事務のほか、封診式の「厲」にみえる奇病者や、「経死」にみえる自殺者など、同里同伍人の告を建前とする告姦連坐に繋がらない事件について、これを県廷に「告」したり、同じく封診式の「封守」〔史料5〕にみえる被疑者の財産の確認・封印・監視、「穴盗」〔史料13〕にみえる盗難を受けた家での調査への立ち合い、さらには「亡自出」にみえる逃亡者の自首に際しての本人であるかどうかの認知など、それぞれ県廷による刑事捜査への協力も行っている。

また〔史料6〕の、里人の匿戸・廃疾者・免老者をめぐっての不正、〔史料7〕の、里内での賊傷事件への対応の遅れ、〔史料8〕の、里人間での誣告事件の発生、などの場合においても典の責任如何が問われている。

このため典、里典の場合は、里内の諸般に亘ってその責任が問題とされていたと思われるが、これまでに引用した史料の内、〔史料6〕・〔史料7〕・〔史料8〕においては、ここでの〔史料11〕と同様、「典」のほかにまた、

| 史料 | 事件の当事者、（ ）内は罪刑 | 連坐関係者、（ ）内は罪刑等 | | | | 事件の概況 |
|---|---|---|---|---|---|---|
| 史料6 | | 典（贖耐） | 老（贖耐） | | | 匿戸や廃疾者の不正報告 |
| | 免老詐偽者（貲二甲） | 典（貲一甲） | 老（貲一甲） | 伍人（各戸一盾） | | 免老の報告に不正 |
| 史料7 | 犯人不明、被害者甲家 | 典（論） | 老（論） | 四鄰（不在の場合、論の対象とならない） | | 賊傷事件への対応 |
| 史料8 | 誣告者甲、被害者乙 | 典（論の対象とならない） | 老（論の対象とならない） | | 同居（論の対象とならない） | 誣告の発生 |
| 史料11 | | 典（坐） | | 伍（坐） | 同居（坐） | 「与盗同灋」・「与同辠」 |

と、里内で「老」・「伍」・「同居」なども、事件に応じて必ずしも画一的ではないが、その共同責任が問われている。

このことは里内の秩序が、幾層にも相互で監視し合う体制を備えていたことになるが、典・老・伍と同様に共同責任を問われる同居については、これまでその実態が種々問題とされてきた[25]。

同居については、法律答問中に、

可（何）謂室人可（何）謂同居、同居独戸母之謂殹、●室人者、一室、尽当坐辠人之謂殹。（簡号五七一）

とあり、また、

可（何）謂同居、戸為同居。（簡号三九二）

ともあって、「同居」は一個の戸、連坐の単位は「室」と解されている。

伍は、四鄰四家に罪がおよぶ。同居は複数の戸ではない。そこで戸と室とが異なる形態の家族、人的構成であったとすると、伍中の同居戸への罪の波及は、戸にして複数室の存在が想定され、戸と室とで伍の組み合わせ、四鄰の構成が異なってくる。

同居中の一室に姦者がでれば、他の同居中の室は連坐というより縁坐として罪に坐すことになる。伍の編成、形態上の課題と同時に、四鄰家への連坐が縁坐を含むものとして問題になる。

睡虎地出土の竹簡においては、かかる伍の運用の細部は必ずしも定かではない。『漢書』刑法志にみえる、「秦用商鞅、連相坐之法、造参夷之誅」とのように、相坐と参夷族刑（縁坐）とは、商鞅施行の什伍制の時点ですでに峻別されていた。商鞅以後の秦でも引きつづき伍制に縁坐の併用は確認できず、漢代の伍制においても、連坐と縁坐とが併用されている事例は、王莽政権下の一時期以外にこれを知ることはできない[26]。

戸と室とで伍の編成に果たして異なる組み合わせが生じていたかどうか検討の余地がある。また同居中の「室」が「四鄰」などと称される「鄰」字にあてられるとなるとこれも問題である。

また封診式の「穴盗」においては、賊が家の壁に穴をあけ侵入した事件で、

〔史料13〕爰書、某里士五乙告曰、（略）今旦起啓戸取衣、人已穴房内、（略）●即令令史某往診、求其盗、令史某爰書、与鄉□□隷臣某即乙、典丁診乙房内、（略）訊丁、乙伍人士五□。（簡号六五三―六六三）

とあり、典の丁と、被害者の同伍人□とが、県の令史から事情調取を受けている。この場合、事情調取を受けたのは伍人全員ではない。□字が不明ではあるが、文全体の構成からみて、ここには戊か某あたりの字が入り、被害者の事情に詳しい特定の個人が捜査に協力したものと思われる。

このことは、鄰人（四鄰）といえども、当然親疎の別があり、平素は独立した生活を営み、他家の私事にまで通じる人は限られていたことを意味している。同じ封診式の「封守」においても、前掲〔史料5〕の通りであるが、また「幾訊典某某、甲伍公士某某」とあり、典とともに同伍人の某某が調取を受けている。「某某」という表現は、複数の人を指すものであろうが、これが伍人全員であればこのような記載形式にならなかったに違いない。

ただこの「典某某」について、古賀登氏は、里内に典が複数存在し、小吏として里正の下で働いていたと注目すべき指摘をされている。[27] 本章は、伍制に限定してのことであるが、この指摘は里の構造を理解する上で重要である。そして「典某某」の表記は、この封診式「封守」の条にしかみえていない。もちろん「典某某、甲伍公士某某」の記載に誤脱があるか、[28]「某某」を単数の人と理解することができれば、それも一つの解決方法であるが、「某某」を複数の人数と理解すると、典の位置づけが問題となる。

睡虎地出土竹簡中には、「里正」の語は伝えられていない。そしてこの「典」について、睡虎地秦墓竹簡整理小組は、これを里正と解釈している。[29] 佐藤佑治氏もこれに従われている。[30] 里の組織は漢代に入っても必ずしも明確ではなく、この睡虎地出土の竹簡においてもまた同様である。もちろん里正の下に典という小吏が複数いたかどうか、これを直接証明する史料はない。このため、これ以上推論を重ねることも如何とも考えるが、ただこの「封守」の記事の構成には、他の封診式の諸事例と比較し、少しく特殊性がみられるようである。

「封守」（〔史料5〕）の記事の大略は、すでに述べたが、被疑者と思われる某里士五の甲の家産を、郷某が調査、差し押えて「封」、封印し、調査に遺漏があれば、典や同伍人をも有罪とする。そして封印された甲家は、典・伍人・里人によって「守」、看守させるとのことを内容としている（甲の妻は逃亡）。甲の家にはまた、妻・子（未婚の大女子・身長六尺五寸の小男子）のほか、臣妾や畜産（牡犬一を含む）を有し、家屋も木造瓦葺で、堂屋一間、寝室二間があり、門の近くに桑が十株植えられていた。

それでは甲家は、何の理由で封・守の処置を受けねばならなかったのであろうか。「封守」の記事においては、①爰書が郷某（郷吏か）の手で行われているが、封診式では爰書は多く県で作成されている。②爰書作成の契機が、県丞からの文書となっているが、封診式にみえる他の爰書は多く地元里人や里・亭の吏人が告発者となっている、などの注意すべき諸点が確認できる。

封診式に伝えられる一般的な事件のように、同里人または里や亭の吏人が告発者となっていた場合は、捜査の指揮は県吏が担当し、郷里亭の吏人や里人・伍人はこれに協力している。ところがこの「封守」の場合は、郷の指揮で、その調査の協力に複数の典や伍人が関わり、この典や伍人に対しては「甲党有（もし）〔它〕当封守、而某等脱、弗占書、且有辠」と、家産の管理が強く求められている。

事件の内容が不明であるため、隔靴掻痒の感を否めないが、この事件では郷の責任で里吏・里人・伍人に協力が求められるという、地域関係者を総動員する体制が執られていた。問題とした典もこの体制のなかで複数の人員が関係させられている。甲家の処理が、地域関係者の総動員体制を執らねばならなかった背景について、封守が行われる場合の典型的な方式であったか、それとも「典某某」とあることから家産が複数里にわたるものであったがためかなども問題となる。

もし甲家の家産が複数里にわたっていたとすれば、鄰接する里間にあって伍が里を越えて編成されていなかったかとの事情も考慮しなければならないかも知れない。もちろん推測の域をでない。「典某某」の記載を含む「封守」の記事については、この事件固有の事情が介在するものとも思われ、さらに検討されるべきではないかと考える。

ついで本節の初めに掲げた〔史料12〕についてであるが、これは伍人が罪を他に着せようとした事件であり、伍制連坐が治安維持の上で効力を発揮していたと考えられる反面、その裏ではこのような問題点も潜んでいたわけである。

伍人相互の共同互助については、『国語』斉語においても

伍之人、祭祀同福、死喪同恤、禍災共之、人与人相疇、家与家相疇、世同居、少同遊。

と強調されてはいるが、睡虎地竹簡で描かれる時代、地域社会においては、すでに大きく崩壊してきている現実を、この〔史料12〕の記事は伝えてくれているようである。

## おわりに

以上、睡虎地出土竹簡に伝えられる伍制関係の記事を中心に、戦国末から統一秦初にかけての伍制の実態についてふれたが、その大要は、

⑴民間における伍の編成は、必ずしも同列伍家によるものではなく、中心、基準となる家と近鄰の四方戸とによって編成され、固定した組織ではなかった。ただ兵制には什制が存在した。

⑵伍の構成は、戸を単位に地縁によって関係づけられ、五家間に血縁的結合を前提とするような要素は認められない。

⑶伍には、伍長に類するような核となる存在は常置されていなかった。しかし市においては伍長が存在した。

⑷伍の機能は、告姦連坐の役割を帯びるが、その運用には、

ⓐ「与同辠」に伍人が連坐しても、事実関係如何によっては免罪への方途が講じられていた〔史料11〕。

ⓑ匿戸・廃疾者についての不正申告、誣告の発覚などでは伍人の責任が問われていないが〔史料6・8〕、免老の詐偽申告では連坐が適応されている〔史料6〕。

ⓒ賊が侵入するような事件が起こっても、四鄰が不在で被害者の扶助が不可能な場合には連坐を免れる〔史料7〕。

ⓓ同伍人でもすでに特別の負担、責めなどを受けている場合には、連坐の対象から外される〔史料3〕。

ⓔ「伍人相告」が、誣告の弊を生んでいる〔史料11〕。

ⓕ遠く戦地での事実関係に関わる事件で、同伍人の責任が問われている〔史料10〕。

ⓖ伍人が同伍内での事件については協力させられている〔史料5・13〕、

などの具体例が伝えられ、伍制連坐の運用も、ただ恐怖政治にのみ徹していたのではなく、比較的多様で現実的な配慮がなされていた。

しかし以上の事実も、これは限られた史料に基づくもので、伍制のごく一部分を垣間見たにすぎない。同時に紙幅の関係で省略したが、本来ならば、伍を構成する家、戸の実態についても言及すべきであろう。戸は前述した通り「同居」の問題とも関わる。戸は役の不均衡を避けるべく、分異が徹底され、いわゆる「五口」の家に平均化されてきていたと思われるが、この睡虎地出土竹簡中にはまた、

（史料14）夫妻子五人共盗、皆当刑城旦、今中尽捕告之、問甲当購□幾可(何)、人購二両。（法律答問、簡号五〇六）

（史料15）夫妻子十人共盗、当刑城旦、亡、今甲捕得其八人、問甲当購幾可(何)、当購人二両。（法律答問、簡号五〇七）

など、「夫妻子五人」とか、「夫妻子十人」とかの記載がみえている。この数字は、物の喩えで実態を反映するとまで考える必要はないのかも知れないが、家族構成を伝える事例として引用しておく。

注

（1）拙稿「中国古代の伍制について」『中央大学文学部紀要』史学科一九、一九七四。本書所収。ここで引用した史料は、本章では重複させないよう務めた。

（2）仁井田陞『唐令拾遺』東方文化学院、一九三三。

（3）松本善海「吐魯番文書より見たる唐代の鄰保制」『西域文化研究』六、法蔵館、一九六三、『中国村落制度の史的研究』岩波書店、一九七七。

（4）米田賢次郎「二四〇歩一畝制の成立について―商鞅変法の一側面―」『東洋史研究』二六―四。『中国古代農業技術史の研究』同朋舎、一九八九。古賀登「阡陌制下の家族・什伍・閭里」『法制史研究』二四、一九七五。『漢長安城と阡陌・県郷亭里制度』雄山閣、一九八〇、頁二九三―四。

（5）加藤常賢『漢字の発掘』角川書店、一九七一、頁一九六。説文解字通訓定声に「ΔΔ字当是比之誤体」とあり。

（6）藤堂明保『漢字語源辞典』学灯社、一九六五、頁四七七―八一。

（7）白川静『字統』平凡社、一九八四、頁八九二。

（8）藤堂明保『漢和大字典』学習研究社、一九七八、頁二五九、「四隣」の項。

（9）注（4）古賀氏論文、頁二七五―八七は、孟子梁恵王章句上の「壮者以暇日脩其孝悌忠信、入以事其父兄、出以事其長上」の記事、あるいは（井田）夫屋の制から、当時は親子兄弟つまり三族グループが大門の内に住んでいて、これが五家＝一伍＝一郷に当たるとされる。しかし「入以事其父兄」の解釈については、守屋美都雄氏の指摘されるように、家族研究における「三族制」という典型の有無にとらわれすぎる従来の姿勢を排し、漢代では小は夫婦のみの家から大は従兄弟をも含む家が並び存し、家族の大きさや形態も多種多様であったとの結論をもとに、これが必ずしも同居家族のみに限定されるものではなかった（「漢代家族の形態に関する再考察」『ハーバード燕京同志社東方文化講座』二、一九五六、『中国古代の家族と国家』東洋史研究会、一九六八）との意見も捨て難い。五家組の血族制を明示する史料の存在もなお充分とはいい難い。

（10）睡虎地秦墓竹簡整理小組『睡虎地秦墓竹簡』文物出版社、一九七八、頁一四六。

（11）軍隊組織の什伍制については、睡虎地出土竹簡中にまた、

□□　□□某爰書、某里士五甲、公士鄭才某里曰丙共詣斬首一、各告曰、甲丙戦刑丘城、此甲丙得首殹、甲丙相与争、来詣之、●診首□鬈髪、其右角痏一所、袤五寸、深到骨、類剣迹、其頭所不斉䐪䐪然、以書讂首曰、有失伍及菌不来者、遣来識戯次。（封診式、簡号六一四―六一六）

と、伍がみえる。

（12）好並隆司「商鞅変法の新解釈」『中国における権力構造の史的研究』一九八二、は、商鞅の什伍制の什は特別の意味はなく相伍と大した違いはなく、伍を二つまとめたか、伍の十個分の意味であろう、と。さらに伍制の連坐も商鞅の創始であるとされる。

（13）注（10）、頁二一七。

（14）陳自方「秦漢連坐制度試探」『北方論叢』一九七九―二。なお馬先醒「坐与連坐」『簡牘学報』一〇、一九八一、は秦法の連坐範囲として、①家室、②三家、③鄰伍、④什伍、⑤郷里の五種を指摘する。

(15)　注（4）古賀氏論文、頁二九九。冨谷至「連坐制とその周辺」『戦国時代出土文物の研究』京都大学人文科学研究所、一九八五。『秦漢刑罰制度の研究』同朋舎、一九九八。

(16)　注（15）冨谷氏論文。なお冨谷氏は、大夫を大夫以上の官爵者と推定しているため、この官爵者も什伍の構成員から外れることになる。

(17)　「官府従事」の用語はまた、睡虎地出土竹簡中に、

令敖史毋従事官府、非史子殹、毋敢学学室、犯令者有辠、内史雜。（内史雜、簡号二五八）

ともある。「敖史」の意味が不明なため、ここでの「従事官府」の内容は定かにし難い。ただ、

隸臣妾、其従事公、隸臣月禾二石、隸妾一石半、其不従事、勿稟、（略）倉。（倉律、簡号一一六）

の「従事公」も、「従事官府」に類似した用語であろうが、これは明らかに官府での服役の意味である。

(18)　注（4）古賀氏論文、頁二九九。

(19)　注（15）冨谷氏論文。

(20)　里典について、睡虎地出土竹簡中に、

可(何)謂衛敖、衛敖当里典謂殹。（法律答問、簡号五六八）

とあり、里典は率（衛）豪（敖）者、豪強有力・弁護伉健者であるとされている(注（10）、頁二三七)。

(21)　注（10）、頁一四三。

(22)　拙稿「中国古代聚落の展開」『地域と民衆』青木書店、一九八一。本書所収。

(23)　注（4）古賀氏論文、頁三一二－三、は三老が商鞅の開阡陌以降すでに秦国に存在していたとされる。しかし史料上、制度として確認できるのは漢高祖二年以降である。

(24)　注（1）。

(25)　太田幸男「睡虎地秦墓竹簡にみる「室」・「戸」・「同居」をめぐって」『西嶋定生博士還暦記念東アジア史における国家と農民』山川出版社、一九八四。松崎つね子「睡虎地秦簡よりみた秦の家族と国家」『中国古代史研究』五、雄山閣、一九八二。注（15）冨谷氏論文、などにこれまでの論議が紹介されている。

(26)　注（1）。

（27）注（4）古賀氏論文、頁三一一―二四。

（28）A.F.P.Hulsewé, Remmnants of Ch'in Law, E.J.Brill, 1985, pp.185. は、「典某某」について、これはすぐ後に「伍公士某某」がきているための誤写で、「典某」となるべきではないかと解されている。

（29）注（10）、頁一四三。

（30）佐藤佑治「雲夢秦簡よりみた秦代の地方行政」『中国史における社会と民衆』汲古書院、一九八三。『魏晋南北朝社会の研究』八千代出版、一九九八。

（附記）陳邦懐「摹盧藏陶考釈補正」（陳直『摹盧蔵陶捃存』斉魯書社、一九八三）は、陝西省鳳翔出土の陳直氏が秦陶と考定された「大市中四井器陶蓋」を、「大市」の文字より漢陶と訂正される一方、陶蓋の下記の図形を、中央の黒点は井、周辺の黒点四と◎四（すなわち「中四」）とは井をともにする八家。家の配置を図示する。□は牆、丰は牆下の桑樹で、井器は「中四」家共用の汲瓶と見なされる。

（追記）本書校正中に、張家山漢簡呂后二（前一八六）年律令が公表され、戸律に「自大夫以下、比地為伍、以弁□為信、居処相察、出入相司、有為盗賊及亡者、輒謁吏、典、田典更挟里門籥（鑰）、以時開、伏閉門」と、伍と告姦の制がみえる。二年律令に什制はみえない。

（張家山二四七号漢墓竹簡整理小組『張家山漢墓竹簡〔二四七号墓〕』文物出版社、二〇〇一年一一月）

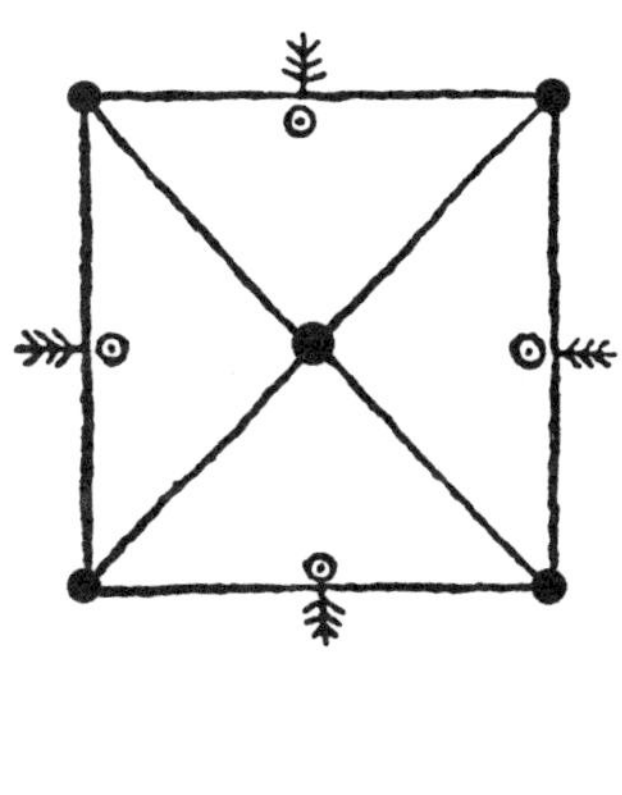

# 第五章　漢代の郷

## はじめに

漢書宣帝紀地節四年の条に、

其令郡国歳上繋囚以掠笞若瘦死者所坐名県爵里、丞相御史課殿最以聞。

と、獄関係者が取り調べの過程で、獄に繋がれている者を人道に背いて笞うち、あるいは饑えや寒さで死亡させた罪にあたる場合は、当該者の名・県・爵・里を記入して上申せよとみえている。名県爵里については、居延漢簡にあっても、

鞫毄、書到、定名県爵里□（下闕）　二三九・四六

と、囚徒に対し、名・県・爵・里の確認が行われており、また、

（上闕）寿王敢言之、戍卒鉅鹿郡広阿臨利里潘甲、疾温不幸死、謹与

（上闕）梼櫝参絜書約刻書名<ruby>縣<rt></rt></ruby>爵里、梼敦参弁券、書其衣器所以収　七・三一

にも戍卒の死亡に関連して、名・県・爵・里を記載すべきことがみえている。

これらは名県爵里、すなわち県・里・爵・姓名を必要とする場合であるが、居延漢簡にはまた、

　馬長吏、即有吏卒民屯士亡者、具署郡県里名姓年・長物色房衣服齎操・初亡年月日・人数白
　報与病已・謹案居延始元二年戍田卒千五百人為騂馬田官穿涇渠廼正月己酉淮陽郡

五一三・一七　三〇三・一五

と、吏卒や屯士の死亡に際して、郡・県・里名・姓・年・他を記載することがみえており、ここでは郡名が必要とされる一方、爵についてはふれられていない。

　さらに居延漢簡では、戍卒・田卒や騎士の名籍として、「戍卒・田卒、出身の郡国、県、里、爵、姓名、年齢」や「出身県名、騎士、出身里名、姓名」の書式[1]が一般的であった。名籍において、（郡）県里（爵）姓名を記入する書式は、内郡の、いわゆる軍籍以外にあっても、

　太史令茂陵顕武里大夫司馬遷年二十八。（史記太史公自序索隠所引博物誌）

　汝南富波宛里田成売。（賀梓城「西安漢城遺址附近発現漢代銅錠十块」所載銅錠刻文[2]）

と、一般的であったことが知られている。

　漢代における地方行政制度は、いうまでもなく州郡県郷亭里となっている。このため以上の名籍の書式にあっては、これら地方行政単位のうち、州・郷・亭が含まれないことになる。この場合、州・亭については、郡県郷里の民政機関と性格を異にしているが、郷がみえないのはどうしたことであろうか。

　もちろん居延出土の名籍においても、後掲の三例にあっては郷名がみえており、顧炎武もまた、史漢において、名籍の記載に、「県・里」を備えるものとならんで「県・郷・里」、「県・郷」の形式が存在することを指摘している[3]。また後漢書にも、県人何某―たとえば「県人朱達等」（南蛮伝）、「県人申屠蟠扶等」（高彪伝）等―とならび、また郷人何某―たとえば「郷人朱並」（張倹伝）、「郷人任安」（董扶伝）等―とのいい方がみえている。しかし居延漢簡をはじめとして、名籍の類に多く郷名を確認できないことは、郷をめぐる一つの問題点である。

この郷に対し、厳耕望氏は、郷吏を郡県の属吏と見なし、郷に「毫無地方自治之意義也」とされている。(4) このような郷に対する受け取り方は、後述するように実は今日比較的一般的である。

このため郷をこれまで考えてきた、郡県郷里と、それぞれに独立した行政単位であるとする理解は問題となる。この点についても検討しておく必要がある。同時に、郷の編成・郷の機能についても、またいくつかの問題が残されている。

漢代における郷制については、漢書百官公卿表、続漢書百官志等にその規定がみえる。いまそのおもな記事を表示すれば、つぎのようになる（表Ⅰ）。

表Ⅰ

| | 編成方法 | 三老 | |
|---|---|---|---|
| 漢書百官公卿表 | ①（大率十里一亭）十亭一郷<br>⑨（県大率方百里民稠則減稀則曠）郷亭亦如之 | ②郷有三老 | ③〔郷有〕有秩 |
| 続漢書百官志 | | ②〔郷置〕三老 | ①郷置有秩 |
| 漢旧 | | | 郷戸五 |
| 漢官儀 | （十里一亭五里一郵、郵〔亭〕間相去二里半） | | |
| 風俗通義 | （漢家因秦大率十里一亭）国家制度大率十里一郷 | | |
| 十三州志 | | | |
| 漢書高帝紀 | | 挙民年五十以上有修行、能帥衆為善、置以為三老郷一人（中略）復勿繇戍、以十月賜酒肉 | |

| 郷 | | | | | | | | | | | | |
|---|---|---|---|---|---|---|---|---|---|---|---|---|
| 吏名 | | | | 職掌 | | | | | | | 来源 | |
| 有秩 | 嗇夫 | 游徼 | 郷佐 | 三老 | 有秩嗇夫 | | | | 游徼 | 郷佐 | | |
| | ④〔郷有〕嗇夫 | ⑤〔郷有〕游徼 | | ⑥三老掌教化 | | ⑦嗇夫聴訟 | 収賦税 | | ⑧游徼徼循禁賊盗 | | ⑩皆秦制也 | 亭有長 |
| ④本注曰有秩郡所署<br>⑤秩百石 | ⑦其郷小者県置嗇夫一人 | ③〔郷置〕游徼 | ⑪又有郷佐属郷 | ⑨三老掌教化、凡孝子順孫貞女義婦譲財救患及学士為民法式者皆扁表門以興善行 | ⑥有秩掌一郷人 | ⑧皆（有秩嗇夫）主知民善悪 | 為役先後知民貧富、為賦多少、平其差品 | | ⑩游徼掌徼循禁司姦盗 | ⑫主民収賦税 | | ・亭有亭長 |
| 千則置有秩 | | | | | | | | | | | | |
| | | | | | | | | | 習、設備五兵 | | | ・亭長亭候 |
| | | | | | | | 均其賦役 | | | | | ・亭長一亭之 |
| | | | | | | | | 有秩嗇夫得仮半章印 | | | | |
| | | | | | | | | | | | | |

| | | | | | | |
|---|---|---|---|---|---|---|
| 亭 | | ・以禁盗賊本注曰、亭長主求捕盗賊<br>・承望都尉 | | ・年五十六老衰、乃得免為民就田、応合選為亭長<br>・亭長課徼巡、亭長持二尺板以劾賊、索縄以収執賊<br>・習、設備五兵、五兵弓弩戟楯刀剣甲鎧鼓吏赤幘… | 長率也<br>・亭吏旧名負弩、改為長、或曰亭父<br>・亭留也蓋行旅宿会之所館 | |
| 里 | | 里有里魁掌一里百家 | | | | |
| 什伍 | | 民有什伍、本注曰以相検察、民有善事悪事、以告監官 | | | | |

（注）　①②……は、原文の記載順序

ただこれも、これが実際の運用となるとあまり多くを語ってくれない。(5) そこで本章では、郷がもつ問題点について、最近、郷についての新たな側面を伝えてくれる居延漢簡中の郷関係の資料を整理(6)しつつ考えてみたい。

## 一　名籍と郷

**郷名**　居延漢簡にあって郷名をともなう名籍としては、つぎの三簡が見出される。

熒陽西郷春成里（下闕）　一七一・五
魏郡繁陽北郷佐左里公乘張世（下闕）　三三四・三五
河南郡雒陽北郷北昌里公乘張世　三三四・四五

居延漢簡には、この他にまた、一五・一九簡―本章では、郷関係の漢簡は全文を引用するが、他所において引用したものは、原簡編号のみとする―に北郷、四九五・一二、五〇六・二〇A簡に東郷、

出銭三百四、建平元年[五]月戊午孤山里王則、付西郷左忠　二六七・一八

および、三三四・二〇A簡に西郷、

(上闕)居延丞竟告尉、謂東西郷□(下闕)　四八四・二三

には、東郷・西郷、二〇二・一一簡に南郷、五一・一〇簡、および二一八・五〇簡に陶郷、三二〇・一七簡に安典郷、六二・五三簡に嚢郷、無簡号の、

(上闕)朔己亥賈明郷[嗇][夫]
(上闕)年□□如□謹案

に賈明郷、

(上闕)叩頭叩頭・請甯郷致記□(下闕)　七五・二一A

に甯郷、

(上闕)欲復白之杜郷麦事
(上闕)叩頭幸甚此敢言　三二・二一

に杜郷、二一・一A簡に広郷、五〇五・三七A簡に広明郷等の郷名を知ることができる。

以上によると、郷名には、東西南北等が付されたものがみえ、郷の性格の一端を窺わせる。この傾向は、居延漢簡にみえる里名においても確認できる。張春樹氏によれば、居延県の里名として、吉祥福瑞等の字句によるものと、第一・第二等の数字によるものとがある[7]が、数字をともなう里名と、東西南北等の郷名とは、共通した側面をもつ。

また金石萃編所収の蒼頡廟碑の碑の左側にも、

万年左郷有秩游智千(下闕)
万年北郷有秩畢奮千五百

蓮勺左郷有秩杜衡千五百

池陽左郷有秩何博千五百

と、左郷、北郷等の郷名がみえ、武威漢簡の武威出土の織物に書かれた磨咀子漢墓第四号墓出土の柩銘には、

姑臧西郷閹導里壺子梁之[柩]

と西郷がみえ、同漢墓第一五号墓出土の鎮墓券には、

姑臧北郷西夜里女

子□寧死下世当帰冢次

□□□□水社毋□河留

□□[有][天]帝教如律令

と北郷がみえている。九朝算術にも、

今有北郷算八千七百五十八、西郷算七千二百三十六、南郷算八千三百五十六、凡三郷発徭三百七十八人。

と北・西・南郷が例示されている。ちなみにここでの一郷は、一戸五口として平均一六二三戸である。江陵鳳凰山十号漢墓出土木牘（五号牘、『文物』一九七四－六）でも、

鄭里、二月、七十二算、算十銭、七百二十正、偃付西郷佐賜。

と西郷がみえる。

さらに郷名をあげるとすれば、漢書地理志には、表Ⅱのように、多くの郷名がみえる。

表Ⅱ

| 県名 | 郷名 | 備考 |
|---|---|---|
| 臨晋 | 芮郷 | 故芮国 |
| 美陽 | 中水郷 | 周大王所邑 |
| 栒邑 | 豳郷 | 詩豳国 |
| 汧 | 蒲谷郷 | |
| 丹水 | 密陽郷 | 故商密（左伝僖公） |
| 皮氏 | 耿郷 | 故耿国 |
| 楡次 | 涂水郷 | 晋大夫知徐吾邑 |
| | 梗陽郷 | 魏戊邑 |
| 偃師 | 尸郷 | 殷湯所都 |
| 父城 | 応郷 | 故国武五弟所封 |
| 随 | 厲郷 | 故厲国 |
| 舂陵 | 上唐郷 | 故唐国 |
| 秭帰 | 帰郷 | 故帰国 |
| 竟陵 | 鄖郷 | 楚鄖公邑 |
| 昌邑 | 梁丘郷 | 春秋伝曰宋斉会于梁丘 |
| 蘄 | 䣝郷 | 高祖破黥布 |
| 虵丘 | 隧郷 | 故隧国 |
| 鄱陽 | 武陽郷 | （右十余里有黄金采） |
| 褒中 | 漢陽郷 | |
| 無塩 | 郈郷 | （昭伯之故邑） |

また続漢書郡国志にも、多くの郷名を見出すのであるが、これら漢書地理志、続漢書郡国志にみえる、郷名をはじめ、亭・聚・里・城・山水・池沢等の地名は、続漢書郡国志によれば、

漢書地理志、記天下郡県本末、及山川奇異風俗所由至矣、今但録中興以来郡県改異、及春秋三史会同征伐地名、以為郡国志。

とあるように、いわゆる由緒ある名所、旧跡等の類であり、表Ⅱの郷名にあっても、これは、ほとんど先秦の国邑、あるいは「蘄県䣝郷、高祖破黥布」等の旧跡となっている。

郷の名称は、聚落の称として、古い歴史をもつ。(8) たとえば、漢書地理志にも、獲嘉県＝故汲之新中郷、冠軍県＝故盧陽郷、舂陵県＝故祭陽白水郷、復陽県＝故湖陽楽郷、海塩県＝故武原郷と、これら五県が、かつて郷であったことを伝えている。

このため漢代の郷について、これがまま故邑と関連するものであったことから、漢代の郷は城郭を有すとの考えがみえる。[9] しかし漢代における郷名に、東・西・南・北郷、あるいは左郷等が存在することは、この秦漢にはじまる地方行政制度としての郷が、それ以前の聚落名としての郷と、必ずしも一致するものではなく、いわゆる新たな人為的区画、すなわち何らの歴史的背景をもつことなく成立した行政単位―後述するように戸口数による区画か―であったことを窺わせる。

このため漢書地理志、続漢書郡国志にみえる郷名は、新たに人為的に編成された地方行政制度上における郷が、たまたま名所旧跡としての地名をひきついだだけであって、漢代における郷制―あるいは、亭・里も―の実態如何とは、全く関係はないことになる。[10]

なお、八一・一〇簡、一八一・一〇簡、一八一・二A簡、二一三・四四A、二一三・八A簡には、都郷の称がみえている。この都郷について顧炎武は、「今之坊廂」と解し、[11] 王毓銓氏は、「県城所在之郷」と解し、[12] 日比野丈夫氏は、都郷を下郷（漢書韓信伝）と対比されている。[13]

顧炎武もまた、都亭に対する下亭の存在を指摘しているが、[14] 後漢書皇后紀王美人の条の「都亭侯」に対する李注は、「凡言都亭者、並城内亭也」となっている―都亭については後述する―。

都郷にはまた、郷名が冠せられていない場合が多い。この点について顧炎武は、史籍が省略したものと解しているが、[15] 省略した理由についてはふれていない。

このため都郷の郷名について考えておくと、都郷に冠せられる名称は、たとえば比景都郷侯（後漢書梁統伝）等の事例のように、原則として県名と同一となっている。[補注] 多く都郷の郷名が省略されているのは、おそらくこのためと思われる。

陳直氏もまた、封泥中にあって、「県名＋郷」は都郷の印であり、「県名＋亭」は都亭の印であると指摘されており、[16]

厳耕望氏もまた、亭郷同名のものについて、これが多く郷の治するところの首亭であったと指摘されている。[17]このため都郷は、県治所在の郷ではなかったかと思われ、県内で都郷と称されるものは原則として他にはなかったことになる。都郷名を県名と別にして、わざわざ付す必要もなかったわけである。[18]

問題を名籍に帰すと、本節の最初にかかげた郷名をともなう三種の名籍は、はじめにふれたように、居延漢簡中の名籍にあっては例外的な存在である。一七一・一五簡の滎陽は、後掲の四五・一A簡にもみえ、守屋美都雄氏は、河南郡滎陽県のことかと推測されているが[19]、徐松も、滎陽と、熒陽とが、漢碑において混用されていることを指摘している。[20]つづく三三四・三五簡の繁陽も、三三四・四五簡の雒陽も、ともに漢書地理志にみえる県名であり、この三簡の名籍は、郡・県・郷・里の順で記載されていた。

名籍における郷名の有無については、少しく前述したが、かかる郡県郷里をともなう事例としては、釈名にみえる爵里刺釈書契にも、

又曰爵里刺、書其官爵及郡・県・郷・里也。

と、官爵と郡県郷里とが記載されており[21]、宋の史縄祖撰、学斎佔畢に収められる漢墓碑中にも、

永嘉元年二月十二日蜀郡臨邛漢安郷安定里公乗校官員王幽字珍儒。

と、郡県郷里がみえている。

このことは郡県とならび、郷もまた地方行政単位として、郡県、あるいは里と並称される独立した組織であったことを意味するが、この点については郷の所属をめぐる問題として後述することとし、ついでは郷の実態を把握するために、郷の編成について諸説を整理する。

**郷の編成**　漢代における郷の編成は、表Ⅰにあげたように、「大率十里一郷」と「(大率)十亭一郷」とが伝えられている。「十亭一郷」の亭については、また「十里一亭」の規定がみえており、「十里一郷」の里については「一里百家」

| 里亭郷の編成関係 | 備　　　　考 | 出　所 |
|---|---|---|
| 1里100戸，10里1郷，10里（キヨリ）1亭 | ・後漢の制。 | 曾我部 |
| | ・10亭1郷は10里1郷の誤り。 | 王毓銓 |
| | ・後漢には亭も小地域集団となる。<br>・郵の警戒する前後2里半の残り，亭の前後2里半を分担。 | 楊樹藩 |
| | | 池　田 |
| 5家1鄰，5鄰1里，10里1亭，10亭1郷 | ・「5家為伍，又謂之鄰，5鄰1里，居方1里之内也」（漢劉熙釈名）。<br>・亭は地方行政の基礎。 | 曲守約 |
| 1里100戸，10里1亭，10亭1郷 | ・大郷を基準とする。小郷が多い原因は，郷設置のとき戸口によらず，地理・政治的条件によったため。<br>・亭も郷官里正に似る。 | 蔡美彪 |
| 里，亭，郷 | ・亭は地籍の単位。 | 日比野 |
| | ・郷亭の面積は戸口により変化する。 | 越　智 |
| | ・亭は初級地方行政官。 | 厳耕望 |
| 10里1亭，10亭1郷 | ・1里百家は最大限。<br>・里居から道里が生まれる。亭は面積と距離を基準。 | 労　幹 |
| | | 岡　崎 |
| 里，亭，郷 | ・亭も郷里とともに郷党概念。 | 小　畑 |
| | ・十進法による編成は作為。 | 松　本 |
| 10亭1郷 | ・前漢の制。 | 曾我部 |
| 亭，郷 | | 宮　崎 |

**表Ⅲ**

| 1　里 | | 1　亭 | | | 1　郷 | |
|---|---|---|---|---|---|---|
| 行政村 | 100戸 | 公署 | 宿泊・警備 | 10里（キヨリ） | 戸数 | 里×10＝1,000 戸・10亭 |
| | 大率100戸 | | 警察 | 10里（キヨリ）〔亭部〕 | | 里×10＝大率1,000戸 |
| | 大率100戸 | | 警察・宿泊 | 10里（キヨリ） | | 里×10＝大率1,000戸（周囲2,30里の区画）・10数亭 |
| | 原則100戸（自然村との関係で変化） | | 警察・宿泊 | 10里（キヨリ） | | 里×10＝原則1,000戸・原則10亭（現実は3,4亭） |
| | 25戸（方１里） | 行政区画 | 警察・門の開閉掃除 | 里×10＝250戸（地域） | | 亭×10＝2,500戸（地域） |
| | 100戸 | | 教化・治安・交通・宿泊・聴訟 | 里×10＝1,000戸 | | 亭×10＝10,000戸 |
| | １定戸（郷の戸数から算出） | | 警察・通信 | 里×１定数＝１定地域〔亭部〕 | 地域 | 亭×１定数＝１定地域〔郷部〕 |
| | 〔100戸〕 | | 宿泊・警察・聴訟 | 里（キヨリ）×10＝10里（キヨリ）〔阡陌などの幹線道路上の亭治所〕〔亭部＝いくつかの里〕 | | 10里（キヨリ）×10＝100里（キヨリ）（郷治所）10里＝1,000戸（地域）・10亭部（全国平均4.5亭） |
| | 不特定戸 | | 民事・警事・武事 | 亭舎と亭部（郷を分割） | | 県を若干に区分 |
| | 一定地域（戸口と無関係） | | 警察・聴訟 | 里×10＝10里（地域と距離） | | 亭×10＝100里（地域） |
| 自然村 | 自　然　村 | | 交通・裁判 | 里×10＝10部落（10里（キヨリ）） | | 亭×10＝100部落 |
| | 自　然　村 | | 警察・宿泊 | 里×不特定数＝不特定部落 | | 亭×約４＝不特定部落 |
| | 自　然　村 | | 警察・交通 | 10里（キヨリ）（数部落を含む可能性） | | 里×不特定数＝不特定部落 |
| 公の行政区画でない | | | 宿泊・警備 | 里×10＝10里（キヨリ）（地域） | | 亭×10＝100里（キヨリ）（地域） |
| 城郭内の１区画 | | 城　郭　聚　落 | | | 城　郭　聚　落 | |

の規定がみえている。そこで郷の編成を考えるためには、どうしても亭里との関係を考えねばならない。郷亭里の編成、統属関係については、かつて里は行政村であり、亭は公署、郷は里の上級行政単位で、里・郷ともに戸数編成によるむねを論じたことがある。[22]しかし、この時は里の性格を中心としたため、ここで郷亭についての問題を少しくみておくこととする。

郷亭里の編成については、これまで表Ⅲ[23]にみられるような、多くの考えが提示されている。

いまこれを郷亭の関係にしぼれば、まず亭については、

(1)これを公署（亭舎）とし、郷里と別系統と見なす考え。

(2)これを職掌上では異なる面をもつ－蔡美彪氏のように、亭も郷里と似るとする考えもある－が、一応地方行政区画（単位）の一つとして郷里の間に位置すると見なす考え。

とに大別できる。そしてこの亭をめぐる理解の相違は、当然郷の編成にも影響をもつ。

前者の立場にたてば、亭は、原則として一定の距離をもつのみとなり、郷は、十里一郷の編成方式となるが、後者の立場にたてば、郷は、十里一亭、十亭一郷の編成方式を満足させることが必要となる。

同時にまた、前者の立場にたてば、郷は戸数－約千戸－を重視することとなり、後者の立場にたてば、郷には、戸数－一万戸、あるいは二千五百戸－を基準とするものと、地域（面積）を基準とするものとの両説がみられることになる。

そこで、これら諸説についてであるが、まず亭を行政区画と見なす立場で、一郷を一万戸とする蔡美彪氏の場合は、これを大郷の事例と見なされている。[24]しかし一万戸は、大県と小県とをわける基準であったほどで、郷の単位としてはあまりにも不自然である。

一郷を二千五百戸とする曲守約氏の説[25]も、釈名の「一里」が、行政単位としての里であるかどうかに問題が残る。また郷を一定面積と見なす場合にあっても、十里一亭と十里一郷とを同時に満足させることに苦しむ。場合によって

は、郷亭里間の数的関係を無視することにもなる。あるいは面積（里居）と距離（亭相互間）とが同時に満足できるものとの立場にもたたねばならない。

郷亭里間の数的関係を無視すれば、編成方式にも幅がでる。しかし面積と距離とを同時に満足させんとする試みは、より規定に忠実である。

このため後者の試みでは、早く岡崎文夫氏が取り組まれ、[26] 最近も、労榦氏等はこの考えをとられる。[27] しかしこの点については、すでに清水盛光氏から、岡崎説に対し、「里の解釈を距離から部落に移された理路には納得し難いものがある」との批判[28]があるように、いまだ問題が残されている。

以上、亭を行政区画として位置づけるにはなお問題がある。ここにおいても、かつて論じた[29]ように、亭を単なる公署として考えた方が無理がない。問題の亭部の語も、郷里が、戸を主体として編成されているため、亭が比較的一定の距離をもつことから、地域を示す場合、亭部と断って亭名を使用したものと考えられ、亭部と亭自体の性格とは切りはなして考えるべきものである。

また郷里が一定の面積によって編成されていると考えた場合、辺郡にあっては当然無人の境も多くなる。[30] このため戸を無視し、一定面積によって郷を区画することを想定してみれば、問題の所在も明らかとなる。

最後に郷と県との関係についてふれておくこととする。漢書百官公卿表には、

県大率方百里其民稠則減、稀則曠、郷亭亦如之。

とあるのみで、郷と県との数的関係については何らふれられていない。この点、漢書百官公卿表には、

凡県道国邑千五百八十七、郷六千六百二十二。

とあり、一県は四郷余となっている。また続漢書百官志には、順帝時のこととして、「県邑道侯国千一百八十」とあり、東観漢記には、桓帝永興元年のこととして、「郷三千六百八十一」―前漢時とくらべ半減―とある。順帝時と桓帝

時との相違はあるが、ここでは一県は三郷余となっている。

また漢書樊噲伝には、韓王信の討伐時のこととして、

定代郷邑七十三。

あるいは、

定燕県十八郷邑五十一。

とある。ここにみえる「郷邑」が、行政区画としての郷であるか、また代・燕それぞれの郡内すべての郷であったか等が不明であるが、ここにおける県と郷邑との関係も、代郡（一八県）の場合は、一県四郷余、燕郡の場合は、一県三郷弱となっている。(31)

ただかかる郷と県との数的関係は、あくまでも平均値であり、華陽国志蜀志蜀郡の条には、

成都県、郡治、有十二郷、五部尉、漢戸七万、晋三万七千。

とあり、ここでは晋代に降ると思われるが、一県一二郷となっている。晋代の郷は、晋書職官志では、

又県五百以上皆置郷、三千以上置二郷、五千以上置三郷、万以上四郷。

となっており、万戸以上の県も四郷までとなっていた。成都県の場合は、三万七千戸で一二郷である。規定に忠実であれば、四万近い成都でも一二郷は多いが、晋代の郷の規定にも、あるいは、

県率百戸置里吏一人、其土広、人稀、聴随宜置里吏、限不得減五十戸。（晋書職官志）

との、「随宜」の規定が適用され、戸数に応じ一県中の郷数が適宜増減されていたものと思われる。

漢代の県郷の関係にあっても、郷は戸数により編成されていた。このため当然、方百里の面積を基準−県に地域性が重んじられていたことは、県の数が、郷の場合と異なり、漢代から清朝にかけてそれほど大きく変動しなかったことによっても窺える−とする県では、戸数の増減に応じ、一県の郷数にも増減があったはずであり、大県ともなれば、また一県の

中に一〇郷を越す場合もみられたかも知れない。

漢代の郷は、地理的あるいは政治的事情によって大郷小郷の別が存在したとはいえ、一応、戸数を基準として編成されていた。そこでつづいては郷が、地方行政制度上、どのような位置を占めていたかについてふれることとする。

**郷吏の所属**　先に名籍の書式に、郷名が必ずしも省かれるとは限らないと述べた。しかし居延出土の軍名籍をはじめ、名籍の類に、まま郷名がはぶかれているのは問題である。この点について日比野丈夫氏は、「おもうに郷はどこまでも県の代行機関であり、郷吏といっても郷自体の吏ではなく郡県から派出された吏である」ため[32]と見なされている。

郷吏を郡県吏と見なす考えは、厳耕望氏に詳しく、氏は、

雒陽令、（略）員吏七百九十六人、十三人四百石、郷有秩、獄吏五十六人。（続漢書百官志所引劉注漢官）

あるいは、

（翼奉曰）游徼亭長外部吏、皆属功曹。（五行大義論都官）

等により、郷の有秩・嗇夫・游徼は、郡県の属吏であり、郷吏に、地方自治の意味などはないとされている[33]。越智重明氏も、郷に郷全体を支配する官吏がいないとされ、郷吏が広義の県吏であったことを示唆するとされている[34]。

しかし労榦氏は、県吏のなかに郷吏を入れず[35]、楊樹藩氏も郷吏を県吏と区別して論じられている[36]。そこで問題とされる郷吏の所属を考えるにあたり、以下少しく郷有秩・嗇夫の性格、および地方行政制度上における郷の位置づけについてふれておく必要がある。

郷の有秩・嗇夫については、続漢書百官志に、

有秩郡所署。

其郷小者県置嗇夫一人。

とみえており、有秩は郡、嗇夫は県が、その任免権をにぎっていた。そしてかれらは、

掌一郷人。（続漢書百官志）

あるいは、

游徼即嗇夫之所統也。（急就篇四顔師古注）

とあることから、同じ郷吏である游徼を配下におき、いわゆる一郷を総括する郷の責任者とでもいうべき立場にあった。

続漢書百官志劉注所引後魏闞駰撰十三州志には、

有秩嗇夫得仮半章印。

とあり、法言孝至篇晋李軌注にあっても、

五両之綸、半通之銅、皆有秩嗇夫之印綬、印綬之微者也。

とあって、有秩・嗇夫は、半通印を所持していた。

陳直氏は、封泥中に游徼の印がみえないことを指摘される一方、三老・嗇夫の印のほか、多くの郷印の存在を指摘されている。(37)

有秩・嗇夫はまた、「収賦税」と「聴訟」・「知民善悪」とを掌握していた。収賦税にあっては、郷佐が同じく「収賦税」の任にあたっており、聴訟・知民善悪についても、游徼の「徼循禁賊盗」が密接な関係をもっていた。有秩・嗇夫は、職掌の面でも游徼や郷佐の補佐をえて郷の統活者としての役割を果たしていたことになる。

有秩・嗇夫は、もし郷内に「傷風化」がごとき問題でもおこれば、

一県莫知所為、令丞、嗇夫、三老亦皆以繋待罪。（漢書韓延寿伝）

と、県においては、令丞が責任をとるのに対し、郷では嗇夫が責任をとらされた。

漢代の地方行政制度にあっては、州は部郡従事・典郡書佐による「主督促文書、察挙非法」、郡は五官掾による

「其監属県」、県も五官廷掾による「監郷五部」（以上続漢書百官志）とのように、上級行政単位は、それぞれ下級行政単位を監察するとともに、州郡県は上計行為にみられるごとく、緊密な連繫関係を保っていた。

一方、州刺史・郡守・県令長等の勅任官は、個別に中央から直接派遣され、州郡県の属吏の任免は、この刺史・郡守・県令長それぞれの手に握られていた。

このことは州郡県が、地方行政単位として上下間で有機的関係を保ちながらも、実は州郡県それぞれがまた、常に主体性をもちえたわけである。これは州郡県を互に分断、牽制させ、勅任官の本籍回避とならんで地方官の勢力削減に有効な手段となっていたはずである。そこでかかる配慮は、県につづく郷の場合はいかがであろうか。

郷の場合は、たとえそれが郡県の一部局に完全にくりこまれた存在ではなかったとしても、郷吏の人事は、州郡県のように中央と直結し独立した存在ではなかった。大郷（五千戸以上）の有秩は郡守、小郷の嗇夫は県令長が任免権を握っていた―游徼郷佐については明文を欠く―。漢書鮑宣伝では、「県郷嗇夫」と、郷嗇夫に対して、わざわざ県の字が冠せられている。

しかし注意すべきは、同じ郷でも、郷の大小をもって郷吏（有秩・嗇夫）が、あるいは郡の任免にかかり、あるいは県の任免にかかることとなっていた。もし郷が、県の完全な一部局とされていたなら、規模の大小をもって任免権者に相違がおこることなどはありえない。しかるに大小のゆえをもって任免に相違がある。

このことは郷が、県の一部署ではなく、地方行政制度のなかで、郡県とならぶ独立した機関（行政単位）であったことを窺わせる。県に、郷―あるいは亭里―のすべてを一手に握らせることは、地方行政上のバランスからいって好ましくないと判断されていたことになる。

後漢書任光伝によれば

初為郷嗇夫・郡県吏。

と、任光が郷嗇夫となり、ついで郡県吏となっている。後漢書爰延伝にはまた、

後（県）令史昭以為郷嗇夫、仁化大行、人但聞嗇夫、不知郡県。

とあり、郡県と郷とが区別してとらえられている。後述する伝発給の公文書にあっても、郷嗇夫の許可を前提として、県の許可が行われている。

郷が独立した行政機関として機能していたことは間違いない。郷が、かかる独立した権能を有する行政単位であったればこそ、郷に対する大小のゆえをもっての統属上の配慮もみられるわけである(38)。

ここにおいて郷の段階でも、漢代にあっては、大郷と小郷とで分断統治が行われていたことになる。ただ後述するように、任免権の相違は相違として、職掌上では大小郷とも県につながるものである。

それでは、(1)漢官にみえる雒陽令の員吏に郷有秩がみえ、(2)翼奉の言に、游徼の外部吏が（県）功曹に属するとなっていることはどういうことであろうか。

まず(1)の郷有秩であるが、郷吏は規模の大小に応じて郡県両者の任免にかかる。郷吏への俸禄のための予算措置も、郡県それぞれにおいてとられていたのであろうか。

漢官の郷有秩前後の記事は、「十三人四百石、郷有秩・獄吏五十六人、佐史・郷佐七十七人、斗食・令史・嗇夫・仮五十人」とあり、郷有秩とならぶ獄吏は、

奏請令長安游徼獄吏秩百石。（漢書趙広漢伝）

とあって、長安以外では百石以下の吏であったと思われ、獄史以下の吏、郷佐なども百石を切るが、郡から任免される郷有秩は百石の吏である。

そこで問題を郷吏の所属に帰すと、郷有秩・郷嗇夫は、任免権者の組織の一員として郡県吏それぞれに含まれていて当然と思われるが、雒陽県の郷有秩は県の員吏としてのみみえている。このため漢官にみえる郷有秩の所属に疑問

を感じていたが[39]、尹湾漢簡の東海郡の各属県においても、郷有秩は県の吏員として郷嗇夫とならんで記載されていた。例示すると、

西海（県）吏員百七人、（略）秩四百石官有秩一人、郷有秩四人、令史人、獄史三人、官嗇夫三人、郷嗇夫十人、游徼四人、牢監一人、尉史三人、官佐七人、郷佐九人、亭長五四人。

である。このため郷吏の任免と吏員としての位置づけとが乖離するきらいも否めないが、郷吏は県の下級行政単位として、一括県の吏員に数えられていたことになる。

一九九六年に尹湾漢簡が公表されるまでは、郷吏の任免が郡と県とに分離されていたために、厳耕望氏のような郷有秩・郷嗇夫を郡県の属吏とする理解も可能であったが、尹湾漢簡の東海郡の属県の事例をみる限り、これは正しくない。漢官の記事は当時の事情を正確に伝えてくれていた。

ただそれでも、郷吏の任免が郡と県に分離されていた事実までもが否定されているわけではない。郷が県の下部機関として県の影響下にのみ従属していたのではなかったとの点は重要である。

漢官には、游徼の名がみえないけれど、これもあるいは、

佐史・郷佐七十七人、斗食・令史・嗇夫・仮五十人、官掾史・幹・小史二百五十人、書佐九十人、循行二百六十人。

のうち、斗食等いずれかに含まれていたと思われる。

また当然のことであるが、漢官の河南尹の員吏中に、

十二人百石、諸県有秩三十五人、官属掾吏五人、四部督郵(?)吏部掾二十六人、案獄仁恕□三人、監津渠漕水掾二十五人、百石卒史二百五十人、文学守助掾六十人、書佐五十人、循行二百三十人、幹小史二百三十一人。

と、郷有秩の名はない。尹湾漢簡の東海郡の太守吏員も、太守と丞を除くと、

太守吏員廿七人、（略）秩六百卒史九人、属五人、書佐九人、用筭佐一人、小府嗇夫一人。

となっているが、河南尹の員吏よりも簡略である。

ついでは、(2)の翼奉の言であるが、これも県の「外部吏」として、游徼－小郷のか－と亭長とがみえている。特に游徼を県の外部吏と断っているところに、郷吏たるものの性格の一面が窺える。

郷有秩のいる郷は、五千戸以上の大郷であり、小県をもしのぐことにもなる。そのため郷有秩の地位は、かなり高いものであったことが想定される。大郷は、その数にも限度があったと思われる。尹湾漢簡の東海郡の属県の場合、郷有秩二五人に対して郷有秩は一三七人もいた。

文献史料においても郷有秩の事例は、前後漢を通じて非常に少なく、郷有秩となった張敞の場合は、父は光禄大夫、祖父は上谷太守と名門の出である（漢書張敞伝）。これに対し郷嗇夫になると、郷嗇夫の朱邑（漢書朱邑伝）・鮑宣（漢書鮑宣伝）の場合は、仁愛好学明経等と称されているが、その出自を明らかにしえない。

後漢においても郷嗇夫は、第五倫の場合、斉の諸田の子孫（後漢書第五倫伝）、鄭弘の場合は有名な鄭吉を従祖にもつもの（後漢書鄭弘伝）であり、郷佐・郷嗇夫になった鄭玄の場合は、八世の祖に尚書僕射をもっていた（後漢書鄭玄伝・後漢書杜密伝）といわれるが、かれらが郷嗇夫の地位をえた当時、どのような暮らしであったか定かではない。陳寔は、潁川侯陳軫の十代の後と伝えられるが、「単微」・「家貧」であった。少時県吏となり、厮役に従い、後、都亭吏となり、県令に認められ太学に学んだが官途をうることはできなかった。名顕れるも隠棲し才を生かすにいたっていない（後漢書陳寔伝）。同じく郷嗇夫の任光（後漢書任光伝）、外黄令史から郷嗇夫となった昭（後漢書爰延伝）の場合となると、まったくその出自を明らかにしえない。

そして後漢書第五倫伝によれば

倫後郷嗇夫、平徭賦、理怨結、得人歓心、自以為久宦不達、遂将家属、客河東。

とあり、郷嗇夫クラスでは、昇進もなかなか困難であった。
以上、郷も、一つの独立した地方行政単位として、機能していた―この点については、郷吏の職掌の面からさらに後述する―との点をみてきたが、これだけでは、名籍において郷名が省かれる理由はつかめない。そこで以下、戸籍成編との関わりにおいて、少しくこの点についてふれることとする。

## 二　郷と戸籍

郷と戸籍との関わりであるが、周礼天官宮伯の漢鄭玄の注には、

版名籍也、以版為之、今時郷戸籍、世謂之戸版。

と、郷戸籍の名がみえている。戸籍について鄭玄はまた、周礼秋官司民の注において、

男八月、女七月而生歯、版、今戸籍也。

とものべており、戸籍は、いわゆる戸版・版と通称されたようであり、さらに名数・数ともよばれた。
漢代の戸籍については、東観漢記安帝元初四年の条に、

方今八月案比之時。

とあり、八月に戸口調査が行われ、その案比では、後漢書江革伝に、

建武末年、与母帰郷里、毎至歳時、県当案比（李注、案験以比之猶今貌閲也）、革以母老、不欲揺動、自在轅中輓車、不用牛馬。

とあり、毎年、県において、いわゆる貌閲が行われていた。そしてこの案比の際にはまた、

仲秋之月、県道皆案戸比民、年始七十者授之以玉杖、輔之糜粥、八十九十礼有加、賜玉杖長尺、端以鳩鳥為飾。

（続漢書礼儀志中）

と、老人に対し年齢に応じて、玉杖を与えたり、糜粥を供したりと特別の待遇が与えられている（尹湾漢簡の東海郡の場合は、人口一三九七三四三に対して、「年九〇以上」の人が一一六七〇人で全人口の一一九・七人に一人。「年八〇以上」だと三三八七一人で全人口の四一・三人に一人の割合となる。ただ「年七〇以上」で「受杖」者は、二八二三人である。九〇歳・八〇歳代に比べ、七〇歳代の数値が極端に低い。このため七〇歳代でも「受杖」者は限定されていたのであろうか。それとも東海郡の実態であろうか。なお「六歳以下」は二六二五八八人で全人口の五・三人に一人である。戸数は二六六二九〇で一戸の平均家族数は五・二人である）。

この戸籍の調査では、家長・家族の本籍・爵位・氏名・性別・年令・身体的形状・続柄等が記載されていた。[40]そこで戸籍の調査、編成過程は、どのような手順によっていたかであるが、労榦氏はこれを郷の職掌とし、里魁もこれに関係したと考えられている。[41]そして日比野丈夫氏も、郷が、里を単位にして人民を把握―里の父老や里正が名籍の資料を提出―したと見なされており、[42]越智重明氏の場合もほぼ同様で、里吏が父老とともに名籍をつくって郷に提出し、これが県・郡をへて中央に報告され、郷ひいては県には、この戸籍の副本がおかれたとされている。[43]すなわち、これら各説によれば、戸籍の原本は、郷、あるいは里において編成されたこととなる。

郷を戸籍の編成と関係づける根拠としては、鄭玄の「郷戸籍」の語とともに、郷が賦税を掌っていたことにもよる。すなわち人頭税の徴収のためには、かかる戸籍編成の作業が、併行している必要があると考えられたためである。

しかし戸籍の編成については、先にあげた続漢書礼儀志に、

県道皆案戸比民。

とあり、後漢書江革伝でも、

県当案比。

とあって、いわゆる毎歳の案比の当事者は、郷里ではなく県となっている。このことは県が、戸籍編成の中心であったことを窺わせるが、毎歳の案比において、人々が、貌閲のためにわざわざ県府にまで赴くとなれば、これは大変なことである。

ところが後漢書独行伝陸続の条には、

時歳荒、民飢困、大守尹興、使（郡戸曹史）続於都亭、賦民饘粥、続悉簡閲其民、訊以名氏、事畢、興間所食幾何、続因口説六百余人、皆別姓氏、無有差謬。

とあり、これは飢饉にあたって、民に饘粥を支給した情況であるが、これによれば、その際、郡の戸曹史が都亭まで出向いている。しかも支給にあたって、郡の戸曹史は、この都亭で人々の姓名等を「簡閲」している。

郡県の戸曹については、漢書百官公卿表、続漢書百官志は、その明文をかくが、太尉公府の属官として戸曹がみえ、これは、

戸曹主民戸、祠祀・農桑。（続漢書百官志）

と「民戸」を主管している。郡県の戸曹も、吏名からして、またかかる職掌に準ずるものであったと思われる。五行大義の翼奉の言にも、

（県）戸曹以伝舎為府、主名籍、伝舎主賓客、与之奸、則民去郷里、戸曹主民利戸口、奪民利、故悉去。

とあり、県の戸曹は、名籍・戸口・民利を主ったことになっている。翼奉の言によれば、県の戸曹は、元来伝舎＝亭舎に常駐していた―しかし問題が多く、後、停舎常駐は廃された―。

県の戸曹が出向く伝舎は、先に郡戸曹が都亭において簡閲していたことと考えあわせれば、都亭舎であったかも知れない。飢饉に際しての食糧の支給には、当然戸口調査を担当する戸曹史の同席が適当であったと思われる。このため後漢書陸続伝にあって、人々の簡閲を戸曹史が都亭において行っていることは、案比が、都亭で行われる習慣となっ

ていたことをも物語っているのかも知れない。

都亭について、顧炎武は「関廂」とし、[44]労榦氏は「県治所在之亭」とされ、[45]日比野丈夫氏は、「県城内の亭」とされている。[46]この点、都郷が、県治所在の郷であったことを考えると、この都亭は、また郷治所在の亭ではなかったかと思われる。

後漢書陸続伝の、都亭における簡閲は、「六百余人」であった。この簡閲の対象となった人数は、まさに一郷の人口と見なすにふさわしい。

また後漢書皇后紀には、

漢法常因八月算人、遣中大夫与掖庭丞及相工、於洛陽郷中。閲視良家童女年十三以上二十以下姿色端麗、合法相者載還後宮、

とある。この記事の「八月算人」の算人について、李注は、

漢儀注曰、八月初為算賦、故曰算人。

と、算人を算賦としている。しかし加藤繁氏は、この算人を案比、すなわち人口調査とされている。[47]後漢書皇后紀にあっては、算人の際、相工等が「閲視」を行っており、算人は、加藤繁氏のように案比と見なした方が自然である。そうするとここでも、案比実施の場は郷となる。

毎歳の案比も、住民は、郷まで出向けばよいことになる。貌閲もそれほど大変なことでもない。そこでついでは、案比を担当する役所が問題となる。先の後漢書陸続伝では、郡の戸曹史が簡閲にあたっていたが、これは飢饉による非常時のことである。

この点について漢書尹賞伝では、

（守長安令）乃部戸曹掾史、与郷吏亭長里正父老伍人、雑挙長安中軽薄少年悪子、無市籍商販作務、而鮮衣凶服、

　被鎧扞刀兵者、悉籍記之、得数百人。

と、県の戸曹史が、少年悪子等の取り締りにあたっている。この場合は、治安対策であり、本来ならば戸曹が担当すべき事柄ではない。それにも拘わらず戸曹史が動員されている。これは、この時、無市籍者を取り締り要注意人物の「籍記」を行っているためであると思われる。県内の戸籍事項については、戸曹が担当していたことは間違いない。

先にあげた続漢書礼儀志の「県道皆案戸比民」、後漢書江革伝の「県当案比」等とも考えあわせ、漢代の戸籍は、令長の指揮のもとに、県の戸曹関係の役人が、直接郷―都亭舎か―において、一郷中の貌閲・案比を行ったものである。そして、一県の郷数は平均四、一郷中の戸数も千戸前後であったことからすれば、県が中心となって戸籍の編成にあたることも、決して不可能なことではない。

Lobnor 出土の木簡中―簡号三四―にあっても、(48)

　土南郡涅陽石里宋鈞親

　妻璣年卅

　私従者同県籍同里交上□□□

とあり、ここでは、私従者を記すに、「同県籍」と、郷籍といわず県籍の語がみえ、里がつづいている。これなども、「県籍」が、戸籍の基本となっていたことを物語る。また居延漢簡にあっても、断片ではあるが、「□県名籍□」（一一二・四五）と「県名籍」の語がみえている。そしてこの県籍が戸籍の基本であったればこそ、問題の居延出土の名籍にあっても、県名が重んじられ、つづいて最下級行政単位の里名が引かれ、途中の郷名は、多く省略にかかる―県籍の原本には郷名もあったであろうが―こととなったのではなかろうか。

漢書尹翁帰伝でも、

　翁帰治東海明察、郡中吏民賢不肖、及姦邪罪名、尽知之、県県各有記籍、（略）姦邪罪名、亦県県有名籍。

と、「県名籍」がみえている。もちろん郷単位で行われる案比であってみれば、郷亭里吏が、これを補佐したであろう。しかし県の戸曹が直接貌閲を行うものである限り、唐代の里正による手実作成のような手続きは、漢代にあっては不必要となる。

なお、居延漢簡には、

建平三年二月壬子朔丙辰、都郷嗇天長、敢言之、□□（下闕）
同均、戸籍蔵郷、名籍如牒、毋官獄徴事、当得取□□（下闕）　八一・一〇

とあり、これは建平三年（前漢哀帝時）に、都郷嗇天長の証明をうけた公文書である。二行目最初の「同均」は、その前文が欠けているため文意不明であるが、この二字が前文にかかるものとすると、それにつづく記事は、「戸籍の郷に保管されているものでは、名籍（名県爵里）は、申しこされた文書の通りであり、前科も税の滞納もない。よって（何かを）収得することが許され」とのことになる。

ここでは郷嗇夫の任務として、「名籍如牒」が伝えられている。「毋獄徴事」は後述するようにしばしばみえる言葉であるが、郷と名籍との関わりにおいて、肝心の戸籍は、「戸籍蔵郷」と表現されている。戸籍が郷に備えられていた－郷が賦税、聴訟等を任務とするものであったことを考えてみれば当然のことである－とはいうものの、「蔵郷」では戸籍が郷で編成された確証にはならない。

そこで問題の鄭玄の「今時郷戸籍世謂之戸版」との記事についてであるが、これまでみてきたように、郷に戸籍編成の事実が確認できないことからすれば、この記事の郷戸籍を、郷で編成された戸籍と理解することは当然問題となる。郷を単位に戸籍調査が行われていたことから、郷戸籍の称が存在するにしても、あるいは戸版同様、これは通称あるいは異称とすべきであるかも知れない。

そうでないと、県戸籍があったにも拘わらず、鄭玄の言では、戸版は、郷戸籍にのみ限られ不自然である。郷と戸

籍編成との関係は、またつづいて述べるように、郷吏の職掌においても、戸籍に関係をもつ吏は存在しなかった。このため戸籍編成を、これまでのように郷吏・里吏によるとする理解は問題が残ることとなる。

最後に、戸籍の編成が県において行われていた点についてであるが、これは漢代における郷里の組織が、いまだ充分に整備されていなかったことにもなる。同時に、かつてみたように当時の郷里吏の質の問題が関係するかも知れない(49)。

## 三　漢簡中の郷吏

**郷有秩**　郷有秩については、前節でもふれたが、居延漢簡中にはまた、郷有秩の関係として、

（上闕）曩郷有秩梁、敢言之、昌□（下闕）　六二・五三

鴻嘉三年閏月庚午朔癸酉、安[典]郷有秩延寿、敢言（下闕）　三二一・一七

甘露四年六月丁丑朔甲辰、西郷有移（秩）□□
王武案毋官衛（獄）事、当為伝致□□
□□□二月□[陽]□（面）
印曰雒陽丞（背）　三三四・二〇

を見出すことができる。以上三簡のうち、六二・五三簡と三二一・一七簡とは断片であり、その内容を知りえないが、ともに「敢言之」との公用語がみえ、郷有秩からの何らかの公文書であったと思われる。

これに対し、三三四・二〇簡は、「当為伝」とあり、安典郷有秩からの申請にもとづき雒陽県から発給された伝関係文書であったことを知る—三行目は闕字が多く、文意不明であるが、文書の形式からいえば、ここに県による伝発給の日時と

発給者（雒陽丞）がきているものと思われる—が、この簡にはまた、「毋官獄事」とある。これは公用語として、しばしばみられる「毋官獄徴事」と同一で、ついで述べる郷嗇夫関係の簡にも多くあらわれる。

このことは郷有秩が伝の発給に際し、前科と賦税納入の状況とについて証明、確認を行っていることとなり、いわゆる郷有秩・郷嗇夫の職掌として伝えられる「収賦税・聴訟」が、ここにおいて確認できることとなる。

同時に、これが郡の直接の任免をうける郷有秩であったにも拘わらず、事務上の手続きは、郷嗇秩の場合と同様、県を通じて行っている。郡—県—郷の事務上の関係は、たとえ大郷の場合であってもくずれることはなかった。ここに郷吏が、県の吏員として認識されていた所以がある。

そして三三四・二〇簡は、県発行の文書であるが、その文書には、郷有秩による「毋官獄事」との確認が、県段階での認可の前提として併記されており、郷の行政機関としての独自性が、ここにおいても見出される。

なお郷有秩は、この他に四五・一簡、二一二・五五簡にもみえるが、これについては、郷嗇夫のところでふれることとする。

**郷嗇夫**　郷嗇夫の任務は、郷有秩と同一である。ただ郷有秩は大郷の場合であったため、史籍においては、多く郷嗇夫の事例を見出す。この点は漢簡中においても同様である。

建平五年十二月辛卯朔庚寅、東郷嗇夫護、敢言之、嘉平□（下闕）
□□□□□一[公]乗忠等、毋官獄徴事、謁移過所県邑、一序河津関所欲□、敢言之
十二月辛卯、禄福獄丞博、行丞事、移過所、如律令、／掾海斉令史衆（面）
禄福獄丞印（背）　　四九五・一二、五〇六・二〇

（上闕）朔□□、都郷嗇夫長、敢言（下闕）
（上闕）取伝帰敦煌　敢言（下闕）　　一八一・一〇

永始五年閏月己巳朔丙子北郷嗇夫忠、敢言之、義成里崔自当、自言為家私市居延、丞謹案自当、毋（下闕）
獄徴事、当得取伝、謁移（肩水金関）居延県索関、敢言之
閏月丙子觻得丞彭、移肩水金関居延県索関、如律令、／掾晏令史建　　一五・一九
元康二年正月辛未朔癸酉、都郷嗇夫（下闕）
当以令取伝、謁移過所県道□（下闕）
正月癸酉、居延令勝之、丞延年、□（下闕）（面）
印曰居延令印（背）　　二一三・四四、二一三・二八

以上は、居延漢簡にみえる郷嗇夫の伝関係の史料である。このうち最初の簡は、公乗忠ら複数の人数に対するものであり、伝にも、個人に対しての発給以外の形式があった。

またこの簡には、「禄福獄丞博、行丞事」とあり、伝発給認可の責任者は、丞以上の県官によって行われていたことが知られる。居延漢簡では、発給認可者には、丞の場合が多いようである―たとえば、ここにあげた四九五・一二＝五〇六・二〇簡のほか、一八一・二簡、二六〇・六簡、三三四・二〇簡、三三四・四〇簡等―。一四〇・一簡も、これは何か火急の用向きであったためか、獄守丞が、県長立ちあいのもとに旅行者本人の自言をもって伝を発給しているが、ここでも「獄守丞、就兼行丞事」と、「行丞事」の断りがみえている。

漢簡にもとづく伝の研究としては、大庭脩氏の高論(50)があり、伝の書式等も明らかにされている。これによれば、その書式は日時・請求者（旅行者）・旅行目的・旅行者に前科がないことの確認・目的地までの途次―以上は郷からの事項―・県の認証等となっており、先にあげた四簡のうち三簡は、ほぼこの形式を踏む。

元延二年八月庚寅朔甲午、都郷嗇夫武敢言（下闕）
裒葆、倶送謹?女子趙佳張掖郡中、謹案曰（下闕）

留、如律令、敢言之、●八月丁酉居延丞□（下闕）（面）
居延丞印
八月庚子以来（背）　一八一・二

この簡も郷嗇夫がみえ、「倶送謹女子趙佳張掖郡中」を旅行目的とみなせば、これも伝の一種となろう。

□阝　□□里父老□[里]
秋賦銭五千　王安釈[致][数]
郷　嗇夫食佐吉[臨]　五二六・一A

熒　東利里父老夏聖等鼓(教)数
秋賦銭五千　西郷守有秩志臣佐順臨
陽　純(従)[請]親日(具)　四五・一

この二簡[51]は、ともに秋賦銭[52]についてのもので、郷嗇夫、郷守有秩がみえている。そして、この簡はともに里正や父老等がみえることから、しばしば引用されている。守屋美都雄氏は、この簡によって、賦銭の徴収・封入・発送の正式の責任が、父老や里正にあるのではなく、郷吏たる郷嗇夫・郷有秩にあったとされているが[53]、従うべき指摘である。

居延漢簡中には、また、

広　秋　五千
王徳少三
郷　賦　左四　二一・一

がみえるのであるが、ここにおいても、秋賦銭は、「広郷」と、郷が単位となっている。五二六・一簡も、労榦氏の釈文では、「□阝□□北」となっていて、これまで多くこれに従ってきたが、これはまた、図版によれば、「□阝郷」との郷名とも読みとれ、この簡の里正・嗇夫等は、この□阝郷所属の人たちであったと思われる。
　ところが、四五・一簡にあっては、熒陽＝滎陽県と県名がみえる。このことは、賦銭の取扱い単位を郷とする他の事例と形式を異にしているが、この点については、熒陽の下にある二本の横棒の間に、かなりの空白があり、図版においても定かではないが、ここに他の二簡同様、郷名が記載されていたのではとの推測をいだかしめる(54)そうすると四五・一簡にあっても、秋賦銭の単位は郷となる。

　建平五年八月□□□□広明郷嗇夫宏、仮佐玄、敢言之、善居里男子丘張、自言、与家買客田居作（居）都亭部、欲取□□、案張等、更賦皆給、当得取検、謁移居延、如律令、敢言之（面）放行（背）　五〇五・三七

この簡もよく知られているが(55)、ここでは郷嗇夫が、他郷における土地購入のための検―購入に必要な書類に対する県の封印か―の交付にあたり、「更賦皆給」―「労役及賦税並経完納矣」（労幹氏）―と、賦税の履行情況について確認を与えている。このことは、先の秋賦銭の事例からも窺えるように、郷が賦税徴収のための単位、機関であったことから、賦税関係の詳細な台帳が、郷におかれていたことを物語る。
　ついでは断片で文意がつかみにくいものであるが、郷嗇夫関係のものを一括してあげておく。

（上闕）朔己亥、賈明郷嗇□
（上闕）年□□如□謹案
永始元年七月己丑朔癸巳、陶郷嗇夫（下闕）　（簡号欠）
□□□官張掖□居延□□□（下闕）
（上闕）年十一月壬申朔丁丑、陶郷嗇夫定、佐博（下闕）　五一・一〇

口㯻長□□□□　　　　　　　　　　　　　　　　　　　二一八・五〇

建平五年十月丁卯朔乙酉、郷嗇夫（下闕）　　　　　　四九五・一八

**郷游徼**　郷游徼の職掌その他については、前述したが、居延漢簡中にあっては、二九九・二一簡に、「居延守游徼徐成」と守游徼がみえている。ただこの守游徼が郷吏か県吏かについて、確認ができない。

**郷佐**　居延漢簡中に郷佐の吏名はみえない。しかし郷嗇夫のところであげたなかに、「陶郷嗇夫定、佐博」（二一八・五〇）、「嗇夫食、佐吉」（五二六・一）、「西郷有秩志、佐順」（四五・一）、「広明郷嗇夫客、仮佐玄」（五〇五・二七）と、郷嗇夫とならんで佐、あるいは仮佐がみえている。大庭脩氏は、この佐について、嗇夫には佐という属官があったとされ、右の仮佐も郷佐と見なされている。そして郷佐が伝関係の簡にみえないことから、郷佐は、続漢書百官志にいう通り、賦税のみに関係し、司法等の面には関係しなかったものであろうとものべられている。(56)

郷佐は、たしかに漢書百官公卿表にはみえず、続漢書百官志に、

　又有郷佐属郷、主民収賦税。

とみえているが、急就篇にはまた、仮佐について

　嗇夫・仮佐、扶致牢。

とあり、顔師古の、

　嗇夫郷嗇夫者也、仮佐県之仮史也、扶致牢者、扶持罪人、而致之於牢獄也、一日、仮佐者、嗇夫之権佐也。

との注によれば、この仮佐には、県吏と郷吏との二説があったようである。漢官には雒陽令の員吏として「斗食令史嗇夫仮五十人」と、嗇夫とならんで仮がみえている。このため県吏としての仮佐も考えられるが、五〇五・三七簡の仮佐は、郷嗇夫と連名で、県に対し郷段階での賦税についての証明を行っており、郷にも仮佐がいてよいことになる。

そこで急就篇の仮佐であるが、ここにみえる嗇夫が顔師古の説くように郷吏であるとすれば、郷嗇夫につづく仮佐

も、当然郷吏であってしかるべきである。

そこで仮佐を郷佐と見なせば、郷佐もまた賦税の他に、「致牢」等司法面にも関係していた。ただ郷における吏の数は、極めて少人数である。このため郷吏のそれぞれの職掌について厳密を期すよりも、郷吏が相互協力して郷の運営にあたっていたと考えるべきであるかも知れない。

なお後漢書崔駰伝注所引前漢書音義には、

郷亭之獄曰犴。

と、郷亭＝亭に獄があり、これは犴とよばれていた。(57) 急就篇の牢も亭（郷亭とあり都亭のことか）犴であろうか。ただ好並隆司氏は、五〇五・三七簡の仮佐を亭長下の仮佐ではないかとされ、亭長に田地売買等との関連を想定されている。(58) しかしこれまでみてきたように、この仮佐を亭長下の仮佐と限定するには問題が残るようである。

**郷三老**　郷三老は、五十歳以上にして人望のある者が、郷中より一人選ばれ、郷の教化にあたる一方、「復勿繇戍」の待遇があたえられていた。しかし郷三老が、実際には、このような郷内教化のための象徴的存在に終始するものでなかったことは、漢書韓延寿伝に、郷内の骨肉の争いのために長吏とともに「待罪」、すなわち問責をみていることからも窺える。

このため三老に対し郷官の称も冠せられることになっており、(59) 三老の秩の有無も問題となる。しかし三老が秩を受けていたという確証はない。(60)

後漢紀桓帝建和元年の条には、膠東侯相呉祐の事跡として、

民有詞訟、失命三老孝弟、喩解之、不解祐身至閭里、自和之。

とあり、ここでも三老が、「詞訟」、すなわち訴訟に関係しているのであるが、これとて三老に、どれほどの権限があたえられていたかは定かでない。居延漢簡には、三老関係として、

(上闕) 三老畢賦銭 (下闕) (面)
(上闕) 自言鄣酒□孰 (下闕) (背)　一〇三・三九

□□久負三老、□意既毋云〃叩〃頭〃重叩頭 (下闕)
□
上三老　一〇三・四六(61)

県置三老二、□□□　興船十二、置孝弟力田廿二、徴史二千石以□卅二、郡国調
列侯兵卅二、年八十予□未需頌□五十二　五・三、一〇・一、一三・八、一二六・一二

等がみえている。この三簡は、いずれも断片で、何のための文書であったか定かでないが、一〇三・三九簡は、三老と賦銭との関係が窺われる。また一〇三・四六簡は、「上三老」すなわち三老に上(たてまつ)るとも読める一句が最後にきており、あるいは三老への文書であったかと思われる。もしそうだとすると、「叩頭、重叩頭」は、三老のもつ権威のようなものを感じさせる。

さらに最後の簡は、県三老ではあるが、漢書高帝紀二年の条には、

択郷三老一人、為県三老。

と、県三老は、元来一人であるはずであるのに、ここでは「県置三老二」と、「二人」もおかれている。三老が、単なる象徴的存在であれば、かかる増員をみるはずはない。あるいは三老が、現実の政治において、かなり実質的な役割を担うものであったことを意味しているのかも知れない。もし県三老において、このような事情が認められるとするならば、当然郷三老にも当てはまることになる。居延漢簡中にみえる三老からは、郷吏かどうかの極手はないが、三老が吏人的性格をおびるものであったことを窺わせる。

**孝弟・力田**　三老とならび郷にはまた、孝弟・力田の存仕が知られている。この孝弟・力田について、漢書恵帝紀四

年正月の条には、

　挙民孝弟力田者復其身。

と、三老と同様、「復其身」の待遇があたえられている。後漢書明帝紀中元二年の条の李注には、

　三老孝弟力田三者皆郷官之名也、三老高帝置、孝弟力田高后置、所以勧導郷里助成風化也。

と、「孝弟力田」が、三老とならんで郷官とよばれ、郷里の教化にあたったとみえている。このことからすれば、孝弟・力田も、三老に準じる性格のものとなる。[62]

　尹湾漢簡の東海郡の集簿では、郡県侯国都尉府の吏員に先立ち、

　県三老卅八人、郷三老百七十人、孝弟力田各百廿人、凡五百六十八人。

と、県郷の三老と孝弟・力田が記載されている。「吏員」の語は使われていない。三老・孝弟力田が吏員の一員でなかったことが明らかとなるが、郡県内での公的な地位で、それも他の吏員に比べ、一段高く遇せられていたことを窺わせる。なお東海郡の集簿では、県数は三十八、郷数百七十で、県郷ともに三老は各一人である。

**郷官・郷少吏**　居延漢簡には、また郷官・郷少吏がみえている。

（上闕）其郷官聴書牒□（下闕）　四八四・三六

□□

（上闕）少章（□厚）為郷少吏毋（面）

厳君□丁必□□

　不侵候史王子其（背）　一九三・一五

（上闕）郷少吏荘□□（下闕）

（上闕）方議部候長罰（下闕）　四三・二九

しかし、三簡とも断片でその内容を定かにしえない。ただ当時、郷吏に対し、また郷官・郷少吏等の称があったことを知る。

## おわりに

以上、郷をめぐる問題点を、漢簡史料を整理しつつとりあげた。しかし郷に問題をしぼったため、郷と亭里との関係あるいは郷と郡県との関係等についてあまりふれることができなかった。そのため郷の地域社会における位置づけが不充分である。同時に、郷の質的変化についても言及すべき点がある。(63)

注

（1）藤枝晃「長城のまもり」『自然と文化別編』二、一九五五、頁二七三・二七五。
（2）『文物参考資料』一九五三―三。
（3）日知録二二「郷里」の条。
（4）厳耕望『中国地方行政制度史上編』中央研究院歴史語言研究所、一九六一、頁二七三。
（5）漢代の郷制の規定は、晋書地理志上に前漢のこととして「大率十里一亭、亭有長、十亭一郷、郷有三老有秩嗇夫游徼各一人、県大率方百里、民稠則減、稀則曠、郷亭亦如之、皆秦制也」とみえる。また後漢書臧宮伝の李注に「続漢書曰、十里一亭、亭有長、以禁盗賊、毎郷有游徼、掌循禁姦盗也」とみえ、後漢書任光伝の李注にも「続漢志曰、三老游徼、郡所署也、秩百石、掌一郷人、其郷小者県署嗇夫一人、主知人善悪、為役先後、知人貧富、為賦多少」とみえる。任光伝注の続漢志は、有秩を吏名と解さなかったためか、記事に混乱がみえる。
（6）居延漢簡の釈文は、労榦『居延漢簡考釈之部』中央研究院歴史語言研究所、一九六〇。『居延漢簡図版之部』中央研究院歴史語言研究所、一九五七。中国科学院考古研究所『居延漢簡甲編』科学出版社、一九五九、によったが、図版により、適当と思われる釈文を採用した。なお図版においても、本章でとりあげる「郷」の字は「卿」とまぎらわしく、居延漢簡にあっても、本章でとり扱ったものの他に郷関係の重要資料が発見できるかも知れない。なお、本文では言及しなかったが、郷関係のものかと思われるものに以下の諸簡がある。

（上闕）県廷郷　□（下闕）　二三九・二五
　治所□□□（下闕）

□報致郷里前無恙見数可□□□属郷□（下闕）　（簡号欠）

（上闕）寄郷市銭七百八十四　一〇三・二七

貰家安国里王厳　車一両　九月戊辰載就人同里時衰　已到未言郷　二六七・一六

（上闕）博?郷致部輸賦用各等　五五・一六

五月甲戌居延都尉徳庫丞登兼行丞下庫城倉居（下闕）
用者書到令長丞候尉明白大扁書郷市里門亭顕見（下闕）　一三九・一三

□□万郷里節白故□□遠関当再　二九・一五

（7）張春樹「漢代辺地上郷和里的結構」『大陸雑誌』三二―三。

（8）拙稿「中国古代における聚落形態について」『中央大学文学部紀要』史学科一六、一九七一。本書所収。

（9）代表的なものとして、宮崎市定「中国における聚落形態の変遷について」『大谷史学』六、一九五八。『宮崎市定全集』三、岩波書店、一九九一。

（10）漢書地理志には、また次表のように、亭聚城等の地名もみえている。

| 県名 | 亭・聚・城 | 備考 |
|---|---|---|
| 鄠 | 扈谷亭 | 扈夏啓所伐 |
| 襄陵 | 班氏香亭 | |
| 銅鞮 | 上虒亭 | |
| 穀成 | 贊亭 | |
| 成武 | 楚丘亭 | 斉桓公所城 |
| 定陶 | 陶丘亭 | |
| 上虞 | 仇亭 | |
| 烏程 | 欧陽亭 | |
| 鄮 | 鎮亭 | |

| | | |
|---|---|---|
| | 結埼亭 | |
| 陰密 | 囂安亭 | |
| 銅鞮 | 下虒聚 | |
| 緱氏 | 劉聚 | 周大夫劉子邑 |
| 梁 | 畢狐聚 | 秦滅西周、徙其君於此 |
| 梁 | 陽人聚 | 秦滅東周、徙其君於此 |
| 育陽 | 南筮聚 | |
| 冠軍 | 宛臨馳聚 | |
| 宛陵 | 彭沢聚 | |
| 冀 | 梧中聚 | |
| 陝 | 焦城 | 故焦国 |
| 銅鞮 | 邑城 | |
| 蕩陰 | 美里城 | 西伯所拘也 |
| 緱氏 | 延寿城 | 仙人祠 |
| 寿良 | 朐城 | |
| 葉 | 長城 | （号曰方城） |
| 令支 | 孤竹城 | |

本文にあげた郷のほか、漢代の亭聚についても宮崎市定氏は続漢書の郡国志中の地名を検討され、これを城郭をもつものとされているが[9]、那波利貞氏も、聚が続漢書郡国志中、多く春秋にさかのぼる古邑であること等をもって、これを塢のごとく堆土の障壁をもつものとされ、前漢以前は、塢状の聚落を聚とよび、後漢に入って、これを塢とよんだと説かれた（「塢主攷」『東亜人文学報』二―四、一九四三）。たしかにこの表にみえる聚・城の地名にあっても、古邑等に由来するものがみえる。しかし亭にあってはその事例がみえない。このため亭は、王莽が、前漢の郡県名中、亭名をもって三百六十も改称（漢書地理志では、亭名への改称例は一〇五、聚名への改称例は一三、郷名城名への改称例は各々九となっている）するがごとく重んじたことから、前漢の亭と、続漢志の亭とに少しく相違がみられたかとも考えた。この点、亭・聚の場合にあっても、たまたま亭・聚が古邑等の名をつぐものがあったというだけで、亭・聚そのものの性格には何らの変化はなかったと考えるべきではなかろうか。

（11）　日知録二二「都郷」。
（12）　王毓銓「漢代亭与郷里不同性質不同行政系統」『歴史研究』二、一九五四。
（13）　日比野丈夫「郷亭里についての研究」『東洋史研究』一四―一・二、一九五五。『中国歴史地理研究』同朋舎、一九七七。
（14）　日知録二二「亭」。
（15）　注（11）。

（16）陳直『漢書新証』天津人民出版社、一九五九、頁八九。
（17）注（4）、頁六五。
（18）都郷でなくとも、たとえば後漢書皇后紀下霊帝末皇后の条には「不其郷侯」と、不其（県名）＋郷もみえる。このような場合、あるいは、不其県中の複数の郷を食邑として与えられたものか、あるいは県名の下の郷名が省略されたものか、あるいはこれも都郷か、等になる。
（19）守屋美都雄「父老」『東洋史研究』一四―一・二、一九五五。『中国古代の家族と国家』東洋史研究会、一九六八。
（20）二十五史補編所収「新斠注地理志集釈」四河南郡滎陽の条に、「松按韓勅修孔廟後碑作焚陽」と。
（21）西嶋定生氏は、この爵里刺について、この郷が、厳密な意味で郷名をさすかどうか疑問であるとされ、爵は里と結びつき、爵制身分秩序形成の場が里となるとされる（『中国古代帝国の形成と構造』東京大学出版会、一九六一、頁三六六―七）が、爵の記載がみえる名籍にあっても、本文に引用した諸例のように、郷名がみえる。このため爵里刺に記載される郷も、行政単位としての郷とみてさしつかえないのではなかろうか。
（22）拙稿「漢代における里と自然村とについて」『東方学』三八、一九六九。本書所収。
（23）表Ⅲの各説の出所は以下の文献による。
(A)　曾我部静雄『中国及び古代日本における郷村形態の変遷』第二章第一節、吉川弘文館、一九六三。
(B)　注（12）。
(C)　楊樹藩『両漢地方制度』第三章、国立政治大学、一九六三。
(D)　注（22）。
(E)　曲守約「漢代之亭」『大陸雑誌』一二―一二、一九五五。
(F)　蔡美彪「漢代亭的性質及其行政系統」『公明日報』一九五四年一二月二三日。
(G)　注（13）。
(H)　越智重明「漢魏晋南朝の郷亭里」『東洋学報』五三―一、一九七〇。
なお、好並隆司、「漢代郷里制の前提」『史学研究』一一三、一九七一、もほぼこの編成をとる。
(I)　注（4）第一章下。

(J)　労榦「漢代的亭制」『中央研究院歴史語言研究所集刊』二二、一九五〇。
(K)　岡崎文夫『魏晋南北朝通史』弘文堂書房、一九三二、頁五七九―八一。
(L)　小畑竜雄「漢代の村落組織に就いて」『東亜人文学報』一―四、一九四二。
(M)　松本善海「秦漢時代における村落組織の編成方法について」『和田博士還暦記念東洋史論叢』講談社、一九五一、『中国村落制度の史的研究』岩波書店、一九七七。
(N)　注（9）。

(24)　注（23）の(F)。
(25)　注（23）の(E)。
(26)　注（23）の(K)。
(27)　注（23）の(J)他。
(28)　清水盛光『中国郷村社会論』岩波書店、一九五一、頁二一六。
(29)　注（22）。
(30)　たとえば、華陽国志一巴郡の条には、後漢桓帝時のこととして、

遠県去郡千二百至千五百里、郷亭去県或三四百或及千里、土界遐遠、令尉不能窮詰姦凶、時有賊発、督郵追案、十日乃到賊遠逃、（中略）給吏休謁、往還数千里。

とみえ、かかる地域においても、当然郷里の制は施行されており、戸数を郷里編成の基本とせざるをえなかった。しかし亭制は、かかる地域にあっても、行旅の便のために、たとえ亭舎のみにしても、それほど一定距離を無視することはできなかったはずである。
(31)　代郡は漢書地理志で戸数五六七七一。とすると一郷は約七八〇戸。ちなみに前漢平帝時の戸数は、同地理志で一二三三〇六二となり、漢書百官公卿表の郷数で割ると、一郷約一八五〇戸。後漢桓帝永寿二年の戸数は、続漢書郡国志で一六〇七〇九〇六。東観漢記の郷数で割ると、一郷約四三六六となる。郷数は、本文でみたように、後漢は前漢の半分に減少している。ゆえに一郷の戸数が後漢の場合増加してくる。これなども郷が戸数編成によっていたがために、かかる郷数の増減が可能となった。あるいは後漢の郷が、前漢時と少しく性格を異にしてきていることを示すかも知れない。

(32) 注(13)。
(33) 注(4)第一章(丙)、第五章(四)。
(34) 注(23)の(H)。
(35) 労榦「漢朝的県制」『中央研究院刊』一期、一九五四。
(36) 注(23)の(C)。
(37) 注(16)章八九−九〇。
(38) 厳氏は、後漢書呉祐伝で、嗇夫を膠東侯相呉祐が「掾」とよんだことを指摘(注(4)頁二三八)されているが、この嗇夫は、郷嗇夫かどうかに疑問が残る。
(39) 注(23)の(H)越智氏論文は、この雒陽県に大郷を想定されている。
(40) 漢代の戸籍の研究としては、
(A) 加藤繁「算賦に就いての小研究」『史林』四−四、一九一九、『支那社会経済史考証』上、東洋文庫、一九五二、頁一六二−四。
(B) 牧野巽「漢代における家族の大きさ」『漢学会雑誌』三−二、一九三五、『支那家族研究』生活社、一九四四、頁一五〇−一。
(C) 平中苓次「居延漢簡と漢代の財産税」『立命館大学人文科学研究所紀要』一、一九五三。『中国古代の田制と税制』東洋史研究会、一九六七。
(D) 宇都宮清吉「漢代における家と豪族」『史林』二四−二、一九三九、『漢代社会経済史研究』弘文堂、一九五五、頁四一六−七。
等がある。
(41) 注(23)の(J)。
(42) 注(13)。
(43) 注(23)の(H)。なお宇都宮氏も、郷有秩・嗇夫や郷佐を戸口調査と関係づけている。注(39)。
(44) 日知録二二「亭」。

(45) 労幹「居延漢簡考証」都亭部の条、『居延漢簡』考釈之部、中央研究院歴史語言研究所、一九六〇。
(46) 注(13)。
(47) 注(14)の(A)。
(48) 黄文弼『羅布淖爾攷古記』第四篇木簡考釈、国立北平研究院史学研究所中国西北科学考察団理事会、一九四八、頁二〇二。なお居延漢簡中にも、「同県陽里大夫趙勤」(一七〇・三)と、「同県」すなわち県段階で同一地方出身であることを確認し、ついで里名を記載することがみえている。
(49) 拙稿「漢代における地方小吏についての一考察」『中央大学文学部紀要』史学科一七、一九七二。本書所収。
(50) 大庭脩「漢代の関所とパスポート」『関西大学東西学術研究所論叢』一六、一七五四。『秦漢法制史の研究』創文社、一九八二。
(51) この二簡の釈文は、注(13)守屋氏論文によった。
(52) 鎌田重雄氏は、この秋賦銭を八月案比のときに人頭税を徴収することを示すと解されている(「郷官」『史潮』七—一、一九三七、『秦漢政治制度の研究』日本学術振興会、一九六二)。なお守屋美都雄氏は、この秋賦銭が漢簡中みな「五千」になっていることに注目されている(注(19))が、漢簡には「入秋　賦銭千二百元鳳三年九月乙卯□」(二八〇・一五)と、「五千」には限らないようである。ところで賦銭は、

　賦銭六百
出
　以給広谷隧長安□元康三年三月奉　□元　　四三三・三三、四三三・四八

とあるように、兵士月俸の財源として運用されていたようである。なおまた、「十月秋賦銭五千」(四九・二A)の簡もみえるのであるが、この簡は、この十月云々の右側が折れており、ここに一行記載されていたようであるがため、十月と秋賦銭の関係は定かでない。
(53) 注(19)。
(54) なお、居延漢簡には、

(上闕)上計卒史郝卿詣鄉（郷）千人令史(下闕)　　五〇三・一二

がみえ、断片であるが、上計関係の吏が郷に出向いていたようである。もしそうだとすれば、上計の制度面、郷の性格にとっても重要である。

(55) 注(46)労榦論文・注(13)日比野論文・大庭脩「漢の嗇夫」『東洋史研究』一四―一・二、一九五五、『秦漢法制史の研究』創文社、一九八二、のそれぞれで検討されており、大庭氏は、

(上闕)有秩護佐、敗言之(下闕)

(上闕)況吏賦給、郷里□(下闕)　　　　二一二・五五

も、これに類すると指摘されている。

(56) 注(55)大庭氏論文。

(57) 漢書刑法志注にも「服虔曰、郷亭之獄、曰犴」とある。

(58) なお好並隆司氏(「前漢帝国の二重構造と時代規定」『歴史学研究』三七五、一九七一、『秦漢帝国史研究』未来社、一九七八)は、亭長も土地売買に立会うとされ、希古楼金石萃編の「漢平莒男子宗伯望買田記」を引用されているが、この碑には、亭長と游徼との署名がみえるも、また「租銖不逋」、すなわち租銖律(漢書食貨志「除其販売租銖之律」の師古注に「租銖、謂計其所売物価、平其錙銖、而収租也」と)に、反した事実のあったことがみえ、これは田地の売買そのものに立会うというよりも、むしろそれにまつわる租銖律違反の審査に重きがおかれていたのではなかろうか。ゆえに亭長・游徼の署名の下に「審」とみえている。また後漢書仇覧伝に蒲の亭長が民事一般をあつかっていたとされるが、仇覧は、「為制科令」・「厳設科罰」をもって「期年称大化」をなしたのであって、そのつとめるところはむしろ「以禁盗賊」というべきである。さらに氏は、亭長の統属を、後漢書陳寔伝にみえる亭佐→亭長→督郵の昇進コースから、督郵との関係においてとらえられるが、亭長の昇進には、漢書朱博伝に、県給事→亭長→功曹、後漢書王寔伝に、亭長→(郡)功曹との事例もみえている。本章は郷を中心としたものであるが、同氏の亭長の性格(職掌)は、郷との関連で問題となるため、一、二の疑問を提示した。

(59) たとえば、趙翼『廿二史劄記』に「三老孝悌力田皆郷官」の項あり。

(60) 注(53)鎌田氏論文注(13)にふれるところあり、無秩とされる。しかし注(23)の(H)越智氏論文は、後漢で秩百石とされる。

(61) この簡は、労榦氏考釈に「此簡断為三段、中段誤接在下部」とあるにより、図版にもとづき改めた。

(62) 孝弟・力田については、注（23）の(L)小畑氏論文第五節注（4）、注（52）鎌田氏論文注（17）等に論じられている。

(63) たとえば、桜井芳朗「漢代の三老について」『加藤博士還暦記念東洋史集説』冨山房、一九四一、は、三老の性格の変化と関連して、郷の自治的性格の喪失をとかれる。

(補注) 後漢書天文志中には、劉蒜が罪に坐し「又徙為犍陽都郷侯薨」とあって、犍陽は県名ではないが、後漢書桓帝紀建和元年、後漢書清河王慶伝では蒜は尉氏侯→桂陽と徙されて自殺しており、恵陳後漢書補注（獏雅堂叢書）では「天文志徙犍為都郷侯薨」とあって、犍陽の地名には犍為と桂陽とで混乱がある。

(追記) 本章と関連する研究論文として、佐藤武敏氏の「漢代の戸口調査」『集刊東洋学』一八、一九六八、がある。佐藤氏の見解では、周礼鄭司農注の「郷戸籍」にもとづき、郷の官吏が、里の提出した資料をもとに郷において戸籍をつくったとされ、拙文とは見解を異にする。ただ拙文においては重要な先行研究を参考にすることができなかった。

　また本書校正中に、張家山漢簡呂后二（前一八六）年律令が公表され、戸律に「恒以八月令郷部嗇夫、吏、令史相襍案戸籍、副臧其廷、有移徙者、輒移戸及年籍爵細徙所、并封（略）数在所正典弗告、与同罪、郷部嗇夫、吏主及案戸者弗得、罰金各一両、(略) 民宅園戸籍、年細籍、田比地籍、田命籍、田租籍、勤副上県廷、皆以篋若匣匱盛、緘閉、以令若丞、官嗇夫印封、独別為府、封府戸」とあり、八月「戸時」に県吏である郷担当の郷部嗇夫と吏や令史が戸籍作成に当たり、里正も協力している。漢初においても戸籍は、県吏の責任で作成し、民宅園戸籍以下の種々の台帳と同様に県の文書室で厳重に保管されていた。ただ呂后二年律令では、未だ戸曹等の県における列曹の存在は確認できない。(張家山二四七号漢墓竹簡整理小組『張家山漢墓竹簡（二四七号墓）』文物出版社、二〇〇一年一一月)

# 第六章　漢代の地方少吏

## はじめに

中国における地方行政制度の一つの問題点として、これまで中央政府の意志の有効な下達がだいたい県までであったこと、そして県以下の統治は、村落自治体等の組織あるいは有力者を活用することによりその実効がはかられたこと等が指摘されてきた(1)。

このことを漢代に限ってみれば、漢代にはすでに郡県郷里の地方行政組織が確立しており、いわゆる一里百戸にいたるまで、専制支配の網の目が全国にわたってはりめぐらされていた。しかるに漢代においても、また同様の地方政制上の問題点が指摘されている。

増淵龍夫氏は、この点について官による游侠等の利用を指摘された(2)。もちろん皇帝の一元的支配を説く考えもある。しかしこの場合、一応官僚支配の一翼をにない、専制支配の最前線にたつ郡県の属吏＝少吏（非勅任官）、および郷亭里吏の姿をつかんでおくことが、これら漢代の国家構造を理解する上で是非必要なことと思われる。

かつて顧炎武は、「小官多者其世盛、大官多者世衰」との柳宗元の言をひき、漢代における郷亭の職を論じている(3)。この考えは漢代の少吏を、まま有徳賢才として美化する傾向とも関連をもっている(補注1)。はたして然りであろうか。

本章においては、かかる少吏がかかえる問題点について、まずしい試論ながら検討してみたいと考える。そこでまずは長吏と少吏との関係についてからふれて行くことにする。

## 一　長吏と少吏

**長吏の字義**　漢書百官公卿表の県令の条には、

県令長者秦官、掌治其県、万戸以上為令、秩千石至六百石、減万戸為長、秩五百石至三百石、皆有丞尉、秩四百石至二百石、是為長吏、百石以下有斗食佐史之秩、是少吏。

とあり、秩百石以下の少吏に対して、長吏の名がみえている。この長吏について、通典職官禄秩には、

自四百石至二百石、為長吏、百石以下有斗食佐史之秩、是為小吏。

とあり、同じく小［少］吏（小吏と少吏との関係については後述する。ただ本章では史料以外は少吏に統一した）に対する長吏をあげ、長吏を四百石～二百石の吏とし、漢書の令長の部分が削られている。また清の何若瑤も、

百官表、秩四百石至二百石為長吏。

と通典の解釈と同様であり(4)、最近にあっても瞿昭旂氏(5)や楊樹藩氏(6)等は、丞尉のみを長吏と考えている。そしてわが国においても、かかる長吏の解釈はまま存在する(7)。

しかし長吏を四百石～二百石の禄秩にあてる考えは、漢書百官公卿表の長吏規定を誤解したもので、長吏とは県の丞尉のみならず令長をもさしていた。

漢書韓延寿伝によれば、延寿が左馮翊の長官となった際、高陵県において兄弟で田を争い訟えるものがあった。延寿はこれを憂え、

既傷風化、重使賢長吏嗇夫三老孝弟受其恥、咎在馮翊。

と、その責めを負わんとしたところ、

一県莫知所為、令長嗇夫三老、亦皆自繫待罪。

と、高陵県の長吏らは、自ら罪を受けんことを申し出ているが、この記事では、「長吏」がまた「令長」といいかえられている。

もちろん漢代における長吏の呼称が、すべて県の令長丞尉に限られるかというと必ずしもそうではない。たとえば潜夫論勧将には、

郡県長吏。

とあり、漢書陳勝伝にも、

諸郡県苦秦吏暴、皆殺其長吏、将以応勝。

とあって、郡長吏の用法もあった。この漢書陳勝伝の長吏は、漢書張耳伝の、

今陳王奮臂為天下倡始、莫不嚮応、家自為怒、各報其怨、県殺其令丞、郡殺其守尉。

から考えてみると、県令丞と郡守尉とをさしている。

また漢書景帝紀中元六年の条には、

詔曰、夫吏者民之師也、車駕衣服宜称、吏六百石以上、皆長吏也、（略）長吏二千石車朱両轓、千石至六百石朱左轓。

とあり、ここでは六百石以上を長吏とよんでいる。しかしこの詔は、車駕の令に関係のある官吏に対してのみのことで、二百石以上を長吏とする漢書百官公卿表の規定に抵触することはない。そしてこの詔においても、長吏の上限は二千石、すなわち郡太守におかれていた。

ただ労榦氏は、県の令長について、漢初は令長を長吏といい、前漢中期以降は令長丞尉を長吏と称したとされ、漢初、令長のみを長吏と称したとする関係史料として、漢書文帝紀元年二月の条、顔師古注の、

長吏県之令長也。

前掲漢書景帝紀中元六年の、

吏六百石以上、皆長吏也。

漢書景帝紀後二年の、

県丞、長吏也。

等をあげ、後の二つの記事は例外とし、顔注にその根拠を求められた。しかし漢書景帝紀中元五年の記事についてはすでにふれたが、漢書景帝紀後二年の「県丞、長吏也」も、例外的に扱われるべきではなく、長吏が漢初から令長丞尉をさしていた証となる。漢書文帝紀の顔注は労氏が主張される拠とはならない(8)。

このようにみてくると、長吏は県の令長丞尉に限られるものではなかった―ただ中央官府の官吏をさすことば、必ずしも一般的ではない(9)―が、それでは漢書百官公卿表の長吏の規定はどうなるのであろうか。いま前後漢書に散見する長吏についていえば、漢書尹翁帰伝の「県長吏」はいうまでもないが、ただ長吏とのみみえる場合でも、たしかに多く県の令長丞尉をさしていた。漢書高帝紀五年の条にも、「守尉長吏」とあり、顔師古によれば、

長吏謂県之令長。

と解されている。このため漢代における長吏は、県の令長丞尉を中心とし、郡の守尉にもおよぶ、いわゆる地方勅任官の総称として意識されていたことになる。

なお漢書酷吏伝寧成の、

為少吏、必陵其長吏。

のように、長吏を単なる目上の役人の意味に用いた場合もあるが、これは特定の官吏をさす、これまでみてきた長吏とは範疇を異にする。

**諸蜂起と長吏**　以上によれば、長吏は、勅任官、それも国家機構の末端の勅任官−親民の官（県長吏の称）−として、地域把握の最前線に職をうることになる。このため長吏と地域社会との関係は、地方政制を理解する上からも重要な課題となってくるが、この点について漢代では、しばしば長吏が、各地での蜂起に際し攻撃の対象となっていることに気付く。

たとえば秦漢交替時には、陳渉の蜂起に際して、渉が三老、豪桀の支持をうけ、自立して王を称うや、

郡県多殺長吏、以応渉。（漢書高帝紀秦二世元年）

と郡県の長吏が多く殺害されており、劉邦挙兵においても、沛の県令が沛の父老、子弟の手にかかっている（漢書高帝紀）。項梁の勢力拡大に際しても、会稽郡の仮守殷通の殺害が、その契機となっており（漢書項籍伝）、東陽郡の少年が、陳嬰を王にいただかんとした際にも、それに先立ち県令が殺されており（漢書項籍伝）、斉の田儋の自立に際しても、狄県の令が殺されている（漢書田儋伝）。

このような事例はまた、前漢末から王莽新の時期にかけても、成帝陽朔三年、潁川の鉄官徒の蜂起に際して長吏が殺されており（漢書成帝紀）、永始三年には、尉氏県の樊竝等と山陽鉄官徒との蜂起に際して、ともに長吏が殺されている（漢書成帝紀）。また王莽天鳳元年の呂母挙兵に際しても、県宰が殺されており（後漢書劉盆子伝）、更始元年の、樊崇の長安遠征に際しても、宛の県令や河南太守等が殺されている（後漢書劉盆子伝）。

そしてこのような蜂起に際しての長吏の殺害は、後漢末の混乱時になると、さらに多くの事例をみることができる。[10]

このような長吏の犠牲は、漢代における長吏が、後漢書百官志によれば、

(1)（太守丞都尉）進賢勧功、決訟検姦、常以春行所主県、勧民農桑、振救乏絶、秋冬遣無害吏案訊諸囚、平其辠

法、論課殿最、歳尽遣吏上計、并挙孝廉、郡口二十万一人、〔典兵禁、備盗賊〕。

(2)（令長）顕善勧義、禁姦罰悪、理訟平賊、恤民時務、秋冬集課上計於所属郡国、（略）丞署文書、典知倉獄、尉主盗賊。

と、所管内において強大な権限を与えられていたにも拘わらず、原則として本籍地を回避して赴任させられ[11]、同じ地方行政組織である郡県間にあっても、任免を通じての統属関係はなく、郡県毎に牽制させられ、長吏に対し皇帝の忠実な代弁者としての方向づけがはかられていたこともある。

このため皇帝の権威でもって地域社会にのぞまんとした長吏は、蜂起に際し多く打倒されるべき対象として矢面にたたされ犠牲になったわけである。

もちろん長吏といえども、秦漢交替期のような、拠りどころである皇帝の権威が崩壊した場合には、必ずしも忠実な皇帝の代弁者に終始するばかりではない。たとえば呉芮の場合は、番陽の令でありながら、羣盗の黥布とむすび、

因率越人、挙兵、以応諸侯。（漢書呉芮伝）

のように、自ら叛に加わっている。武臣による趙討伐の際の范陽令の場合は、蒯通による、

足下為范陽令十年、殺人之父、孤人之子、断人之足、黥人之首、不可勝数、然而慈父孝子、莫敢倳刃公之腹中者、畏秦法耳。（史記張耳伝）

と、なかば脅しにも近い説得により、武臣に降り、

令范陽令乗朱輪華轂、使駆馳燕趙郊、（略）燕趙城可毋戦而降也。（史記張耳伝）

と、武臣に利用され、その命だけは全うすることができた。

しかし劉邦挙兵の際における、沛令の場合は、はじめ、

沛令欲以沛応之。（漢書高帝紀）

と、叛に加わろうとしたが、結局は、

沛令後悔、恐其有変、乃閉城城守。（漢書高帝紀）

と、秦室に背く決心がつかず、沛の父老・子弟のために殺されることとなった。沛令の場合は、かかる変革期における長吏の微妙な立場を窺わせる。

**長吏と少吏**　それでは、かかる変革期における長吏の属吏たち＝少吏の示した態度はどのようであろうか。その一つは、長吏に殉じたものである。

この事例は多くないが、たとえば王莽の時、呂母挙兵に際して、県宰が殺されんとした場合、

諸吏叩頭為宰請。（後漢書劉盆子伝）

と、諸吏がその助命を願っており、後漢安帝永初二年、劇賊畢等により県令劉雄がまさに矛をうけんとした時には、少吏が、

前叩頭求哀、願以身代雄。（後漢書劉茂伝）

と、自分を身代わりとして県令を救わんとしている。また項籍が、会稽仮守を殺した際にも、「門下」数十人が籍のために殺されている（漢書項籍伝）。この門下は、私属の類かも知れないが、これら門下は、後、門下掾の吏名（後漢書公孫述伝）にも転化するように、掾史に類する性格をもそなえており、この場合も少吏が長吏に殉じた事例に近くなる。

これに対し、いま一つは長吏に反旗をひるがえしたものである。今、これを秦漢交替期に焦点をしぼってみれば、長吏に殉じた場合－かかる事例は、後述する地方政制の整備の進展と関係があるかと思われる－よりも、むしろこちらの事例を多く見出すことができる。

すなわち項梁等が、郡仮守を殺した際、

梁廼召故［人］所知豪吏、諭以所為、遂挙呉中兵。（漢書項籍伝）

と、顔馴みの豪吏たちは、梁に応じ、かれの挙兵に支持をあたえているのである。また東陽県において、少年＝軽侠の徒たちが県令を殺し起たんとした際にも、令吏であった陳嬰が少年たちの指導者となり、県中、二万の勢力をうることに成功している（漢書項籍伝）。

また斉の田儋が、県令を殺した際にも、「而召豪吏子弟」と、豪吏、子弟がよばれ、

諸侯皆反秦、自立、斉古之建国、儋田氏、当王。（漢書田儋伝）

と、かれらの支持が求められている。また劉邦挙兵に際しても、邦の命令により沛の父老たちが沛令を殺すや、主吏（掾）の蕭何、獄掾の曹参は、自ら指導者として先頭にたつことには躊躇しているが、邦に協力し、

於是少年豪吏如蕭曹樊噲等皆為牧沛子弟、得三千人。

と、三千人の勢力を形成するにいたっている（漢書高帝紀）。

蜂起に際しては、少吏の支持をうることが勢力拡大の一つの契機となっていた。そしてこれら少吏のなかには、令吏陳嬰のように、平素から恩信をたて長者としたわれ、瓶の指導者におしたてられた者もいる。

しかし蕭何、曹参の場合は、

蕭曹等皆文吏、自愛・恐事不就後秦種族其家。（漢書高帝紀）

と、日和見的であり、その影響力も、沛令が蕭・曹に、陳渉に応じた場合の県の掌握について謀った際、

願君召諸亡在外者、可得数百人、因以劫衆、衆不敢不聴。（漢書高帝紀）

と、亡命者に協力を求めるよう進言している。蕭・曹が長吏に対してずるく表面にでることをさけた、あるいは真剣に協力しなかったのかも知れないが、少吏すべてが地域の人望を集めていたともいいきれない。少吏自身の限界もまた考えるべきである。

このような少吏に対して、長吏の場合は、蕭・曹の言をかりれば、

君（沛令）秦吏、今欲背之、帥沛子弟、恐不聴。（漢書高帝紀）

とのように、沛令は秦の官吏としての立場を離れて沛の子弟をまとめきることはできなかった。先にもふれた通り地域社会とむすびつくことのできなかった長吏は、同じ地方行政にたずさわりながら少吏とその立場を大きく異にしていた。

なおこれら諸蜂起に加わった少吏には、まま「豪吏」とよばれるものがみえている。そしてこの豪吏は、漢書曹参伝では、

（曹参）秦時為獄掾、而蕭何為主吏、居縣為豪吏矣。

と、曹参や蕭何が豪吏とよばれていた。顔師古は、この豪吏を「吏之豪長」と解している。

漢書王温舒伝にも、大宛討伐の際に、「詔徴豪吏」と豪吏がみえているが、これら豪吏は、往々、才智武雄に秀でた吏のことで、少吏中のいわゆる顔役的存在であったと思われる。ただ蕭、曹をはじめこれら豪吏に、ままいわれているように、それ以上の特別の背景―地方豪族である等―があったとまではいいきれない。

そこでつづいては、これら比較的問題の多い郡県少吏について、いま少しく具体的に述べてみることとする。

## 二　郡県の属吏―少吏―

**県の属吏―俸禄―**　長吏、すなわち郡県の勅任官に対し、県においては、

百石以下、有斗食佐史之秩、是少吏。（漢書百官公卿表）

と、秩百石の吏[12]や、斗食、佐史の存在がつたえられている。

秩百石は、月俸十六斛[13]の吏であり、斗食、佐史については、顔師古の注によれば、

　漢官名秩簿云、斗食月奉十一斛、佐史月奉八斛、一説斗食者、歳奉不満百石、計日而食、一斗二升、故云斗食也。

とあり、佐史は、月俸八斛となっているが、斗食については異説が存在する。

　顔師古は、ここで、

　①月俸十一（一十＝通典禄秩引漢名秩簿他、通考・玉海・漢官儀等）斛－日俸約三斗七升－。

　②日俸一斗二（三＝通典禄秩）升－月俸約三斛六升－。

の二説をあげているが、続漢書百官志劉昭注には、

　漢書音義曰、斗食禄、日以斗為計。

とあり、顔師古も、漢書薛宣伝では、

　斗食者禄少、一歳不満百石、計日以斗為数也。

と解しており、

　③日俸一斗－月俸約三斛－。

との解釈もある。

また史記秦始皇本紀会注考証には、

　中井積徳曰、斗食、計日給幾斗粟也、亦自有多寡、非一日限一斗。

とあり、

　④日俸数斗。

との解釈もみえている。

斗食が、月俸十六斛以下であることはいうまでもないが、漢書宣帝紀神爵三年の詔には、

　　其益吏百石以下俸十五。

とある。この詔の「俸十五」に対し、顔師古は、

　　韋昭曰、若食一斛則益五斗。

との、三国呉韋昭の説をひき、これを俸禄の二分の一増と解している。そうするとこの詔は、百石以下の吏に対しての増俸を命じたものとなり、斗食月俸十一斛説の場合は、秩百石の吏の俸禄を越えることとなる。当然、百石以上の俸禄にも改定を加えないかぎり不自然である。

　宣帝神爵三年の詔は、また当時の少吏の俸禄について、

　　吏不廉平、則治道衰、今小吏皆勤事而奉禄薄、欲其毋侵漁百姓、難矣。

と、その薄給なるを指摘し、俸禄の増加を命じたのであるが、ここでいう少吏は百石以下の吏であったことからして、いわゆる漢書百官公卿表にいう「少吏」にも該当することとなる。また漢書哀帝紀にも、

　　益吏三百石以下奉。

とあり、三百石以下の俸禄の増加が行われている。

　しかしこのような少吏への配慮にも拘わらず、後漢になっても、かれらの生活は苦しく、

　　郷官部吏、職斯［賤］禄薄、車馬衣服、一出於民、廉者取足、貪者充家、特選横訓、紛紛不絶。（後漢書左雄伝）

とあって、廉者においてさえも、俸禄のみにては生活が立ち行かなかったことが伝えられている。なお史記張耳伝には、

　　為里監門以自食。

とあり、張耳が名をかえ、陳に亡命し、里監門となり、自活の道を開いたことが伝えられているが、この里監門は、後述するように、郷里の吏のうちにあっても最下級であるから、この場合の「自食」――ただ漢書張耳伝にはこの「自食」

はみえない―についても、これをすべて俸禄によるものと解することはできない。

ただいかに少吏が薄禄であったとしても、鼂錯によれば、農夫五口の家で、年収は百石とのことである（漢書食貨志）。このため斗食を日々一斗余の収入と解釈した場合、斗食の収入は、一般農家の年収―これは最底生活である―にさえ劣ることとなる。

なお宣帝神爵三年の詔における「俸十五」は、荀悦漢紀宣帝紀神爵三年の条には、
其益吏百石已下俸五十斛。

となっている。漢紀の「五十」は、おそらく「十五」の誤りであろうが、ここで注目されることは、漢紀には、さらに「斛」の字が加えられていることである。

そこで漢紀の場合だと、「俸十五斛」で、月俸額十五斛への増俸とも読めることとなる。もしこのような解釈が可能であるとすれば、①斗食月俸十一斛説が、増額幅の点からして、斗食日俸一斗余説よりも、十一斛から十五斛へということで、より自然となる。

しかしこの場合でも、この月俸十五斛は、秩百石月俸一六斛にあまりに接近することとなり問題が残るかも知れない。

以上によれば、この斗食月俸十一斛説と、日俸一斗（二升）説とは、いずれも問題をもつ。同時に両説は、支給額においてあまりにもひらきが大きい。ただ日俸一斗説も、これを斗食の字句にとらわれた空論として否定するだけの根拠もない。

そこでこの斗食の俸禄について考えられることは、斗食日俸一斗（二升）説は、斗食の名にその面影をとどめているように、斗食の吏設置当初のもので、漢官名秩簿に伝えられる斗食月俸十一斛説は、漢官名秩簿の成立年代が明らかでない点に問題は残るが、宣帝時におけるような俸禄の増額をへた後のものではなかったかということになる。

宣帝神爵三年の詔のように、百石以下の吏に対する増俸の事実があったことから考えてみれば、また斗食に数次にわたる俸禄の変化がみられたとして当然であり、斗食の俸額にかかる異説の存在することもまたあやしむに足りないことかも知れない。

ただ中井積徳は、職掌の軽重等を想定してか、同じ斗食の地位でも俸禄に差次が存在したと考えている。しかしこの点については定かにしえない。

斗食の俸禄は、また居延漢簡中にもみえている。これによれば斗食は月俸九百銭となっている。[14] 漢代の俸禄制の基準となった穀価は、一斛あたり七一・四二銭であるとのことであるから、[15] この九百銭は、約十二斛となり、これまでみてきた各斗食の俸額のうち、①月俸十一斛説とほぼ一致する。

佐吏の俸禄も居延漢簡にみえているのであるが、これは斗食と同一の月俸九百銭となっており、[16] 先にあげた月俸八斛とは少しく相違する。

**郡の属吏―俸禄―**　ともあれ県の属吏には、秩百石、斗食、佐吏の禄を食む少吏が存在し、それぞれの職掌に応じ、諸曹掾史の名[17]がつけられていた。

これに対し、郡の属吏であるが、漢書百官公卿表にはふれるところがなく、続漢書百官志において、

皆置諸曹掾史、本注曰諸曹略如公府曹、無東西曹、有功曹史、主選署功労、有五官掾、署功曹及諸曹事、其監属県、有五部督郵曹掾一人、正門有亭長一人、主記室史主録記書催期会、無令史閤下及諸曹、各有書佐、幹主文書。

とあり、[18] その秩については、漢旧儀に、

郡国百石二千石調。

とあって、二千石（郡太守）の選任にかかる郡の属吏は、百石あるいは、百石以下の吏であったことが窺え、県の少吏と同額となる。

もちろん郡の属吏にも、「左馮翊二百石卒史」(漢書黄覇伝)のような存在もみえるが、これについては顔師古が、「所謂尤異者」と注しており、まさに例外というべきものである(この点については後述する)。

**少吏と小吏**　これまで郡県の属吏について「少吏」の語を用いたが、漢書百官公卿表に県の属吏をあらわす語としては「少吏」が用いられている。ただ通典は「小吏」の語を用いている。

このため「少吏」と「小吏」との用いられ方であるが、漢書武帝紀元光六年に、公孫敖等が、匈奴討伐において敗北を喫した際、

(敖等)所任不肖、校尉又背義妄行、棄軍而北、少吏犯禁、用兵之法、不勤不教、将率之過也。

と罪が問われんとしたが、この記事にみえる少吏の語は、必ずしも県の属官とはいい難い。顔師古は、この漢書武帝紀の少吏について、

文穎曰、少吏小吏也。

との、文穎の注を引用している。少吏と小吏とが同義と見なされていたためであろう。

また漢書寧成伝でも、「為少吏、必陵長吏」とあり、ここでも少吏は、斉召南の考証によれば、

少吏、南本作小吏非也、少吏自与長吏対言。

とあり、南監本では小吏につくられていた。史記寧成伝でも、これは「小吏」となっている。少吏と小吏とが長吏の属吏として使用される場合にも、混用されていた可能性が大きい。このため斉召南が、小吏を長吏との関係で非とするのは問題である。同時に漢書寧成伝の長吏は、前述したように郡県の勅任官として用いられていたのではなかった。

少吏はまた、居延漢簡にあっても、

少章為郷少吏母。　　　　　　　　　　一九三・一五B

とみえている。断片のため文意は定かでないが、ここでは「郷少吏」、すなわち郷官とおもわしきものに少吏の語が

付されている。このため少吏の場合も長吏の場合と同様、必ずしも県の属吏に限られることにはならないかも知れない。

　漢書咸宣伝ではまた、

　　於是作沈命法、曰、羣盗起不発覚、発覚而弗捕満品者、二千石以下至小吏主者、皆死、其後小吏畏誅、雖有盗、弗敢発。

とあって、小吏がみえ、この小吏は郡県の属吏をさしている。

ただ小吏の場合、史記万石伝の、

　　時奮年十五、為小吏侍高祖。

のように、単なる下級官吏としての意味で用いられることも少なくないが、周礼太宰の「吏以治得民」に対する鄭玄注の、

　　吏、小吏、在郷邑者。

のように、地方属吏と意識される傾向もある。漢書汲黯伝の、

　　而公孫弘張湯為小吏。

の小吏の場合も、公孫弘は「獄吏」、張湯は「長安吏」で、ともに地方属吏となっていた。時代は遡るが、史記李斯伝には、

　　年少時、為郡小吏。

と、「郡小吏」がみえているが、司馬貞索隠ならびに諸版本では「郷小吏」となっている。

　このことは、少吏と小吏とに、いわゆる下級官吏としての共通点があったことから、両者がまま混用されることになったものと思われる。ただ漢書百官公卿表に少吏の規定があることからして、あるいは少吏にはより強く長吏に対

するものとしての意識があったかも知れない。居延漢簡でも「郷少吏」と記載されていた。少吏と小吏、いずれも可と思われるが、本章では勅任官である長吏に対する郡県属吏を、史料以外では統一して少吏と記した。

## 三　郡県少吏と地方行政

このように郡県の属吏は、多く百石以下の薄給にあえぐ少吏であった。それがため少吏は、地域住民に寄食し、貪吏にあっては住民を坤吟させることにもなり、地方行政の上に大きな問題をなげかけた。

同時に少吏は、公孫弘の言をかりれば、

臣謹案詔書律令下者、明天人分際、通古今之誼、文章爾雅、訓辞深厚、恩施甚美、小吏浅聞、弗能究宣、亡以明布諭下、（略）請選択其秩二百石以上及吏百石、通一蓺以上、補左右内史大行卒史、比百石以下補郡太守卒史、皆各二人、辺郡一人、先用誦多者、不足択掌故、以補中二千石属、文学掌故補郡属備員。（漢書儒林伝）

とあり、単なる貪吏として、百姓を漁食する上で問題をもつばかりでなかった。かれらは学少なく、詔書律令も充分理解することができず、人民に詔書律令の主旨をつたえることができない点でも問題となり、ある程度の教養を身につけた文学の士の登用が主張されている。

少吏の段階で、中央の意志の下達が阻害されるという点については、漢書黄覇伝にも、宣帝の時、覇が潁川太守となった際、

時上垂意於治、数下恩沢詔書、吏不奉宣、太守覇、為選択良吏、分部宣布詔令、令民咸知上意。

とあり、この潁川郡にあっても、郡吏―少吏―が、詔書を人民に充分宣布していなかったことがみえている。そしてこの郡吏の場合も、良吏、すなわち詔書を宣布するにたえうる吏をとくに選任している。これは郡吏が、サボタージュ

をしたというよりも、公孫弘の場合と同様、吏の学力に問題があったためのようである。[19]

このため地方行政においては、かかる少吏の質の向上が大きな問題となってくるわけであるが、その対策として公孫弘は、前述したように文学の士の登用を提案している。しかしこれら文学の士にしても、漢書儒林伝によれば、弘の上奏の結果、

自此以来、公卿大夫士吏、彬彬多文学之士矣、昭帝時挙賢良文学、増博士弟子員満百人、宣帝末、増倍之、元帝好儒能通一経者、皆復、数年以用度不足。

とあり、その人員にも、地方郡県にあっては自ずから限界があったわけである。

これがため漢書文翁伝によれば、景帝末、文翁が蜀の郡守となった際、

（文翁）仁愛、好教化、見蜀地辟陋、有蛮夷風、文翁欲誘進之、乃選郡県小吏開敏有材者張叔等十余人、親自飭厲、遣詣京師、受業博士、或学律令。

とあり、所管郡県の少吏のうち、才能のありそうなものを選び、京師へ勉学のために派遣する一方、

又修起学官於成都市中、招下県子弟、以為学官弟子、為除吏繇、高者以補郡県吏、次為孝弟力田。

と、郡内に学官、すなわち学校を設置している。

京師への留学、学校の創設は、単なる郡内の教化というだけでなく、「高者以補郡県吏」とあることによってもわかる通り、良吏の養成にあったことはいうまでもない。

漢代においても早くからそれぞれの郡県において独自の少吏養成の道が試みられていたことを推測させるが、漢書文翁伝によれば、武帝時において、

至武帝時乃令天下郡国、皆立学校官、自文翁為之始云。

とあり、漢書儒林伝には、元帝の時のこととして、

郡国置五経百石卒史。

とあり、前者は郡国の学校、後者は沈欽韓によれば「此郷学教官之始」とあるが、いずれにしても武帝時以降、全国的規模で郡県での教育が普及してきていることを窺わせる。

そして前者は、文翁の良吏養成に起源をもつものであり、後者の五経百石卒吏は、公孫弘の「少吏浅聞の上奏」にもとづく文学の士の登用とつながりをもつもので、いずれも少吏対策と関連をもっている。

ただこれら郡県の属吏は、続漢書百官志の劉昭所引漢官によれば、河南尹の場合は、

員吏凡百二十七人、十二人百石、諸県有秩三十五人、官属掾史五人、四部督郵吏部掾二十六人、案獄仁恕□三人、監津渠漕水掾二十五人、百石卒史二百五十人、文学守助掾六十人、書佐五十人、循行二百三十人、幹小史二百三十一人。

とあり、雒陽令の場合は、

員吏七百九十六人、十三人（四）百石、郷有秩獄史五十六人、佐史郷佐七十七人、斗食令吏嗇夫仮五十人、官掾史幹小史二百五十人、書佐九十人、循行二百六十人。

とある。いずれも京師の郡県であって、必ずしも一般的というわけにはいかないが、それでも、郡県の属吏が相当数にのぼったであろうことは想像に難くない。

郡県の属吏はまた、郡太守・県令長により、本郡・本県在住者が採用されたが、三輔のような人口が密集し、地方都市とは比較にならない複雑な社会構成をもつ郡県においては、その属吏もより卓越した手腕を要求される。

このため三輔の場合は、本郡県者の採用という原則が破られ、漢書黄覇伝顔師古注所引如淳の注によれば、「三輔郡得仕用它郡人」とあり、他郡の人の採用が認められていた。[20] 同時に、この三輔左馮翊の場合は、「二百石卒史」の採用をもみえている。この「二百石卒史」の採用は、先の漢書黄覇伝顔師古注所引の如淳説によれば、「卒史独二百

石、所謂尤異者也」とあり、まさに例外であった。漢書児寛伝の顔師古注でも、「臣讃曰、漢注、卒史秩百石」とあり、卒史は秩百石となっている。

漢書趙広漢伝でも、広漢が京兆尹となった際、

広漢奏請、令長安游徼獄吏秩百石。

と、游徼・獄吏の秩を百石に増している。漢書張敞伝には、膠東の相を拝された敞が、吏の治安に尽くしたものに対し、

吏追捕有功効者、願得壱切比三輔尤異。

と待遇の改善を願い、許されている。

この「三輔尤異」は、如淳によれば、京兆尹の「游徼獄吏秩百石」や、左馮翊の「二百石卒史」をさしているとのことである。京兆尹下の游徼・獄吏もまた、他より高禄となっていたわけであるが、かかる待遇の改善が、三輔以外の膠東のような劇郡においても求められていた。

少吏に対する増俸は、趙広漢の場合は、

其後百石吏、皆差自重、不敢枉法妄繋留人。（漢書趙広漢伝）

とあり、吏の自重を促したこととなっているが、これが優秀な人材の吸収に有効であったことはいうまでもない。先にふれた宣帝神爵三年の少吏増俸の勅もまた、かかる少吏対策のうちに捉えられるものであろう。

もちろん、このような地方少吏の問題点、学力の低さ等が、漢代を通じての一般的な状況であったかどうかであるが、ここに前漢末の吏俗を窺う上で興味ある記事が存在する。漢書朱博伝に、成帝の時、博が琅邪太守となった際、

博新視事、右曹掾吏皆移病臥、博問其故、対言惶恐、故事、二千石新到、輒遣吏存問致意、廼敢起職、博奮髯抵几曰、観斉児欲以此為俗邪、廼召見諸曹史書佐及県大吏、選視其可用者、出教置之、皆斥罷諸病吏、白巾走出府

門、郡中大驚、頃之、門下掾贛遂、耆老大儒、教授数百人、拝起舒遅、博出教主簿、贛先生、不習吏礼、主簿且教拝起、閑習廼止、又勅功曹官属多褒衣大祒、不中節度、自今掾史衣、皆令去地三寸、博尤不愛諸生、所至郡、輒罷去議曹曰、豈可復置謀曹邪、文学儒吏、時有奏記称説云云、博見謂曰、如太守漢吏、奉三尺律令、以従事耳、亡奈生所言聖人道何也、且持此道帰尭舜君出、為陳説之、其折逆人如此、視事数年、大改其俗、掾史礼節如楚趙吏。

とあり、ここにみえる属吏の姿には、まず「故事二千石新到、輒遣吏存問致意、廼敢起職」あるいは「褒衣大祒」と、属吏たちの形式主義と、恭順のかげにひそむ尊大なまでの権威主義が伝えられており、耆老大儒である門下掾贛遂の教授する数百人の少吏たちも、「拝起舒遅」と、まさに非能率そのもので、文学儒吏の言もまた、現実ばなれし適切さを欠くものであったとのことである。

この琅邪の吏俗は、前漢初期に、上意下達のネックとして問題視された地方少吏集団が、文翁・公孫弘等以来さけばれてきた少吏養成への努力、あるいは宣帝時にみられるような少吏に対する俸禄の改善等をへて、ここ前漢末成帝期には、かかる非能率的で機動性を欠くと指摘される官僚集団として、再び問題をもってきていることになる。もちろんこの琅邪郡の記事は、「斉郡舒緩養名」とあって、これを山東の風俗に限り、楚・趙と対立する地域としている。しかしこの漢書朱博伝のなかには、朱博がこれまでの経験―櫟陽・雲陵・平陵の各令、冀州・并川の各刺吏を歴任―として、文学儒吏の無能さについて指摘しており、比較的開けた諸郡においては、かかる吏俗は一般的であったというべきかも知れない。

そして琅邪郡の吏俗は、漢代における地方政制が整備されてきていることにもなり、武帝時から、徐々にではあるが、郡県の属吏出身者が勅任官になる例がみえてくる。(21) しかし長吏の立場にたてば、かかる少吏の養成もさることながら、また一方では、より有効で速効性のある独自の方策が要求されてくる。

漢書張敞伝では、敞が京兆尹となった際、長安の取締りに、

求問長安父老偸盗酋長数人、居皆温厚、出従童騎、閭里以為長者、（略）敞皆以為吏、（略）由是枹鼓稀鳴、市無偸盗。

と、父老や偸盗の長（かれらは閭里の「長者」とも称される）を吏に採用し、漢書王温舒伝でも、温舒が中尉となった際、京師の警護に、

素習関中俗、知豪悪吏、豪悪吏尽復為用、吏苛察淫悪少年。

と、豪悪吏を活用している。偸盗の長や豪悪吏は、いわゆる毒をもって毒を制せんとしたものである。

また漢書朱博伝では、

博治郡、常令属県各用其豪桀以為大吏、文武従宜。

と、豪桀を県の属吏に採用している。県吏の任免権は、県の令長にあるわけであるが、朱博は、郡守であるにも拘わらず、県の権限に干渉してまで、豪桀の採用を行わせている。属県の治績は、当然太守の治績にも影響する。このためあるいはかかる属県に対する干渉も、特例というべきではなかったかも知れない。

そしてこの豪桀は、後でもふれるように、往々侠とも称され、私利をいとなむ地域の有力者の称でもあっただけに、朱博の地域支配の構想も、また推測されるというものである。

事実、当時の地方行政にあっては、しばしば伍長、父老、爪牙吏、耳目の吏等がみえ（後述）、これがまた有効な働きを示している。張敞等の場合も、偸盗の長・豪悪吏・豪桀等、文学の士とはほどとおい人々を利用することによって、同じく地方行政における効用を期待している。長吏としては、かかる関係の構築が、治績をあげるための腕のみせ場ということにもなる。

偸盗の長・豪悪吏・豪桀等は、当時の地域社会に、特殊な足場をもつものである。漢書韓延寿伝には、韓延寿が潁

川太守となり、趙広漢以来の密告制等を改めんと試みた際、

延寿欲更改之、教以礼譲、恐百姓不従、乃歴召郡中長老為郷里所信向者数十人、（略）銷除怨咎之路、長老皆以為便、可施行。

とあり、この場合も、既存の地方行政組織をもってするのではなく、郷里に影響力をもつ長老をよび、趣旨の徹底をはかっている。さらに漢書原渉伝でも、原渉は谷口令にまでいたったが、父が茂陵秦氏のために殺された。ために原渉は、官を辞し仇を報ぜんとしたのであったが、「谷口豪桀為殺秦氏」とあって、原渉もまた治県を通じ豪桀と深いつながりをもっていた。そして原渉の県治は、二十余年にわたり、「谷口聞其名、不言而治」といわれたほどになっている。[22]

漢書趙広漢伝の、

先是潁川豪桀大姓、相与為婚姻、吏俗朋党、広漢患之、属使其中可用者受記、出有審問。

なども、顔師古注によれば、「択其可使者、奨厲而使之」とあり、広漢が潁川太守となった際、豪桀大姓や吏の朋党者のなかから、使えそうなものを選び、かれらは太守からの「受記」すなわち内命をうけていた。

この趙広漢の方策は、広漢が京兆尹となった折も、同様に「可使者」の選を行ったためであろうか、

長安少年数人、会窮里空舎、謀共劫人、坐語未訖、広漢使吏捕治。（漢書趙広漢伝）

とあり、治安対策において趙広漢の手法、効用は見事に生かされている。

漢書尹翁帰伝にみえる田延年の場合などは、昭帝の時、河東太守となるや、故吏五六十人を召している。故吏は、豪桀の類とは異なり、地方政制の整備、進展とともにその活躍が目立ってくるものであるが、同じく太守の親衛として一般少吏とは異なる働きが期待されていた。

このようにみてくると郡県の属吏たちは、有効な中央集権体制維持のための一官吏としては、長吏に比べあまりに

多くの問題をかかえていた。そして豪桀等の登場は、既存の少吏集団の缺を補わんとして利用されていたわけで、漢代における民間秩序の特殊性＝任侠的秩序等とならんで、当時の地方政制の未熟さを露呈することになっている。

もちろん少吏の養成や、良吏の選任等も並行していた。ただ注目される少吏養成には、非能率的で機動性を欠く官僚集団としての新たな問題も生じてきていた。同時にこの属吏たちの生活は、

〔至武帝之初〕、守閭閻者食粱肉、為吏者長子孫、居官者以為姓号。（漢書食貨志）

とあり、「為吏者」、すなわち勅任官でない下級吏員について如淳は、

時無事、吏不数転、至於長生子孫而不転職也。

と解しており、少吏の多くは、吏となれば特別のことでもない限りまずその身分は保証され、子や孫の養育も可能であった。[23] 守閭閻者（父老の類か）も、「食粱肉」、すなわち富裕であったとのことであるが、斗食佐吏の秩をもってしては、貪吏でもない限りかかる「食粱肉」などは望むべくもなかったであろう。

少吏の多くは、おそらく日の当たらぬ下級役人として一生を終えたに違いないが、この少吏のなかには極く一握りの人々であったとはいえ勅任官への道が開かれていた。しかし漢書寗成伝に、

致産数千万、為任侠、持吏長短、出従数十騎、其使民威重於郡守。

とあるように、少吏自身また、地域の有力者にその「長短」をにぎられる存在でもあった。少吏は、薄禄のためもあり、たとえ廉吏といえども地域の有力者との結びつきに心をくばり足るを民に取らねばならない事情も存在したはずである。

かの県主吏蕭何が、劉邦を布衣のときからそれとなく保護しているのも、邦が地域の無頼顔役的存在であったからである。少吏にとって地域社会は、たよるべき生命線となっていた。

漢書何武伝には、

武兄弟五人皆為郡吏、郡県敬憚之。

とあり、何武の兄弟五人が皆郡吏となっていたため、郡県の人々は、かれらを敬憚したとある。しかしこの何武は、学識があり、宣帝から召見されたほどの人物で、兄弟たちも、それぞれに地域社会で名家として影響力をもっていた。このため何武の事跡は、地方少吏への有識者、名家の登場という点で地方政制の発展を窺う上での材料となるが、これをもって少吏一般を論じることはできない[24]。

一方、少吏と長吏との関係であるが、いわゆる中央指向型とでもいうべき長吏に対し、少吏たちがどれほどの連帯感をいだいていたかは問題となる。まして県長吏には属吏挙選の資格もない。このため平時には、忠実な「拝起送迎」をなす属吏であったとしても、一たび中央政府に動揺が起これば、前述したように少吏の保身は、より現実的とならざるをえなかった。

## 四　郷亭里吏と地方行政

以上は郡県の属吏を中心に述べてきたが、漢書百官公卿表には、長吏・少吏の記事につづけて、

大率十里一亭、亭有長、十亭一郷、郷有三老・有秩・嗇夫・游徼。

とあり、亭に亭長、郷に三老・有秩・嗇夫・游徼の名がみえ、続漢書百官志には、さらに、

又有郷佐属郷、(略)里有里魁。

とあり、郷に郷佐、里に里魁がみえている。

またこの他に、漢書黄覇伝には、

置父老・師帥・伍長。

のように、父老・師帥・伍長がみえている。

漢代における郷里の吏については、これまでも多数の研究があり、古く清兪正燮の「少吏論」(25)は博引傍証、労作であり、清顧炎武の「郷亭之職」(26)はあまりにも有名である。しかし今日にいたるも、かかる最末端の機構については、史料上の制約からいまだ多くの問題を残している。(27)そこでつづいては、これらのうちから問題の多いいくつかをとりあげ、前節の少吏の問題点と関連させながら、少しくふれておくこととする。

**伍長と落長**　まず伍長であるが、漢代の伍制については、漢書百官公卿表にはみえず、続漢書百官志に、わずかに「民有什伍」とあるが、什伍の「長」についてはふれていない。しかし前漢にあっても、先の漢書黄覇伝に「伍長」がみえ、漢書韓延寿伝にも

又置正五長、相率以孝弟、不得舎姦人、閭里什伍有非常、吏輒聞知、姦人莫敢人界、其始若煩、後吏無追捕之苦、民無箠楚之憂、皆便安之。

とあり、正五長＝伍長がみえ、後漢にあっても、後漢書仲長統伝に、

丁壮十人之中、心有堪為其什伍之長、推什長已上、則百万人也。

とあり、伍長・什長の存在がつたえられている。

しかし前後漢を通じ、このように什伍の長の存在が散見するにも拘わらず、前後漢書の志表には、什伍の長を伝えていない。この点、実はこれら什伍の長は、常置されていなかったようである。漢書黄覇伝によれば、

太守覇、為選択良吏、分部宣布詔令、令民咸知上意、使郵亭郷官、皆畜鶏豚、以贍鰥寡貧窮者、然後為条教、置父老師帥伍長、班行之於民間、勧以為善防姦之意。

とあって、覇が潁川太守となるや、良吏を選び、また「郵亭郷官」を活用したのであるが、この場合、郵亭郷官とは別に、伍長が、治安のために父老等とともに、太守によって「置」かれたことになっている。(28)

また漢書韓延寿伝でも、正五長は、延寿が東郡太守となった際、「置」かれたこととなっている。しかもこの時の正五長は、「其始若煩」とあり、正五長設置当初、人民から違和感をもって迎えられていた。このことは、この正五長が常置されたものではなく、太守の一存により創置されたものであったことを窺わしめる。

さらに漢書尹賞伝には、賞が長安令となり、

乃部戸曹掾史、与郷吏亭長里正父老伍人、雑挙長安中軽薄少年悪子。

と、管内の取締りに乗りだした際、郷吏以下の協力をえているのであるが、伍については、伍長といわず、「伍人」がその任にあたっている。伍長が、必ずしも常置されるものではなかったことを物語る。

漢書韓延寿伝によれば、正五長は、地域の事情に通じたものを選び、情報蒐集の任にあて、閭里什伍に姦盗などがでれば、吏に告げ姦盗の追捕に協力している。

とすれば、かかる什伍の長は、必ずしも什伍の単位におかれる必要はなく、むしろ後述する落長と同様に、当時の自然村＝伍の場－伍は「民」、すなわち自然村におかれた－の取り締りにあたったと考えられる。

しかしこれは、あくまで什伍の長についてであって、什伍－実は伍－自体の組織が、前後漢を通じて常置されていたであろうことはいうまでもない。それでは、このように責任者＝長の存在しない什伍の制とは、どのような意味をもつものであろうか。続漢書百官志には、「什主十家、伍主五家、以相検察」とある。商鞅の改革にあっても、什伍は連坐告姦の制であり、漢代に入っても、塩鉄論周秦に「什伍相連」とあり、什伍には単なる告姦のみでなく、連坐の制が付加されていた。しかるにこれまで、ややもすれば連坐制の存在については疑問がもたれている。

たとえば労榦氏なども、漢代の郷亭里を論じた際、「這都是沿襲秦制的、所和秦制不同的、就是這種組織含有警察的性質、却並連坐的規定、因此仮如有盗賊、只要郷官告発就可以了、不必要十家連坐、互相保証、這種苛砕之法、総算漢把它免除了、後来保甲法却有十家連坐之規定、但従米未能有効実行過、因為過分擾民子、不容易作為経常之制的」

と、連坐制の存在を否定されている。[29]

この什伍の連坐制については、別に論じたところでもあるが、[30]その存在は確認されている。とすれば漢代の什伍の制は、置廃常ない什伍の長の存在よりも、むしろ什伍自体が本来もっていた連坐の制にこそ、その効用があったというべきであろう。

このため伍長は、治安維持のために、必要に応じ長吏によって置廃されたものであったと思われるが、漢書王温舒伝には、

温舒復為中尉、（略）素習関中俗、知豪悪吏、豪悪吏尽復為用、吏苛察淫悪少年、投缿購告言姦、置伯落長、以収司姦。

とあり、王温舒は、投書制度を用いて告姦を促す一方、「伯落長」をおき、姦人を取り締っている。

「伯落長」は、顔師古によれば、

伯亦長帥之称也、置伯及邑落之長。

とあり、これを、長帥・邑落の長と解している。これに対し、史記酷吏伝は、これを「伯格長」につくり、徐広は、

街陌屯落、皆設督長也。

とし、司馬貞は、

阡陌村落、皆置長也。

とし、ともにこれを主要交通路や村落に置かれた長と解している。また王念孫は、

伯落長三字連読。

とし、これを「伯落」の長と解している。[31]

これら「伯落（格）長」についての諸説は、それぞれに多少の相違がみえるが、注意すべきは、これが「落」、す

なわち当時の自然村を単位として姦者を取り締るために設置されていた点である。

自然村に大きな影響力をもつものとしては、後述する父老がみえるが、ここにおいても前述した世々同居し少時より同游する同福同恤の伍[32]における伍長とならんで、時には、「落」にも伍長と類似する落長が置かれていたこととなる。

伍長や落長は、告姦のために、当時の自然村を単位としておかれ、置廃常なく、必ずしも吏とはいい難いが、かかる告姦のための方策としてはまた、伍長、落長のほかに、郡県の属吏においても、漢書王温舒伝では、

択郡中豪敢往吏十余人、為爪牙、皆把其陰重罪、而縦使督盗賊。

とあり、「爪牙」が登場している。この爪牙は、王温舒が広平都尉となった際、郡中の豪敢吏、すなわち地域の事情に通じた勇猛の吏を用い、爪牙となし告姦の任にあてたものである。

そして漢書張敞伝にも、張敞が冀州刺吏にかえりざくや、

以耳目発起賊主名区処、誅其渠帥。

とあり、「耳目」なるものを利用している。この耳目もまた、先の爪牙の吏と同じく、地域の事情に通じ、長吏の耳となり目となる存在であったことは想像に難くない。

**父老**　父老は、これがまた吏ではなかった点は、これまでの諸説でもほぼ一致している。そしてこれが、地域社会で重要な影響力を行使しうるものであったことも知られている。[33]しかし父老とよばれる人々が、どのような性格をもっていたかについては多少問題がある。

小畑龍雄氏と守屋美都雄氏は、「中央の政治意識によって設けられた官ではなくて、まさに、里の中に、その共同自営の必要から自からにその位置を生じた経験者」であり、その里とは戦国以降形成されつつあった、あるいは豪族的な、あるいは游侠的な集団とは別の、旧来の地縁的協同体であると[34]説かれた。

これに対し西嶋定生氏は、里の「男子は父老と子弟とに分けられ、父老は指導者層であり、子弟は父老の指導のもとに実際的行動に従事するものであった」とされ[35]、また増淵龍夫氏は、「父老とは一般的にいって、里の人々の上に立って、里の人々を統領する里の有力者」であるとし、「里の秩序は、父老を中心とする一種の人的関係によって維持されているといってよく、(略)所謂土豪・豪侠の維持する秩序と、その社会的性格においては異質のものではない」とされている[36]。

各氏それぞれに微妙な見解の相違をみるが、漢書高帝紀には、劉邦が関中に入るや、

召諸県豪桀曰、父老苦秦苛法久矣。

と、諸県の「豪桀」に対し、「父老」とよびかけている[37]。また漢書張敞伝には、張敞が京兆を治めるに際し、

長安市偸盗尤多、(略)敞既視事、求問長安父老偸盗酋長数人、居温厚、出従童騎、閭里以為長者。

とあり、「父老」と「偸盗長」とが求問されているのであるが、ここにおいても父老は、偸盗長とともに「温厚」であり、しかもそれが閭里で「長者」と目されていた。

ここにみえる豪桀とは、いうまでもなく才智武雄に秀れたものの義であるが、漢代においては、漢書厳延年伝では、

貧弱雖陥法、曲文以出之、其豪桀侵小民者、以文内之。

とあり、漢書刑法志にも、

民多貧窮、豪桀務私、姦不輒得。

あるいは、

朝無威福之臣、邑無豪桀之侠。

とあり、まま小民を侵し私利を営み、侠とも称されるものとなっている。

そしてこの豪桀は、また劉邦の勢力拡大においてもみられたが、陳勝蜂起の際においても、勝に王号を称せしめる

にいたったのは、

号召三老・豪桀会計事。（漢書陳勝伝）

との結果であって、地域社会にあって大きな影響力をもっていた。

そして、まま豪桀とも混用される父老の存在は、単なる父と慕われ老と敬まわれる地域社会の有識者・経験者、あるいは里の子弟に対する単なる指導者層とみなすには、いささか問題が残るようである。

もちろん父老の本来の姿は、地域住民から、父と慕われ老と敬まわれる信頼関係の上に求められるであろう。漢書馮唐伝においては、郎中署長（顔師古注「為郎署之長也」）の馮唐に対して、文帝は「父老」と呼びかけている。父老にはまた尊称の義もある。

しかし漢代においては、この父老に、かかる豪桀の類が登場してくる。漢書貨殖伝中の任氏にしても、任氏は家約の自給節倹の故をもって「閭里率」となっているが、この任氏も「豪桀金玉尽帰任氏」の勢力なかりせばいかがであろうか。

また、この父老のなかには、漢書張敞伝に、

求問長安父老・偸盗酋長数人、（略）敞皆召見責問、因貰其罪、把其宿負、令致諸偸以自贖、偸長曰、今一旦召詣府、恐諸偸驚駭、願一切受署、敞皆以為吏。

とあり、「偸盗酋長」と一緒の次元でとらえられているため一般化するには問題であるが、吏となるものもいた。もちろんこの記事の「皆以為吏」の「皆」は、偸盗長のみに限られるものであったかも知れないが、漢書黄覇伝に、

置父老・師帥・伍長、班之於民間、勧以為善防姦之意。

とある父老の場合は、父老が公権力に利用され、公権力にくりこまれて行く事実をつたえてくれている。

居延漢簡四五・一、五二六・一Aなどにみえる、父老の賦銭出納への立ち会いなどの事実も、父老のかかる性格の

一面を窺わしめる。

だからといってこの父老層が、地域住民から遊離しつつあったとは速断できない。同時に漢代の父老層は、まま伍長・落長などと同様、公権力に利用されることがあったとしても、地域社会の公的把握に対しては、里を最末端とする一応の組織化ができあがっていた。父老の側も、その生活の場は、かかる公権力に依存するよりも、地域社会での私利・侵小民にあったはずで、公権力と父老との協力関係にも、自ら限界があったというべきである。

**里魁**　以上によれば、伍長・落長・父老は、地方政制の上で、吏人として常設される存在ではなかったことになる。これに対し続漢書百官志によれば、里魁・亭長・郷官は、常置の吏となっている。このうち里魁については、少しく問題が存在しており、この点についてふれておく。

里魁の名は、続漢志のみにみえるが、また当時の里の吏として、漢書尹賞伝には、「里正」がみえ、史記張耳伝には、「里吏」と「里監門」とがみえている。そこで、まずはこれら「里監門」、「里吏」、「里正」について考えてみると、「里監門」は、史記酈食其伝にも、

好読書、家貧落魄、無以為衣食業、為里監門吏、然県中賢豪不敢役、県中皆謂之狂生。

とあり、酈食其が「里監門吏」となっている[38]。

史記張耳伝によれば、この里監門は、

両人（張耳・陳余）、亦反用門者、以令里中。

とあって、「門者」すなわち里監門は、その役目として里中に秦の詔書をふれていて、「里監門吏」とも称され、地方行政の最末端に位置する吏であったことになる。

しかし里監門となった張耳の場合は、亡命の身であり、酈食其の場合は、家貧しく衣食にも窮する身分であった。しかもこの里監門となった張耳の場合は、里吏の笞の辱しめに甘んじなければならなかった。酈食其の場合はまた、

県中の賢人豪家に使役される可能性も孕んでいた。このため里監門の存在は、常置されていたかどうかに疑問が残るが、里中をまとめて行く、「里魁掌一里百家」（続漢書）の里魁とは、異なった存在、おそらく里魁に統率される存在であったと思われる。

これに対し「里吏」であるが、史記張耳伝に、

里吏嘗有過笞陳余、〔張耳曰〕、今見小辱而欲死一吏乎。

とあり、里吏は、里中の有過者を笞打つだけの権威をもっていた。そして漢書尹賞伝の「里正」は、

戸曹掾史与郷吏・亭長・里正・父老・伍人、雑挙長安中軽薄少年悪子。

とあり、県吏とともに、軽侠無頼の取締りにあたっている。

里は、当時、地方行政の最末端区画として制度化されており、里魁（里吏・里正）の規定、職掌にも当然具体的内容が伴っていたはずである。しかし里魁といわずに、里吏・里正ともよばれる。

思うに当時、亭長・郷吏から勅任官にあげられた事例は存在する（後述）。しかし里吏をもって昇進をみた事例はこれまで知られていない。このことは里魁の名が必ずしも定着していなかったように、里吏が、あまりに微賤微禄であったがために、公権力の末端に位置しながらも、その実態があまり伝えられていないのではなかろうか。

そしてこの里魁は、また地域社会にあっては、まま地域の賢人豪家＝父老層のかげに埋没し、あるいは使役され、あるいは依付し、なかば形骸化された地位をかろうじてえていたものかと考える。

先に郡県少吏の限界を指摘したが、この地方行政組織の最末端の吏においても、同様のことを指摘せねばならない。

なお漢書韓延寿伝に、「置正五長」とあり、顔師古は、これを、

正若今之郷正里正也、五長同伍之中、置一人為長。

とし、「正・五長」すなわち郷正・里正の長と伍長と考えている。もしこのような顔師古の考えが正しいとすれば、

里長も、伍長と同様、必要に応じ長吏によって置廃される存在ということにもなりかねない。しかし里吏である里魁が、常置の吏であったことはすでにふれた通りである。このため「正五長」の正を、里正と考えることには少しく問題が残るようである。そこでこの「正五長」は、伍を正すの長の義と解し、伍長の別称と解すべきであるかも知れない。

**郷亭の吏**　里の上部行政単位には郷があり、郷里には一定の間隔をおいて亭が設けられていた。亭は行旅の宿泊所となると同時に、姦盗の取り締まりにあたり、亭長・亭候（漢旧儀）・求盗・〔亭父〕（漢書高帝紀顔注所引如淳注）等の吏が置かれていた。そして郷には、三老・有秩・嗇夫・游徼・郷佐等が置かれ、郷亭の吏は有秩百石の吏をのぞけば、すべて秩百石にみたない薄禄の身であった。

そしてこれまで、これら郷亭の吏について、ややもすると彼等は、豪族層から選出されて官僚支配の末端にくり入れられたもので、専制支配はこれら豪族層を郷亭の吏として上から把握することにより、その体制をかためていったとの意見が比較的多かった(39)。

たしかにこの点について、游徼となった黄覇は、「豪桀役使」をもって雲陵に徙された、いわゆる豪族的存在である（漢書黄覇伝）。これに対し亭長となった朱博は、「家貧」で少時より県の小間使いをしており（漢書朱博伝）、同じく亭長となった王温舒も、墓をあばいて姦盗をなしている（漢書王温舒伝）。また求盗・亭父・亭長となった任安も、幼くして孤児となり、貧窮し、少吏となろうとしたがコネもなく、求盗・亭父の職をえたのであり（史記田叔伝酈少孫補）、かの劉邦も、亭長となっているが、邦もまた無一文者であった。さらにまた、里監門吏となった張耳・酈食其にしても、その日の生活にことかく人々で、地域の土豪的存在にはほど遠い人々である。

もちろん郷吏になると、勅任官への昇進をみたものもいた。郷嗇夫となった朱邑は、仁愛で聞え（漢書朱邑伝）、同じく郷嗇夫となった鮑宣も、好学明経であった（漢書鮑宣伝）。郷有秩となった張敞の場合は、その父は光禄大夫、祖父は上谷太守に昇った名門の出であり（漢書張敞伝）、必ずしも寒門・無学者のみではなかった。しかしこれも、大姓豪家の出身者となると、張敞の事例をのぞけば、ほとんどこれを見出すことができない。

このことは、郷亭里吏の場合にあっても、かれらを一様に土豪的存在であったと考えるには少しく問題が残ることになる。郷亭里吏の人々は、まずその職をうることによって生活の道をたてんとしたわけで、その職を昇進の糸口と考えることなどはほとんど望むべくもなかった。その点では郡県少吏の場合と性格を一つにする側面があり、公権力が土豪層を、かかる薄禄の地方少吏として体制内にくみこんで行くことなどは、それほど期待できることではなかった。

もちろん腕ききの長吏にあえば、あるいは吏として協力追従することも自己の保全の上からやぶさかではなかった。また後漢時代に降ると、地方政制が整備され少吏となって官吏としての昇進をよしとする傾向もでてくる。[40] しかし地域の土豪層ともいうべき人々は、地方行政制度が施行されたからといって、直ちにかかる薄禄の少吏にあまんじることなく、長く地方行政組織、官僚支配の枠外にたって、郡県属吏や郷亭里吏に圧力をかけ、私利を営み、地域社会における勢力の温存、拡大に専念する場合も、また決して少なくなかったと思われる。

## おわりに

以上、本章においては、

(1)漢代の地方少吏には、薄禄によって人民を侵漁する傾向や、無学からくる上意下達の阻害等が問題とされている。

(2)景帝のころから少吏の養成が主張され、宣帝時には、少吏の増俸もはかられている。

(3)この結果、成帝時になると「褒衣大招」を身にまとう、非能率的な官僚集団としてまた新たな問題をもちつつも、次第に地方政制の整備がはかられてくる。すなわち少吏集団は、文学儒吏として高位高官への足がかりをつかむことにもなる。

(4)また郷亭里吏にあっても、まま生活の道なくこの職を求めた傾向がある。ただこの結果、官吏としての昇進の一段階にたつこととなった。

(5)かかる問題の多い少吏集団に対し、長吏は、まま土豪・游侠・偸盗酋長をはじめ地域社会に足がかりをもつ種々の人々の利用を行っている。

(6)しかしこれは、あくまでも個々の長吏とむすびついた特別な関係であって、前漢時代においては、かかる薄禄の少吏に、これら地域の土豪層を常時支配体制内に組み込むことには必ずしも成功してはいなかった。また少吏自身も、究極的には長吏の側にたつものではなく、地域社会にその足場をおいていた。

(7)そして地方の土豪層は、長吏の求めに応じ地方少吏として公権力に協力することもあるが、また体制の枠外にあって、郡県属吏や郷亭里の吏に圧力をかけ、地域社会に私利をなす存在でもあった。

等々を述べ、あわせて、

(8)長吏の字義は、漢書百官公卿表にみられるごとく、県の勅任官であったが、また広く郡県の勅任官をもさしていた。長吏を四百石～二百石の秩とする解釈は誤りである。

(9)少吏は、漢書百官公卿表では、秩百石、斗食・佐吏の秩のものであるが、小吏とも混用される。

(10)斗食は、月俸十一（一十）斛説と日俸一斗（余）説とがあるが、日俸一斗（余）説は、斗食設置当初のことで、月俸十一（一十）斛説は、少吏に対する増俸がくりかえされた結果のものではなかったか。

(11)伍長・落長は常置されたものではなく、必要に応じて長吏によって設けられたものである。

⑿父老も、伍長と同じく、まま公権力の末端にくりこまれていた。

等についてもふれた。

しかし少吏については、問題が多岐である上に史料が少なく、郡県属吏、郷亭里吏といっても、このように一様に論じきれない面もあろう。その意味では、試論にすぎないということになる。

注

（1）和田清編『支那地方自治発達史』中華民国法制研究会、一九三九、の序説。平野義太郎『北支の村落社会㈠』一九四四。橘樸「支那官僚の特殊性」『支那社会研究』日本評論社、一九三六、は漢代における官僚支配の未熟なるを指摘する。

（2）増淵龍夫『中国古代の社会と国家』第一篇第一章、弘文堂、一九六〇。

（3）顧炎武『日知録』「郷亭之職」。

（4）漢書補注武帝紀元光六年所引。

（5）瞿昭旂「両漢之県令制度」『禹貢』六―一、頁八。

（6）楊樹藩『両漢地方制度』国立政治大学、一九六三、頁四八。

（7）諸橋轍次『大漢和辞典』大修館書店、巻十一、一九五九。「長吏」の項は、「漢制、県吏の二百石から四百石までの者、一般に六百石以上の者」として、漢制では二百石から四百石までの県吏とする。一九八八年修訂版も同様。

（8）労榦「漢代的県制」『労榦学術論文集』芸文印書館、一九七六。

（9）論衡などでもしばしば「将相長吏」とあり、長吏は将相＝中央の高官と区別して用いられていたようである。ただ鎌田重雄『漢代の社会』弘文堂、一九五五、頁一八、『史論史話』南雲堂エルガ社、一九六三、は、漢代の官吏は、「万石の三公や二千石の九卿以下二百石に至るものと、百石以下斗食佐史のものとに区別」され、前者を「長吏」、「後者」を少吏というとされるが、三公九卿までも長吏と称したとする点は問題である。

（10）漆俠『秦漢農民戦争史』三聯書店、一九六二、頁一四九―五三。

（11）濱口重國「漢代における地方官の任用と本籍地との関係」『歴史学研究』一〇一、一九四二。『秦漢隋唐史の研究』上、東京大学出版会、一九六六。
（12）少吏には百石の吏も含まれる。玉海漢官秩差次にも「百石、自百石已下有斗食佐史之秩為少吏」と。
（13）続漢書百官志「百石奉月十六斛」。
（14）労榦「漢簡中的河西経済生活」『国立中央研究院歴史語言研究所集刊』一一、一九四七。
（15）宇都宮清吉「続漢志百官受奉例考」『漢代社会経済史研究』弘文堂、一九五五。
（16）注（13）。
（17）厳耕望『中国地方行政制度史上編』中央研究院歴史語言研究所、一九六一、頁二二一－三四に具体的な名称があげられている。
（18）これら諸曹吏の具体的な名称も、注（16）頁一〇八－一二八。
（19）永田英正「漢代の選挙と官僚階級」『東方学報』四一、は地方属吏の資格として、(A)ある程度の財産もあり、品行もおさまり、その土地で人望のある者、(B)漢書芸文志に「漢興、蕭何草律亦著其法曰、太史試学童、能諷書九千以上、乃得為史」とあるを引き、およそ九千字の文字を暗記している者、との二つをあげられている。(A)については、本文において、必ずしもそのようなもののみとはいい難いことを指摘したが、(B)についても、この漢書芸文志の記事には、つづけて「吏民上書、字或不正輒挙劾」ともある。このような高い学力を郡県少吏一般に期待することの不可なることは、公孫弘の言をまつまでもない。
（20）注（10）。
（21）江幡真一郎「西漢の官僚階級」『東洋史研究』一一－五・六、一九五二。注（5）。五井直弘「秦漢帝国における郡県民支配と豪族」『人文論集』一二、一九六一。
（22）守屋美都雄「父老」『東洋史研究』一四・一・二、『中国古代の家族と国家』東洋史研究会、一九六八、は、この長老と父老とは実態が相近いものとしている。しかし、この潁川郡は戸数四三万（漢書地理志）であり、その郡を代表するかたちで数十人の長老がよばれている。とすれば長老は、父老よりは広い範囲に影響力をもっていたようである。
（23）王充は七〇才で州の属吏をやめている。論衡自記篇。なお漢書王尊伝によれば、王尊は、一三才で獄の少吏（郡）となっている。

(24)　注（20）五井氏は、前漢官僚は、前漢中期から下級役人を初任したものが増加してくる。このことは地方下級役人と中央高官との間に出身階層の差違がなかったことを意味するとされる。前漢時代の地方役人の出身階層を推測するような史料がないとされながらも地方少吏への豪族の登場を考えられている。しかし地方少吏といっても大変な数であり、これが地方少吏即豪族とまでならないであろうことはいうまでもない。

(25)　兪正燮『癸巳類稿』巻十一で、兪正燮は、少吏の特質として、(1)閭閻の善悪を知り、教化を行う、(2)軍隊の徴調に役割をもつ、(3)戸口、賦税を知る、(4)姦盗を取り締る、(5)官役に役だてる、等をあげている。

(26)　注（3）。

(27)　拙稿「漢代における里と自然村とについて」『東方学』三八、一九六九。拙稿「中国古代の伍制について」『中央大学文学部紀要』史学科一九、一九七四。以上本書所収。越智重明「漢魏晋南朝の郷亭里」『東洋学報』五三―一、一九七〇。

(28)　注（21）守屋氏は、この「置」を、黄覇が「潁川太守となるや、郵亭、郷官をして、皆、鶏豚を畜せしめ、鰥寡、貧窮の者を贍たし、しかるのちこれを幾箇条かの教令とし、父老、師帥、伍長に置（あた）えて、云々」と読まれたが、これは恩沢の詔を徹底させるため、良吏をえらび詔令を宣布した結果、郵亭郷官等にもその詔の主旨が徹底し、郵亭郷官の働きで鰥寡、貧窮者もうるおうこととなり、詔書も「条教」、すなわち有効となったとの意味であり、「置」を「あたえる」と訓ずる必要はないのではなかろうか。

(29)　労榦「漢代的政制」『中国的社会与文化』一九六四、頁二三二。

(30)　注（27）拙稿。

(31)　漢書補注所引。

(32)　国語斉語。

(33)　注（21）。

(34)　小畑龍雄「漢代の村落組織について」『東亜人文学報』一―四、一九四一、注（21）。

(35)　西嶋定生『中国古代帝国の形成と構造』東京大学出版会、一九六一、頁三七五―六。

(36)　注（2）、頁九四、一七二。

（37）　注（20）五井氏論文。史記高祖本紀では「召諸県父老豪桀曰」となっているのであるが、漢書では、この「父老豪桀」を、「豪桀」の語でまとめている。
（38）　この記事の里監門につづく「吏」字は、高山寺史記（『史記会注考証』）および漢書酈食其伝では、「里監門、然吏県中賢豪」となっている。しかし「里監門吏、然県中賢豪」の記述が正しいことは、すでに王念孫の「吏県中賢豪不解」との指摘の通りである（漢書補注所引）。
（39）　たとえば河池重造「赤眉の乱と後漢帝国の成立について」『歴史学研究』一六一、一九五三。
（40）　ただ後漢書李通伝には、「且居家富逸、為閭里雄、以此不楽為吏」とあり、大志を抱くがゆえであるが吏となることを避けている。当然ながら吏への道がすべてではない。
（補注1）　かかる傾向は、また最近においてもみられるところである。郝兆箠『中国縣制史』宏業書局、一九六四、頁三六、もかかる見解である。

# 第七章　漢代の郡県属吏

## はじめに

**秦漢時の郡数の変遷**　秦による天下統一の結果、郡県制は、全国土に徹底して実施されることとなった。その郡県制の大要は、漢書百官公卿表、続漢書百官志が伝える。しかし秦帝国は、わずかに一五年で滅びた。また全国の郡県も、天下統一時の始皇二六年には「分天下以為三十六郡」―この三六郡は始皇三六年の時で、始皇二六年はこれ以下であったともいわれる[1]―であったが、秦末には四八郡（王国維秦郡考）、漢書地理志によれば、

漢興、以其郡大大、稍復開置、又立諸侯王国、武帝開広三辺、故自高祖増二十六、文景各六、武帝二十八、昭帝一、訖於孝平、凡郡国一百三、県邑千三百一十四、道三十二、侯国二百四十一。

と、高祖から武帝時にかけて、さらに計七六郡が増置―新獲地への初郡もあるが、多くは大郡を分割―されている。

始皇二六年の天下統一によって郡県制が施行される直前までは、ほかの戦国六国はもとより、秦ですら商鞅による県制施行にも拘わらず、その実態はまた「郡県之君」（史記始皇本紀始皇十年）ともよばれている。嫪毐の事例をだすまでもなく依然として諸侯国、いわゆる封建制が残存していた。このことは、秦から前漢にかけて郡県が急速に増置されて行くなかで、組織面での整備はもとより、その機能を維持するための人員、とくに属吏（少吏）の確保がまた

大変であったと思われる。

**如淳引用の漢律**　秦漢時の郡県の員吏がどの位であったかはあまり定かでない。三国魏の如淳は、郡の組織について、

　律、太守、都尉、諸侯、内史、史（丞）[2]各一人、卒史・書佐各十人。（史記汲黯伝集解所引）

との律を引用している。この律は、史記蕭相国世家索隠にも「如淳按、郡卒史・書佐各十人」と引用されているが、この律にみえる郡の組織には、諸侯・内史が含まれ、秦代の郡官である監がみえないことから、その内容とするところは前漢時、それも内史が三輔に改称される太初元年以前のこととなる。

漢代の律令は、小川茂樹氏によると機能的分化が不明瞭[3]とされるが、如淳の引用する「律」は当然漢律である。そしてこの郡の組織は、太守・都尉・丞と卒史・書佐とに大別され、前者は各一人、後者すなわち属吏は各十人で、郡の定員は計二十余名となっている。

もちろん郡の員吏も、郡の実情に応じ増減をみるものであったと考えられるが、漢律に示される漢初の郡の員吏であってみれば、一応当時の平均的な規模であったと思われる。

**後漢の郡県吏員**　これに対し後漢の郡県については、続漢書百官志劉注所引後漢伏無忌撰古今注に順帝永和三年のこととして、

　初与河南尹及雒陽員吏四百二十七人、奉月四十五斛。

とあり、また続漢書百官志劉注所引漢官には、

　河南尹員吏凡九百二十七人。

　雒陽令秩千石、丞三人四百石、孝廉左尉四百石、孝廉右尉四百石、員吏七百九十六人。

とのことが伝えられている。もちろん漢官の員吏については、これがいつの時期にあたるかが定かでなく、古今注についても、河南尹と雒陽令とのそれぞれの全員吏であったかどうかに問題が残るかも知れない[4]。また河南尹の場合は、

戸数二十一万の京師でもある。しかし後漢書陸続伝によれば、明帝時、戸数十二万の会稽郡でも郡の掾史はまた五百余人となっている。

これらのことは、郡県の増置とならんで、それぞれの郡県の官吏もまた、数十名から数百名へと次第に増加充実されていることになる。(補注1)そこで本章では、秦・漢初から後漢にかけての郡県員吏の推移について、以下少しくふれることとする。

## 一　漢初の郡県属吏の出自

**買爵と買官**　史記平準書には、武帝の元狩三年のこととして、

法既益厳、吏多廃免、兵革数動、民多買復、及［千夫］(5)五大夫、徴発之士益鮮、於是除千夫五大夫、為吏、不欲者出馬。

とみえている。この記事は、当時匈奴討伐のために徴兵が繰り返され、征役復除のために買爵をなすものが多く徴兵が困難になってきた。同時に法にふれ廃免される吏も多く、吏の定員に不足が生じた。このため復除の特典をえている買爵者を、この不足がちな吏に任用しようとしたが拒否されたため、その者たちには、あらためて馬を供出させたとのことである。

買爵の意義については、すでに詳細な研究があり、その特典の一つに官吏の身分をうることがある。史記平準書の記事もまた、買爵と官吏の任用とが結びつけられているが、この買官について史記平準書では、武帝時に集中して、「入物」・「入財」・「輸家之羊、入銭二十万銭」・「入羊」・「買武功爵」・「故塩鉄家富者」・「吏得入穀」・「吏得入粟」等があり、官吏としての任用、昇進をえている。

前四者は、家財を入れて官に就くことを目的－ただ「輸家之羊」は卜式の事例であり例外－としていて、「補官」・「補郎」と本官に任ぜられているが、

　選挙陵遅、（略）興利之臣、自此始也。（史記平準書）

　郎選衰矣。（史記平準書）

等の批判を受けている。「故塩鉄家富者」も、塩鉄の専売制移行のための代償であったため、また、

　吏道益雑、不選、而多賈人矣。（史記平準書）

との非難を受けている。

これに対し「吏得入穀（粟）」は、吏であって本官を望むものである。「（入奴碑）、為郎［者］、増秩」・「（入穀）、郎、至六百石」とこれが郎官の場合は、その秩が増加されている。いずれにしてもすでに官界に身をおくものであったためか、買官とよぶにしても、吏道に反するとの批判を受けることはなかった。そして「買武功爵」も、これは復除あるいは「其有罪又減二等」と贖罪等の特典にあわせて、また官吏にも任用するとのことで、これも買官を第一義とするものではなかった。

買官（売官）は、多く本官をうることを目的とした。ただ武功爵の場合は、元朔六年、

　諸買武功爵官首者、試補吏、先除、千夫如五大夫、其有罪又減二等、爵得至楽卿、以顕軍功、軍功多用越等大者、封侯卿大夫、小者郎吏、吏道雑而多端、則官職耗廃。（史記平準書）

と、五級の官首は「試補吏」とのことではあるが、買爵することは八級の楽卿まで可能であった。これにもし実戦での軍功が加算されると、功の大なるは侯卿に封ぜられ、小にしても郎官になる者があらわれる。

このため武功爵の場合にも、正規の選挙をへることなく本官に任ぜられる者がいたわけで、また「吏道雑而多端、則官職耗廃」と難じられている。ただ武功爵による官吏の任用において、本節の初めにあげた元狩三年の武功爵七級

にあたるとされる千夫－二十等爵九級の五大夫にあたり免役権をもつ－層の場合は、「出馬」との強制をうけながらも、なお「吏」となることを望まなかった。

この点について、あるいは「法既益厳」との事情も影響しているかも知れない。しかし武功爵を買いうるような層には、案外かかる吏に対し拒否反応を示す人々が多くいたのではなかったかとも思われる。

武功爵は、元朔六年に新置されるや、その年、史記平準書では、

級十七万、凡直三十余万金。

となっている。これは一級一七万銭－七級の千夫については一一九万金・一一九銭・二九万銭の諸説あり[6]－で、この元朔六年に三〇億銭の売上げがあったとのことである。中家の産が一〇万銭とされる当時、かかる千夫層の人々は限られた富裕階層となる。

買爵を行いうる階層は、また二十等爵の場合にも窺えることで、漢書成帝紀によれば、成帝永始二年には、五大夫の場合であれば三〇万銭で賜られ、同時に郎官にも補せられている。漢書鼂錯伝によれば、文帝時の鼂錯の上疏では、粟四千石で五大夫が下賜されているが、一石七〇銭といわれることからすれば、この場合もほぼ三〇万銭となる。鼂錯の上疏ではまた、二級の上造でも平均的農家収入の六年分にあたる粟六百石が必要であった。

そこで元狩三年に、武功爵千夫層の人々が拒否した「吏」であるが、千夫は五大夫に相当することから、千夫、五大夫ともに当然郎官以上の任用をうけるべきであるが、この時の「吏」は、「出馬」との強制までも受けていた。そして史記平準書の場合、「吏」は多く本官でない下級少吏をさしており、千夫層等が拒否した「吏」も、おそらく地方郡県の属吏を対象としていたものと考える。

このことから武帝時には、郎官以上の本官の場合は別として、かかる地方属吏に地域の富裕階層を吸収することには困難がともなったことになる。漢書景帝紀後元二年五月の条には、

今訾算十以上、乃得宦。

とあり、本官になるためには算十すなわち一〇万銭を必要とした。しかしこれでは清廉の人材を求め難いとし、詔して算四に切り下げている。

本官にしても、必ずしも人材をうることには成功していなかった。まして郡県属吏の場合は、詔令宣布能力、学力不足等が問題とされ、さらには「持吏長短」と多く地方の有力者によって長短を握られる存在であった(7)。地域の富裕層が、「吏」になることを忌避したことも肯ける。

地方の富裕階層が「吏」に対して拒絶反応を示す事態は、この武帝時のみではなく、墨子号令篇でも、戦国末期のことと思われるが(8)、粟米・布帛・銭金・畜産等を官に入れる者に対し、

皆各以其賈、賠償之、又用其賈貴賤多少、賜爵、欲為吏者許之、其不欲為吏、而欲以受賜賞爵禄、若贖出親戚所知罪人老、以令許之。

と、爵を下賜するとともに吏への任用をも認めたが、買爵者のなかには「吏」となるを希望しないものがいた。この場合の「吏」も、同篇では、

如前侯反、相参審信、厚賜之、侯三発三信、重賜之、不欲受賜、而欲為吏者、許之二百石之吏、守珮授之印、其不欲為吏、而欲受構賞禄、皆如前、有能人深至主国者、問之審信、賞之倍他侯、其不欲受賞、而欲為吏者、許之三百石之吏。

と、二、三百石の吏となっている。

**益梁寧三州先漢以来士女目録**　華陽国志の巻末に付される益梁寧三州先漢以来士女目録は、益梁寧地方の士女について、生前の官職名をあわせ所載している。このうち前漢時の人は三八名、後漢の人は二〇八名で、前後漢合計二四六名となっているが、州郡県の属吏であったものは二二名である。

前漢時に入るものは、蜀郡成都の人で、「徳行〔州〕治中従事李弘字仲元」ただ一人。そしてこの李弘は、同書巻三では、司馬相如・楊子雲・厳君平・王子淵・李仲元・林公孺・何君公との順で前漢時の蜀の士人が列記されているなかで、宣帝時の王子淵の後、宣帝から哀平にかけての何君公の前に記載されており、おそらく宣帝時の人であったと思われる。

このことは前漢時、それも武帝以前の地方属吏には、徳行・文学・節士等で、後世顕彰されるほどの人材―かかる人々が地方の有力者であることも少なくない[9]―が比較的少なかったことになる。かかる現象は、地域の富裕層から忌避される地方属吏の位置づけとも関連する。

それでは、前漢時に入ってもなお問題点をかかえる郡県属吏は、秦代以降、転機に位置する武帝時にかけて、どのような人的構成をなしていたのであろうか。

## 二　郡県属吏と三老制

**郡県属吏層の社会的階層をめぐる諸説**　郡県の称は、すでに先秦にみえる。この点について増淵龍夫氏は、晋の原・温両県を中心に河内の諸邑を検討し、先秦の県が秦漢の郡県につながるための要因として、

(1)県大夫の世襲制。

(2)支配氏族集団のそれぞれの本族と県大夫との私属的関係を抑えて官僚化を進める。

との点をあげられ、この官僚制が有効に機能するためにはまた、

(3)属邑に残存する土着の古い族的遺制の分解が必要であった。

とされている[10]。本章は、氏のこの指摘に出発点をもつ。とくに先秦の県における官僚化の問題点が、秦漢の郡県属吏

制のなかで具体的にどのような関わりをもっていたかが問題となる。

秦漢時代の郡県属吏制については、濱口重國氏が、郡県の属吏は地方人の意志の代表者で、上官を助ける一方、地方の事情に適合した政治を施かしめ、万一不法横暴の行為があればそれを阻止し民意の暢達をはかった[11]とされている。

また五井直弘氏は、前漢の官僚の出身を詳細に検討され、高祖から文帝の時まで＝前期は、地方の下級役人を初任したものが〇%であるのに対し、景帝から宣帝時＝中期になると二五%、元帝から王莽時＝後期では四六%強となる。これは中期以降地方下級役人と中央高官との間に出身階層の差異がなくなってきていることを意味し、地方下級役人は地方の豪族およびその一族であった[12]とされている。

これに対し増淵龍夫氏は、郡県郷亭の吏に民間の豪侠・土豪の子弟（豪吏）が多く任用される一方、また豪侠・土豪はこれら地方の下級役人を手先として利用することもあったとされ、地方下級役人の多様性を指摘[13]されている。

さらに西嶋定生氏は、秦の統一後も旧来の族制的結合が地方で完全に解体されることはなく、その結合が弛緩した場合に新しい社会集団である地方豪族が形成された。豪族は国家から弾圧されることもあったが、また利用される存在でもあり、漢代における郡県の下級官僚には、地方の豪族の子弟が多く採用され国家権力の地方浸透のための媒介的機能を果たした。そして豪族の下級官僚への進出については、かれらが国家権力の外部に自律的秩序を完結することができなかったためである[14]とされている。

以上によれば、郡県属吏制は、ほぼ共通して地方土着の有力豪族を支配体制内に吸収する形で運用されていたこととなる。そして郡県属吏制の新たな展開は、景帝以降ということとなる。

**漢碑にみえる郡県属吏とその昇進**　たしかに後漢の郡県属吏制は、漢碑における幾例かの地方属吏の昇進をみても、

| 人名 | 卒年ほか | 出身地 | 昇進 | 出典 |
|---|---|---|---|---|
| 柳敏 | 一四六年に太守 | 蜀郡 | 五官―功曹―□―守令―□―（孝廉） | 隷釈八 |

| | | | | |
|---|---|---|---|---|
| 鄭固 | 一五八年に郎中 | （東郡黎県） | 郡諸曹掾史—主簿—督郵—五官掾—功曹—□—□—□—（詔） | 隷釈六 |
| 混緄 | 一六七年卒 | 巴郡岩渠県 | 郡諸曹史—督郵—主簿—五官掾—功曹—□—□—□—（孝廉） | 隷釈七 |
| 武栄 | 霊帝初の人 | 汝南郡 | 州書佐—郡曹吏（ママ）—主簿—督郵—五官掾—功曹—□—□—州従事—（孝廉） | 隷釈十二 |
| 夏承 | 建寧年間卒 | | 主簿—督郵—五官掾—功曹—上計掾—守令—州従事— | 隷釈八 |
| 楊著 | 建寧年間卒 | （司隷） | 郡五官掾—功曹—□—□—州従事—（辟） | 隷釈十一 |
| 張表 | 一六八年卒 | 冀州 | 郡督郵—主簿—五官掾—功曹—□—守令—州従事 | 隷釈八 |
| 侯成 | 一六八年卒 | 山陽郡防東県 | 主簿—督郵—五官掾—功曹—□—守長 | 隷釈八 |
| 郭仲寄 | 一七一年卒 | （魏郡） | 郡五官掾—功曹—□—□—州従事—（挙廉） | 隷釈九 |
| 李翊 | 一七三年卒 | （益州） | 郡督郵—五官掾—功曹—□—守長—□—（孝廉） | 隷釈九 |
| 尹宙 | 一七七年卒 | 潁川郡 | 郡主簿—督郵—五官掾—功曹—□—守令—州従事 | 金石萃編十七 |
| 郭究 | 一八四年卒 | 河内郡波県 | 郡主簿—督郵—五官掾—功曹—□—守令長—州従事 | 隷釈十 |
| 趙□ | 一八八年卒 | | 郡五官掾—功曹—□—□—州従事 | 隷釈十一 |

と、孝廉（あるいは察廉、辟召）にいたるまでの昇進が、ほぼ全国的に一致している。これは当時の郡（県）の機構が全国にわたりほぼ統一的に運用されていたことを窺わせる。同時に、巴郡太守張納碑の巴郡の掾史七十三人の場合、その大半が巴郡の大姓と一致しており、郡県属吏が、多く土着の大姓豪族によって占められていた[15]ことになる。

そしてこの属吏は、表中の武栄の場合、

治魯詩経・韋君章句、久游大学。

夏承の場合は、

治詩・書経。

楊著の場合は、

窮七道之奧□、綜書籍。

尹宙の場合は、

治公羊春秋、通書伝。

とのことで、いずれも高い儒学的教養を身につけていた。もちろん漢碑の事例は比較的後漢末に集中しているが、属吏への知識人の進出は、後漢書儒林伝、同文苑伝によれば、すでに建武中から窺える。

しかし前述したように、前漢武帝時には、必ずしもかかる属吏への土豪・知識人の進出は一般的ではなかった。そしてこのような現象は、また秦漢交替の時期においても同様である。

**父老層の活用**　漢書高帝紀によれば、高祖は軍を起こすに際し、沛の「父老」の支持をえて沛の子弟の掌握に成功した。入関を果たすと、高祖は関中諸県の「父老（豪傑）」と法三章を約して関中の地を掌握し、漢中より関中にでて再起をはかり、武関より東進せんとした際にも、関外の「父老」を鎮撫し関外諸県の支持を求めた。

項羽との対峙が大詰めにさしかかった高祖四年十一月、高祖の瘡が悪化し入関した際にも、高祖は、わざわざ「父老」を存問、置酒している。項羽を討誅した後も、高祖に降るを肯じなかった魯に対して、高祖は魯の「父兄（史記では父老）」と直接接触し血をみることなく魯を降している。

高祖は楚の懐王から「沛公素寛大長者」と称されている。しかし高祖は、家事を手伝うこともなく酒色を好み貰酒をこととした。亡命の身で沛の父老を脅迫し、父老の支持をとりつけ子弟を掌握しているが、その時の軍の構成は、

於是少年・豪吏如蕭曹樊噲等、皆為収沛子弟得三千人。

と、亡命中の仲間である少年（無頼の徒）と沛令殺害に加担した豪吏とが指導者となっていた。軍を起こすにあたって一応の名分はあるものの、高祖集団がどれほど謹厚・徳高で「長者」の名に値するものであったかは問題である。

高祖は天下平定後の五年五月、王陵から「陛下嫚而侮人」と指摘されたのに対し、「吾能用之」と答えている。もちろん高祖の答弁は、将軍を有効に用いた点を指したものであるが、高祖はまた当時の社会の実情に通じ、これを有効に用いた点でも注目される。

漢書張敞伝によれば、「偸盗酋長」なども顔役としてまま閭里の人々から「長者」と称されていた。高祖に対する「長者」の称も、案外かかる社会の実情に通じ各地の掌握にその手腕を発揮したからであったかも知れない。高祖の各地での勢力確立には、その地の父老・父兄・豪傑が有効に活用されている。

それでは高祖は、既存の地方行政組織にはどのように対処したであろうか。この点については、高祖が入関後、法三章を約しこれを関中諸県に徹底させんとした際、

乃使人与秦吏、行至県郷邑、告諭之。

と秦吏を利用してはいるが、天下統一の過程で、あまり既存の地方行政組織を利用した事例は見当たらない。もちろん当時の地方行政組織は、秦帝国下のもので、その利用には当然限界があったことも考えねばならない。

**三老制の採用**　高祖は、二年二月、漢中から関中にでて再起をはかるや、

㈠令民除秦社稷、立漢社稷。

㈡施恩徳、賜民爵。

㈢蜀漢民給軍事労苦、復勿租税二歳。

㈣関中卒従軍者、復家一歳。

㈤民年五十以上、有脩行、能帥衆為善、置以為三老、郷一人、択郷三老一人、為県三老、与県令丞尉以事相教、復勿繇戍、以十月賜酒肉。（漢書高帝紀）

との諸策を発表した。高祖にとって、初めての天下に対する号令である。同時にこの号令が、項羽との対決を決意するに際してのことであってみれば、これらの諸策は、高祖にとって緊急を要するものであったはずである。

㈠の社稷の変更は、漢帝国の建設、王朝の交替を宣言したものである。ついで㈡、民爵の賜下が行われている。人

民への慰撫であるが、民爵の機能が、現実に大きな効用を果たすものであったことを物語る。㈢、㈣の漢中・関中への復除も、この地が項羽討伐遂行のための根拠地、後背地であってみれば、これまた当然のことである。そして㈤で郷・県に三老が設けられている。

三老は、史記陳渉世家にも、陳勝が自立するにあたり、陳において、

　號令召三老豪傑、与皆来会計也。

と、三老・豪傑に支持が求められている。

秦代の三老が、果たしてどれほど制度化されていたか定かではない―ただ高祖二年にあらためて郷三老・県三老の選出方法を詳述していることは、三老制がさほど制度化されたものではなかったことを窺わせる―が、高祖が父老・豪傑を多く利用したことと、陳勝自立のための支持が三老・豪傑に求められていることとは、同一の事情であろう。三老は、「能帥衆」とのことであってみれば、三老と父老・豪傑とは、ともに同一の社会的階層に属していたと思われる。

史記張耳陳余伝では、陳勝自立の際に支持を求めた陳の史記陳渉世家にみえる「三老・豪傑」は、「豪傑・父老」となっているが、漢書張耳陳余伝では、同一の個所が「豪傑」とのみなっている。三老・父老・豪傑にさほどの相違が意識されていなかったがためである。

そしてこの三老の制は、高祖がいまだ天下の趨勢予断を許さざる時期に、いちはやく実施されていることからして、当時の県・郷の機能において、三老層の活用がいかに要求される存在であったかを窺わせる。このことは既存の県・郷の機能が、地域社会を把握する上で限界をもっていたことを意味する。

高祖は、亭長としての経験その他を通じ、既存の地方行政制度が、地域社会、住民の把握において欠陥をもち、急ぎ県郷―後には郡・国にも三老がおかれる―と地方土着勢力との一体化・合議をはかる必要性を痛感していた。

項羽との対峙、後背地の安定において、この三老制の採用はまさに焦眉の事柄であったわけである。高祖が当初か

ら県廷の吏を「無所不狎侮」と軽んじ、その勢力拡大に最大限父老層を利用したことも、これは単に県廷が秦帝国下の行政機構であったことだけによるものではなかった。

高祖も、法三章の各県郷への伝達のような場合には、既存の行政機構を利用している。三老制において注意すべきは、これら三老制が、郷吏、県吏として官僚制の枠内ではなく―ただし後には三老も次第に吏的性格を帯び[16]、三老本来の機能を喪失し、後漢末には三老制は消滅する―、「以事相教」と、これを県郷制への協力者として位置づけている点である。これは当時の郡県廷、少なくとも属吏が、かかる土着の有力者、土豪を包含するものでなかったことを意味する。

近年（一九九六年）公表された尹湾漢簡の成帝時の東海郡集簿（上計の書類）でも、県三老・郷三老は、郡県郷吏の太守・令長以下の吏員よりも上位に記載されている。三老の権威のほどを窺わせる。

**郡県属吏の私属性**　それでは秦漢交替期における郡県の機構はどのような状態であろうか。この点については明文を欠くが、いま沛県の場合においては、県令と主吏蕭何・獄掾曹参との存在が知られる。そして主吏蕭何はまた泗川郡の卒史の職務も「給」すなわち兼務していた[17]。

課最第一の能吏であったが、この主吏蕭何も、県令宅に（亡命の）客があった場合には、沛の豪傑や吏の来訪に対し受付係として駆出されている。

蕭何、曹参は、陳勝が自立した際、沛の県令が動揺して秦室に背かんとするや、沛令のために、

君為秦吏、今欲背之、帥凱子弟、恐不聴、願君召諸亡在外者。（漢書高帝紀）

と、策をめぐらしている。沛令が後、秦室への叛意を翻し、叛意を打開けた蕭何・曹参を殺害しようとするにいたって仕方なく亡命者劉邦に保護を求め、ついにその協力者となった。高祖が沛令を殺し沛公の地位につくと、蕭何は県丞となり、曹参は中涓となった（以上漢書高帝紀）。高祖が県公、曹参が中涓を称しているのは、高祖が楚王陳勝に応じての行動であったため楚の官制を[18]踏襲したがためである。

以上の沛県の事情から想定される秦末の県の構造は、県令と属吏との間には、私的な家事に属吏が動員されるなど比較的私属的な関係が窺える。同時に職掌・組織の面でも、県の属吏が郡の卒史の職掌を兼務しており、組織間の間仕切りにおいても比較的融通性がみられる。

このことは前述したように、当時の郡県属吏が少人数で、組織面でもまた、かかる未分化な側面が避けられなかったためと思われる。また属吏の長吏への私属的な関係も、後述するが相応の歴史的経過をふまえてのことである。高祖が南陽郡を攻略した際、南陽太守の舎人陳恢が、郡太守の保全について高祖と取引している。この舎人については、顔師古による「私属官号」との説がほぼ承認されているが、かかる舎人はまた、守屋美都雄氏も指摘されるように、有力者の私属となって官途を目指す人々でもあった。[19]

史記秦始皇本紀の、

（始皇）十二年文信侯不韋死、竊葬、其舎人臨者、晋人也逐出之、秦人六百石以上、奪爵遷、五百石以下、不臨遷、勿奪爵。

では、呂不韋の葬儀が内々に行われた際、呂不韋の舎人が集まってきている。かれらは呂不韋派であり、一網打尽に追放されたり、左遷されたりしているが、舎人は、呂不韋の推薦と保証によって六百石、五百石の官吏に補任されていた。[20]

南陽太守の舎人陳恢の場合も、「吏民自以為必死」と、太守の個人的な延命の使者ではなく郡の吏民の意志を代弁するものとなっている。舎人陳恢もまた、郡吏としての立場を兼ねていたとしておかしくはない。

史記項羽本紀には、項梁が会稽郡の仮守殷通を斬った際、

門下大驚擾乱、籍所撃殺数十百人、一府中皆慴伏、莫敢起、梁乃召故所知豪吏、諭以所為起大事。

とあり、項梁につづいて項羽が、会稽郡の門下数十百人を斬殺すると、「府中」のものすべてが慴伏している。項梁

と仮守殷通とはこの時、郡府内で相対していたと思われ、仮守殷通とともに斬られた数十百人すなわち百人近い「門下」も、郡の属吏と重なる人々ではなかったか。

門下は、また舎人と同義に使用されている。(21)前漢末から後漢になると郡県属吏に門下掾・門下史その他この門下を冠する掾史が多くみえる。厳耕望氏は、郡県属吏を門下と列曹とに大別され、郡の場合、門下関係の吏として功曹・五官掾の綱紀の吏と主簿・主記室・録事・少府・府門亭長・門下掾史・書佐・循行・幹・小史・門下督盗賊・門下賊曹・門下議曹等をあげられ、列曹関係の戸曹・時曹・田曹・倉曹・金曹・集曹・兵曹・決曹ほかの諸曹には門下が冠せられる事例はみえないとされている。(22)

同時にこの門下、すなわち閣下の吏には、職掌面でも、門下賊曹等の例外はあるが列曹と異なり職務内容が不明確というか、主簿・主記室・録事・少府等、長吏の股肱の吏が多いようである。

このことからすると郡県廷には、実務に専念する列曹に対し、門下（閣下）とよばれる股肱近侍の吏が存在していたことになる。これは、郡県属吏制の展開を考える上で重要である。

秦末の長吏と属吏との関係に、まま私属的性格が窺えることからすれば、郡守に殉じた会稽郡の「門下」が属吏であっても不思議ではない。そして「門下」と「舎人」とがほぼ同義であったとすれば、南陽郡の舎人陳恢もまた郡吏であった可能性が大きく、秦末においては郡の属吏がまた、「門下」・「舎人」と汎称される存在であったことになる。

前述の門下と列曹とに大別される属吏制と門下・舎人とも汎称される秦末の属吏制とを比較すると、郡県属吏制は、長吏との私属的関係を深くもっていた門下的性格の吏に対し、新たに列曹の組織が付加されてきていることになる。

この結果、門下関係の吏も、列曹同様に次第に組織化されて行くことになるが、その場合でも門下関係の吏は、属吏のなかで高い地位を占めていた。

ただ門下賊曹等、当然列曹に入ってしかるべきと思われるものにまで門下の称が冠せられている。門下と列曹との一体化が進行し、「門下」の義が、列曹をも含む新たな郡県属吏の汎称に転化してきていることを意味している。

門下と列曹との関係については後述するが、秦末の長吏と属吏との関わりについて、西嶋定生氏の高祖集団の理解を批判した守屋美都雄氏は、中涓・舎人・卒の検討を通じ、これを戦国以来の有力者の政治的・軍事的集団内の職階的性格のものとされ、高祖集団の性格を政治的、戦闘的と考えられた[23]。また増淵龍夫氏は、同じく中涓・舎人・庶人の分析を通じ、これを戦国時代の貴族・高官の私門の家臣とされ、これと秦漢における郎官との関連についてふれられている[24]。

舎人は、戦国策趙策一の、

趙王封孟嘗君以武城、孟嘗君択舎人以為武城吏、而遣之。

においても明らかなように、戦国以来、私門の家臣であると同時にまた吏人としての性格も帯びていた。県主吏の蕭何が、県令の私事にも関わっていたことと通じるものがる。

秦の統一後の郡県制にあっても、郡県の長吏と属吏との結合には、いまだ濃く戦国以来の私属的な主従関係の残滓がみられる。もちろん秦末の郡県属吏の吏名が舎人・門下等と汎称されていたかとなるとそれは問題である。獄掾等の職掌に応じた吏名もみえる。しかし史記樊噲伝では、樊噲は、

与高祖倶隠、初従高祖、起豊、攻下沛、高祖為沛公、以噲為舎人。

と、高祖が沛公としての公人になってはじめて「舎人」と称されている。

このことは舎人の私属的性格が、官僚組織が整備されて行くなかで、少しずつ変化していることを窺わせる。樊噲の場合は、舎人の身分でありながら、また軍功に応じて国大夫・列大夫・上間・五大夫・卿と爵を授けられ、ついには賢成君に封ぜられている。

張良は、この舎人樊噲を、項羽に「参乗樊噲」と紹介している。参（驂）乗とは、御者とともに主人に陪乗するも

ので、漢書高帝紀には、「使参乗、監諸将」ともみえている。参乗の称が、当時陪乗の義を越え、一種の官号的性格を帯びていたことを意味する。

秦末の属吏名、組織化はいまだ未分化で、樊噲にしても高祖の全くの私属として終始したわけではなかったが、公人としての官職名が明確でなく、「舎人」・「参乗」などの私属的官号が冠せられたまま、公人としての職責をも果たすことになっていた。

漢書賈誼伝にも、

天下殽乱、高皇帝与諸公併起、非有仄室之埶、以予席之也、諸公幸者、牲迺為中涓、其次廑者得舎人、材之不逮至遠也。

と、秦末に高祖に従った人々が、中涓・舎人として処遇されていたことが伝えられいる。漢初の律においても、郡の属吏は、わずかに「卒吏・書佐」の別を伝えるのみである。史記馮唐伝には、文帝時のこととして、雲中守魏尚について、

其軍市租、尽以饗士卒、私養銭、五日一椎牛、饗賓客軍吏舎人。

とみえている。このうち私養銭については、司馬貞が「市肆租税之入、為私奉養」と「官所別廩給」との二説をあげている。この市租は「其軍」と断わっているところをみると、辺郡での事柄である。市租は、文字通り租税と解されているが、「私養」にあてられている。私的な行為であったことも考えるべきかも知れないが、いずれとも定め難い。(補注2)ただこの点は別としても、魏尚が「士卒」すべてに市租の収入を支給し、賓客・軍吏・舎人にも牛肉を五日毎に支給している。ただこの郡の長官が招待し饗応する人々に、郡府の吏（文吏）がみえないのは気になる。このため賓客・軍吏・舎人のうち、賓客は吏人ではないため、軍吏と別記される舎人が問題となる。

前漢初、文帝時のことでもあり、ここでの舎人も、郡の属吏を指していたのではと思われる。漢初においても属吏

が舎人と汎称されていた可能性は棄て難い。同時に、この秦末から漢初にかけての郡県ではまた、後述するように長吏が「久任」する傾向がみられた。そして郡守には、宰相李斯の子である李由が三川郡守として任ぜられており（任子）、趙高の女婿が咸陽令になっていた。

**長吏の久任**　長吏と中央との具体的人脈はあまり定かでない。秦末の動乱時に、長吏は多く攻撃の対象とされていたことからすると、六国占領地に秦国出身者が多く長吏として派遣されていた可能性はある。また中央の支配強化をはかるべく、長吏の本籍地回避等も地域によっては考慮されていたかも知れない。

郡県属吏に比べると、長吏の場合は地域とのつながりはさほど大きくなかった可能性はある。劉邦起兵時の沛令も、「秦吏」と表現されているだけで、それ以上の経歴は不明であるが、地域社会との繫がりをもっていなかったことは事実である。

一方、郡県属吏も、長吏が「久任」する間に、舎人・門下的関係で強く縛られざるをえなかった。これゆえ漢初にあっても属吏が舎人と汎称されていた可能性は大きい。属吏に、地域の父老層、豪族を繰り入れることはそれほど期待できることではなかった。高祖が急ぎ三老制を採用した背景もこの点にある。なお秦末の郡県属吏に、まま「豪吏」がみえるが、これは単に才智にたけた吏のことである。

## 三　郡県属吏制の整備

**属吏の移病**　以上、秦末漢初の郡県属吏に、長吏との私属的関係がみられたことを述べたが、前漢末にいたっても、この建前はまた、属吏による「移病」の俗において窺われる。

漢書朱博伝によれば、成帝の時、朱博が琅邪太守として赴任した際、郡の右曹・掾史の全員が「移病」すなわち病

を理由に辞表を提出した。このため朱博がその理由を問うと、

故事、二千石新到、輒遣吏存問致意、廼敢起職。

と答えている。郡の属吏は、太守の交替にともなって一旦辞任し、新太守によって再任されるとの手順が慣例となっていた。

辞表の提出はこのためであった。杜陵の功曹、京兆の曹史・督郵、櫟陽・雲陽・平陵・長安の令、さらには冀州・并州の刺史を歴任した朱博であったが、この属吏による「移病」の慣例を知らなかった。

激怒した朱博は、かかる俗を廃し、移書称病をなした右曹・掾史を斥罷して、白巾のまま府門から追出し、諸曹史・書佐、あるいは属県の大吏中より新たに右曹・掾史を補任している。

慣例に従った右曹・掾史に罪はない。とんだとばっちりであるが、移病の俗自体は、必ずしも一般的ではなかった。前漢末においてはすでに「故事」となっていたが、郡の属史に、移病を行うべきものとその必要のないものとの二種が存在したことは注目される。

すなわち移病を行わなかった諸曹史、すなわち列曹や書佐に対し、移病を行った右曹・掾史は、おそらく功曹や門下掾史等の系列で、いわゆる門下（閤下）関係の吏ではなかったかと思われる。

移病の俗は、次第に廃れてきていたが、これこそ秦末（それ以前）、漢初にみられた郡県属吏制における長吏への私属的関係を受け継ぐものであったと思われる。

**列曹制**　旧習をとどめる琅邪郡においても、この移病行為の枠外に位置づけられる列曹の組織が確立していた。そこで列曹の組織、すなわち漢代における属吏制の新たな展開は、どのような経緯によって生まれたのであろうか。

続漢書百官志によれば、郡の諸曹属吏の制は、

諸曹、略如公府曹。

とあり、中央官府の曹制によるとのことである。三国蜀の杜瓊は、この曹制について、

古者、名官職不言曹、始自漢已来名官尽言曹、吏言属曹、卒言侍曹。（三国志蜀志杜瓊伝）

と、漢代に始まると伝える。前掲の武帝太初元年以前と思われる漢律にあっても、郡の属吏は卒史・書佐とあるのみで曹制を伝えない。郡県属吏の吏名としてこれまで武帝時を遡る列曹の事例は定かでない。(補注3)

漢書于定国伝にみえる于定国の父于公の場合、かれは郡の決曹となっている。その時期は伝えられていないが、子の于定国が父の死後同じく郡の決曹となり、昇進して御史中丞となった時、昭帝の崩御に遭っている。このことからすると、父于公が決曹となった時期は、武帝在任中の可能性がある。昭帝以降においては、列曹の存在はより明確となる。

そこで漢代における地方行政組織の改革についてであるが、続漢書百官志には、

漢之初興、承継大乱、兵不及戢、法度草創、略依秦制、後嗣因循、（略）及至武帝、多所改作、然而奢広。

と、武帝時に、秦制を受けた当時の官制に大幅の改革、組織の拡大を行ったことがみえている。また漢書百官公卿表でも、

秦兼天下、建皇帝之号、立百官之職、漢因循而不革、明簡易、随時宜也、其後頗有所改。

と、秦制を受けた漢制が、後大きく改められたとなっている。

**久任傾向の衰退**　于公決曹の事例も、武帝時における列曹制の存在を確認するにとどまる。武帝時に新たに列曹制が郡県属吏制に導入されたとの決手にはならない。

ただ武帝時までの郡県廷において、人事面で比較的「久任」といわれる傾向がみられたことは注目される。漢書王嘉伝には、文帝時のこととして、

孝文時、吏居官者或長子孫、以官為氏、（略）其二千石長吏、亦安官楽職。

と、官・吏ともに同一の身分を長く保ったことがみえている。史記平準書によれば、武帝時にいたってもまた、

至今上即位数歳、漢興七十余年之間、（略）為吏者長子孫、居官者以為姓号。

と、大きく変化することはなかった。それが漢書循吏伝の序語によれば、

（至宣帝）以為太守、吏民之本也、数変易則下不安。

と太守の頻繁な交替が問題となっており、漢書黄覇伝でも、同じ宣帝時のこととして、

覇曰、数易長吏、送故迎新之費、及姦吏縁絶簿書、盗財物、公私費耗甚多、皆当出於民、所易新吏、又未必賢、或不如其故、徒相益為乱。

と、長吏がしばしば変更されることへの弊害が説かれている。

また成帝時にあっても、漢書王嘉伝では、

吏或居官、数月而退、送故迎新、交錯道路、（略）二千石益軽賤。

と、この傾向は変わることなく、後漢時代に入っても、後漢書朱浮伝によれば、光武帝時、

間者守宰数見換易、迎新相代、疲労道路、尋其視事日浅、未足昭見其職。

とのことで、光武帝は群臣にはかり、「自是牧守易代頗簡」との改善策を講じたが、順帝時になっても、後漢書左雄伝によれば、

典城百里、転動無常、各懐一切、莫慮長久、（略）臣愚以為守相長吏、恵私有顕効者、可就増秩、勿使移徙。

と、依然として長吏の頻繁な移徙が問題となっている。

いずれも郡県長吏の場合であるが、続漢書百官志劉昭注によれば、

新論曰、王莽時、置西海郡、令其吏皆百石親事、一歳為四百石、二歳而遷補。

と、吏も二年毎にその地位が遷されていた。もちろんこれは王莽時のことであり、地域も西海すなわち青海方面と遠

辺である。このためこれを一般化することはできない。

しかし長吏がしばしば任地を変更させられている事情を考えれば、吏の場合にあっても、数年毎に吏の移動―就任期間の問題だけではなく職掌の変更・昇進等も関わるか―が行われるとの方向も、あるいは考慮されていたかも知れない。[25]劉昭が、新論の記事を引用した意図もここにあったかと思われる。

ともあれ郡県廷における「久任」の傾向は、宣帝以後崩れ、多くの批判をうけながらもついに久任の制を復活することはなかった。久任の衰退が、単に精神論だけでは解決できない、より現実的な要因をもっていたためである。続漢書百官志序語が伝える武帝時における行政機構の改革も、その背景の一つである。

いまこの点を郡県属吏制に限っていえば、武帝以前の属吏は、長吏の私属としての立場に甘んじ、長吏をはじめ勅任官は、漢書董仲舒伝にみえるように多く任子・富訾をもってし、後漢時代のような郡県属吏から本官への比較的安定した昇進ルートは確立されていなかった。もちろん郡県属吏から本官への昇進も皆無ではないが、多くの郡県属吏はまさに久任を強いられていた。

一方、長吏もまた、久任のため人事が比較的固定化―この久任の長吏が、任子等で中央との繋がりをもつ点も注目される―しており、長吏と属吏との間には前述したように私属的、舎人・門下的結合が避けられなかった。

**郡県属吏の養成―学官―**　これに対し武帝以後は、郡県長吏のみならず属吏においても、人事の移動が活発となった。この点について、董仲舒の、

臣愚以為使諸列侯郡守二千石、各択其吏之賢者、歳貢各二人。（漢書董仲舒伝）

との官吏任用についての献策は注目される。これは孝廉科として制度化をみた。官吏任用の法はこの他にも種々みられるが、その多くは武帝時に確立されたものである。

そしてこの官吏任用の制度化は、武帝時における行政改革を支えるための恒常的な官吏の確保を目的としていた。

官吏の供給源としては、学校制度を整え官吏予備軍の教育も推進した。学校による官吏養成は、京師の太学でも行われたが、武帝時には定員五十人と実効なく、昭帝時百人、宣帝時二百人、元帝時千人、成帝時三千人と定員の増加がはかられた。

ただ地方属吏をも含む官吏の養成としては、漢書文翁伝にみえる、

　至武帝時、乃令天下郡国、皆立学校官。

との、いわゆる郡国での学校が重要である。太学の出身者が博士弟子員科の対象となったのに対し、この郡国の学校は、多く郡県属吏の養成を目的としていた。

このことは、時代が降るにつれ、郡県属吏が豊かな教養をもつ本官予備軍として次第に重きをもつことになっていることからも明らかである。後漢における孝廉科の盛行はこのためである。

郡県属吏のための人材の確保には、また待遇面での改善もはかられた。郡県の属吏は、三輔や劇郡等の例外もあったが、原則として百石以下であった。秩百石は月俸十六斛である。この下に斗食・佐史の秩がある。斗食は諸説[26]あるが、佐史は月俸八斛である。このため少吏の禄薄は、人民を侵漁する上で問題とされている。

塩鉄論毀学篇にみえる、

（大夫曰）士不在親、事君不避其難、皆為利禄也。

とのように、士すなわち官吏の任用における俸禄の効用も、またそれなりに認識されていた。このため郡県属吏についていえば、漢書宣帝紀に、神爵三年、百石以下の吏に対し、また漢書哀帝紀に、綏和二年、三百石以下の吏に対し、とそれぞれ俸禄の増額がはかられている。[27]

もちろん俸禄の改善も、家貧の子弟の励みとはなってもその額には限界がある。さほど人材確保の極手とはならなかったかも知れない。

しかし郡国における学校の整備と選挙制度の確立とは、次第に郡県属吏を官僚体系の昇進ルートの一段階として位置づけることとなる。問題の列曹の導入等、郡県属吏制の改革も、当然かかる動きと併行していたと考える。ここに長吏の私属的性格を帯びていた属吏の性格が大きく変化することになる。

秦による郡県制施行から武帝時までほぼ百年。一応安定した中央集権、郡県体制は、次第に土豪・父老層に、体制への得失につき認識を深めさせたはずである。このことは買官行為の存在によっても窺える。

しかし郡県属吏については、武帝以前、かかる地域の有力者を吸収することはあまり期待できなかった。このため三老制等、官僚制の枠外に特別のルートを設定する必要にせまられた。また酷吏による地方豪彊の討滅をも評価せざるをえなかった。長吏によっては土豪との私的ルートを求めるものさえいた。

**郡県属吏への富裕層の進出**　しかし次第に整備されて行く官僚体制において、将来が約束される、あるいはその可能性の高まった郡県属吏は、斗食佐史の賤吏までも含めたものではなかったにしても、土豪層にとって無視しえない存在となって行ったはずである。

郷学で学ぶ余裕のある階層が、多く地方有力者の子弟たちであったことは想像に難くない。漢書文翁伝にも、

修起学官於成都市中、（略）数年、争欲為学官弟子、富人至出銭以求之、繇是大化。

とあり、富人が属吏に関心を抱くようになってきている。

太学・郷学での教科は、博士・五経百石卒史による儒学が中心であった。後漢時代の郡県廷においては、社会階層・教養ともに一体化した人的構成が形成されるようになり、従来の三老を通じて地方有力者と合議・調整する意味がなくなった。三老制の形骸化、さらには廃止への道は、かかる背景をもつ。

これに対して武帝以前の郡県廷は、地域社会の掌握に問題を残した。私属的繋がりで長吏に結びついていたとはいえ、地域社会に充分に影響力を発揮しえない郡県属吏によって構成されていた。このため郡県廷にあって長吏は、よ

り皇帝の権威に依拠する一方で、「郡県之君（久任）」として地域の事情に精通することも必要であった。長吏の久任は、官僚制の未熟さからくる人事の停滞だけではなく、かかる事情をも作用していた。長吏の教養も、勢い自然法術的な傾向を取らざるをえなかった。

ただ後漢時代の郡県属吏の場合、多数の本官予備軍が形成され、本官への昇進に不正や売名行為等が生じている。また地方有力者、土豪層の意向が、官僚機構の大勢として作用することも新たな課題となってくる。

地力の有力者、土豪・豪族層の官僚体制への繰り入れ、土豪層と国家権力との関わりは、土豪層自身の性格の変化にまつというよりも、郡県体制の組織面での変革に負うところも無視しえない。

属吏制の改革についていえば、従来の私属的属吏体制を門下関係の吏として温存させる一方で、新たに列曹を設け組織化が整備されて行く。そしてかかる体制の確立は、確証はないが支配の強化、諸制度の整備が講じられた前漢武帝時（「及至武帝、多所改作」続漢書百官志）ではなかったかと考える。もちろん武帝以前における列曹組織の萌芽を必ずしも否定するものではない。この点は今後の課題であるが、郡県属吏制の改革は、その後次第に進展し、久任の崩れる宣帝時頃になって、定着、実効をみることとなっている。

## おわりに

以上、秦・前漢時を中心として郡県制、とくにその属吏制の展開を検討し、その郡県属吏制の組織面での確立を武帝時と考え、この時期までの郡県属吏には、長吏の久任傾向と併行していまだ多分に私属的性格が残存したとの点を指摘した。

かかる郡県属吏制の実態とその推移とは、中央集権体制を支える末端機構として、国家権力の発動に少なからざる影響をもつものであったはずである。かつて郡県属吏・郷里吏の実態については少しく検討したことがあるが、本章はそれをうけ、とくに郡県属吏制の展開についてふれたものである。

注

（1）鎌田重雄「秦郡考」『日本大学世田谷教養部紀要』四、一九五五、『秦漢政治制度の研究』日本学術振興会、一九六二。
（2）厳耕望『中国地方行政制度史上編』中央研究院歴史語言研究所、一九六二、頁一〇九は、史を丞の誤りとする。
（3）小川茂樹「漢律略考」『桑原博士還暦記念東洋史論叢』弘文堂、一九三一。
（4）古今注の記事について劉昭は、「臣昭曰、此言豈其妄乎、若人人奉四十五斛、則四百石秩為太優而無品、若共進奉者、人不過一斗、亦非義理」と問題にしている。
（5）［　］内は漢書食貨志によって補う。
（6）索隠は「大顔云、一金万銭也、計十一級、級十七万、（略）顧氏按解云、初一級十七万、自此已上毎級加二万」の二説をひき、史記会注考証は「胡三省曰、級十七万者、売爵一級、為銭十七万、至二級則三十四万矣、自此以上毎級加増、（略）中井積徳曰級十七万、是為十七金、是買爵之定価矣」をひく。小竹文夫氏国訳史記は、「級十七万」を売った級数と解している。千夫は五大夫と同級であるから、もしこの級十七万を従来通り爵の売価とすれば、顧氏の二十九万銭が五大夫の売買価三十万銭に近いこととなる。武功爵は辺塞戍卒の償与のための財源としてのものであるが、買武功爵の特典が民爵より特に大きかったようでもなく、価格においても百十九万銭（金）等のように、それほど高価であったかどうかは問題である。
（7）拙稿「漢代における地方小吏についての一考察」『中央大学文学部紀要』史学科一七。本書所収。
（8）渡辺卓『古代中国思想の研究』創文社、一九七三、第三部第二章「墨子諸篇の著作年代」。
（9）宇都宮清吉「漢代における家と豪族」『史林』二四―二、一九三九、『漢代社会経済史研究』弘文堂、一九五五。
（10）増淵龍夫「先秦時代の封建と郡県」『一橋大学研究年報経済学研究』二、一九五八、『中国古代の社会と国家』弘文堂、一九六〇。
（11）濱口重國「漢代に於ける地方官の任用と本籍地との関係」『歴史学研究』一〇一、一九三二、『秦漢隋唐史の研究』下巻、東京大学出版会、一九六六。
(12) 五井直弘「秦漢帝国における郡県民支配と豪族」『人文論集』一一、一九六一。
(13) 増淵龍夫「漢代における民間秩序の構造と任侠的習俗」、『一橋論叢』二六―五、一九五一、『中国古代の社会と国家』弘文堂、一九六〇。
(14) 西嶋定生「中国古代統一国家の特質」『前近代アジアの法と社会』勁草書房、一九六七。
(15) 増淵龍夫「所謂東洋的専制主義と共同体」『一橋論叢』四七―三。『新版中国古代の社会と国家』岩波書店、一九九六。
(16) 拙稿「漢代における郷について」『中央大学文学部紀要』史学科一八。本書所収。
(17) 史記蕭相国世家の「(蕭)何乃給泗水卒史事、第一」の「給」について、集解あるいは漢書蕭何伝の顔師古注は、蕭何が沛郡の卒史となったと考えている。しかし史記蕭相国世家の滝川考証所引の何焯は「以乃字観之、則何因事弁、乃得由県主吏掾、給郡卒史也」と、県主吏でありながら郡の卒史の職務にも関係したものと解している。たしかに蕭何は沛令とはかり、ついで高祖に協力し、劉邦が自立するまで県主吏であった。このため「給郡卒史事」は何焯の解が正しい。なお史記は「事」を卒史にかけているが漢書は「事第一」と下にかけ斉召南は漢書の切りを正しいとしている。しかし蕭何は卒史の職務に関わるとのことであるから、「卒史事」の切りの方が自然かも知れない。
(18) 陳直『漢書新証』天津人民出版社、一九五九、頁九九に「秦楚之際官名」として、この時期の官名が収録されている。
(19) 守屋美都雄「漢の高祖集団の性格について」『歴史学研究』一五八・一五九、一九五二、『中国古代の家族と国家』東洋史研究会、一九六八。
(20) 西嶋定生『中国古代帝国の形成と構造』東京大学出版会、一九六一、頁一〇一。
(21) たとえば史記平原君伝では、平原君の門下であった毛遂が、また舎人とよばれている。
(22) 注(2)、頁一一九―四六。
(23) 注(19)。
(24) 増淵龍夫「戦国官僚の一性格」『社会経済史学』二一―三、一九五五、『中国古代の社会と国家』弘文堂、一九六〇。
(25) 相伯淮源廟碑（隷釈二）では、桓帝時、南陽太守が民の福を廟に祈るにあたり、春の侍祠官属は五官掾劉訢・功曹史劉瑗主簿楽茂・戸曹史任巽であったが、秋の侍祠官属は五官掾梁懿・功曹史周謙・主簿鄧嶷・主記史趙旻、戸曹史謝綜となっており、春と秋とで同じ役職の吏の人名がすべてかわっている。同一吏名に複数の人物が在任することも考えられるが、功曹史などは、右職で、「功曹衆吏之率」とも称されており、定員は絞られていたと思われる。

（26）注（7）。

（27）本章の構想発表において、上原淳道先生から、物価と俸禄の増額との関係如何について御指摘いただいた。後考にまちたい。

（補注1）尹湾漢簡が出土し、成帝時の東海郡の郡県属吏の実態が明らかになった。ただ尹湾の東海郡の属吏には、当然存在したはずの列曹が含まれていない。

（補注2）加藤繁「漢代に於ける国家財政と帝室財政との区別並に帝室財政一班」『東洋学報』八―一・九―一、二、一九一八、『支那経済史考証』東洋文庫、上、一九六二、頁五八―九、は、軍市は士卒のための軍中の市で、馮唐の場合は特例で、市租は原則として少府に入れられたとされる。

（補注3）睡虎地秦簡で、「倉嗇夫」・「庫嗇夫」・「廐嗇夫」等々がみえるが、嗇夫には県の令長を指す「県嗇夫」の用法もある。ただ語書には、「凡良吏明律令、事無不能殹、有廉絜敦慤而好佐上、以一曹事不足治殹、故有公心」と、「曹」字がみえ、睡虎地秦墓竹簡整理小組は、「郡県下属分科弁事的吏、称為曹」と注記している。ただ睡虎地秦簡ではまた、秦律雑抄に「県嗇夫・丞・吏・曹長」、「丞及曹長」などの用法もあるが、睡虎地秦墓竹簡整理小組は、ここでは「曹長、拠簡文応為工匠的班長」と注記している。睡虎地秦律に反映されている地方行政制度で、「曹」が列曹の意味で使用されていたかどうかはこれだけでは定かでない。列曹に近い用法は、むしろ嗇夫に窺えるが、嗇夫は列曹のように用法が限定されていない。

# 第八章　漢代の地方行政と官衙 ―尹湾漢簡と馬王堆『小城図』―

## はじめに

中国の基本となる国境線がほぼ確立され、その領域が政治的に一つのまとまりを見せたのは秦漢時代である。このことは改めて贅言するまでもないが、この中で、黄河流域と長江流域との地域的一体化と、集権制の確立とについてはなお議論の余地がある。

その一つは、長江文明の位置づけであり、今ひとつは地方行政制度の実態である。

この両者は、周知の事実とされてきた秦漢帝国、いわゆる中央集権国家の性格付けに大きく関わるが、史料上の制約もあり必ずしも定かではなかった。このためややもすると、地域性については、黄河文明を中心とする周辺地域への文化の伸張、政治制度としては、中央官府の組織と郡県（郡国）制に基礎を置く皇帝権の分析に注意が向けられた。

王朝支配の原点に立つ秦漢帝国において、国家と地域との問題はさらに検討が重ねられるべきであるが、近年、考古学的成果の高まりの中で、この点についても新たな出土文物の収穫が見られた。このため以下、長江文明をめぐる最近の議論と新収史料とについて少しく紹介を行うことにする。

## 一　華夏文明と長江文明

**黄河文明**　桑原隲蔵氏が、「歴史上より観たる南支那の開発」・「歴史上より観たる南北」[1]において、古代における漢族の根拠地は、河南省あたりを中心とした北「支那」(主として黄河流域、淮水・漢水附近以北)に限られ、諸夏・中夏・華夏・中華・中国・中土などと号した。秦漢以降は、漢族の勢力範囲が拡大され、漢族の南方に移住するものが多くなり、南方の非漢族も次第に漢族化し、南「支那」の開発が進んだ。隋唐時代は、いまだ江蘇・安徽・浙江・江西・湖北方面の北部に限られていたが、南宋以降においては、北「支那」の文運は南「支那」のそれにとうてい匹敵しえないことになる、と論断されたことはよく知られている。

中国でも一九八七年以降、論文集『華夏文明』が刊行されているが[2]、第一巻の「序言」において、主編者である田昌五氏は、秦漢以前の中国古代文明は黄河流域を中心に発展してきたといわれるが、多くの文明が融合し合ったものである。このうちもっとも早く出現したのは、漢族の前身である華夏族の黄河中流域の文明であった。後に、他の多くの地域で次々に文明社会が現われ、秦漢時代までには、これらが融合し合って一つになった、と述べられている。しかしこの論文集『華夏文明』では、第一巻で夏文明、第二巻で殷文明、第三巻では西周文明が特集され、いずれも黄河流域、漢族の前身であるとする華夏族の中原文明が取り上げられている。

田氏の主張は、桑原氏よりも中国文化の一体化を遡らせてはいるものの、文化の起源を黄河流域に求める点では共通点を持つ。

**長江文明**　これに対して、近年、長江文明が注目されている。対象とされる時期は先秦時代が中心であるが、長江文明、とくに楚学において多くの業績がある。その一、二を紹介すると、日中両国の研究者によって構成されている

『日中文化研究』第七号（一九五五年刊）と同第一〇号（一九九六年刊）との特集、「長江文明」[3]があげられる。この特集は、必ずしも楚学に限定されてはいないが、第七号巻頭の「古代長江文明は存在しなかったのか」においては、これまで黄河文明をもって中国文明全体を代表させようとする傾向があったとして、これを強く批判している。

この巻頭の「古代長江文明は存在しなかったのか」の文責は、成都出身の徐朝龍氏であるが、徐氏は、これまでの黄河文明は、(1)多民族国家である中国を政治的に統一する上で、歴代支配者がイデオロギーの面でも支配を正当化する手段として、政治的中心の一元化を必要とし、(2)数千年にわたり政治的支配の中心であった黄河地域の文明が、中国文明史そのものとして捉えられたもので、自然環境に恵まれ、数千年にわたって経済的に中国を支えた長江流域の文明については、ほとんど評価されずにきた。しかし最近の考古学の進展で、長江文明が黄河流域の文明とは異質な存在であることが際だつようになり、長江流域の自立的な発展と文明の完成度、中国文明との関わり等において、文明史の見直しが必要になってきた、と指摘する。

この特集は、新石器時代から統一秦までの長江流域の諸文化が広範に取り上げられているが、これと時期を同じくして一九九五年七月以降、一八種におよぶ『楚学文庫』が武漢の湖北教育出版社から刊行されている。この文庫は、楚国史に限定されているが、編者（主編は張正明氏）による各書巻頭共通の「献辞」もまた、黄河文明と長江文明との位置づけに言及されている。これによると中国古代文化の中心である華夏文化は二元的で、河川の流域では黄河と長江、始祖伝説では黄帝と炎帝神農氏、象徴となる神獣では龍と鳳凰、学術面では儒学と道家、気風では雄渾・謹厳と上品・軽妙とであると、南北それぞれについて対比を行い、ここ数千年来は、黄河流域の文化が重んぜられ、長江流域の文化は軽んぜられてきたと指摘する。

ここに春秋戦国時代の南方文化を代表する楚学の研究、『楚学文庫』刊行の必要性が強調されることになるのであるが、同じ楚の研究では、一九八一年六月に鄂湘予皖四省楚文化研究会が成立し、湖北（鄂）・湖南（湘）・河南（予）・

安徽（皖）および江蘇・山東・北京・上海等の省や市の代表者が楚文化の多角的な討論に参加した。一九八五年六月、合肥で開催された第三回楚文化研究会では、『楚文化研究論集』が企画され、一九八七年には『論集』の第一集が刊行されている。(4)

第三回楚文化研究会では、安徽省副省長が「現代科学の発展と趨勢」と題する重要報告を行ったとされているが、この『楚文化研究論集』の「序」において、楚人東夷説（故地は河南省鄢陵県）に立つ顧鉄符氏は、楚国の人々が漢を建国して天下を取り、漢の文化が大きく発展することによって、中国文化史上、楚の文化がもっとも重要な源泉の一つとなった、と楚の文化を高く評価し、楚墓からの出土文物について、これを①安陽の殷墟、②敦煌莫高窟の古文書等、③ロブノール・トルファン・居延の木簡や古文書、とならぶ二〇世紀前半の空前の大発見と位置づけられている。顧鉄符氏は、氏自身の楚研究を論文集『夕陽芻稿』(5)に収められているが、氏の論文集の巻頭の「微旨」においても、氏はまた楚国の歴史や文化が、資料上の制約もあり、ややもするとある種の偏見を伴うこともあったと述懐されている。

これら長江文明への評価は、これまで長江文明が不当に低く差別されてきたとの認識と、黄河文明を中心とする考え方への批判とが背景となっている。

ただ黄河文明に対する批判においても、これが政治的背景によって意図的に創出されたかのような意見は、必ずしもすべてではないと思われるが、わが国においても、近年、長江文明への関心は高まっている。その一つに、中国古代文明を、黄河文明との呼び方に替えて「黄河長江文明」と呼び、考古学の側面から、新石器時代の黄河・長江両流域における農耕文化、土器などに見られる共通した要素や、殷周の古代国家が形成されて以降、秦前漢武帝時にいたる間の都市や、青銅器・文字・大型墓などの共通項に注目する考えがある。(6)

ただこの「黄河長江文明」論では、黄河文明一元論を批判しつつも、歴史時代においてはむしろ多数の都市間における文化の不統一さや混沌が確認されてもいる。これに対して、歴史時代、とくに春秋戦国時代の楚国について、江漢の間には長江上流域の文化の影響を受けた在来人や、信陽ルートの東方勢力や丹淅地方からの北来人などが殷周以来移住してきていた。この結果、生産形態や文化などは華北と異なるが、都城・県制などの統治機構や制度面においては華北との共通性が窺え、長江流域の中原化が春秋楚の成立以前から進行していたとの考えもある(7)。

桑原隲蔵氏による黄河と長江両流域の南北対比は、文運、官僚や学者の出身地、戸口数や大都市の分布、財力差など文献史料を駆使しての地域差、時代の推移についての分析である。このため最近のような新出土史料による地域研究が、いまだ困難な時代に模索された黄河文明一元論であって、これをただ一方的に批判することは必ずしも正しくないと思われるが、それではいわゆる長江流域の文明については、果たしてどの程度新たな事情を提示することができるのであろうか。

## 二　楚の墓葬と新出簡牘

**墓葬形態**　石器時代の出土文物や聚落遺跡も、地域史を考える上で、当然人々の動きを再現させてはくれる。しかしここでは、戦国時代の楚墓（発掘された楚墓約六〇〇〇基、内、湖北省江陵二〇〇〇余基、湖南省長沙二〇〇〇余基）(8)の墓葬形態と楚墓から出土した簡牘とにおいて、黄河流域との関わり如何について概観しておくことにする。秦漢時代に中国古代文明の一体化が進行したとの見方に立てば、戦国時代は地域性を確認する上で最後の機会を提供してくれることになる。

まず墓葬形態についていえば、墓穴は竪穴土坑墓で、貴族墓の墓口には段があり（平民の墓は段なし）、椁は多室、棺は重層で、懸底弧棺（後、長方箱形墓）。頭向は、貴族・平民ともに多く東、または南向き（江陵では多く南向、長沙では多く東向）、尸体は伸展葬で、竹席で覆われている。貴族の副葬品は、青銅の礼器・楽器・車馬具・兵器（剣が普遍的）、玉器、漆木器、鎮墓獣・虎座飛鳥、虎座鳥架鼓、絹織物、その他である（平民は彷銅陶礼器や漆木器）。[9]

これを秦漢時代の墓葬形態と比較してみると、少しく様態を異にしているが、政治的統一に伴い楚の墓葬形態も次第に黄河流域の墓葬と融合一体化して行くことになる。中原の墓は、殷周時代には頭向が多く北向きで、ほとんど伸展葬であったが、春秋戦国期になると、秦の東方への進出により渭水盆地の墓制が影響して、中原でも屈肢葬（中原の屈肢葬は、渭水盆地ほど屈曲が大きくない）が増加した。頭向も北向きの原則（渭水盆地の秦制では西向き）が崩れ、戦国時代の中期以降には新たに洞室墓が普及してきた。ただ屈肢葬の風は、漢代になると、元来、中原の風習であり、楚制とも同様の伸展葬に取って代わられる。[10]また秦漢時代の副葬品は、楚墓に多く見られた礼器・楽器・兵器等は少なく、日常生活用品が多く副葬されていた。

墓葬は、習俗の中でも人々の精神構造と深く関わり比較的継続性が重んじられる慣習であったと思われる。もちろん自然の脅威を逃れ、あるいは戦乱を避け、あるいは身分の拘束を脱し、さらには犯罪が故に、等々の事情で、長江中流域、または黄河流域に周辺から多様な人々が恒常的に流入していたことは当然のことである。しかしそれでも、戦国時代においては、長江流域になお地域としての特性が墓制の上で継続して確認されている。

このことは、秦による郡県支配、占領地化を除けば、長江流域への周辺地域からの恒常的な人的流入は比較的小規模なもので、長期にわたり地域の大勢を左右するほどのものではなかったことを物語る。長江中流域の楚に秦から軍事的な攻勢が強まったのは、秦の昭襄王二八、二九（前二七九・二七八）年以降のことである。秦の占領地支配には、大量の原住民の殺害と自国からの徙民が伴っていたことも知られている。湖北省雲夢県睡虎地で大量の秦律竹簡を副葬していた墓主喜（一九七五年暮れに発掘）は、屈肢葬、頭は西向きで、副葬品も日常生活用品が中心であった。[11]また湖北省雲夢県龍崗で睡虎地秦律と内容が類似している竹簡を所持していた墓主（墓主名を辟とする見解もある。[12]一九八九年暮れに発掘）は、受刑の故か下肢が確認できないため屈肢葬か伸展葬かの判別はできないが、副葬品は日常生活用品で、頭は北に向け身体を西向きにして横たえられていた。[13]この雲夢県における二つの墓は、いずれも秦律を副葬し楚の占領地支配に関わった県の役人と考えられるが、墓葬の形態は楚の墓葬とは異なり秦制あるいは中原の墓制に近かった。このことは秦の占領地支配が拡大していく中で、北方からの移住者の習俗が、墓制を通してではあるが、楚とはなお異質さを留める存在であったことを窺わせる。

**楚簡**　そこでついでは、かかる地域性を留める楚国の国政についてであるが、この点については貴重な史料が出土している。それは湖北省荊沙市荊門十里舗鎮王場村包山から出土した大量の楚簡である。楚墓からは各地で簡牘が出土しているが、多くは遣策や占卜・祭祷・暦（日書）の類であり、包山の楚簡には前四世紀の楚の行政上の記録が多く含まれる。

占卜・祭祷・暦（日書）の類も、鎮墓獣などと並び、この地域における精神生活を窺わせ、特徴づけるものであるが、包山楚簡は、楚の国政に関わる貴重な史料となっている。しかし類似する史料がこれまでになかったこともあり、内容の理解にはいまだ諸説が見られる。

その中で包山楚簡の治獄関係の史料は、これを周礼秋官の治獄手続きと同一であると見なす理解がある。[14]すなわち周礼秋官の治獄手続きを、聴訟・約期・訊獄・弊断・外朝効議・読鞫の五段階に整理し、包山楚簡の「疋獄」を聴訟、「受期」を約期、「一二〇ー一六一簡」の中に訊獄・弊断・外朝効議、「所瘦」を読鞫に当て、周礼との整合性が確認されている。

周礼は、おそらく黄河流域の治獄手続きを反映しているものと思われ、睡虎地秦簡「封診式」や張家山漢簡「奏讞書」に見える治獄手続きとも重なり合う。このため包山楚簡の治獄手続きと周礼の治獄とが一致するとなると、長江流域と黄河流域とで治獄手続きにおいて共通性が確認できることになる。

しかし包山楚簡については、「受期」を治獄の史料ではなく官吏の考課手続きであると見なす理解もある。[15] 今後、多角的な検討を進めることがなお必要であるが、繰り返される同一地方機関での「受期」行為が、もし治獄における審理のやり直しに繋がるものであったとするならば、楚における地方行政制度の未整備（県尹の存在等から県制は導入されていたであろうが郡の存在は不明確。ただ県制にしても、これが秦の県と等質の体制をとっていたかについては今後に俟たねばならない）、分権体制の残存を垣間見せることになり、睡虎地秦簡の「封診式」の治獄とは再審の手続きを異にする。また「疋獄」と「受期」との関係についても、両者に共通する可能性のある案件があり、もしこの案件が両者一体化するものであったとするならば、その時間的関係は「受期」よりも「疋獄」の月日が後になっている。[16] このため先に述べたように、周礼における治獄の流れに包山楚簡の治獄を求めるとすれば、聴訟（告訴）よりも約期（訴訟の受理、審理の日時）の方が先に行われていたことになる。包山楚簡の治獄と周礼の治獄との関わりについてもなお検討の余地が残ることになる。

秦の治獄は、再審が必要となれば上級行政単位に委ねられていた。集権化において、楚との相違を際だたせることになる。そこでついでは地域差、いわゆる「郷俗」（睡虎地語書）を残す戦国時の各地を、政治的に統一し、文明の一体化をもたらしたとされる漢帝国について、地方行政制度をめぐる新出史料を紹介することにする。

## 三　尹湾漢簡―里と地方行政―

**里の規模**　漢代の地域社会を理解する上で、馬王堆出土の古地図「地形図」・「駐軍図」に記載されていた多数の里に注目したことがある。[17] 住民の居住形態から地域の実態を窺わんとしたものである。この古地図は前一六八年に副葬されたもので、「駐軍図」においては里の戸数までもが記載されていた。里の戸数は平均四一戸。大きい里には一〇八戸のものもあったが十数個の里も複数見られた。地図に描かれる地域は、湖南・江西・広東にまたがり、漢の領域としては比較的南部に位置していたが、類例のない史料として漢代の里を考える上での一つの例証と考えてきた。ただ一里一〇〇戸を原則とする漢制の里からすると、戸数の平均値の低さには地域性が考えられなくもなかった。ところが最近、この里を含め、前漢時代の地方行政を知る上での貴重な史料が出土した。

それは、『文物』一九九六年第八期に掲載された前漢成帝時に比定される東海郡関係の尹湾漢簡である。尹湾漢簡は、江蘇省連雲港市東海県尹湾村の二号漢墓（木牘遺策一枚）と六号漢墓（木牘二三枚、竹簡一三三）とから出土したもので、六号漢墓漢簡には①「集簿」・②「東海郡属県郷吏員定簿」・③「長吏遷除簿」・④「吏員考績簿」・⑤「武庫永始四年兵車器集簿」・⑥「礼銭簿」・⑦「六甲陰陽書」・⑧「暦譜」・⑨「遣策」・⑩「謁」・⑪「元延二年起居記」・⑫「行道吉凶」・⑬「刑徳行時」・⑭「神烏傅（賦）」[補注1]が含まれていて、『文物』一九九六年第八期には、このうちの①②④⑦⑭が収録されている。[18]

①の集簿の語は、続漢書百官志の劉昭の注に、県から郡への場合であるが、

胡広曰、秋冬歳尽、各計県戸口墾田、銭穀入出、盗賊多少、上其集簿、丞尉以下、歳詣郡、課校其功、功多尤為最者、於廷尉労勉之、以勧其後、負多尤為殿者、於後曹別責、以糾怠慢也。

と、上計の書類としてみえている。尹湾漢簡の「集簿」は、東海郡から中央への場合であって、東海郡の可耕地（提封）、耕地（園田・□種宿麦・他）、種樹地（春種樹）、戸口数、男女年齢別口数、歳出入、郡県郷亭郵里の数と官吏の数、などが列記されており、里の規模についても、附表Ⅰにみえるように、一里平均一〇五戸となっている。一郷は平均一五里で、一郷平均一五六六戸強である。

**郷里亭郵の配置状況**　漢制の郷里は、「一里百家」、「十里一郷」であったことからすると、東海郡の郷里は、この原則をまま越える場合があったことになる。また里については、馬王堆の古地図に描かれる散村化（平均四一戸）した

**【附表Ⅰ】**〈集簿〉

県・邑・侯国：(如前)

| 県 | 侯国 | 邑 | (有城〔堠〕) | 都官 | 郷 | □ | 里 | 正(人) | 亭 | 卒(人) | 郵 | 郵(人) |
|---|---|---|---|---|---|---|---|---|---|---|---|---|
| 18 | 18 | 2 | 24 | 2 | 170 | 106 | 2,534 | 2,532 | 688 | 2,972 | 34 | 408 |

界：(如前)

| 東西(里) | 南北(里) |
|---|---|
| 551 | 488 |

三老・孝・弟・力田

| 県三老(人) | 郷三老(人) | 孝(人) | 弟(人) | 力田(人) | 凡(人) |
|---|---|---|---|---|---|
| 38 | 170 | 120 | 120 | 120 | 568 |

吏員（太守吏員・都尉吏員・県邑侯国吏員）

| |
|---|
| 2,203人 |

太守吏員

| 太守(人) | 丞(人) | 卒史(人) | 属(人) | 書佐(人) | 嗇夫(人) | 凡(人) |
|---|---|---|---|---|---|---|
| 1 | 1 | 9 | 5 | 10 | 1 | 27 |

都尉吏員

| 都尉(人) | 丞(人) | 卒史(人) | 属(人) | 書佐(人) | 凡(人) |
|---|---|---|---|---|---|
| 1 | 1 | 2 | 3 | 5 | 12 |

県・邑・侯国吏員

| 令(人) | 長(人) | 相(人) | 丞(人) | 尉(人) | 有秩(人) | 斗食(人) | 佐使〔史〕・亭長 | 凡(人) |
|---|---|---|---|---|---|---|---|---|
| 7 | 15 | 18 | 44 | 43 | 30 | 501 | 1,182 | 1,840 |

侯家吏員

| 侯家丞(人) | 僕・行人・門大夫(人) | 先〔洗〕馬・中庶子〔庶子〕(人) | 凡(人) |
|---|---|---|---|
| 18 | 54 | 252 | 324 |

戸

| 戸 | (多前)(戸) | (獲流)(戸) |
|---|---|---|
| 266,290 | 2,629 | 11,662 |

口(人口)

| 口 | | (獲流) |
|---|---|---|
| 1,397,343 | | 42,752 |

提封

| 提封 |
|---|
| 512,092頃85畝 |

□国・邑の園田

| 園田〔頃・畝？〕 | □□(？) | ([……] 長生？) |
|---|---|---|
| 211,652 | 190,132 | 359,[□□□] |

□種宿麦

| 宿麦(頃) | (多前) |
|---|---|
| 107,3□□ | 1,920頃82畝 |

男女比

| 男子(人) | 女子(人) | 女子多前(人) |
|---|---|---|
| 706,064 | 688,132 | 7,926 |

年齢構成

| [年]80以上 | 6歳以下 | 凡(人) | 年90以上(人) | 年70以上(人)：(受杖) | 凡(人) | (多前) |
|---|---|---|---|---|---|---|
| 33,871 | 262,588 | 296,459 | 11,670 | 2,823 | 14,493 | 718 |

春種樹

| 春種樹(畝) | (多前)(畝) |
|---|---|
| 656,794 | 46,320 |

[以] 春令成戸口（春季新規登録の戸籍）とその用穀

| 戸 | 口 | 用穀 | 率口 |
|---|---|---|---|
| 7,039 | 27,926 | 7,951石8斗8升 | 2斗8升(有希) |

財政

| 一歳　銭入(銭) | 一歳　銭出(銭) | 一歳　穀入 | 少□升出 |
|---|---|---|---|
| 266,642,508 | 145,834,391 | 506,637石2斗2升 | 412,581石4斗□□升 |

**注記**　①「如前」は、前回調査時と変化なし。
②「多前」は、前回調査時よりの増加分。
③「獲流」は、他郡よりの流入者(註（18）謝桂華論文は、帰って戸籍に再登録された流民)。
④「受杖」は、玉杖の授与。
⑤「有希」は、有余。
⑥「凡」は、総計。
⑦「率口」は、一人当たりの必要とする穀物量（用穀）
⑧漢書地理志では紀元2年の東海郡の属県侯国数38。戸358,414。口1,559,357。毎戸平均口数4.35。
⑨労幹氏の論文では漢代の東海郡の面積22,500㎢。毎㎡人口数69.3。
(「両漢郡国面積之估計及口数増減之推測」『中央研究院歴史語言研究所集刊』5-2、1935)

里ともその規模において少しく景観を異にする。東海郡の里は、この馬王堆「地形図」の地域に比べ、より規模の大きい聚落が多く存在していたことを物語るが、それでも平均して一〇〇戸程度である。ただこれらの里をここでは聚落と呼んだが、東海郡の里が、馬王堆の古地図その他によってこれまで考えてきたように(19)、自然村として個別に聚落を形成していたか、それとも数百戸あるいはそれを越える規模の集村が複数里に区画されていたかの問題になると、「集簿」からのみでは必ずしもこれを明らかにすることはできない。

ただ「集簿」には、当時の県邑侯国三八のうち、二四と全体の六割強に「有城（堠?）」、すなわち治所に城郭（釈文者は「城」を「堠」、物見と解釈している。この場合は、監視の備えをもたない簡素な周郭か(補注2)）が備えられていたことが特記されている。このことは残りの一四には、治所にさえ城郭（あるいは監視用施設）がなかったことになる。馬王堆の「地形図」でも県城は方形に描かれ、あたかも城郭の存在を窺わせる。しかし「東海郡属県郷吏員定簿」によって、東海郡の各県邑の属吏から県邑治所に常駐していなかった郷関係者（郷有秩・郷嗇夫・游徼・郷佐）と亭長・郵佐とを除くと、治所に常駐する官吏は令丞をも含んで、僅かに平均二一・七人。蘭陵県の三二人が、侯国を除くと最も多い吏員数になり、二〇人を切る県は七県に上る（附表Ⅱ）。

侯国の場合は一般の県邑とは別に共通して侯家の吏員一八人が置かれていたため、県邑より若干吏員の数が多くなるが、それでも最も多い昌慮侯国の場合で四〇人に過ぎず、平均して三二・八人である。このため県城級とはいえ、地方の県の官吏の組織は比較的小規模であり、県邑侯国の治所の中に城郭（あるいは監視用施設）を備えないものが存在したとしても理解できないことではない。

いずれにしても東海郡では、県邑侯国の治所にして城郭（あるいは監視用施設）さえ備えないものが三割を越えていた。この事実からすると、東海郡における地域支配はいまだ比較的開放的、牧歌的であり、治所においてすら城郭（あるいは監視用施設）を必ずしも必要としなかった地域での居住形態に、際だった集村化がさほど一般化していたと

**【附表Ⅱ】〈県邑の吏員構成〉**

| 県　邑　名 | 令長の別 | ①吏員総数 | ②郷亭郵吏員数 郷吏 | 亭吏 | 郵吏 | 総数 | ①から②を除いた吏員数(県邑治所吏員) |
|---|---|---|---|---|---|---|---|
| 海西 | 令(1000石) | 107 | 27(14) | 54 | | 81 | 26 |
| 下邳 | 令( 同上 ) | 107 | 28(13) | 46 | 2 | 76 | 31 |
| 郯 | 令( 同上 ) | 95 | 21(11) | 41 | 2 | 64 | 31 |
| 蘭陵 | 令( 同上 ) | 88 | 21(13) | 35 | | 56 | 32 |
| 朐(邑) | 令( 600石) | 82 | 15( 7) | 47 | | 62 | 20 |
| 襄賁 | 令( 同上 ) | 64 | 15( 7) | 21 | | 36 | 28 |
| 戚 | 令( 同上 ) | 60 | 11( 5) | 27 | | 38 | 22 |
| 費 | 長( 400石) | 86 | 20( 7) | 43 | 2 | 65 | 21 |
| 即丘 | 長( 同上 ) | 68 | 16( 8) | 32 | | 48 | 20 |
| 厚丘 | 長( 同上 ) | 67 | 12( 9) | 36 | | 48 | 19 |
| 利成 | 長( 同上 ) | 65 | 12( 4) | 32 | 1 | 45 | 20 |
| 況其(邑) | 長( 同上 ) | 55 | 10( 5) | 23 | | 33 | 22 |
| 開陽 | 長( 同上 ) | 52 | 10( 5) | 19 | | 29 | 23 |
| 繒 | 長( 同上 ) | 50 | 8( 4) | 23 | | 31 | 19 |
| 司吾 | 長( 同上 ) | 41 | 9( 7) | 12 | | 21 | 20 |
| 平曲 | 長( 同上 ) | 27 | 5( 1) | 4 | | 9 | 18 |
| □□(臨沂) | 長( 300石) | 66 | 12( 7) | 36 | 2 | 50 | 16 |
| □□(曲陽) | 長( 同上 ) | 28 | 6( 3) | 5 | | 11 | 17 |
| □□(合郷) | 長( 同上 ) | 25 | 3( 2) | 7 | | 10 | 15 |
| □(承) | 長( 同上 ) | 22 | 3( 1) | 6 | | 9 | 13 |

注記：郷吏の（　）内の数は郷有秩と郷嗇夫の総数＝県内の郷の概数

も考え難いことである。このため問題としてきた里の形態は、住民数に多少の差はみられるものの、東海郡にあっても馬王堆の古地図に描かれる散村化した里と大きな変化はなかったことが充分に考えられうる。

そして里吏である里正は、里の総数二五三四に対して二五三二人となっていて、一部についてではあるが一人の里正が複数の里を管轄していたことになる。

東海郡の亭は、一郷四亭である。漢制とされる「十里一亭」の里が面積としての方里か、単なる距離としての里かなど問題はあるが、郷と亭とは、漢制の「十亭一郷」よりも漢書百官公卿表に伝えられる「凡県道国邑千五百八十七、郷六千六百二十二、亭二万九千六百三十五」の一郷四・五亭に近い数値となる。県と郷との関わりも、「集簿」では各県（邑）・

侯国平均四・五郷で、これまたほぼ漢書百官公卿表と一致する。「十里一亭、五里一郵、郵間相去二里半」（漢旧儀）と伝えられる郵については、亭よりも郵の数が二倍と当然多く存在すべきであるが、東海郡では郵の数が亭よりも少なく二〇・二亭に一郵で、郵吏（人と汎称）は一郵に一―二人[20]が置かれている。時代は下るが後漢桓帝永興元（一五三）年時においては、続漢書郡国志劉昭注に引かれる東観漢記に「永興元年、郷三千六百八十二、亭万二千四百四十二」とあり、一郷三・四亭と亭の配置はさほど大きく変わっていなかった。後漢順帝時の県邑道侯国一一八〇、戸数九六九八六三〇（後漢書郡国志）と直後のこの桓帝時の郷亭数を比較してみると、一県三・一郷となるが、郷の戸数は前漢末の東海郡に比べて一郷二六三四戸亭と増加し、亭の規模も戸数との関係では一亭約七八〇戸となっている。

**郡県属吏の組織化**　東海郡の「集簿」には、かかる郷吏の実態を伝えるほかに、また郡県や侯国の「吏員」の様子をも伝えてくれる。この郡県・侯国の官吏の構成については、尹湾漢簡②の「東海郡属県郷吏員定簿」においてもさらに詳細な吏名やその員数が明らかにされている。従来、かかる郡県の官吏の構成は、続漢書百官志の劉昭注に引かれる漢官の河南尹員吏と雒陽県吏員とが引用されてきた。

いまこれを東海郡と属県の吏員で比較してみると、附表Ⅲとなり、吏名に繁簡の差は見られるものの今回出土した東海郡と属県の官吏の構成とはほぼ一致する。このことは、漢官に伝えられる河南尹・雒陽県の吏員は、後漢時代の組織であったことからして、前漢末の成帝時においては、地方行政制度として郡県、さらには郷亭郵里にいたる行政区分が、その官僚組織（とくに県郷亭郵里）を含め、すでにほぼ後漢時代の姿を整えていたことになる。[21]ただ属吏の員数においては、後漢時代の雒陽の吏員数は特例であろうが、それでも各県いまだ恒常的な吏の確保になお困難が伴ったためか、「吏員考績簿」によれば、定員を補完する「羸員」の存在が伝えられている。[補注3]

吏員数の差は、首都である河南尹地区（九二七人）と東海郡（二一七人）とではかかる数的相違が生じることも当然かも知れないが、取り上げられる吏名の繁簡の差（河南尹員吏で東海郡員吏にみえない百石・百石卒史・諸県有秩・官属掾史・

**【附表Ⅲ】〈郡県邑侯国郷里亭郵の官吏比較表〉**

「東海郡集簿」

| 太守吏員 | ①太守 | ②丞 | | ③卒史 | ④属 | ⑤書佐 | | | ⑥嗇夫 | | 吏員総数 |
|---|---|---|---|---|---|---|---|---|---|---|---|
| | 1 | 1 | | 9 | 5 | 10 | | | 1 | | 27 |

「東海郡都尉県郷吏員定簿」

| 太守吏員 | ①太守(□□□石) | ②太守丞(600石) | | ③卒史 | ④属 | ⑤書佐 | ⑥用算佐 | | ⑦小府嗇夫 | | 吏員総数 |
|---|---|---|---|---|---|---|---|---|---|---|---|
| | 1 | 1 | | 9 | 5 | 9 | 1 | | 1 | | 27 |

「漢官(河南尹)」

| 河南尹員吏 | | ①百石 | ②諸県有秩 | ③官属掾史 | ④四部督郵部掾 | ⑤案獄仁恕 | ⑥督津渠漕水掾 | ⑦百石卒史 | ⑧文学守助掾 | | ⑨書佐 | | ⑩循行 | | ⑪幹 ⑪小史 | 吏員総数 |
|---|---|---|---|---|---|---|---|---|---|---|---|---|---|---|---|---|
| | | 12 | 35 | 5 | 26 | 3 | 25 | 250 | 60 | | 50 | | 230 | | 231 | 696 |

「東海郡集簿」

| 県邑侯国吏員 | ①令 | ②長 | ③相 | ④丞 | ⑤尉 | | | ⑥有秩 | |
|---|---|---|---|---|---|---|---|---|---|
| | 7 | 15 | 18 | 44 | 43 | | | 30 | |

「東海郡都尉県郷吏員定簿」

| 県邑侯国+塩鉄官 | ①令(1000石) | ①令(600石) | ②長(300石) | ③相(400石) | ③相(300石) | ④丞(400石) | ④丞(300石) | ④丞　(200石) | ⑤尉(400石) | ⑤尉(300石) | ⑤尉(200石) | | ⑥獄丞(200石) | ⑦官有秩 | ⑧郷有秩 | ⑩獄史 |
|---|---|---|---|---|---|---|---|---|---|---|---|---|---|---|---|---|
| (38+5) | | 7 | 15 | | 18 | | | 43 | | | 43 | | 1 | 5 | 25 | 78 |

「漢官(雒陽員吏)」

| 雒陽員吏 | ①令(1000石) | | | | ②丞(400石) | | ③孝廉左尉(400石) | ④孝廉右尉(400石) | | ⑤四百石 | | | ⑥郷有秩 | ⑥獄史 |
|---|---|---|---|---|---|---|---|---|---|---|---|---|---|---|
| | | 1 | | | | 3 | | 1 | | 13 | | | | 56 |

| ⑦斗食 | ⑧佐使(史) | | ⑧亭長 | 侯家丞 | 僕・行人・門大夫 | 先(洗)馬・中庶子(庶子) | 吏員総数(除侯家吏員) | 侯家吏員総数 |
|---|---|---|---|---|---|---|---|---|
| 501 | | | 1,182 | 18 | 54 | 252 | 1,840 | 324 |

| ⑨令史 | ⑪官嗇夫 | ⑫郷嗇夫 | | ⑬游徼 | | ⑭牢監 | ⑮尉史 | ⑯官佐 | ⑰郷佐 | ⑱郵佐 | ⑲佐 | | ⑳亭長 | 侯家丞(比300石) | 僕・行人・門大夫 | 先(洗)馬・中庶子(庶子) | 吏員総数 |
|---|---|---|---|---|---|---|---|---|---|---|---|---|---|---|---|---|---|
| 144 | 60 | 137 | | 82 | | 33 | 80 | 200 | 88 | 10 | 81 | | 689 | 18 | 54 | 252 | 2,163 |

| ⑧(斗食)令史 | ⑧(斗食)嗇夫 | ⑧(斗食)仮 | | ⑪循行 | | ⑦佐史 | ⑦郷佐 | | ⑩書佐 | ⑨官掾史 | ⑨幹 | ⑨小史 | | | | 吏員総数 | 漢官員吏(400石以下) |
|---|---|---|---|---|---|---|---|---|---|---|---|---|---|---|---|---|---|
| | | 50 | | 260 | | | 77 | | 90 | | | 250 | | | | 802 | 796 |

注記　・○印内の数次は記載の順序を示す。
・「循行」は、「脩行」にもつくるが、嚴耕望氏『中国地方行政制史上編（1）』（中央研究院歴史語言研究所）の巡行と解する意見に従う。
・雒陽員吏の「斗食令史嗇夫仮」の斗食は、「集簿」の斗食との関係で令史・嗇夫・仮の全てに関わらせた。

四部督郵部掾・案獄仁恕・監津渠漕水掾・文学守助掾・循行・幹小史八七七人を除くと河南尹員吏は五〇人）が吏員数の差に関係していたことも考えられなくはない[22]。ただ県の属吏名は、吏名の繁簡でいえば漢官の雒陽員吏よりも尹湾漢簡の東海郡の県の方が詳細にわたる。それでも県の吏員数は郷亭郵の吏をも含めて平均六三人で、総数二〇余名の県が四県もある。そのうち三県（吏員二八・二五・二二人）は秩三百石の長、一県（吏員二七人）は四百石の長である。県治所に限ると附表Ⅱの通り、属吏の数は令長の秩高に応じて若干の相違はあるものの、各県さほど顕著な開きはない（千石の令の中には六百石の令より属吏が少ないものがいる）。令長の秩高は、所轄する県の戸数に関係するとされてきたが[23]、「東海郡属県郷吏員定簿」によれば、治所の吏員数は、県の戸数によってさほど大きく変化するものではなかったことになる。

**郷亭の吏**　漢官が伝える雒陽員吏と尹湾漢簡の「東海郡属県郷吏員定簿」は、ともに郷有秩・郷嗇夫・游徼・郷佐などの郷吏が含まれ、「東海郡属県郷吏員定簿」の郷吏の配置状況は、大郷の郷有秩（二五人）と小郷の郷嗇夫（一三九人）とで一六四人、一・〇四郷に一人。游徼は二・一郷に一人。郷佐は一・八五郷に一人となっている。このため里正と同様に郷有秩・郷嗇夫・游徼・郷佐の場合もすべての郷には配置されていなかった。このことは一人の吏が、立場によっては複数の里や郷を管轄する必要が生じていたことになるが、その数は里正との関係では二五三四里中に二里、郷有秩・郷嗇夫との関係では一七〇郷中に六郷のみである。郷吏とは少しく性格を異にするが、郷三老の場合は、その数が郷の総数と一致していた。もちろん今回出土した東海郡の「集簿」や「東海郡属県郷吏員定簿」にみえる吏員が東海郡の常態であったかどうかにはなお問題が残るが[24]、それでも郷里の末端にまで、これほど徹底して吏の配置、組織化が行われていたことには驚かされ、地方行政制度の実効性、地域支配の一体化を窺う上で重要である[25]。

南郡の長官より属県に宛てた雲夢県睡虎地秦墓竹簡の「語書」では、秦が占領地支配を拡大する中で、

今法律令已布、聞吏民犯法為間私者不止、私好・郷俗之心不変、自従令丞以下不智（知）而弗挙論、是即明避主

之明法殹（也）、而養匿邪避（僻）之民、（略）此皆大辠殹（也）、（略）論及令丞。

と、秦の「法律令」・「主之明法」が持ち込まれ、県の令丞以下の地方官吏が、「私好・郷俗之心」、すなわち人々の好みや習俗と、地域住民の「心」の領域にまでも立ち入っている。秦による南郡経営には県の官吏として秦人が直接関係していた。しかしこの占領地域での「変」、楚地の秦化は困難を極めたようである。このためわざわざ文書「語書」を発し、占領地域の秦化を放置する場合は「大辠」で、令丞以下の地方官吏を処罰するとの強い姿勢が示されている。

地域支配の一体化、秦による郡県制の拡大は、かかる習俗にいたるまでもが対象とされ、それがまた非常に困難な課題であったことを窺わせる。漢はまた秦制を継承した。ただ漢の地方支配は、父老・三老を体制に組み入れるなど地方の自治にも配慮した。それでも漢代に入っての墓葬形態からは地域差が解消（楚の墓葬形態が黄河流域の墓葬と融合一体化）している。そして今回出土した尹湾漢簡においては驚くほどの徹底した地域支配の実態が明らかとなった。このことは政治的統一に伴う「郷俗」への変革が、地域支配を通じて漢代においても引き続き継承され、課題は残るにしても諸文化の等質化や地域社会の一体化に繋がっていったであろうことを物語る。

もちろん地域社会の一体化については、支配の側面だけではなく、政治的統一に伴ってより可能性が拡大した人的流動性（徙民にとどまらず自然発生的な流徙をも含む）その他、地域社会自身の能動的な変質も考慮されるべきではあるが、尹湾漢簡にかえれば、「東海郡属県郷吏員定簿」には、さらに亭長や郵佐までもが含まれていた。亭長の数は六八九人であるが、「集簿」にみえる亭の数は六八八で、亭の数より亭長の数が一人多くなっている（「集簿」の「卒二千九百七十二人」は亭吏）。東海郡の県邑侯国の吏員については、「集簿」と「東海郡属県郷吏員定簿」との両方に吏員数がみえ、附表Ⅲで確認できるように令七・長一五・相一八・丞（獄丞を含む）四四・尉四三・有秩三〇・侯家吏員三二四については、県邑侯国と塩鉄官との総計において両者がともに一致している。しかし「集簿」の斗食や佐史が「東海郡属県郷吏員定簿」の令史や獄史から佐にいたる各吏のどの範囲を包括していたかは、附表Ⅲで示したように吏員数の面ではある程度の整合性がえられるとしても、個々の吏においては必ずしも明確ではない。例えば斗食が獄吏を包括するとすれば数値の上では整合性がえられるが、漢官の雒陽員吏では獄史は斗食・佐史とは別になっている等である。下級の吏や末端の行政単位についてのことでもあるが、なお検討の余地がある。

ただそれにしても亭の数よりも亭長の数が多いとなれば、同一亭に複数の亭長がいたことになり、亭か亭長かいずれかの数値に問題が含まれていたことになる。(26)亭は主として治安維持に当たったが、東海郡の場合は、一亭が平均三八七戸を所管していた。これは先に述べた後漢末の一亭の戸数七八〇に比べてほぼ二分の一となる。亭吏の定員が後漢にかけて増加されていない限り、前漢の亭の方が地域に対してより細かい目配りが可能となっていた。

なお漢官の雒陽員吏では、郷吏までで亭や里の吏は含まれず、東海郡の「東海郡属県郷吏員定簿」には、亭吏までで里吏が含まれていなかった。漢書百官公卿表においては、「凡吏秩、（略）吏員自佐史至丞相十二万二百八十五人」と、佐史以上の吏員の数のみが伝えられている。ただ東海郡の「集簿」では里正・郵吏までもが明記されていた。このため地方行政制度における末端の吏の位置づけについて、なぜこのようにまま省略の対象になったのかが注目される。そして里吏を除外している「東海郡属県郷吏員定簿」については、これがもし東海郡の吏の総数の定員簿であったとすると、里吏が吏員の枠外に置かれていたことにもなりかねないが、表題「東海郡属県郷吏員定簿」中の肝心の「吏員定簿」の四字は、釈文に際して判読できず、居延漢簡中の「吏比六百石定簿」をもとに挿入した由である。

## 四　馬王堆三号墓出土「小城図」―地方官衙の景観―

尹湾漢簡の出土は、漢王朝による政治的統一が前漢の末までには、すでに郷里の末端まで整備されていたことを明らかにしてくれた。この地方行政制度の整備は、多様さを留める地域社会にとって、徐々にではあったにしても、統

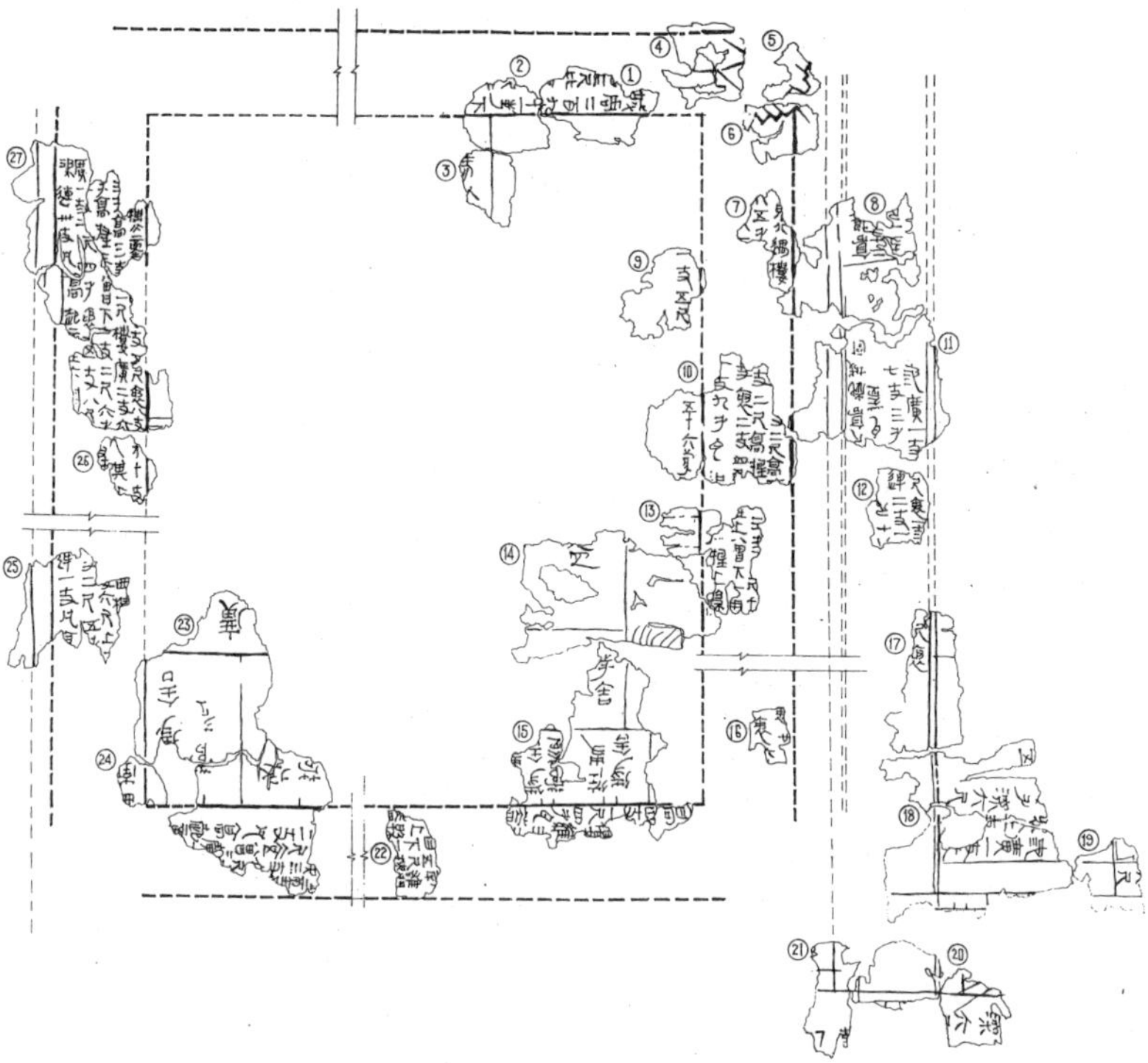

【附図】馬王堆三号墓出土「小城図」

一国家としての自覚を高めさせ、文化の融合をも含め、一体化への方向を歩ませる上で効果的であったことは疑いない。そこでついでは、一九九六年第六期の『文物』に収載されている馬王堆三号墓出土の「小城図」[27]（附図）を紹介することにする。

この「小城図」は、長沙国の宰相軑侯一族と関わりの深い城で、子城ないし衙城かと推測されている。馬王堆の三号墓（墓主は黎蒼の子供か）から出土した古地図としては、すでに「地形図」と「駐軍図」とが公表されていて、複数の県城や駐軍施設が確認されていたが、この「小城図」と各図との関わりや、「小城図」がどの地点を指していたかなどは定かでない。この馬王堆三号墓からは、「城邑図」[28]または「城邑和園寝図」（「街坊図」「園寝図」）[29]として紹介された三枚目の地図があり、これは侯家の墓地と臨湘城（湖南省長沙）ではとの理解がみられたが[30]、この「小城図」の存在は公表されていなかった。

今回、初めて公表された「小城図」は、破損が甚だしく復元された部分は全体の一部に過ぎない。「小城図」の復元整理に協力され、『文物』において「小城図」に分析を加えられた傅熹年氏は、実際に存在した小城ではないにしても同規模の城を知る上で重要であるとされるが[31]、「小城図」の城内には、丞や佐史の「侍舎」が描かれている。地方県城の事情を伝える漢河南県城遺趾[32]や和林格爾後漢墓壁画県城図[33]とも関連づけ、地方官府における官衙の配置を窺わせる上で貴重な史料となりうる。

尹湾漢簡においては、前漢時代の地方官吏の枠組みがある程度明らかとなった。この「小城図」で同じく前漢時代の地方官吏の生活の場が多少でも明らかになればと考えるが、『文物』に公表された幻の古地図は、馬王堆帛書の整理にも関係された故宮博物院の顧鉄符氏が生前に整理されていたものである。ただ顧鉄符氏は、文革の混乱と馬王堆漢墓発掘の際の不備とによって「小城図」の復原に正確を期すことができなかったとの理由で、ついに公表を許されなかった由である。二千年余の眠りから覚めた貴重な古地図は、思いもかけぬ時代の波に翻弄され、帛画の原物はいまもなお不明のままである。

「小城図」は、大量の断片の中から顧氏が三、四十片を選び、その中の二十七片をもとに復原したものである。それでも城内の「侍舎」の配置が部分的ながら判明する。侍舎は、寺舎、官舎で、官衙のことである。「小城図」ではこの侍舎が、城内の城南に「□史、侍舎、菅蓋、佐史、侍舎」・「侍舎」（復原番号⑮）、「□侍舎、菅蓋」・「丞□、菅蓋」（同㉓）と確認でき、茅葺きで、官衙はそれぞれ墨線で区切られていた。傅氏は、城北の「馬丞」（同③）も馬侍舎のことで、健馬厩であるとし、城内の四周には茅葺きの官衙が建ち並んでいたと見なされている。

官衙が四周に建ち並んでいたかどうかは、この「小城図」からは明らかでないが、城内南部に侍舎が存在していたことは事実であろう。顧氏が「小城図」の公表を許されなかった理由が、部分的にしか復原できなかったためか、あるいは復原の過程そのものに不確定要素が介在していたためか定かではないが、西南隅の侍舎を示す復原番号⑮には、これに一体化する「西南」（同㉔）の文字が確認できる。このため少なくとも「小城図」内の西南地区に官衙が存在していたことは間違いなかろう。

そこでこの事情を漢河南県城の内部構造[34]と対比してみると、漢河南県城の官衙も城内西南部地区に位置していたと考えられている。漢河南県城の官衙は、三・五メートルの方形の部屋一〇が壁で仕切られて並んでいた。壁の厚さは〇・四メートル。「小城図」で「侍舎」が墨線で区切られているのも、あるいはかかる壁面で区切られた建築物の存在を伝えているのかも知れない。ただ漢河南県城の場合は、南北一四一〇、東西一四八五メートルと「小城図」の規模（後述）に十倍し、官舎は、瓦葺きで配水管までが設置されていた。

「小城図」は、城内の中心部が欠落していて、城内の事情すべてを確認することは困難であるが、漢河南県城の場合は、官衙区の東方に隣接して、文武官や富人層の家屋が存在し城内に一般庶民の住居跡を確認することはできなかった。そしてこの城内の一隅に官衙が比較的集中していたとの事情は、和林格爾の後漢墓壁画中の繁陽県城・武成県城・

離石城（県城内の一隅の官舎区が子城化されている）などでも、方位は定かでないが同様に窺え、城内にまた一般民間人の居住地区が描かれることはなかった。

もちろん和林格爾の後漢墓壁画は、墓主の官歴を強調するところがあり、城内の建物の配置がどの程度写実性をもっていたかに問題が残らなくもない。それでも幕府城内の東門付近の拡大図や寧県県城全体図・上郡属国都尉西河長史吏兵馬皆食大倉図に独立した家屋として建ち並ぶ諸曹の建物は、長屋方式とは異なる官衙の姿を垣間見せている。そして寧県県城の場合は、県城の方位が注記されていて、官衙は北から北東部にかけて配置されていた。このため城内における官衙の位置については、これにあまり統一性を求めることは慎むべきであるかも知れない。

「小城図」にはまた、「城周二百九十一歩」（復原番号①）とあり、この城の規模は一辺約一〇二メートルである。四周の城墻の各隅の上には、「瓦蓋」（同⑪）と瓦葺きで、「三曾（層）」（同㉗）と重層の楼（角楼）があり、厳重な防御体制が備わっていた。四方には城門が設けられていた。南門には、「南雄門」（同㉒）との名がみえ、その城門上にはまた「□蓋」（瓦葺き?）（同㉒）の楼があり、懸門の機能をも果たしていたという。漢長安城にしても城内の大半は宮殿・官衙区であった。かかる比較的小規模な地方の城邑もまた、官衙の権威の拠り所としての役割が大きかったことは間違いない。

城外の東側には、複数の池が点在する。池の大きさは、「池広（はば）一丈□尺、袤二丈□□□寸、深六尺五」（同⑱）、あるいは「池広（はば）一丈」（同⑪）、「袤一丈」（同⑫）などとあり、さほど大きくはない。生活用水として利用されていたものと思われる。馬王堆の「駐軍図」の中にも箭道と呼ばれる三角形の城障があり、これにも隣接して人工の貯水池が設けられていた。

今回、新たに「小城図」が公表されるにいたる経過には、胸に迫るものがある。原物による完全な復原が果たされ、貴重な史料が一日も早く生かされるようになることを祈ること一入であるが、この「小城図」は、馬王堆三号墓から同時に出土した「地形図」や「駐軍図」のように地図の上方が必ずしも南にはなっていなかった。多方向から見やすいように配慮してか、特定の方向をもって記述が行われてはいなかったが、城壁に沿った東西の部分における書き込みは、ほぼ北が上になるように記述されている。和林格爾後漢墓に描かれる寧県城図は東が上にきていた。これらのことからすると漢代の地図が必ずしもすべて南にする等、一定の方向を上にして描かれていたのではなかったことが明らかとなる。

## おわりに

以上、⑴最近とみに注目されている黄河流域と長江流域との地域差を、戦国時代を中心に概観し、ついで⑵地域に対する国家の関わりが一体化し、政治的統一が深まる前漢時代においては、①尹湾漢簡をもとに、成帝時代における地域の景観と地方行政制度の実態を確認し、②馬王堆の「小城図」をもとに、その地方行政において核となり地域への地歩を固めんとする官衙の姿を窺わんとした。

国家と地域の問題は、さらに多角的な分析が必要となるが、新出史料の紹介をかね、問題の一端にふれてみた。

### 注

（1）桑原隲蔵「歴史上より観たる南支那の開発」（一九一九年発表）・「歴史上より観たる南北」（一九二五年発表）『桑原隲蔵全集』岩波書店、一九六八。

（2）田昌五主編『華夏文明』北京大学出版社。第一巻、一九八七。第二集、一九九〇。第三集、一九九二。

（3）『日中文化研究七－長江文明』勉誠社、一九九五。『日中文化研究一〇－長江文明Ⅱ』勉誠社、一九九六。

（4）楚文化研究会編『楚文化史研究論集第一集』荊楚書社、一九八七。

（5）顧鉄符『夕陽芻稿』紫禁城出版社、一九八八。
（6）飯島武次「中国文明起源と中国都市文明」『文明学原論－江上波夫先生米寿祈念論集』山川出版社、一九九五。
（7）藤田勝久「『史記』と楚文化－江陵・雲夢の地域社会」『「社会科」学研究』二八、一九九四。
（8）郭徳維『楚系墓葬研究』（楚学文庫）湖北教育出版社、一九九五。
（9）注（8）。
（10）黄暁芬「秦の墓制とその起源」『史林』七四－六、一九九一。
（11）拙稿「湖北雲夢睡虎地秦墓管見」『中央大学文学部紀要』史学科二六、一九八一。
（12）胡平生「雲夢龍崗六号墓墓主考」『文物』一九九六－八。
（13）湖北省文物考古研究所、考感地区博物館、雲夢県博物館「雲夢龍崗六号秦墓及出土簡牘」『考古学集刊』八、一九九四。
（14）葛英会「包山楚簡治獄文書と『周礼秋官』の比較研究」『出光美術館館報』九四、一九九六。同「包山楚簡治獄文書研究」『日中文化研究』一〇、一九九六。
（15）曹錦炎「包山楚簡中的受期」『江漢考古』一九九三－一。
（16）拙稿「戦国楚の法制－包山楚簡の出土によせて」『中央大学文学部紀要』史学科三八、一九九三。
（17）拙稿「馬王堆出土古地図と漢代の村」『歴史と地理』二四二、一九七五。拙稿「中国古代における小陂・小渠・井戸灌漑について－馬王堆出土駐軍図の紹介によせて」『中央大学アジア史研究』一、一九七七。以上本書所収。
（18）連雲港市博物館「尹湾漢墓簡牘釈文選」『文物』一九九六－八。尹湾漢簡の研究としては、滕昭宗「尹湾漢墓簡牘概述」『文物』一九九六－八。連雲港市博物館・東海県博物館・中国社会科学院簡帛研究中心・中国文物研究所「尹湾漢墓簡牘初探」『文物』一九九六－一〇。謝桂華「尹湾漢墓簡牘和西漢地方行政制度」『文物』一九九七－一。高敏「試論尹湾漢墓出土《東海郡属県郷吏員定簿》的史料価値－読尹湾漢簡札記之一」鄭州大学学報哲学社会科学版三〇－二、一九九七。西川利文「漢代における郡県の構造について－尹湾漢墓簡牘を手がかりとして」『仏教大学文学部論集』八一、一九九七、などがある。釈文は、陳勇「尹湾漢墓簡牘研究」日本秦漢史研究会大会（一九九七年一一月一〇日開催）報告中の「尹湾漢墓簡牘釈文選正誤表」により補正した。陳勇氏の同報告には、「東海郡所属県邑侯国長吏藉貫表」と「東海郡所属県邑侯国長吏除補表」とが新たに含まれている。とくに後者は、長吏への登用が、「廉」・「秀材（才）」・「詔」などの通常のルートの他に、亭長や游徼等の場合でも「捕格不道者」・「捕格群盗尤異」などの功績によって登用される事例がかなりの数に上っていたことを伝えている。

(19) 漢代の郷里については、これまで、拙稿「漢代における里と自然村とについて」『東方学』三八、一九六九、同「漢代における郷について」『中央大学文学部紀要』史学科一八、一九七三、同「中国古代聚落の展開」『地域と民衆』青木書店、一八九一、以上本書所収、などにおいてふれた。

(20) 「集簿」では「里二千五百卌四、正二千五百卌二人、亭六百八十八、卒二千九百七十二人、郵卅四人四百八」と、里亭の数の後に吏員数を記載する。このため郵でも、三四を郵の総数とし、「人四百八」を郵吏と見なすべきかも知れないが、それでは亭六八八に郵三四となり亭と郵との均衡が大きく崩れる。「東海郡属県郷吏員定簿」でも、郵の吏は、郵佐一〇人がみえるのみである。このため「集簿」の郵の記載は「郵、卅四人、四百八」と理解し、郵の総数四〇八、郵吏は三四人と理解すべきであるかも知れない。

(21) 拙稿「中国古代における郡県属吏制の展開」『中国古代史研究』四、一九七六。本書所収。

(22) 史記汲黯伝集解は、「律、太守、都尉、内史、史〔丞〕、各一人、卒史、書佐、各十人」との漢律を引く。これによると郡の吏員は太守一人・都尉一人・丞一人・卒史一〇人・書佐一〇人となる。もし尹湾漢簡中の東海郡の吏員数に省略がなかったとすると、東海郡の吏員規模が武帝太初元年以前の状況と大差がなかったことになる。ただ県の組織は後漢時の体制とほぼ一致している。このため郡の組織も後漢時の体制を整えていたものかと考えてみた。もし郡の吏員に省略がなく、後漢の郡の吏員数が多く数百人の規模にのぼっていたとすると、郡の体制は、前漢末に至っても未だ整備が遅れていたことになる。

(23) 拙稿「漢代における「県大率方百里」について」『鈴木俊先生古稀記念東洋史論集』山川出版社、一九七七。本書所収。

(24) 尹湾漢簡「考績簿」には、長吏の内、缺（一〇人）、死亡（七人。令一・長二・丞三・左尉一）、罷免（三人。丞）による欠員があり、「缺」一〇人は理由が明記されていない。また「考績簿」には贏員がみえる。また告帰（六人。令一・長二・相一・丞一・尉二）や帰寧（六人。令一・丞一・尉一・左尉二・不明一）、未到着者（六人。長一＝有劾・丞四・尉一＝有劾・左尉一）などによる長期の空席もある。さらに徭役（一三人。長一＝送衛士・相二＝送保宮奉、他・丞六＝上邑計、市魚就財物、送罰戍、送徙民、他・左尉（守上）一＝上邑計・左尉一＝送罰戍・右丞一＝市材・獄丞一＝送罰戍）や都内への輸銭（九人。丞六・尉一・右尉一）のための出張者までもが特記されている。

(25) 郡県郷里における小吏の役割については、拙稿「漢代における地方小吏についての一考察」『中央大学文学部紀要』史学科一七、一九七二。本書所収。

(26) 注(18)西川論文は、下邳鉄官の亭が「集簿」の亭数に含まれていないためとする。ただ「集簿」の集計において、長や丞の吏員数には塩鉄官府の吏員が含まれている。

(27) 傅熹年「記顧鉄符先生復原的馬王堆三号墓帛書中的小城図」『文物』一九九六―六。

(28) 馬王堆漢墓帛書整理小組「長沙馬王堆三号漢墓出土地形図的整理」『馬王堆漢墓帛書古地図』文物出版社、一九七七。

(29) 何介鈞・張維明『馬王堆漢墓』文物出版社、一九八二。韓仲民「関于馬王堆帛書古地図的整理与研究」『中国古代地図集戦国―元』文物出版社、一九九〇。

(30) 注(29)何介鈞・張維明。

(31) 注(27)。

(32) 拙稿「漢代の河南県城をめぐって―漢代の地方都市について」『中国都市の歴史的研究』刀水書房、一九八三。本書所収。

(33) 内蒙古自治区博物館文物工作隊『和林格爾漢墓壁画』文物出版社、一九七八。

(34) 注(32)。

(補注1) 本稿脱稿(一九九七年九月)後、紙屋正和「尹湾漢墓簡牘と上計・考課制度」福岡大学人文論集二九―二、一九九七、の恵与をえた。同じく連雲港市博物館、東海県博物館、中国社会科学院研究中心、中国文物研究所『尹湾漢墓簡牘』中華書局、一九九七、がわが国の書肆に入荷した。このため尹湾漢簡の釈文は、『尹湾漢墓簡牘』に収められる尹湾漢簡の釈文によって補った。また『尹湾漢墓簡牘』では、漢簡の分類が、「尹湾六号漢墓出土木牘」①集簿、②東海郡吏員簿(「東海郡属県郷吏員定簿」。「」内は『文物』一九九六―八での呼称。以下同じ)、③東海郡下轄長吏名簿(「長吏遷除簿」)、④東海郡下轄長吏不在署、未到官者名簿・⑤東海郡属吏設置簿(「吏員考績簿」)、⑥武庫永始四年兵車器集簿、⑦贈銭名簿(「礼銭簿」)、⑧神亀占、六甲占雨(「六甲陰陽書」)、⑨博局占、⑩元延元年暦譜、⑪元延三年五月暦譜(「暦譜」)、⑫君兄衣物疏、⑬君兄繒方・中物疏、君兄節司小物疏(「遺策」)、⑭名謁(「謁」)と、「尹湾六号墓出土竹簡」⑮元延二年日記、(「元延二年起居注」)、⑯刑徳行時、⑰行道吉凶、⑱神烏傅〔賦〕、「尹湾二号漢墓出土木牘」⑲衣物疏となっていて、『文物』一九九六―八での分類と一部変更されている。

(補注2) (補注1)の『尹湾漢墓簡牘』では、「有堠」と釈文されている。木簡の図版では「城」字とも「堠」字とも判読し難い。もし「堠」字であったとすると、なぜ特記される必要があったのかが定かではない。「堠」はのろし台とも解せるが、内郡の県城にのろし台が備えられるべきものであったとすると、多数の県城にこれが存在しないことは不可思議である。このため「有城」の釈文の方が特記されるに相当する事情かと思われる。漢書高帝紀には漢高祖六年冬十月に「令天下県邑、城」とある。

（補注3）（補注1）の『尹湾漢墓簡牘』に収められる「東海郡下轄長吏名簿」には、吏（小吏）から官（長吏）に昇進した一〇八例中、「廉（孝廉）」などの他に、「功」（六〇例）や「捕（群盗・不道者・亡徒・賊など）」（一一例）による場合が、実に七一例にのぼる。亭長から「捕」によって相・尉・丞へ、游徼から「捕」によって尉へ、郷有秩から「功」によって丞へ、卒史から「功」によって丞へ、等々の事例が確認できる。このような昇進の事例の内、「捕格山陽亡徒尤異除」については、永始三年十二月の山陽鉄官の徒による反乱と関連づける指摘（滕昭宗注18論文）もあるが、これも三例にとどまる。もしこのような吏から官への昇進が当時の一般的な傾向であったとすると、前漢末に至っても、官への任用制度は未だ特例が優先していたことになる。

# 第九章　漢代における官吏の識字 ―有用文字について―

## はじめに

近年、漢代の簡牘が大量に出土し、この結果、漢代の檔案、文書行政の実態が次第に明らかにされてきている。そこで本章では、これら漢代の檔案、文書行政の基礎となる文字数の問題について検討を行ってみたいと考える。

中国の文字については、これが財力や権力の秘密を保持するためのものとして、古い時代から難しくするような方法で意識的に発達させられてきた[1]とのやや皮相的な指摘もある。しかし漢代の文字についてはまた、それまでの宗教的色彩から解放されて政治に奉仕する文字、政治の文字となり、政治以外に使用されることは稀になる[2]との理解も示されている。

この意味において、漢代の日常的文字数、いわゆる「有用」文字の問題は、さらに政治の実務、官吏の質の問題など政治の実態とも関わることになる。

## 一　蒼頡篇から蒼頡訓纂篇へ―有用文字―

**蒼頡篇**　漢書芸文志によれば、

漢興、閭里書師、合蒼頡・爰歴・博学三篇、断六十字、以為一章、凡五十五章、并為蒼頡篇。

とあり、漢代に入ると民間の書師、手習いの教師は、六〇字を一章として、五五章、三三〇〇字の蒼頡篇を教材にしていたとされている。

蒼頡篇は、漢書芸文志では小学、字書類に分類されている。李斯の蒼頡・趙高の爰歴・胡母敬の博学の小学三書を合体したもので、蒼頡篇の母体となった小学三書は、いずれも秦代に成立している。

閭里の書師によって教材とされた蒼頡篇の字形は、漢書芸文志に、

蒼頡多古字、俗師失其読、宣帝時、徴斉人能正読者、張敞従受之、伝至外孫之子杜林、為作訓故。

とあり、説文解字叙にも、

孝宣皇帝時、召通倉頡読者、張敞従受之、涼州刺史杜業、沛人爰礼、講学大夫秦近、亦能言之。

とあり、「古字」を多く含んでいた。このため閭里の書師でさえ肝心の文字が読めない場合があるなど不便が生じ、前漢宣帝時に、この古字の正しい読解が政府の手によって実施されている。

古文字体を多く残す蒼頡篇が存在していたことになるが、蒼頡篇の依拠した秦代の小学三書は、漢書芸文志によれば、

文字多取史籀篇、而篆体復頗異、所謂秦篆者也。

とあり、説文解字叙にも、

皆取史籀大篆、或頗省改、所謂小篆者也。

とあり、秦篆、小篆で書かれていた。このため蒼頡篇の古文字体も、秦代の小学三書を継承していたことから、秦篆を意味していたと思われるが、今世紀に入って出土する漢簡の蒼頡篇はすべて漢隷になっていた。

スタインによる敦煌漢簡中の蒼頡篇は、わずかに四簡四〇字であった（一九〇七年）[3]が、居延漢簡（一九三〇年、一九七二〜六年）[4]阜陽漢墓漢簡（一九七七年）[5]、敦煌馬圏湾漢代烽燧漢簡（一九七九年）[6]などの中から相次いで蒼頡篇が確認され、旧居延漢簡中からは三角柱状各面二〇字計六〇字の木觚（蒼頡篇第五章他）、新居延漢簡では蒼頡篇第一章、阜陽漢簡では五四〇字という大量の蒼頡篇が出土した。

この結果、蒼頡篇は散逸し、長らくその実体を知ることができなかったが、最近は、その一部を実見することが可能になった。それによると蒼頡篇は、四字句で、押韻してあり、觚の場合は一觚で一章、簡の場合は三簡で一章となっている。字句の内容は日常的基本文字とされているが、この点は蒼頡篇八二五句中、確認できるものは未だ四分の一足らずの約二百句に過ぎず、その全容についてはなお今後に俟たねばならない。

文字の配列は、熟語や同義語、近義語などが考慮され単字の羅列ではない。ただ阜陽漢簡中の蒼頡篇の場合、顔氏家訓書証に引かれる、

漢兼天下、海内并厠、豨黥韓覆、畔討滅残。

との蒼頡篇の字句が、

□兼天下、海内并厠、飭端脩灋、変□□□。

となっていて、両者に相違がある。また阜陽漢簡中の蒼頡篇については、「飭端」が「飭政」（史記李斯伝）の政字を避諱したものではとの理由で、秦代の蒼頡とする意見もある。[7]居延漢簡もまた、

第五、（略）漢兼天下、海内并厠、□□□類、菹醢離異。

と顔氏家訓書証と字句を異にしている。

居延漢簡の場合は、漢朝に入っての文面であることは間違いない。居延漢簡の蒼頡篇第五章には、「漢兼天下」の字句が入っている。李斯の蒼頡七章も他の秦代の小学二書と合体される際に、字句の内容を改変したことが知られているが、漢代に成立し通行した蒼頡篇には、少なくとも顔氏家訓書証引用本と居延漢簡本との二種が存在していたことになる。

労幹氏は、「蓋閭里流伝、各異其文、無足異也」と異本の存在を当然のことと断じている。(8) ただこの労氏の見解に対しては、顔氏家訓書証引用蒼頡篇の字句は、前二句の厠字と後二句の滅（残）字とで韻を踏まず連続した文ではないとの見解も示されている。(9) しかしこの押韻については、蒼頡篇の場合、二句一韻が必ずしも原則ではない（毎句一韻、三句一韻もある）ため、押韻でもってのみ顔氏家訓書証引用句を疑問視するのも問題である。

今後の新たな蒼頡篇の出来を期待せざるをえないが、阜陽漢簡中の蒼頡篇についても、「□兼天下」の闕字が定かでない現在、秦の小学書を母体とし、民間人である閭里の書師によって流布された漢代の蒼頡篇が、たとえその文中に指摘されるごとく秦代の避諱を残すとしてもさほど問題ではない。このため阜陽漢簡中の蒼頡篇についても、副葬されていた漢墓が文帝一五（前一六五）年に卒した夏侯嬰の子という、高官の子弟を葬った墓であり、漢代に入って編纂、少なくとも流伝していた蒼頡篇であることは間違いない。

阜陽漢簡中の蒼頡篇も字体は、隷味を帯びている。漢代に入っての手習いの教材では、蒼頡篇が民間で用いられ、その字形は、秦篆を踏襲するものであったともいわれるが、多くは漢隷への流れがみられた。

蒼頡篇を通じて覚える文字数であるが、漢書芸文志に「蒼頡中重複之字」とあって、蒼頡篇には重複する文字が含まれていた。このため蒼頡篇に収録される総字数三三〇〇字も、文字の種類ではこれを下回る。ただこの点についても、蒼頡篇が散逸してしまった今日、これ以上の確かめようがない。

蒼頡篇が依拠した秦代の蒼頡は七章、爰歴は六章、博学は七章で、総章数は計二〇章である。このため秦代の小学三書と蒼頡篇との章数の関わりが何らかの参考になればと考えるが、これも秦代の小学三書が同様重複した文字を含んでいたとなれば、秦代の小学三書の基本文字数自体もこれまた定かではないことになる。

もちろん秦代の小学三書との比較において、章数は二〇章から五五章へと大幅に増加されている。もし蒼頡篇一章の字数が小学三書と同一であったとすれば、漢代に入っての蒼頡篇が、単に秦代の小学三書を機械的に合体したものではなくなる。前述した字句の改変に併せ、蒼頡篇がかなりの増補を行っていた可能性もでてくる。

**凡将篇・急就篇・元尚篇**　蒼頡篇は、新出土漢簡の他に、輯本の編纂も清代以降精力的に行われている。蒼頡篇の全容は、多くを後考に俟つとして、漢書芸文志によれば、漢代においては、この蒼頡篇に引き続きまた、武帝時に凡将篇（司馬相如撰）、元帝時に急就篇（史游撰）、成帝時に元尚篇（李長撰）が編纂され、とくに凡将篇の場合は蒼頡篇と異なり、重複した文字が一字もない上に、蒼頡篇に含まれていない文字が、「凡将、則頗有出矣」と、多く収録されていた。

**蒼頡訓纂篇と有用文字会議**　凡将篇を除く他の二種の小学書は、「皆蒼頡中正字也」と、その「正字」、基本文字において蒼頡篇を踏襲していた（漢書芸文志）。そして漢書芸文志によれば、さらに、

至元始中、徴天下通小学者以百数、各令記字於庭中。

とあり、説文解字叙にも、

孝平皇帝時、徴礼等百余人、令説文字未央廷中、以礼為小学元士。

とあり、礼は爰礼のことであるが、平帝元始年間に、数百、または百余人の小学の学者による「記字」、「説文字」のための会議が、政務の中心宮殿である長安城中の未央宮で召集されている。

この会議の時代的背景については次節でふれることにして、この多数の文字学者を集め、記字、説文字を内容とし

た会議の成果として、漢書芸文志は、

揚雄取其有用者、以作訓纂篇、順続蒼頡、又易蒼頡中重復字、凡八十九章。

と、会議召集の記事に続けて、揚雄が、「其」、すなわち会議の結論を踏まえて、「有用者」、有用文字を選定し、蒼頡訓纂篇という新たな小学書を編纂したとのことである。

このことは、元始中の文字学者を集めての会議（以下、有用文字会議と略称）の重要課題の一つが、有用文字の選定におかれ、記字、説文字もこれと関わる伝文ではなかったかと思われる。そして揚雄の蒼頡訓纂篇は、蒼頡篇の重複する文字を他字に換え、八九章、説文解字叙によれば、

黄門侍郎揚雄采以作訓纂篇、凡倉頡已下十四篇、凡五千三百四十字、群書所載、略存之矣。

と、五三四〇字を内容とした。この文字数が、有用文字会議を反映した結果であったことは疑いない。

**有用文字の内容**　この有用文字の今少し具体的内容についてであるが、まず漢代小学書の出発点ともなった秦の小学三書の編者は、法家として知られる秦の丞相李斯、秦二世皇帝に律令を講じた車府令の趙高、天文暦法に通じた太史令の胡母敬と、いずれも政務に精通した政治家によって占められている。

このことは秦代の小学三書に収められる文字の範囲が、比較的政務の必要性に重きを置いていたとのことを想定させる。漢代に入っての小学書で現存する急就篇の実体はといえば、それは約二千字[10]（含、重複文字）で、諸物の呼称を中心とする実用的文字を内容とし、その範囲は賦税・官職・造獄をはじめ広く政務一般にもおよんでいる。急就篇の編者史游の事跡は、黄門令であったこと以外定かでないが、史游が急就篇の文字の選定に際し、政治的役割を意識していたであろうことは間違いない。

急就篇は七字句となっているが、その字句の内容には蒼頡篇と類似する側面[11]がまま窺える。時代は遡るが周代の小学書として伝えられる史籀篇は、漢書芸文志では「周時史官、教学童書也」と、史官、記録担当官による学童の教学、

すなわち官吏養成の教材として位置づけられている。漢代に降っても小学書は、四民月令正月の条に、
研涑釈、命幼童（本注、謂十歳以上至十四）入小学、学篇章（本注、謂六甲・九九・急就・三倉之篇）。

とあり、暦算と並んでまた急就・三倉が学習の基礎として義務づけられていた。

三倉は秦代の小学三書のことである。四民月令は、政論の著者として知られる後漢の崔寔の手に成り、後漢時代の豪族生活を反映するものであるが、清門望家崔寔の意図する子弟教育が、官界への準備であったことはいうまでもない。

急就篇編纂の意図は、かかる小学書の実態からして充分に肯けるが、揚雄の蒼頡訓纂篇についても、漢書揚雄伝下の賛曰によれば
其意欲求文章成名於後世、（略）史篇莫善於蒼頡、作訓纂。

とあり、華陽国志蜀郡士女にも、「史莫善於蒼頡、故作訓纂」とあり、史篇、周の史籀篇の系譜上に位置づけられている。そしてその意味するところは、単なる小学書としての体裁のみではなく、史籀篇が担っていた役割を蒼頡訓纂篇が引き継ぐ点にある。

ただ漢書揚雄伝では史籀篇を「史篇」とよび、華陽国志は「史」と記している。このことから、あるいは史篇をこれまでのように書名とまで理解しなくてもよいかも知れない。その時には、「史」＝史官（書記）＝小学との関連が窺え、蒼頡訓纂篇に対する有用文字としての位置づけが一層鮮明になる。

漢簡の字形は、多く隷書体である。この隷書は吏書の音通転化したものであるとの見方がある。[12] 隷書の由来についてはこれまで諸説伝えられているが、文字を速書する過程で、文房具の変化も寄与し、篆・隷・楷・行・草の変化が進んだことは否めない。隷書は、竹木に書く際、水墨の溜まりを少なくし字の滲みを防ぐうえで効果的な書法であるが、漢書芸文志や説文解字叙には、秦代に官獄の職務を容易にするために隷書が案出されたと伝えている。真偽のほ

どは別として、この説話も文字と政治との関わりの深さを窺わせる。

隷書体は、すでに戦国時代に確認されているが、唐の孫懐瓘の書断はまた、

（程邈）為隷書三千字、奏之始皇、善之、用為御史。

とあり、秦の程邈の事跡と関係づけている。もちろんこれが史実であるかどうかは定かではない[13]が、この伝文において注目すべきは、程邈の作成した隷書が三千字であったと伝えられている点である。蒼頡篇三三〇〇字も、重複する文字を除くと、程邈の隷書三千字に案外近かったかも知れない。

史籀篇以来、小学書に関わる伝文は、小学書が編纂される背景、その意図するところにおいて、漢代に降ってもさほど大きく変化していなかったことになる。そしてこれら各種の小学書編纂の流れをうけて開催された平帝時の有用文字会議が、文字の問題を官吏養成上での焦眉の課題として位置づけていたことは間違いない。

**有用文字と辞賦**　有用文字会議の結果を踏まえて、揚雄の蒼頡訓纂篇は編纂された。収録する字数は、蒼頡篇の基本文字を三千字程度と仮定しても、二千数百字と大幅な増字となる。そこでついでは、なぜ有用文字がこのように大幅に増加されたかであるが、これについては武帝時に司馬相如が編纂した、凡将篇の存在が注目される。

揚雄の蒼頡訓纂篇は、有用文字会議を反映したものであったが、有用文字会議を遡る小学書において、秦の小学三書や漢に入っての蒼頡篇の枠組を越え、明らかに増字を行ったのは、伝えられるところでは凡将篇のみである。

司馬相如は、辞賦をもって認められた文人であるが、揚雄にとってはまた同郷蜀の先輩であり、揚雄は屈原とならんで司馬相如の賦をとくに愛好した。

もちろん揚雄が、司馬相如に個人的親しみを感じていたかどうかは別にしても、凡将篇は、司馬相如の編纂物であるだけにその文字の選定に辞賦との関わりが色濃く反映されていた可能性が大きい。一方揚雄もまた、成帝時、甘泉賦・羽猟賦をもって郎官に任じられ、前漢末を代表する辞賦家である。このため辞賦家揚雄が介在する有用文字の選

定であってみれば、蒼頡訓纂篇が有用文字会議を反映していたとはいえ、司馬相如と共通する視点をもっていたことは否めない。

そこで辞賦をもって名を馳せた揚雄についてであるが、漢書揚雄伝によれば、

雄以為賦者、将以風也、（略）然覧者已過矣、（略）非法度所存・賢人君子詩賦之正也、於是輟不復為。

とあり、揚雄は賦の盛行に、淫華に染み風諭・直言の喪失を認めるや、辞賦を止め二度と賦を作ろうとはしなかった。この揚雄の辞賦に対する厳しい認識は、実は賦の大成者司馬相如にも通じる点である。司馬相如の賦として有名な子虚賦は、雲夢の富を浪費する楚王の奢侈に主眼をおいており、子虚賦の続編に当たる上林賦も、関中の広大な上林苑における天子の華靡を叙し、ついには有司の名を借り上林苑の開放のみならず政治制度の改革についてまでも言及している。

史記司馬相如伝の太史公曰は、この司馬相如の賦の主題について、

相如雖多虚辞濫説、然其要帰引之節倹、此与詩之風諫何異。

と、これが政治の節倹にあったことを指摘している。賦はまさに、現実政治への直言そのものであった。上林賦に述べられるところは、天子の私生活に関わるが、上林苑の人民への開放などは、建国の功臣蕭何がかつて高祖に諫言し、怒りをかって獄に下されたほどのデリケートな問題である。

辞賦の源流が治乱に通じた屈原にまで遡ることは今更論じるまでもない。司馬相如と揚雄とが、辞賦を通じて少なからず共通する視点をもち、政治的表現を賦に求める両者の文字感覚が、これまた多くの点で一致するものであったことは想像に難くない。

かかる政治的表現の高まりは、当然有用文字会議にも反映され、揚雄による二千字を越える大量の増字にも生かされたと思われる。ここに蒼頡訓纂篇に先立つ凡将篇の重要性があらためて注目されることになる。同時に有用文字の

増加は、官吏の質的変化とも密接に関わる。有用文字会議が、単なる文字政策上の技術的領域に止まるものではなく、漢代の政治体制の展開、官僚組織の整備などとも少なからず関わりをもっていたことは疑いない。

## 二　有用文字会議と官学

小学書の編纂は、有用文字の選定と深い関係をもつものであったがため、ついには国家の介入がみられた。

**官学の拡充**　文雅をもって官につき、成哀平三帝の間、給事黄門にあった揚雄であってみれば、この有用文字会議に参画し、あるいは直接出席していたかも知れない。有用文字会議が開催された元始年間（紀元一－五）には、漢書平帝紀によれば、

（元始三年）立官稷及学官、郡国曰学、県道邑侯国曰校、校学置経師一人、郷曰庠、聚曰序、序庠置孝経師一人。

とあって、地方の学校制度が強化されている。地方に学官、学舎を設けることは、武帝時にすでに、

至武帝時、乃令天下郡国、皆立学校官、自文翁為之始云。（漢書循吏文翁伝）

とあり、平帝時に始まるわけではない。そして武帝時の学官は、さらに遡る景帝時の蜀守文翁の制に倣うものであったが、文翁の学官は、

修起学官於成都市中、招下県子弟、以為学官弟子。（同上）

とある通り、郡を単位に設置されていた。この点は武帝時における全国規模の学官も、同じく郡国を単位にしていた。平帝時の学校制度は、この学官設置の範囲をさらに下級行政単位の県郷聚（里）にまで拡大、強化したことになる。

**教科内容検討会議**　この元始三年の学校制度拡充の翌年、元始四年に、漢書王莽伝上によれば、

徴天下通一芸・教授十一人以上、及有逸礼・古書・毛詩・周官・爾雅・天文・図讖・鍾律・月令・兵法・史篇・

文字通知其意者、皆詣公車、網羅天下異能之士、至者前後千数、皆令記説廷中、将令正乖繆、壱異説云。

とあり、小学者のみならず経学・天文・月令その他、各方面の専門家、教授者が中央に召集されている。同様の記事が漢書平帝紀では、

徴天下通知逸経・古記・天文・暦算・鍾律・小学・史篇・方術・本草、及以五経・論語・孝経・爾雅教授者、在所為駕一封軺伝、遣詣京師、至者数千人。

とあり、元始五年になっている。この両記事の紀年の違いについて、後漢荀悦の漢紀は、

徴天下有才能、及小学異芸之士、前後至者数千人。

との記事を元始四年の条に収載し、資治通鑑も漢書王莽伝と同文を元始四年に入れている。

漢書平帝紀と同王莽伝との紀年の違いは、この数千人に及ぶ大規模な会議が両年に亘り開催されたことによるのかも知れないが、この元始四、五年に召集された会議の内容は、京師廷中で「記説」し、誤謬を正し異説を統一することにあったようである。

そしてこの会議においてとくに注目されることは、召集者の対象者が、各種専門分野の教授者（漢書平帝紀）で、それも「教授十一人以上」（漢書王莽伝）と小人数の教授者までもが含まれていたことである。このことは、元始四、五年の会議の目的が、その前年に新たに施行された学校制度の拡充に際し、地方末端の教授者にいたるまで、その教科内容の統一、正確さを意図したものではなかったかとのことが想定される。

もちろん元始三年における学校制度の拡充が、教授者の確保などの面からどれほど実効をみたかは定かでないが、少なくとも中央においては、その具体化への手順が着実に進められていたことになる。京師に召集された教授者が、これら地方官学の教授者を多く対象にしていたことはいうまでもない。

**有用文字会議と教科内容検討会議**　この元始四、五年の各種教科内容を検討するための会議（以下、教科内容検討会議

と略称）においては、また有用文字会議の伝文中にみえる「記字於庭中」、「説文字未央廷中」と同様、「記説廷中」との記述が見出される。

教科内容検討会議の開催場所が、あるいは未央宮ではなかったかとの可能性を示唆し、元始中として伝えられる有用文字会議と教科内容検討会議との関連性が問題となる。

この点について、両会議を同一と見なす確証はない。ただ教科内容検討会議には小学（史篇・文字、小学・史篇）者も参加し、「壱異説」とのことを意図していたことから、有用文字会議の後で蒼頡訓纂篇が編纂されていることとも軌を一にする。漢紀が教科内容検討会議への出席者を有能・小学・異芸之士とし、小学者のみを特記していることも意味深い。

このため教科内容検討会議と別に、小学者のみを中心とする有用文字会議が、同じ元始中五年間の間に設定される必要があったかどうかが問題となる。このため両会議は同一の会議ではなかったかとの可能性が強まる。

有用文字会議の出席者数は、数百または百余人であるが、これは文字学者に限定された人数であり、教科内容検討会議出席者数千人が、分科会方式の審議形式を採用していたとすれば問題はない。もしそうであるとするならば、有用文字会議は教科内容検討会議の一分科会となる。そしてここでの成果として編纂された蒼頡訓纂編は、蒼頡篇系統と凡将篇系統との小学書の統一、すなわち文字数では凡将篇の増字を生かし、体裁は凡将篇の七字句ではなく、蒼頡篇の四字句方式を採用している。これも有用文字会議で検討された結果であるかも知れない。

同時に、教科内容検討会議、有用文字会議は、新たに導入された学校制度の教材作成という使命を帯びていた。漢紀が小学についてのみ特記していることも、この有用文字の選定が教科内容検討会議で如何に重要な課題であったかを窺わせる。

**官学と属吏養成**　ついではかかる学校教育の現場についてであるが、公孫弘らの建議になる武帝元朔五（前一二四）

年の博士弟子員制（五十人、漢書武帝紀、史記儒林伝序）あたりから確立してくる中央の太学では、教科の中心は経学におかれていた。

平帝時の地方官学においてもまた、経師・孝経師が教授者として位置づけられている（郡国では元帝時に五経百石卒史）。しかし先の教科内容検討会議では、経学のみならず天文・暦算・方術・本草・兵法・月令・図讖・音律と、対象とされた教科は多岐に亘っている。

学校教育の実態を知る上で興味深いが、この学校の具体的事例として京師におかれる太学を例示すると、史記儒林伝序の公孫弘の奏請では、一八歳以上の年令で、儀状端正、敬長上、粛政教、順郷里、出入不悖の人柄、性情如何、それに好文字が入学の条件としてあげられている。

ただ入学の年令については、更始元（後二三）年に一九歳で会稽郡尉となった任延の場合、王莽時のことであるが一二歳で太常諸生となり、聖童と号されたとのことであり（後漢書任延伝）、必ずしも厳格に守られていたわけではなかった。

太学入学後は、各人一歳の間に一芸以上に通じることが求められている（博士は太常府に所属）。この点地方の官学については、入学の条件など明文は残されていない。そして太学との関わりについても、太学の入学条件に地方の官学での修学についてはふれられておらず、おそらく中央と地方との官学間の統属関係は明確に位置づけられていなかったと思われる。

修学後の進路については、太学の場合は、考試の結果によって及第者は中央官府の属吏、文学・掌故としての就職が約束されていた（射策掌故、漢書児寛伝、武帝時）。地方の官学では、文翁の場合、「高者以補郡県吏」（漢書文翁伝）と地元の郡県の吏に補せられており、全国規模に拡大された後の地方の官学の修学者もまた、官学が所属する郡県郷里それぞれの属吏予備軍として位置づけられていたものと思われる。

このため漢代の官学は、原則として所属する各行政単位の属吏養成がその本務とされていたことになるが、太学の場合は、考試においてとくに優秀な者に対して、「可以為郎中、太常籍奏」（漢書儒林伝序）と、太常が郎中候補者を籍奏、すなわち名籍を作成し、これを上奏している（射策甲科郎、漢書蕭望之伝、昭帝時）。

このことから太学修学者の中には郎官へ抜擢される人材もいたわけである。もちろん太常により籍奏されると、即郎官になれたかどうか問題かも知れない。籍奏導入当初の被籍奏者の数は不明であるが、平帝時にいたると年ごとに甲科は郎中四〇人、乙科は太子舎人二〇、丙科は文学・掌故四〇人（漢書儒林伝序）と定員が定められており、本官に任用されていた可能性が大きい。

官学での人材養成が、実務吏人の供給に重点をおいて出発したことは間違いない。このため前述した通り、教授者を交えての教材、教科書作りの会議で多様な専門分野、教科内容が対象とされていたことも当然である。そして官学での期待される教育内容は、先の公孫弘らの奏請中に、

臣謹案詔書律令下者、（略）小吏浅聞、不能究宣、無以明帝諭下。（史記儒林伝序）

とあり、詔書や律令に対してこれを理解し人々に布諭することのできる能力であって、官学で養成される人々は、ここでも属吏層を指していた。

この公孫弘らの奏請は続いて、

治礼次治掌故、以文学礼義為官、遷留滞、請選択其秩比二百石以上、及吏百石通一藝以上、補左右内史・大行卒史、比百石已下、補郡太守卒史、皆各二人、辺郡一人、先用誦多者、若不足、乃択掌故、補中二千石属、文学掌故補郡属、備員、請著功令、佗如律令。（史記儒林伝序）

とあり、武帝時には、地方の郡府はもとより三輔や大行（大鴻臚）のような京師・中央官府においても「小吏浅聞、非能究宣」のような事情があったためか、中央の治礼掌故に通じた吏を不足している三輔や地方の郡府に融通し合っ

て（郡は百石以下、三輔は比二百石・百石通一芸以上）、急場を救わしめんと献言している。

それも融通し合う人数は、わずかに内郡の場合、二人、辺郡であれば一人に過ぎない。

公孫弘らのこのような認識には、せめて郡単位くらいにはたとえ小人数にしても詔書や律令の究宣が充分にできる属吏が配置されているように改善、充実したいとの願いがあったものと思われる。博士弟子員を制度化し吏養成の恒常化が指向されてはいるが、平帝時における地方官学の設置は、武帝時以降において未だ残されたままになっていた郡県郷里における属吏の質的問題、事態の深刻さを如実に物語る。

## 三　有用文字数

**班固の小学書**　有用文字会議の結果を踏まえて揚雄が選定した文字は、五三四〇字であったが、漢書芸文志によれば、班固はまた自らさらに一三章、七八〇字を新たに加え、一〇三章、六一二〇字の小学書を編纂したと述べている。三国呉の韋昭によれば、この班固による増字分は蒼頡訓纂篇の後に付加されたものであろうと推論されている。

**諷籀書九千字と尉律**　班固は自己の増字をもって、揚雄の訓纂篇に対する「群書所載略存之矣」（説文解字叙）と同様、「六芸群書所載略備矣」（漢書芸文志）と、これで群書に用いられている文字のほぼ総てが備わっていると自負している。

漢書芸文志によれば、

蕭何草律、亦著其法、曰、太史試学童、能諷書九千字以上、乃得為史、又以八（六）体試之、課最者、以為尚書御史史書令史、吏民上書、字或不正、輒挙劾。

とあり、説文解字叙でも、

漢興有艸書、尉律、学僮十七以上、始試、諷籀書九千字、乃得為史（吏）、又以八体（大篆・小篆・刻符・蟲書・摹印・署署・殳書・隷書）試之、郡移大史、并課、最者以為尚書史、書或不正、輒挙劾之。

と同様の事情を伝え、蕭何が尉律として、太常の属官である太史に一七歳以上の学童の中から九千字以上を諷籀書、読み書きできる者を考試によって選ばせ、「史」となさしめたという。

太常の属官である太史は、天時暦星、祭祀を掌り、「国有瑞応災異、掌記之」（続漢書百官志）と国の大事についてこれを記録した。その意味では、太常が太学管轄の中核になっていたことによっても明らかなように、太常府は儀礼掌故に通じた人材の必要性を痛感する立場にあった。諷籀書をもって史、書記の吏を求める手順を太常の属官である太史が専掌していたのも当然である。

史考試を規定する尉律は、漢書昭帝紀元鳳四年の顔師古所引如淳注にも、

従尉律、卒践更一月、休十一月也。

との尉律がみえており、蕭何の九章律中には尉律が伝えられていないが、尉律が存在していたことは間違いない。近年出土した湖北省睡虎地秦律中にも尉雑と称される律文残簡が二条ある。いずれも断片であるが、この尉雑律中に「辟律」、「法律程籍」などの言葉が確認でき、廷尉府の規定ではないかとの理解がみえ、[14] 史考試に関わる尉律において、「上書」の文に誤りがあれば挙劾をうけるとの内容が含まれており、これまた廷尉府の律ではないかとの指摘がなされている。[15]

尉律が廷尉府の規定であるとすると、太常府の職務が廷尉府の規定で運用されていたことになる。あるいは「字或不正、輒挙劾」・「書或不正、輒挙劾之」等の関わりにおいてかも知れないが、漢律としての尉律も数少ない。尉律が廷尉府関係の律文であるかどうか、さらには秦律の尉雑律と漢律の尉律との関連性如何等をも含め、なお後考に俟たねばならない。

そこで尉律の問題は暫くおくとして、この尉律で史への任用が九千字を諷籀書できるかどうかで決められると規定している点は、有用文字数を考える上で重要である。

**説文解字の文字数**　尉律を伝える説文解字は、字数九三五三字（重複字一一六三字。古文・籀文など字形を異にする文字を収録）を新たな部首法をもって収める。史任用の考試で要求される九千字に比較的近い数である。許慎が説文で選字した基準については、説文解字叙に、

蓋文字者、経芸之本、王政之始、前人所以垂後、後人所以識古。

とあり、「王政之始」と位置づけている。いわゆるこれまでみてきた有用文字に対する理解と共通する。

許慎が尉律の九千字を念頭において説文解字を編纂したかどうかは定かでないが、班固の六一二〇字に比してもさらに約三千字の増字になっている。ただ時代は降るが、三国魏張揖の広雅は一八一五一字と説文解字収録文字を倍増しており、説文解字の収録文字も、この意味では厳選されている。

説文解字は、部首をもって文字を配している。これまでみてきた小学書はある程度文章体でもって構成されていた。このため文字を記憶する上では効力を発揮するが、部首法をもって構成される字書は、必要な文字を求め確認することにある。文字を暗記する工具としては適さない。このため説文解字の収録する文字数が、九千字と史の考試に要求される文字数に近いとはいえ、これが史考試のための教材として編纂されたとは考え難い。

説文解字叙で批判している訓詁の過誤こそが、説文解字編纂の第一義であったと思われる。この系統の小学書、訓詁の書としては、これを遡るに爾雅がある。

**太史の考試と太学の考試**　蒼頡篇や蒼頡訓纂篇、急就篇などの小学書は、文字を記憶するための教材としては適していたが、この種の小学書は班固の編纂物にしても未だ約六千字に過ぎない。

もし前漢末の蒼頡訓纂篇以前の小学書の時期に史の考試に臨んだとすれば、増字をみたとされる凡将篇の字数は定

かでないものの（蒼頡訓纂篇の字数を大きく上回ることはなかったであろう）、通行していた蒼頡篇や急就篇の場合はせいぜい二、三千字に過ぎず、史考試に必要とされる文字数の三分の二近くを別の手段で補充しなければならない。

しかも平帝元始年間の有用文字会議をへた後にあっても、蒼頡訓纂篇の文字数は五三四〇字で、国家的考試である史任用の考試に要求される九千字との間には大幅な差異がある。何故史考試への対応が放置されたままになったのであろうか。有用文字会議は、官学での史養成のための教材作成を目的としていたはずである。

九千字と有用文字との関わりについては、疑問とすべき点が少なくないが、この諷籀書九千字を要求する史考試の実体については、前掲した漢書芸文志、説文解字叙の記事の他に、また篆書をもって知られる北魏の江式の上書中に、

有尉律学、復教以籀書、又習八体、試之課最、以為尚書史。（魏書江式伝）

と、ほぼ同様の尉律がみえる。漢書芸文志・説文解字叙の前掲史考試に関連する伝文によれば、史考試は太史の管理下で行われていたが、説文解字叙ではまた、地方の郡から太史への移書、人材の推薦が行われていた。そうするとこの史考試のための人材確保の手続きは、武帝時に公孫弘らが上書し裁可をうけた太学入学者に対する、つぎに述べる選任方法とも類似する。

公孫弘らが提言した太学入学者の選任方法は、(1)太常自身が選任した者＝博士弟子、(2)県令長丞・侯相から郡太守へ、郡太守から太常へと地方から推挙されてきた者＝博士弟子と受業は同じ、との二通りの方途が考えられていたが、(2)の方途は太史による史考試のための人材召集の方法ともほぼ一致する。

太学入学者は、一年間の教育をうけた後、考試が行われ、中央官府の文学・掌故などに任用されたのであるが、尉律の史考試では特別の教育期間を設けることなく考試が行われ[16]、諷書九千字者で史、八体にも通じる者は尚書や御史府の史書令史（史書は文字、隷書の義）や尚書史に任用されている。

史には太学修了考試者と尉律考試者とが存在したことになるが、この場合、太学生は、一八歳以上で入学し一年後

に考試となるが、尉律では一七歳と二年も年下で考試に臨むことが可能であった。漢初にあってはそれだけ吏への人材確保が緊要性を帯びていたということになるのかも知れない。考試後の任用先は、ともに中央官府の属吏となっている（前述したように太学生の場合はまた官への道も開かれていた）。

文学・掌故の所属先は、文学の場合、漢官に伝えられるところでは百石の吏として比較的多様な官府にみえるが、掌故については、漢官儀に、

太史令秩六百石、望郎三十人・掌故三十人。

と太史の属吏としてみえており、文選「東方曼倩（朔）荅客難」の李善注では「応劭漢書注曰、掌故百石吏、主故事者」とあり百石吏となっている。

このことは太常の属官である太史の所管する史の選任が　太常自身の所管する太学を通じての属吏の確保と重複し合うことにもなる。この点、太史による史任用のための考試は、太学が成立する以前に導入されており中央官府の属吏任用の道として当然必要な措置であったが、太学設立後については、後述するように次第に活用されなくなって行く。

**有用文字数の実効性**　ついで前漢時代に通行した二、三千字程度と考えられる各種小学書類は、どの程度の実効性をもっていたのであろうか。この点についてまま指摘されてきたことは、蒼頡篇や急就篇の類を初学者、児童用の学習書とし位置づけるものである。

そこで二、三千字程度の小学書の役割についてであるが、今世紀に入って収集された前漢武帝末から後漢初期にかけての大量の簡牘類に使用されている文字数も、実は約二千百字程度であった[17]。対象とされる簡牘類は、これまたその多くが官界での実務に関わりをもっている。まさに有用文字の範疇に類別されるべき文字、文字数となる。

これに漢碑四一一六種（含、碑陰四五）を中心に編纂された清の顧藹吉の隷弁をもって補うにしても、漢隷の総数

はせいぜい四千百余字に止まる。隷弁は修辞を極める碑文を数多く含み、収録される文字数は広範な分野の表現を可能にしたと思われるが、蒼頡訓纂篇に収録される文字数は五三四〇字で、これをも越えている。

諷書九千字となると、有用文字としてみた場合、この中に如何に特殊な文字を多く含んでいたかが想定される。同時に、これだけの文字数を要求されるということがもし事実であるとすれば、かかる文字数を必要とする部署はかなり限られた職掌となる。

前漢末の有用文字会議を踏まえた揚雄による五三四〇字は、たとえ辞賦による文体においてもこれでほぼ充分であったと思われ、日常的政務の必要文字数としては、簡牘類に使用されている三千字程度もあれば事足りたのではなかろうか。

程邈に仮託される隷書体の字数もこれまた三千字と、簡牘類に使用されている文字数と一致する。なお甲骨文、金文で使用される文字種は、いずれも約三千字。重複を除き両者を合せば四千数百字となる。(18) ここにおいて諷書九千字の九は、三、四あるいは五などの類似する字形の転写誤りではなかろうかとの疑いさえ感じられる。

**方言九千字と標準語化**　漢代の小学書としてはまた、九千字を収録するとされる揚雄の輶軒使者絶代語釈別国方言が現存している。この著書は、風俗通義序言によれば、周秦以来、毎歳八月の案比、戸籍調査の際に、各地の方言を収集して中央に秘蔵してきたが、秦の滅亡により散逸した。揚雄はこの方言に関心を寄せ、孝廉や衛士として各地より上京してきた人々に質問し、二七年をかけおよそ九千字をえている（王利器校注では本文一万一千九百余字）。

しかしこの揚雄にしても、蒼頡訓纂篇では五千余字に止まる。揚雄は方言に関心を寄せる一方でまた、方言の抱える問題点を自覚する第一人者でもあった。このため揚雄による有用文字への取組み、同時にこの前提となった有用文字会議でも、文字の標準語化、文字を通じての民族的、国家的統一という政治的課題が、当然意識されていたであろうと考える。

## おわりに

**官吏の質と有用文字数**　有用文字数は、前漢時代ほぼ三千字程度。前漢も末になり官吏の養成が軌道に乗ってくると、官吏の質的向上が要求されることになってか有用文字数も五千余字へと増加されてくる。さらに後漢に入ると班固によって六千余字に増加され、官吏の質的高まりを窺わせる。後漢桓帝時の太学生は三万余、考試も二年に一度になっている。

**諷籀書九千字のその後**　有用文字数の変遷を通じて漢代における官僚制の質的（当然、含出身社会階層）変化を窺うことができるが、太学成立後重複することになった尉律の存在、太史による諷籀書九千字による史任用の考試は、説文解字叙によれば、

今雖有尉律、不課、小学不修、莫達其説久矣。

とあり、許慎の時代（説文解字叙の日付は和帝永元一二西紀　〇〇年元旦）において、すでに久しく機能していなかったと伝えている。

この結果、許慎は、小学の衰退を嘆じているが、小学・文字の諷書でもって史、属吏を任用する傾向が、太学においてもさほど重視されなくなっていたことを意味しているのかも知れない。

**有用文字と諸文献**　有用文字数三千字にしても、これをもって当時の人々が文献に接した場合、各種文献の用字数は、詩経二八三九、書経一九四三、論語一三五五、孟子一八八九、老子八〇四、荘子三一八五、管子二九〇一、荀子三六六八、韓非子二七二九などさほど多い文字数ではない。文選は約七千字、杜甫の詩に使用される字数にいたっても約四三五〇字[19]とされている。

今日の中国で、情報交換用漢字コード基本集、国家規格GB2312-08の第一級漢字として指定（一九八〇年）されている文字数は三七五五字であり、第二級漢字は三〇〇八字である。第一級漢字は中国の小中高校での文字記憶量とも関わるが、これだけの文字数で一般の出版物に使用されている文字の九九・九%がカバーできる。たとえ二四〇〇でも九九%、わずか千字でも九〇%の覆蓋率があるとされている。[20]

三千字程度と考えられる前漢時代の有用文字数にしても、これを今日の日常的文字数と比較してみた場合、これは決して少ない数ではない。このため蒼頡篇や急就篇にしても、これが初学者、児童用の学習書として有効であったことはいうまでもないが、同時にこれらはまた、政治の実務を担う諸官府の属吏たちの必要文字数にも該当し、有用文字書としての役割を充分に果たしうるものであったと考える。

**属吏の限界**　前漢時代の有用文字三千字程度にしても、これが官学教育、官吏養成に生かされたのは、せいぜい武帝以後の太学、郡国官学においてであった。景帝時の文翁の蜀郡官学の場合は、県吏の養成も兼ねていた。このため県の属吏も、郡国の官学において武帝時以降ある程度の質の確保が可能であったかも知れない。それでも前漢末平帝時に、改めて郡国の学官（=「学」）とならんで、県道邑侯国の官学（=「校」）が全国的に設置されており、郡県の官学での属吏養成が、未だ充分でなかったことを物語る。さらには郷（=「庠」）・聚（=「序」）の属吏養成は、この前漢終焉直前の平帝時において初めて現われる。

このため郷里の吏の養成、その質如何となると、前漢一代を通じて未だ充分な人材確保の道は確立されていなかった。地方の戸籍の調査に当たっても、漢代では県の役人が郷を単位に直接赴いてこれを実施していた。[21] 県以下の郷亭里に関わる文書行政は、なお未熟な点が少なくなかったと考えられるが、大量の公文書が出土した居延地区など西北部前線にあっては、軍事基地という特殊な事情が存在するにしても、当然内郡の文書行政に関わる点が少なくないと思われる。[22] しかし本章ではこの課題についてはは割愛せねばならない。

注

（1）オーエンラティモア著、平野義太郎監修、小川修訳、『中国』岩波新書、一九五〇、頁八一。

（2）藤枝晃『文字の文化史』岩波書店、一九七一、頁九四－五。

（3）羅振玉『流沙墜簡』小学術数方技書、一九四一。他に別字の上に書写された簡（CH50 Twev.a.i.9）がある。

（4）労榦「居延漢簡考証」『居延漢簡考釈之部』中央研究院歴史語言研究所、一九六〇。甘粛居延考古隊「居延漢代遺址的発掘和新出土的簡冊文物」『文物』一九七八－一。田中有「漢簡蒼頡篇考」実践国文学五、一九七四。

（5）文物局古文献研究室・安徽省阜陽地区博物館阜陽漢簡整理組「阜陽漢簡簡介」・同「阜陽漢簡蒼頡篇」・胡平生・韓自強「蒼頡篇的初歩研究」『文物』一九八三－二。

（6）甘粛省博物館・敦煌文化館「敦煌馬圏湾漢代烽燧遺址発掘簡報」『文物』一九八一－一〇。

（7）注（5）。

（8）注（4）労榦氏論文。

（9）注（5）。于豪亮氏『古籍整理出版情況簡報』一九八一－三。

（10）高二適『新定急就章及攷証』上海古籍出版社、一九八一、は一九三八字を収める。伏見冲敬「急就章」『中国書道の新研究』上、二玄社、一九八一、は諸種伝本も紹介。

（11）注（5）。

（12）伏見冲敬「隷書＝吏書＝史書」『中国書道の新研究』上、二玄社、一九八一。

（13）趙翼「隷書不始於程邈」陔余叢考一九。高明『中国古文字学通論』文物出版社、一九八七、頁六、は程邈を隷書の完成者とする。

（14）睡虎地秦墓竹簡整理小組『睡虎地秦墓竹簡』文物出版社、一九七八、頁一一〇。

（15）段玉裁『説文解字注』。

（16）黄留珠『秦漢仕進制度』西北大学出版社、一九八五、頁五三－四、は秦代に書記養成の学校である「学室」の存在にふれる。なお博士弟子員等官吏任用については、永田英正「漢代の選挙と官僚階級」『東方学報京都』四一、一九七〇、がある。

（17）佐野光一『木簡字典』雄山閣、一九八五。

(18) 白川静「漢字の諸問題－漢字のなりたち」『文字逍遙』平凡社、一九七八。
(19) 白川静『字統』平凡社、一九八四。吉川幸次郎『漢文の語』筑摩書房、一九六二、頁二九、は論語一五一二字、杜甫の詩四三九〇字。
(20) 周有光「中国の漢字改革と漢字教育」『漢字民族の決断』大修館書店、一九八七。
(21) 拙稿『漢代における郷について』『中央大学文学部紀要』史学科一八、一九七三。本書所収。
(22) 永田英正「簡牘よりみたる漢代辺郡の統治制度」『講座敦煌3敦煌の社会』大東出版社、一九八〇。大庭脩『木簡学入門』講談社学術文庫、一九八四、他の研究あり。

(追記) 本書校正中に、張家山漢簡呂后二(前一八六)年律令が公表され、史律に「[試]史学童以十五篇、能風(諷)書五千字以上、乃得為史、(略)[卜学]童能風(諷)書史書三千字、徴卜書三千字、卜九発中七以上、乃得為卜、(略)以祝十四章試祝学童、能誦七千言以上者、乃得為祝五更」がみえる。風(諷)書五千字以上・風(諷)書史書三千字徴卜書三千字・能誦七千言以上等の字数はみえるが、「能諷籀書九千字以上、乃得為史」の尉律はみえない。(張家山二四七号漢墓竹簡整理小組『張家山漢墓竹簡(二四七号墓)』文物出版社、二〇〇一年一一月)

〔附〕

# 秦漢帝国概観——〔書評〕好並隆司『秦漢帝国史研究』

## 一

秦漢史の研究は、近年陸続と発見される考古学上の収穫、とくに多量の竹木簡の出土（舒学「我国古代木簡発現出土情況」『文物』一九七八年一月）もあって、活発で新たな息吹が感じられる。このなかで、この度好並隆司氏『秦漢帝国史研究』（未来社、一九七八年三月刊、A五判、五五一＋一八頁）の好著をえた。本書は一九六四年から一九七八年にかけての氏の主要論文を骨子とするが、単なる論文集ではなく秦漢帝国史論としての体系が全体を通じて読みとれるよう配慮されており、既発表論文の原型を残すことからくる体裁上の統一を別とすれば、新鮮である。好並氏の研究は、いずれも斬新で、またそれだけに論争の対象ともなった。

氏はこの研究の方向を、西嶋定生氏と増淵龍夫氏とによる論争の整合、克服におかれているのであるが、ただそれも単なる論理の操作に終わるものではなかった。本書の「あとがき」で氏は自分の立場を「思想と経済との結節点に位置する政治を史的にとらえて、人間の生きざまと体制とのかかわりを究明しなくてはならぬ」と述べられているが、氏自身の研究の底流となっている西嶋、増淵両氏の論争もまた、氏は「科学と文学の対立」であったと呼ばれている。

このような西嶋、増淵両説への理解の当否は別として、主題が明確であるだけに研究の対象にも統一性がある。それは、多く公権力の具体的に発現する場、そこに支配の本質を求められんとされている。しかしそれだけに研究分野は多岐にわたる。本書が理論書として新天地を開拓されんとするに特色があるばかりでなく、むしろ政治、経済、思想にわたるこれまでの秦漢史研究の集大成とでもいうべき側面をもつゆえんでもある。以下本書の大要を紹介する。

## 二

本書の目次はつぎの通りである。

## 第五篇　秦漢帝国を推動する力

### 第一章 中国古代の農民反乱、第二章 前漢帝国における小農民の闘争、第三章 漢代下層庶人の存在形態

以上、五篇一五章の各章をなす既発表論文は、すでにこれまでも種々紹介されてきているものばかりであるが、第一篇第一章の「秦漢帝国の概観」のみは、それ以下の各章を総括したもので今回新たに書き下された部分である。そこでこの秦漢帝国の概観によりつつ本書の梗概をまとめると、秦漢帝国は北方遊牧民系、後進的社会である秦が、先進的社会である東方諸国を併合・包摂し成立したものであるとの前提にたち、国家の二重構造とその展開を説かれる。

(1)まず皇帝の性格は、漢の高祖の場合、秦の父老の支持をうける一方で宗族勢力の代表者項羽と秦に対峙してもいる。これは秦の伝統と六国のそれとを併せもつ権力の二重性を意味し、漢は秦の法至上主義・王権神授説に中軸をおきつつも、東方の家父長権力の拡大集積による集権の体現者としてこの西方と東方との矛盾の調停につとめた。しかし共同体の伝統の強さのため君主と民との力学的和解、すなわち専制君主・神権的皇帝に該当せぬ世俗的・徳治的皇帝が前漢元帝以降出現する。

(2)ついで支配の体制としては、集権的で公的業務の分担者である官と分権的で君主との私的関係にたつ爵との二重構造が存在する。このため漢は宗族を基盤とする私臣・爵制から官位体制へと功の発想の転換を行い、郷里共同体の安定、在地勢力の官界への進出とともに酷吏から循吏への交替もみられる。

爵は宗族制の上にたつ封建的身分秩序（五等爵）であったが、商鞅爵により小農経営の家族単位の民を軍国主義的に集約するために軍功その他による功績の賞となり、血縁主義から才能主義へ、孝から忠へとの変化がみられた。漢はこれをうけて爵を東方系の地盤と思想とを表示するために民爵として存続させ、これを媒介として私権を公権の枠内で維持せんとするが、民爵は財産として売買され、刑罰減免機能も実効なく、地域秩序形成の決定的な要因として

は働かなかった。

この結果、人頭税のように家共同体の封鎖性をもつらぬく個別人身支配も、長老・父老などの村落共同体機能、民間の家父長制的集団の利用を必要とした。共同体首長も公権に依存する必要があったのではあるが、皇帝の側も皇帝私産の減少による経済基盤の弱化や官僚制の整備・官職分担による皇帝の超越的機能の制限から個別人身支配の志向を放棄し共同体に支えられる君主像を理想とするようになった。

(3)これに対し地域社会は、農業が主で牧畜が副次的であった西方の小農的経営と農業を基本とする東方宗族集団との二重構造がみられるが、統一後は斉楚の宗族を素地に強制移住させる等の処置がとられ一君万民制完成のための政策がみられる。また田土の所有が爵により制限される「制」により封建的土地所有化が抑圧され、富民と小農との共存・共同体維持がはかられ、小作人・奴解の発生が防止された。

この結果、漢代の地域社会は郷里を単位とし、農業の他に商業を兼ねる閭右(富民)層と生活費補塡のために小作人のように人格的従属を形成しない金銭契約による雇傭関係を結ぶ閭左層とが共存し、いわゆる国家的土地所有にもとづく地代収取のアジア的専制国家とは異なる小農民的土地所有制を基礎とする階層差別性のある郷里共同体となる。

そして雇傭・仮貸・仮作・奴婢の存在も、経済的に私的競争があるためにみられる緩やかな対抗・従属関係にすぎぬということとなる。

## 三

以上によれば、漢帝国は皇帝権・官僚制・郷里社会のそれぞれに、秦が東方を征服統一したことからくる本質的に相違する二重構造がみられるとのことになるが、この二重構造はまた、好並氏の課題とされる西嶋・増淵両氏の異なる秦漢帝国史論にかかわるものでもあった。このため二重構造の展開は、西嶋・増淵両説への克服にもつながる。実に見事な整合である。

そしてこの好並氏の秦漢帝国史論は、氏の実証的研究によって裏付けられている。そこで以下実証面を中心に気のつく二、三の問題点を掲げてみたいと考える。

(i)本書はまず秦が、戎翟の風・殉死・祭天儀・両丞制・戦闘方式等を通じ北方遊牧社会的特色を有することを前提とし、秦漢帝国の構造を論じられているわけであるが、この点はなお検討の余地があるかと考える。

たしかに秦族の先を羌と関係づける意見もあるが、その卵生神話等また東方沿海地方起源説もある。ただ秦が「在西戎、保西垂」のように渭水盆地の興平県以東の地に早く勢力を有していたことは事実であるが、史記十二諸侯年表によって紀年の判明する秦仲（前九世紀後半）以降、荘公・世父・襄公・文公・寧公・武公等歴代、その最大の政治課題は対戎戦争であり、これが県制実施にもつながる。この秦の建国過程は秦族が西戎のなかで自然発生的に勢力をえたというよりも東方からの移住者であったとの見方も成りたたせる（補記）。

また前八世紀末から七世紀初の文公・武公時には三族縁坐の記事がみえる。この三族刑については疑問もないわけではないが（小倉芳彦「族刑をめぐる二・三の問題」『中国古代政治思想研究』青木書店、一九七〇）、この当時秦で弗忌・三父等による王のすえ変え、弑逆がみえ、東方諸国同様秦にも有力勢族の存在が窺える。ついで前七世紀後半の穆（繆）公の時代になると晋の太子の同母姉を迎え中原の大国晋と姻籍関係を結び、晋の王位交替にも介入するにいたる。この太子とその姉の母は斉の桓公の女でもあった。

同時に穆公は、戎王の使者由余を迎えた際、「以詩書礼楽法度為政」と戎夷との相違を強調している。由余はその先祖が晋の出であって晋語を解したので秦に派遣されたとのことであるから、秦と晋とは同一の言葉であり、秦と戎とは異なるものであったことがわかるが、その由余は、この穆公の言に礼楽法度は結局下剋上の風を生み政治を乱す、戎夷はそのようなものはなく淳朴の徳で遇すため下は忠信をいたすと反駁している。

そして商鞅を採用し果敢な変法を実施した孝公も国中に令し、「昔我繆公自岐雍之間、修徳行武、…（献公）且欲東伐復繆公之故地、修繆公之政令」とこの穆公時代の政令を理想としている。この穆公の政治を補佐したのは中原出身の百里傒や蹇叔でもあった。

また祭天儀の起原を遊牧社会に求める考えについては、近年文化人類学の方面からも出されている。しかしこの点も殷では確認できないものの周ではすでに天の崇拝そのものは確立しており、天の抽象化にともなう儀礼の変化は別として、いわゆる王権神授説も秦のみの特色ではない。由余の言によれば、戎は法度をもって下（たみ）、すなわち部族を厳しく責めることをしないとし、法至上主義をむしろ中国の風として難じている。

ついで武公・穆公時の殉死についても、これを礼に反する戎翟の風とされるが、これも武公・穆公が在位三〇年、四〇年と長期にわたった結果として多数の殉死がみられたものであろう。そしてこの穆公の殉死については、国人、君子が「死而弃民、収其良臣而従死」、と穆公を難じたとのことであり、これら多数の殉死が特殊な行為で武公・穆公の個人的事情にかかわるものであったことが明らかである。そして献公時には、「秦以往者数易君、君臣乖乱」（以上史記秦本紀）の情況のなかで、一切の殉死が禁止されるにいたる。

さらに戦闘方式についても、秦は楚と類似し厄介な甲冑を捨てて裸足で行動したこと、および戦闘での相互扶助を指摘され、これを戎翟の風とされるとともに秦氏の共同体的連帯性をも述べられる。しかしこの点も山地の多い秦においては、車戦よりも歩兵戦を重視せざるをえなかったわけで装備も中原とは自ら相違することとなったわけである。

そしてこの歩兵戦はまた、車戦が士身分を長く職業軍人として固定したのに対し、民身分への兵役の拡大を容易にする。秦ではすでに穆公の時代に「野人」すなわち鄙人、民身分のものが従軍し穆公の危機を助けたことがみえている。この野人は穆公の恩に報いるため求めて従軍したもののようであるが、戦闘のなかで彼等の活躍の場が存在したと同時にその功も大であった。

中原諸国での民への兵役拡大についても、この前七・六世紀頃が考えられているが、秦の戦闘方式などが影響を与えたであろうことも充分に考えられる。兵制の問題は身分秩序の変革の引金となるものであり、その意味では秦の先進性が指摘できよう。ともあれこの戦闘方式も秦と遊牧社会とを直接に結ぶことには必ずしもならないと思われる。

そして戦闘に際しての相互扶助も、国語斉語にみえる「人与人相疇、家与家相疇、世同居、少同遊、故夜戦声相聞、足以下乖、昼戦目相見、足以相識、其歓欣足以相死、居同楽、行同和、死同喪」と基本的には一致するもので、秦の特殊性のみともいえない。

さらに秦の尚左・両丞制についても述べられているが、尚左については依拠される鎌田重雄氏の説そのものが一定していないし、両丞制についても秦王政以前の状況が定かでないため意見を控える。

以上は第一篇第二章を中心に好並氏の秦の特殊性についての問題点を述べたのであるが、秦が辺境にあって厳しい農業環境におかれていたこと自体を否定するものではない。しかしかかる地理環境による特殊事情は、秦のみに限ったことではなく他の六国についてもまたそれぞれの事情を考慮せねばならない。その意味では秦がまま戎翟視されていることも、秦が西垂を保つ程度の意味で、これを即戎翟社会とまで考える必要はないのではなかろうか。

もしこのような秦についての理解が許されるとすると、つづく第三章の商鞅の変法についても理解を異にする部分がでてくる。たとえば分異の法にしても、これは戎翟の風を禁じたものではなく兵役の徹底、負担の公平を期するための戸（家とは異なる）、結果として戸籍の確立を志向していたものとなる。

それであるからこそ分異の法は、まず倍賦と経済的負担を課し、さらには禁の措置をも取らざるをえなかったわけである。とすると分異の法も他の諸変法の条項と同様、秦の強兵策の一翼を担っていたものといえるであろう。

(ii) ついでは第一篇第五章の前漢帝国の二重構造についてふれることとする。これは好並氏の構造論が、支配機構のなかで具体的にどのように摘出できるかを論証したもので重要である。すなわち前漢時代は天子の家産的支配（家父長－家人の関係）と皇帝の人頭的支配（斉民制）との二重構造であり昭帝以降斉民制へと妥協して行く。田租は祭祀と土地の主宰者への供物として帝室財政に入った。

中央政府は、外朝系は官位によって規定され内朝系は爵位によって規制される。州郡では外朝系の郡県に内朝系の州刺史が介入している。郷里でも外朝系の郷嗇夫・里父老に対し内朝系の亭長が存在し土地売買に立ち会うとされる。

以上のうちまず田租が帝室財政に入るとの新説は大きな問題提起であるが、根拠となる史記平準書の記事を読み変え、その傍証として漢書食貨志の殷周の制の部分の記事を限定的と断わりながらも引用される。しかしこの食貨志の殷周の制の記事でもって加藤繁氏の引かれる漢官・漢官儀の記事を否定し去るには少しく躊躇を感じる。

また人民支配の最末端機構である郷里での二重構造についても、亭を後漢書陳寔伝にみえる亭佐－亭長－督郵の昇進をもって亭長を督郵に属し内朝系とみられるが、漢書朱博伝では亭長－功曹、後漢書王純伝でも亭長－郡功曹との昇進がみえ、昇進コースでもって統属関係を推論するとすれば、亭長は五行正義の翼奉注の云うように功曹に属したとの理解も否定しきれなくなる。

また希古楼金石萃編所録の買田記をもって亭長が土地売買に立ち会うとされるが、この買田記の場合は土地売買そのものに立ち会ったのではなく、むしろ租銖律違反の審査がその目的であったのではないかと思われる。

また後漢書仇覧伝の亭長が民事一般を扱っていたともされるが、仇覧の「為制科令」・「厳設科罰」も、その実は「以禁盗賊」と亭長本来の業務であったわけである。このようにみてくると支配機構の二重構造についてもなお実証の余地が残されているのではなかろうか。

(iii)最後に郷里共同体についてであるが、好並氏の推論される爵に対応する田土所有額の「制」については、師丹の限名田法では関内侯以下の田土額が一律に三〇頃と規定されるなど、どれほど二〇等爵に対応した土地規定が存在し、かつ実効をみるものであったかは今後の課題であろう。この制の実効は氏の斉民制論ともかかわる。

また「閭左」に対する「閭右」についても秦漢制にかかわる記事としての「閭右」の存在を知りえない。そして東方の斉においては春秋戦国時にすでに「落」と呼ばれる自然発生的な地域社会の変化がみられる。これは水利灌漑の事情が当時変化してきていることとも関連している。

さらに「古典共同体の成立する前段階に現われる小経営農を特徴的に示す農村共同体」、そしてこの共同体内での階層差別性、とくに傭作から賤人への推移との点は西嶋氏の古代史像にも通じるものであろうが、好並氏によればこの社会は君主権の恢復のために異質要素をとり入れ、この自家中毒を脱せんとしていたともされる。

なおこれまで我国の秦漢帝国史論のなかで、その課題の一つにそれぞれの後代への理論展開が往々不明確であるとの点が指摘されてきた。この点は好並氏の共同体論においてもさらに教示いただければと考える。

## 四

以上浅学をかえりみず感じるところを素直に述べてきたが、本書のスケールの大きな視点からすれば群盲、象を評すに似た結果となってしまった。非礼を恐れるものである。理論は明解で図式的でさえあるが、そこに新たな世界史像を求められんとする。好並氏は本書を良き反省材料としたいと述べられる。巻末に索引も付される。氏の真摯で謙虚な学究態度に敬服する。

（補記） 秦族の来源を、特定の地域に限定し、羌族との関係を全面的に否定するわけではないが、少なくとも紀年の判明する秦仲以降においては、遊牧社会の風を確認しがたい。

# あとがき

本論文集は、一九九五年六月に、汲古書院社長（当時）の坂本健彦氏からお話を受けた。以来すでに六年が経過している。お話をいただいた当時、本務校で学内事項に関わっていて、旧稿を見直す余裕がなく、坂本氏の厚意に感謝しつつも今日を迎えた。

この間、佐竹靖彦教授には、出版に対して慫慂のお言葉や書面をいただき、山根幸夫先生からは親身に励ましていただいた。この他、本書の刊行にお声をかけていただいた方々は数多い。学恩に感謝すること一入である。

収録した論文には、研究生活に入って比較的初期のものも含まれる。一九六六年に発表した論文は、中央大学大学院博士課程在学中に執筆したもので、指導教授は、鈴木俊先生であった。鈴木先生には、厳しい中にも温情あふれるご指導をいただいた。いま本書を、今夏七月二五日で二七回忌を迎える鈴木先生の墓前に捧げ、先生の遺徳を忍ぶことが許されるならば望外の喜びである。

三上次男先生には、一九六八年にお声をかけていただき中国古代史研究会に入れていただいた。研究会は、東大駒場の三上先生の研究室（後、青山大学に移る）と学習院大学との双方で開かれていた。研究会では、上原淳道先生、小倉芳彦先生、狩野直禎先生など皆勤の先生方が多い中で、欠席がちであったが緊張して勉強させていただいた。増淵龍夫先生等、多くの先生方にお目にかかれたのもこの研究会の席上である。中央大学在職二年目の一九七一年に予備シンポジウムが開催され、すでに四半世紀を越える唐代史研究会にも、鈴木俊先生が代表になっていた関係で参加し、多くの学恩をえた。

学会関係では、この他、東方学会、歴史学研究会、日本秦漢史学会、日本出土資料学会等々、怠惰ながらも幾多の学会で厚誼をいただき、研究の輪に参加させていただいた。

本論文集に収録した論文は、多くの先覚の驥尾に付しての小文である。

最近は、法制史を対象とした論文が多いが、本論文集に収録した論文は、聚落史・地方行政制度史関係のものを集めた。ただ時間的経過をへ、その後の関連する研究も少なくない。しかし理解が別れる中国古代の聚落、居住環境が、多く人為的に形成（集住）された都市（都市国家）であったかどうかについては、発表当時の、大勢として自然発生的に形成された「自然村」であるとの理解に改めて付言すべき点もない。このため各論文は、旧稿の一部を整理しなおした程度で、大幅な変更は行っていない。

巻頭に収録した【総論】「中国古代における聚落の展開」は、本書全般の纏めにあたる。ただこの【総論】以降にも、関連する論文を発表しており、纏めとしては不充分であるが、本論文集の方向はほぼ示しえていると考え、敢えて【総論】の称を冠した。

巻末に附した［書評］は、戦国秦漢を概観した部分があり、本論文集の時代背景の理解にも関わると考え収録した（この［書評］は、中国社会科学院歴史研究所『中国史研究動態』一二三、一九八〇に翻訳収録されている）。

本書に収録した各章（論文）の原題、原載は、左の通りである。

【総論】
中国古代における聚落の展開

「中国古代聚落の展開」『（一九八一年度歴史学研究会大会報告）地域と民衆―国家支配の問題をめぐって―』青木書店、一九八一。「中国古代聚落の展開」『歴史学研究』四九二、一九八一。

【聚落編】

第一章　石器時代の聚落
「石器時代の聚落」『中国聚落史の研究―周辺諸地域との比較を含めて―』刀水書房、一九八〇、（増補版）一九八九。
第二章　中国古代の聚落形態
「中国古代における聚落形態について」『中央大学文学部紀要』史学科一六、一九七一。
第三章　中国古代の「都市」と農村
「中国古代の生活圏と方百里―「都市」と農村とをめぐって―」『中国の都市と農村』汲古書院、一九九二。
第四章　漢代の里と自然村
「漢代における里と自然村とについて」『東方学』三八、一九六九。
第五章　馬王堆出土『地形図』の聚落
「馬王堆出土古地図と漢代の村」『歴史と地理』二四二、一九七五。
第六章　馬王堆出土『駐軍図』の聚落と灌漑
「中国古代における小陂・小渠・井戸灌漑について―馬王堆出土駐軍図の紹介によせて―」『中央大学アジア史研究』一、一九七七。
第七章　秦咸陽城と漢長安城―とくに漢長安城建設の経緯をめぐって―
「咸陽城と漢長安城―とくに漢長安城建設の経緯をめぐって―」『中央大学文学部紀要』史学科二〇、一九七五。
第八章　漢代の地方都市―河南県城―
「漢代の河南県城をめぐって―漢代の地方「都市」について―」『中国都市の歴史的研究』刀水書房、一九八八。
第九章　漢代における県の規模

「漢代における「県大率方百里」について」『鈴木俊先生古稀記念東洋史論叢』山川出版社、一九七五。

第十章　漢代における初県の設置
「漢代西北部における新秩序形成過程について」『中央大学文学部紀要』史学科一一、一九六六。

第十一章　漢代の西北部経営─初県の環境Ⅰ─

「前漢時代における西北経営と匈奴対策」『中央大学文学部紀要』史学科三〇、一九八五。

補論　武帝の外征をめぐって─初県の環境Ⅱ─

「漢武帝の外征をめぐって」『中央評論』二四─二（一一八）、一九七二。

第十二章　秦漢時代における辺境への徙民─初県の環境Ⅲ─

「前漢時代における徙辺民について」『白山史学』一二、一九六六。


【地方行政編】

第一章　中国古代の社制
「中国古代の「社制」についての一考察」『三上次男博士頌寿記念東洋史・考古学論集』三五堂（朋友書店）、一九七九。
第二章　春秋戦国時代の県制
「商鞅の県制─商鞅の変法㈠─」『中央大学文学部紀要』史学科二二、一九七七。
第三章　中国古代の伍制
「中国古代の伍制について」『中央大学文学部紀要』史学科一九、一九七四。
第四章　睡虎地出土竹簡にみえる伍制
「睡虎地出土竹簡にみえる伍制について」『中村治兵衛先生古稀記念東洋史論叢』刀水書房、一九八六。

第五章　漢代の郷
「漢代における郷について」『中央大学文学部紀要』史学科一八、一九七三。
第六章　漢代の地方少吏
漢代における地方小吏についての一考察」『中央大学文学部紀要』史学科一七、一九七二。
第七章　漢代の郡県属吏
「中国古代における郡県属吏制の展開」『中国古代史研究』四、雄山閣、一九七六。
第八章　漢代の地方行政と官衙－尹湾漢簡と馬王堆『小城図』－
「長江文明と尹湾漢簡・馬王堆「小城図」－中国古代における国家と地域－」『東アジアにおける国家と地域社会－主として一〇世紀以前－』文部省科学研究費補助金基礎研究(A)研究成果報告書、一九九八。『東アジアにおける国家と地域』刀水書房、一九九九。
第九章　漢代における官吏の識字－有用文字について－
「漢代の有用文字について－官吏と識字－」『多賀秋五郎博士喜寿記念論文集アジアの教育と文化』巌南堂書店、一九八九。

【附】
秦漢帝国概観　［書評］好並隆司『秦漢帝国史研究』
「書評　好並隆司『秦漢帝国史研究』」『歴史学研究』四七九、一九八〇。

私事に亘るが、早く父が他界した後、暖かく見守ってくれた母池田トメキも二年前に他界した。明清史を専攻する妻の父中山八郎も昨年他界した。坂本健彦氏の厚情にもっと早く甘えていれば悔やまれる。母と丈人の墓前に本書を捧げるしかない。これまでの研究生活を支えてくれた妻和子に感謝する。

遅れに遅れた本書を、汲古叢書に加えていただいた汲古書院坂本健彦氏の高配に重ねて深謝申し上げる。

（二〇〇一年二月一〇日）

（追記）本書の「あとがき」は、入稿時に付けたものである。校正は再校で終了する予定であったため、再校には昨年一二月発行で叢書番号三〇の奥付も付いていた。昨年は小康をえて、予定通り校正も進捗できると考えていたが、身辺の事情も加わり、校了が本年四月になった。本書の編集に格段の配慮をいただいた坂本健彦氏には申し訳ないことになってしまった。

ただ遅れたことから校正の過程で、張家山二四七漢墓竹簡整理小組『張家山漢墓竹簡〔二四七号墓〕』文物出版社、二〇〇一年一一月刊が、北京から森本淳君によって郵送され、問題の「(呂后)二年律令」（以下「二年律令」）を実見することができた。『張家山漢墓竹簡〔二四七号墓〕』は、昨年夏には、近々刊行されるとの話を聞いていて、昨秋から中国政府給費留学生となって北京大学に留学することになった中央大学大学院生の森本君に、張家山の報告書が刊行されたらすぐに送って欲しいと頼んでいた。森本君はこのことを気にかけていて、知り合いの書店に予約する一方、琉璃廠の書店街でも情報を集めてくれ、本年、一月一六日にインターネットのメールで『張家山漢墓竹簡〔二四七号墓〕』を入手したとの連絡をくれた。

郵送してくれるよう依頼し、一月末に『張家山漢墓竹簡〔二四七号墓〕』（以下「報告書」と略称）が手元に届いた。学年末で諸事が重なっていたが、「二年律令」の中には、本書に関係する律文がかなり含まれていた。ただ校了直前であったため、坂本氏に一部章末に追記をお願いすることにした。

関係する箇所は、本書の後半「地方行政編」の部分で、伍制・郷・有用文字に関わる追記を、頁五二三（第四章）・頁五六八（第五章）・頁六八五（第九章）に付した。

伍制に関しての律文は、戸律を引用したが、捕律に「追求盗賊、必伍之、盗賊以短兵殺傷其将及伍人」、銭律に「盗鋳銭及佐者、（略）正典・田典・伍人不告、罰金四両」（報告書の注釈では正典を里典としているが、戸律の「数在所正典弗告」の正典は里正・田典と解している。続いて引用する置後律では「典若正」とあり典と正とは異なる吏名となっている。正典は里吏であろうが、単独の里典・里正のみに限定できない）、□市律に「市販匿不自占租、（略）列長・伍人弗告、罰金各一斤」、置後律に「（当拝爵後者）令典若正・伍里人毋下五人任占」、津関律に「（出入塞界）、令将吏為吏卒出入者名籍、伍人閲具、上籍副県廷」など、伍人（伍）が治安に協力し、連坐の責めも受け、名籍の確認にも当たっていた。伍長や什制はみえず、盗律では「盗五人以上相与功盗、為群盗」とあり、五人以上は「群」と捉えられていた。

郷の関係では、戸律にある戸籍編纂の条文を引用した。漢代の戸籍は、従来、郷あるいは里で作成されたと理解されてきたが、第五章では県吏が直接戸口調査に当たったと考えた。この点、「二年律令」でも県吏が戸籍編纂を行っていた。この県吏は、郷部嗇夫・吏・令史である。このうち責任者と思われる郷部嗇夫は、「二年律令」中に複数みえている。賊律に「（賊燔城・官府及県官積冣）、郷部〔嗇夫〕・官嗇夫・吏主者弗得、罰金各二両」、銭律に「盗鋳銭及佐者、（略）尉・尉史・郷部〔嗇夫〕・官嗇夫・士吏・部主者弗得、罰金四両」、田律に「郷部〔嗇夫〕主邑中道、田〔嗇夫〕主田道、道有陥敗不可行者、罰其嗇夫」（報告書の注釈では田を「田典」としている）、戸律に「代戸・留売田宅、郷部〔嗇夫〕・田嗇夫・吏、留弗定籍、盈一日、罰金各二両」、「民欲先令相分田宅・奴婢・財物、郷部嗇夫身聴其令、皆参辨券書之、輒上如戸籍」とあり、秩律では、秩高の異なる「（胡・夏陽・彭陽等の諸県）、司空・田〔嗇夫〕・郷部〔嗇夫〕二百石」、「（陰平道、蜀〔甸〕氐道等の諸道）、郷部〔嗇夫〕百六十石」、「県道傳馬・候・廄有乗車、秩各百六十石、毋乗車者、（略）及毋乗車之郷部〔嗇夫〕、秩各百廿石」などがみえ、いずれも県吏と思われる。郷部嗇夫の他に田嗇夫・船嗇夫・傳嗇夫などもみえるが、県吏である嗇夫に所轄の職掌名を冠する形式は、秦制を継承している。なお具律には、「諸欲告罪人、及有罪先自告而遠其県廷者、皆得告所在郷、郷官謹聴、書其告、上県道官」とあり、県治所から遠く離れた住民の告を県道の官吏に代わって地元の郷官（郷吏）が受理し、県廷に関係文書を送達している。また戸律では「□□廷歳不得以庶人律未受田宅者、郷部以其為戸先後次次編之、久為右、久等、以爵先後、有籍県官田宅、上其廷、令輒以次行之」とあるが、報告書の注釈では、文頭の「□□廷□不得以律」（釈文と異なる）から「以爵先後」までの文は判読が困難とされている（報告書の写真版でも「庶人律」から「以爵先後」までは不明瞭）。このため釈文の通りであれば「受田宅」の語も含まれ、注目されるが残念である。ただ報告書の釈文に従えば、「為戸」の先後によって「久」者は「右」と称されている。報告書の注釈は、「為戸」の先後を戸籍登記の年月日順と解しており、「為戸」の時期が同じ場合は、受爵の時期（年齢や爵級の上下と関係）が基準とされていた。この「為戸先後次」・「爵先後」の順序付けは、郷部嗇夫が担当している。「右」は優位の意味で、「未受田宅者」に田宅の授与が、「為戸先後次」「爵先後」台帳によって、「以次行之」と「右」者または爵の先者から順次実施されたものと思われる。それにしても、その背景を伝えると思われる肝心の「□□歳不得以庶人律未受田宅者」の理解が、釈文の当否とあわせて問題をもつ（釈文通り「庶人律」と読め、これが熟語であったとすると、亡律に「奴婢律」がある）。「受田宅」については、戸律に「関内侯九十五頃、（略）公卒・士五・庶人各一頃、司寇・隠官各五十畝、（略）其已前為戸而毋田宅、田宅不盈、得以盈」・「徹侯百五宅、（略）公卒・士五・庶人一宅、司寇・隠官半宅」等、庶人の田宅の規定があり、あるいはこれと関係があるかも知れない。田律には「田不可田者、勿行、当受田者欲受、許之」と受（授）田の規定、「田不可狠而欲帰、毋受償者、許之」と還田の規定があり、受（授）田・還田共に、受田者の事情が尊重されている。「受田宅」はまた、戸律では「受田宅、予人若売宅、不得更受」・「代戸、貿売田宅」と、他者への譲渡または売却することも可能であったが、還田された田（宅）は「田宅当入県官而詐（詐）代其戸者、令贖城旦、没入田宅」と、県官に帰属した。さらに戸律では、「諸不為戸、有田宅、附令人名、及為人名田宅者、皆令以卒戍辺二歳、没入田宅県官、為人名田宅、能先告、除其罪、有界之所名田宅、它如律令」とあり、田宅は「為戸」者を単位とし、受（授）田地・宅を「人名田宅」・「名田宅」（占田宅、住民個々が耕作・居住について申告済みの田宅）と呼んだ。「不為戸」の田宅は、県官に没収されている（戸律）。身分に応じて、田律には「[卿]以上所自田戸田、不租、不出頃芻稾」と、田租や芻・稾納入の対象外の田も存在した。規定は、睡虎地などの秦律に比べ細部にわたるが、かかる規定が全国の田すべてに関わるとすると、「連仟佰」がごとき耕地の集中などは起こりえない。その上、宅にまで還授がおよんでいる。「二年律令」の田律を睡虎地秦律の田律と比較してみると、両田律ともに「受田」地を対象とし、「二年律令」の「入頃芻稾（芻三石、稾二石）」、「春夏時の伐材木山林、進隄水泉、燔草為灰、取産麛卵鷇、殺其繩重者、毒魚の禁止」、「穿井・機（罠）設置の制限」「牛馬等家畜の管理」などの規定も秦律に類似する。青川秦律の田律、「田広一歩、袤八則為畛、畝二畛、一百（陌）道、百畝為頃、一千（阡）道、道広三歩、（略）以秋八月修封捋、正彊（疆）畔、及発千百（阡陌）之大草、九月大除道及除澮、十月為橋、修波（陂）隄、利津梁、鮮草離」なども、後掲の「二年律令」田律にみえる耕地面積・農閑期の種々の共同作業等の規定と共通する点が多い。「二年律令」には、秦律との関わりがなお強く窺えることになる。田宅規定と関わりが深い戸律は、秦律中にこれを確認することができないが、「二年律令」の「受田宅」規定は、本書「総論」でも言及した、秦律中の田律の系譜（禁苑内の公田規定）に繋がるものではと思われる。

ついで有用文字については、「諷籒書九千字」の九は、類似する字形の誤写ではないかと述べたが、「二年律令」でも、史律に九千字の字数が要求される事例は出てこなかった。ただ「二年律令」が漢初の律令であることを考慮しなければならないかも知れない。また学制に関して、史律に「史・卜子年十七歳学、史・卜・祝学童学三歳、学佴将詣大史・大卜・大祝、郡史学童詣其守、皆会八月朔日試之」と、郡史学童がみえる。郡の属吏養成が漢初から行われていたとすると、景帝時に始まるとされる漢書文翁伝の、「乃令天下郡国、皆立学校官、自文翁為之始云」との郡国の学校との関連が問題になるかも知れない。

この他、本書「地方行政編」第六章に関わる律文として、賊律に「長吏以県官事詈少吏」とあり、長吏と少吏とが対比して用いられている。ただ報告書の注釈で長吏を「四百石至二百石」に限定してることは残念である。また「聚落編」第四章、「地方行政編」第八章に関わる律文として、行書律に「十里置一郵、南郡江水以南、至索（？）南水、廿里一郵、一郵十二室、長安広郵廿四室、敬事郵十八室、（略）北地・上・隴西卅里一郵」がある。この律文は、郵の配置について、地域差との関係、ならびに漢旧儀にある「五里一郵、郵間相去二里半」との関係が問題となる。

さらに巻頭「総論」で引用した越城（越里）の問題については、襍律に「越邑里、官市院垣、若故壊決道出入、及盗啓門戸、皆贖黥、其垣壊高不盈五尺者、除」と、邑里、官市（「邑里」は邑・里あるいは邑中の里、「官市」は官営の市と読むことができるかも知れないが、報告書の注釈は「官」を市区とは別で官舎としている）それぞれの墻壁が越城の対象とされている。しかし注目すべきは、邑里、官市の墻壁に、「不盈五尺」（一尺＝二三㎝）と、崩れ落ち墻壁としての機能を備えていないような情況が存在し、この「不盈五尺」のような墻壁の邑里、官市においては、越城の規定が免除されていた。このことは、聚落すべてが必ずしも充分な城、墻壁を備えていなかったとのことを明らかにしてくれる。この越城の律文はまた、本書「聚落編」第四章で取り上げた自然村、「無城郭者」の問題とも関連をもつ。

さらにまた、田律に「田広一歩、袤二百卌歩、為畛、畝二畛、一佰道、百畝為頃、十頃一千（阡）道、道広二丈、恒以秋七月除千（阡）佰之大草、九月大除道□阪険、十月為橋、脩波（陂）堤、利津梁」と、耕地面積と田中の経界（阡陌＝道路）についての規定がみえ、併せて本書「聚落編」第六章で取り上げた、陂の修復作業が地域住民の年中行事（役）の一として特記されている。繇律にも「未傅年十五以上者、補繕邑□、除道橋、穿波（陂）池、治溝渠、塹奴苑」と陂池の工事がみえている。

以上は、本書章末で追加した「二年律令」の律文を補足すると共に、本書と関連をもつ律文をまとめて引用した。併せて本書「あとがき」が、昨年二月となっている事情を述べ、著者の不行届を詫びる次第である。

（二〇〇二年四月一〇日）

**著者紹介**

池田雄一（いけだ　ゆういち）

1937年　愛媛県で生まれる。1968年　中央大学大学院文学研究科東洋史学専攻博士課程単位取得退学。

現在　中央大学教授（文学部・大学院文学研究科）

著書・論文

Japanese Stadies on Chinese History-Qin to Five Dynasties, The Center for East Asian Cultural Studies, 1986.『中国都市の歴史的研究』刀水書房　1988（共著）、『中国の都市と農村』汲古書院　1993（共著）、奏讞書－中国古代の裁判記録』中国の歴史と地理研究会　1996（共著）、『アジア史における法と国家』中央大学出版部　2000（共著）、「湖北雲夢睡虎地秦墓管見」『中央大学文学部紀要』史学科25　1981、「戦国楚の法制－包山楚簡の出土によせて」『中央大学文学部紀要』史学科38　1993、「秦代の獄簿について」『東方学会創立五〇周年記念東方学論集』東方学会　1997

汲古叢書33

中国古代の聚落と地方行政

二〇〇二年五月　発行

著者　池田雄一

発行者　石坂叡志

整版印刷　富士リプロ

発行所　汲古書院

〒102-0072 東京都千代田区飯田橋二-五-四

電話　〇三（三二六五）九七六四

FAX　〇三（三二二二）一八四五



ISBN4-7629-2532-2　C3322

# 汲古叢書

| | | | |
|---|---|---|---|
| 1 | 秦漢財政収入の研究 | 山田勝芳著 | 16505円 |
| 2 | 宋代税政史研究 | 島居一康著 | 12621円 |
| 3 | 中国近代製糸業史の研究 | 曾田三郎著 | 12621円 |
| 4 | 明清華北定期市の研究 | 山根幸夫著 | 7282円 |
| 5 | 明清史論集 | 中山八郎著 | 12621円 |
| 6 | 明朝専制支配の史的構造 | 檀上　寛著 | 13592円 |
| 7 | 唐代両税法研究 | 船越泰次著 | 12621円 |
| 8 | 中国小説史研究－水滸伝を中心として－ | 中鉢雅量著 | 8252円 |
| 9 | 唐宋変革期農業社会史研究 | 大澤正昭著 | 8500円 |
| 10 | 中国古代の家と集落 | 堀　敏一著 | 14000円 |
| 11 | 元代江南政治社会史研究 | 植松　正著 | 13000円 |
| 12 | 明代建文朝史の研究 | 川越泰博著 | 13000円 |
| 13 | 司馬遷の研究 | 佐藤武敏著 | 12000円 |
| 14 | 唐の北方問題と国際秩序 | 石見清裕著 | 14000円 |
| 15 | 宋代兵制史の研究 | 小岩井弘光著 | 10000円 |
| 16 | 魏晋南北朝時代の民族問題 | 川本芳昭著 | 14000円 |
| 17 | 秦漢税役体系の研究 | 重近啓樹著 | 8000円 |
| 18 | 清代農業商業化の研究 | 田尻　利著 | 9000円 |
| 19 | 明代異国情報の研究 | 川越泰博著 | 5000円 |
| 20 | 明清江南市鎮社会史研究 | 川勝　守著 | 15000円 |
| 21 | 漢魏晋史の研究 | 多田狷介著 | 9000円 |
| 22 | 春秋戦国秦漢時代出土文字資料の研究 | 江村治樹著 | 22000円 |
| 23 | 明王朝中央統治機構の研究 | 阪倉篤秀著 | 7000円 |
| 24 | 漢帝国の成立と劉邦集団 | 李　開元著 | 9000円 |
| 25 | 宋元仏教文化史研究 | 竺沙雅章著 | 15000円 |
| 26 | アヘン貿易論争－イギリスと中国－ | 新村容子著 | 8500円 |
| 27 | 明末の流賊反乱と地域社会 | 吉尾　寛著 | 10000円 |
| 28 | 宋代の皇帝権力と士大夫政治 | 王　瑞来著 | 12000円 |
| 29 | 明代北辺防衛体制の研究 | 松本隆晴著 | 6500円 |
| 30 | 中国工業合作運動史の研究 | 菊池一隆著 | 15000円 |
| 31 | 漢代都市機構の研究 | 佐原康夫著 | 13000円 |
| 32 | 中国近代江南の地主制研究 | 夏井春喜著 | 20000円 |
| 33 | 中国古代の聚落と地方行政 | 池田雄一著 | 15000円 |
| 34 | 周代国制の研究 | 松井嘉徳著 | 9000円 |
| 35 | 清代財政史研究 | 山本　進著 | 7000円 |
| 36 | 明代郷村の紛争と秩序 | 中島楽章著 | 10000円 |
| 37 | 明清時代華南地域史研究 | 松田吉郎著 | 15000円 |
| 38 | 明清官僚制の研究 | 和田正広著 | (予)22000円 |

汲古書院刊　　（表示価格は2002年５月現在の本体価格）